Rose Klay

Die Tochter

Deiner Vergangenheit entkommst Du nicht!

lübbe

Vollständige Taschenbuchausgabe
der bei Bastei Lübbe erschienenen E-Book-Ausgabe

MIX
Papier aus verantwortungsvollen Quellen
FSC® C014496

Die Bastei Lübbe AG verfolgt eine nachhaltige Buchproduktion. Wir verwenden Papiere aus nachhaltiger Forstwirtschaft und verzichten darauf, Bücher einzeln in Folie zu verpacken. Wir stellen unsere Bücher in Deutschland und Europa (EU) her und arbeiten mit den Druckereien kontinuierlich an einer positiven Ökobilanz.

Einband-/Umschlagmotive: © arcangel: Miguel Sobreira; © shutterstock: Dollatum Hanrud
Umschlaggestaltung: Massimo Peter-Bille
Satz: 3w+p GmbH, Rimpar
Gesetzt aus der Adobe Caslon Pro
Druck und Verarbeitung: GGP Media GmbH, Pößneck
Printed in Germany
ISBN 978-3-404-18535-1

5 4 3 2 1

Sie finden uns im Internet unter luebbe.de
Bitte beachten Sie auch: lesejury.de

Rose Klay

Die Tochter – Deiner Vergangenheit entkommst du nicht!

Über die Autorin

Rose Klay, Jahrgang 1968, kommt aus Düsseldorf. Sie studierte Psychologie, unterbrach ihre Diplomarbeit für Wehen, zog mit Mann und Sohn nach Mexiko-Stadt, bekam noch zwei weitere Söhne, zog sechs Jahre später weiter nach Peking. Nach einer weiteren Station in Houston, Texas, lebt sie nun wieder in Düsseldorf.

Prolog

Die Tür zum Besucherzimmer war zu schwer für sie. Judith presste die Stirn gegen das trübe Glas und versuchte zu erkennen, ob Mama schon da war.

So lange hatte Judith auf diesen Tag gewartet, dass sie nun einen Kloß im Bauch und einen im Hals hatte und ihr die Luft knapp wurde.

Endlich tauchte Regina auf, um ihr die Tür zu öffnen. Sobald der Spalt groß genug war, zwängte sich Judith hindurch.

Da stand Mama und breitete ihre Arme aus.

Judith rannte und flog hinein. Endlich, endlich war es so weit! Heute würde Mama sie mitnehmen. Schließlich hatte sie es ihr beim letzten Besuch versprochen. »Beim nächsten Mal, ganz bestimmt«, hatte sie gesagt. »Und dann gehen wir in den Park oder zum Wildgehege, und da darfst du die Rehe füttern.«

Doch ein Besuchstermin nach dem anderen war verstrichen, ohne dass jemand nach Judith gerufen hatte.

»Deine Mama muss erst mal lernen, sich um sich selbst zu kümmern«, hatte Regina gesagt, »aber sie kommt bestimmt, sobald sie kann.«

Manchmal war Judith wütend darüber, dass Mama immer noch nicht gelernt hatte, sich um sich selbst zu kümmern. Meist allerdings überwog die Panik, dass sie vielleicht gar nicht wiederkommen würde, besonders weil Leni gern behauptete, dass Judith genauso enden würde wie die anderen hier auch: allein.

Jetzt war all das vergessen. Mama war da. Und sie hatte ihr etwas mitgebracht, in einer braunen Papiertüte.

Judith schaute hinein. Darin waren ein Cheeseburger, in knisterndes Papier eingewickelt, und ein Pappbecher, in dem ein gestreifter Strohhalm steckte.

Ihr Herz tat auf einmal furchtbar weh. Man brachte niemandem Essen mit, den man gleich mitnehmen würde.

»Du kommst mich doch holen, Mama, nicht wahr? Heute?«, fragte Judith, ohne den Blick von der Tüte zu heben.

»Aber Judith, was ist denn das für eine Begrüßung? Möchtest du nicht erst mal Hallo sagen?« Ihre Mutter klang angespannt.

Judith hatte den falschen Ton getroffen. Auf einmal war ihre Kehle so trocken, dass sie kein Wort mehr herausbrachte. Sie durfte Mama nicht aufregen, sonst musste sie auf jeden Fall hierbleiben. Wenn Mama nervös war, war sie wie ein straff gespanntes Drahtseil, das nach jeder winzigen Berührung sirrte und vibrierte, und dann musste sie sich ganz viel Mühe geben, bis sie sich wieder beruhigt hatte. So hatte Regina ihr das erklärt, obwohl Judith das eigentlich schon längst gewusst hatte. Schließlich hatte sie ihr Leben damit verbracht, auf Mamas Schwingungen zu achten.

Judith griff nach dem Pappbecher und sog an dem gestreiften Strohhalm. Der Milchshake war eiskalt und schmeckte wie die Zahnpasta, mit der sie sich die Zähne geputzt hatte, als sie noch bei Mama gewohnt hatte. Judith trank, bis ihr Kopf vor Kälte schmerzte.

Inzwischen redete Mama drauflos. Sie sprach sehr schnell, und ihre Augen sahen auf einmal richtig jung aus. Doch die Aufregung in ihrer Stimme hatte nichts mehr mit Judith zu tun, und das war gut.

»Du wirst ihn bestimmt mögen, er ist ein ganz Netter, wirklich. Und er kümmert sich gut um mich. Stell dir vor, morgens bringt er mir sogar Kaffee ans Bett. Mir hat noch nie ein Mann Kaffee ans Bett gebracht, wirklich nie. Darauf musst du unbedingt achten, wenn du einen Mann kennenlernst, dass er auch was für dich tut, nicht nur umgekehrt. Schau nicht so skeptisch, es gibt keinen Grund. Dieses Mal wird es bestimmt besser, ganz bestimmt. Holger hat gar nichts dagegen, wenn du zu uns ziehst. Er mag Kinder. Wir können eine ganz normale Familie sein.«

Judith spürte Hoffnung in sich hochschnellen, unkontrolliert und schmerzhaft.

»Aber jetzt kommt das Allerbeste«, fuhr Mama fort. »Holger ist der Chef von einem McDonald's. Ist das nicht toll? Du kannst immer Milchshakes haben, und deinen Geburtstag können wir da in dem Laden feiern, und du kannst alle, alle Kinder einladen.«

Ihren letzten Geburtstag hatte Judith hier im Heim verbracht. Von der Heimleitung hatte Judith einen abgepackten Marmorkuchen und ein kleines Geschenk aus der Kiste in Reginas Arbeitszimmer bekommen. Es war ein Band für Gummitwist, das sofort gerissen war, als sie mit Leni »Teddybär, Teddybär, dreh dich um« gespielt hatte und Leni sich dabei zu oft eingedreht hatte. Sie hatte sich nicht mal entschuldigt.

Doch jetzt würde Leni sehen, was sie davon hatte. Judith hatte eine Mutter – Leni nicht. Und sie würde Judith mit nach Hause nehmen. Ganz bestimmt. Vielleicht schon heute.

Die Mutter strich ihr eine Haarsträhne aus dem Gesicht.

»Weißt du«, sagte sie und lächelte zufrieden, »man kann richtig sehen, wie gut es dir hier geht. Du hast ganz rosige Wangen. Regina ist doch ein Schatz, nicht wahr?«

Judiths Herz wurde zu Eis. Die rosigen Wangen musste sie vor Aufregung bekommen haben, denn es ging ihr nicht gut, gar nicht gut. Sie wartete jeden Tag, jede Stunde darauf, dass Mama sie holen würde. Ihre Mutter durfte nicht denken, dass es ihr gut ging, sonst würde sie noch länger bleiben müssen.

»Kommst du mich nicht holen?«, fragte sie mit vor Angst erstickter Stimme.

»Doch, natürlich, mein Liebling. Du musst nicht mehr lange warten. Ich habe Holger schon gefragt, wann wir dich holen, und er hat gesagt, bald. Sobald wir dein Zimmer eingerichtet haben. Du brauchst ja schließlich ein Bett.«

»Ich brauche kein Bett«, versicherte Judith eifrig. »Ich kann doch bei dir schlafen.« Und als ihr einfiel, dass Mama das vielleicht gar nicht wollte, fügte sie hinzu: »Oder ich schlafe auf dem Sofa oder dem Fußboden, ehrlich, es macht mir nichts aus.«

»Auf dem Fußboden, also wirklich, mein Schätzchen, glaubst du, dass ich zulasse, dass du auf dem Fußboden schläfst? Nein, nein, wir werden dir ein wunderschönes Zimmer einrichten, mit einem richtigen Himmelbett und kuscheligen rosa Kissen, ist das nicht eine tolle Idee?«

Judith nickte zaghaft. Das klang schön, aber sie wäre lieber sofort mitgegangen, auch wenn sie dafür kein Himmelbett bekam.

»Nun mach doch nicht so ein Gesicht. Es dauert ja nicht mehr lange.«

Judith wischte sich mit dem Handrücken über die Augen. »Aber ich … ich möchte lieber heute schon mitkommen«, flüsterte sie.

Die Mutter hatte die Beine übereinandergeschlagen und wippte heftig mit dem Fuß. Der Zeigefinger trommelte im gleichen Takt auf den Tisch. Das Drahtseil spannte sich, Judith konnte dabei zusehen.

»Denk an dein Bett, Judith. Denk einfach an dein wunderschönes Himmelbett!«

Dann ging sie auf ihren hohen Schuhen davon.

An der Tür winkte sie noch einmal, aber sie drehte den Kopf nur noch halb Richtung Besucherzimmer, nicht weit genug, um es zu sehen.

Judith winkte trotzdem wie wild zurück, mit beiden Händen.

Sie versuchte, nicht zu weinen.

Wie lange konnte es schon dauern, ein Bett zu kaufen? Einen Tag? Zwei Tage? Eine Woche?

Sie nahm die Papiertüte und drückte sie an sich.

Es ging bestimmt ganz schnell. Sie stellte sich das Bett vor, mit einem hellen Himmel aus zartem Stoff und langen, luftigen Vorhängen, die sich bauschten, wenn der Wind durchs Fenster pustete. Mama musste es nur noch kaufen und ein paar rosa Kissen darauflegen, dann konnten sie endlich wieder zusammen sein. Ganz bald.

Doch Judith irrte sich.

Es war der letzte Besuch ihrer Mutter gewesen.

Kapitel 1

Ich schleppte mich erst mittags aus dem Bett, weil es klingelte. Lucy kam bereits aus der Schule, und ich hatte noch nicht mal gekocht.

Meine Stimmung war am Boden. Eigentlich mochte ich den November, diesen düsteren Vorboten des Winters. Kein Monat eignete sich besser zum Verkriechen, und das war etwas, was ich sehr gerne tat. Doch heute fühlte ich mich, als säße jemand mit einem Presslufthammer unter meiner Schädeldecke. Dagegen half auch Verkriechen nicht.

Vor der Tür stand nicht Lucy, sondern Rolfie. Er hatte das Talent, immer dann aufzutauchen, wenn es gerade wirklich nicht passte, etwa während ich Lucy zu Bett brachte oder wenn ich mich gerade auf den Weg zur Arbeit machte.

Er zog hastig ein paar Zettel aus einer schmuddeligen Plastiktüte und streckte sie mir entgegen. Ich hatte ein schlechtes Gewissen, weil ich ihn in letzter Zeit schon zweimal abgewiesen hatte. Trotzdem versuchte ich wieder, ihn abzuwimmeln. Mir war gerade nicht danach, mich um seine Rechnungen zu kümmern.

»Heute ist kein guter Tag«, sagte ich. »Ich habe schreckliche Kopfschmerzen.«

Das war eine Untertreibung. Mein Kopf hämmerte, und mir war übel.

»K…k…ein P…p…p…problem«, sagte Rolfie und stopfte seine Unterlagen wieder in die Tüte. Wenn er aufgeregt war, stotterte er schlimmer als sonst. Er war fast einen Meter neunzig groß und hatte die Statur eines Mannes, der immer körperlich gearbeitet hatte, aber mit den nach vorn fallenden

Schultern und dem eingezogenen Kopf hatte er etwas von einem Riesenbaby.

Hinter ihm tauchte Lucy auf und rollerte in die Einfahrt. Sie strahlte. »Rolfie! Ich habe heute gar keine Hausaufgaben. Spielst du mit mir ›66‹? Bitte, bitte!«

»Da musst du deine Mama fragen«, sagte Rolfie.

Er konnte mit kaum einem Menschen sprechen, ohne rot anzulaufen und zu stottern, aber bei Lucy war das kein Problem. Wahrscheinlich fürchtete er sich einfach nicht vor ihr. Er hatte eine leichte Form von Autismus. Stundenlang spielte er mit Lucy Karten. Ich war froh darüber, denn ich langweilte mich bei Kartenspielen zu Tode.

»Mir ist nicht gut«, sagte ich in der Hoffnung, dass Lucy von ihrem Plan Abstand nehmen würde, Rolfie als Spielpartner zu verpflichten. Aber sie dachte gar nicht daran.

»Rolfie isst doch mit uns zu Mittag, oder Mama?«

»Ich habe noch nichts gekocht. Ich wollte dir nur ein Brot machen.«

»Das macht Rolfie nichts aus, nicht wahr, Rolfie?«

Rolfie schüttelte den Kopf. Er sah auf einmal hungrig aus, fand ich.

Vielleicht war es gar nicht schlecht, dann konnte Rolfie Lucy beaufsichtigen – oder umgekehrt – und ich mich wieder hinlegen.

Also machte ich den beiden ein Butterbrot. Rolfie aß mit gutem Appetit, obwohl das Brot schon etwas trocken war und ich als Belag nur noch Schmierkäse dahatte.

Dann döste ich weiter auf dem Sofa, während Lucy das Kartenspiel aus dem Regal holte. Ab und zu brummte ich etwas, wenn Lucy mich ansprach, aber mein Kopf war wie mit Watte gefüllt. Vorsichtshalber stellte ich den Wecker auf meinem Handy.

Als er klingelte, schreckte ich hoch. Lucy und Rolfie spielten immer noch.

»Hochzeit!«, rief Lucy und knallte die Karten auf den Tisch.

»Du hast schon wieder gewonnen«, sagte Rolfie, als wäre das eine äußerst erstaunliche Angelegenheit.

Dabei gewann sie immer. Manchmal hatte ich den Verdacht, dass Rolfie sie absichtlich gewinnen ließ. Wahrscheinlich konnte er sich alle Karten merken. Rolfie verfügte trotz seiner Defizite in Alltagsangelegenheiten über ungewöhnliche Fähigkeiten. Er konnte zum Beispiel puzzeln wie kein Zweiter. Er sah auf einen Blick, welche Formen zusammenpassten und welche nicht. Wenn er ein Teil in die Hand nahm, passte es genau in die Lücke. Immer.

»Lucy, du musst zum Turnen«, sagte ich und rieb mir die Schläfen. »Hol deinen Turnbeutel. Er ist noch neben der Waschmaschine.«

»Och, heute nicht, Mama. Wir spielen gerade so schön.«

»Keine Widerrede! Du gehst. Ich habe schließlich bezahlt«, sagte ich.

Der Turnverein war der einzige Luxus, den wir uns leisteten, das wusste Lucy. Sie seufzte ergeben. Eins hatte sie von Geburt an gelernt: Wenn es um Geld ging, spaßte ich nicht. Dafür hatte ich einfach nicht genug.

»Lass mir deine Unterlagen einfach da, Rolfie«, sagte ich, als mir einfiel, dass er noch weniger hatte. »Ich kümmere mich darum.«

»D…d…danke, K…kathi. Komm Lucy, ich bring dich noch bis zur Ecke.«

Rolfie holte den Roller für Lucy aus der Garage, während ich ihre kinnlangen Haare zu einem kurzen Zopf zusammenband und ihre dicke Jacke zuzog.

Ich ging mit vor und sah ihnen nach. Rolfie legte die riesige Hand auf Lucys Rücken und schob sie die Straße hinunter. Weil er so groß war, musste er sich dazu bücken und kleine Trippelschritte machen. Es sah sehr ungelenk aus.

Das war also die männliche Bezugsperson für meine Tochter. Kopfschüttelnd schloss ich das Gartentor. Der Efeu überwucherte es inzwischen fast völlig, als bemühe er sich, die rostige Schande zu verbergen, doch es nutzte nichts. Nicht einmal an Sankt Martin klingelte ein Kind, obwohl der Zug genau hier vorbeikam. Die Eltern zerrten ihre Sprösslinge am Haus vorbei. Zu viele Menschen wussten, was damals hier passiert war. Sicher war es kein Ort des Glücks gewesen. Dennoch war ich froh, es zu haben. Es gab uns ein Dach über dem Kopf, und das lernte man zu schätzen, wenn man nur wenige Euros von der offiziellen Armutsgrenze entfernt lebte und die Verantwortung für ein Kind trug. Es wäre mir lieber gewesen, das Haus hätte nicht ausgerechnet in Lohausen gestanden, dieser merkwürdigen Ansammlung von Gewerbebetrieben, Garni-Hotels für Messegäste, Einfamilienhäusern und Bauernhöfen, wo man immer den Fluglärm hörte.

Denn trotz alldem war Lohausen für die Einwohner vor allem ein Dorf. Es gab Reitställe, zwei Kirchen, eine evangelisch, eine katholisch, einen Schützenplatz, der einmal im Jahr geschmückt wurde, um den Schützenkönig zu feiern, und eine winzige Dorfschule. Die Wohnhäuser befanden sich oft seit Generationen in Familienbesitz. Man konnte nur schlecht untertauchen, weil sich fast alle kannten. Das war ein Nachteil, mit dem ich leben musste. Der Immobilienboom ließ zwar die Preise hochschnellen, trieb aber auch ein paar Neuzugänge hierher, die stets verräterisch an den Himmel starrten, wenn eine A380 im Landeanflug war, denn mit solchem Lärm musste man aufgewachsen sein, um ihn ignorieren zu können. Aber ansonsten hatten mich bei meiner Rückkehr haargenau dieselben Gesichter erwartet, die ich schon seit meiner Kindheit kannte.

Ich schmiss noch drei Ibuprofen ein, warf einen Blick in Rolfies Unterlagen, konnte mich jedoch nicht konzentrieren und sah mir stattdessen eine Soap im Fernsehen an.

Schließlich raffte ich mich auf und ging in die Küche. Zu den immer noch hämmernden Kopfschmerzen plagte mich das schlechte Gewissen, dass meine Tochter noch keine warme Mahlzeit bekommen hatte, und ich kochte Nudeln mit einer Tomatensoße, die hauptsächlich aus Ketchup bestand.

Die Welt draußen verlor bereits ihre Farben. Meine Gedanken waren ebenso trüb: Lucy hatte nicht gerade das große Los gezogen. Ich war alleinerziehend und hatte ständig Geldnot. Mehr Familie als mich gab es nicht. Und in der Schule trat Lucy in meine Fußstapfen und wurde mehr und mehr zur Außenseiterin.

Die Kinder machten sich über sie lustig: über ihre Kleidung vom Discounter, die falsche Marke ihrer Buntstifte, den Tornister, der mit Eisbären statt den angesagten Einhörnern bedruckt war. Und vor allem darüber, dass Lucy die Frage, wo eigentlich ihr Vater war, nicht beantworten konnte. Leider konnte ich ihr dabei auch nicht helfen. Mehr, als dass Oliver nie da war, wo wir waren, wusste ich nicht von seinem Aufenthaltsort.

Es waren vor allem zwei Mädchen, die Lucy auf dem Kieker hatten. Und Charlotte und Annabel gingen ebenfalls zum Turnen. Ich hätte Lucy zwei Stunden Ruhe in der Woche vor ihnen gegönnt.

Ich überlegte, ob die Mädchen Lucy heute ärgern würden, weil Rolfie sie zum Turnen gebracht hatte.

Denn Rolfie … nun ja, war eben Rolfie. Es stand völlig außer Frage, dass er ein seltsamer Zeitgenosse war. Wir waren beide Sonderlinge, aber wir hatten durch die Jahre zusammengehalten und uns gegenseitig unterstützt. Er half mir ab und zu im Haus, ich kümmerte mich um seinen Papierkram. Wenn ich mich dazu aufraffen konnte.

Ich zog den heißen Nudeltopf vom Herd und schüttete die Spaghetti so schnell in das Sieb über der Spüle, dass mich ein paar Spritzer kochendes Wasser an der Hand trafen. Schnell drehte ich den kalten Wasserhahn auf und kühlte die verbrannten Stellen.

Erst da warf ich einen Blick auf die Uhr – und erschrak. Lucy hätte bereits seit einer halben Stunde zu Hause sein müssen. Ich versuchte, mir den Nachmittag wieder ins Gedächtnis zu rufen. Hatte Lucy etwas zu mir gesagt, was ich nicht richtig mitbekommen hatte? Eine Verlängerung der Turnstunde wegen der geplanten Aufführung an Weihnachten zum Beispiel? Mit meinem Kopfweh hatte ich ihr die ganze Zeit nur halb zugehört.

Zeitgleich schossen mir Bilder von Lieferwagen durch den Kopf, mit fremden Männern am Steuer, auf der Suche nach einsamen Kindern. Natürlich hatte ich Lucy immer wieder eingetrichtert, niemals mit Fremden mitzugehen, aber auf einmal kam mir diese Schutzmaßnahme völlig lächerlich vor. Lucy war erst acht! Sie hatte doch keine Chance gegen einen Erwachsenen, der ihr Böses wollte.

Mein Herz schlug bis zum Hals. Ich musste sie suchen.

Ich warf meinen Parka über, griff nach dem Schlüssel und schlüpfte in die Gummistiefel, weil das schneller ging, als meine Winterschuhe zuzuschnüren.

Vor der Haustür überlegte ich kurz. Der Nachhauseweg rechts über den Nagelsweg war kürzer als links über den Lohauser Feldweg. Deshalb kam Lucy fast immer über den Nagelsweg. Fast immer, aber eben nicht immer. Ich lief nach rechts. Ich musste die Statistik zu Hilfe nehmen. Sonst hatte ich keine Verbündeten.

Auf dem Weg zur Schule holte die Dunkelheit mich endgültig ein.

Es war kein Kind mehr auf der Straße. Alles war wie leer gefegt. Die meisten Kinder wurden vom Turnen abgeholt, auch wenn sie nur eine Straße weiter weg wohnten.

Lucy nicht.

Ich fing an zu rennen, schaute in die Hauseingänge und

Vorgärten, ob ich irgendwo ihren Roller sah. Die Schule war höchstens sieben-, achthundert Meter von unserem Haus entfernt, es schien mir eine Distanz zu sein, die Kinder allein zurücklegen konnten. Aber jetzt machte ich mir Vorwürfe. Wieso holte ich meine Tochter nicht auch ab? Nur weil ich mich, wenn ich dort mit den anderen Eltern in der Halle herumstand, wie jemand fühlte, der nicht dazugehörte?

Ich benutzte nicht das Haupttor, sondern rannte den schmalen Fußweg entlang, der direkt zur Turnhalle führte.

Vor der Halle standen keine Roller und keine Fahrräder, und im Vorraum brannte auch kein Licht mehr. Ich rüttelte trotzdem an der Hallentür. Sie war abgeschlossen. Ich legte die Hände an die Scheibe und lugte hinein.

»Hallo?«, rief ich. In der Halle blieb es dunkel und unbewegt.

Da fiel mir Rolfie ein. Vielleicht war Lucy ja zu ihm gelaufen, um weiter Karten zu spielen?

Rolfie wohnte auf dem Lohauser Feldweg, also lief ich andersherum zurück.

Das Vorderhaus der alten Frau Prott, in dessen Nebengebäude Rolfie ein Zimmer mit Bad und Kochnische bewohnte, war stockdunkel. Das war ungewöhnlich, denn Frau Prott verließ ihr Haus nur noch selten. Ob sie bei Rolfie war? Doch auch das Nebengebäude im Hinterhof lag verlassen im Dunkeln.

Ich klingelte trotzdem Sturm. Niemand öffnete.

Vielleicht hatte Rolfie Lucy ja wieder nach Hause gebracht, und Lucy sorgte sich, weil ich nicht da war? In der Eile hatte ich vergessen, einen Zettel zu schreiben.

Ich hatte Lucy mal gesagt, dass ich einen Ersatzschlüssel unter dem roten Blumentopf im Garten aufbewahrte. Ob sie sich daran erinnerte? Sie hatte ihn noch nie benutzen müssen.

Ich rannte, so schnell ich konnte. Die Gummistiefel waren dafür nicht besonders geeignet und kosteten mich jetzt mehr

Zeit, als sie mir beim Anziehen gespart hatten. Sie scheuerten bei jedem Schritt, was mich ständig daran erinnerte, dass ich in ihnen zu langsam war.

Als ich zu Hause ankam, schrie ich atemlos Lucys Namen durch den Flur. Ich machte die Lichter an, überall, lief auch in den oberen Stock, den wir kaum nutzten.

Nichts.

Das war eine der Situationen, in denen mir das Leben mit glasklarer Schärfe meine Einsamkeit vor Augen führte. Ich wusste niemanden, den ich hätte um Hilfe bitten können.

Rolfie war nicht zu Hause. Thea war in Portland. Außer ihr hatte ich keine Freundin.

Ich hatte nicht einmal Verwandte.

Wo konnte Lucy sein?

Ich wollte die Polizei rufen, hatte aber gleichzeitig Angst davor.

Was, wenn sie meinen Namen in den Computer tippten und auf meine Geschichte stießen? Ich fühlte eine tiefe Furcht, dass man mir Lucy wegnehmen würde. Zwar konnte man mir nicht das Sorgerecht aufgrund der Vergangenheit meiner Familie entziehen, aber viele Menschen glauben an das Böse in den Genen, auch Polizisten. Und ich hätte dem wenig entgegenzusetzen. Alles, was sie sähen, würde ihr Bild von mir bestätigen. Die schäbige Kleidung, das nur halb geheizte Haus, die billigen Möbel, mein Status als alleinerziehende Mutter. Nahm man alles zusammen, wäre das Bild über Lucy und mich komplett, bevor ich irgendetwas erklärt hatte.

Ich holte mein Handy aus der Hosentasche und suchte die Nummer von Carola heraus. Ihr Sohn turnte schon seit dem Kindergarten in Lucys Gruppe mit.

»Hier ist Kathi. Kannst du Sven mal schnell fragen, wann Lucy heute vom Turnen weg ist?« Ich versuchte meine Stimme nicht allzu sehr zittern zu lassen.

»Sven!«, rief Carola. »Sven! Hast du schon wieder Kopfhörer an? Mach doch mal leiser! Wann ist Lucy vom Turnen weg?«

»Die war heute gar nicht da«, hörte ich Svens Stimme, und ich wusste schon, dass es stimmte, bevor Carola noch mal nachbohrte.

»Bist du sicher?«

»Ich bin doch nicht blöd!«

Lucy war also bereits seit mehr als zwei Stunden unauffindbar.

Jetzt geriet ich endgültig in Panik.

Die einzige Person, die zu mir gehörte, war nicht nach Hause gekommen. Und ich hatte keine Ahnung, wo ich sie suchen sollte.

Ich versuchte mit aller Gewalt, mich zusammenzureißen. Eine Entführung, machte ich mir klar, war extrem unwahrscheinlich. Thea hatte mir einmal erklärt, dass über 99 Prozent der Kinder, die vermisst gemeldet würden, binnen weniger Stunden wieder auftauchten. Andererseits nützte einem die Wahrscheinlichkeit gar nichts, wenn man die Mutter dieses einen Kindes war. Ich setzte mir selbst ein Ultimatum: Wenn ich Lucy innerhalb der nächsten zwanzig Minuten nicht fand, würde ich die Polizei rufen, auch wenn ich schreckliche Angst davor hatte, dass daraufhin irgendwo ein amtlicher Vermerk über meine unzureichenden Fähigkeiten als Mutter gemacht werden konnte.

Ich wischte diesen Gedanken beiseite und konzentrierte mich entschlossen auf die wahrscheinlicheren Möglichkeiten. Wohin konnte Lucy gelaufen sein, wenn sie nicht zum Turnen gegangen war?

Oliver schoss mir durch den Kopf. War das möglich? Aber selbst wenn er wieder aufgetaucht wäre, warum sollte er sich auf einmal für seine Tochter interessieren?

Das Flüchtlingsheim fiel mir ein.

Eine Klasse unter Lucy war ein Flüchtlingsmädchen, mit dem Lucy gern zusammen war. Sie war in den Pausen so viel allein, dass dieser Kontakt ihr wertvoll geworden war. Oft gingen sie nach der Schule ein Stück zusammen. Ob sich daraus eine Freundschaft entwickelt hatte, die mir bisher verborgen geblieben war?

Ich beschloss, nachzusehen. Ich hatte nicht viel Auswahl. Dieses Mal hinterließ ich ihr eine Nachricht auf einem großen Zettel und legte ihn auf den Küchentisch. »Suche dich. Ruf mich sofort an, wenn du nach Hause kommst!«

Vorsichtshalber schrieb ich meine Handynummer dahinter. Sie war zwar im Festnetzapparat gespeichert, aber ich wusste nicht, ob Lucy sich daran erinnerte. Sie rief mich nie an. Wozu auch – sie war entweder in der Schule, beim Turnen oder bei mir.

Ich holte mein Fahrrad aus der Garage und fuhr den Nagelsweg entlang, diesmal nicht zur Schule, sondern Richtung Rhein. Ich trat in die Pedale, so fest ich konnte. Dabei umklammerte ich mein Handy, damit ich auf keinen Fall einen Anruf von Lucy verpasste. Meine Gedanken sprangen hin und her zwischen Katastrophenszenarien und Strategien, Lucy zu finden.

Auf dem Sportplatz der International School spielten einige Jungen Fußball. Die Flutlichter schienen kalt auf die Spieler. Vom Boden stiegen Dunstschwaden auf. Mein Blick eilte den Zaun entlang, zur nebelfeuchten Wiese, zum verlassenen Parkplatz. Keine Spur von Lucy.

Ich fuhr weiter, bog auf den Leuchtenberger Kirchweg. Die Straße, die parallel zum Rheindamm verlief, schien mit meiner Welt nichts mehr zu tun zu haben, obwohl sie nur wenige Hundert Meter von meinem eigenen Haus entfernt lag. Ein schicker Reitstall stand am Anfang dieser Straße. Ob Lucy vielleicht Pferde anschauen wollte?

Natürlich wusste sie, dass Reitunterricht für uns außerhalb

des Denkbaren lag. Hatte sie vielleicht deshalb eine Leidenschaft für Pferde vor mir verborgen? Um uns beiden ein Nein zu ersparen? Ich sagte viel zu oft Nein zu ihr.

Mir schwirrte der Kopf. Es gab so viele Möglichkeiten, wo sie sein konnte.

Das Flüchtlingsheim lag inmitten der weiß getünchten Villen. Obwohl es anfänglich Protest gehagelt hatte, hatte sich das kleine Containerdorf inzwischen in die Landschaft eingefügt, als gehöre es dort immer schon hin. Es hatte bisher nie Ärger mit den Bewohnern gegeben.

Aber was, wenn dort jemand auf Lucy gelauert hatte?

Die Proteste fielen mir wieder ein: Die vielen alleinstehenden Männer dort schürten die Angst vor Übergriffen auf Frauen und Kinder. Andererseits konnte Lucy genauso gut hinter eine der Villenmauern geschleppt worden sein. Oder in ein Auto gezogen. Als seien das nicht schreckliche Möglichkeiten genug, lag auch noch auf der anderen Seite, hinter der Wiese des Flüchtlingsheims, ein riesiges Schrebergartengebiet. Und jede einzelne Parzelle besaß eine Hütte, in die man ein Kind zerren konnte.

Inzwischen kribbelten meine Arme und Beine vor Panik. Auch wenn ich wusste, wie schnell die Polizei bereit war, falsche Schlüsse zu ziehen, ich konnte nicht länger allein suchen. Die Zeit zerrann mir zwischen den Fingern. Es war sinnlos. Ich brauchte ihre Hilfe. Und hatte ich nicht schon tausend Mal im Fernsehen gehört, die ersten Stunden seien die entscheidenden, wenn ein Kind verschwand?

Was tat ich hier eigentlich?

Ich blieb stehen. Mein Atem kondensierte in der kühlen Abendluft. Ich wischte über das Display meines Handys.

Vor Aufregung vertippte ich mich. Die Wahl des Codes war alles andere als originell, erschien mir aber auf einmal besonders bedeutsam: Es war Lucys Geburtsdatum. Tränen stiegen mir in die Augen. Ich tippte ihn erneut ein. Das Telefon entsperrte sich. Ich starrte auf den Ziffernblock. Musste man die Vorwahl von Düsseldorf wählen, wenn man die Polizei rief? Ich versuchte es erst mal ohne. Ein Glück, es tutete.

Beinahe hätte ich es nicht wahrgenommen, weil ich so konzentriert auf den Anruf war. Doch genau in dem Moment, als eine Stimme »Polizeinotruf« sagte, hörte ich hinter mir das leise Geräusch von Gummirädern auf dem Asphalt. Ich fuhr herum. Dort rollerte meine Tochter über den schmalen Fußweg vom Rheindamm auf den Nagelsweg.

Kapitel 2

Mit einem Schlag fiel die Angst von mir ab. Die Erleichterung war so groß, dass ich sie körperlich spüren konnte. Die Statistik, mit der ich mich beruhigt hatte, hatte recht behalten. Hatte ich noch vor einer Sekunde wirklich geglaubt, dass ausgerechnet hier, wo man die Uhr nach dem Rasenmäherbrummen seines Nachbars stellen konnte, jemand Kinder verschleppte? Innerhalb einer einzigen Sekunde war dieser Gedanke absurd geworden.

Hastig stellte ich mein Fahrrad auf den Seitenständer und rannte ihr entgegen. Ich riss sie an mich, doch sie versteifte sich in meinen Armen.

»Wo warst du? Warum warst du nicht beim Turnen? Ich habe mir solche Sorgen gemacht!«

Ich drückte sie noch einmal, aber sie war immer noch voller Abwehr.

Schließlich schob ich sie auf Armeslänge von mir und sah ihr ins Gesicht. Sie schaute auf den Boden.

»Wo warst du?«, fragte ich noch einmal, dieses Mal eine Spur bestimmter als zuvor. »Im Dunkeln, am Rheindamm, wo keine Menschenseele dich hört? Weißt du nicht, wie gefährlich das ist?«

Sie antwortete nicht.

»Ist alles in Ordnung?«

Lucy nickte, aber ihr Blick war immer noch auf den Bürgersteig gerichtet. Ich inspizierte sie rasch. Sie sah noch genauso aus wie vorhin, als sie das Haus verlassen hatte: das Haar zu einem kurzen Zopf gebunden, den Reißverschluss ihrer Daunenjacke bis unter das Kinn zugezogen, was nur dann der Fall war, wenn ich ihre Jacke schloss, was mich auf unbestimmte Weise beruhigte. Der Turnbeutel schlenkerte am Lenkrad des Rollers.

»Ab nach Hause«, beschloss ich, da ich keine Ahnung hatte, wie ich mit so einer Situation umgehen sollte. Bisher hatten wir immer über alles geredet. Hatte ich zumindest gedacht. Dass meine Tochter Geheimnisse haben sollte, die über versteckte Gummibärchen oder unerlaubt benutzte Handys hinausgingen, schien mir abwegig. Es musste eine ganz einfache Erklärung geben.

Wir brachten Roller und Fahrrad in die Garage, und sie folgte mir in die Küche.

Im Sieb über dem Spülbecken waren die Nudeln inzwischen zusammengepappt. Ich schaufelte einen Klumpen davon auf einen Teller und gab einen Klecks lauwarme Tomatensoße darüber.

Dann schob ich den Teller Lucy vor die Nase. »Wenn du pünktlich gewesen wärst, würden sie besser schmecken«, sagte ich in dem Versuch, die Stimmung zu wenden. Bisher hatte meine Erleichterung, sie wiederzuhaben, Lucy eine Art Freibrief ausgestellt. Solange ich damit beschäftigt war, mich über sie zu freuen, brauchte sie weder eine Befragung noch eine Bestrafung zu befürchten. Aber jetzt wollte ich Antworten.

»Iss was«, sagte ich, als sie stumm vor ihrem Teller saß und die Gabel nicht anrührte.

»Hab keinen Hunger«, sagte Lucy schließlich leise.

Ich seufzte. »Du hast heute Mittag nur ein Brot gegessen.«

»Trotzdem.«

Ich nahm die Gabel, pikste ein paar Spaghetti auf und hielt sie ihr an den Mund wie einem Kleinkind, doch sie schüttelte den Kopf. Schließlich schob ich mir die Gabel selbst in den Mund. Die Spaghetti schmeckten mehlig, aber ich aß weiter, nur, um etwas zu tun.

»Du warst nicht beim Turnen.«

Lucy schwieg.

»Wo warst du?«

Sie zuckte mit den Schultern.

»Ich habe mir furchtbare Sorgen gemacht. Du warst über zwei Stunden verschwunden.«

Ihr Blick flackerte unsicher zu mir herauf. Offenbar hatte sie ihre Verspätung bisher noch gar nicht wahrgenommen.

»Warum warst du nicht beim Turnen?«

»Charlotte und Annabel ärgern mich immer.«

Jetzt bewegte sie sich auf sicherem Boden. Ich hörte es an der Art, wie sie antwortete. Natürlich, die beiden wieder. Die Töchter waren Kopien ihrer Mütter. Charlottes Mutter Henriette gehörte zu den Zugezogenen, aber Gabi hatte mir schon als Kind das Leben zur Hölle gemacht.

Sobald sie mich irgendwo ausfindig gemacht hatte, hatte sie mit ausgestrecktem Zeigefinger angefangen zu lachen. Die Anlässe dafür waren so banal gewesen, dass ich mich gegen sie nie hatte wappnen können. Einfach alles hatte Gabi zur Schadenfreude animiert: meine runtergerutschte Socke, der Aufdruck auf meinem T-Shirt, meine Zahnlücke, jeder Fehler im Unterricht, der umgekrempelte Saum meiner Jeans. Es war furchtbar gewesen. Ich hatte keine Ahnung gehabt, wie ich mich vor ihr hätte schützen können, außer indem ich mich vor ihr versteckte. Noch heute ging ich ihr aus dem Weg, wo ich nur konnte.

»Die lassen mich auch nie aufs Klo«, fuhr Lucy fort.

»Was soll das denn heißen?«, fragte ich.

»Immer, wenn eine von denen aufs Klo muss, stellt sich die andere in die Tür. Die bestimmen dann, wer reindarf und wer nicht. Die wollen das ganze Klo für sich haben. Und die sind da immer. Jede Pause. Und mich lassen sie nie rein. Aber wenn ich das Frau Klose sage, behaupten sie, das stimmt gar nicht und ich würde lügen.«

Mein Kopf fing wieder an zu pochen. »Das ist ja nicht zu fassen«, sagte ich. »Aber was machst du denn dann?«

»Wenn ich dringend muss, geh ich heimlich aufs Jungenklo. Aber letztens war der Max in der Kabine und hat behauptet, ich wäre nur da, weil ich ihm auf sein Ding schauen wollte.« Lucy wurde rot. »Und dann hat er das allen Jungen erzählt, und die sagen jetzt immer ganz gemeine Sachen zu mir.«

Das war nicht gut. Auf keinen Fall wollte ich, dass Lucy einen Ruf als frühreifes Mädchen bekam.

»Du darfst jedenfalls nicht mehr aufs Jungenklo gehen«, sagte ich hastig, »das ist keine gute Idee. Besser, du sagst Annabel und Charlotte, sie sollen dich aufs Mädchenklo lassen, das gehört schließlich nicht ihnen. Hast du das schon probiert?« Schon als ich es aussprach, fand ich mich verlogen. Ich machte meinem Kind eine Welt vor, die nicht existierte. In der man auch mit Leuten über ein Problem reden konnte, die gar kein Interesse an einer Lösung hatten. Aber so funktionierte es nicht.

»Das nützt doch nichts«, sagte Lucy, die das offensichtlich schon selbst herausgefunden hatte.

Seit dem Tag, an dem mich Gabi ins Klo geschubst hatte, von dem sie auch noch vorsorglich die Brille hochgeklappt hatte, wusste ich, wie es sich anfühlte, auf der Verliererseite zu stehen. Auf dem Schulhof hatte Gabi auf meine nasse Hose gezeigt und geschrien: »Kathi hat sich in die Hose gemacht! Kathi hat sich in die Hose gemacht!« Auch wenn sie später vom Schulleiter verwarnt worden war, die Lacher waren auf ihrer Seite gewesen. Die Verwarnung war nicht öffentlich geschehen – meine Demütigung schon.

Dass ausgerechnet Gabis Tochter jetzt meine Lucy mobbte, riss die alten Wunden auf. Doch was sollte ich meinem Kind sagen?

Ich unterdrückte eine unpassende Bemerkung über Gabi

und Annabel, indem ich mir noch mehr Spaghetti in den Mund schob und wütend darauf herumkaute.

Es war nicht ratsam, sich mit Gabi anzulegen. Sie war giftig wie ein Kugelfisch, und sie blähte sich genauso gern auf. Eines war schon in der Grundschule klar gewesen: Gabi wollte nach oben. Obwohl sie selbst aus eher einfachen Verhältnissen kam, versuchte sie ständig, sich aufzuwerten, indem sie sich nur mit den besser gestellten Kindern anfreundete – und über die anderen lachte.

Ich konnte mir gut vorstellen, wozu jemand wie Gabi fähig war, wenn man sich an ihrem Statussymbol vergriff. So nämlich kam mir Annabel vor, die immer ausstaffiert war wie eine Puppe und trotzdem nur aussah wie eine Kopie von Charlotte. Zwar hatte auch Gabi es inzwischen bis in die Pastor-Bröhl-Straße geschafft, in eine relativ neue und gehobene Siedlung neben der Internationalen Schule. Das Bauunternehmen ihres Mannes Uwe hatte von der Baukonjunktur der letzten Jahre ordentlich profitiert. Aber Charlottes Familie toppte das locker. Sie lebte auf dem Leuchtenberger Kirchweg, und zwar auf der Rheinseite. Eine teurere Ecke hatte Lohausen nicht zu bieten.

Lucy biss sich ein Stück von ihrem Daumennagel ab. »Und außerdem denkt Charlotte, sie wäre besser als alle anderen«, sagte sie.

»Charlotte? Wirklich?« Ich stellte mich dumm, dabei erschien es mir nur logisch.

»Und ich glaube, dass Charlotte Annabel befiehlt, mich nicht aufs Klo zu lassen. Die redet fast nie mit jemandem, aber Annabel flüstert sie immer alles ins Ohr, dass sie irgendwelche Sachen machen soll, und Annabel macht das dann.«

Es war schon erstaunlich, wie Kinder das Verhalten ihrer Eltern kopierten. Viel besser hätte ich die Beziehung zwischen Henriette und Gabi auch nicht beschreiben können. Henriette, obwohl die Vorsitzende der Elternvertretung, ließ bei Elternabenden grundsätzlich Gabi sprechen, beugte sich nur ab und zu zu ihr und korrigierte sie leise, aber gerade so laut, dass es irgendjemand in der ersten Reihe noch verstand und weitererzählen konnte. Trotzdem wirkte Gabi ihr gegenüber stets diensteifrig und nie beleidigt.

Lucy wischte sich mit der Hand über die Augen. »Und außerdem hat Charlotte gesagt, weil ich keinen Papa habe, darum sind wir arm.«

Das versetzte mir einen Stich.

»Vielleicht hast du das falsch verstanden«, sagte ich nach einer kurzen Pause.

»Nein. Am liebsten würde ich Charlotte verprügeln. Aber Annabel passt immer auf sie auf, und zu zweit sind sie stärker als ich«, sagte Lucy und blitzte mich wütend an.

»Vielleicht sollte ich besser erst mal mit der Lehrerin sprechen«, versuchte ich sie zu besänftigen. »Gewalt bringt dich nicht weiter. Man kann doch über alles reden.«

Meine Antworten klangen wie aus einem der Ratgeberbücher für Eltern, die ich in Unmengen verschlungen hatte, aus lauter Sorge, dass ich mich als schlechte Mutter entpuppen könnte.

Ich fand mich erbärmlich.

Lucy reagierte nicht einmal. Warum musste ich meine Tochter auch mit solchen Standardsprüchen quälen? Es hörte doch kein anderer zu.

»Und wo warst du jetzt die ganze Zeit?«, fragte ich nach einer kurzen Pause, die wir beide gebraucht hatten, um uns von meiner feigen Bemerkung zu erholen.

»Spielen«, antwortete Lucy schließlich.

»Aha«, sagte ich. »Am Rhein?«

»Ja.«

»Unten am Rhein? Auf den Wiesen?«

»Ja!« Lucy verschränkte die Arme.

»Mit dem Roller?«

Jetzt wurde sie aufmerksam. Sie sah konzentriert an die Wand und dachte nach. Ich kannte sie so gut. Wahrscheinlich dachte sie darüber nach, dass sie ihren Roller nicht unbeaufsichtigt auf dem Damm hätte liegen lassen dürfen. Wir konnten nicht ohne Weiteres einen neuen kaufen. Und fahren konnte man auf den schlammigen Wegen zu den Rheinwiesen herunter nicht.

»Ja«, sagte sie schließlich, »den Roller habe ich aber mitgenommen.«

»Wie denn?«

»Geschoben.«

»Du hast den Roller geschoben?«

»Ja«, sagte Lucy und schob die Unterlippe vor.

»Wieso war er dann nicht dreckig?«

Sie schwieg, aber ihre Augen füllten sich mit Tränen. Gerade hatte sie gelernt, an was man alles denken musste, wenn man log.

»Lucy«, begann ich mit möglichst sanfter Stimme, »du kannst mir doch sagen, wo du warst. Ich schimpfe nicht. Versprochen.«

»Ich war am Rhein spielen!« Es klang so verzweifelt, dass ich nicht noch einmal nachhakte.

»Okay, wenn du das sagst«, sagte ich stattdessen. Ich machte eine Pause. »Dann geh dir jetzt die Zähne putzen. Es ist Bettzeit.«

Lucy schob den Stuhl so erleichtert zurück, dass er beinahe umkippte. Noch nie war sie freiwillig so schnell zum Zähneputzen verschwunden.

Ich rührte mich nicht. Meine Tochter belog mich. Was war schiefgelaufen? Was hatte ich falsch gemacht?

Und wo um Gottes willen war sie gewesen?

Kapitel 3

In der Nacht konnte ich kaum schlafen.

Lucy hatte mir nicht mehr verraten, wo sie gewesen war, auch nicht, als ich nach der Gute-Nacht-Geschichte die Bettdecke um sie herum festgestopft und noch einmal nachgefragt hatte.

Der Kuss auf ihre Stirn hatte sich mit einem Mal sonderbar angefühlt, beinahe so, als stünde er mir nicht länger zu.

Als ich in meinem Bett lag, war ich auf eine tiefere Art einsam als sonst.

Wir schliefen in den beiden nebeneinanderliegenden Zimmern im Erdgeschoss, die hinten an das Wohnzimmer anschlossen. Das Erdgeschoss bestand aus der Küche und vier Zimmern, von denen wir aber nur diese drei benutzten. Im ersten Stock nutzten wir nur das Badezimmer, die restlichen Zimmer standen leer.

Es war ein völlig verbautes und verwinkeltes Haus, das längst eine Sanierung nötig gehabt hätte. Die Ausstattung stammte noch von meinen Großeltern aus den Siebzigerjahren: die tiefer gehängten Decken aus Holzpaneelen, der ausgetretene Teppichboden, die Wand aus Glasbausteinen neben der Haustür und die gluckernde, alte Ölheizung im Keller. Nichts davon war heute noch Standard. Lediglich das Badezimmer hatte vor ein paar Jahren eine kostengünstige Renovierung durch Rolfie erfahren. Er hatte eine Ladung von übrig gebliebenen Fliesen von einer Baustelle mitnehmen dürfen und sie bei mir angebracht.

Ansonsten zeigte sich das Haus von seiner hässlichsten Seite. Es zu verkaufen, wäre trotz des anhaltenden Immobilienbooms schwierig. Nicht nur dass die Kosten für die Modernisierung dieses Ungetüms den Kaufpreis schnell überstiegen hätten, ihm haftete auch der Makel der Vergangenheit an.

Doch nach Lucys Geburt wieder zurückzukehren, war für mich die günstigste Lösung gewesen. Außerdem hatte Thea noch nebenan gewohnt. In der anstrengenden Zeit als frischgebackene und alleinerziehende Mutter wäre ich ohne sie kaum zurechtgekommen.

Inzwischen jedoch war Thea in die Staaten gezogen. Ich vermisste sie.

Auf einmal hörte ich nebenan ein Geräusch. Lucy weinte. Sie litt in letzter Zeit unter Albträumen, was mir zunehmend Sorgen bereitete. Heute war ich beinahe froh darüber. So hatte ich einen Grund, sie in mein Bett zu holen. Das vermied ich sonst, weil ich mal gelesen hatte, dass alleinerziehende Mütter dazu neigten, Kinder als Ersatz für den Partner in ihrem Bett schlafen zu lassen, und dass dies schädlich für die Entwicklung sei.

Aber ein weinendes Kind war mit Sicherheit eine Ausnahme. Ich ging hinüber und holte sie zu mir.

»Du darfst nie, nie wieder einfach woanders hingehen, ohne mir Bescheid zu geben. Versprich mir das!«, sagte ich, während ich ihr durchs Haar strich. Sie schmiegte sich an mich. Für diesen kurzen Moment war meine Welt wieder in Ordnung.

Doch als ich später den zarten Körper meiner schlafenden Tochter im Arm hielt und ihren unruhigen Schlaf beobachtete, wusste ich, dass ich es nicht mehr länger vor mir herschieben konnte. Ich musste mit den Müttern von Charlotte und Annabel sprechen. Wenn es nur nicht ausgerechnet Henriette und Gabi gewesen wären. Die beiden waren nicht nur die Elternvertreterinnen in Lucys Klasse, auch sonst stand ich auf der sozialen Leiter weit unter ihnen.

Charlottes Vater hatte eine Privatpraxis für Psychiatrie

und Psychotherapie mitten in der schmucken Kaiserswerther Altstadt. Schon das glänzende Messingschild an dem schicken Altbau setzte ein Zeichen.

Mit Psychotherapeuten hatte ich so meine Erfahrungen, allerdings mit einer ganz anderen Sorte. Als Kind hatte man mich in Therapie geschickt. Die Therapeutin hatte ihr Büro im LVR-Klinikum gehabt. Es war ein schmuckloser Raum am Ende eines düsteren Korridors gewesen. Noch heute hatte ich den Geruch von Linoleum und Putzmitteln in der Nase.

Und Henriette war Anästhesistin in der Kaiserswerther Diakonie. Als Krankenschwester hatte ich eine Art eingebaute Ehrfurcht vor Ärzten. Sie war gertenschlank, mit dunkelblondem, akkurat geschnittenem Haar und feinen Gesichtszügen. Ihre Haltung war so gerade, dass mir häufig der Begriff »stocksteif« in den Sinn kam. Sie war auf eine andere Art unnahbar, und ich mochte sie deshalb nicht besonders. Während ich die Welt vom Rande der Gesellschaft betrachtete, sah Henriette auf sie herab.

Aber ich musste auch zugeben, dass ich ihre Disziplin bewunderte, wenn ich sie trotz ihres Arbeitspensums schon frühmorgens oder noch spätabends auf dem Rheindamm joggen sah.

Jedenfalls konnte ich nicht abstreiten, dass ich mich davor fürchtete, mich mit diesen Frauen anzulegen. Die Machtverhältnisse waren nun mal nicht gerecht verteilt.

Andererseits konnte ich auch nicht zulassen, dass Lucy zu Freiwild in einer Gesellschaft wurde, die sie wegen ihrer Herkunft – das dürfte vor allem auf Henriette zutreffen, die sich grundsätzlich allen überlegen fühlte – oder wegen unseres Geldbeutels – das wäre eher Gabis Ressort – für minderwertig hielt. Also musste ich mit Gabi und Henriette sprechen. Am besten schon morgen, wenn ich Lucy zur Schule brachte. Dort würde ich die beiden abpassen. Allein bei dem Gedanken daran wurde mir ganz schlecht.

Die nächsten Stunden verbrachte ich damit, mir vorzustellen, wie die Gespräche im schlimmsten Fall ablaufen würden, damit ich gewappnet war. Henriette würde mich mit diesem immer etwas abwesenden Blick ansehen, und nur ihr Mundwinkel würde kaum merklich in die Höhe zucken, während mich eine vernichtende Bemerkung von ihr verstummen ließ. Währenddessen rechnete ich bei Gabi einfach mit allem.

Das Einzige, was mich da retten konnte, war die Tatsache, dass Annabel in der Schule kein unbeschriebenes Blatt war. Sie hatte bereits zwei Tadel bekommen, weil sie äußerst besitzergreifend war, was Charlotte anging. Charlotte war ein hübsches Mädchen, viel hübscher als die etwas derbe Annabel, und bei den Jungs sehr beliebt. Annabel aber mochte wohl die Aufmerksamkeiten nicht, mit denen die Jungs Charlotte bedachten. Einmal hatte sie einem Jungen einen Stock zwischen die Speichen gesteckt, als er hinter Charlotte hergefahren war. Er war gestürzt und hatte sich die Elle angeknackst. Ein anderes Mal hatte sie einem Jungen die Schaukel an den Kopf geworfen, als er bei einem Fangspiel Charlotte für ihren Geschmack zu lange umklammerte. Beim dritten Tadel konnte eine Klassenkonferenz einberufen werden, die mit Schulausschluss enden konnte. Doch trotz dieses Druckmittels hoffte ich, dass ich Lucys Lage mit einem Gespräch nicht noch verschlimmerte.

Als ich endlich einschlief, träumte ich von dunklen Sümpfen, in denen ich immer tiefer versank, je mehr ich strampelte. Über mir saß meine Mutter auf einem Ast und sang »Schlaf, Kindchen schlaf«. Ich schrie um Hilfe, und sie streckte mir in allerletzter Sekunde einen Stock entgegen, doch als ich nach ihm greifen wollte, tauchte plötzlich neben mir ein Kopf aus dem Sumpf auf und jemand anders griff nach dem rettenden Zweig. Ich erwachte schweißgebadet. Mein Kopf schmerzte wieder.

Ich dachte kurz über die Bedeutung des Traums nach.

Selbst im Untergang war es für mich schwer vorstellbar, dass ich meine Mutter um Hilfe anrief. War ich vielleicht selbst die Mutter und saß singend auf einem Ast, während meine Tochter unterging?

Umso dringender war es, dass ich mein Vorhaben durchzog und gegen Charlotte und Annabel vorging. Wenn mir nur nicht so mulmig gewesen wäre!

»Reiß dich zusammen«, sagte ich mir, während ich das Schulbrot für Lucy schmierte. »Du wirst doch noch ein simples Gespräch führen können.« Die Selbstbeschwörung funktionierte nur unzureichend. Mein Herz klopfte mir bis zum Hals.

Vor der Schule herrschte ein ziemliches Gewühl aus Eltern, Autos, Rollern, Fahrrädern und Kindern.

Lucy hob nur kurz die Hand zum Abschied und rollerte zum Tor hinein. Frau Klose hatte uns von Anfang an dazu angehalten, die Kinder nicht auf den Hof zu begleiten, und so tat ich es auch nicht.

Ich blieb aber stehen, um Lucy zu beobachten. Sie setzte sich allein auf die Stufen zum Schulhaus und sah den anderen Kindern beim Spielen zu.

Wie erwartet waren Annabel und Charlotte noch nicht da. Sie kamen oft erst auf den letzten Drücker, ganz so, als würden sie schon einmal den großen Auftritt üben.

Ich hoffte darauf, dass zuerst Charlotte gebracht wurde und ich erst mal mit Henriette sprechen konnte. Auch wenn sie einen von oben herab behandelte, war Henriette von den beiden Müttern das kleinere Übel, da sie für niemanden eine Ausnahme machte. Ihre Arroganz verteilte sie gerecht.

Doch dann hielt statt des Geländewagens von Henriette der Porsche von Charlottes Vater vor der Schule. Das brachte mich völlig aus dem Konzept.

Ich kannte Gerald Süssbrich – *Doktor* Gerald Süssbrich – zwar seit Lucys Kindergartenzeit, jedoch nur flüchtig, von einigen Elternabenden und Schulfesten. Er war der Typ Mann, den ich schon allein deshalb nicht leiden konnte, weil sich jeder für seinen Freund hielt. Solche Leute fand ich per se verdächtig. Er schaffte es so überzeugend, den Kumpel von nebenan zu geben, dass man ihm sogar den etwas albernen Porsche verzieh. Zu allem Überfluss sah er auch noch gut aus. Groß, sportlich, dichtes Haar, das eine Spur zu lang in die Stirn fiel und das er sich gern mit einer Mischung aus spitzbübischem und entnervtem Grinsen aus der Stirn strich, als habe er wieder einmal versäumt, rechtzeitig einen Friseurtermin zu machen.

Gerald Süssbrich stieg aus und öffnete seiner Tochter galant die Tür. »Guten Morgen, die Damen!«, rief er in Richtung der Mütter, die sich vor dem Schultor versammelt hatten.

Obwohl ich abseitsstand, lächelte er auch mir zu und lupfte einen imaginären Hut.

Ich errötete und ärgerte mich darüber.

Gerald Süssbrich trug seiner Tochter den Schulranzen bis vor das Schultor. Dort überreichte er ihn ihr mit einem Diener und sagte: »Eure Hoheit! Wünsche den Tag wohl zu verbringen.«

Wie auf das Stichwort einer Souffleuse fing Charlotte an zu kichern, während die Mütter als allzu williges Publikum dabeistanden und gerührt lächelten. Ich wandte mich ab. In meinen Ohren klang Charlottes Gekicher zu laut.

Außerdem gönnte ich Charlotte diesen Moment mit ihrem Vater nicht. Sie hatte von allem so viel und Lucy so wenig. Und trotzdem versuchte sie, ihr Ego noch weiter aufzuplustern, indem sie meine Tochter schikanierte.

Gerald Süssbrich verabschiedete sich mit einem in die Runde gerufenen »Ladies!«, bevor er in seinen Sportwagen hüpfte und sich mit deutlich mehr als den erlaubten dreißig Stundenkilometern von der Schule entfernte.

Lucy sah immer noch beim Seilspringen zu. Keines der

Mädchen forderte sie auf, mitzuspielen. Mein Herz wurde schwer. Würde es ihr Leben lang so bleiben, dass sie nur vom Rand zuschaute?

Da hielt neben mir ein neu glänzender Minivan, hinter dessen Steuer ich Gabi erkannte. Sie brauchte zwei Anläufe, um den Neuwagen in die Lücke zwischen Carolas Opel und einem mir unbekannten Range Rover zu manövrieren. Schließlich stieg sie mit geröteten Wangen aus, winkte in die sich auflösende Runde der Mütter und öffnete per Knopfdruck die Seitentür, die beinahe lautlos aufglitt und den Blick auf Annabel freigab, die auf ihrem Sitz thronte wie in einer Kutsche.

»Wow! Tolles Auto!«, rief Carola, die stehen geblieben war, um es zu bewundern.

Gabi warf ihr links und rechts Küsschen neben die Wangen. Seit ihr Mann es zum Bezirksbürgermeister geschafft hatte, war Carola in Gabis Gunst gestiegen.

»Ja, Uwe hat sich endlich erweichen lassen.« Gabi zwinkerte ihr vielsagend zu. »Aber ein Siebensitzer ist einfach praktisch. Ich nehme so oft Freundinnen von Annabel mit. Komm Annabel, gib mir einen Kuss. Und denk dran, nachher Charlotte mitzunehmen, Henriette muss arbeiten.« Gabi vergaß selten, in einem Nebensatz zu erwähnen, wie gut sie Henriette kannte. Sie richtete den Zopf von Annabel, indem sie das Gummiband an dessen dünnen Ende festzurrte, und entließ ihre Tochter auf den Schulhof.

Während ich sie beobachtete, fuhr der Porsche von Gerald Süssbrich zum zweiten Mal vor und stoppte neben mir. Gerald beugte sich zum Beifahrerfenster und hielt einen Sportbeutel raus. »Kathi, kannst du Charlotte den Beutel geben? Sie hat ihn vergessen, und ich hab es furchtbar eilig.«

Verblüfft darüber, dass Gerald Süssbrich sich offensichtlich irgendwann mal meinen Namen gemerkt hatte, griff ich nach dem Turnbeutel. Ich verlor kein Wort über Charlotte.

Dieser Mann schüchterte mich mit seiner oberflächlichen Nettigkeit noch mehr ein als Henriette mit ihrer Hochnäsigkeit, und ich gab schon klein bei, bevor ich den Kampf überhaupt begonnen hatte. Ich nickte nur lahm.

»Danke dir!«, rief Gerald und brauste davon. Da stand ich also mit dem Turnbeutel seiner Tochter in der Hand. Statt ihn über das Verhalten von Charlotte aufzuklären, trug ich Sachen hinter ihr her. Wenigstens blieb mir noch die Gelegenheit, mit Gabi zu reden, die Carola gerade über die Sonderausstattungen ihres Autos aufklärte.

»Ich hab da echt alles drin, Klimaanlage, Sitzheizung, Freisprechanlage, Panoramadach …«

»Entschuldige …«, versuchte ich sie zu unterbrechen, doch wahrscheinlich hatte ich zu leise gesprochen, denn Gabi redete einfach weiter: »… elektrische Türen, elektrische Kofferraumklappe, Navi, na, den ganzen Pipapo halt.«

Ich räusperte mich verlegen.

Währenddessen schubste Annabel auf dem Schulhof einen Jungen zur Seite, der sich von hinten an Charlotte herangeschlichen und sie am Zopf gezogen hatte. Der Junge flog hintenüber. Es war pures Glück, dass er sich den Kopf nicht am Klettergerüst aufschlug.

Gabi wechselte derweil das Thema.

»Sag mal, wie hat Sven eigentlich beim letzten Diktat abgeschnitten? Findest du nicht auch, dass das Niveau von Frau Jonack viel zu hoch ist? Und jede Woche ein Diktat – ist Sven nicht auch gestresst? Meinst du, ich soll mal eine Umfrage in den Klassenchat stellen?«, fragte sie.

Der Gong ertönte. Sofort strömten alle Schüler auf die Tür zu. Lucy war verschwunden, ich hatte sie aus den Augen verloren.

»Ich finde, die Jonack übertreibt es ganz schön. Man kann doch nicht erwarten, dass Kinder in der dritten Klasse schon Wörter wie »Glacéhandschuhe« kennen!« Gabi schüttelte den

Kopf, als könne sie nicht glauben, dass man Annabel so etwas zugemutet hatte.

Inzwischen hatte das Schulgebäude alle Kinder verschluckt. Ich wartete immer noch ergeben auf das Ende von Gabis Gespräch, als eine Nachzüglerin vom Toilettengebäude Richtung Schule eilte. Es war Charlotte.

Mir fiel auf, dass ich ihren Turnbeutel noch in der Hand hielt.

»Charlotte! Warte!«, rief ich.

Das Mädchen war schon halb durch die Tür, doch als sie mich hörte, hielt sie inne wie ein Dieb, dem der Kaufhausdetektiv auf die Schulter klopfte. Ich eilte über den Schulhof.

»Ich muss kurz mit dir reden«, sagte ich, etwas außer Atem. Die Gelegenheit war günstig. Ich suchte nach den richtigen Worten, die Lucy möglichst nicht als Petze dastehen ließen. Doch bevor sie mir einfielen, tauchten hinter Charlotte Herr Töpfer und eine mir unbekannte Frau im Treppenhaus auf.

Herr Töpfer sah Charlotte mit seinem Schulleiterblick an und zeigte Richtung Klassenzimmer. »Es hat bereits geklingelt, junge Dame!«

»Sie hat ihren Turnbeutel vergessen«, sagte ich, mehr, um meine Anwesenheit zu erklären, als um Charlotte eine Ausrede zu liefern.

Charlotte griff hastig nach dem Beutel und verdrückte sich ohne ein Wort des Dankes ins Klassenzimmer. »Und Tschüss!«, murmelte ich.

»Hallo Frau Markowski«, sagte Herr Töpfer und klang selten aufgeräumt. »Wo Sie schon mal hier sind, kann ich Sie ja auch gleich vorstellen. Das ist Frau Grams.« Herr Töpfer griff den Ellbogen der Frau. »Sie wird unsere Schule demnächst mit Schwimmunterricht für alle Jahrgänge unterstützen, darüber sind wir natürlich sehr froh, erst recht jetzt, wo es überall an Sportlehrkräften mangelt.«

Für Herrn Töpfer, einem sonst eher wortkargen Mann, war das beinahe schon eine lange Rede. Ich konnte mir denken, warum er sich dazu berufen fühlte. Herr Töpfer liebte Projekte, die das Ansehen seiner kleinen Schule steigerten. Und Schwimmunterricht von Jennifer Grams war sicherlich prestigeträchtig.

Die Grams' waren erst vor Kurzem hergezogen, aber sie boten so viel Stoff zum Klatschen, dass selbst ich etwas mitbekommen hatte. Auch wenn ich meistens abseitsstand, taub war ich nicht.

Sie waren in die Korten-Villa am Elbinger Weg eingezogen, erste Rheinlage, was sich wie ein Lauffeuer verbreitet hatte. Bis zu seinem Tod hatte dort der Künstler Hans Korten gewohnt. Es hieß, die Villa hätte über 5 Millionen Euro gekostet. Damit hatte Jennifer Grams es quasi auf Anhieb zur Königin des Dorfes geschafft.

Mir tat sie in erster Linie leid. Man munkelte, sie habe ihr einziges Kind verloren. Ich nickte ihr verlegen zu.

»Sag einfach Jennifer«, sagte sie und lächelte. Die blonden Haare waren zu einem lockeren Knoten aufgesteckt, ein paar Strähnen fielen ihr ins Gesicht. Sie sah umwerfend aus. Sie trug Jeans und Chelsea Boots zu einem cremefarbenen Rollkragenpullover, darüber einen Wollmantel mit bordeauxrotem Innenfutter, dessen Ton exakt mit dem ihrer Handtasche übereinstimmte. Die Frau wusste Akzente zu setzen.

»Äh, ja, ich bin Kathi, hallo. Ich muss dann mal los. Ich hab … ich hab ja nur den Sportbeutel vorbeigebracht«, stotterte ich. Es war mir ein Rätsel, warum ich so dumm daherredete. Ich drehte auf dem Absatz um und floh. Hoffentlich war mir Gabi jetzt nicht auch noch entwischt. Doch ich hatte Glück, sie redete nach wie vor mit Carola.

Als ich mich wieder zu ihnen gesellte, stieß Gabi Carola in die Seite. »Guck mal, da hinten, das ist Jennifer Grams«, sagte sie mit gesenkter Stimme und deutet auf die Schultreppe.

»Uwe hat den Auftrag für den Umbau der Bäder und des Gästehauses bekommen.«

»Echt?« Carola kniff die Augen zusammen und starrte zu Jennifer Grams, die Herrn Töpfer gerade die Hand schüttelte. »Nicht schlecht, Herr Specht«, sagte Carola und es war nicht klar, ob sie Jennifer Grams oder den Umbau in der Villa meinte. »Oh mein Gott, jetzt muss ich aber los. Bis dann!« Carola winkte, bevor sie zum Auto ging.

Auch Gabi zückte ihren Autoschlüssel. Offenbar fragte sie sich nicht, warum ich immer noch hier herumstand wie bestellt und nicht abgeholt.

»Warte mal«, sagte ich rasch. »Ich muss mit dir reden!«

Gabi warf einen Blick auf die Uhr. »Ich habe eigentlich keine Zeit mehr«, sagte sie unwirsch. »Was gibt's denn?«

»Es geht um Annabel«, sagte ich.

Misstrauen flackerte in ihrem Blick auf.

»Und?«, fragte sie gedehnt.

»Annabel ärgert Lucy.«

Gabi verdrehte die Augen. »Echt jetzt? Bist du wirklich diese Art von Mutter? Die immer die Schuld bei den anderen sucht? Es sind Kinder. Da ärgert mal die eine und mal die andere.«

»Nein, das sehe ich anders. Lucy traut sich nicht mehr, aufs Klo zu gehen, weil ihr immer der Weg versperrt wird.« Ich sah ihr forschend ins Gesicht, ob sich beim Thema Schulklo ein schlechtes Gewissen bei ihr meldete. Aber keine Spur. Offensichtlich hatte sie längst vergessen, was sie mir damals angetan hatte. »Es wäre gut, wenn du mal mit Annabel redest, damit sie Lucy in Ruhe lässt.«

»Hör mal, da misch ich mich echt ungern ein. Das kriegt man doch gar nicht mehr auseinandergedröselt, wer wann was getan oder gesagt hat. Bleib einfach mal ein bisschen cool, Kathi. Kinder regeln so was untereinander.« Gabi drückte auf den Knopf an ihrem Autoschlüssel. Wie ein gehorsamer

Hund reagierte der Wagen, indem er ein kurzes Hupen von sich gab und mit den Blinkern leuchtete.

»Gestern hat Lucy sogar das Turnen geschwänzt, und ich wusste zwei Stunden lang nicht, wo sie ist«, fuhr ich fort.

Gabi sah mich verblüfft an. »Meinst du etwa, dass Annabel schuld daran ist, wenn Lucy Turnen schwänzt?«

»Nun ja. Sie hat jedenfalls Angst vor Annabel«, sagte ich.

»Hat Lucy das so gesagt?«

Streng genommen nicht. Aber es schien mir keine gute Gelegenheit zu sein, das zuzugeben.

»Hm«, sagte ich deshalb unbestimmt.

Gabi runzelte die Stirn. »Ist Lucy nicht einen halben Kopf größer als Annabel?«

Das war übertrieben. Lucy war vielleicht fünf, sechs Zentimeter größer, wog aber mindestens fünf Kilo weniger.

»Darauf kommt es ja nicht an«, sagte ich ausweichend.

»Hat Lucy wirklich so wenig Selbstbewusstsein?«, sagte Gabi und schaute mich halb mitleidig, halb abfällig an.

Ärger stieg in mir hoch. »Wenn du dich nicht darum kümmern willst, werde ich eben mit Herrn Töpfer reden.« Ich zeigte über ihre Schulter auf den Schulhof, doch als hätte Herr Töpfer mich gehört und wollte das lieber verhindern, verschwand er nach drinnen.

Aber Gabis Reaktion zeigte mir, dass ich den Nerv getroffen hatte. Das Grinsen fiel ihr aus dem Gesicht.

Endlich hatte ich Oberwasser: »Und außerdem sind Annabel und Charlotte immerhin zu zweit. Zwei gegen eine, das ist einfach …«

Gabi unterbrach mich. »Moment mal. Wieso Charlotte? Was hat Charlotte damit zu tun?«

»Das ist ja das Gemeine. Die eine geht aufs Klo, die andere versperrt den Eingang. So hat Lucy es erzählt.«

»Das heißt, Charlotte ärgert Lucy auch?« Gabis Stimme hatte einen anderen Ton angeschlagen. Sie musterte mich.

Mir fiel auf, dass ich einen Ketchupfleck auf der Jeans hatte. Ich nickte.

»Und warum hast du das dann nicht Charlottes Vater erzählt? Ich hab doch gehört, dass ihr eben miteinander geredet habt!«, sagte Gabi.

Ich zog die Schultern hoch. »Ich wollte ja, aber er hatte es eilig.« Hatte ich das wirklich gesagt? Das klang regelrecht schwachsinnig.

»Dann war es offensichtlich nicht so schlimm. Jedenfalls bei Charlotte. Oder willst du vielleicht nur Annabel hier irgendwie reinreiten, Kathi?«, sagte Gabi und stemmte eine Hand in die Seite.

Mir gefiel nicht, wie sie meinen Namen betonte. Es hatte etwas von einer Drohung.

»Ich verstehe, dass Lucy es nicht gerade leicht hat.« Gabi machte eine bedeutungsvolle Pause. »Jeder weiß das. Auch Herr Töpfer. Aber ich würde nicht allzu augenfällig mit dieser Karte wedeln. Es kann sein, dass du das Augenmerk wieder auf Dinge richtest, die nicht von Vorteil für Lucy sind. Am Ende des Tages ist das hier immer noch eine katholische Grundschule.«

Spielte sie etwa darauf an, dass in Lucys Schulakte der Vater als unbekannt eingetragen war? Ich hatte das Gefühl gehabt, dass diese Tatsache Herrn Töpfer damals nicht recht behagt hatte, weil er mich hatte überreden wollen, einen Vater anzugeben.

Während ich noch über die Bedeutung dieser Bemerkung nachdachte, fügte Gabi hinzu: »Und da kommt natürlich jetzt dazu, dass Lucy ein, nun, sagen wir mal etwas übertriebenes Interesse am anderen Geschlecht zu haben scheint und den Jungs bis aufs Klo hinterherrennt. Hast du keine Sorge, dass Herr Töpfer euch Markowskis in eine gewisse Schublade steckt?«

Ich spürte Wut in mir hochsteigen, doch ich wusste nicht,

worüber ich mich mehr ärgerte. Darüber, wie leicht Gabi es gefallen war, aus meiner Anklage eine Gegenanklage zu stricken, oder darüber, dass Annabel ihrer Mutter gegenüber die Wahrheit verdrehte. Ich schnaubte, als müsse ich erst mal etwas von dem Ärger verpuffen lassen, bevor ich antwortete.

Doch Gabi wandte sich bereits ab, als Jennifer Grams aus dem Schultor trat. Gabi zögerte kurz, ihr war offensichtlich nicht klar gewesen, dass diese hinter ihr gestanden hatte, und nun fragte sie sich garantiert, was sie für einen Eindruck bei der neuen Dorfprominenz hinterlassen hatte.

Doch Jennifer Grams wühlte unbeteiligt in ihrer Handtasche.

»Na, Jenny, suchst du was?«, versuchte Gabi nach einem Moment des Schreckens, die Situation zu normalisieren.

»Jennifer«, berichtigte Jennifer sie und sah kurz hoch. »Und du bist …?«

Gabi lachte kurz auf, als habe Jennifer einen Witz gemacht, doch Jennifers Gesichtsausdruck blieb unverändert distanziert.

»Gabi Schmeisser«, sagte Gabi, und als Jennifer nicht reagierte, fügte sie hinzu: »Vom Bauunternehmer Schmeisser!«

Jennifer zog fragend die Augenbrauen hoch.

»Wir bauen euer Haus um? Die Bäder?« Es klang, als sei Gabi nicht mehr sicher, ob das tatsächlich der Fall war.

»Ach ja«, sagte Jennifer.

»Klar, du musst dir so viele neue Gesichter merken, das ist immer schwierig, wenn man irgendwo neu hinzieht«, sagte Gabi, aber ich hörte die Kränkung in ihrer Stimme.

»Kann ich mal kurz dein Handy leihen?«, fragte Jennifer statt einer Antwort. »Ich muss meins hier verloren haben, eben hatte ich es noch. Vielleicht klingelt es dann hier irgendwo.« Sie wies vage auf die Laubhaufen im Rinnstein.

»Natürlich«, sagte sie. »Wie ist deine Nummer, ich rufe dich an.«

»Ich mach schon«, sagte Jennifer und griff nach Gabis Telefon.

»Warte, ich muss es noch entsperren.« Schließlich reichte Gabi das Handy an Jennifer.

»Es tutet«, teilte Jennifer uns mit.

Ich lauschte unwillkürlich, obwohl ich noch nicht fertig war mit Gabi. Es klingelte nirgendwo. Jennifer ging um ihr Auto herum, sah im Straßengraben nach.

»Vielleicht habe ich es doch noch zu Hause«, sagte sie achselzuckend und gab Gabi das Telefon zurück. Als sie in den Range Rover stieg, lächelte sie mich an, als wäre ich diejenige gewesen, die es ihr geliehen hatte. Es kam mir seltsam vor, als hätte ich gerade einen Sympathie-Wettbewerb gewonnen.

Gabi warf ihre Tasche auf den Beifahrersitz. »Also Tschüss dann«, sagte sie und stieg ein. Mir wurde klar, dass ich für Lucy keinen Schritt weitergekommen war.

Doch dann geschah etwas Merkwürdiges.

Jennifer fuhr aus ihrer Parklücke und parkte nur ein paar Meter weiter erneut ein. Sie stand jetzt vor Gabis Van. Erst dachte ich, ihr wäre wieder eingefallen, wo sie das Handy vergessen hatte. Aber dann jaulte der Motor auf, und Jennifer setzte mit Vollgas zurück. Blech krachte, und Plastiksplitter prasselten wie dicke Hagelkörner auf meine Schuhe. Ich machte einen Satz nach hinten und spürte, wie der Schreck mich durchfuhr.

Hinter ihrer beheizbaren Frontscheibe starrte Gabi mit entgeistertem Gesichtsausdruck auf den Airbag, der wie in Zeitlupe sanft in ihrem Schoß zusammenfiel.

Jennifer war mit voller Absicht in Gabis nigelnagelneues Auto gefahren.

Halleluja.

Kapitel 4

Es hatte nur wenige Augenblicke in meinem Leben gegeben, in denen ich die Existenz eines gerechten Gottes überhaupt in Erwägung gezogen hatte, doch dieser gehörte dazu.

Gabi war ausgestiegen und stand mit offenem Mund vor ihrem demolierten Auto.

Jennifer ließ ihre elektrischen Fenster herunter, beugte sich zu Gabi hinaus und sagte völlig ungerührt: »Na so was. Ich hoffe, du bist gut versichert. Mir einfach so hinten draufzufahren!«

Zum ersten Mal sah ich Gabi unsicher. Sie starrte Jennifer an, unfähig, etwas zu tun. Dann betrachtete sie wieder ihren Van. Der Schaden an ihrem Auto war weit größer als an dem Range Rover, der den Hauptschaden an der Stoßstange davongetragen hatte.

Aus dem Range Rover ertönte das Tuten eines Telefons. Jennifer rief jemanden über ihre Freisprecheinrichtung an.

»Polizei«, klang es laut aus dem Inneren des Fahrzeugs.

»Ich möchte einen Unfall melden. Eine Frau ist mir hinten ins Auto gefahren und behauptet jetzt, es sei meine Schuld. Da ist mir lieber, Sie kommen, um die Schuldfrage zu klären.«

Gabi klappte den Mund auf. Ihr Gesicht verzerrte sich, und endlich reagierte sie. »Sag mal, spinnst du?«, schrie sie. »Du bist ja komplett übergeschnappt!«

»Hören Sie das? Sie ist völlig hysterisch«, erklärte Jennifer. »Darf ich den Unfallort verlassen, wenn ich meine Unversehrtheit in Gefahr sehe?«

Ich konnte nicht verstehen, was der Polizist antwortete, da

Gabi mir ins Ohr brüllte. »Hast du das gesehen? Die ist mir reingefahren!«

Das Geschrei beeindruckte Jennifer offenbar nicht. »Okay, aber bitte beeilen Sie sich. Ich stehe vor der Grundschule in Lohausen und verriegele jetzt lieber meine Tür. Die Dame scheint sehr aufgewühlt zu sein.« Dann lehnte sich Jennifer aus dem Beifahrerfenster und sah mich besorgt an. »Steig doch besser zu mir ins Auto, da bist du in Sicherheit. Wer weiß, wozu sie noch in der Lage ist. Ich habe bereits die Polizei verständigt.«

Gabi hielt mich am Arm. »Kathi! Du hast das gesehen, du bist meine Zeugin!«

Ich trat einen Schritt von Gabi zurück. Die Szene war absurd. Jennifer, so seltsam das Geschehnis war, wirkte nicht im Geringsten verrückt. Im Gegenteil. Sie schien Herrin der Lage zu sein. Jeder, der uns drei in diesem Moment beobachtet hätte, wäre davon ausgegangen, dass sie die Wahrheit sagte. Gabi dagegen wirkte in ihrem aufgebrachten Zustand nicht besonders glaubwürdig. Es war so sonderbar, dass ich mir nicht einmal sicher war, ob Jennifer nicht die Wahrheit sagte, obwohl Gabis Motor noch gar nicht an gewesen war und sie infolgedessen auch nicht gefahren sein konnte. Trotzdem überlegte ich einen Moment ernsthaft, ob Jennifer nicht im Recht war.

Jennifer war in Gabis blöden Siebensitzer gefahren, genau in dem Moment, als ich es am liebsten getan hätte. Es war, als hätte eine höhere Macht endlich ein Einsehen gehabt und beschlossen, sich auf meine Seite zu schlagen, wenigstens ein einziges Mal.

Jennifer öffnete die Beifahrertür. Sie winkte mich heran und lächelte freundlich. Ich löste mich aus Gabis Griff und ließ mich wie ferngesteuert auf dem Beifahrersitz nieder. Jennifer schlug die Tür zu und schloss die Fenster.

Sie grinste mich an und hielt mir ihre Hand hin. »Also noch mal: Ich bin Jennifer.«

»Kathi«, sagte ich.

Sie hatte einen festen Händedruck.

»Das war jetzt vielleicht ein bisschen übertrieben«, meinte Jennifer und sah mich von der Seite an, »aber ich hab euer Gespräch gehört. Eins kann ich dir sagen: Es gibt Menschen, die sind einfach bösartig. Denen kann man nichts beibringen. Aber man kann ihnen zeigen, wo ihre Grenzen sind. Diese Familie lässt deine Tochter ab heute in Ruhe, wetten?«

Ich wusste nicht, was ich sagen sollte. Mir war noch nie jemand beigesprungen. Und Jennifer war mir nicht nur beigesprungen, sie hatte auch gleich alle meine Rachegelüste befriedigt. Ich gönnte Gabi ihr kaputtes Auto, ich gönnte ihr das Gefühl, ungerecht behandelt zu werden.

Währenddessen schlug Gabi mit der Faust vor die Scheibe. »Kathi! Du bist meine Zeugin. Du hast es genau gesehen! Du musst die Wahrheit sagen!«

Ich sah unsicher zu Jennifer hinüber.

»Na sieh mal, wie wichtig ihr die Wahrheit auf einmal ist, die war ihr doch eben noch egal«, sagte Jennifer.

»Was machen wir denn, wenn die Polizei kommt?«, fragte ich. Mir war ganz schlecht vor Aufregung. Ich fürchtete mich vor der Polizei.

»Ich mach das schon. Du musst nur nicken. Den Rest erledige ich.«

Sie wirkte so überzeugt, dass ich mich ein wenig beruhigte.

Gabi lief inzwischen über den Schulhof.

»Vielleicht sucht sie nach anderen Zeugen«, sagte ich. »Vielleicht hat ja gerade jemand aus dem Fenster geguckt. Was machen wir dann?« Mein Herz schlug wieder schneller.

Jennifer zuckte nur mit den Achseln. »Glaub ich kaum. Die Klassenzimmer liegen zu weit weg. Und das ging so schnell, das konnte keiner sehen.«

Dann blickte sie in die Ferne. »Manche Erfahrungen im Leben lehren einen, dass man vor bestimmten Dingen oder vor bestimmten Menschen keine Angst haben muss. Weil dann schlagartig alles andere unwichtig ist.«

Ich nickte. Ich war sicher, sie spielte auf den Tod ihres Kindes an. Sie tat mir leid.

Vor uns tauchte ein Streifenwagen auf. Ein Mann in Uniform stieg aus.

Jennifer sagte zu mir: »Bleib du einfach sitzen.« Sie schwang ihre langen Beine aus dem Auto und ging dem Polizeibeamten entgegen. »Schauen Sie sich das Malheur an!«, sagte sie und zeigte auf ihre Stoßstange. »Und inzwischen ist die Unfallverursacherin auch noch weggelaufen.«

Der Polizist beugte sich über die Stoßstange und betrachtete dann Gabis Van. »Hm«, sagte er.

Jennifer griff sich ins Haar, löste die Klammer, schüttelte ihre blonde Mähne, als habe irgendetwas sie gestört, und steckte sie dann wieder hoch. Obwohl die Geste leicht zu durchschauen war, sagte mir der rasche Blick, mit dem der Polizist Jennifer musterte, dass sie gewirkt hatte.

»Das ist ja ein Ding«, sagte er.

»Und dann hat sie auch noch behauptet, ich sei rückwärtsgefahren. Haben Sie so was schon mal erlebt?« Jennifer lachte auf. »Leute gibt's, nicht wahr?« Ihre Hand streifte seinen Arm wie zufällig.

»Allerdings«, sagte der Mann.

In diesem Moment kam Gabi wieder aus der Schule. Sie stürzte auf den Polizisten zu. »Ich bin ihr nicht reingefahren!«, rief sie. Die Empörung in ihrer Stimme war noch nicht abgeklungen. »Sie hat einfach zurückgesetzt!«

»Kennen Sie sich?«, fragte der Polizist.

»Kaum«, sagte Jennifer bestimmt. »Ich weiß nur, dass sie Gabi heißt. Wir wohnen auch noch nicht lange hier.«

»Wie ist es denn zu dem Unfall gekommen?«

»Diese Frau ist einfach rückwärts in mein Auto gefahren!«

Gabis Stimme überschlug sich fast. »Und Kathi – die sitzt da im Auto, Kathi Markowski – hat es auch gesehen!«

»Mensch«, sagte Jennifer, »es hat doch keinen Zweck. Wir haben doch gesehen, dass du telefoniert hast. Das kann jedem passieren, dass man da mal nicht aufpasst. Aber die Schuld dann auf jemand anderen zu schieben, das ist nicht nett.«

»Ich habe den ganzen Morgen nicht telefoniert. Das ist eine Lüge!«

»Das ist ja einfach nachzuweisen. Zeig doch dem Polizisten dein Handy. Da ist der Anruf ja registriert.«

Gabi starrte sie an. Sie hatte nicht telefoniert. Aber Jennifer. Mit ihrem Telefon. »Das warst du doch selber! Du hast gesagt, du hast dein Telefon verloren, und hast dich selbst angerufen, um das Klingeln zu hören.«

Jennifer warf dem Polizisten einen besorgten Blick zu. »Ich bin mir leider nicht sicher, ob mit der Dame alles in Ordnung ist«, flüsterte sie so laut, dass selbst ich es noch hörte, obwohl ich meinen Platz im Auto nicht verlassen hatte.

»Zeigen Sie mir bitte Ihr Telefon.« Der Polizist streckte die Hand nach Gabis Handy aus.

»Hier, bitte. Die zuletzt gewählte Nummer ist die Nummer der Unfallverursacherin. Sie werden sehen. Sie hatte ihr Telefon gesucht, deshalb wollte sie es klingeln lassen.«

Der Polizist ging auf die Anruferliste.

Gabi zeigte mit dem Finger darauf: »Da! Der letzte Anruf. Rufen Sie doch da an. Dann sehen Sie ja, wo es klingelt.«

»Gute Idee.« Jennifer holte etwas aus der Tasche. »Mein Handy ist hier.«

»Gar nicht nötig«, sagte der Polizist. »Da steht der Name der Person, die Sie angerufen haben. Um genau … 8.12 Uhr. Einen gewissen ›Schatzi‹.«

»Meinen Mann?« Gabis Verblüffung war so groß wie meine.

Jennifer hatte vorhin bei Gabis Mann angerufen?

»Das stimmt nicht. Ich habe überhaupt nicht telefoniert.« Gabis Stimme klang auf einmal seltsam ungläubig, als zweifle sie selbst an ihren Worten.

»Sie!«, sagte da der Polizist auf einmal zu mir und trat einen Schritt näher an den Range Rover, in dessen Sitz ich mich so klein wie möglich machte. »Haben Sie das Ganze beobachtet?«, fragte er.

»Ich …« Mir brach der Schweiß aus.

Jennifer betrachtete mich seelenruhig. Sie schien vollkommen entspannt. Ich wünschte, ich könnte auch so ruhig bleiben. Aber ich war nicht gut im Lügen.

»Ich habe hier im Auto gesessen, und auf einmal hat es gekracht. Mehr weiß ich nicht.«

»Ist Ihre Freundin gefahren oder hat sie gestanden? War der Motor an oder aus?«

»Ihre Freundin« hatte er gesagt. Bis zu dem Moment hatte ich nicht gewusst, dass das Wort ein warmes Gefühl im Bauch auslösen konnte.

Jennifer lächelte mich an.

»Der Motor war aus«, sagte ich mit fester Stimme.

Gabi sog hörbar die Luft ein.

Der Kampf, den ich heute in der Nacht in Gedanken angefangen hatte zu kämpfen, war auf einmal Wirklichkeit.

Jetzt waren klare Fronten geschaffen.

Und ich, die ich mich mein ganzes Leben bemüht hatte, nicht aufzufallen und alle Regeln zu befolgen, hatte mich auf die andere Seite geschlagen.

Kapitel 5

Ich saß in Jennifers Auto und erkannte mich selbst nicht wieder. Erstens hatte ich die Polizei angelogen. Das war schon ein starkes Stück. Aber vor allem hatte ich meine Feindschaft mit Gabi endgültig zementiert.

Gabi war, ebenso wie ich, eine alteingesessene Lohauserin. Es war ziemlich wahrscheinlich, dass wir beide hier alt werden und uns für den Rest unseres Lebens auf der Straße begegnen würden. Vielleicht würden sogar unsere Töchter die Fehde noch ewig weiterführen, und das war nichts, was ich Lucy wünschte.

Jennifer dagegen war neu hier. Wer weiß, wie lange sie hier wohnen würde, um mit mir dieses Geheimnis zu teilen, das wir soeben besiegelt hatten.

An ihrer Seite fühlte ich mich zwar auf einmal stärker, ich fürchtete aber, dass sich dies rasch ändern würde, falls Jennifer wieder von der Bildfläche verschwand.

»Wo wohnst du? Ich fahr dich heim«, sagte Jennifer und startete den Motor. Ich nannte ihr die Straße und beobachtete sie aus den Augenwinkeln. Sie hatte ein kräftiges Kinn und schmale Lippen, aber ihre Augen waren groß und ausdrucksvoll. Sie hatte einen ganz leichten Silberblick, der ihr etwas Geheimnisvolles verlieh.

Und ganz offensichtlich war sie nicht ganz bei Trost. Niemand fuhr einfach so jemandem das Auto kaputt und schob es demjenigen dann ungerührt in die Schuhe.

Warum hatte ich mich nur auf ihre Seite geschlagen? Weil sie es irgendwie ja für mich getan hatte? Ich lockerte den Anschnallgurt, der sich auf einmal zu eng um meinen Brustkorb schlang.

Jennifer warf einen raschen Blick zu mir herüber. »Ich weiß schon, dass meine Reaktion auf diese Gabi gerade etwas überzogen war.« Sie lachte kurz auf. »Aber kennst du das nicht, dass du manchmal einfach etwas tun musst, obwohl du genau weißt, dass du es eigentlich nicht dürftest?«

Ich nickte. Bei mir beschränkte sich das allerdings auf harmlosere Dinge. Mit dem Fahrrad bei Rot über die Ampel fahren. Eine zweite Tafel Schokolade anbrechen, obwohl die Hose schon zwickte. Solche Sachen.

»Aber wenn du drüber nachdenkst – einen Denkzettel hatte Gabi Schmeisser verdient. Und mehr war es auch nicht. War ja bloß ein bisschen Blechschaden. Und vollkaskoversichert ist sie unter Garantie auch.«

Da hatte sie allerdings recht.

Sie bog in den Neusser Weg ab. »Welche Nummer?«

»Es steht keine dran. Ich zeig dir das Haus.« Das Emailleschild hatte ich bei meinem Einzug vorsichtshalber abmontiert. Man wusste ja nie. Ich wollte es niemandem allzu leicht machen, unser Haus zu finden.

Jennifer hielt vor dem alten Kasten. Sie betrachtete den heruntergekommenen Jägerzaun, von dem die Farbe abblätterte. Dann schaltete sie den Wagen ab.

»Hör mal, Kathi«, begann sie. »Du hältst mich wahrscheinlich für vollkommen durchgeknallt. Vielleicht bin ich es auch.«

Ich schüttelte den Kopf, obwohl sie recht hatte. Ich hielt sie in der Tat für durchgeknallt. Aber da ich mich selbst ebenfalls für nicht ganz normal hielt, relativierte sich diese Einschätzung.

»Wieso wusstest du eigentlich, dass Gabi die Nummer ihres Manns unter Schatzi gespeichert hatte? Oder woher hattest du seine Nummer?«, fragte ich. Die Frage spukte mir schon die ganze Zeit im Kopf herum.

Jennifer grinste. »Das ist einfach«, sagte sie. »Man klickt bei den Kontakten auf ›Favoriten‹, und schon hat man eine Nummer, die man auch zu so merkwürdigen Zeiten wie 8.12 Uhr anrufen würde.«

Ich war baff. Innerhalb weniger Minuten musste Jennifer nicht nur den Plan gefasst haben, Gabis Auto zu zerstören, sondern auch noch einen Grund zu liefern, warum in Wahrheit Gabi den Fahrfehler gemacht haben könnte: weil sie am Telefon gewesen war. Mit ihrem Mann.

»Nicht schlecht, was?« Jennifer lachte. »Manchmal bin ich selbst verblüfft, was mir alles einfällt.«

Ich konnte nicht anders, als ihre Schläue zu bewundern.

Doch das Motiv verstand ich immer noch nicht. Wir kannten uns nicht. Warum setzte sie sich für mich ein? Und dann auf eine solch drastische Art?

Jennifer schien mein Misstrauen zu bemerken und wurde ernst. »Falls du dich fragst, was meine Reaktion mit dir zu tun haben könnte: eigentlich gar nichts«, begann sie und sah mich dabei an. »Ich bin einfach so. Wenn ich mitbekomme, dass jemand versucht, ein Kind in den Schmutz zu ziehen, kann ich mich nur schlecht zusammenreißen. Wer sagt denn so etwas? ›Lucy hat ein übertriebenes Interesse am männlichen Geschlecht.‹ Oder: ›Dies ist eine katholische Grundschule.‹ Bei solchen Pseudo-Christen krieg ich Ausschlag. Da hab ich halt kurz die Beherrschung verloren. Ich meine, wir reden hier von einem kleinen Mädchen! Was ist denn unsere wichtigste Aufgabe als Eltern? Unsere Kinder zu schützen, oder etwa nicht?«

Auf einmal wurde mir klar, was der Auslöser gewesen war. Nicht ich, nicht Lucy, nicht Gabi. Es war der pure Mutterinstinkt. Sie hatte eine Tochter verloren. Ihr konnte sie nicht mehr helfen. Aber jetzt wurde sie Zeugin, wie ein Kind von einer Erwachsenen beleidigt wurde – wenn auch hinter dem Rücken –, und Jennifer reagierte einfach wie eine Mutter.

Nachdem mir dieser Gedanke gekommen war, schien mir ihre Verhaltensweise nachvollziehbar zu sein. Und sie hatte recht. Aufstehen und für unsere Kinder Eintreten, das war es, was unsere Aufgabe war. Und Jennifer war für meine Tochter eingetreten, wenn vielleicht auch nur, weil sie für ihre eigene nicht mehr eintreten konnte.

Sie sah mich erwartungsvoll an. Es war klar, dass sich in diesem Augenblick entschied, ob wir gemeinsam weitermachen würden, was wir angefangen hatten, oder ob jeder seiner Wege ging.

»Möchtest du vielleicht einen Kaffee?«, fragte ich schließlich.

»Gerne«, sagte Jennifer, und sie klang erleichtert.

Ich öffnete das Gartentor.

»Hier wohnst du also«, bemerkte Jennifer und besah sich das riesige alte Haus.

»Ja, es ist ein altes Haus, aber wir haben ein Dach über dem Kopf.« Ich lud so gut wie nie jemanden ein, weil unsere Behausung so schäbig war. Erst recht nicht Leute wie Jennifer, die anderes gewohnt waren. Aber die Erinnerung an den Tod eines Kindes rückte solche Äußerlichkeiten an ihren Platz. Wenn man trauerte, war es unwichtig, ob mein Fußboden geschrubbt war oder die Küchenschubladen quietschten.

Ich brühte uns einen Kaffee in der alten Filtermaschine und kramte im Schrank nach Schokoladenkeksen. Ich fand ein paar, die schon krümelig waren, und überlegte, ob es besser war, keine oder diese armseligen Exemplare anzubieten. Mir war sehr danach, etwas Süßes in den Mund zu stopfen, wie immer, wenn ich gestresst war. Doch ich entschied mich dagegen. Jennifer sah nicht aus, als zählten Schokoladenkekse zu ihrem üblichen Speiseplan.

Wir setzten uns an den Küchentisch.

Sonst saßen hier immer nur Lucy und ich. Es war schön, Besuch zu haben. Es fühlte sich ganz normal an. Die Selbstverständlichkeit, mit der sich Jennifer in meiner alten Küche bewegte, ohne auch nur einen einzigen herablassenden Blick an die heruntergekommene Umgebung zu verschwenden, ließ mich vermuten, dass sie vielleicht auch nicht aus wohlhabenden Verhältnissen stammte. Ihre Designerjeans vertrugen sich jedenfalls erstaunlich gut mit meinen Plastikstühlen.

»Ich mache mir schon etwas Sorgen«, gestand ich Jennifer nach dem ersten Schluck Kaffee.

»Wegen Gabi Schmeisser? Ach komm.«

Ich zögerte mit der Antwort.

»Ihr neues Auto ist mit Sicherheit vollkaskoversichert«, sagte Jennifer. »Mach dich mal nicht verrückt.«

»Deine Fingerabdrücke sind auf ihrem Telefon«, sagte ich schließlich. »Und bisher haben wir keine Erklärung, warum. Was, wenn sie dich anzeigt? Und das jemand nachprüft? Von der Polizei? Uwe, Gabis Mann, ist im Dorf ziemlich gut vernetzt. Und Herr Löse, unser Dorfpolizist, ist mit ihm im Schützenverein.«

Jennifer sah mich einen Moment verdutzt an. Dann lachte sie. »Nie im Leben wird Gabi darauf bestehen, dass ich es war, die gefahren ist. Eine Anzeige wird sie gar nicht erstatten, sobald sie wieder zu Verstand gekommen ist.«

»Du kennst sie nicht so gut wie ich. Sie ist mit Vorsicht zu genießen. Und sie wird in der Versicherung hochgestuft werden, wenn sie den Schaden meldet.«

»Du vergisst den Auftrag, den wir ihrem Mann gegeben haben. Den Ausbau unserer Bäder. Die Neugestaltung der Schwimmbäder. Das Gästehaus. Die Firma Schmeisser verdient da einiges dran. Da ist eine Hochstufung bei der Versicherung für Gabi nur Kleinkram. Sobald ihr das auffällt, wird sie klein beigeben, warte ab!«

Nicht, dass ich es Gabi nicht gönnte. Einen Denkzettel

hatte sie mehr als verdient. Trotzdem war mir noch unwohl. »Wahrscheinlich fühle ich mich schlecht wegen der Polizei. Weil ich gelogen habe.«

»Aber was ist das absolut Schlimmste, was passieren kann, wenn herauskäme, dass wir die Polizei angelogen haben?«, sagte Jennifer.

Mir fiel keine Antwort ein, nur, dass das »wir« in dem Satz mir guttat.

»Nichts!«, sagte Jennifer. »Du bist nicht mal gefahren. Dich trifft keine Schuld. Du sagst, du hast dich geirrt. Das Gegenteil kann dir keiner beweisen. Fertig.«

Sie hatte recht. Ich sah sie schweigend an. Ihre Augen waren groß und hypnotisch. Auf einmal fühlte ich mich nicht mehr allein.

Fühlte es sich so an, wenn man eine Freundin hatte?

»Wo kommst du eigentlich her?«, fragte ich schließlich.

»Aus Kronberg, in der Nähe von Frankfurt.«

»Und was hat euch nach Düsseldorf verschlagen?«

»Rupert möchte hier eine Dependance eröffnen. Er ist Immobilienmakler. Einer von denen, die nach der Maueröffnung den richtigen Riecher gehabt haben. Jetzt verkauft er Luxusimmobilien in Frankfurt. Das Geschäft läuft gerade richtig gut. Aber Rupert sucht immer schon den Hotspot von morgen, und Düsseldorf boomt ebenfalls. Und als … das Unglück passierte … Nun, Rupert meinte, vielleicht sei es auch besser für uns, irgendwo neu anzufangen. Er hat den Verlust seiner Tochter nie verwunden. Schließlich war er dabei gewesen.«

Ich schluckte. Offensichtlich hatte Jennifer das Bedürfnis, über ihre Tochter zu reden. Ich hatte keine Ahnung, wie man eine trauernde Mutter trösten sollte. Es schien mir so unmöglich, dass alles, was ich sagen könnte, oberflächlich und abgedroschen klingen musste.

»Was …«, begann ich und zögerte dann, weil ich mir nicht sicher war, ob die Frage nicht zu schnell kam, zu persönlich war. Doch Jennifer sah mich ganz ruhig an. Mir wurde klar, dass sie solche Situationen bereits kannte. Nur für mich waren sie neu.

»Was ist denn passiert?«, fragte ich deshalb.

Jennifer sah auf ihre Hände. Ihr Kinn zitterte. »Sie ist ertrunken. Es war ein Unfall. Ich hätte nie gedacht, dass ein Kind so schnell ertrinken kann. Ich meine, sie konnte doch schon schwimmen.«

»Das ist ja furchtbar«, sagte ich, weil mir nichts Besseres einfiel. In den letzten Herbstferien hatte ich Lucy ihr Silberabzeichen machen lassen, weil man immer wieder hörte, dass das Seepferdchen noch keine Garantie war, dass die Kinder sicher schwimmen konnten. Aber ich wollte Jennifer keine Vorwürfe machen und erwähnte es nicht. Sie hatte es selbst auf die denkbar schrecklichste Art gelernt.

Jennifer knetete ihre Finger. Nach einer Weile sprach sie weiter.

»Jedenfalls ist das der Grund, warum ich Vorträge an Grundschulen halten möchte, damit die Eltern aufmerksam sind. Und ich möchte eben auch Schwimmunterricht anbieten, vor allem für Kinder, die es sich sonst nicht leisten könnten oder deren Eltern keine Zeit haben. Bei uns zu Hause. Wir haben zwei Pools, einen Außen- und einen Innenpool. Als wir uns für das Haus entschieden haben, habe ich das Wasser abgelassen und zu Rupert gesagt, dass wir beide Pools zuschütten lassen, sobald wir da einzögen. Aber als die Arbeiter schließlich angerückt sind, habe ich es mir anders überlegt. Mir wurde auf einmal klar, dass genau dies meine Aufgabe im Leben sein soll. Ich bin selbst eine passable Schwimmerin und einen Rettungsschwimmer habe ich auch. Warum also keinen Schwimmunterricht geben? Jetzt bin ich mit der Planung beschäftigt. Da gibt es nämlich noch etliche Vorschriften zu beachten, wenn man dort Kinder unterrichten möchte. Und ich will alles kindgerecht gestalten lassen. Vielleicht setze ich noch ein paar Fische und Seepferdchen in die Fliesen ein, so etwas. Da haben die Kinder bestimmt einen Heidenspaß dran.«

»Aber für Schwimmunterricht brauchst du doch keinen eigenen Pool! Wir haben das Rheinbad hier direkt um die Ecke. Die haben einen komplett eigenen Bereich für Schwimmunterricht.«

»Ach, da muss ich mich dann an deren Zeitplan halten. Das möchte ich nicht. Nein, bei uns zu Hause kann ich ein viel größeres Zeitfenster abdecken und mich in Absprache mit der Schule in den Stundenplan einplanen lassen.«

»Hm.« Ich konnte mir einfach nicht vorstellen, dass man so viel Geld hatte.

»Und was hat dich hierher verschlagen?«, fragte Jennifer schließlich, als die Pause zu lang wurde.

Der Schwenk auf ein neues Thema war abrupt, aber ich war froh darüber und ging sofort darauf ein. »Ich habe hier immer schon gewohnt«, sagte ich schnell. »Ich war noch nie wirklich weg. Ich habe es mal bis Derendorf geschafft, aber das ist nur ein Stadtteil weiter. Vielleicht hätte ich es mal ausprobieren sollen, wo ganz anders neu anzufangen. Aber ich habe mich wohl nie getraut.«

»Und was machst du?«

»Ich bin eigentlich Krankenschwester. Aber Schichtdienst, das geht nicht, wenn man alleinerziehend ist. Deshalb arbeite ich jetzt im mobilen Pflegedienst. Im Moment habe ich nur sechs, sieben Patienten zu versorgen, je nachdem. Ich habe ja kein Auto und kann nur welche annehmen, die in der Nähe wohnen. Einmal in der Woche muss ich in die Diakonie und mit den Ärzten dort die Medikation und so weiter besprechen. Den Rest der Zeit bin ich ziemlich flexibel. Das ist gut, weil ich ja Lucy habe. Ich will gerne zu Hause sein, wenn sie aus der Schule kommt. Reich wird man damit allerdings nicht.«

»Und wo ist der Vater?«

Ich sah auf den Holztisch und wischte ein paar Krümel herunter. »Der spielt keine Rolle in unserem Leben.«

»Hm«, sagte Jennifer.

Ich verstand ihre Enttäuschung über meine ausweichende Antwort. Sie hatte mir das schlimmste Erlebnis im Leben eines Menschen anvertraut, und ich machte schon bei der Frage nach dem Vater meines Kindes einen Rückzieher. Aber es tat immer noch weh.

»Er hat mich verlassen«, sagte ich.

»Besucht Lucy ihn oft?«

»Nein.«

Ich war noch nicht in der Lage, weitere Auffälligkeiten in unserem Leben preiszugeben.

»Zahlt er denn wenigstens für das Kind?«

Jennifer schien eine praktische Ader zu haben. Und ein Talent dafür, den Finger in die Wunde zu legen.

»Nein«, sagte ich. »Aber wir schaffen es auch so.«

»Das ist gut«, sagte Jennifer und legte kurz ihre Hand auf meinen Unterarm.

Ihr Blick wanderte durch die Küche. Ich sah meine alten Möbel mit ihren Augen. Die Türe eines mattweißen Hängeschranks hing schief in den Angeln, die Edelstahlspüle war blindgeputzt, meine Arbeitsplatte bestand aus einem Holzbrett, das auf der Spülmaschinenabdeckung lag.

»Du wohnst natürlich schicker«, verteidigte ich mich vorauseilend, »aber wir fühlen uns trotzdem ganz wohl. Ich meine, ich bin hier aufgewachsen, und mir fallen viele Dinge gar nicht mehr auf. Betriebsblind, sozusagen. Aber selbst ich sehe, dass da einiges renoviert werden muss. Und wenn Lucy größer ist und ich mehr arbeiten kann, werden wir uns eine neue Küche zulegen.«

Jennifer sah mich an. »Mir gefällt es. Es ist so … heimelig. Wie ein Haus aus vergangener Zeit, das du all die Jahre bewahrt hast.«

Es war zwar weniger ein Bewahren als vielmehr ein Mangel an Geld gewesen, aber ich freute mich trotzdem, dass Jennifer etwas Nettes über das Haus gesagt hatte. Sie wohnte eben noch nicht so lange in Lohausen. Sonst wüsste sie bereits Bescheid und sähe alles mit anderen Augen.

»Darf ich den Rest des Hauses auch sehen?«, fragte sie.

Ich lief rot an. Wir betraten die Zimmer im oberen Stockwerk nie. Der Staub von Jahren musste sich dort angesammelt haben. Lediglich das Badezimmer war in Benutzung. Lucy war es sogar so unheimlich, dass ich immer mit nach oben gehen musste, wenn sie ins Bad wollte. Dabei hatte ich Lucy die meisten Ereignisse verschwiegen, nur so viel gesagt, wie sie eventuell von jemand aus dem Dorf aufschnappen könnte, damit sie für diesen Fall gerüstet war.

Jennifer den oberen Stock zu zeigen, brachte ich nicht über mich. Der Siebziger-Jahre-Charme, sollte es so etwas überhaupt geben, bestand vor allem aus altem Staub.

»Lieber nicht, ich habe nicht aufgeräumt«, sagte ich mit puterrotem Gesicht.

»Das macht mir nichts aus«, sagte Jennifer. »Ich bin nur neugierig.«

»Ich zeige dir aber gerne hier unten die Wohnräume«, beeilte ich mich zu sagen. Ich wollte ihr nicht gleich die erste Bitte abschlagen, aber nach oben - das ging auf keinen Fall. Ich öffnete diese Türen nicht.

Einen Moment betrachtete ich Jennifer prüfend. Konnte es sein, dass bereits irgendeine Lohauser Quatschtante etwas weitergetragen hatte? War es morbide Neugier, die Jennifer umtrieb?

Doch Jennifer zerstreute meine Bedenken sofort. »Sei mir nicht böse wegen meiner aufdringlichen Frage«, sagte sie, »aber das ist eine Berufskrankheit. Ich bin Innenarchitektin. Ich liebe Häuser und ihre Einrichtungen. Etwas so *Seventies* habe ich ewig nicht gesehen. Du glaubst gar nicht, wie mir diese modernen Bauten zum Hals raushängen! Inzwischen sehen ja alle Häuser aus, als hätte man sie mit einer App entworfen, die nur einen Grundriss kennt. Rechteckige Kästen mit Flachdächern, bodentiefen Fenstern und Einrichtungen wie aus einem Katalog für Langeweile in Grau. Alles grau und weiß, und mittendrin ein rot lackierter Gartenzwerg auf dem Fensterbrett oder wahlweise ein versilbertes Hirschgeweih an der Wand. Wirklich, die Häuser und Wohnungen sind sich so ähnlich, dass ich manchmal auf meinen Zettel gucken muss, um zu wissen, in welcher Wohnung ich gerade bin. Dieses Haus dagegen – o mein Gott, so viel gelebtes Leben! Ich liebe es. Ich würde sofort hier einziehen.«

Das nahm ich ihr nun nicht ab.

»Ich bezweifle, dass du mit mir tauschen würdest«, sagte ich deshalb.

Jennifer sah mich ernst an. »Am Ende brauchen wir alle nur ein Zuhause«, sagte sie, »ein richtiges Zuhause. Darauf kommt es an.«

»Ja, aber niemand bevorzugt eine alte Bude, wenn er in einer Villa wohnen kann, die Millionen kostet.«

»Es geht nicht ums Geld, Kathi. Es geht doch nicht ums Geld. Glaubst du wirklich, Geld macht ein Haus wohnlich?«

Obwohl mir eine Antwort auf der Zunge lag, hielt ich den Mund. Der Ausdruck in Jennifers Augen ließ mich verstummen. Auf einmal hatte ich das Gefühl, dass die Korten-Villa, so wunderschön sie sicher war, ebenfalls kein Ort des Glücks war.

Plötzlich fragte ich mich, was Rupert, Jennifers Mann, wohl für ein Typ sein mochte.

Kapitel 6

Der Besuch von Jennifer stärkte zunächst mein Selbstbewusstsein. Auf jede meiner ängstlichen Bedenken hatte sie eine Antwort gehabt. Alles schien gar nicht mehr so schlimm zu sein, weder die Polizei anzulügen noch einen Konflikt mit Gabi auszutragen.

Doch am nächsten Morgen erwachte ich mit einem flauen Gefühl im Magen. Ich hatte keine Ahnung, was Gabi jetzt tun würde. Würde Lucy meine Kriegserklärung ausbaden müssen? Völlig unerwartet übermannte mich eine Wut auf Oliver. Warum eigentlich musste ich jede Sorge um unser Kind allein tragen?

Meine Empfindungen für Lucys Vater hatten jedes Stadium durchgemacht, das man sich vorstellen konnte: Schrecken, Angst, Hoffnung, Zweifel, Ungewissheit, Enttäuschung, Wut, Trauer – wenn auch nicht in dieser Reihenfolge.

Tatsache war, ich hatte keine Ahnung, wo sich Oliver aufhielt. Wie oft ich im Internet nach seinem Namen gesucht hatte, konnte ich nicht mehr zählen, doch die Abstände wurden allmählich größer.

Wir waren ein merkwürdiges Paar gewesen, zwei einsame Seelen auf der Suche nach Halt, er genauso wie ich. Seine Freude, als ich unerwartet schwanger wurde, schien mir echt gewesen zu sein, doch danach war er ins Grübeln gekommen, hatte immer wieder seine Kontoauszüge durchgesehen, war nachts mit Schweißausbrüchen aufgewacht. Er war unglaublich aufgeregt gewesen. Für jemanden ohne Familie musste es überwältigend gewesen sein, auf einmal eine zu bekommen. Seine Eltern waren früh gestorben, und er war Einzelkind.

»Ich habe Angst davor, nicht gut genug zu sein für ein Kind«, gestand er mir. »Was, wenn wir es nicht versorgen können?«

»Wir schaffen das schon«, hatte ich mit unsicherer Stimme geantwortet. Auch mich hatten diese Ängste geplagt. Aber weil wir zu zweit waren, schien mir das alles lösbar zu sein. Alles schien mir damals einfacher, in dieser kurzen Zeit, in der meine Sorgen geteilt wurden. Geteiltes Leid ist halbes Leid, und geteilte Freude die doppelte, sagt man, und das traf absolut auf mich zu.

Doch Olivers Nervosität nahm mit meinem Bauchumfang zu. Ich hielt es für normal, aber ich hatte ja auch keinen Vergleich. Seinen etwas holprigen Heiratsantrag lehnte ich ab, ohne zu ahnen, was das bedeutete. Ich wollte lediglich nicht nur wegen eines Kindes geheiratet werden, und an den Sinn einer Ehe glaubte ich sowieso nicht wirklich. Die Erfahrung innerhalb meiner Familie war nicht ermutigend.

Die Absage schien ihn zu treffen, obwohl ich ihm versicherte, dass dies nichts mit ihm zu tun habe.

Trotzdem wollten wir zusammenziehen und hatten uns für einen Zeitpunkt nach der Geburt entschieden, wenn ich wieder beweglicher war. Ich wohnte damals in einer winzigen Wohnung unter dem Dach in der Tannenstraße in Derendorf und arbeitete in der Golzheimer Klinik als Krankenschwester. Auch Oliver hatte nur eine kleine Single-Wohnung. Es war klar, dass nach der Geburt eine größere Wohnung gesucht werden musste.

Oliver war Chemiker bei einem Textilforschungsinstitut. Außerdem arbeitete er mit Hochdruck an einer Erfindung, die uns für immer ernähren könne, wie er meinte. Er wollte Plissees und Stoffrollos mit einem chemischen Verfahren so beschichten, dass sie von innen durchsichtig waren, von außen aber undurchsichtig. Auch bei heruntergelassenen Plissees vor dem Fenster hätte man so freie Sicht nach draußen – von außen wäre man aber vor Blicken geschützt.

»Wenn ich das schaffe«, hatte er gesagt, »sind wir alle Sorgen los. Wenn ich darauf ein Patent anmelde, dann ist das mein Durchbruch, Kathi!«

Ich drückte uns die Daumen. Geld konnten wir gebrauchen. Wir erwarteten schließlich ein Kind.

Als ich im siebten Monat war, verabredeten Oliver und ich uns vor dem Jugendamt. Oliver wollte die Vaterschaft vorgeburtlich anerkennen, damit das Sorgerecht nicht an den Staat fiele, wenn mir bei der Geburt etwas passieren sollte. Ich hatte auch meine Ängste.

Da stand ich dann mit meinem dicken Bauch und wartete. Doch Oliver kam nicht.

Die Ansage auf seinem Handy erklärte mir wieder und wieder, dass der Teilnehmer vorübergehend nicht erreichbar sei. Mit jedem Mal wurde ich nervöser. Dieses Verhalten sah ihm gar nicht ähnlich.

Später fuhr ich in seine Wohnung. Ich besaß einen Zweitschlüssel, trotzdem klingelte ich lange, bevor ich ihn benutzte. Ich fürchtete mich vor dem, was mich erwartete.

Die Wohnung war ausgeräumt. Da sie nur über einen einzigen Raum verfügte, ließ sich das auf den ersten Blick feststellen. Ein einsamer Umzugskarton stand in der Ecke, wo früher seine Schlafcouch gestanden hatte. In Olivers sorgfältiger Handschrift waren darauf verschiedene chemische Elemente vermerkt: Protactinium, Tellur, Stickstoff und noch einmal Tellur. Doch darin befanden sich nur Aktenordner und eine externe Festplatte.

Im Badezimmer stand noch eine halb leere Flasche Rasierwasser. Die Zahnbürste und eine Tube Zahncreme lagen auf dem Waschbeckenrand.

Die Zahnbürste erweckte in mir die Hoffnung, dass es sich um einen Einbruch handelte. Ich eilte die Treppen hinunter, so schnell ich das bei meinem Gewicht noch konnte, und klingelte bei Herrn Griebel, Olivers Vermieter, der im Erdgeschoss wohnte.

»Aber er hat die Wohnung doch gekündigt!«, sagte Herr Griebel irritiert.

»Das ist unmöglich«, hatte ich fassungslos geantwortet.

»Doch, meine Liebe. Hat er Ihnen etwa nicht Bescheid gesagt? Er hat gemeint, sie beide ziehen zusammen wegen des Babys.« Mitleidig sah er auf meinen dicken Bauch. »So eine Gemeinheit hätte ich ihm ja nicht zugetraut.«

Ich auch nicht. Völlig durcheinander fuhr ich nach Hause.

Ein Anruf im Forschungsinstitut bescherte mir einen weiteren Schock. Auch dort hatte Oliver gekündigt.

In den kommenden Tagen war ich hin- und hergerissen zwischen Angst und Wut. Es sah alles danach aus, dass Oliver sich Mühe gegeben hatte, mich nie wiedersehen zu müssen. Ich hatte keine Ahnung, was ich davon halten sollte. Es passte nicht zu ihm, nicht zu uns.

Dann rief Herr Griebel an und fragte, ob ich an der übrig gebliebenen Kiste interessiert sei oder ob er sie zur Mülldeponie bringen solle. Das war mir doch zu endgültig. Also fuhr ich hin, nahm die Kiste mit, steckte auch noch das Rasierwasser in meine Handtasche und brachte alles in meine kleine Wohnung.

Nach drei Tagen meldete ich ihn als vermisst. Es war Theas Idee gewesen. Das Kind hat ein Recht darauf, seinen Vater zu kennen, hatte sie gemeint, und mir war kein Gegenargument eingefallen.

Der Polizist, der meine Anzeige aufnahm, fragte, ob der von mir Vermisste der Vater meines Babys sei. Als ich nickte, sagte er: »Also ein Fall von Verweigerung der Alimentezahlung?«

»Ich bin nicht sicher«, erwiderte ich. »Warum sind dann seine Zahnbürste und sein Rasierwasser noch im Bad? Und was ist mit dem gepackten Karton? Warum hat er das nicht alles noch mitgenommen?« Schon während ich das sagte, wurde mir klar, dass ich mich an Strohhalme klammerte. Aber die Hoffnung, dass es eine andere Erklärung gab als die, dass Oliver mich im Stich gelassen hatte, war damals noch sehr groß gewesen.

»Vielleicht hat er die unwichtigen Sachen in dem Karton für den Müll dagelassen«, erwiderte der Polizist.

»Und warum hat er ihn dann so ordentlich beschriftet?«, fragte ich und erklärte ihm, was auf der Kiste gestanden hatte.

Der Mann zuckte mit den Achseln. »Ehrlich gesagt, kenne ich nur Stickstoff. Ich weiß nicht einmal, was Protactinium und Tellur bedeuten.«

Das wusste ich auch nicht, aber es klang nicht danach, als sei es für die Müllabfuhr bestimmt.

Schließlich riet mir der Polizist im Hinblick auf die nahende Geburt und die Alimente, in regelmäßigen Abständen beim Einwohnermeldeamt nachzufragen, ob Oliver einen neuen Wohnsitz angemeldet hatte. Mehr könne er leider nicht für mich tun.

Bei Lucys Geburt war Thea bei mir. Sie konnte Menschen eigentlich gut einschätzen, aber nicht einmal sie konnte mir erklären, warum Oliver sich aus dem Staub gemacht hatte. Sie hatte an uns geglaubt, auch wenn ich mit meiner Geschichte nicht gerade für eine Familiengründung geeignet schien.

Aber selbst Thea war eben nicht unfehlbar.

Ich zog mit Lucy in mein Elternhaus, das ich geerbt hatte. Es war zunächst als Notlösung gedacht, doch ich wusste sehr schnell zu schätzen, dass ich keine Miete mehr zahlen musste.

Olivers Kiste nahm ich mit. Seitdem stand sie unangetastet im Keller.

Ich konnte weder mit den Papieren noch der Festplatte, die nur chemische Formeln enthielt, etwas anfangen. Auch die Elemente, die Oliver auf der Kiste verzeichnet hatte, brachten mich nicht weiter. Protactinium war laut Internet ein äußerst seltenes radioaktives Actinoid, Tellur gehörte zu den seltenen Elementen der Chalkogene, und Stickstoff – nun, war eben Stickstoff. Die Bedeutung der Elemente für Oliver erschloss sich mir allerdings nicht. Nicht einmal die Stoffe für Olivers Plissees hätte man damit beschichten können, dazu wäre radioaktives Material kaum sinnvoll gewesen. Aber da die Kiste das Einzige war, was ich meiner Tochter noch von ihrem Vater würde zeigen können, brachte ich es nicht über mich, sie wegzuwerfen.

Ab und zu suchte ich im Internet nach Plissees, die von einer Seite durchsichtig und von der anderen undurchsichtig waren. Aber ich wurde nicht fündig.

Nun war ich seit acht Jahren damit beschäftigt, jede Charaktereigenschaft und jeden Zug in Lucys Gesicht zu ignorieren, die mich an Oliver erinnerten. Es war nicht leicht. Sie hatte einige. Und manchmal, wenn sie mich mit seinen haselnussbraunen Augen ansah, vermisste ich ihn immer noch. Dann zog ich die Schublade im Schlafzimmer auf, in der ich sein Rasierwasser versteckte, und roch heimlich an dem Fläschchen.

Doch das kam inzwischen immer seltener vor. Mein Alltag beschäftigte mich mehr als genug. Oliver war kein Teil mehr davon.

Und so sorgte ich auch an diesem Tag ganz allein dafür, dass Lucy aufstand, sich die Zähne putzte, etwas aß, ihre Frühstücksdose für die Schule gefüllt war und sie pünktlich das Haus verließ. Gleichzeitig hoffte ich, dass Lucy trotz des gestrigen Vorfalls mit Gabis Auto in der Schule unbehelligt blieb. Ich konnte sie nicht hinbringen, denn wie jeden Donnerstag hatte ich einen vollen Kalender und musste mich beeilen, um alle Patienten zu schaffen.

Als Erstes war Frau Maltzahn dran, dann musste ich zu Herrn Kröger nach Kaiserswerth. Er steckte mir immer etwas extra zu, wenn ich ihm vom Café Schuster ein Stück Kuchen und eine Tüte Trüffelschokolade mitbrachte. Das machte ich zwar gern, aber es kostete auch Zeit. Auf dem Rückweg besuchte ich Herrn Müller von der Buchhandlung, füllte die Wochenration an Medikamenten in seine Pillendose und unterhielt mich eine Weile mit ihm. Ich wusste, es würde niemand sonst an diesem Tag nach ihm sehen.

Kurz vor Schulschluss war Frau Klinkhammer dran, die mehrere Häuser hier in der Ecke besaß. Sie litt an MS und wohnte allein. Ihre einzige Tochter war schon vor Jahren weggezogen. Ich hatte auch eine Ahnung, warum. Frau Klinkhammer war ziemlich anstrengend. Meist erzählte sie, wie viele tolle Leute sie kannte. Es waren nie normale Menschen dabei. Die Ärzte, die sie kannte, waren *Chef*ärzte, die Banker Direktoren, es wimmelte nur von CEOs, CFOs und anderen Bezeichnungen, die mir nichts sagten, aber enorm wichtig klangen. Keiner von ihnen tauchte jemals auf, nicht mal die Tochter. Dabei zahlte Frau Klinkhammer ihrem Enkel Jakob sogar die International School in Frankfurt.

»Sechzehntausend Euro pro Jahr allein an Schulgebühren! Minimum! Und es wird jedes Jahr teurer«, sagte sie. »Aber natürlich wird Jakob dort Kontakte für sein ganzes Leben knüpfen. Beziehungen sind das A und O, denken Sie daran, meine Liebe.«

Ich widersprach ihr nicht, auch wenn sie mich lediglich daran erinnerte, dass eine teure Ausbildung genau das war, was ich meiner Tochter nicht würde ermöglichen können. Ich konnte nur hoffen, dass Lucy die Intelligenz ihres Vaters geerbt hatte und keine besondere Förderung brauchte.

»Der Schulleiter ist ein guter Bekannter meiner Tochter. Ein ganz entzückender Mann, mütterlicherseits ein von Hohenstein.«

»Wie klein die Welt ist«, sagte ich, nur um sie zu unterbrechen. Erfahrungsgemäß konnten solche Geschichten sich ganz schön hinziehen, und ich hatte keine Lust, mir sämtliche Familienbande des Schulleiters plus deren Einkommensverhältnisse anzuhören. Außerdem hatte ich von Jennifer nicht nur Lobeshymnen auf diese elitäre Schule gehört. Mobbing war auch dort ein Thema gewesen.

»Die Tochter einer Bekannten von mir ist auch auf die Schule gegangen.«

»Ach ja? Wer ist sie? Wie heißt das Kind? Da frage ich gleich mal Jakob, ob er sie kennt. Dort verkehren ja nur die allerbesten Kreise. Dafür sind sie dann aber auch wie eine große Familie da.«

Ich lief rot an. Streng genommen wusste ich ja gerade mal den Namen der Mutter. »Jennifer Grams heißt die Mutter. Das Kind ist ertrunken.«

»Das ist ja eine Katastrophe! Dabei haben die so hervorragende Ärzte im Frankfurter Klinikum. Ich kenne dort den Chefarzt. Ein ganz entzückender Mann, er hat meinen Enkel Jakob entbunden.«

Ich seufzte. Während ich Frau Klinkhammers Medikamentendöschen neu befüllte, klingelte mein Handy. Normalerweise ging ich während der Arbeit nicht ans Telefon, aber jetzt war ich wegen der Geschichte mit Gabis Auto in Alarmbereitschaft und warf einen raschen Blick auf das Display.

Mir wurde heiß vor Schreck. Es war die Schule.

»Ich muss Lucy für heute nach Hause schicken. Sind Sie da?«, fragte Frau Klose.

»Nein, aber ich kann sie gleich abholen. Was ist denn passiert?«, fragte ich hastig.

»Lucy geht es gut, keine Sorge. Aber es hat heute einen Vorfall in der Schule gegeben.«

»Was denn für einen Vorfall?«

»Wie gesagt, es geht Lucy gut, aber ihr ist ein … Malheur passiert. Und wir haben keine Wechselkleidung für sie. Wann können Sie hier sein?«

»Ich bin gleich da.«

Lucy stand bereits auf dem Hof, mit ihrem schweren Ranzen auf den Rücken. Um die Hüften hatte sie ihren Anorak gebunden, damit man den nassen Fleck nicht sah. Ihr kleines Gesicht war angespannt, sie presste die Lippen aufeinander. Mit aller Kraft versuchte sie, Haltung zu bewahren. Frau Klose hielt sie bei den Schultern und schob sie mir entgegen, als ich den Schulhof betrat. Ich schloss sie in die Arme.

»Ich muss dringend mit Ihnen sprechen«, sagte ich über Lucys Kopf hinweg zu Frau Klose.

»Das sehe ich auch so«, antwortete diese. »Kommen Sie doch morgen um elf Uhr vierzig in meine Sprechstunde.«

»Mir wäre jetzt sofort lieber«, sagte ich entschlossen. Morgen um diese Zeit hatte ich einen Termin mit Herrn Kröger, außerdem wurde das Problem mit Charlotte und Annabel jetzt wirklich drängend.

»Das geht nicht, ich muss zu meiner Klasse zurück, sie ist ohne Aufsicht. Ich dürfte eigentlich gar nicht mit Lucy hier draußen stehen. Das habe ich nur gemacht, damit sie nicht allein ist.«

»Na gut«, sagte ich. Dann musste Herr Krögers Termin eben ausfallen.

Ich schob Lucy auf meinem Gepäckträger nach Hause, damit sie sich die Beine beim Gehen nicht an der nassen Hose aufscheuerte.

»Alles okay?«, fragte ich vorsichtig und sah, wie sich eine Träne aus ihrem Augenwinkel löste.

Sie wischte sie mit einer raschen Bewegung weg und antwortete nicht.

Zu Hause duschte ich sie ab und warf ihre nasse Wäsche in die Maschine.

»Magst du erzählen, was passiert ist?«, fragte ich schließlich.

»Das weißt du doch schon.« Lucy sah mich nicht einmal an. »Ich gehe in mein Zimmer.«

Als sie die Tür hinter sich zuzog, fühlte ich mich, als schlösse sie mich aus ihrem Leben aus. Mir war nicht klar, ob sie sich schämte oder ob sie mir in irgendeiner Art eine Mitschuld gab. Und sie hätte recht damit. Ich hätte etwas gegen die Mädchen unternehmen sollen. Dass ich Gabi auf den Kosten für ihr ramponiertes Auto sitzen gelassen hatte, hatte mich zwar auf eine zugegebenermaßen niedere Art und Weise befriedigt, aber Lucy hatte davon gar nichts. Charlotte und Annabel ließen sie weiterhin nicht aufs Klo.

Später kochte ich Milchreis, den ich dick mit Zimt und Zucker bestreute, und lockte Lucy damit aus ihrem Zimmer, doch gesprächig war sie immer noch nicht. Wir aßen schweigend vor dem Fernseher, die Schüsseln auf den Knien. Eine irritierend schnell geschnittene Comicserie flimmerte über den Bildschirm. Ich konnte der Handlung kaum folgen.

Irgendwann sagte Lucy, ohne den Blick vom Fernseher abzuwenden: »Frau Klose hat mir verboten, während des Unterrichts aufs Klo zu gehen.«

Ich seufzte. »Sie weiß ja nicht, dass du in der Pause nicht gehen kannst. Ich werde mit ihr reden, okay?«

»Morgen gehe ich jedenfalls nicht in die Schule.« Lucy klang sehr bestimmt.

»Dann musst du aber allein bleiben. Ich habe drei Patienten und danach den Termin bei Frau Klose.«

»Ist mir egal. Ich gehe nicht in die Schule.«

»Okay.«

Lucy starrte weiter auf den Bildschirm, als habe sie meine Zustimmung vorausgesetzt.

So weit war es also gekommen. Bisher war Lucy trotz der Hänseleien jeden Tag ohne großes Murren zur Schule gegangen. Diese Mädchen hatten Lucy an die Grenze ihrer Belastbarkeit gemobbt.

»Ich werde mit Frau Klose reden, damit das alles aufhört. Das verspreche ich dir, mein Schatz.«

Lucy reagierte nicht.

Ich konnte nur hoffen, dass sie sich über das kommende Wochenende wieder etwas fing, sonst hatte ich ein ernst zu nehmendes Problem.

Kapitel 7

Am nächsten Tag saß ich pünktlich um elf Uhr vierzig im Schulsekretariat. Es war der einzige Raum, der um diese Zeit verfügbar war, da die Sekretärin freitags nicht arbeitete. Mir gegenüber schob Frau Klose ein paar Unterlagen auf dem Schreibtisch zusammen. Sie war etwa in meinem Alter, trug einen praktischen, halbhoch gebundenen Pferdeschwanz und ein rotes Langarm-Shirt, auf dem stand: *I'm a teacher – what's your Superpower?*

Während ich angespannt auf der Stuhlkante saß und mit dem Bein wippte, lehnte sie sich im Bürosessel zurück und klopfte mit dem Ende eines Kugelschreibers auf den Block vor sich. Ihr ernster Blick ließ nichts Gutes ahnen.

»Leider habe ich zu spät bemerkt, dass Lucy sich eingenässt hat«, sagte sie nun, »da hatte ein Kind es schon in die Klasse gerufen. Sie können sich vorstellen, was danach los war. Es schien mir daher einfacher zu sein, Sie anzurufen und Lucy erst einmal aus der Situation zu nehmen, statt sie dem für den Rest des Tages weiter auszusetzen.«

»Vielleicht. Aber wie konnte es überhaupt so weit kommen?«

»Gute Frage. Haben Sie eine Antwort?«

»Ja. Lucy hat mir erzählt, dass Sie ihr nicht erlaubt haben, während des Unterrichts zur Toilette zur gehen«, sagte ich.

»Das stimmt, in der dritten Klasse erwarten wir, dass die Kinder bis zur Pause warten können. Das ist allerdings keine neue Regel. Lucy weiß das.«

»Auch, wenn sie in der Pause schon nicht gehen konnte?«

»In der Pause ist Zeit genug, auf die Toilette zu gehen. Ich weiß, dass es schwierig ist, das zu hören, aber Lucy ist fast die ganze Zeit allein auf dem Schulhof. Sie spielt selten mit jemandem, steht meistens in einer Ecke und schaut zu.«

Obwohl ich das wusste, versetzte es mir einen Stich.

»Es ist also nicht so, dass sie zu sehr in ein Spiel vertieft ist und darüber vergisst, auf die Toilette zu gehen. Außerdem hatte Lucy im zweiten Schuljahr keine Probleme mit Einnässen. Es ist eine auffällige Veränderung. Haben Sie eine Erklärung dafür?«

»Allerdings! Charlotte lässt sie nicht auf die Toilette.« Da ich wusste, dass Frau Klose mit Gabi per du und mein Gewissen Gabi gegenüber nicht ganz rein war, ließ ich Annabel erst einmal außen vor. »Sie versperrt ihr den Weg. Und Lucy muss den ganzen Tag einhalten. «

Frau Klose tippte fester mit dem Kugelschreiber auf den Block. »Frau Markowski«, fing sie an und machte dann eine Pause. »Daran wird es ganz sicher nicht gelegen haben.«

»Doch! Genau daran!«

Das Mitleid in Frau Kloses Blick, als sie den Kopf schüttelte, empörte mich erst recht.

»Charlotte hält das Schulklo für ihre Privatgemächer. Und die sind für Lucy nicht freigegeben. Und Sie erlauben ihr auch nicht, während des Unterrichts zu gehen. Und das ist ein Umstand, der jetzt zu Lucys Demütigung geführt hat. Sie sollten sich besser einmal Charlotte vorknöpfen. Haben Sie das schon mal in Erwägung gezogen?«

Frau Klose machte sich eine Notiz auf dem Block. Dann sah sie mich forschend an. »Haben Sie Lucy gefragt, was passiert ist?«

»Natürlich.«

»Hat Lucy gesagt, dass Charlotte ihr verboten hat, aufs Klo zu gehen?«

»Genau!« Das war zwar nicht gestern gewesen, aber das war Erbsenzählerei und so leicht wollte ich mich nicht von

Frau Klose aus dem Konzept bringen lassen. Dieses Gespräch fühlte sich langsam an wie ein Verhör. Mir war nur noch nicht ganz klar, wen Frau Klose hier anklagen wollte, Lucy oder mich. Doch ich wollte endlich klarstellen, wer hier auf die Anklagebank gehörte.

»Charlotte war gestern gar nicht in der Schule. Sie war beim Arzt«, sagte Frau Klose ruhig.

Ich spürte, wie mir das Blut ins Gesicht schoss.

»Dann war es gestern eben Annabel. Die beiden hängen doch immer zusammen rum.«

»Sie haben doch gerade gesagt, Lucy hätte gesagt, es wäre Charlotte gewesen.«

Ich wurde noch röter.

»Wir nehmen solche Zeichen bei Kindern sehr ernst«, sagte Frau Klose schließlich. »Und dann noch in Zusammenhang mit dem sexualisierten Verhalten von Lucy …«

»Wie bitte?« Ich setzte mich kerzengerade in meinem Stuhl auf.

»Sehen Sie … Lucy geht immer wieder auf die Jungenklos. Mehrere Jungen aus der Klasse haben mir davon berichtet. Sie scheint ein ungewöhnliches Interesse am männlichen Geschlecht zu haben.«

»Das ist doch Unsinn. Lucy …« Meine Empörung war so deutlich zu hören, dass ich mich selbst unterbrach.

Frau Klose dämpfte die Stimme. »Vor Kurzem hat Lucy sich im Gebüsch hinter den Mülltonnen die Hose runtergezogen. Die Jungs in der Klasse rufen schon Sachen hinter ihr her.«

»Dann sagen Sie mir bitte mal, was Lucy tun soll! Charlotte und Annabel lassen sie in der Pause nicht aufs Klo, und während des Unterrichts darf sie auch nicht gehen. Ins Gebüsch darf sie nicht, und wenn sie in die Jungentoilette geht, dann hat sie Interesse am anderen Geschlecht?!«

Ich war viel zu laut. Man musste meine Stimme bis draußen auf dem Gang hören.

Frau Klose betrachtete mich, als müsse sie erst einmal abschätzen, wie offen man mit einer Mutter wie mir sein durfte, bevor sie weiterredete. »Lucys Verhalten macht mir Sorgen. Das Einnässen kann auf eine tiefere Ursache hindeuten.«

»Richtig, und die Ursache heißt Annabel.«

Frau Klose sah mich an. »Ich möchte Lucy doch nur helfen, Frau Markowski. Lassen Sie mich ganz offen sein. Sie sind alleinerziehend. Das ist schwierig, nicht nur für Sie, auch für Lucy. Ihr fehlt eine männliche Bezugsperson. Es wäre überhaupt nicht verwunderlich, wenn sie ihre Neugier in Bezug auf Jungs auf andere Art und Weise …«

»Nein! So ist das nicht!« Ich war sicher, dass mein Gesicht immer noch flammend rot war, doch inzwischen vor Ärger. »Werden Sie wegen Charlotte und Annabel etwas unternehmen, das ist hier die Frage«, sagte ich mit gepresster Stimme.

Frau Klose seufzte, als hätte ich sie enttäuscht, weil ich schon wieder meine Hausaufgaben nicht gemacht hatte. »Ich kann Charlotte schlecht fragen, ob sie Lucy schikaniert hat, wenn sie gar nicht in der Schule war. Und von Annabel hat Lucy ja gar nichts erzählt, oder?« Frau Klose klappte den Block zu. »Ich habe nichts gegen Lucy, Frau Markowski, glauben Sie mir. Ich möchte ihr helfen. Und wäre es nur ein einzelner Vorfall gewesen, hätte ich es sicher auf sich beruhen lassen. Aber es sind viele Dinge, die mir nicht gefallen. Dass Lucy immer am Rand steht zum Beispiel. Die Jungentoilette. Das Gebüsch. Das Einnässen. Das sind doch Alarmzeichen!«

Ich sah sie nur stumm an.

»Ich habe hier noch die Hausaufgaben für heute, denn ich hoffe doch sehr, dass es Lucy besser geht und sie am Montag wieder in die Schule kommt.« Wir wussten beide, dass Lucy gar nicht krank war, aber wegen eines einzigen Fehltages konnte Frau Klose kaum etwas unternehmen. »Und um das

Ganze zu entschärfen, werde ich Lucy bis auf Weiteres während des Unterrichts auf die Toilette lassen, wenn sie es damit nicht übertreibt. Richten Sie ihr das bitte aus. Vielleicht hilft ihr das ja bei der Genesung. Aber es wäre gut, wenn Sie versuchen könnten, herauszufinden, was Lucy so belastet.«

»Danke, das weiß ich bereits«, sagte ich und faltete das Blatt mit den Hausaufgaben zusammen.

»Frau Markowski – ich weiß, oft ist es mühsam, die Hürden der Bürokratie zu überwinden, aber wenn Sie vielleicht … ich meine, in einem Fall wie Ihrem … Was ich sagen will, es gibt auch staatliche Hilfe für Kinder wie Lucy. Sie müssen sie nur annehmen.«

Die Schulglocke klingelte, und Frau Klose reichte mir die Hand. Ich ergriff sie und ließ sie so schnell wieder los, als hätte ich mich verbrannt, und verließ ohne jedes weitere Wort das Sekretariat. Langsam dämmerte es mir. Hier ging es nicht bloß um diesen Vorfall. Es ging um die Familie, aus der Lucy kam. Um *meine* Familie, die ich hatte abstreifen und wie eine Schlangenhaut zurücklassen wollen, in der Hoffnung, dass Lucy damit niemals in Berührung kam. Es hatte nicht funktioniert.

Das alte Gemäuer roch immer noch nach Papier, Schweiß und Demütigung.

Auf dem Weg nach draußen kam ich an Lucys Klassenzimmer vorbei. Obwohl der Unterricht inzwischen beendet war, saßen Annabel und Charlotte noch auf ihren Plätzen und schauten sich irgendetwas in Charlottes Schulranzen an. Annabel war so nah an Charlotte herangerückt, dass sie fast auf ihrem Schoß saß. Charlotte hielt Annabel einen pinkfarbenen Lipgloss an die Nase.

Lucy hatte mir erzählt, dass das der neueste Schrei war, dem alle Mädchen in der Klasse hinterherjagten: Lipgloss mit verschiedenen Düften, doch sie mussten von einer ganz bestimmten Marke sein, die eine bekannte Youtuberin im Internet bewarb. Ich hatte schon bei Rossmann nachgesehen, aber auch hier musste Lucy außen vor bleiben: Der Preis von 6,95 Euro war einfach zu hoch.

Wie Charlotte und Annabel die Köpfe über dem Lipgloss zusammensteckten, gaben sie das Bild einer Einigkeit ab, das mich schmerzte.

Ich fasste einen Entschluss. Schließlich hatte ich Lucy versprochen, mich um die Angelegenheit zu kümmern. Auch wenn Frau Klose mir keine Hilfe gewesen war, so hatte ich doch noch eine Möglichkeit, die Schikanen zu unterbinden.

Charlotte mochte gestern nicht in der Schule gewesen sein. Aber Annabel sehr wohl. Und das bedeutete, ich hatte die Schuldige gleich hier vor Ort. Und Annabel konnte ich zur Rede stellen.

Es war an der Zeit, dass ihr jemand die Meinung sagte. Ich durchschaute die Methoden, mit denen sie Terror gegen Lucy ausübte, ich kannte sie selbst ja zu gut. Offensichtlich war Gabi ihrer Tochter eine gute Lehrmeisterin gewesen.

Und obwohl mir bei dem Gedanken, mich noch weiter mit Gabi anzulegen, immer noch unwohl war, hatte ich trotzdem genug. Genug von der gesamten Familie. Was konnte Gabi mir schon antun? Ich hatte es einfach satt, die dumme Kathi zu sein, auf der alle Welt ungestraft herumtrampeln konnte. Und erst recht wollte ich nicht, dass Lucy dasselbe Schicksal beschieden war wie mir.

Also stellte ich mich vor das Schultor und wartete.

Charlotte und Annabel kamen als Letzte aus dem Gebäude. Tatsächlich verschwanden sie auf dem Weg nach draußen noch einmal auf der Schultoilette. Inzwischen hätte ich gern gewusst, was an einem stinkenden Klo eigentlich so spannend war, dass die beiden sich permanent dort aufhielten.

Nach ein paar Minuten kamen sie wieder heraus und schlenderten Richtung Schultor. Eilig hatten sie es nicht, so viel stand fest. Sie waren beinahe gekleidet wie Zwillinge, auch so eine Eigenheit von ihnen. Beide trugen einen halblangen beigen Dufflecoat mit Hornknöpfen, für meinen Geschmack zu kurze lila Strickröcke und darunter lilafarbene Strumpfhosen in rosa gefütterten Ugg-Boots.

Charlottes Haar war vom Oberkopf an eingeflochten und mündete in einem Fischgrätzopf, der die einzige Flechttechnik, die ich beherrschte, weit in den Schatten stellte. Meine Lucy trug einen praktischen, halblangen Bob. Damit ersparte ich uns beiden zwar einen großen morgendlichen Aufwand, trotzdem bemerkte ich nun, dass Charlotte allein durch ihre Frisur eines meiner weiteren Defizite aufdeckte.

Charlotte und Annabel drängten an mir vorbei aus dem Schultor, als sei ich bloß lästige Dekoration.

Das beruhigte mein Gemüt keineswegs. »Hey Annabel! Warte mal«, sagte ich laut und hielt sie am Ärmel fest.

War es möglich, dass Kinder in diesem Alter einen Erwachsenen bereits herablassend ansahen? Es kam mir so vor, als würde sie mich mit demselben Blick betrachten, den ich so gut von ihrer Mutter kannte.

Charlotte nahm den pinkfarbenen Lipgloss aus der Manteltasche und zog sich mit einer geübten Bewegung die Lippen nach. Es irritierte mich, wie erwachsen sie dabei aussah. Auf der Plastikkappe stand in glitzernden Lettern *Coco Kisses*, und der aufdringliche Kokosduft stieg mir in die Nase. Auf einmal empfand ich keine Reue mehr darüber, dass ich für Lucy keinen gekauft hatte. Ich war mir nicht sicher, ob Kinderlippen so glänzen sollten. Es kam mir falsch vor.

»Ich muss mit Annabel reden«, sagte ich zu Charlotte. »Lauf du schon mal vor.«

»Aber ich geh immer mit Annabel zusammen«, sagte Charlotte und verzog den Mund.

»Heute nicht«, sagte ich bestimmt. »Geh nach Hause, Charlotte. Ich muss mit Annabel alleine reden.«

Ich war nicht bereit, Charlotte als Verbündete bei ihr zu

lassen. Annabel sollte sich auf dem Nachhauseweg Gedanken machen. Wäre sie mit Charlotte zusammen, würden sie nur kichern und sich über Lucy lustig machen, sobald ich außer Sichtweise war.

Demonstrativ winkte ich Charlotte zu. »Tschüss! Und pass gut an der Straße auf.«

Zögernd ging sie los. An der Fußgängerampel drückte sie gehorsam den Knopf und schaute dabei zu uns herüber.

»Ich soll immer sofort nach Hause kommen, hat Mama gesagt«, sagte Annabel. »Wenn ich nicht pünktlich bin, kommt sie mich suchen.«

Ich ignorierte die Bemerkung.

»Annabel«, fing ich an und wartete einen Moment, bis sich ein ziemlich lautes Auto so weit von uns entfernt hatte, dass ich sicher sein konnte, dass Annabel die folgenden Worte genau hörte. »Ich muss mit dir über dein Verhalten reden.«

»Ich muss aber los«, sagte sie. »Sonst wird meine Mutter böse.«

»Erst hörst du dir an, was ich dir zu sagen habe.« Ich holte einmal tief Luft, um mich zu beruhigen. »Hast du Lucy gestern wieder nicht auf die Toilette gelassen?«

»Ich? Nö. Wieso?«

»Hast du?«, bohrte ich nach.

»Nein.«

»Das ist gelogen!«

»Stimmt gar nicht! Gestern war ich überhaupt nicht auf dem Klo in der Pause. Ich habe mit Lina und Marie Seilhüpfen gespielt. Und Lucy ist nicht mal mit rausgekommen, sondern hat sich im Klassenraum versteckt. Warum sie das macht, weiß ich auch nicht. Es ist nämlich verboten.«

Das erklärte zumindest, warum Lucy mir nichts Genaueres vom gestrigen Tagesablauf erzählt hatte.

»Vielleicht, weil sie weiß, dass ihr sie nicht mitspielen lasst und sie auch sowieso nicht aufs Klo kann?«

»Weiß ich nicht. Ich hab gestern in der Pause die ganze Zeit mit Lina das Seil gehalten und Marie ist gehüpft.«

»Und vorgestern?«

Annabel zog ihren Zopf über die Schulter und spielte daran herum.

»Da hab ich nur in der Tür gestanden. Wenn Lucy sich nicht an mir vorbeitraut, kann ich ja nichts dafür.«

»Wenn sich jemand nicht an dir vorbeitraut, kannst du nichts dafür?«

Annabel zuckte mit den Achseln.

»Warum stehst du denn überhaupt in der Tür herum? Gibt es keine schöneren Plätze, an denen man seine Pause verbringen kann?«

»Das ist ja nur wegen Charlotte. Sie will nicht, dass jemand sie sieht.«

»Schiebst du jetzt alles auf Charlotte? Das ist ja die Höhe! Du hast in der Tür gestanden. Und wenn du meine Tochter so verängstigst, dass sie sich nicht mehr aufs Klo traut, dann verbiete ich dir das.«

»Ich hab aber nichts gemacht«, beharrte Annabel. »Ist jedenfalls nicht meine Schuld, dass Lucy sich in die Hose gemacht hat.«

Das Blut schoss mir in die Wangen. »Ich weiß doch genau, wie so was abläuft, ich war schließlich auch einmal in der Schule. Wahrscheinlich stellt ihr Lucy Beinchen, oder schaut über die Toilettenwand, wenn sie auf dem Klo ist. Ist es nicht so?«

Annabel schüttelte den Kopf, aber sie sagte nichts. Sie nahm das Ende ihres Zopfes in den Mund und lutschte darauf herum. Ihr Blick schoss links und rechts an mir vorbei, als suchte sie einen Ausweg.

»Wenn ich nicht pünktlich zu Hause bin, kommt meine Mutter mich holen«, sagte sie wieder.

»Was weiß ich, was ihr euch alles an Gemeinheiten einfallen lasst. Es kann ja wohl nicht angehen, dass du Lucy verbietest, aufs Klo zu gehen!«, fuhr ich fort.

»Das ist nur wegen Charlotte«, sagte Annabel und klang ganz so, als fühle sie sich im Recht.

»Ich hoffe jedenfalls, Lucy wird mir nicht noch einmal erzählen, dass du ihr den Weg versperrst«, sagte ich. »Wenn du dein Verhalten nicht änderst, werde ich mit Herrn Töpfer über die Angelegenheit sprechen müssen. Verstehst du?«

Annabel versuchte, einen gelassenen Eindruck zu machen, aber auf ihren Wangen breiteten sich rote Flecken aus.

Das war zu hart gewesen. In meinem Zorn hatte ich mich hinreißen lassen.

Ich gab ihr den Weg frei, indem ich einen Schritt zur Seite trat.

Sie lief sofort los. Der dünne Zopf wippte im Takt ihrer Schritte.

Auf einmal wirkte Annabel schutzlos und klein. Sie war doch nur ein Kind, genau wie Lucy.

Mein Blick fiel auf die leere Schaukel auf dem einsamen Schulhof.

Obwohl kein Windhauch ging, schwang sie leise hin und her. Aus irgendeinem Grund bekam ich eine Gänsehaut.

Kapitel 8

Am Wochenende verschanzten Lucy und ich uns im Haus. Aus Sorge, dass Gabi mir über den Weg laufen könnte, ging ich nicht einmal einkaufen. Mein Handy schaltete ich auf stumm und legte es in eine Schublade. Die Welt sollte bleiben, wo sie war. Draußen.

Lucy gab zu, dass sie ausgerechnet am Donnerstag heimlich in der Klasse geblieben war, aber nur, weil sie sicher gewesen war, dass Annabel sie auch an diesem Tag nicht an der Klotür vorbeigelassen hätte. »Das hat sie doch schon seit über zwei Wochen nicht«, sagte sie.

Danach sprachen wir nicht weiter darüber. Ich war nicht gerade stolz auf meine Gesprächsführung, weder bei Frau Klose noch bei Annabel. Und Lucy war der ganze Vorfall in der Schule so peinlich, dass sie das Thema mied.

Je näher der Montag rückte, umso gedrückter wurde unsere Stimmung. Am Sonntag waren wir beide angespannt: Lucy, weil sie sich nach dem Vorfall in der Schule ihrer Klasse würde stellen müssen, und ich, weil ich ihr die Erfahrung nicht ersparen konnte. Ich konnte sie nicht ewig krankmelden.

Mittags machte ich für uns Pfannkuchen mit Himbeermarmelade. Wir brauchten süßen Trost. Doch obwohl das zu Lucys Lieblingsessen zählte, rührte sie den Pfannkuchen kaum an.

Ich zermarterte mir derweil das Gehirn: Wie um Himmels willen sollte ich Lucy auf den nächsten Schultag vorbereiten? Wie sollte sie der Klasse gegenübertreten, ohne für den Rest des Schuljahres geärgert zu werden? Sollte sie vielleicht sogar die Schule wechseln?

Ich war gereizt und sprach kaum mit Lucy. Auch sie war still und in sich gekehrt.

Nach dem Essen machten wir zusammen die Hausaufgaben, die Frau Klose mir am Freitag mitgegeben hatte.

Lucys Konzentration war miserabel. Und schriftliches Dividieren lag ihr ohnehin nicht. Nach drei Aufgaben hatte sie schon ein Loch ins Heft radiert.

»Jetzt reiß dich mal zusammen«, fuhr ich sie an. »So eine Schlamperei! Das Heft können wir wegwerfen.«

Lucy stiegen wegen des schroffen Tons Tränen in die Augen, aber paradoxerweise hatte ich vor lauter Sorge um sie nur noch wenig Mitleid für sie übrig.

Ich war froh, als die Türklingel uns unterbrach, zumindest bis mir einfiel, dass es die zornige Gabi sein konnte.

Lucy, froh über die unerwartete Unterbrechung, sprang auf.

»Du rechnest weiter«, sagte ich streng. Am liebsten wäre ich gar nicht zur Tür gegangen.

»Wer ist das, Mami?«, fragte Lucy, als könnte ich hellsehen.

»Wahrscheinlich der Postbote mit einem Paket für die Nachbarn«, log ich. »Kein Grund zur Aufregung.« Hoffentlich fiel ihr nicht auf, dass der Paketbote sonntags gar nicht kam. Ich wollte Lucy unbedingt aus einer möglichen Auseinandersetzung raushalten.

Lucy drehte sich auf dem Stuhl so weit wie möglich Richtung Tür.

»Wenn ich wiederkomme, ist die Aufgabe fertig«, sagte ich, damit sie nicht auf die Idee kam, mir zu folgen. Vorsichtshalber schloss ich die Wohnzimmertür.

Gabi hätte das Recht, sauer auf mich zu sein. Ich hatte ihrem Kind mit dem Schulleiter gedroht wie Fräulein Rottenmeier höchstpersönlich. Ich schämte mich in Grund und Boden. Vielleicht sollte ich mich einfach sofort bei Gabi und

Annabel entschuldigen. Doch dann sah ich wieder Lucy in der nassen Unterwäsche vor mir mit Verzweiflung in den Augen. Annabel war ein Kind, aber sie hatte Lucy trotzdem gequält.

Nein, ich konnte mich nicht dafür entschuldigen und Gabi damit das Gefühl geben, dass Annabel tun und lassen konnte, was sie wollte.

Mit solchen Ausreden versuchte ich also, mich in eine möglichst kämpferische Stimmung zu bringen, bevor ich die Tür öffnete.

»Ach je, Rolfie!«, entfuhr es mir.

Sofort überkam mich ein schlechtes Gewissen. Ich hatte völlig vergessen, mich um seine Rechnungen zu kümmern.

»'tschuldigung«, sagte er und trat zwei Schritte zurück, als hätte er eine ansteckende Krankheit, die er mir nicht zumuten wollte. »A…a…aber d…du hast gesagt, ich s…soll noch mal wi…wiederko…kommen, und ich b…bin wieder kn…knapp bei K…kk…asse.«

»Da sind wir schon zwei«, sagte ich.

Das beruhigte Rolfie wohl etwas, denn er trat wieder näher ans Haus.

Ich war überrascht, wie stark er wieder stotterte. Als Kind hatte er kaum einen Satz gerade herausgebracht. Sein Vater hatte ihn dafür geprügelt, was das Stottern noch verschärft hatte. Doch als er ins Nebengebäude von der alten Frau Prott gezogen war, war eine Besserung eingetreten, zumindest, wenn er mit vertrauten Personen sprach. Was mich normalerweise mit einschloss.

Er sah noch ein bisschen heruntergekommener aus als vor zwei Tagen. Sein Haar war strähnig, und er hatte Stoppeln am Kinn.

»Tut mir leid, Rolfie, aber ich bin noch nicht dazu gekommen, mir die Rechnungen anzusehen.«

»E…s ist n…nur, weil ein p…p…p…aar K…kunden nicht

bezahlt ha…haben«, sagte Rolfie, als sei er mir Rechenschaft schuldig.

»Hat denn überhaupt jemand gezahlt?«

Rolfie war ein hervorragender Fliesenleger, doch da er den Kontakt zu fremden Menschen mied, war es schwer für ihn, eine feste Arbeit zu finden. Das führte leider nicht selten dazu, dass er eine Arbeit in der Nachbarschaft erledigte und dann auf sein Geld wartete.

Er zuckte entschuldigend mit den Achseln.

»Hast du denn schon Mahnungen verschickt?«, fragte ich, um von meinem Versäumnis abzulenken. Dabei wusste ich, dass er es nicht getan hatte. Rolfie überließ alles mir, was mit Schriftverkehr zu tun hatte. Die kompliziertesten Fliesenmuster über mehrere Räume und Ebenen zu legen, war kein Problem für ihn. Schlampige Arbeit gab es bei ihm nicht, auch wenn sein Äußeres etwas anderes vermuten ließ. Aber ich hatte den Verdacht, dass er nicht besonders gut lesen und schreiben konnte. Dumm war er überhaupt nicht, nur äußerte sich seine Intelligenz in anderen Fähigkeiten.

»S…ind au…auch g…ga…ganz schön a…a…alte Re…chnungen dabei«, gestand er.

»Ach Rolfie, so kommst du nie auf einen grünen Zweig.«

Er blickte zu Boden. Wir waren schon zwei merkwürdige Gestalten. Er hatte Schwierigkeiten mit der Kommunikation, ich dagegen wurde als Tochter meiner Eltern gemieden.

Mein Vater war Postbeamter am Schalter gewesen, als es mitten in Lohausen noch eine Post gegeben hatte. Jeder Fehltritt meiner Mutter war in dieses Gebäude getragen, jeder neue Liebhaber hier verraten worden. Weder mein Vater noch wir Kinder konnten dem Tratsch an einer so zentralen Stelle des Dorfes entkommen.

Inzwischen hatte in der alten Post eine Bäckereikette eine Filiale eröffnet und nur noch der verrostete Briefkasten vor dem Gebäude erinnerte daran, dass dies einmal die Wirkungsstätte meines sanftmütigen Vaters gewesen war.

»I...ich ha...hab den Uwe getroffen. E...er ha...hat ein... en großen Au...auftrag, a...aber ich da...darf erst mal nicht mit...ma...machen, weil er A...Angst hat, dass ich mit der Fr...frau in der Villa spreche, u...und die ha...hat richtig Klasse, sa...sagt er. Dabei sollen da so kleine Mosaikfliesen in einem komplizierten Mu...muster gelegt werden, und das ka...kann ich gu...gut.«

Keiner würde so pingelig arbeiten wie Rolfie, wenn es um Muster ging. Ich ärgerte mich. »Wieso darfst du nicht mit der Frau sprechen? Warum sagt er so was Gemeines?«

»D...d...die einfachen A...arbeiten ma...machen sie scho...n«, sagte er schnell, als hätte er meine Frage nicht gehört. »Wenn s...si mit d...dem Mosaik anfangen, ka...kann ich mit...machen.«

»Was zahlt er dir dann, Rolfie?«

Rolfie blickte konzentriert an mir vorbei.

»Okay, du musst es mir ja nicht sagen. Ich möchte nur nicht, dass du für weniger arbeitest, als deine Arbeit wert ist.«

»Da...das Haus ist a...aber schön«, sagte er.

»Du bist der beste Arbeiter, den Uwe bekommen kann. Vergiss das nicht. Da kannst du ruhig ein bisschen pokern.«

Uwe Schmeisser war ein Ausbeuter. Er zahlte Rolfie weniger als seinen Angestellten und stellte ihn auch nicht fest ein, damit er ihn jederzeit loswerden konnte. Früher war Uwe auch ein Schürzenjäger gewesen, selbst bei mir hatte er es versucht, obwohl ich vor Schüchternheit kaum gewagt hatte, einem Jungen in die Augen zu sehen. Außerdem hatte ich immer Angst gehabt, mit meiner Mutter in einen Topf geworfen zu werden. Doch er war in seinen Bemühungen so hartnäckig, dass er auf lange Sicht vielleicht sogar Erfolg gehabt hätte, wenn nicht andere Mädchen schneller nachgegeben und ihn deshalb von mir abgelenkt hätten. Heute war ich froh darüber.

Rolfie und ich schwiegen einen Moment.

Mir fiel ein, dass die Herrin der Korten-Villa vor Kurzem noch in meiner Küche gesessen hatte. Vielleicht konnte ich Jennifer ja überzeugen, dass sie Rolfie unabhängig von Uwes Baufirma einstellte. Das würde seinen Stundenlohn erheblich erhöhen, da war ich sicher. Der Gedanke verbesserte meine Laune schlagartig.

»Ich setz mich gleich dran, Rolfie. Soll ich dir die Rechnungen dann in den Briefkasten werfen?«

In diesem Moment flog ein Hubschrauber ziemlich tief über mein Haus.

Rolfie starrte eine Weile nach oben. Ich wunderte mich ein wenig darüber. Der Hubschrauber flog zwar tief, aber wir wohnten schließlich auch nur wenige Hundert Meter Luftlinie vom Flughafen entfernt. Krach am Himmel war für niemanden von uns eine Überraschung, wenn auch Hubschrauber vergleichsweise selten waren.

»Die s…s…suchen jemanden«, sagte er schließlich.

»Quatsch. Wen sollen die denn suchen?«

»K…keine A…ahnung«, sagte Rolfie. »A…aber die fliegen i…im Kr…kr…eis.«

Ich zuckte mit den Achseln. Der Hubschrauber flog weiter Richtung Flughafen. Man hörte ihn kaum noch.

»Also, ich schmeiß dir die Rechnungen mit den Mahnungen dann nachher wieder in den Briefkasten, Rolfie.«

War er blass geworden, oder hatte er eben schon so eine fahle Gesichtsfarbe gehabt?

»N…nein…la…lass m…m…mal, Kathi. Ich h…hol sie wieder ab.« Er starrte an mir vorbei, als sei hinter mir etwas Interessanteres zu sehen als in meinem Gesicht.

»Wie du willst.«

Lucy hatte ihre Aufgaben immer noch nicht erledigt, als

ich wiederkam. Ich schimpfte halbherzig und beschloss, mich an Rolfies Rechnungen zu setzen. Das lenkte mich ab, und außerdem hatte ich ein schlechtes Gewissen. Rolfie brauchte schließlich Geld.

Als ich meine Schublade öffnete, um einen Block herauszuholen, fiel mein Blick auf das Handy, das ich dort hineingelegt hatte. Es blinkte auf. Der Gruppenchat von Lucys Klasse war mal wieder aktiv. Diese Gruppe war die reinste Nachrichtenagentur. Wenn irgendetwas passierte, stand es wenige Minuten später garantiert im Chat. Eigentlich interessierte mich dieser Kram nicht.

Doch dann sah ich noch etwas. Ich hatte sieben verpasste Anrufe von Gabi. Mir wurde heiß. Was war da los? Schnell öffnete ich die App.

»Wer kommt mit zu den Rheinwiesen?«, fragte Carola.

»Wir suchen in den Schrebergärten«, schrieb Gabi.

Ich scrollte den Bildschirm hoch zu den früheren Nachrichten. Was suchten sie?

»Aufruf in Facebook gestartet«

»Ist schon jemand im Lantz'schen Park?«

Ich scrollte weiter.

Die allererste Nachricht dieses Sonntages war von Gabi. Sie war um zwölf Uhr fünfzig gesendet worden. »Charlotte ist verschwunden! Habe gerade mit Henriette gesprochen. Sie hat die Polizei angerufen. Helft alle suchen!«

Kapitel 9

Ich starrte auf das Handy. Was sollte das heißen? Charlotte war verschwunden? Seit wann?

Trotz allem ergriff mich eine Welle des Mitgefühls für Henriette. Ich konnte mir nur allzu gut vorstellen, wie sie sich gerade fühlen musste.

Ich hörte wieder das nun bedrohlich klingende Flappen der Rotorblätter über dem Haus.

Die gleichen Gedanken wie am Dienstag ploppten in meinem Kopf auf wie Werbefenster im Internet. Fast alle vermissten Kinder tauchen innerhalb weniger Stunden wieder auf. Sollte Charlotte zu den wenigen gehören, die wirklich verschwanden? Es war einfach unwahrscheinlich. Andererseits: Die Süssbrichs hatten Geld. Aber wurden Kinder in Deutschland für Lösegeld entführt? Gab es das überhaupt noch? Ich konnte mich an keinen Fall erinnern. Oder wurden diese Fälle geheim gehalten?

Mein Handy leuchtete auf.

Leons Vater Henning fragte in den Chat: »Kann jemand helfen, im Park zu suchen? Wir sind nur zu viert hier!«

Den Park kannte ich wie meine Westentasche. Konrad und ich hatten unsere halbe Kindheit dort verbracht. Dort hatten wir uns versteckt, wenn wir es zu Hause nicht ausgehalten oder die Schule geschwänzt hatten. Ich hatte keine Ahnung, warum Charlotte sich vor irgendetwas verstecken sollte, aber wenn sie es im Park tat, wusste ich, wo es die besten Verstecke gab. Wahrscheinlich besser als jeder andere.

Aber was sollte ich mit Lucy machen?

Mein Blick fiel auf Jennifers Visitenkarte, die sie in die

Obstschale zwischen zwei Äpfel gesteckt hatte. »Falls du noch mal Lust auf einen Kaffee oder so was hast«, hatte sie gesagt. Konnte ich sie vielleicht um Hilfe bitten? Ich hatte sie gerade erst kennengelernt, doch mich verband jetzt schon mehr mit ihr als mit allen anderen Müttern aus Lucys Klasse, von denen noch nie eine bei mir zu Gast gewesen war – oder umgekehrt.

Mein Handy piepste erneut. »Wer von euch Zeit hat: Bitte Beeilung! Es wird schon dunkel.«

Kurz schoss mir ein Gedanke durch den Kopf, der mir zwar berechnend erschien, aber mich trotzdem beruhigte: Jennifer hatte ihre Tochter verloren. Wer würde besser auf ein Kind aufpassen als sie?

Es dauerte nur wenige Sekunden, und ich hatte Jennifer am Telefon.

»Ich brauche deine Hilfe«, sagte ich, ohne mich lange mit Erklärungen aufzuhalten. »Kannst du auf Lucy aufpassen?«

»Klar«, sagte sie und lachte. »Hast du ein Date?«

»Leider nein. Ein Mädchen aus Lucys Klasse ist verschwunden. Ich muss bei der Suche helfen.«

Das Lachen verschwand aus ihrer Stimme. »Gib mir fünf Minuten. Ich komme.«

»Ich bringe dir Lucy vorbei. Ich weiß, wo die Korten-Villa ist.«

»Nein, ich bin gerade im Auto, habe meinen Mann vom Bahnhof abgeholt, er war in Frankfurt. Ich hole Lucy auf dem Weg ab.«

»Okay, beeil dich bitte, es wird schon dunkel. Und vielen Dank.«

Es war gar nicht meine Art, Lucy von jemand anderem beaufsichtigen zu lassen. Aber allein lassen konnte ich sie auf keinen Fall. Erst recht nicht, wenn hier Mädchen verschwanden. Da ging ich lieber auf Nummer sicher.

Ich sah wieder auf mein Handy, ob es Neuigkeiten im Chat gab. Nichts. Inzwischen hatte mich eine Unruhe erfasst.

Irgendwie hatte ich das unangenehme Gefühl, an Charlottes Verschwinden mitschuldig zu sein, ohne zu wissen, wieso.

Ich erklärte Lucy, dass ich zu einem Notfall müsse und sie gleich zu einer netten Frau in einem ganz tollen Haus mit Heimkino und Schwimmbad gehen würde. Lucy machte große Augen, aber sie beschwerte sich nicht. Vielleicht fand sie es aufregend, dass mal etwas Neues passierte, oder sie war einfach nur froh, dass sie keine Hausaufgaben mehr machen musste, jedenfalls band sie sich schon nach der ersten Aufforderung die Schuhe zu. Ihre Hoffnung, einen Badeanzug mitnehmen zu dürfen, musste ich enttäuschen, weil mir im letzten Moment einfiel, dass ja gar kein Wasser im Pool war, vertröstete sie aber damit, dass Jennifer sie sicherlich ein andermal in den Pool ließe.

Charlotte ließ ich unerwähnt. Es schien mir nicht der rechte Augenblick, meiner Tochter Angst einzujagen, bevor ich sie zu einer Fremden in Obhut gab. Wenn wir Charlotte gefunden hatten, würde ich im Nachhinein alles erklären. Eine solche Geschichte erzählte man einer Achtjährigen besser mit Happy End.

Als es an der Haustür klingelte, schob ich Lucy nach draußen und flüsterte kurz Jennifer zu, dass sie Lucy bitte noch nicht mit Charlottes Verschwinden beunruhigen sollte.

Jennifer nickte verständnisvoll. Auf dem Weg zum Auto legte sie Lucy die Hand auf die Schulter. »Magst du einen Film sehen, Lucy? Du kannst dir einen aussuchen«, sagte sie und hob Lucy auf die Rückbank wie ein kleines Kind.

Das Auto war ziemlich hoch, ein großer dunkler Wagen, der meine gesamte Einfahrt versperrte.

Jennifers Mann saß am Steuer und drehte sich zu Lucy um. Während ich mir meinen Parka überwarf, hörte ich, wie er mit Lucy sprach. Es klang freundlich, wofür ich dankbar war. Ich winkte ihm durch die dunkel getönte Scheibe zu und schwang mich auf den Sattel meines Fahrrades. Das Vorstellen würde ich später nachholen. Jetzt mussten wir das letzte Licht des Tages nutzen, um Charlotte zu finden.

Mit dem Fahrrad brauchte ich über die Felder nur ein paar Minuten, um zum Hintereingang des Parks zu gelangen. Mir fielen Charlottes glänzende Lippen wieder ein. War das ein schlechtes Omen gewesen? Die Gaslaternen an der Straße flackerten orangerot auf. Die Nacht zeichnete dunkle Streifen an den Horizont. Die Szenerie kam mir bekannt vor. Sie erinnerte frappierend an Lucys Verschwinden.

Ich fuhr schnell. Hinter den Tennisplätzen des Sportvereins gab es ein kleines Tor, durch das man in den Park gelangte. Ich fuhr hindurch, ohne mein Tempo zu verringern, nahm die Kurve zu rasch, schlitterte durch einen Laubhaufen, konnte mich aber fangen.

Im Park gab es keine Laternen. Ich musste mich auf den Weg vor mir konzentrieren, um nicht über abgebrochene Äste zu stürzen. Am Boden leuchteten gelbe Lindenblätter, schwach wie sterbende Glühwürmchen.

Wieder hörte ich den Hubschrauber. Er war ganz in der Nähe. Also hatten sie Charlotte noch nicht gefunden.

Der Park war dicht mit riesigen uralten Bäumen bewachsen. Vom Hubschrauber aus hatte man bestimmt keinen guten Blick hinein, auch wenn die Bäume nicht mehr viel Laub trugen.

Ich passierte die Kapelle im hinteren Teil des Parks, in der die Gebeine der namensgebenden Familie Lantz beerdigt waren.

Ohne viel Hoffnung rüttelte ich an der Kapellentür, doch sie war wie immer verschlossen. Über dem Tor stand eine in Stein gemeißelte Inschrift. Ich hatte sie schon oft gelesen, aber nie war sie mir so gruselig erschienen wie heute. *Transi. Non. Sine. Votis. Mox. Noster.* Meine Lateinkenntnisse aus der Schulzeit waren gerade noch gut genug, um den Sinn zu verstehen: *Gehe nicht ohne Gebete vorüber, du, bald der unsrige.*

Mich schauderte.

Schnell fuhr ich weiter Richtung Bunker. Der Bunker war ein Überbleibsel aus dem Zweiten Weltkrieg und außerdem perfekt für jemanden, der nicht gefunden werden wollte und sich hier gut auskannte. Er lag versteckt in einem kleinen, von Büschen und Unkraut überwucherten Hügel. Das Herbstlaub der alten Bäume hatte ihn wie eine Grabstätte zugedeckt.

Der Bunker war tief unter dem Hügel in die Erde gegraben worden, in einer Schlauchform aus mehreren, aneinandergrenzenden Räumen. Wie viele es genau waren, hatte ich nie herausgefunden. Als Kinder hatten Konrad und ich hier gespielt und Mutprobe gemacht. Wer sich am weitesten in den Bunker hineintraute, hatte gewonnen. Den Rekord hielt Konrad bis heute, der nach eigener Aussage mindestens fünf Räume weit gekommen war. Manchmal hatte ich ihn bei Spielen absichtlich gewinnen lassen, einfach, damit ich ihn glücklich sah, doch vor dem Bunker hatte ich wirklich Angst gehabt.

»Ich habe einen Beweis für dich dagelassen«, hatte Konrad gesagt. »Und erst wenn du mir sagst, was es ist, weiß ich, dass du dich auch bis dahin getraut hast.«

Ich hatte ihn nicht gefunden, weil ich nie wieder in den Bunker hineingegangen war. Der Beweis musste immer noch dort drin sein, wenn er nicht inzwischen verrottet war. Eines Tages würde ich nachsehen.

War die Suche nach Charlotte vielleicht ein Zeichen des Himmels, dass es an der Zeit war? Doch als ich mit meinem Handy in das schwarze Maul des Bunkers leuchtete, wusste ich sofort, dass Charlotte nicht im Bunker war. Ein riesiges Spinnennetz zog sich über die gesamte Öffnung. Dort war schon seit geraumer Zeit niemand mehr durchgeklettert. Es roch nach feuchtem Beton und kalter Asche.

Trotzdem rief ich Charlottes Namen hinein.

Keine Antwort.

Aus der Ferne waren die Stimmen der anderen zu hören,

die ebenfalls nach Charlotte riefen. Ich stieg wieder auf mein Rad und fuhr ihnen entgegen.

Am Spielplatz sah ich als Erstes Leons Vater Henning, der mit einem Stock in den Büschen neben dem Klettergerüst herumstocherte.

Ich fuhr über die Wiese auf seine Frau Andrea zu. Neben ihr hatte ich beim letzten Elternabend gesessen. Obwohl wir ansonsten keinerlei Kontakt hatten, warf sie sich mir um den Hals. Offensichtlich war sie völlig aufgelöst. Ich blieb stocksteif stehen und wartete, bis sie mich wieder losließ.

»Oh Kathi, wo kann Charlotte nur sein? Wo kann sie denn nur sein?« Andrea hatte Tränen in den Augen. »Es wird sie doch niemand mitgenommen haben, was glaubst du?«

Darüber wollte ich auf gar keinen Fall nachdenken. Mein Kopf begann zu dröhnen. Ich versuchte, es zu ignorieren.

»Eine Staffel der Polizei durchkämmt gerade die Schrebergärten. Es gab wohl jemanden, der dort ein Mädchen gesehen haben will«, rief Markus, der hinter mir auftauchte.

Markus war der Vater von Max, der behauptet hatte, dass Lucy ihm in der Jungentoilette »auf sein Ding« hatte schauen wollen.

»Sollen wir lieber dort helfen? Da sind doch so viele Gartenhäuschen.« Andrea sah mich hilfesuchend an. Ihre plötzliche innere Verbindung zu mir war mir schleierhaft.

»Nein, da sind ja schon genug Leute. Wir durchkämmen den Park«, sagte Markus, als habe er den Posten des Stabchefs übernommen. »Wir bilden eine Reihe. Sucht euch einen langen Stock und stochert auch in den Laubhaufen.«

»Kein Kind versteckt sich im Laub«, sagte ich.

Markus und Henning warfen sich vielsagende Blicke zu.

»Vielleicht nicht sich selbst«, sagte Markus schließlich und räusperte sich. »Aber es kann sie ja jemand anders versteckt haben.«

»Daran möchte ich nicht mal denken!«, rief Andrea und schlug sich die Hände vors Gesicht.

Henning tätschelte ihr unbeholfen den Rücken.

»Ich bin von hinten in den Park rein, da habe ich schon geguckt. Da war sie nicht. Auch nicht am Bunker und an der Kapelle«, sagte ich. »Habt ihr schon in der Villa nachgesehen?«

Das riesige Herrenhaus am Eingang des Parks stand seit vielen Jahren leer.

Andrea schüttelte den Kopf. »Da kommt man doch gar nicht rein.«

»Bist du da sicher?«, fragte ich. »Als Kind habe ich oft im Park gespielt. Damals war die Villa zwar noch bewohnt, aber wenn ich heute ein Kind wäre, hätte ich längst alle Möglichkeiten ausprobiert, dort hineinzukommen.«

»Aber Charlotte kennt sich da garantiert nicht so gut aus. Sie geht doch nicht alleine in den Park, das würde Henriette nie erlauben«, sagte Marie, die Frau von Markus, die sich stets ein wenig hinter ihrem Mann versteckte.

Ich fragte mich, woher Marie das so genau wusste. Wenn Henriette arbeiten war, konnte sie ihre Tochter schließlich kaum kontrollieren. Aber ich wollte Henriette nicht in ein schlechtes Licht rücken, deshalb sagte ich nichts.

»Sollen wir das nicht der Polizei überlassen?«, fragte Andrea. »Es wird schon dunkel, und da drin gibt es bestimmt kein Licht.«

»Ich gehe jedenfalls hinein«, sagte ich, ohne darauf einzugehen. »Ich möchte alle Möglichkeiten ausschöpfen.«

Markus sah mich ein wenig ungehalten an, als habe ich vergessen, ihn vor meiner Entscheidung um Erlaubnis zu fragen. Doch dann übernahm er wieder das Zepter. »Wir gehen alle«, entschied er.

In der Dämmerung sah das alte Herrenhaus gar nicht so heruntergekommen aus wie bei Tageslicht. Die weiße Fassade mit den bodentiefen Sprossenfenstern im Erdgeschoss und den kleineren Fenstern im ersten Stock, die alle über winzige Balkone in der Größe von Blumenkästen verfügten, wirkte freundlich und beinahe einladend. Ich konnte mir vorstellen, dass ein Kind, das sich verstecken wollte, hier durchaus Schutz suchen würde. Auf jeden Fall eher als im düsteren und übel riechenden Bunker.

Die einst prächtige, jetzt aber bröckelnde Treppe führte zur Veranda, die mit einem weißen gemauerten Geländer eingerahmt war. Markus und Henning nahmen die Stufen im Laufschritt.

Vor die Fenster hatte man von innen weiße Holzlatten genagelt, und die Haustür war mit Klappläden verschlossen. Die Männer rüttelten an den Lamellen, doch das Haus stemmte sich mit aller Gewalt gegen die Eindringlinge.

Ich warf mein Fahrrad auf der Wiese in einen Laubhaufen und lief am Eingangsportal vorbei. »Bei den seitlichen Terrassentüren sind keine Läden angebracht. Da kommen wir eher rein«, rief ich.

Auf der linken Seite der Villa gaben die Terrassentüren den Blick ins Innere des Hauses frei. Ich legte die Hände an die Scheibe und blickte hindurch. Es war schon recht dunkel. Das alte Fischgrätparkett war staubig, sah aber aus, als warte es nur auf eine kleine Aufbereitung, um wieder in vollem Glanz zu erstrahlen. Das Zimmer war leer bis auf einen gemauerten Kamin mit Stuck am Sims.

Andrea leuchtete mit dem Handy durch das Glas. »Man kann nicht viel erkennen«, sagte sie, »aber sind das vorne nicht Fußspuren?«

Wir starrten in das Haus. Tatsächlich.

»Zur Seite!« Markus trat mehrmals gegen die Tür. Weiße Holzsplitter flogen umher. Dann gab sie nach.

Wir stürmten hinein.

»Charlotte! Charlotte! Bist du hier?« Markus' Stimme hallte durch den leeren Raum.

Staub wirbelte auf, als wir ihn durchquerten. Es roch nach modrigem Holz. Andrea hatte sich nicht getäuscht. Auf dem Parkett waren Fußspuren im Staub.

»Hier ist kein Kind langgelaufen. Die Spuren sind viel zu groß«, sagte ich.

»Kinder kann man tragen«, entgegnete Markus.

»Ich hab Angst«, hörte ich Andreas Stimme hinter mir. »Was, wenn wir hier etwas finden?«

Keiner antwortete.

Je weiter wir uns ins Haus vorwagten, desto düsterer wurde es. Das dämmerige Licht schaffte es nicht weit durch die schweren Holzläden, mit denen die Fenster verrammelt waren.

Markus hatte eine starke Taschenlampe dabei, mit der er die Zimmerwände ableuchtete. Im Lichtkegel tanzte der Staub. Wir anderen schalteten die Taschenlampen unserer Handys ein und leuchteten uns selbst den Weg.

Langsam gingen wir von Raum zu Raum.

»Da vorne liegt etwas!«, rief Markus plötzlich. Seine Stimme brach vor Aufregung wie bei einem Teenager.

Wie angewurzelt blieben wir stehen. Alle Lichtstrahlen folgten seinem. Mein Herz setzte beinahe aus. In der hinteren Ecke des ansonsten leeren Raumes lag etwas. Es sah aus wie ein Mensch, wirkte aber gleichzeitig irgendwie zu – leblos. Ja, das war es: Man spürte keinerlei Leben im hinteren Teil des Raums.

Henning traute sich als Erster, näher zu treten.

»Das ist ein Schlafsack!«, rief er.

Ich atmete erleichtert aus.

»Da hat sich ein Penner eingeschlichen. Der Kerl muss irgendwo sein«, rief Markus. »Hey! Wo immer du bist, zeig dich!«, schrie er ins Innere des Hauses.

Ich schauderte. Wir hatten etwas von einem Mob, wie wir dort standen, bewaffnet mit unseren Handys, die wie Fackeln leuchteten. Auf der Suche nach einem Schuldigen. Ohne überhaupt zu wissen, wessen sich die Person, der der Schlafsack gehörte, schuldig gemacht haben sollte.

Markus trat noch einmal gegen den Schlafsack, dann gegen eine eingerollte Decke, die danebenlag. Eine Dose Bohnensuppe kullerte über den Boden. Markus schüttelte das Bündel aus. Heraus purzelten ein Kamm, ein Deostick und eine Packung Haferkekse.

»Schaut mal hier!«

In der Ecke des Raumes waren sorgsam ein paar Kleider gestapelt. Markus warf sie in die Luft. »Alles Männersachen!«, rief er.

In diesem Moment spürte ich einen Luftzug.

Erschrocken fasste Andrea mich am Arm. »Die Haustür!«, flüsterte sie.

Wir rannten alle gleichzeitig los. Die Haustür, die eben noch fest verschlossen gewesen war, stand sperrangelweit auf.

Markus fluchte. »Mist! Wo ist der Typ?«

Wir schauten die Veranda hinunter. Der Park lag grau und menschenleer vor uns. Ein paar Blätter flogen hoch und legten sich sacht an einer anderen Stelle zur Ruhe.

Kapitel 10

Markus lief die Veranda hinunter und rannte ein paar Schritte in den Park, doch es war schon zu dunkel, um noch jemanden zu sehen.

»Wir kriegen dich«, schrie Markus. »Zeig dich lieber gleich!«

Aber bis auf ein Rauschen in den Baumwipfeln blieb alles still.

»Wir sollten das Haus durchsuchen. Jede Minute zählt!«, sagte Markus. »Komm, Henning, wir durchsuchen den Keller. Wir haben die Taschenlampe. Die Mädchen suchen oben.«

»Okay«, sagte Marie. »Der Keller ist mir auch echt zu unheimlich.«

Inzwischen waren meine Kopfschmerzen so schlimm geworden, dass mir der Begriff »Mädchen« nur noch am Rande auffiel. Die Männer stiegen Schulter an Schulter in den Keller hinab.

Ich stolperte hinter den Frauen her in das obere Stockwerk. Obwohl ich kaum noch von Nutzen war, da die Migräne mich beinahe komplett ausknockte, wollte ich auch nicht allein im Erdgeschoss bleiben. Mein Handy hatte kaum noch Batterie, weshalb ich es in die hintere Hosentasche steckte, damit es am Ende nicht schlappmachte, falls Lucy mich anrief.

Während Marie und Andrea sich gegenseitig an den Ellbogen hielten und sich langsam vortasteten, um die unzähligen Zimmer mit ihren Handys abzuleuchten, entdeckte ich ein Badezimmer. In der Hoffnung, dass ein paar Spritzer Wasser ins Gesicht meinen Schmerz lindern würden, trat ich ein.

Im Dämmerlicht erkannte ich am Fenster eine viktorianische Badewanne auf zierlichen Füßen. Ich setzte mich auf den Wannenrand, und der Boden um mich herum begann zu schwanken. Es dauerte einen Moment, bis ich begriff, dass das Schwanken nicht vom Kopf kam, sondern dass die Verschraubungen der Füße sich im Laufe der Zeit gelockert hatten. Ich zog an dem zierlichen Messinghebel der Armatur, doch nur die Porzellanummantelung, die das Messing umschloss, rutschte hin und her, der Hebel selbst bewegte sich keinen Millimeter. Ich rüttelte fester. Die ganze Badewanne wackelte und gab einen schaurigen metallischen Ton von sich, der durch den leeren Raum hallte, als der Hebel auf einmal nachgab. Dadurch hatte ich plötzlich keinen Halt mehr und kippte von der Wanne auf den Boden.

Das erhoffte Plätschern eines eiskalten Wasserstrahls, nach dem ich mich gesehnt hatte, blieb aus.

Erschöpft lehnte ich mich an den Wannenrand. Etwas Längliches drückte von unten schmerzhaft gegen meinen Oberschenkel – hatte ich den Porzellangriff mit meiner Rüttelei kaputt gemacht? –, als jemand mit lauten Schritten zum Badezimmer geeilt kam.

Da ich befürchtete, mir könne jemand Vorhaltungen machen, dass ich fremdes Eigentum beschädigt hatte, ergriff ich das Ding unter meinem Knie und steckte es rasch in die Hosentasche. Es hatte sich nicht wie Porzellan angefühlt, eher wie Plastik.

»Alles in Ordnung? Was war das für ein Geräusch?«, fragte Andrea von der Tür. Das Licht ihres Handys scannte den Raum.

»Die Wanne«, sagte ich und erhob mich mühsam vom Boden. »Ich habe auf einmal ganz schreckliche Kopfschmerzen und wollte mir die Schläfen kühlen. Aber das Wasser ist wohl abgestellt.«

»Du Arme.« Andrea kam zu mir und legte mir eine Hand auf die Stirn, als sei ich ein fieberndes Kleinkind. »Fahr doch nach Hause, Kathi, wenn es so schlimm ist. Wir haben hier nichts gefunden. Das Haus ist komplett leer.«

Die Schmerzen beherrschten jetzt mein ganzes Denken. Ich wankte aus dem Bad hinter den anderen her.

Dabei heftete ich mich an Maries Fersen, um nicht die Treppenstufen hinunterzufallen. Ich konnte mir nicht mehr vorstellen, dass sich Charlotte hier freiwillig verstecken würde. Es war ja selbst uns unheimlich.

Das leere Haus zu durchsuchen, hatte nur wenige Minuten gedauert. Die Männer waren schon wieder im Erdgeschoss angekommen. Auch der Keller war leer gewesen.

Während die anderen beratschlagten, versuchte ich nur noch durchzuhalten, ohne besonders aufzufallen. Weiße Blitze zuckten vor meinem inneren Auge. Die Migräne wurde immer schlimmer. Meine Gedanken waren nur noch Brei. Mittlerweile war mir alles egal. Ich wollte zu Lucy.

»Ich muss nach Hause«, murmelte ich.

»Sollen wir dich bringen?«, fragte Andrea und leuchtete mir ins Gesicht. »Du siehst nicht gut aus.«

»Nein, sucht bitte weiter. Das ist wichtiger.«

»Sobald wir was Neues wissen, schreiben wir es in den Klassenchat«, versprach Marie.

Ich schnappte mir mein Fahrrad aus dem Laubhaufen und fuhr denselben Weg durch den Park zurück, den ich gekommen war. Es war inzwischen gänzlich dunkel. Leider ging das Licht an meinem Fahrrad seit Jahren nicht mehr, ich hatte die Reparatur immer vor mir hergeschoben. Notdürftig leuchtete ich mit dem Handy den Weg ab.

Der Mond warf sein fahles Licht durch die Äste und malte flatternde Schatten auf den Weg. Ich bekam Angst. Wie mochte es da erst einem Kind ergehen? Mit schwacher Stimme rief ich Charlottes Namen in die Schwärze.

Ich warf noch einmal einen Blick auf den Hügel, unter

dem der Bunker begraben lag. Mich beschlich das Gefühl, nicht allein zu sein. Ich blieb stehen und lauschte.

»Charlotte?«, flüsterte ich. Selbst ich verstand meine Stimme kaum. Ich räusperte mich und rief lauter. »Charlotte!«

Nichts. Doch das Gefühl, dass hier noch jemand war, blieb. Ich leuchtete mit dem Handy in Richtung Bunker. Auf dem Display blinkte warnend das Batteriezeichen auf.

Ich lehnte mein Fahrrad an einen Baum und tastete mich vorsichtig zum Eingang des Bunkers vor. Gerade als ich den Lichtschein auf den Durchbruch in der Mauer richtete, erlosch das Handy. Blindlings drehte ich auf dem Absatz um, rannte auf den Weg zurück. Die meterhohen Bäume standen wie schwarze Soldaten am Wegesrand Spalier. Ich schwang mich auf das Fahrrad. So schnell es irgend ging, verließ ich das Areal des Bunkers. Vor mir tauchte die Kapelle auf.

Transi. Non. Sine. Votis. Mox. Noster.

Es fühlte sich an, als ob mir vor lauter Schmerzen Nebel durch den Kopf waberte. War es nicht viel zu dunkel, um die Buchstaben lesen zu können? Wusste ich einfach, was da stand, oder hatte ich es wirklich gelesen?

Gehe nicht vorüber ohne Gebete, du, bald der Unsrige.

War das alles hier Realität? Oder hatte ich den Verstand verloren? Panik ergriff mich, und ich fuhr schneller, als spürte ich die Sense bereits hinter mir schwingen.

Erst als ich den Park verlassen hatte und wieder an den Feldern entlangfuhr, beruhigte sich mein Puls etwas. Ich beschloss, sofort zum Elbinger Weg durchzufahren, um Lucy abzuholen, und fuhr weiter den Feldweg entlang Richtung Rhein, statt bei den Tennisplätzen abzubiegen.

War jemand beim Bunker gewesen, oder war ich Opfer meiner Einbildung geworden?

Mein Blick schweifte suchend über die leeren Felder, doch vor mir war nur Schwärze. Wahrscheinlich würde eher jemand mich vom Feld aus sehen können als umgekehrt. Ein wenig Licht schien herüber von den Flutlichtern auf dem Fußballplatz des Lohauser Sportvereins.

Vor meinem geistigen Auge sah ich den Eingang des Bunkers. Etwas an dem Bild stimmte nicht. Aber was? Ich kam nicht drauf.

Kapitel 11

Der Elbinger Weg war seltsam ruhig. Es war sowieso schon eine ruhige Straße, da die Häuser alle über große Vorgärten verfügten und weit hinten lagen. Aber es lag noch eine andere Ruhe über der Straße. Als dürfe man hier nicht laut sprechen oder schreien. Es hatte beinahe etwas von einem Friedhof.

Ich war noch nie in einem der Häuser hier gewesen. Sie schüchterten mich ein.

Jennifers Haus konnte man von der Straße gar nicht sehen, doch ich hatte mal ein Bild davon in einer Zeitschrift entdeckt. Zunächst konnte ich keine Klingel entdecken. Am Eingangstor hing lediglich ein Display. Als ich es nach einem Klingelknopf abtastete, leuchtete plötzlich in der Mitte ein Kreis auf. Ich tippte auf ihn, hörte aber nichts.

Kurz darauf verschwand der Knopf vom Bildschirm, und Jennifers Gesicht erschien stattdessen. »Komm rein!«, rief sie.

Das Tor bewegte sich zur Seite. Kaum, dass ich mein Fahrrad hindurchgeschoben hatte, schloss es sich wieder. Links und rechts war es stockdunkel, man sah nur hinter den Bäumen das Licht des Hauses schimmern. Während ich noch nach dem Weg suchte, leuchtete vor mir eine Lampe auf. Die gesamte Einfahrt verfügte offenbar über eine Reihe von Bewegungsmeldern, denn überall, wo ich hintrat, leuchteten Lampen am Wegesrand und in den Bäumen auf. Es hatte etwas Unwirkliches, dort entlangzuschreiten und damit Stück für Stück die zurückgelegte Strecke zu beleuchten. Wahrscheinlich war es eine Sicherheitsmaßnahme. Vom Haus aus wusste man exakt, wie weit ein Gast, ob gebeten oder ungebeten, noch entfernt war.

Das Haus erinnerte mich an das Herrenhaus im Park. Es war nur unwesentlich kleiner und verfügte über mehrere Erker und Balkone. Außerdem gab es ein Nebengebäude, das größer war als mein komplettes Haus. Jennifer stand in der doppelflügeligen Eingangstür, die Hände in den Taschen ihrer Jeans. »Und?«, fragte sie.

»Noch nichts«, sagte ich und schaute auf den Boden, als sei es meine Schuld, dass wir Charlotte noch nicht gefunden hatten. »Hast du Lucy schon etwas gesagt?«

Jennifer schüttelte überrascht den Kopf. »Nein, du hattest mich doch darum gebeten«, sagte sie. »Lucy und Rupert sind im Fernsehzimmer und schauen einen Film. Agata hat ihnen etwas gekocht und nach oben gebracht, alles ist gut.« Als sie meinen Gesichtsausdruck sah, missverstand sie ihn, denn sie fügte hinzu: »Agata ist unsere Haushälterin. Am Wochenende ist sie hier, weil wir sie dann eher brauchen, dafür hat sie donnerstags und freitags frei.«

In Wahrheit war ich irritiert, dass Jennifers Mann bei Lucy war.

»Komm, ich stell dich vor.«

Jennifer führte mich über einen Treppenaufgang in der Mitte der Eingangshalle, wie ich ihn nur aus »Vom Winde verweht« kannte, und auf eine offene Galerie im ersten Stock. Dort befand sich offenbar das Fernsehzimmer, denn Jennifer öffnete eine Tür und machte eine einladende Geste mit der Hand. Ich betrat das dunkle Zimmer, das nur vom Flimmern des überdimensionalen Fernsehers erhellt wurde. Bevor meine Augen sich an das Dunkel gewöhnen konnten, schaltete Jennifer irgendwo eine dämmrige Deckenbeleuchtung ein.

Lucy lag in einem Kissenberg auf einer riesigen Couch, in einem Sessel daneben saß Jennifers Mann.

»Schau, wie riesig der Fernseher ist, Mama!«, rief Lucy.

Rupert nickte mir freundlich zu, machte aber keine Anstalten, sich zu erheben.

Ich stotterte meinen Namen, war aber von seinem Äußeren leicht irritiert. So schön Jennifer war, so hässlich war Rupert. Er hatte eine Glatze und trug eine modern geschnittene Hornbrille, die nicht recht zu ihm passte, vielleicht aufgrund seines Alters. Er hatte einen ausgeprägten Unterbiss, ähnlich wie bei einer Bulldogge.

Er war älter als Jennifer, obwohl ich gar nicht sagen konnte, wie alt sie eigentlich war. Sie konnte ebenso gut fünfunddreißig wie fünfundvierzig sein. Diesen Rupert allerdings schätzte ich auf mindestens Anfang sechzig.

»Man kann jeden Film darauf schauen, ohne DVD-Player, einfach so. Und wenn man ihn ausschaltet, sieht er aus wie ein Gemälde«, sagte Lucy. »Man kann sich dann aussuchen, welches Bild man haben möchte, und man kann dann überhaupt gar nicht erkennen, dass es ein Fernseher ist. Rupert hat mir genau erklärt, wie der funktioniert, und wenn der Film zu Ende ist, darf ich ein Bild aussuchen, und das bleibt dann da hängen, bis ich wiederkomme.«

Im Fernseher lief »Findet Nemo«. Nemos Papa schwamm gerade panisch hinter dem großen Boot her, das seinen Sohn mitgenommen hatte. Es war Lucys Lieblingsfilm, wir hatten ihn auch zu Hause auf DVD. Aber sie konnte nicht genug davon bekommen. Vielleicht, so dachte ich manchmal, weil sie auch gern einen Papa gehabt hätte, der den ganzen Ozean durchquerte, nur, um sie zu finden.

»Das war sehr nett von Ihnen«, murmelte ich und strich Lucy kurz über die Stirn. Sie sah kaum zu mir hoch.

»Dürfen wir noch zu Ende schauen, Mama? Bitte, bitte!«

Ich seufzte.

»Nur ein bisschen, Mama, jetzt kommt doch gleich die Stelle, wo Marlin den Fisch mit dem Leuchtauge trifft. Da hab ich Rupert schon von erzählt, und er hat mir nicht geglaubt, dass es die wirklich gibt, dabei haben wir doch nachgeschaut, nicht wahr, Mama? Die gibt es in echt!«

»Also, das kann ich mir wirklich nicht vorstellen, Lucy«, sagte Rupert Grams. »Fische mit eingebauten Leuchtaugen.« Seine Stimme hatte den Klang von Erwachsenen, die Kindern einen Gefallen taten, indem sie ihnen die Gelegenheit gaben, bereits Gesagtes noch einmal von vorn zu erzählen. Dabei hatte ich nicht das Gefühl, dass ihn meine Anwesenheit besonders interessierte, es ging ihm nur um Lucy.

Trotzdem antwortete ich. »Äh, ja, die gibt es tatsächlich, das stimmt schon. Das sind Tiefsee-Anglerfische, die leben so tief unten im Meer, dass es dort stockdunkel ist, nicht wahr, Lucy?«

»Und die haben eine leuchtende Angel genau vor ihrem Maul und locken so Fische an, damit sie da genau hineinschwimmen.«

»Na, das muss ich aber unbedingt noch sehen«, sagte Rupert und bleckte seine Zähne zu einem Grinsen.

Bevor ich etwas erwidern konnte, fasste mich Jennifer am Arm. »Lass die beiden doch noch bis dahin schauen, Kathi. Ich mach dir so lange einen Tee.«

Sie zog mich mit sich und schaltete im Hinausgehen die Deckenbeleuchtung wieder aus. Eine leichte Unruhe erfasste mich. Ich warf einen Blick über meine Schulter zurück. Wie Rupert dort im Halbdunkel saß und sich der Lichtschein in seinen Brillengläsern spiegelte, sah er einem Anglerfisch auf einmal frappierend ähnlich. Für sein Aussehen konnte Rupert Grams natürlich nichts, aber ich ließ die Tür vorsichtshalber trotzdem weit offen stehen.

»Du möchtest doch Tee?«, fragte Jennifer auf der Scarlett-O'Hara-Treppe.

»Lieber Kaffee, wenn es dir nichts ausmacht.«

»Verträgst du den jetzt noch? Ist dir das nicht zu spät?«

»Ich bin noch nicht ganz so alt, wie ich gerade aussehe«, sagte ich müde.

Jennifer sah irgendwie alterslos aus. Ihre Haut war makellos und wirkte selbst jetzt, nach einem langen Tag, frisch und rosig.

»Was sagst du da? Du siehst doch toll aus«, sagte sie. »Wir sehen uns ja sogar ähnlich. Schau, wir könnten praktisch Schwestern sein.« Jennifer deutete in den meterhohen Spiegel neben der Haustür.

»Ich habe heute keinen Sinn für Humor«, sagte ich.

Wenn man es sehr gnädig mit mir meinte, hatte sie nicht völlig unrecht. Wir waren der gleiche hellhäutige Typ, mit blonden Haaren und blauen Augen. Da hörten die Gemeinsamkeiten aber auch schon auf. Jennifer sah aus wie ein edles Rennpferd, ich wie ein Ackergaul. Meine Nase war zu groß, meine Augen zu klein. Jennifers Gesicht dagegen war wie ein Gemälde, in dem man immer wieder etwas Neues entdeckte. Ihr leichter Silberblick verlieh ihr etwas Geheimnisvolles und Verletzliches zugleich. Während meine Haare stumpf und strähnig waren, glänzte Jennifers Haar in warmen Goldtönen und fiel ihr weich bis auf die Schultern. Entweder hatte die Natur sich bei ihr wirklich große Mühe gegeben, oder sie hatte einen Meisterfriseur an der Hand.

Vor Lucy hatten wir vielleicht auch mal eine ähnliche Figur gehabt. Doch jetzt beulten sich meine Hosen an Bauch und Oberschenkeln nicht nur aufgrund der mangelhaften Stoffqualität unschön aus – maßgeblich war dies ein Ergebnis meines allabendlichen Schokoladenkonsums. Jennifers enge Designerjeans hingegen brachte die schlanken Beine zur Geltung. Ihre üppige Oberweite ließ sie nicht etwa schwer erscheinen, sondern betonte nur die zarte Taille. Ich brauchte gar nicht erst in den Spiegel zu schauen, um zu wissen, dass die Ereignisse des Tages, mein Kopfweh und die Suche nach Charlotte Spuren in meinem Gesicht hinterlassen hatten, die wenig schmeichelhaft waren.

Jennifer führte mich in das Wohnzimmer, das trotz seiner

enormen Größe gemütlich aussah. »Den Kaffee mit Milch?«, fragte sie.

Ich nickte. Nur weil ich zu Tode erschöpft war, wartete ich nicht auf ihre Rückkehr, sondern ließ mich ungefragt in einen kubisch anmutenden Sessel fallen, der viel bequemer war, als er aussah. Mehrere geschickt im Zimmer verteilte Lampen warfen ein warmes Licht in den Raum. Eine Deckenlampe suchte ich vergeblich. Gern hätte ich die Aussicht genossen, da ich vermutete, dass man von hier aus den Rheindamm sehen konnte, doch die Nacht hinter den Sprossenfenstern war schwarz. Ich hörte das Mahlen eines Kaffeeautomaten. Plötzlich war ich todmüde. Ich schloss die Augen und lauschte dem Hämmern meines Kopfwehs.

Erst als Jennifer aus der Küche kam und mir der Duft des frisch gebrühten Kaffees in die Nase stieg, hob ich mühsam meine schweren Lider.

Jennifer lächelte.

Dankbar nahm ich den Becher in Empfang und trank einen Schluck. Es schmeckte göttlich.

»Und nun erzähl mal. Habt ihr was gefunden?«

Ich schüttelte den Kopf.

»Kanntest du dieses Mädchen gut?«

»Charlotte? Ich kenne sie seit dem Kindergarten.« Mir wurde bewusst, dass ich keine richtige Antwort gegeben hatte. Es war mir unangenehm, vor Jennifer zuzugeben, dass ich keines der Kinder aus Lucys Klasse wirklich kannte.

Der Kaffee tat gut. Das schlimme Hämmern ließ nach. Der Nebel in meinem Kopf lichtete sich etwas.

Jennifer setzte sich mir gegenüber im Schneidersitz auf das Sofa.

»Wenn wir sie nur bald finden«, sagte ich.

»Wie sah Charlotte denn aus?«, fragte Jennifer.

»Sie hat so lange Haare«, sagte ich und zeigte mit der Hand bis zu meiner Hüfte, »blond. Oft ganz kompliziert geflochten. Sie ist immer ziemlich teuer angezogen, fast wie eine Erwachsene.« Ich massierte mir die Schläfen. Der Gedanke an Charlotte ließ meinen Kopfschmerz wieder anschwellen. »Ein sehr hübsches Mädchen«, sagte ich, nur, um etwas Nettes über sie zu sagen.

»Ja, ich glaub, ich weiß, wen du meinst«, sagte Jennifer.

Ich nickte. Es war eben eine sehr kleine Schule.

»Hast du vielleicht dafür ein Ladekabel?« Ich griff in meine hintere Hosentasche, um mein Handy herauszuholen. »Ich würde gerne informiert werden, wenn jemand sie findet.«

»Ich schau nach.« Jennifer rief nach Agata. »Können Sie mir dafür ein Kabel bringen?«

Agata, eine schlanke Mittfünfzigerin mit feuerroten Haaren, erschien im Türrahmen. Sie sah mich fragend an. »I-Phone oder Samsung?«

»Weder noch.« Mühsam erhob ich mich aus dem Sessel und reichte ihr mein Telefon. Ich war erschöpft, aber auch froh, dass Lucy beschäftigt war. Ich war noch nicht bereit, mit ihr über das Verschwinden von Charlotte zu sprechen.

»Ich habe dieselbe Marke. Warten Sie, ich hole mein Ladekabel.« Bevor Agata das Wohnzimmer verließ, drehte sie sich noch einmal um und sah mich besorgt an. »Möchten Sie vielleicht etwas essen? Es sind noch Piroggen vom Abendessen übrig.«

»Nein, vielen Dank.« Mir war nicht nach Essen zumute.

»Ich bringe Ihnen mal welche mit. Sie sind ganz blass.«

Kurz darauf kam sie mit einem Teller dampfender Piroggen wieder. Sie deckte rasch zwei Teller auf und rückte uns die Stühle zurecht.

»Na komm, Kathi. Nur eine Kleinigkeit.« Jennifer setzte sich an den Tisch.

»Probieren Sie! Selbst gemacht. Mit Salbeibutter. Ihre kleine Tochter hat einen ganzen Berg verputzt«, erklärte Agata.

Es roch köstlich nach Salbei, und auf einmal konnte ich

nicht widerstehen. Mir fiel auf, dass ich den ganzen Tag noch nichts gegessen hatte.

Als ich mich setzte und Agata noch eine Schüssel Salat brachte, überkam mich das beißende Gefühl des Neides auf Jennifer, die in einem solchen Haus wohnen durfte und das Essen an den Tisch serviert bekam. Doch als mir einfiel, dass Jennifer ihre Tochter verloren hatte, verflüchtigte sich der Neid so schnell, wie er gekommen war.

Während ich die unterschiedlich gefüllten Piroggen verspeiste und Jennifer ein paar Salatblätter aß, ließen die Kopfschmerzen nach. Ich sah mich genauer um. Wohn- und Esszimmer konnten durch zwei Flügeltüren voneinander getrennt werden. Die einzelnen Elemente waren so geschickt angeordnet, dass der Raum nicht zu groß oder unpersönlich wirkte. Offensichtlich verstand Jennifer etwas von ihrem Job.

An der Wand hingen einige Fotos. Sie wirkten ziemlich aktuell und zeigten Jennifer und Rupert an unterschiedlichen Plätzen der Welt. Nur in der Mitte hing das Foto eines entzückenden Mädchens, pausbäckig und strahlend, auf einem Arm, dessen Besitzerin man nicht sehen konnte, wenn ich auch vermutete, dass es Jennifers Arm gewesen war.

»Deine Tochter?«, fragte ich leise.

Jennifer nickte.

»Sie sieht dir sehr ähnlich. Wie aus dem Gesicht geschnitten«, sagte ich und hoffte, dass auf unbestimmte Weise etwas Trost in meinen Worten zu finden war, doch Jennifer reagierte nicht darauf. Wahrscheinlich hatte ich genau das Falsche gesagt.

Verlegen betrachtete ich weiter die Fotos. Auf keinem war die Familie zusammen zu sehen. Das fiel mir auf. Selbst bei meinen Eltern hatte eins gestanden, in einem goldfarbenen Rahmen, mein Vater mit beginnender Glatze, eine Hand tollpatschig auf die Stuhllehne gelegt, meine Mutter wie eine Königin in der Mitte auf einem Stuhl thronend, die Beine elegant zur Seite gelegt, und am Boden saßen Konrad und ich in unserer Festtagskleidung. Wir schauten alle ernst, nur meine Mutter lächelte. Das Foto lag in einer Kiste im Keller.

Beim Essen sprach ich wenig.

Agata kam mit ihrem Ladekabel, steckte mein Handy neben dem Esstisch in eine Steckdose und legte mir das Telefon neben den Teller.

»Vielen Dank«, sagte ich. Ich wollte keine Nachricht aus dem Klassenchat verpassen. Vielleicht gab es ja Neuigkeiten von Charlotte.

Das Telefon leuchtete auf, und das Batteriezeichen erschien. Genau wie eben beim Bunker, nur dass dieses Mal ein Blitz in der Batterie aufleuchtete, der anzeigte, dass das Handy lud.

Wie beim Bunker eben … Ich sah die dunkle Öffnung vor mir, Bruchteile einer Sekunde, bevor mein Handy erloschen war und mich die Finsternis eingehüllt hatte: Die Öffnung war ein schwarzes Loch, in hellen Beton geschlagen. Komplett schwarz. In meinem Kopf, der inzwischen wieder etwas klarer war, schoben sich zwei Bilder übereinander. Etwas in der Öffnung fehlte. Etwas, das vorher da gewesen war.

Das Spinnennetz.

Während meiner Migräneattacken hatte ich schon Dinge getan, an die ich mich später nicht erinnern konnte. Einmal hatte ich mich im Wäschezimmer im ersten Stock wiedergefunden, hinter dem Bügelbrett liegend. Ein anderes Mal war ich nachts unter mein Bett gekrochen und erst durch Lucys ängstliche Rufe am Morgen wieder zu Sinnen gekommen.

Inzwischen zweifelte ich an meinem Verstand. War dort wirklich ein Spinnennetz am Bunkereingang gewesen? Oder hatte ich mir das eingebildet?

»Alles in Ordnung?«, fragte Jennifer.

»Mir ist nur gerade etwas eingefallen«, sagte ich. Ich erzählte Jennifer von dem verschwundenen Spinnennetz.

»Meinst du etwa, in der Zwischenzeit ist da jemand reingeklettert? Im Dunkeln?«

Ich war mir nicht sicher. Es klang verrückt. Warum sollte ausgerechnet ich etwas entdecken, das mit Charlottes Verschwinden zu tun hatte? Es erschien mir absurd.

»Komm, wir setzen uns da rüber.« Jennifer stand auf und ging zum Sofa. Sie ließ sich hineinfallen.

Ich setzte mich ihr gegenüber in den würfelförmigen Sessel, in dem ich eben schon einmal gesessen hatte, aber sie klopfte mit der flachen Hand neben sich auf das Sofa, und ich gehorchte. Jennifer reckte sich und legte ein Bein in meinen Schoß. Ich war irritiert über diese Vertraulichkeit, die ich sonst höchstens mit meiner Tochter teilte. Aber ich hatte ja auch keine Erfahrung mit Freundinnen, und wir schienen auf dem besten Weg, welche zu werden.

»Im alten Herrenhaus wohnt ein Obdachloser. Den haben wir bei unserer Suche aufgeschreckt«, berichtete ich weiter. »Vielleicht ist er ja danach in den Bunker geflohen?«

Jennifer zog eine kleine Feile aus der Tasche und feilte sich die perfekten Nägel. »Hm«, sagte sie. »Kann schon sein. Vielleicht solltest du mit der Polizei darüber reden? Schaden kann es ja kaum.« Sie hielt ihre Hand gegen das Licht der Sofalampe.

»Ja, vielleicht. Ich bin nicht hundertprozentig sicher. Es war ja so dunkel und bei der Suche stören möchte ich natürlich auf keinen Fall. Ich denk drüber nach.«

Nach einem Moment des Schweigens raffte ich mich auf. »Sei mir nicht böse, aber ich muss jetzt gehen. Lucy hat morgen Schule.«

»Na klar. Rupert fährt euch nach Hause.«

»Um Gottes willen! Der Weg ist doch nicht weit. Und ich habe mein Fahrrad dabei.« Der Gedanke, mit diesem Mann in einem Auto sitzen zu müssen, bereitete mir auf einmal Unbehagen.

»Das passt locker hinten ins Auto. Ich bestehe darauf. Es hat angefangen zu regnen, und es ist stockdunkel. Außerdem wissen wir nicht, wer sich da draußen rumtreibt. Hast du vergessen, dass du auch ein kleines Mädchen bei dir hast?«

Als ich Lucy vom Fernseher losgeeist hatte – sie hatte darauf bestanden, noch das Standbild des Fernsehers auszuwählen und sich ausgerechnet für Munchs »Der Schrei« entschieden, das sie im Kunstunterricht einmal nachgemalt hatten –, wartete Rupert schon in Jennifers Range Rover. Die Heckklappe war leicht geöffnet und der Lenker meines Fahrrades schaute heraus.

Auf der kurzen Fahrt sprach er kein Wort mit mir, dafür mit Lucy umso mehr: Ob sie gerne in die Schule gehe und in welche Klasse und wie lange sie Unterricht habe und was ihr Lieblingsfach sei. Im Licht der Straßenlaternen sah ich seinen vorstehenden Unterkiefer und fragte mich, ob Jennifer den Mann wirklich liebte oder ob sie eher anfällig für gut gefüllte Bankkonten war. Ich war trotzdem froh, im Auto zu sitzen, denn inzwischen prasselte der Regen gegen die Windschutzscheibe.

Zu Hause rannte Lucy sofort unter das Vordach, um nicht klatschnass zu werden, während ich um das Auto herumeilte, um mein Fahrrad aus dem Kofferraum zu hieven. »Vielen Dank fürs Bringen«, rief ich etwas steif unter der Heckklappe ins Autoinnere hinein.

»Schließen Sie gut ab«, sagte Rupert Grams.

Was für ein merkwürdiger Satz, dachte ich, als ich das Fahrrad in die Garage schob.

Ich ließ die Rollos hinunter und brachte Lucy in mein Bett. Zu meiner Überraschung schlief sie sofort ein. Über Charlottes Verschwinden hatte ich noch kein Wort verloren. Ich hoffte natürlich, dass sie in der Nacht wiederauftauchte. Ansonsten musste ich morgen früh nach den passenden Worten suchen.

Ich stellte mich ans Küchenfenster und sah dem Regen zu, der allmählich aufhörte, als ich den Streifenwagen sah. Er fuhr in Schrittgeschwindigkeit über den Neusser Weg. Meine Küche wurde mit kaltem Blaulicht geflutet.

»Achtung, Achtung! Gesucht wird die neunjährige Charlotte Süssbrich«, schallte es aus dem Lautsprecher. »Sie hat lange blonde Haare und braune Augen. Sie trägt einen beigen Mantel mit Hornknöpfen, einen lila Strickrock, lila Strumpfhosen und rosa gefütterte Stiefel. Hinweise nimmt jede Polizeidienststelle entgegen.«

Hinter meinen Augen begann es wieder schmerzhaft zu klopfen. Das war exakt das Outfit, das Charlotte getragen hatte, als ich sie das letzte Mal gesehen hatte. Das war am Freitag gewesen. Jetzt war Sonntag. War das Zufall? Dass Charlotte drei Tage hintereinander dieselbe Kleidung trug, konnte ich mir schwer vorstellen. Oder war es schon wieder gewaschen worden und einfach ihr Lieblingsoutfit?

Ich nahm eine Migränetablette und überlegte, ob das Spinnennetz ein Hinweis war, der eine Polizeidienststelle interessierte. Wenn nur mein Widerwille gegen die Polizei nicht so groß gewesen wäre. Aber ich konnte einfach meine erste Begegnung mit ihr nicht vergessen. Ich war hinten in den Streifenwagen gesperrt und schnurstracks weggebracht worden. Niemand hatte meinen Worten damals Beachtung geschenkt.

Und als Oliver verschwunden war, hatte man mich auf der Wache behandelt, als sei ich eine beleidigte Schwangere, die sich lediglich darüber ärgerte, dass sich der Kindsvater verdrückt hatte.

Ich rang noch einen Moment mit mir, doch schließlich hob ich den Hörer ab und wählte.

»Äh ja, ich habe eine Beobachtung im Fall der vermissten Charlotte Süssbrich, aber ich bin mir nicht sicher, ob es nicht vollkommen nebensächlich ist«, sagte ich.

»Einen Moment bitte, ich verbinde mit der Sondereinheit«.

Sondereinheit, auch das noch. Während ich ein Loch in die Wand starrte und darauf wartete, dass jemand von der Sondereinheit den Hörer abnahm, kam ich mir mit meinem Spinnennetz vollkommen albern vor. Wenn die Polizei sich schon nicht für verschwundene Kindsväter interessierte, was bedeutete es ihnen dann, dass jemand in einem alten Bunker ein Spinnennetz zerstört hatte?

Doch bei Kindern war die Sache offensichtlich anders. Ich wurde gebeten, mich zur Verfügung zu halten und auf die Ankunft eines Herrn von der Sondereinheit zu warten, der ganz bei mir in der Nähe sei.

Kapitel 12

Ich wartete am Fenster, damit ich dem Beamten öffnen konnte, bevor er klingeln und damit Lucy aufwecken würde. Es dauerte tatsächlich nicht lange. Als ein Mann am Gartentor auftauchte, trat ich rasch nach draußen. Er schien nicht überrascht zu sein, dass ich ihm entgegenkam.

»Hauptkommissar Rabe. Guten Abend«, sagte er und trat in den Lichtkegel, der aus dem Flur auf den Gartenweg fiel. Sehr groß war er nicht und hatte auch ein paar Kilo zu viel, wirkte aber mit seinen breiten Schultern trotzdem sportlich. Auf eine entfernte Art erinnerte er mich an Oliver.

Er hielt seinen Ausweis hoch und fragte: »Ich habe gehört, Sie hätten einen Hinweis im Fall der verschwundenen Charlotte Süssbrich?« Er sah ziemlich durchnässt aus. Offensichtlich hatte der Regenguss ihn nicht von seiner Suche abgebracht.

Hoffentlich brachte ich ihn jetzt nicht auf eine falsche Fährte. Ich errötete. »Entschuldigung«, sagte ich. »Ich wollte Sie gar nicht aufhalten und bin nicht mal sicher, ob es von Bedeutung ist …«

»Machen Sie sich darüber keine Gedanken. Das müssen Sie auch nicht entscheiden«, sagte er. »Wir sind für Hinweise dankbar.«

»Also, wir – ein paar Eltern hier aus Lohausen – haben am späten Nachmittag im Park nach Charlotte gesucht. Bevor ich die anderen getroffen habe, habe ich in den alten Bunker im Park geleuchtet und da war ein Spinnennetz quer über der Öffnung, deshalb habe ich gedacht, da kann Charlotte nicht reingeklettert sein, und bin weitergefahren … Dann haben wir im Herrenhaus gesucht, da wohnt offenbar ein Obdachloser. Er ist geflohen, als wir kamen. Aber das muss natürlich nichts heißen. Und als ich zurückfuhr, war am Bunker kein Spinnennetz mehr. Deshalb dachte ich …«

Ich war sicher, dass ich inzwischen puterrot geworden war. Die Geschichte hörte sich albern an, während ich sie erzählte. Der Kommissar sah mich unverwandt an und wartete offensichtlich darauf, dass ich endlich zum Punkt kam.

»… deshalb dachte ich, dass sich da im Bunker vielleicht jemand versteckt hat«, beendete ich meine Ausführungen.

Er steckte sein Notizbuch ein. »Wo ist dieser Bunker, Frau Markowski?«

»Im Park, hinten bei der Kapelle.«

»Könnten Sie mir den Weg zeigen?«

»Ich … nein, meine Tochter schläft.«

»Ist der Vater nicht da?«

»Nein, wir leben allein.« Ich zuckte mit den Achseln, als sei das eine völlig nebensächliche Angelegenheit. Zu oft hatte ich mitbekommen, dass die Leute mich anders ansahen, wenn ich das erwähnte. Ich wollte weder mitleidige Blicke noch wie eine beziehungsgestörte Katzenliebhaberin wirken. Doch Herr Rabe interessierte sich offenbar nicht für mein Privatleben.

»Ich kann eine Beamtin holen, die auf Ihre Tochter aufpasst, während Sie weg sind. Meine Kollegin sitzt gleich da vorne im Streifenwagen«, sagte er.

»Eine Fremde? Da kriegt Lucy ja den Schreck ihres Lebens, wenn sie aufwacht.«

»Sie wacht bestimmt nicht auf. Sie sind für mich der schnellste Weg, diesen Bunker zu finden. Wenn ein Kind verschwindet, zählt jede Minute. Sie können ja von unterwegs auch eine Freundin anrufen, die sich zu Ihrem Kind setzt. Aber bitte beeilen Sie sich.«

Er lief bereits zum Gartentor und machte seiner Kollegin Zeichen zu kommen.

Ich überlegte. Jennifer hatte ich heute bereits einmal um Hilfe gebeten. Ich brachte es nicht über mich, unsere noch so junge Freundschaft ein weiteres Mal zu strapazieren.

Die Kollegin von Herrn Rabe war eine blonde Mittzwanzigerin mit großen Augen. Auch sie sah ziemlich nass aus, wirkte aber vertrauenerweckend.

»Sandra Kühnel«, sagte sie und gab mir die Hand. »Ich passe gut auf Ihre Tochter auf, machen Sie sich keine Sorgen.«

Sie versprach mir, ganz leise zu sein und kein Licht anzumachen, um Lucy nicht zu wecken, und mich sofort auf dem Handy anzurufen, falls sie aufwachte.

Ich warf noch einen Blick Richtung Schlafzimmer, bevor ich in den Streifenwagen stieg.

Der Kommissar rief bereits per Funk Verstärkung zum Park.

»Wenn wir über den Feldweg an den Tennisplätzen vorbeifahren, sind wir viel schneller«, sagte ich. »Das geht da vorne geradeaus.«

Ohne zu zögern, verließ der Kommissar die befestigte Straße, die zum Fußballplatz führte, und fuhr über den holprigen Feldweg bis zum hinteren Eingang des Parks. Der Regen hatte den Weg aufgeweicht. Dreck spritzte zu beiden Seiten hoch und beschmutzte die Scheiben. Durch das schmale Tor am Hintereingang passten wir mit dem Auto nicht hindurch, doch die Verstärkung würde über den Haupteingang trotzdem länger brauchen als wir, schon deshalb, weil niemand dabei war, der genau wusste, wo der Bunker versteckt war.

Wir sprangen beide gleichzeitig aus dem Auto.

»Es ist ganz nah, kommen Sie!«, rief ich.

Im Gleichschritt liefen wir die Allee entlang Richtung Kapelle über den schlammigen Boden. Der Kommissar leuchtete mit einer Maglite den Weg. Nur das Adrenalin bewirkte, dass ich weiterlief, als der überwucherte Hügel endlich vor uns auftauchte. Hoffentlich hatte ich mir das alles nicht bloß eingebildet!

Sorgfältig leuchtete der Mann den Eingang ab. Dort war kein Spinnennetz. »Sie haben richtig gesehen«, sagte er, plötzlich im Flüsterton, und leuchtete eine der oberen Ecken an, in der noch Reste der Spinnweben zu sehen waren. Er beugte sich ins Innere. »Ich geh da jetzt rein. Bleiben Sie draußen und warten auf die Kollegen! Sie sind jeden Moment hier.«

»Möchten Sie nicht auch lieber warten?«, flüsterte ich zurück. Es war mir unheimlich, allein im Dunkeln bleiben zu müssen.

»Ich weiß nicht, ob wir die Zeit haben. Keine Angst, ich bin gleich wieder da.« Er klemmte sich die Maglite kurzerhand zwischen die Zähne und schwang sich erstaunlich behände durch die Öffnung.

Sekunden später hatte die Dunkelheit ihn verschluckt.

Zum zweiten Mal an diesem Tag stand ich hier und fühlte mich mutterseelenallein. Ich warf einen raschen Blick auf mein Handy. Vorsichtshalber schaltete ich es auf stumm, damit es niemanden aufschreckte, falls es klingelte.

Es war mucksmäuschenstill. Der Kommissar musste bereits in einem der hinteren Räume sein. Ob er schon dort war, wo Konrad einst den Beweis seines Mutes für mich hinterlassen hatte?

Ich konnte mich kaum entscheiden, was mir mehr Angst machte: die rauschenden Bäume um mich herum oder das dunkle Loch in der Betonmauer, aus dem ein modriger Geruch drang.

Auf einmal meinte ich, aus dem Inneren des Bunkers ein Poltern zu hören. »Herr Rabe?«, rief ich zaghaft hinein. »Sind Sie das?«

Ich steckte den Kopf durch die Öffnung. »Herr Rabe?«

Der schimmelige Geruch nahm mir fast den Atem. Stille.

Ich hielt das Handy über den Kopf und leuchtete hinein. Auf dem Boden lagen Schutt und zerknülltes Zeitungspapier.

Da! Wieder ein Geräusch. Waren das Schritte?

»Herr Rabe!«, rief ich lauter. Ich erschrak vom Hall meiner eigenen Stimme. Das musste er gehört haben. Warum antwortete er nicht?

Das waren doch eindeutig Schritte! Mir brach der Schweiß aus. Was, wenn Herr Rabe denjenigen überrascht hatte, der sich hier versteckt hatte? Oder noch schlimmer – was, wenn derjenige ihn überrascht hatte? Ich duckte mich neben der Bunkeröffnung an die Mauer. Wer aus dem Bunker herauswollte, musste hier durch. Es gab keinen anderen Weg.

Mit zittrigen Fingern tastete ich nach einem abgebrochenen Ast und nahm ihn fest in die Hand. In der Ferne hörte ich Autos näher kommen. Doch die Verstärkung würde zu spät kommen. Die Schritte, die ich jetzt klar hörte, waren zu nah. Und viel zu schnell.

Herr Rabe hatte keinen Grund, durch den Bunker zu *rennen,* es sei denn, er lief vor jemandem davon.

Ich schlüpfte zur Seite und drückte mich so eng an die Wand, wie ich konnte. Dann spähte ich vorsichtig um die Ecke.

Ein Fuß in einem zerfledderten Turnschuh erschien in der Öffnung. Das war nicht Herr Rabes Schuh. Aber wo war er? Was hatte der Typ mit ihm gemacht? Wer immer es war, er hatte wesentlich Mühe, sich durch den Ausgang zu quetschen. Vielleicht, weil er größer war.

Ich hob den Ast über den Kopf, doch er war zu leicht, um eine gefährliche Waffe zu sein. Jetzt kam das zweite Bein durch die Öffnung. Ich hörte ein Ächzen, dann bog sich ein wuchtiger Körper aus dem Bunker heraus.

Ich hatte Glück. Der Mann drehte sich nicht in meine Richtung, sondern hielt inne und starrte Richtung Haupteingang. Auch ich hörte die Motorengeräusche und sah blaues

Licht durch die Bäume scheinen. Die Verstärkung war schon da. Aber sie kam vom Haupteingang. Offensichtlich kannte der Mann sich hier gut aus, denn er drehte sich reflexartig Richtung Hinterausgang und damit zum einzigen Schlupfloch, durch das ihm kein Polizeiwagen folgen konnte. Doch er hatte die Rechnung ohne mich gemacht. Als er losstürmte, warf ich ihm meinen Ast zwischen die Beine. Er schlug lang hin.

Gleichzeitig sprang der Kommissar mit einem Satz aus der Öffnung des Bunkers. Ohne zu zögern, warf er sich über den am Boden liegenden Mann und fixierte ihn mit Handschellen, die er unter seiner Jacke hervorholte. Das Ganze dauerte nur Sekunden.

Danach zog er ihn auf die Beine.

Ich traute meinen Augen kaum. »Rolfie?!«

Kapitel 13

Mir war nicht klar, was in dem Kommissar vorging, doch ich glaubte, eine Veränderung in seiner Haltung wahrzunehmen. Er rückte ein wenig von mir ab, sah erst Rolfie an, dann mich.

»Sie kennen den Mann?«, fragte er mich. Er schien mich mit einer gewissen Skepsis zu betrachten, die berufsbedingt verständlich, mir jedoch trotzdem unangenehm war.

Ich nickte. »Das ist Rolf, Rolf Russek, wir sind zusammen zur Schule gegangen.«

»Wieso verstecken Sie sich vor der Polizei, Herr Russek?«, fragte der Kommissar, doch Rolfie ließ nur stumm den Kopf hängen. »Und kommen Sie mir nicht mit Missverständnis! Ich habe laut und deutlich gerufen, dass ich von der Polizei bin. Von dem Stoß gegen meinen Rücken möchte ich gar nicht erst reden.« Er klopfte sich weißen Betonstaub von seiner Hose.

»I…i…i… K…k…k…« Rolfie brachte kein Wort heraus.

In dem Moment wurden wir von den Scheinwerfern der Streifenwagen geblendet. Die gesamte Szene war erleuchtet wie eine Bühne im Theater. Es wirkte nichts mehr echt. Nicht Rolfie, dessen weißes Gesicht pure Angst widerspiegelte, nicht Herr Rabe, der mit seiner untersetzten Figur den viel größeren, aber verängstigten Rolfie am Ellbogen festhielt, nicht das Zittern meiner Hände, die vergeblich versuchten, irgendwo Halt zu finden, und sich schließlich ineinanderkrampften.

Mehrere Polizeibeamte kamen auf uns zu, die im Gegenlicht wie Außerirdische wirkten. Ich biss mir in die Wange, um sicherzustellen, dass dies hier kein Traum war.

»Wenn Sie uns nicht sagen wollen, warum Sie sich hier im

Bunker vor der Polizei verstecken, nehmen wir Sie mit auf die Wache«, sagte Herr Rabe.

Rolfie begann sich hin- und herzuwiegen, als wolle er sich selbst beruhigen. Sosehr ich mich auch bemühte, ich konnte nicht umhin zu bemerken, dass er schuldbewusst aussah. Sein Blick wanderte hektisch über mein Gesicht, ohne meine Augen zu treffen, bis er ihn schließlich zu Boden senkte.

»Ist Ihnen klar, dass wir ein vermisstes Mädchen suchen?«

Rolfie schüttelte den Kopf, schaute aber weiterhin nach unten.

»Charlotte Süssbrich. Neun Jahre alt. Haben Sie sie gesehen?«

Rolfie schüttelte erneut den Kopf.

»Können Sie uns irgendetwas über ihren momentanen Aufenthaltsort mitteilen?«

»Um Gottes willen, Rolfie! Rede!«, rief ich.

Rolfie wiegte den Oberkörper noch stärker hin und her.

»Warst du der Mann im Herrenhaus? Der vor uns weggelaufen ist? Warum hattest du denn Angst vor uns?« Erst da begriff ich. »Bist du das, der da im Herrenhaus wohnt? War das dein Schlafsack?«, fragte ich.

Rolfie nickte kaum merklich.

»Hast du deine Wohnung verloren? Warum hast du mir das nicht gesagt, um Himmels willen?«

Er sah mir nur kurz in die Augen, aber es war ein Blick, der mich erschauern ließ. Auf einmal dachte ich, dass meine Einsamkeit im Vergleich zu Rolfies ein Klacks war. Ich hatte Lucy. Ich war nicht allein. Ich war reich gesegnet.

»Herr Russek, ich frage Sie zum letzten Mal, ob Sie etwas über den Aufenthaltsort von Charlotte Süssbrich wissen.«

Keine Reaktion. Rolfie schaute wieder zu Boden.

»Reiß dich zusammen, Rolfie! Charlotte ist ein kleines Mädchen. Das hier ist kein Spiel.« Ich fragte mich, ob ich ihn wirklich so gut kannte.

Rolfie zerrte an seinen Handschellen und wurde ganz zappelig.

»I…i…ich w…w… n…n…n…nicht!« Er stotterte so stark, dass man nicht verstand, was er sagte.

»Was waren Sie nicht?« Herr Rabe schien zu glauben, ihn verstanden zu haben. Sein Körper hatte sich sichtbar angespannt.

»K…kk…Ka…Kathi … W…wa…!«

»Was denn, Rolfie? Sag doch was! Hast du Charlotte gesehen? Bitte, nun sprich doch! Denk nur an Charlottes Eltern! Sie kommen um vor Sorge.«

»Es t…tut m…m…mir leid.« Rolfie sackte in sich zusammen.

»Nehmt ihn mit zur Wache!«, sagte der Kommissar zu seinen uniformierten Kollegen, die inzwischen bei uns angekommen waren. »Ich erkenne ein schlechtes Gewissen, wenn ich es sehe. Und ich werde herausfinden, weshalb dieser Mann eins hat.«

Rolfie ging widerstandslos mit den Polizisten zu den Streifenwagen.

Ich sah ihm ratlos hinterher.

Herr Rabe fasste mich am Oberarm. »Kommen Sie. Ich bringe Sie nach Hause und sammle meine Kollegin bei Ihnen ein.«

Wir gingen rasch zum Hinterausgang zurück.

Als wir im Auto saßen, fand ich endlich meine Stimme wieder. »Herr Rabe … Ich weiß nicht, wie ich es sagen soll, aber ich glaube nicht, dass Rolfie etwas mit Charlottes Verschwinden zu tun hat. Ich kenne Rolfie seit über dreißig Jahren.«

Er seufzte. »Wenn Sie wüssten, was ich alles schon nicht geglaubt habe, bis es eben doch wahr war.«

Ich sagte nichts mehr, bis er mich zu Hause absetzte. Sandra stand am Fenster und beobachtete die Straße.

Als wir durch das Gartentor kamen, öffnete sie uns die Haustür. »Die Kleine schläft noch«, flüsterte sie mir zu und hielt einen Daumen hoch.

Herr Rabe schob seine Kollegin Richtung Tür. Er hatte es eilig. »Hier, das ist meine Telefonnummer, wenn Ihnen noch etwas einfällt. Sonst melden wir uns auf jeden Fall bei Ihnen«, sagte er. Doch dann drehte er sich noch einmal um: »Gute Beobachtungsgabe haben Sie übrigens, Frau Markowski. Erstaunlich, dass Ihnen im Dunkeln ein fehlendes Spinnennetz auffällt. An Ihnen ist glatt eine Polizistin verloren gegangen.«

Ich ging zum Schlafzimmer und sah nach, ob es Lucy gut ging. Sie schlief mit offenem Mund, ihr Stoffkrokodil fest im Arm. Ich ließ die Tür einen Spaltbreit offen und ging zum Kühlschrank, wo ich einen Schluck Milch direkt aus der Packung trank. Sofort spuckte ich ihn in die Spüle. Die Milch war sauer. Es war Zeit, dass ich wieder einkaufen ging. Ich stellte den Karton aus purer Gewohnheit wieder in den Kühlschrank, trank etwas aus dem Wasserhahn, spritzte mir Wasser ins Gesicht. Ich war zu aufgedreht, um sofort schlafen zu gehen.

Was bedeutete das alles? Wo war Charlotte? Was war mit ihr passiert? Und was hatte Rolfie damit zu tun? Auch wenn ich Rolfie noch nie als meinen Freund betitelt hatte, so war er doch wahrscheinlich einer der wenigen Menschen auf diesem Planeten, auf den diese Bezeichnung zutraf. Ich kannte ihn seit Jahren. Wenn ich etwas brauchte, half er mir mit allen Mitteln, die ihm zur Verfügung standen. Die waren bei ihm vor allem handwerklicher Natur. Ich half ihm bei den Dingen, die er nicht so gut konnte. Ich wusste private Dinge von ihm, zum Beispiel, dass sein Vater ihm das Stottern hatte ausprügeln wollen. Er wiederum kannte die Geschichte meiner Familie, vom Anfang bis zum Ende. Wir nutzten uns nicht aus, sondern versuchten, uns zu helfen. War das nicht so etwas wie Freundschaft?

Aber was wusste ich schon von Freundschaften? Sie waren Zeit meines Lebens für mich ein Buch mit sieben Siegeln gewesen, wenn man von der Freundschaft zu Thea einmal absah. Und sie war einfach immer da gewesen, ganz einfach, weil sie nebenan gewohnt hatte. Thea, die Linguistik lehrte, und ihr Mann Jochen, ein Apotheker, waren ungewollt kinderlos geblieben und vielleicht aus dem Grund immer besonders nett zu Konrad und mir gewesen.

Ich ließ mich auf mein verschlissenes Sofa fallen. Um die hässliche grüne Farbe zu verbergen, hatte ich eine Wolldecke darüber geworfen. Außerdem drückte sich auf der rechten Seite eine Sprungfeder durch den alten Stoff. Ich seufzte. Vielleicht war es an der Zeit, das Sofa dem Sperrmüll zu übergeben. Doch mir gefiel der Gedanke, dass einer von Konrads wilden Sprüngen dafür verantwortlich war, dass die Feder kaputtgegangen war. So gab es immer noch Spuren von ihm in meinem Leben. Und auf dieser Couch. Und diese waren Spuren des Glücks und der Lebensfreude gewesen. Auch die hatte es hier gegeben.

Manchmal waren Thea und Jochen vorbeigekommen, obwohl unser Haus durch das Verhalten meiner Mutter nicht den besten Ruf hatte.

Es musste meinem Vater das Herz gebrochen haben, dass jeder Mann, der sich in der Nähe meiner Mutter aufhielt und ihr Avancen machte, auch Erfolg damit hatte. Und Avancen machten ihr viele. Was es bedeutete, das Kind einer solchen Mutter zu sein, konnte sie nicht ermessen, oder es interessierte sie nicht.

Es war wie eine Sucht, der sie nicht entkommen konnte. Stellte sie fest, dass die Aufmerksamkeit eines Mannes die Leere in ihr nicht füllen konnte, suchte sie sich einen Neuen. Diese Strategie verfolgte sie mit immer größerer Wildheit. Das Alter saß ihr wohl im Nacken.

Während mein Vater hoffte, dass die Zeit sie heilen würde,

war das Gegenteil der Fall. Je älter sie wurde, umso mehr ließen die Aufmerksamkeiten nach, die ihr in jungen Jahren zugeflogen waren, und umso dringender wurde der Wunsch nach ihnen. Sie war schon keine ganz junge Frau mehr, als sie Konrad und mich bekam.

Mein Vater konnte damals sein Glück kaum fassen, als meine Mutter ihn erwählte. Der einzige Grund für seine Attraktivität war wahrscheinlich, dass er zu schüchtern war, um sie zu erobern, und sie es deshalb als Sieg ansah, als er sich endlich traute, sie das erste Mal zu küssen. Warum sie ihn geheiratet hatte, hatte ich mir so erklärt, dass sie einfach versucht hatte, ihr Glück auf eine andere Art zu finden. Sesshaft zu werden. Vielleicht wollte sie das wirklich. Alles an unserem Haus atmete den Wunsch nach Bürgerlichkeit. Selbst unsere Namen. Konrad und Katharina, nach den Eltern meines Vaters. Meine Mutter hatte wohl gehofft, dass mit Kindern und Ehemann automatisch das Glück im Haus einzog. Aber es war ihr nicht gelungen, es zu finden.

Das Haus, das ich geerbt hatte, war das Elternhaus meines Vaters. Meine Großeltern hatten es gebaut. Sie lebten noch dort, als mein Vater meine Mutter kennenlernte. Er wohnte mit über dreißig noch zu Hause, und meine Großeltern sahen ihn schon als alten Junggesellen enden. Um das »junge Glück« nicht zu stören, waren meine Großeltern deshalb in eine Wohnung gezogen.

Meine Mutter wollte das alte Haus nach ihrem Geschmack ausbauen, aber mein Vater brachte die Energie nicht auf. Die verschlissene grüne Couch aus Cordsamt, jetzt fast dreißig Jahre alt, war das letzte Zeugnis seines Nestbautriebes gewesen, bevor er sich und unser Heim schon wieder aufgab. Seitdem war hier kaum noch etwas gemacht worden.

Meine schöne Mutter hatte unterdessen Affären. Die Frauen hassten sie dafür. Eines Morgens hatte an unserer Haustür »Nutte« gestanden, in blutroten Buchstaben quer über die gesamte Tür geschrieben. Mein Vater hatte die Farbe stumm mit einem Terpentinschwämmchen weggewischt. Es dauerte den ganzen Nachmittag. Als ich ihm helfen wollte, schickte er mich ins Haus.

Ich schloss meine Augen und versuchte, einen Moment an nichts zu denken. Aber schon begann mein Kopf wieder zu pochen. Die Ereignisse des Tages waren zu viel für mich gewesen. Ich hoffte, dass Charlotte am nächsten Morgen wieder da war und ich meiner Tochter nicht erklären musste, warum kleine Mädchen in unserer Nachbarschaft spurlos verschwanden.

Und warum Rolfie von der Polizei mitgenommen worden war. Auch wenn ich mir nicht vorstellen konnte und wollte, dass Rolfie etwas mit Charlottes Verschwinden zu tun hatte, kam mir doch der Gedanke, dass ich damit ziemlich allein dastehen und die Angelegenheit kein gutes Licht auf uns werfen würde.

Jeder in Lohausen wusste, dass Rolfie und ich uns kannten. Es kam vor, dass mich Leute im Supermarkt darauf ansprachen, ob ich Rolfie zu ihnen schicken könne, weil bekannt war, dass er für wenig Geld arbeitete oder sogar ganz vergaß, Rechnungen zu schreiben.

Ich massierte mit Daumen und Zeigefinger meine Stirn und überlegte, ob ich mir noch etwas zu essen machen oder mit einer Tüte Chips vorliebnehmen sollte. Obwohl ich keinen Hunger mehr hatte, war mir danach, etwas in mich hineinzustopfen. Doch im Vorratsschrank herrschte gähnende Leere.

Ich zog mich im Wohnzimmer aus, um Lucy nicht zu wecken, wenn ich das Licht anmachte. Als ich meine Jeans über das Sofa warf, fiel etwas aus der hinteren Hosentasche. Inzwischen war ich so müde, dass ich versucht war, das Ding, was immer es war, einfach liegen zu lassen und erst am nächsten Tag genauer anzusehen.

Einzig und allein die Farbe zog meine Aufmerksamkeit auf sich. Ich griff nach dem kleinen Gegenstand.

»O mein Gott«, keuchte ich, als mir klar wurde, was das war. Während der Migräneattacke hatte offenbar mein Verstand ausgesetzt. Wann hatte ich das Ding eingesteckt? Als ich im Herrenhaus auf der viktorianischen Badewanne gesessen und mir die Schläfen gekühlt hatte.

Und ich hatte niemandem davon erzählt. Hatte ich den Verstand etwa komplett verloren? Ich zog die Kappe ab, und Kokosduft stieg mir in die Nase.

Sofort erinnerte ich mich an die glänzenden Lippen, die mir zu erwachsen vorgekommen waren für ein Mädchen von neun Jahren. Mir wurde übel.

Kapitel 14

Ich drehte das Lipgloss hin und her. Auf der Hülle stand *Coco Kisses.* Ich hatte es am Freitag bei Charlotte gesehen. Kurz bevor ich sie weggeschickt hatte, um mit Annabel allein zu sprechen, hatte sie es benutzt.

Wie war es dann in das Badezimmer des verlassenen Herrenhauses gekommen?

Selbst wenn Rolfie ein Dieb wäre, er hätte kaum eine Verwendung dafür. Aber so, wie ich ihn kannte, brachte er eher jemandem etwas mit, als jemandem etwas wegzunehmen. Dass er einem Kind etwas antun sollte, schien mir ohnehin äußerst unwahrscheinlich. Er war doch selbst als Kind eine geschundene Kreatur gewesen. Mit Lucy war er immer so lieb.

Das passte nicht zusammen. Es musste eine andere Erklärung geben.

Im selben Augenblick fiel mir auf, dass ich das Lipgloss immer noch in den Händen hielt. Links den Stift, rechts die Kappe. Also waren jetzt meine Fingerabdrücke überall verteilt und höchstwahrscheinlich hatte ich auch noch die Abdrücke zerstört, die vorher drauf gewesen waren. Und nicht nur das, ich hatte auch niemandem erzählt, dass ich es überhaupt gefunden hatte. Machte ich mich gerade selbst verdächtig?

Der scharfe Blick des Kommissars fiel mir wieder ein, als er festgestellt hatte, dass ich Rolfie kannte. Und hatte er es nicht erstaunlich gefunden, dass mir ein zerstörtes Spinnennetz auffiel – im Dunkeln? Vielleicht war es ja gar kein Kompliment gewesen, sondern Ausdruck seines Verdachts, dass ich etwas mit der Sache zu tun hatte. Vielleicht würde er auf die Idee kommen, dass ich ihm Rolfie zum Fraß vorwerfen wollte. War ich nicht als Erste daraufgekommen, dass er im alten Herrenhaus lebte? Und dass ich nicht gut auf Charlotte zu sprechen gewesen war, würde Gabi garantiert an die Polizei weitertragen, wenn sie es nicht schon getan hatte.

Sicher würde man kaum zögern, mich festzunehmen, wenn ich keine Erklärung dafür liefern konnte, warum ich Beweismittel versteckte. Und die hatte ich nicht. Selbst in meinen Ohren klang »Kopfweh« wie eine alberne Ausrede.

Kurz entschlossen stöpselte ich das Lipgloss wieder zu und stopfte es zurück in meine Jeans, die immer noch über der Sofalehne lag.

Wenn man mich festnehmen würde, wäre Lucy allein. Das würde ich niemals zulassen. In dem Moment wurde mir klar, dass ich alles tun würde, um mich selbst zu retten. Für meine Tochter.

Lucy ging vor. Vor allem. Wenn ich ins Gefängnis käme, wäre ein Heim ihr Schicksal. Auch Thea hätte keine Chance, sie zu bekommen. Sie war nicht einmal mit ihr verwandt. Abgesehen davon, dass es zu lange dauern würde, bis sie aus Portland hier war.

Etwas Unbekanntes in mir verdrängte die mir so vertraute Kathi. Die Kathi, die immer alles in sich hineinfraß und sich viel zu selten wehrte.

Auf einmal wusste ich, dass ich nicht nur fähig sein würde, Straftaten zu vertuschen – ich war sogar fähig, welche zu begehen. Ich war zu allem fähig, solange es Lucy schützte. Alles andere war völlig nebensächlich. Nur Lucy zählte. Und sie brauchte nun mal mich.

Ich würde einfach so tun, als hätte es dieses gottverdammte Lipgloss nie gegeben. Vielleicht war es ja nicht einmal das von Charlotte. In Lohausen hatte jedes Mädchen so eins in der Tasche, wenn ich Lucy Glauben schenken durfte. Vielleicht hatte ein völlig anderes Kind das Ding in der verlassenen Villa verloren. Wusste ich etwa, dass es von Charlotte war? Nein. Es konnte ebenso gut einem anderen Mädchen gehören. Auch wenn der Zufall merkwürdig erschien: Es war immerhin möglich.

Das Adrenalin hatte meine Müdigkeit vertrieben. In der Ferne hörte ich wieder den Hubschrauber. Wie lange würden sie nach Charlotte suchen? Die ganze Nacht? Waren die anderen Eltern inzwischen nach Hause gegangen? Wie mochte es Henriette gehen? Ob Gabi bei ihr war? Wie eng war diese Freundschaft wirklich?

Ich ließ die Rollläden im Wohnzimmer herunter, doch das Rollo vor der Terrassentür blieb auf einmal auf halber Höhe hängen. Ausgerechnet jetzt machte das Ding Zicken. Dreißig Jahre lang hatte es keine Probleme damit gegeben. Ich hängte mich an den Rollladen und zerrte daran, bis er endlich nach unten krachte. Hoffentlich war er jetzt nicht komplett kaputt.

Dann wickelte ich mich in eine Decke und schaltete mein Laptop ein, um mich abzulenken. Eigentlich hatte ich einen Film anschauen wollen, doch die Neugier siegte, und ich schaute in der Mediathek die 20-Uhr-Nachrichten.

Schon der erste Beitrag berichtete über Charlotte. »Gesucht wird die neunjährige Charlotte Süssbrich. Sie trug zum Zeitpunkt ihres Verschwindens einen beigefarbenen Dufflecoat der Marke Burberry, einen passenden Schal derselben Marke, einen lilafarbenen Rock, eine lilafarbene Strumpfhose und rosa Stiefel der Marke UGG. Sie hat lange blonde Haare und braune Augen. Hinweise bitte an jede Polizeidienststelle.«

Ich schaltete um und zuckte zusammen, als ich den Eingang des Lantz'schen Parks erkannte. Eine Reporterin, die aussah, als sei sie selbst noch Schülerin, berichtete direkt vom Ort des Verschwindens.

»Lohausen. Hier, in diesem gutbürgerlichen Stadtteil von Düsseldorf in der Nähe des Flughafens, verschwand die neunjährige Charlotte Süssbrich spurlos. Ihre Eltern, zwei Ärzte, befürchten eine Entführung des hübschen Mädchens.«

Ein Porträt von Charlotte wurde eingeblendet. Mit abwesendem Blick schaute sie in die Kamera, ihr Haar umgab sie wie ein Kranz aus hellen Engelslöckchen. Jemand musste ihr das Haar eingedreht haben, denn eigentlich hatte sie keine Locken. Es war ein Foto, das ihr nicht besonders ähnlich sah, fand ich, außer, dass ihre Lippen auch auf dem Foto glänzten.

Die Kamera zeigte wieder das schmiedeeiserne Tor des Parks, es war taghell angeleuchtet. Ein Schwenk auf das gemauerte Pförtnerhäuschen, und da standen sie, Charlottes Eltern, neben der Reporterin, die ihnen jetzt ein Mikrofon hinstreckte. Henriette und Gerald Süssbrich hielten sich an den Händen. Henriette klammerte sich mit der zweiten Hand an Geralds Oberarm, als bräuchte sie mehr Halt. Sie standen beide sehr gerade, Henriette noch mehr als ihr Mann.

Etwas fiel sofort auf: Es war nicht irgendein Kind verschwunden. Sondern ganz offensichtlich ein Kind, dessen Eltern aus der Oberschicht kamen. Alles an ihnen sah nach Geld aus. Der schmale Mantel, den Henriette trug, das gemusterte Seidentuch über den Schultern, selbst die dünne Daunenjacke von Gerald Süssbrich, deren Grau einen leicht metallischen Ton hatte und ein Emblem am Oberarm, das irgendwie teuer wirkte, auch wenn es mir nichts sagte. Das dichte Haar, das bereits grau wurde, das Grübchen im Kinn, die durchtrainierte Figur – nicht zu viel, nicht zu wenig: Der Mann war ein Düsseldorfer, wie er im Buche stand.

Warum sollte es den Zuschauern anders gehen als mir? Kaum dass ich die beiden sah, war mir klar, was mit Charlotte passiert war. Sie war weder weggelaufen noch hatte sie einen Unfall gehabt, der aus irgendwelchen Gründen noch nicht entdeckt worden war. Sie war entführt worden. Jemand brauchte Geld. Denn das da waren Leute, die Geld bezahlen konnten. Deshalb war ich kein bisschen überrascht, dass auch Henriette davon auszugehen schien, dass eine Entführung die einzige Möglichkeit war, warum Charlotte nicht nach Hause gekommen war.

Also waren vor allem Leute verdächtig, die Geld brauchten.

Natürlich fielen mir da auch welche ein. Und insbesondere in Lohausen gleich zwei. Einer davon war Rolfie. Und die andere war ich.

Rolfie hatte ja sogar sein Dach über dem Kopf verloren. Erzählt hatte er es mir nicht. Warum nicht? Hatte er sich geschämt? Oder hatte er vorgehabt, sein Problem zu lösen?

Henriette sprach mit fester Stimme in die Kamera. »Wenn Sie die Person sind, die unsere Tochter bei sich hat: Bitte geben Sie sie uns zurück«, sagte sie jetzt. »Sie ist ein hübsches, intelligentes und liebes Mädchen. Sie braucht uns, und wir brauchen sie. Geben Sie sie uns bitte zurück, oder sagen Sie uns, wo wir sie finden können.«

Ihr Gesicht wurde näher herangezoomt. Unter dem unerbittlichen Licht des Scheinwerfers und der Last dieses Tages wirkte sie hager, beinahe hart. Mit verhärmten Augen schien sie mich anzusehen.

Mit einer raschen Bewegung trat ich die Jeans von der Sofalehne, in deren Tasche mich etwas an eine Schuld erinnerte, die ich nicht wahrhaben wollte. Ich tastete nach dem Laptop, um die Sendung zu unterbrechen und Henriettes Blick zu entgehen.

Doch dann stellte die Reporterin eine Frage, die mich innehalten ließ. »Frau Süssbrich, Charlotte wird seit Freitag nach Schulschluss vermisst. Wie Sie sicher wissen, zählt im Falle eines verschwundenen Kindes jede Minute. Doch die Suchaktion begann erst heute, zwei Tage später. Gibt es dafür eine Erklärung?«

Jetzt horchte ich auf. Auch ich hatte die Nachricht von Charlottes Verschwinden heute das erste Mal gehört.

Gerald Süssbrich drückte Henriette die Hand und hob sie

kurz an seine Lippen. Henriette tupfte sich mit einem Taschentuch über die Augen.

»In dieser Angelegenheit sind leider so viele Dinge schiefgelaufen«, sagte Gerald Süssbrich. »Da müssen wir etwas ausholen. Ich erinnere mich noch ganz genau, dass an dem Tag, Freitag, in der Praxis sehr viel zu tun war, wegen der Grippewelle, auch meine Sekretärin war nicht da. Ich hatte erst gedacht, ich könnte an dem Tag mein kleines Mädchen mal wieder überraschen und früher nach Hause kommen, und hatte das Henriette auch gesagt. Mal wieder ein paar Spiele spielen, weil wir da gar nicht mehr so oft zu kamen, wie ich das gerne gehabt hätte. Aber dann musste ich doch länger in der Praxis bleiben.« Er machte eine kurze Pause und sah zu Boden. »Als ich abends nach Hause kam, lag da ein Zettel von Henriette, dass unsere Tochter bei ihrer Freundin sei.«

Henriette wartete, bis Gerald sich ihr hilfesuchend zuwandte, bevor sie das Wort ergriff. Sie wirkte so höflich und beherrscht, wie ich sie kannte.

Sie sahen sich einen Moment in die Augen, bevor Henriette anfing zu sprechen. »Freitags bin ich eigentlich zu Hause, wenn das Kind von der Schule kommt. Aber morgens hatte sie gesagt, dass sie zu ihrer Freundin gehen wollte nach der Schule. Ich sagte, okay. Als dann eine Kollegin anrief, die plötzlich die Grippe bekommen hatte, hab ich Gerald eine Nachricht geschrieben, dass sie bei ihrer Freundin bleibt, und bin ins Krankenhaus gefahren, um eine OP zu übernehmen. Ich dachte ja, Gerald kommt Freitag am frühen Nachmittag nach Hause. Als ich mitten in der Nacht heimkam, schlief Gerald schon und deshalb dachte ich natürlich, dass unsere Tochter ebenfalls in ihrem Zimmer liegt und schläft. Während Gerald wiederum dachte, sie sei bei ihrer Freundin.«

Henriette versuchte ein klägliches Lächeln. »Am Morgen war ich noch sehr müde von der anstrengenden Schicht und blieb erst mal im Bett. Irgendwann hab ich Gerald gefragt, warum unsere Tochter nicht ans Bett kam so wie sonst, und Gerald meinte, sie schliefe doch bei ihrer Freundin. Beide haben wir gedacht, der jeweils andere habe ihr die Übernachtung erlaubt.«

Die Reporterin machte ein besorgtes Gesicht.

»Gerald ging einkaufen und so, und erst am Nachmittag habe ich dann versucht, sie anzurufen. Sie ging aber nicht an ihr Handy. Das ist nicht ungewöhnlich, vor allem, wenn sie irgendwo nicht wegwill, dann ignoriert sie Anrufe einfach. Also das ist eigentlich typisch. Und gerade als ich gedacht hab, ich fahre mal bei der Freundin vorbei, kam eine WhatsApp von ihrem Handy, dass sie gerne noch eine Nacht bleiben würde und ob das in Ordnung wäre.«

Henriette hielt ihr Handy hoch. Die Kamera fing den WhatsApp-Text ein:

Charlotte: »Ich möchte noch eine Nacht bei – der Name war hier durch einen Balken unkenntlich gemacht worden – schlafen, wir haben gerade so viel Spaß.«

Henriette: »Was sagt denn ihre Mama dazu?«

Charlotte: »Sie hat gesagt, ich soll auf jeden Fall dableiben, und du sollst es erlauben.«

Henriette: »Na gut. Aber morgen früh hole ich dich ab, dann fahren wir zu Oma.«

Charlotte: »Du bist die allerbeste Mama auf der ganzen Welt.«

Es folgten drei dicke rote Herzen.

Die Reporterin warf Henriette einen Blick zu, der vor Rührung troff.

Henriette sah Gerald an, dann fuhr sie fort. »Aber am Sonntag früh bin direkt bei ihrer Freundin vorbeigefahren, damit sie nicht wieder versucht, Zeit herauszuschinden. Sie kann da sehr anstrengend sein. Und dann stellte sich heraus …«, Henriette tupfte wieder mit dem Taschentuch über ihre Augen, »… dass sie nie dort gewesen ist, sondern dass sie schon seit Freitag verschwunden sein musste.«

Die Reporterin tätschelte Henriettes Arm und sprach dann in die Kamera. »Wer hat Charlotte Süssbrich am Freitag gesehen?«

Ich konnte es kaum fassen. Seit Freitag! Am Freitag hatte ich Charlotte nicht nur gesehen. Ich hatte sie nach Hause geschickt, um mit Annabel zu reden. Allein nach Hause geschickt! Mir wurde kalt vor Angst. Das konnte mir als Absicht ausgelegt werden.

»Kann jemand Hinweise zu ihrem Aufenthaltsort geben?«, fragte die Reporterin mit ernstem Blick. »Wenn Sie etwas wissen, wenden Sie sich bitte sofort an die Polizei.«

Sie schien durch die Kamera direkt in mein Wohnzimmer zu blicken. Es sah aus, als meine sie mich. Doch das würde ich ganz bestimmt nicht tun. Die Angst, dass ich einen weiteren Verdachtsmoment auf mich lenken würde, war noch größer als die Sorge um Charlotte.

Ich schaltete das Laptop aus und ging ins Schlafzimmer. Die Neuigkeiten und vor allem die Scham über meinen Egoismus überwältigten mich. Ich machte mir nicht die Mühe, mir einen Schlafanzug anzuziehen, sondern kroch im T-Shirt unter die Bettdecke. Mein Herz klopfte laut.

Hatte Annabel Gabi bereits erzählt, dass ich Charlotte am Freitag nach Hause geschickt und sie damit vielleicht ihrem Schicksal ausgeliefert hatte? Und wenn ja, konnte die Polizei mich dann verhaften?

Ich versuchte, meine Atmung an die ruhigen Atemzüge von Lucy anzupassen und mich ganz auf sie zu konzentrieren. Es funktionierte.

Ich drückte mich an sie und atmete ihren süßen Geruch ein. Alles in Ordnung, redete ich mir ein. Alles gut. Lucy ist hier.

Tatsächlich schlief ich ein.

Kapitel 15

Während der Nacht war niemand von der Polizei bei mir vorbeigekommen.

Also hoffte ich einfach, dass noch niemand wusste, dass ich Charlotte am Freitag gesehen hatte. Vielleicht war es ja im Trubel der Ereignisse untergegangen? Ich beschloss, mich erst einmal dumm zu stellen. Hätte ich gestern das Interview nicht gesehen, hätte ich ja gar keine Kenntnis davon, dass Charlotte schon am Freitag verschwunden war.

Ich musste mich nur erst mal möglichst weit weg von den anderen Eltern halten. Aber das würde bei mir kaum auffallen.

Dafür explodierte der Klassenchat. 346 Nachrichten waren in der Nacht und am Morgen hin- und hergeschickt worden. Die meisten handelten davon, wer wo suchte bzw. gesucht hatte. Keiner hatte offensichtlich bisher von der abendlichen Aktion im Bunker erfahren.

Herr Töpfer, der Schulleiter, ließ über Gabi als zweite Elternvertreterin – die erste war Henriette – ausrichten, dass wegen Charlottes Verschwinden die Grundschule geschlossen blieb, rief aber gleichzeitig alle Eltern zu einer gemeinsamen Suchaktion auf. Er schlug die Rheinwiesen vor, die bisher nur oberflächlich abgesucht worden waren, wollte aber noch mit der Sondereinheit der Polizei Rücksprache halten.

Kinder, die in dieser Zeit Betreuung benötigten, würden in der Schule beaufsichtigt. Eine Krisensitzung sollte um acht Uhr auf dem Schulhof stattfinden, alle seien dazu eingeladen.

Ich hatte also nur eine kleine Atempause, bevor ich Lucy erzählen musste, dass Charlotte verschwunden war. Ich nutzte die Zeit, um drei Becher Kaffee zu trinken und eine trockene Scheibe Toast zu essen, dann weckte ich Lucy.

»Ich muss dir was erzählen«, begann ich. »Charlotte ist verschwunden. Wir wissen nicht, wo sie ist. Aber sie ist nicht nach Hause gekommen.«

Lucy sah mich mit ihren braunen Augen reglos an. Wie sollte man da die richtigen Worte finden?

»Es kann sein, dass jemand Charlotte gegen ihren Willen mitgenommen hat«, sagte ich, als mir das Schweigen zu lang wurde.

»Wer denn?«, fragte Lucy.

»Wahrscheinlich jemand, der Geld braucht. Und bestimmt lässt er sie frei, sobald er Lösegeld bekommen hat.«

»Was ist Lösegeld?«, fragte Lucy.

»Geld, das man von einer anderen Person erpresst«, sagte ich. »Aber mach dir nicht allzu viele Sorgen: Ganz Lohausen sucht Charlotte, nein, ganz Düsseldorf, wahrscheinlich sogar ganz Deutschland. Überall schauen die Leute nach ihr. Wir haben sie bestimmt bald wieder. Die Polizei ist mit Hubschraubern unterwegs, mit Hundestaffeln und ganz vielen Polizisten.«

»Hm«, sagte Lucy.

»Ich muss leider heute trotzdem auf jeden Fall arbeiten«, sagte ich, »Herr Kröger muss versorgt werden, weil seine Schwiegertochter montags nicht kommen kann. Er liegt sich wund, wenn ich nicht komme und ihn drehe. Wenn ich die anderen Patienten verschieben kann, komme ich dann und helfe mit suchen. Du kannst in die Nachmittagsbetreuung gehen, das hat Herr Töpfer schon gesagt.«

Lucy schien damit einverstanden zu sein. Der große Gefühlsausbruch, den ich erwartet hatte, war ausgeblieben. Sie zog sich freiwillig an und putzte sich die Zähne, und kurze Zeit später gab ich sie bei Frau Moormann in der OGS ab. Die aufgeregten Eltern standen bei ihr Schlange, um für ihre Kinder besondere Sicherheitsmaßnahmen zu erbitten.

»Bitte alle mal zuhören«, sagte Frau Moormann und hob zur Bestärkung eine Hand. »Heute können die Kinder aufgrund der Ausnahmesituation alle erst um sechzehn Uhr abgeholt werden«, erklärte sie. »Sonst verlieren wir den Überblick. Die Kinder dürfen nur von ihren eigenen Eltern abgeholt werden. Der Schulpsychologe ist den ganzen Tag hier und für die Kinder ansprechbar. Und ja, alle bekommen ein Mittagessen, keine Sorge, auch die Kinder, die normalerweise nicht hier essen.«

»Gibt es auch was Vegetarisches?«, fragte Andrea, die dafür bekannt war, sich immer besonders um ihre Kinder zu sorgen.

Ich blieb ganz hinten im Flur und drückte mich so unauffällig wie möglich an die Wand. Auf keinen Fall wollte ich angesprochen werden und Fragen beantworten. Etwa, ob ich Charlotte am Freitag gesehen hatte. Manchmal hatte es auch Vorteile, Außenseiter zu sein. Niemand beachtete mich. Glücklicherweise war Gabi nicht zu sehen. Sie war wahrscheinlich mit Herrn Töpfer wegen der bevorstehenden Suchaktion im Gespräch. Eine Gelegenheit, sich vor dem Schulleiter aufzuspielen, ließ sie sicher nicht verstreichen. Das war mir unter diesen Umständen mehr als recht.

Ich beugte mich zu Lucy hinunter. »Ich hole dich später wieder ab«, sagte ich leise. »Und du gehst mit niemandem mit, und du bewegst dich keinen Millimeter aus dem Schulgelände heraus, ist das klar?« Ich verteilte mehrere Küsse in ihrem Gesicht. Dann drückte ich sie an mich, bis sie sich loswand.

Es fiel mir schwer, sie an diesem Tag nicht bei mir zu haben, aber ich konnte meine Patienten nicht unversorgt lassen. Meine Runde war schon um zwölf beendet, weil Frau Maltzahn ins Krankenhaus eingeliefert worden war.

Als ich nach Hause kam, stand Jennifers Range Rover vor meiner Tür. Sie stieg aus.

»Wir haben den ganzen Vormittag das Rheinufer abgesucht. Ich brauche dringend eine Pause. Krieg ich bei dir einen Kaffee?«, fragte sie.

Jennifer sah aus wie eine englische Landlady, die von einem Ausritt zurückkehrte. Sie trug einen hellgrauen Rollkragenpullover unter einer schwarzen Steppweste und eine enge graue Hose, die in schlanken schwarzen Stiefeln steckte, die so elegant aussahen, dass ich sie erst auf den zweiten Blick als Gummistiefel erkannte.

»Du hast auch nach Charlotte gesucht?«, fragte ich.

Sie nickte.

»Das ist aber nett von dir«, sagte ich.

»Das ist doch selbstverständlich. Ich hab mit den anderen Eltern zusammen gesucht. Herr Töpfer hat an mich gedacht und mir von der Suchaktion am Rhein berichtet.«

»Und? Gibt's was Neues?«

Sie schüttelte den Kopf.

Als ich die Haustür aufschloss, kam sie wie selbstverständlich mit hinein. Ich hatte nichts dagegen.

»Wie trinkst du deinen Kaffee noch mal?«, fragte ich.

»So wie du. Mit Milch.«

Als ich die Milchtüte aus dem Kühlschrank nahm, fiel mir etwas ein. »Geht auch ohne?«, fragte ich verlegen. »Die hier ist sauer.«

»Kein Problem.«

»Gabi Schmeisser war auch da«, sagte Jennifer, als wir mit unseren Kaffeebechern auf dem verschlissenen Sofa Platz nahmen. »Sie hat über dich geredet.«

»Was hat sie denn gesagt?«, fragte ich, obwohl ich mir nicht sicher war, ob ich die Antwort hören wollte.

»Dass du Charlotte am Freitag allein nach Hause geschickt hast. Und dass Charlotte nur deshalb entführt werden konnte.

Und dass es nichts als pures Glück ist, dass es nicht ihre Tochter Annabel stattdessen erwischt hat. Und dass sie das auch der Polizei mitteilen wird.«

Die Schuld traf mich mit voller Wucht. Wäre wirklich alles anders gekommen, wenn Charlotte mit Annabel zusammen gegangen wäre?

»Aber mach dir keine Sorgen«, sagte Jennifer und grinste mich verschwörerisch an. »Ich habe Gabi sofort in ihre Schranken gewiesen.«

»Wie das denn?«

»Ich habe gesagt, dass jemand, der ein neunjähriges Mädchen entführen möchte, sich wohl kaum von einem anderen neunjährigen Mädchen daran hindern lassen wird, und sie dir eher danken sollte, dass du Annabel aus der Schusslinie geholt hast. Andernfalls wäre Annabel wahrscheinlich jetzt auch verschwunden. Zwei Mädchen brächten schließlich mehr Geld ein als nur eins.« Jennifer sah sehr zufrieden aus. »Das habe ich natürlich vor allen anderen in unserem Suchtrupp gesagt, damit die Schmeisser nicht denkt, dass sie nachher hinter meinem Rücken weitertratschen darf.«

Mir stiegen Tränen in die Augen. Tatsächlich nahmen mir die Worte ein wenig die Last. Gleichzeitig lieferten sie mir ein Argument, falls mich jemand direkt beschuldigen würde, an Charlottes Verschwinden mitschuldig zu sein. Zum Beispiel Henriette. Oder dieser Kommissar.

Außerdem war ich es nicht gewohnt, Rückendeckung zu bekommen. Es war ein unbeschreibliches, ein großes Gefühl. Jemand sprach für mich. Ohne etwas dafür zu verlangen oder zu bekommen, einfach so. Oder erwartete Jennifer doch etwas von mir? Aber was? Ich hatte doch nichts zu bieten. Wenn ich nur nicht so unerfahren auf dem Gebiet des Zwischenmenschlichen gewesen wäre. Ich traute meinen eigenen Wahrnehmungen kaum. Dabei hatte Jennifer bisher nie etwas anderes getan, als mir zur Seite zu stehen.

»Noch einen Kaffee?«, fragte ich und musste mich räuspern, weil ich einen Kloß im Hals hatte.

»Hab noch«, sagte sie und hob kurz ihren Becher an.

»Ich habe erst gestern im Klassenchat gelesen, dass sie verschwunden ist. Wieso suchen wir erst seit gestern, wenn sie schon am Freitag verschwunden ist?«, fragte ich und hoffte, dass ich nicht rot anlief. Schließlich wusste ich das schon, aber ich musste eine Erklärung dafür haben, warum ich der Polizei noch nichts von meinem letzten Gespräch mit Charlotte erzählt hatte. Es war das erste Mal, dass ich Jennifer anlog, und sie hatte es nicht verdient.

»Menschenskind, siehst du denn nie Nachrichten? Das Thema Charlotte Süssbrich beherrscht doch alle Medien. Die Eltern haben beide gedacht, Charlotte schläft bei Annabel. Es gab sogar eine Nachricht von Charlottes Handy, aber die war wohl gefakt. Jetzt sucht die Polizei natürlich auch nach dem Handy, aber wer immer es hat, hat es jetzt sicherlich ausgeschaltet und weggeworfen. Tatsache ist, das letzte Mal wurde Charlotte am Freitag gesehen. Von Annabel.«

»Und von mir. Meinst du, ich muss mich bei der Polizei melden?«

Jennifer zuckte die Achseln. »Keine Ahnung, ob das wichtig ist. Annabel hat das ja schon erzählt.«

»Was, wenn die Polizei mich festnimmt? Was wird dann aus Lucy?«

»Quatsch. Warum sollten sie dich festnehmen?«, fragte Jennifer.

»Ist nicht immer die Person verdächtig, die als letztes jemanden gesehen hat?«

»Hast du denn noch eine weitere Information, außer, dass sie an dem Tag verschwand?«

Ich schüttelte den Kopf.

»Eben. Da kann dir doch nichts passieren.«

»Ich habe aber Angst. Jetzt bin auch noch die Person, die

Charlotte als letztes gesehen hat. Und auch noch die Geschichte mit Lucy – Charlotte hat Lucy immer geärgert. Ist das nicht irgendwie genug, um gegen mich zu ermitteln? Und den Mann im Bunker kannte ich auch.«

»Da war wirklich einer drin?«

»Ja – und leider kenne ich den auch noch ziemlich gut.«

»Oh, là, là … wie gut?« Jennifer grinste, doch meine Nerven waren zu angespannt, um mich auf den lockeren Ton einzulassen.

»Bloß ein alter Schulkamerad«, stellte ich klar und bemerkte sehr wohl, dass ich mich damit von Rolfie distanzierte. Doch ich fürchtete mich davor, dass auch Jennifer das verdächtig finden könnte. Und das Lipgloss hatte ich noch nicht einmal erwähnt.

Die Angst, Lucy zu verlieren, lastete zu schwer auf mir. Ich brauchte jeden Beistand. Doch die einzige Person, der ich blind vertraute, war Thea. Sollte ich ihr schreiben, dass ich ihre Hilfe brauchte? Sie bitten, herzukommen, damit Lucy nicht allein war?

Thea hatte sich in Statement Analysis ausbilden lassen, einer Form von Analyse, die sich unter anderem damit befasste, Täuschungen in Aussagen aufzudecken. Damit konnte man mit einer sehr hohen Wahrscheinlichkeit herausfinden, ob jemand die Wahrheit sagte.

So gesehen könnten wir Thea jetzt sehr gut hier gebrauchen. Doch andererseits fürchtete ich, dass ich mich in die Sache hineinsteigerte.

»Das klingt aber für mich, als wärst du damit aus dem Schneider. Die Polizei hat ihren Verdächtigen«, sagte Jennifer und zupfte einen Faden von der Decke über der Sofalehne.

»Nein. Sie werden schnell feststellen, dass Rolfie nichts damit zu tun hat. Er ist ängstlich. Er hat sich unerlaubt im Herrenhaus aufgehalten. Deshalb ist er weggelaufen. Und wenn ihnen das auffällt, komme ich wieder ins Spiel. Vielleicht denken sie dann auch, ich hätte den Verdacht auf Rolfie lenken wollen.«

»Aber was solltest du denn mit Charlotte gemacht haben? Du hast sie zwar nach Hause geschickt, aber dann doch mit Annabel gesprochen. Danach war Charlotte weg. Das kann Annabel bestätigen.«

»Ich hatte ein Fahrrad dabei. Ich hätte Charlotte locker einholen können.«

»Und dann? Ein neunjähriges Kind über den Gepäckträger werfen und weiterfahren? Und wohin dann? Klingt das nicht ein wenig albern?«

Es beruhigte mich, wenn Jennifer mit mir sprach. Sie fand Argumente, die für mich sprachen, während mir selbst nur ständig welche gegen mich einfielen.

»Vielleicht war es doch dieser Rolfie. Welcher erwachsene Mensch lässt sich eigentlich so einen Namen gefallen?«

»Rolfie hieß schon immer so. Ich kenne ihn seit der Grundschule. Bin nie auf die Idee gekommen, ihn anders zu nennen. Aber Rolfie hat unter Garantie nichts mit Charlottes Verschwinden zu tun. Der kann nicht mal einer Fliege was zuleide tun. Rolfie ist immer derjenige gewesen, der Prügel bezogen hat. Von seinen Klassenkameraden, von seinem eigenen Vater. Er war nie derjenige, der selbst ausgeteilt hat.«

»Oder er hat sich endlich mal einen Gegner gesucht, mit dem selbst er fertig werden würde. Ein Kind.«

Ich starrte Jennifer an. Unmöglich. Aber sie kannte Rolfie eben nicht. »Auf keinen Fall. So ist er nicht. Du müsstest einmal sehen, wie er mit Lucy spielt. Er macht immer, was sie will, nie andersherum. Er ist selbst wie ein Kind. Da ist keine Aggression in ihm. Dafür hat er viel zu viel Angst.« Dafür klang meine Stimme auf einmal ziemlich aggressiv. Wo kam die Wut her?

»Okay, okay. Ich kenne ihn ja nicht. Ruhig, Brauner.«

An ihrer Reaktion bemerkte ich, dass mein Tonfall viel zu

schroff gewesen war. Ich war wütend, weil sie recht hatte. Und ich wusste noch etwas. Das Lipgloss. Das Lipgloss warf einen Verdacht auf Rolfie. Doch das brachte mich in einen Konflikt. Würde ich der Polizei davon erzählen, würde der Verdacht entweder auf Rolfie gelenkt – oder wieder auf mich. Schließlich hielt ich den Beweis bereits seit einem Tag zurück. Wer tat so etwas, wenn er unschuldig war?

»Sorry«, sagte ich. »Ich werde wohl zickig, weil ich Angst hab.«

»Du bist nicht die letzte Person, die Charlotte gesehen hat. Das ist ihr Entführer. Also lass doch die Polizei ihren Job machen und nach Charlotte suchen. Und wenn dich jemand konkret fragt, sagst du einfach, wie es war.«

Ich sah sie an. »Meinst du?«

»Klar! Fakt ist, du kannst nichts zu ihrem Verschwinden sagen. Weil du nichts weißt. Punkt.«

Das stimmte. »Danke, Jennifer.«

»Wofür?«

»Fürs Beruhigen.«

»Ich sag nur die Wahrheit.« Ihr Silberblick ruhte auf mir. Ich war ihr dankbar. »Wir schauen mal, wie der Stand der Dinge ist. »Wo ist dein Laptop?«

Wir rückten näher aneinander, als ich den Rechner auf meinen Knien aufklappte. Kaum, dass ich eine Nachrichtensendung anklickte, erschienen Henriette und Gerald Süssbrich auf dem Bildschirm.

Es war eine Wiederholung des gestrigen Interviews am Lantz'schen Park. Es lief wohl in Dauerschleife. Ich tat nur so, als sähe ich hin. Ich wollte Henriette nicht ins Gesicht sehen.

»Freitags bin ich eigentlich zu Hause, wenn das Kind von der Schule kommt«, sagte Henriette gerade. »Aber morgens hatte sie gesagt, dass sie zu ihrer Freundin gehen wollte nach der Schule. Ich sagte, okay. Als dann eine Kollegin anrief, die plötzlich die Grippe bekommen hatte, hab ich Gerald eine

Nachricht geschrieben, dass sie bei ihrer Freundin bleibt, und bin ins Krankenhaus gefahren, um eine OP zu übernehmen. Ich dachte ja, Gerald kommt Freitag am frühen Nachmittag nach Hause.«

»Klarer Fall von Kommunikationsstörung«, sagte Jennifer. »Die Frau wird sicher vor Selbstvorwürfen platzen.«

Wenn ich Henriette nicht in die Augen sah, klangen ihre Worte merkwürdig. »Findest du?«, sagte ich. »So redet sie aber nicht.«

»Ja, sie wirkt nicht gerade wie jemand, den man sofort in die Arme schließen möchte. Ist sie sonst anders?«

»Eigentlich nicht. Sie ist immer eher … förmlich. Aber irgendetwas stört mich an der Art, wie sie redet … Hast du gemerkt, dass sie nicht ein einziges Mal Charlottes Namen erwähnt hat?« Es fiel mir auf, weil ich darauf achtete. Weil jedes Mal, wenn Charlottes Name fiel, das heiße Schwert des schlechten Gewissens durch meine Eingeweide fuhr. Und nun hörte ich den Namen *nicht.* Von den eigenen Eltern.

»Na und? Den kennt doch inzwischen ganz Deutschland.«

»Trotzdem. Und sie redet eher so, als würde sie sich lediglich dafür rechtfertigen, dass sie nicht eher bemerkt hat, dass Charlotte verschwunden ist.«

»Findest du?« Jennifer klang verwundert.

Ich nickte. Es schien mir ganz und gar unmöglich, eine längere Zeit von Lucy zu sprechen, ohne ihren Namen zu nennen. »Aber hör doch mal«, sagte ich und spulte das Interview ein Stück zurück, um Jennifer zu zeigen, was ich meinte.

Weder Henriette noch Gerald Süssbrich nannten Charlottes Namen auch nur ein einziges Mal.

»Sie sagen ›das Kind‹ und ›unsere Tochter‹. Sie benutzen das Personalpronomen. Sie sagen ›sie‹. Aber nicht ›Charlotte‹.«

»Ich glaube nicht, dass es eine Verhaltensvorschrift gibt, wie man reden muss, wenn man in einer Ausnahmesituation ist«, sagte Jennifer. »Für mich klingt sie jedenfalls ganz normal. Wahrscheinlich ist es einfach schwer, den Namen einer Person auszusprechen, die man so vermisst.«

Darüber hatte ich bisher noch nicht nachgedacht. Für Jennifer musste die Geschichte mit Charlotte traumatisch sein. Sie hatte selbst eine Tochter verloren. Mir fiel auf, dass ich den Namen von Jennifers Tochter auch nicht kannte. Ich überlegte, danach zu fragen, doch der Zeitpunkt war nicht richtig. Ich schämte mich. Was wusste ich schon?

Kapitel 16

Am nächsten Morgen stopfte ich gerade Wäsche in die Maschine, als es klingelte. Ich sah von oben aus dem Badezimmerfenster und krampfte vor Schreck meine Hände in Lucys Sweatshirt.

Vor der Tür stand Herr Rabe. Sein Auftauchen konnte nur bedeuten, dass er davon erfahren hatte, dass ich Annabel und Charlotte getrennt hatte und dadurch mitschuldig war an ihrem Verschwinden.

Fast augenblicklich fügte ich mich in mein Schicksal. Es gab keine Ausreden mehr. So war es gewesen. Ich war bereit, alles zu gestehen. Oder beinahe alles. Zumindest so viel, wie er schon wusste. Schließlich stand hier nicht nur mein Schicksal auf dem Spiel, sondern vor allem Lucys. Zum Glück war sie schon in der Schule. So musste sie nicht mitanhören, dass ihre Mutter der Polizei wichtige Informationen unterschlagen hatte. Zum Beispiel, dass sie ein verschwundenes Kind als Letzte gesehen hatte.

Der Blick in den Spiegel neben der Haustür enthüllte die traurige Wahrheit. Ich sah exakt so aus, wie ich mich fühlte: entsetzlich. Ich strich mir die wirren Haare aus dem Gesicht und kniff mir in die Wangen. Ich sah keinen Deut besser oder vertrauenswürdiger aus. Also gab ich auf und öffnete die Tür.

Auch der Kommissar war nicht gerade in der Form seines Lebens. Er hatte dunkle Ringe unter den Augen. »Darf ich reinkommen?«, fragte er.

»Ach du Schande«, antwortete ich. Das beschrieb zwar ziemlich genau, was ich fühlte, aber das musste er ja nicht wissen. »Bei mir sieht es ganz furchtbar aus. Ich bin seit Tagen nicht zum Aufräumen gekommen.«

Er sagte nichts. Wir sahen uns so lange wortlos an, bis es mir unangenehm wurde. Sicherlich ein alter Polizeitrick. Schweigen, bis die Verdächtige von allein redet.

»Na gut, kommen Sie rein«, sagte ich und ärgerte mich, dass es funktionierte. Hätte ich nicht einfach Nein sagen können?

Er kam in den düsteren Flur und trat sich die Füße an der Matte ab, obwohl der Boden dahinter nicht besonders sauber war. »Ich habe gewartet, bis ihre Tochter in der Schule ist«, sagte er, »damit wir in Ruhe reden können.«

»Gibt es etwas Neues?«, fragte ich und zog schnell die Decke über dem Sofa gerade, bevor ich ihm mit einer Geste zu verstehen gab, dass er sich dort niederlassen könne.

An seinem Gesichtsausdruck erkannte ich, dass er sich auf die kaputte Sprungfeder gesetzt hatte.

Herr Rabe rückte ein Stück weiter nach rechts, während ich einen meiner Esszimmerstühle zu ihm drehte und dort Platz nahm. Wahrscheinlich hätte ich ihm etwas zu trinken anbieten sollen, aber nun schien mir der richtige Augenblick verstrichen zu sein.

Wieder sah er mich schweigend an.

Es war geradezu peinlich, wie schnell ich nachgab und vor lauter schlechtem Gewissen anfing, draufloszureden. »Sie wissen ja schon, dass ich am Freitag nach der Schule mit Annabel geredet habe, Charlottes Freundin. Ich musste unbedingt mit ihr alleine sprechen, es war sehr wichtig. Nun, wichtig natürlich nur unter normalen Umständen, nicht im Zusammenhang mit dem Verschwinden von Charlotte. Es ging darum, dass Annabel meine Tochter ständig schikaniert hat.« Charlottes Dazutun unterschlug ich absichtlich, damit er mir kein Motiv unterschob.

»Und warum haben Sie mir das nicht schon längst erzählt?«, fragte er. »Sie sind eine der letzten Personen, die Charlotte gesehen hat.«

»Weil mir klar war, dass Annabel Ihnen das erzählt hat.«

Seine Augen waren von einem dunklen Grün und sahen klug aus. Als wären sie bereit, sich stets alle Seiten anzusehen, nicht nur eine. Es irritierte mich, wie schön ich sie fand.

»Genau genommen war es die Mutter von Annabel«, sagte Herr Rabe. »Trotzdem hätte ich es gerne von Ihnen selbst erfahren. Vielleicht ist Ihnen ja etwas aufgefallen, das Annabel übersehen hat. Oder jemand.«

»Mir? Nein. Nein, das glaube ich kaum. Ich war viel zu beschäftigt damit, Annabel die Leviten zu lesen. Ich habe überhaupt nicht auf Charlotte geachtet. Sonst hätte ich mich ja sofort bei Ihnen gemeldet.«

Der Kommissar nickte so langsam, als wolle er mir klarmachen, dass er Lügen zwar nicht unbedingt widersprach, sie aber sehr wohl bemerkte. »Natürlich. Erzählen Sie mir bitte einfach ganz genau, was am Freitag passiert ist.«

»Ich hatte einen Termin mit Frau Klose, der Lehrerin meiner Tochter. Es ging darum, dass meine Tochter gemobbt wurde, und zwar in erster Linie von Annabel. Da habe ich beschlossen, im Anschluss mit Annabel zu reden, und ich habe vor der Schule auf sie gewartet. Normalerweise gehen Charlotte und Annabel zusammen nach Hause, aber an dem Tag musste ich mit Annabel allein reden.« Ich lauschte meinen eigenen Worten einen Moment lang nach. Es klang einigermaßen harmlos.

Doch so leicht ließ mich Herr Rabe nicht davonkommen. »Hatte Charlotte es eilig? Wollte sie vielleicht dringend irgendwohin? Hat sie deshalb nicht auf Annabel gewartet?«, hakte er nach.

»Äh … nein, sie wollte schon warten, aber ich habe gesagt, ich wolle mit Annabel allein reden.«

»Sie haben sie also weggeschickt?«

Mein Plan, Herrn Rabe die Dinge zu unterschlagen, bei denen ich nicht gut wegkam, ging nicht wirklich auf. »Natürlich, wenn ich das geahnt hätte, hätte ich niemals -«, fing ich an, doch Herr Rabe unterbrach mich.

»Natürlich nicht, Frau Markowski. Aber ich muss trotzdem nachfragen. Haben Sie Annabel bei dem Gespräch vielleicht in irgendeiner Art und Weise gedroht?«

»Ich ... äh ...« Auch das warf kein gutes Licht auf mich. »Ich habe zumindest gesagt, wenn sie ihr Verhalten nicht ändert, würde ich mit dem Schulleiter reden«, gab ich zu.

»Und was haben Sie damit gemeint?«

»Es war nur so dahergesagt«, behauptete ich. »Ich wollte nur nicht, dass Annabel Lucy weiterhin daran hindert, aufs Klo zu gehen. Sie hat sich vor lauter Not in die Hose gemacht, wenn Sie es genau wissen wollen. Das war ziemlich demütigend für sie. Und dann ist sie auch noch ausgelacht worden. Und das nur, weil Annabel und Charlotte ständig die Mädchentoilette besetzten, als sei sie ihr Eigentum.« Ich spürte, dass meine Stimme einen aggressiven Unterton bekam. Und ich sah am kurzen Zucken von Herrn Rabes linker Augenbraue, dass er das ebenfalls wahrnahm.

»Ist es Ihres Wissens nach üblich, dass Charlotte und Annabel alleine nach Hause gehen, oder werden sie sonst abgeholt?«

»Ich ... Annabel wird normalerweise abgeholt, ja. Von ihrer Mutter. Gabi nimmt auch meistens Charlotte mit, weil ihre Eltern beide berufstätig sind und es oft nicht rechtzeitig schaffen. Aber einmal die Woche geht Charlotte auch allein, ich weiß nicht genau, warum, ich glaube mittwochs, aber Annabel wird da trotzdem abgeholt. Ach, jetzt weiß ich doch, warum. Da hat Annabel Geige, da fährt sie bestimmt direkt nach der Schule hin und deshalb nehmen sie Charlotte nicht mit. Soweit ich weiß, läuft Annabel nur freitags, zusammen mit Charlotte.«

»Da haben Sie aber ziemlich gut aufgepasst. Genau so ist es. Mittwochs geht Annabel zum Geigenunterricht. Aber woher kennen Sie die Abholgewohnheiten der Familien so genau?«

»Erstens habe auch ich meine Tochter zwei Jahre lang von der Schule abgeholt. Und zweitens fahre ich immer noch oft an der Schule vorbei. Ich bin Krankenschwester und arbeite in der mobilen Krankenpflege. Da sieht man viel von den Gewohnheiten anderer Leute. Erst recht in einem Dorf wie diesem hier. Und ich kenne Gabis Auto.«

»Sie wussten also, dass die Kinder an diesem Tag nicht abgeholt wurden?«

Er war hartnäckig. Ich überlegte, ob mir das gefiel.

»Ja, deshalb kam ich ja drauf, mit Annabel zu sprechen.«

»Sie sagten eben, dass sowohl Annabel als auch Charlotte die Mädchentoilette besetzt und Lucy daran gehindert haben, sie zu benutzen. Das heißt ja, dass Charlotte ebenfalls an der Schikane Ihrer Tochter gegenüber beteiligt war. Warum haben Sie dann nicht gleich mit beiden Mädchen geredet?«

Dem entging aber auch nichts. Das war eine gute Frage, die zu beantworten mir nicht leichtfiel. Aber ich hatte sie mir jetzt selbst so oft gestellt, bis ich mir selbst nichts mehr vormachte. Es war klar, dass ich auf Annabel noch schlechter zu sprechen gewesen war als auf Charlotte. Aber warum eigentlich? Lucy nannte die beiden immer in einem Atemzug.

Trotzdem traute ich Annabel noch mehr Gemeinheiten zu, wahrscheinlich weil ich wusste, dass ihre Mutter gemein war. Damit war ich allerdings keinen Deut besser als Gabi, die sich das Recht für ihre Schikanen daraus abgeleitet hatte, dass ich die Tochter meiner Mutter war. Und damit zur Außenseiterin bestimmt.

Aber das war nicht der einzige Grund, warum Charlotte mehr Gnade vor meinen Augen fand als Annabel, wenn ich ehrlich war. Am Mittwochmorgen hatte Gerald Süssbrich mich am Schultor gegrüßt. Als Einziger. Und als er noch einmal zurückgekommen war, hatte er von allen Müttern, die vor der Schule standen, den Sportbeutel von Charlotte mir gegeben. Mir. Nicht Gabi oder Carola. Er hatte mich behandelt, als sei ich den anderen ebenbürtig. Das klingt zwar wie eine läppische Angelegenheit. Aber so war es nicht. Es ist nur für Menschen läppisch, die dazugehören. Für Außenseiter wie mich zählte jede noch so winzige Geste. Wenn jemand den Kreis öffnet und einen heranwinkt, ist es egal, ob man in Wirklichkeit nur herangewunken wurde, weil man einen Dienst erweisen sollte. Es ist das Öffnen des Kreises, das zählt. Eine Hand, die sich ausstreckt, hat etwas so Verlockendes, dass es schwer ist, sie nicht zu ergreifen, auch wenn man weiß, dass es nichts bedeutet.

Die andere Sache, die mich auch nicht besser dastehen ließ, war, dass mir die Mädchen zu zweit stärker vorkamen. Ich hatte Lucy schützen wollen, aber hatte ich die Mädchen unbewusst auch schwächen wollen? Denn genau das hatte ich getan. Ich hatte Charlotte geschwächt.

»Frau Markowski?« Herr Rabe wartete immer noch auf eine Antwort.

»Ich hielt Annabel für die Hauptverursacherin«, sagte ich schließlich. »Und ich wollte ihr keine Gelegenheit geben, sich hinter Charlotte zu verstecken.« Das war so viel Wahrheit, wie mir unverdächtig erschien.

»In welche Richtung ist Charlotte gegangen, als Sie sie das letzte Mal gesehen haben?«

»Nach links. Richtung Nagelsweg.«

»Haben Sie gesehen, ob sie über die Straße gegangen ist?«

Ich überlegte. »Wahrscheinlich«, sagte ich. »Es gibt eigentlich keinen anderen Weg. Kurz hinter der Ampel hört der Bürgersteig auf. Alle Kinder gehen über diese Ampel.«

»Das ist eine Ampel mit Knopf, nicht wahr? Hat Charlotte

die Fußgängerampel bedient? Ist vielleicht ein Auto stehen geblieben, weil die Ampel auf Rot schaltete?«

»Jetzt, da Sie mich das fragen … Da ist tatsächlich ein Auto losgefahren und musste dann sofort wieder anhalten, weil die Ampel rot wurde. Der Motor war ziemlich laut, deshalb habe ich kurz hochgesehen. Ich wollte ja sichergehen, dass Annabel hört, was ich ihr zu sagen habe.«

»Irgendeine Vorstellung vom Modell? Haben Sie gesehen, wer darin saß? Wie viele Personen? Ein Kind erkannt vielleicht?«

»Nein, ich weiß nur, es war ein Auto, das ich nicht kannte.«

»Und die meisten Autos kennen Sie?«

»Ich bin ziemlich schlecht im Erkennen von Automarken, ehrlich gesagt. Aber ich denke trotzdem, ich erkenne zumindest alle Autos der Eltern aus unserer Klasse. Wohl mehr anhand von Farbe und Nummernschild als an der Marke. Bei den anderen, insbesondere den neueren Kindern aus der ersten Klasse, kenne ich einige Autos nicht. Wie gesagt, inzwischen geht Lucy allein zur Schule, da beobachte ich nicht mehr jeden Tag alle Autos, die kommen und gehen.«

»Eine Farbe? Können Sie mir eine Farbe nennen?«

Ich versuchte mich zu erinnern. Aber meine Aufmerksamkeit war auf Annabel gerichtet gewesen. »Eher dunkel«, sagte ich.

»Und es fuhr los, als Charlotte losging?«

»Ich glaube schon, aber das ist nicht ungewöhnlich. Es war ja Schulschluss. Da fahren Autos an der Schule vor und wieder ab.«

»Waren nicht die meisten Kinder schon gegangen? Und Annabel und Charlotte waren spät dran? So zumindest wurde mir das berichtet.«

Das stimmte. Die Mädchen waren als Letzte aus der Schule gekommen. Und hatten noch einen Abstecher über die Toilette gemacht, ohne die sie ja offenbar kaum auskamen. »Ja, schon …«, gab ich zu, wenn auch ganz und gar nicht gern. Denn es hörte sich langsam so an, als hätte ein Auto auf Charlotte gewartet. Und wenn das so war, hatte ich Charlotte demjenigen auf dem Präsentierteller serviert. Dieser Gedanke war grauenhaft.

»War es ein großes oder ein kleines Auto?«

»Ich weiß es nicht!« In meiner Stimme schwang Panik mit.

»Eher ein Mini oder eher ein Van?«, fragte Herr Rabe stur.

»Eher groß, glaube ich. Ich kann mich an die rote Ampel erinnern, aber nicht, dass ich Charlotte vor dem Auto habe langgehen sehen. Also muss es höher gewesen sein als eine Neunjährige groß ist.«

Herr Rabe schrieb etwas in sein Notizbuch. »Vielen Dank, Frau Markowski. Sehen Sie, Sie konnten mir doch noch einiges mehr sagen als Annabel.«

»Na ja … Ein eher dunkles und eher großes Auto, das an einer roten Ampel stand, ist sicher nicht gerade der Durchbruch.«

Die Bemerkung war keineswegs ein Fischen nach Komplimenten. Ich wollte davon ablenken, dass ich nicht freiwillig gekommen war, um der Polizei davon zu erzählen. Aber Herr Rabe verstand es falsch.

»Immerhin können wir alle hellen, kleinen und alle Elektroautos ausschließen. Und es ist eine sehr kleine Schule. Hundert Schüler, davon viele Geschwisterkinder. Das ergibt eine übersichtliche Menge an Autos, verglichen mit dem, was wir sonst manchmal überprüfen müssen. Das Kennzeichen haben Sie wahrscheinlich nicht gesehen?«

»Nein, tut mit wirklich leid. Wenn ich die Zeit zurückdrehen könnte … Aber ich konnte doch nicht ahnen …«

»Ich mache Ihnen keine Vorwürfe, Frau Markowski. Niemand kann in die Zukunft sehen. Ich sammle nur alle Informationen, die ich bekommen kann.«

»Ich mache mir selber Vorwürfe«, sagte ich.

»Das ist menschlich. Aber übertreiben Sie es nicht. Es hilft niemandem«, sagte er und erhob sich. »Wenn Ihnen noch etwas einfällt, melden Sie sich bitte bei mir.« Sein Blick fiel hinter die Sofalehne. »Oh, da ist etwas dahintergefallen«, sagte er.

»Lassen Sie ruhig, das räume ich gleich weg«, sagte ich rasch. Mein Herz klopfte schneller. Hinter dem Sofa lag die Jeans, in deren Hosentasche immer noch das Lipgloss steckte.

Herr Rabe steckte sein Notizbuch ein.

»Was ist eigentlich mit Rolfie, also Herrn Russek?«, fragte ich. »Wo ist er?«

»Er ist noch auf der Wache. Herr Russek wurde zu dem Vorfall befragt und muss sich zu unserer Verfügung halten. Das Problem ist nur, dass er keinen festen Wohnsitz vorweisen kann. Deshalb konnten wir ihn noch nicht laufen lassen.«

Ich begleitete ihn zur Tür. Er drückte mir die Hand.

Ich war erleichtert, dass er endlich ging. Er war mir zu aufmerksam.

»Ach ja«, sagte Herr Rabe da auf der Türschwelle, als habe er bei Columbo persönlich gelernt, »am Mittwoch gab es vor der Schule einen Zwischenfall mit Frau Schmeissers Auto. Wissen Sie etwas darüber?«

Gabi. Das konnte doch nicht wahr sein! Einmal im Leben hatte ich mich rächen wollen. Mit gleichen Mitteln kämpfen. Und schon kam es wie ein Bumerang zurück.

Ich überlegte, ob ich die Wahrheit über den Unfall sagen sollte, nur um Gabi zu besänftigen. Aber dann hätte ich Jennifer mit reingerissen. Und Jennifer war die einzige Person, die auf meiner Seite stand.

»Äh … ja«, sagte ich deshalb. »Frau Schmeisser ist … äh … einem anderen Auto beim Ausparken reingefahren. Sie hatte wohl telefoniert. Es war kein großer Schaden. Nur ein bisschen Blech. Aber sie hat sich ziemlich aufgeregt, wahrscheinlich, weil es ein Neuwagen war.«

»Aha«, sagte er. »Danke.« Er ging zum Gartentor.

»Herr Rabe!«, rief ich hinter ihm her.

Er blieb stehen und sah sich noch einmal zu mir um.

»Glauben Sie …« Ich rang nach den richtigen Worten. »Glauben Sie, dass Sie Charlotte noch finden?«

Er nickte. »Wahrscheinlich schon. Die meisten werden irgendwann gefunden. Die Fälle der Kinder, die wirklich für immer spurlos verschwinden, sind sehr selten.«

»Ich meinte … ich meine … lebend.«

»Ich hoffe es«, sagte er. Doch in seinem Blick las ich nichts, was Anlass zur Hoffnung gab.

Kapitel 17

Auch elf Tage nach ihrem Verschwinden gab es noch kein Lebenszeichen von Charlotte, doch die Panik, die die ganze Stadt in Aufregung versetzt hatte, ließ langsam nach. Es gab einfach keine neuen Erkenntnisse. Charlotte verschwand allmählich von den Titelseiten. Das war schlecht für die Süssbrichs, die sicherlich den Fokus auf ihrer Tochter lassen wollten, und auch für mich war das eine gefährliche Zeitspanne. Wenn die erste Welle der Aufmerksamkeit abzuebben drohte, hielten Reporter das Interesse gern in der Peripherie der eigentlichen Fälle aufrecht, befragten Nachbarn, Lehrer oder Freunde oder wühlten in Mülleimern.

Mit Argusaugen durchforstete ich die Pressemeldungen im Internet nach meinem alten Namen.

In Lohausen selbst hielt sich das Stresslevel auf einem hohen Niveau. Die Eltern ließen ihre Kinder nicht aus den Augen, und merkwürdigerweise hatte ich immer öfter das Gefühl: auch mich nicht. Oder bildete ich mir das ein?

Als ich letzte Woche beim Bäcker für Frau Klinkhammer ein Puddingteilchen besorgen wollte, war ich in der Schlange zweimal übergangen und erst bedient worden, als ich mich zu Wort meldete. Ich hielt das erst für Zufall und schrieb es meiner Angewohnheit zu, mich immer möglichst unauffällig zu verhalten, doch dann war gestern haargenau dasselbe beim Café Schuster passiert.

Die Rheinische Post hatte täglich berichtet, doch jetzt wurde von der Polizei verkündet, dass die Suchmaßnahmen eingestellt worden waren, da die Polizei eine strafbare Handlung als immer wahrscheinlicher annehme. Es war ein Ermittlungsverfahren wegen Kindesentziehung gegen Unbekannt eingeleitet und Christian Rabe als Leiter der Ermittlungstruppe bestellt worden. Neben dem Artikel war ein Foto von ihm. Es zeigte ihn, wie er mit einer Gruppe uniformierter Kollegen im Kreis auf einem Waldweg stand. Er blickte ernst und etwas überrascht in die Kamera, als habe der Fotograf mitten in der Einsatzbesprechung nach ihm gerufen, was wahrscheinlich auch der Fall gewesen war.

Ich zog das Foto mit der Maus größer, und sah ihm in seine nun lebensgroßen, wenn auch etwas verpixelten dunkelgrünen Augen. Sie gefielen mir wirklich. Es waren wache Augen, die mehr zu sehen schienen als die der meisten Menschen. Polizistenaugen, ermahnte ich mich. Als Polizist kam der Mann für mich natürlich auf keinen Fall infrage. Oder gerade deswegen? Soweit ich wusste, arbeitete man in der Therapie mit Angstpatienten durchaus mit Reizkonfrontation. Ich schüttelte mich und klickte das Bild weg. Ich hatte andere Sorgen.

Schließlich fand ich in der NRZ einen Artikel über die achtjährige Deborah Sassen, die ebenfalls auf dem Heimweg von der Schule in Düsseldorf-Wersten spurlos verschwunden war, nur wenige Kilometer von Lohausen entfernt. Der Fall war bis heute ein Rätsel. Die Geschichte war zwar über zwanzig Jahre her, trotzdem wurde über einen Zusammenhang gemutmaßt. Der Täter konnte schließlich noch aktiv sein. Dieser Artikel bestätigte mein Gefühl. Es war so weit. Die alten Fälle wurden ausgegraben. Hoffentlich stießen die Journalisten ihre Schaufeln nicht allzu tief in den Dreck. Ich konnte darauf verzichten, wieder in die Öffentlichkeit gezerrt zu werden. Von Lucy ganz zu schweigen.

Bei der Surferei im Netz hatte ich zu viel Zeit verplempert und war jetzt spät dran. Ich wühlte in der Küchenschublade nach meinen Tabletten. Mein Kopf fing an zu hämmern, und ich musste heute fünf Patienten abarbeiten. Als ich meinen

Kalender aufschlug, fluchte ich. Nicht fünf, sechs. Seit heute stand Herr Gernot in der Niederrheinstraße mit auf meiner Liste, dem nach einer Harnleiter-OP täglich die Verbände um die Nierenfistel gewechselt werden mussten. Hastig wühlte ich im Schrank nach sterilen Schlitzkompressen und Fixiervlies. Ich fand nur das Vlies, die Kompressen würde ich noch besorgen müssen. Dieser Tag konnte ja nur besser werden.

Ich schluckte drei Tabletten ohne Wasser hinunter. Für den Notfall steckte ich mir noch ein paar in die Hosentasche und holte mein Fahrrad aus der Garage, wobei ich mir das Pedal vor das Schienbein knallte. Als ich daraufhin in einem kindischen Anfall gegen das Fahrrad trat, sprang die Kette vom Ritzel. Als ich sie wieder über die Zähne gezogen hatte, hatte ich ölige Hände und musste sie mir noch einmal waschen gehen. Inzwischen war ich sicher, dass ich es nicht pünktlich schaffen würde.

Jennifer hatte mir angeboten, Lucy jederzeit abzuholen, falls es mal bei mir knapp würde. Es war ein gutes Gefühl, zum ersten Mal, seit Thea weggezogen war, ein Sicherungsnetz zu haben. Doch ich wollte Jennifer nur im Notfall bemühen.

Zum einen war sie mitten in der Aufbauphase für ihr Schwimmprojekt und hatte sicher genug zu tun, zum anderen hoffte ich immer noch, Rolfie irgendwann bei den Bauarbeiten unterbringen zu können. Und ich wollte auf keinen Fall so wirken, als wolle ich sie ausnutzen.

Vor der Garage band ich mir den dicken blauen Schal um, den Thea mir im fernen Maine gestrickt hatte. Es war kalt geworden; aber nur, um mir eine Mütze zu holen, wollte ich nicht noch mal extra die Tür aufschließen. Stattdessen wickelte ich mir den Schal halb um das Gesicht.

Ich hatte schon ein paar Meter zurückgelegt, als ich hörte, wie ein Auto gestartet wurde. Es musste ganz in der Nähe von meinem Haus geparkt haben. Es war ein lautes Auto. Ungewöhnlich laut.

Ich drehte meinen Kopf nach hinten, doch der Schal schränkte meine Bewegungsfreiheit ein, sodass ich aus dem Augenwinkel nur ein dunkles Auto wahrnahm, das sich in die entgegengesetzte Richtung entfernte. Ich bremste ab und drehte mich rasch um, um das Nummernschild zu entziffern. Doch das Auto war bereits verschwunden.

War das Zufall? Hatte da jemand auf mich gewartet? Aber dann gäbe es ja keinen Grund, wegzufahren, wenn ich auftauchte. Beobachtete mich jemand? Und wenn ja, warum? Die Leute erwarteten es zwar häufig, aber tatsächlich war ich keine sonderlich interessante Person. Der Einzige, der vielleicht Interesse an mir haben konnte, war Oliver. Nur dass Oliver seit acht Jahren verschwunden war, und dies war kein Hollywoodfilm.

Wahrscheinlich war nur jemand zur Arbeit gefahren. Ich sah einfach Gespenster. Doch als ich an die Besuche beim Bäcker und im Café Schuster dachte, wurde mir mulmig. Wer weiß, was im Dorf wieder rumging? Wenn Gabi es richtig angestellt hatte, konnte man durchaus auf die Idee kommen, dass ich irgendwie in die Sache mit Charlotte verstrickt war. Die Lehrerinnen und OGS-Mitarbeiterinnen gaben zwar kein Kind mehr heraus, das nicht von einer autorisierten Person abgeholt wurde, doch wenn solche Gerüchte schwelten, konnte jederzeit ein offener Brand ausgelöst werden – und von einem solchen wollte ich Lucy möglichst fernhalten. Also rief ich Jennifer an.

»Kannst du im Notfall heute Lucy abholen?«, fragte ich. »Sie hat um 12.40 Uhr aus und ich habe noch sechs Patienten vor mir. Ich habe so Kopfweh heute … Aber vielleicht schaffe ich es trotzdem pünktlich.«

»Das ist überhaupt kein Problem, ich bin hier gleich fertig«, sagte Jennifer. Im Hintergrund hörte ich Stimmengewirr.

»Wo bist du denn?«, fragte ich.

»Beim Yoga«, sagte sie. »Aber ich kann Lucy auf jeden Fall abholen. Mach du in Ruhe deine Arbeit.«

»Danke«, sagte ich. »Ich sage gleich in der Schule Bescheid. Aber ich beeile mich. Wirklich nur im Notfall.«

»Geh doch ruhig noch einkaufen, bei dir im Kühlschrank herrscht garantiert wieder Ebbe.«

Ich war es nicht gewohnt, dass mir jemand unter die Arme griff. Oder sich um den Inhalt meines Kühlschranks Gedanken machte.

»Und wenn du nach Hause kommst, machen wir einen Mädels-Nachmittag. Wir lackieren uns die Nägel und trinken Kaffee und Kakao, und vielleicht backen wir noch ein paar Plätzchen mit Lucy.«

»Okay.« Von solchen gemeinsamen Aktivitäten unter Freundinnen hatte ich bisher immer nur gehört. Meine Stimme kratzte etwas. Es lag wohl an der kalten Morgenluft. »Ich rufe dann jetzt in der Schule an und sage Bescheid, dass du Lucy eventuell abholst. Du musst dich dann bei Frau Klose melden.«

»Aye aye, Sir!«

»Ach … und Jennifer! Ich habe gar keinen Nagellack.«

Jennifer lachte. »Hab ich mir gedacht. Ich bring einfach welchen mit.«

Trotz der Absicherung durch Jennifer arbeitete ich, so schnell es ging. Bei den Patienten selbst konnte ich kaum Zeit einsparen, deshalb beeilte ich mich vor allem beim Hin- und Herfahren. Auch wenn ich sicher war, dass sie pünktlich vor der Schule stehen würde, war mir bewusst, dass es niemanden geben konnte, dem Lucy so am Herzen lag wie mir.

Um 12:40 Uhr bog ich mit meinem Fahrrad von der Lantzallee in die Straße, in der die Schule lag. Es waren nur noch etwa hundert Meter bis zum Schultor. Den Schal hatte ich bereits in meine Tasche gestopft. Die Mittagssonne hatte alle

Wolken verscheucht und wärmte die Luft gerade so sehr auf, dass ich beim Fahrradfahren nicht mehr fror, zumal ich schnell fuhr.

Obwohl sich vor der Schule eine Menge Personen versammelt hatten, sah ich Jennifer schon von Weitem. Das blonde Haar leuchtete über die Köpfe der anderen hinweg, und ein roter Mantel tat sein Übriges, die Aufmerksamkeit auf sie zu lenken. Sie war der Mittelpunkt einer großen Gesprächsrunde, das sah man daran, dass sich alle Köpfe in ihre Richtung wandten. Als ich näher kam, wusste ich nicht recht, wie ich mich verhalten sollte. Menschenmengen waren nicht mein liebster Anlaufpunkt.

Inzwischen hatte Jennifer mich erspäht und hob die Hand zu einem Gruß. Die Köpfe drehten sich in meine Richtung. Auf einmal verstummten alle Gespräche.

»Hey! Was machst du denn schon hier? Ich habe doch gesagt, du sollst noch was einkaufen«, rief Jennifer mir lächelnd entgegen. Sie löste sich aus der Traube Eltern, als habe sie die abrupte Stille, die eingetreten war, nicht bemerkt. Sie zog mich auf die Seite.

In der Gruppe begann ein aufgeregtes Gemurmel.

Ich trat noch ein paar Schritte zurück, und Jennifer folgte mir.

»Die Lohauser Schützen haben eine Patrouille organisiert, die abends durch die Straßen zieht und auf Wunsch Mütter mit Kindern nach Hause begleitet«, sagte Jennifer. »Sie sollen sogar bewaffnet sein. Nicht offiziell natürlich. Aber der eine oder andere hat eine Waffe dabei, glaube mir. Hab ich von Uwe Schmeisser höchstpersönlich, und der ist immerhin Schützenkönig. Außerdem hat er ein Handy zur Verfügung gestellt, auf dem man jederzeit anrufen kann, wenn man Hilfe braucht oder einen Hinweis hat.«

»Aha«, sagte ich. Ich schielte zu den anderen hinüber und

wurde das Gefühl nicht los, dass ich dort gerade das Gesprächsthema war.

»Worüber habt ihr denn noch so geredet? Es war plötzlich so still, als ich dazukam.«

Jennifer schien zu überlegen, ob sie mir die Wahrheit sagen sollte.

Dann entschied sie sich dafür. »Nun ja, einige von den Frauen da drüben sind der Meinung, dass du mitschuldig bist an Charlottes Verschwinden. Weil du sie als Letzte gesehen hast.«

Es kam nicht unerwartet, doch es war wie ein Schlag in die Magengrube, obwohl ich mir genau das ja selbst nicht verzeihen konnte.

Doch bevor wir weitersprechen konnten, kam Lucy aus der Schule gelaufen. Sie freute sich mehr darüber, Jennifer zu sehen als mich. Es gab mir einen Stich. Jennifer sah aus wie die coole Mama, die wohl jedes Mädchen gern gehabt hätte.

»Darf ich mit dem Auto mitfahren, Mama, bitte, bitte!«

Ich erlaubte es, obwohl Jennifer keinen Kindersitz hatte.

Aufgeregt kletterte Lucy hinten in den Wagen.

»Fahr bitte langsam«, ermahnte ich Jennifer.

»Aye aye, Sir«, antwortete sie.

»Ich warte auf euch.«

»Wir sind doch viel schneller, Mama!«

»Stimmt.«

Wir kamen beinahe zeitgleich zu Hause an.

Jennifer hatte nicht nur Nagellack mitgebracht, sondern auch eine ganze Kollektion Weihnachtsleckereien, Obstsaft und zwei Liter Milch.

»Selber backen machen wir das nächste Mal«, sagte Jennifer. »Ich hatte einfach keine Ahnung, was du im Haus hast.«

Das war nicht unklug. Um meine Backvorräte war es nicht gut bestellt.

Ich kochte Kaffee und Kakao, und Jennifer zeigte Lucy derweil ihre Nagellackauswahl.

»Welche Farbe, Prinzessin?«, fragte sie.

»Rot!«, kreischte Lucy begeistert.

»Was sonst.«

Mit roten Fingernägeln aß sich Lucy später durch Schokoladenprinten, Mozartkugeln und Nougattaler, bis sie nicht mehr konnte. Solche feinen Sachen gab es sonst bei uns nicht. Dazu servierte Jennifer ihr einen dieser sündhaft teuren Vitaminsäfte, die Lucy liebte.

Lucy lag auf dem Sofa, und Jennifer las aus einem Pixibuch vor, das sie ihr mitgebracht hatte, eine Geschichte über zwei Kaninchengeschwister, die sich aus den Augen verloren hatten und an Weihnachten endlich wieder zusammenfanden. Lucy schlürfte laut ihren Saft und stellte das Glas auf die Sofalehne.

»Lucy! Stell den Saft auf den Tisch. Du weißt genau, wie schnell das Glas da runterkippen kann. Und dann hab ich das klebrige Zeug auf dem Teppich«, ermahnte ich sie.

»Ich pass auf«, sagte Lucy. »Das kippt nicht da runter.«

»Wie oft muss ich das mit dir diskutieren? Ich habe schon genügend Flecken hinter dem Sofa, die nicht mehr weggehen.«

Sie stellte den Saft auf den Tisch, rollte aber dabei mit den Augen.

Als ich das nächste Mal zu ihr hinübersah, schlief sie, den schokoladenverschmiertem Mund auf dem Sofa. Es war ungewöhnlich, dass sie um diese Tageszeit einschlief. Daran merkte ich, dass ihr Charlottes Verschwinden doch mehr an die Nieren ging, als ich zuvor gedacht hatte. Ich trug sie ins Schlafzimmer, ohne dass sie aufwachte.

»Jetzt bist du dran«, sagte Jennifer, als ich wieder zurückkam. »Welche Farbe möchtest du für deine Nägel? Auch Rot?»

»Um Gottes willen! Auf keinen Fall!«

»Und wie wäre es hiermit?« Jennifer zeigte mir ein helles Rosa.

»Na gut.« Ich war nicht der Typ für lackierte Nägel. Aber ich wollte auch keine Spielverderberin sein.

Kurz darauf saß ich mit abgespreizten Fingern und rosa Nägeln am Esstisch.

»Jetzt die Füße.« Jennifer zog meine Füße auf ihren Schoß, bevor ich mich wehren konnte.

»Wartet dein Mann nicht auf dich?«, fragte ich.

Jennifer winkte ab. »Rupert arbeitet um die Zeit noch. Eigentlich arbeitet er immer.«

Mit sorgfältigen Pinselstrichen malte sie über meine Fußnägel. »Dein zweiter Zeh ist länger als der große«, sagte sie und zeigte auf meinen Zeh. »Bekommst du da nicht schnell Blasen?«

»Ist vererbt«, sagte ich, »das hatte meine Mutter auch. Eigentlich stört es nicht, außer wenn ich so wie letztens mit Gummistiefeln durch Lohausen renne. Das hat dann schon gescheuert.«

»Warum rennst du denn mit Gummistiefeln durch Lohausen?«

»Ich hatte keine Zeit, mir Schuhe zuzubinden. Lucy war nicht pünktlich nach Hause gekommen, und ich musste sie suchen.«

»Wirklich? Lucy war verschwunden?« Jennifer sah auf einmal sehr besorgt aus. »Wie Charlotte?«, sagte sie noch, obwohl ich den Hinweis nicht mehr gebraucht hätte, um schlagartig nervös zu werden.

Es stimmte. Auch Lucy war weg gewesen. Und ich wusste immer noch nicht, wo sie gewesen war. »Am Rhein«, hatte sie behauptet, aber ich bezweifelte es. Zwei Mädchen verschwunden in so kurzer Zeit, auch wenn Lucy wiederaufgetaucht war. War das Zufall? Oder hatte es etwas zu bedeuten?

»Du hast recht«, sagte ich. »Irgendetwas stimmt hier nicht. Lucy ist weg und taucht wieder auf, sagt mir aber nicht, wo sie war. Und dann verschwindet Charlotte. Glaubst du, Lucy könnte in Gefahr sein?«

Jennifer wedelte mit der Hand über meine Füße, damit der Lack schneller trocknete.

Ich zog die Füße von ihrem Schoß. Ich war in Alarmbereitschaft.

»Das mit Lucy hat unter Garantie nichts zu bedeuten«, beruhigte Jennifer mich. »Wenn jemand Lucy hätte schnappen wollen, wäre sie weg. Und wenn sie jemandem davongelaufen wäre – warum sollte sie dir nichts davon erzählen?«

Das stimmte. Trotzdem beschloss ich, Lucy noch einmal auf den Zahn zu fühlen.

Hinter meinen Augenlidern begann es zu klopfen. Ich griff in meine Hosentasche und warf, ohne nachzuzählen, ein paar Tabletten ein. »Manchmal ist es wirklich schwer, die Sorge um ein Kind ganz allein zu tragen«, sagte ich.

»Hast du denn keine Mutter, die sich mal um Lucy kümmern kann?«, fragte Jennifer.

Ich schwieg.

»Ich habe keine Mutter mehr«, sagte ich dann.

Jennifer stand auf und betrachtete eine Weile mein Bücherregal.

»Was ist passiert?«, fragte sie schließlich, ohne den Kopf von den Büchern abzuwenden.

»Sie war sehr krank«, antwortete ich. Das war kein Thema, das ich vertiefen wollte.

Jennifer schob ein paar Bücher hin und her, ordnete sie offensichtlich nach einem bestimmten Prinzip neu. Normalerweise sortierte ich meine Bücher einfach grob thematisch. Klassiker hier, Krimis dort, Ratgeber da.

Jennifer arbeitete weiter, als könne sie nicht aufhören, bevor sie ihre eigene Ordnung in meinem Bücherregal hergestellt hatte.

Die Sonne stand schon tief und warf ihre flachen Strahlen durch das blindgeputzte Fenster. Staub wirbelte durch die Luft, es roch nach Papier. Stapel bildeten sich links und rechts neben Jennifers Füßen, sie griff nach Büchern, stellte sie ins Regal, verschob sie wieder und wieder.

Dann sah es auf einmal ordentlicher aus.

Fasziniert betrachtete ich die Veränderung. Ich würde nie wieder ein Buch finden. Auf die Farben der Buchrücken hatte ich noch nie geachtet.

Jennifer würdigte das neu eingeräumte Regal keines weiteren Blickes, nachdem sie mit der Arbeit fertig war. Sie kam zurück an den Tisch und trank einen Schluck ihres inzwischen kalten Kaffees.

»Ich mache dir einen frischen«, sagte ich. Obwohl ich sie gar nicht darum gebeten hatte, meine Bücher neu zu ordnen, hatte ich ein schlechtes Gewissen. Jennifer sah auf einmal völlig erschöpft aus.

Während die Kaffeemaschine spotzte, saß Jennifer still am Tisch und wartete.

Ich brachte ihr eine frische Tasse und eine Mozartkugel, die Lucy übrig gelassen hatte. Jennifer spielte mit dem Kaffeelöffel und der Mozartkugel Hockey um die Tasse herum.

»Auch meine Mutter ist tot«, sagte sie schließlich und sah mich mit ihren großen Augen an.

»Oh«, antwortete ich, um die Antwort, die mir auf den Lippen lag, zu unterdrücken.

»Ich habe also eine ganz gute Vorstellung davon, wie du dich fühlst«, sagte Jennifer.

Das bezweifelte ich. Unsere Mütter waren mit Sicherheit nicht vergleichbar. Aber das konnte Jennifer ja nicht wissen. Also beließ ich es dabei.

Kapitel 18

Ich weckte Lucy nicht, als es Zeit war fürs Turnen. Offenbar war sie völlig erschöpft von den Ereignissen der letzten Woche und ich ebenfalls. Einen Moment schoss mir durch den Kopf, dass Annabel ohne Charlotte zum Turnen würde gehen müssen. Zum ersten Mal im Leben tat sie mir leid.

Gegen achtzehn Uhr durchwühlte ich meinen Vorratsschrank nach Essbarem. Lucy hatte außer Süßigkeiten noch nichts gegessen und würde sicher hungrig sein, wenn sie aufwachte. Es war mal wieder höchste Zeit, dass ich einkaufen ging, aber mir fehlte die Energie, mich durch die Regalreihen zu schleppen. Ich musste dringend etwas gegen diese ständigen Kopfschmerzen unternehmen. Etwas anderes, als dauernd Tabletten zu schlucken.

»Lass uns einfach Pizza bestellen«, schlug Jennifer vor.

Der Vorschlag wunderte mich nicht. Für eine Frau, die sich Schwimmbäder umbauen ließ, nur weil sie umsonst Schwimmunterricht erteilen wollte, war die Ausgabe für Pizza wohl kaum ein Problem.

»Ich hab, glaub ich, nicht mehr genug Bargeld«, sagte ich, weil es sich besser anhörte. In Wahrheit war bei meinem Gehalt keine Pizza vom Lieferdienst drin.

»Macht nix, ich hab. Was mag Lucy?«

»Nee, lass mal. Wir sind ja bei mir, da möchte ich nicht, dass du bezahlst. Ich hab noch Reis und ein paar Eier, das reicht.«

»Stell dich nicht so an.« Sie wählte bereits. »Das Restaurant vom hiesigen Fußballverein macht eine echt gute Pizza. Und liefert auch«, erklärte sie mir, das Handy am Ohr. Mich wunderte, dass sie solche Dinge wusste. Ich wohnte hier wesentlich länger als sie.

»Auch Parmaschinken?«, fragte Jennifer, als jemand am anderen Ende abhob.

»Lucy und ich essen immer nur Margarita«, rief ich schnell, weil das die billigste Variante war.

»Zwei Margarita und eine mit Rucola und Parmaschinken ohne Käse. Und einen großen gemischten Salat, Dressing extra«, bestellte sie.

Was das wohl kostete? Ich versteckte etwas Bargeld in meiner Unterwäscheschublade, für Sonderausgaben der Schule. Jedes Trinkgeld, das mir meine Patienten zusteckten, wanderte dorthin. Es gab sooft etwas zu bezahlen: neue Hallenschuhe, besonders teure Stifte und Blöcke, die gedankenlose Lehrer verlangten, weil sie der Meinung waren, wer im gutbürgerlichen Lohausen wohne, habe für so etwas auf jeden Fall immer Geld übrig, Geld für die Klassenkasse, für Schulausflüge, Busfahrten, Geschenke für die Lehrer, Extra-Bücher und -Hefte, Klassenfahrten. Ich wollte nicht zu Lucy sagen müssen, dass wir das Geld nicht hatten, wenn sie mich darum bat.

Ich schaute in die Schublade und nahm den Zwanzigeuroschein heraus, den mir Herr Kröger letztens zugesteckt hatte, weil ich für ihn immer den Umweg über das Café Schuster fuhr. Es riss ein großes Loch in die Schulkasse, doch auf keinen Fall wollte ich Jennifer das Essen bezahlen lassen. Ich hatte auch meinen Stolz.

Glücklicherweise klingelte es gerade, als Jennifer das Badezimmer oben benutzte. Das ersparte mir eine peinliche Diskussion. Ich eilte zur Tür.

Vor der Tür stand der Paketbote und hielt mir das Handlesegerät samt Stift zum Unterschreiben hin. Der Mann hatte sich angewöhnt, die Pakete der Nachbarn bei mir abzuladen, wenn er sie nicht antraf. Doch statt sich wie sonst darüber zu freuen, dass er die Pakete nicht wieder einladen musste, sah er mich vorwurfsvoll an.

»Das Paket ist riesig, Frau Markowski. So was von unhandlich!«

»Ach du meine Güte«, sagte ich, denn ich hatte den Karton bemerkt, der neben meiner Haustür lehnte und bestimmt über anderthalb Meter lang und einen halben breit war.

»Das können Sie laut sagen.«

Hinter mir kam Jennifer die Treppe hinunter und trat zu uns.

Der Paketbote hob die Hand zu einem Gruß und eilte davon.

»Für wen ist das Monstrum überhaupt?«, rief ich, doch erhielt keine Antwort mehr.

»Was ist denn das?«, fragte Jennifer mit Blick auf das Paket.

»Ich habe keine Ahnung. Der Bote gibt immer die übrig gebliebenen Pakete bei mir ab. Und ich hab jetzt dieses Riesenpaket hier rumstehen.«

»Das ist für dich«, stellte Jennifer fest.

»Das kann nicht sein. Ich bestelle nie etwas.«

Doch dort stand es, klar und deutlich: Frau Kathi Markowski, Neusser Weg, 40474 Düsseldorf.

Die Hausnummer fehlte. Ganz so, als sei jemand an meinem Haus vorbeigefahren, habe die Nummer gesucht, nicht gefunden und das Paket dann ohne aufgegeben. Ich hatte die Hausnummer aus blauer Emaille eigenhändig abgeschraubt, nur für den Fall, dass irgendwelche Sensationstouristen vor der Haustür ihr Lager aufzuschlagen gedachten.

»Vielleicht ein Geschenk? So was gibt es ja auch noch.«

Ich sagte Jennifer nicht, dass mir außer Thea keine einzige Person auf der Welt einfiel, die mir ein Geschenk machen würde. Und Thea hatte mir gerade erst den selbst gestrickten

Schal geschickt. Außerdem kannte sie meine Hausnummer. Ich hatte ein ungutes Gefühl.

»Wir holen es erst mal rein«, entschied Jennifer.

Mit vereinten Kräften trugen wir das sperrige Teil hinein. Es war nicht so schwer, wie es aussah, nur unhandlich. Um es durch die Wohnzimmertür zu bekommen, mussten wir es umständlich hin- und herkippen, bis es endlich durchpasste.

»Mach schon auf!« Jennifer öffnete meine Besteckschublade und zog eine Schere heraus.

»Ich weiß nicht. Mir kommt das komisch vor.« Ich suchte den Absender auf dem Adressaufkleber. Coffini GmbH. Die Firma sagte mir nichts. »Für eine Kaffeemaschine ist das Paket ja wohl zu groß«, stellte ich fest. Fast mehr als der Inhalt interessierte mich, wer mir das Paket geschickt hatte und warum.

»Also eine neue Kaffeemaschine könntest du jedenfalls gebrauchen«, sagte Jennifer.

»Meine tut es doch noch.«

»Vielleicht ja ein Jahresvorrat an Kaffeepulver. Schauen wir nach.« Jennifer setzte die Schere wie ein Messer an und schlitzte das Papier der Länge nach auf.

Inzwischen klopfte mein Herz bis zum Hals. Ein Paket. Eine Überraschung. Wer sollte an mich gedacht haben?

Jennifer schob ungeduldig das Packpapier zur Seite. Darunter kam ein Karton zum Vorschein.

»Nun hilf mir doch mal!«, sagte sie ungeduldig.

Wir hoben das Paket an, und ich zog das Packpapier darunter weg. Langsam faltete ich das Papier zusammen. Irgendetwas ließ mich zögern. Mein Blick glitt an dem weißen Karton entlang, doch er gab nichts von seinem Geheimnis preis. Unschuldig lag er vor mir, in der Mitte über die gesamte Länge von durchsichtigem Klebeband zusammengehalten.

»Ich habe nichts bestellt, Jennifer. Was soll das sein?« Meine Unruhe wuchs.

»Eine Überraschung!« Jennifer klatschte in die Hände wie ein aufgeregtes Kind.

»Ist das Paket etwa von dir?«, fragte ich, einem plötzlichen Einfall folgend.

Jennifer sah mich überrascht an. »Jetzt, wo du es sagst, das ist eine gute Idee. Ich sollte dir wirklich eine neue Kaffeemaschine bestellen.«

»Haha. Aber von wem kann es dann sein? Ich bestelle nichts. Ich mache bei keinen Preisausschreiben mit. Findest du das nicht merkwürdig?«

»Eine Werbesendung?« Etwas Intelligenteres fiel mir gerade nicht ein.

»Unsinn. In der Größe?«, sagte Jennifer und klopfte auf den Karton. »Vielleicht von einem heimlichen Verehrer?«

Auf einmal loderte eine Hoffnung in mir auf, so wild, dass ich einen Moment innehalten musste, um meine Gefühle unter Kontrolle zu bekommen. Konnte es sein, dass vielleicht Oliver endlich ein Lebenszeichen von sich gab? Und dass mit diesem Karton endlich das Geheimnis seines Verschwindens gelüftet wurde? Und alles am Ende gut würde, gegen jede Vernunft, jeden Verstand? Konnte es ein solches Geheimnis geben?

Die Hoffnung, etwas von Oliver zu hören, überwältigte mich. In Sekundenbruchteilen entwarf mein Gehirn die unterschiedlichsten Szenarien. Wo Oliver die ganze Zeit gewesen war. Warum er sich nicht hatte melden können. Er würde zurückkehren, und wir würden endlich zusammen sein, Vater-Mutter-Kind, eine Einheit, für immer.

Doch mir war klar, dass das nur ein kurzer Hoffnungsfunke war. Weil Oliver nicht nur mich im Stich gelassen hatte, sondern vor allem seine Tochter. Lucy hatte einen Vater entbehren müssen, ihr ganzes Leben lang. Kein Paket der Welt konnte eine solche Entscheidung erklären. Oder?

Ich merkte, dass ich Jennifer anstarrte, die ja nicht wissen konnte, welch wilde Gefühle mich umtrieben.

Jennifer setzte ungerührt die Schere an. Mit einem Schwung ritzte sie das Klebeband auf und klappte die beiden Deckel des Kartons zur Seite.

Etwas Weißes kam zum Vorschein. Vorsichtig strich ich mit der Hand über die glatte Oberfläche. Es fühlte sich an wie poliertes Holz. Es sah beinahe aus wie … Ungläubig riss ich die restliche Verpackung beiseite. Dann fuhr ich zurück, als hätte man mich geschlagen.

Kapitel 19

Vor mir lag ein Sarg.

Es war kein normaler Sarg. Es war ein Kindersarg.

Jennifer und ich standen da wie Zwillinge, als habe ein Bildhauer uns für die Ewigkeit in der gleichen Haltung in Marmor gemeißelt: die Hände vor den Mund geschlagen, den Blick auf den weiß glänzenden Sarg gerichtet, mit angehaltenem Atem.

Die Türklingel ertönte abermals, doch ich hörte sie nur wie durch Watte. Wer um Himmels willen machte so was? Wer schickte mir einen Sarg?

Jennifer löste sich als Erste aus unserer Erstarrung. »Die Pizza«, sagte sie. »Ich geh schon.«

Ich reagierte nicht.

Jennifer brachte die Pizzakartons herein und stellte sie auf dem Esstisch ab. »Und nun?«, fragte sie.

Ich lauschte, ob Lucy vom Klingeln aufgewacht war. Doch alles war still. Zu still. Eine Welle der Panik überrollte mich. Ich stürzte aus dem Wohnzimmer und riss meine Schlafzimmertür auf. Ich sah niemanden. Mit einem Ruck riss ich die zerwühlte Bettdecke zurück.

Da lag Lucy, immer noch mit Schokospuren um die Mundwinkel und rot lackierten Fingernägeln. Ich atmete auf. Als ich die Decke wieder behutsam über sie legte, flatterten ihre Lider, und sie sah mich an.

»Mama?«

»Hallo, meine Süße.«

»Ist was passiert? Ist jetzt Turnen?«

»Nein, alles gut. Du hast das Turnen verschlafen. Du warst

sehr müde heute. Ich hol dich gleich zum Abendessen. Werd erst mal in Ruhe wach.«

Lucy gähnte und schloss die Augen wieder.

Ich machte die Tür hinter mir zu und lief zurück ins Wohnzimmer. Jennifer hockte vor dem Karton und strich über die Oberfläche des Sarges.

»Hilf mir«, sagte ich kurz entschlossen. »Lucy kann jeden Augenblick aus dem Zimmer kommen.«

Ich versuchte, den Karton wieder um den Sarg zu legen, doch er war eingerissen und klappte immer wieder zurück.

»Das ist kein Holz«, sagte Jennifer, »das ist lackierte Pappe. Sieht nur aus wie echtes Holz. Hab ich schon mal was drüber gelesen. Ein neuer Trend der Bestattungsindustrie. Billiger und umweltfreundlich.«

»Ist mir vollkommen wurscht, aus was der ist. Ich will nicht, dass Lucy im Wohnzimmer einen Sarg findet. Hilf mir bitte. Das Ding muss hier raus.«

»Moment«, sagte Jennifer.

Erst als sie anfing, an dem Deckel zu ruckeln, fiel mir ein, dass etwas im Sarg versteckt sein konnte. Doch darin lagen nur eine weiße Satindecke und ein Kissen.

Jennifer legte den Deckel wieder auf die Kiste.

»Hast du Klebeband?«, fragte sie.

»Nur Tesa«, sagte ich. Wir klebten den Karton notdürftig mit einer ganzen Rolle Tesafilm wieder zu. Besonders gut hielt es nicht, aber es musste reichen.

»Raus damit. Wir verstecken das Ding erst mal in der Garage«, sagte ich.

Wir machten ziemlichen Lärm, als wir den Karton hinaus in die vollgestopfte Garage hievten.

Als wir zurückkamen, saß Lucy am Esstisch und lugte in einen Pizzakarton.

»Pizza?«, rief sie mit großen Augen.

»Äh, ja, Jennifer hat uns eingeladen«, sagte ich, denn mir fiel auf, das Jennifer jetzt doch bezahlt hatte.

»Wirklich? Danke, danke!« Lucys Freude war rührend.

»Gern geschehen. Ist ja nur eine Pizza«, sagte Jennifer.

»Welche ist meine?«

»Die mit Käse«, sagte ich.

Ich hatte überhaupt keinen Appetit mehr, aber damit Lucy nicht misstrauisch wurde, würgte ich mir ein paar Stücke der Pizza hinunter und warf noch zwei Ibuprofen hinterher. Hinter meinen Augäpfeln lauerte eine Migräne, das konnte ich bereits fühlen.

»Und nun?«, flüsterte mir Jennifer zu, als Lucy aufstand, um eine Flasche Wasser aus dem Kühlschrank zu holen.

»Keine Ahnung«, raunte ich zurück. »Das kann doch kein Zufall sein. Ich denke, ich sollte die Polizei anrufen. Aber da muss ich warten, bis Lucy wieder im Bett ist. Ich will nicht, dass sie Angst bekommt.«

»Am besten nehme ich sie mit zu mir. Ich mache das gerne, wirklich.«

Das klang im ersten Moment vernünftig. Doch mir war klar, dass ich kein Auge würde zumachen können, wenn Lucy irgendwo anders war als bei mir. »Vielen Dank. Aber ich hab sie lieber bei mir«, sagte ich.

Jennifer sah mich mitleidig an.

»Es ist nicht wegen dir. Aber ich muss selbst auf Lucy aufpassen. Verstehst du das? Ich kenne das auch gar nicht anders.«

»Aber jetzt bin ich doch da. Ich kann dir helfen. Ich kann auf Lucy aufpassen.«

»Das ist auch nett von dir. Aber ohne Lucy … das würde ich jetzt nicht ertragen. Die Geschichte ist mir wirklich unheimlich.«

»Wie du meinst.« Jennifer packte die Kartons zusammen.

Sie selbst hatte auch nicht viel gegessen. Nur Lucys Pizza war weggeputzt.

Ich zog den zerknitterten Zwanzigeuroschein aus der Tasche. »Hier, für die Pizza.«

»Spinnst du? Ich habe doch schon Lucys Danke dafür eingeheimst.«

Ich wusste nicht recht, welche Reaktion sie von mir erwartete. »Nächstes Mal dann?«, fragte ich.

Jennifer machte eine wegwerfende Handbewegung.

Lucy kam mit der Wasserflasche zurück und schenkte Jennifer als Erstes ein.

»Du kannst gleich einen Film bei mir im Bett schauen«, sagte ich. »Ich muss noch mal telefonieren.«

»Nemo!«, rief Lucy. Das war keine Überraschung. Seit sie ihn vor zwei Jahren von mir zum Geburtstag bekommen hatte, sah sie ihn immer wieder. »Guckst du mit mir mit?«, fragte Lucy und sah Jennifer bittend an.

»Nein, Prinzessin, heute nicht. Nächstes Mal. Ich muss nach Hause zu meinem Mann. Der wartet bestimmt schon.«

Als Jennifer aufbrach, versuchte sie mir noch einmal zuzureden. »Nimm es mir nicht übel, aber du bist unvernünftig. Wenn es jemand auf dich abgesehen hatte, oder – Gott bewahre – auf deine Tochter, ist Lucy bei mir in der Villa besser aufgehoben als hier. Du kannst auch bei uns wohnen, wir haben Platz genug. Und wir haben eine Alarmanlage, die direkt mit einem Sicherheitsdienst gekoppelt ist. Rundum gibt es Kameras mit Bewegungsmeldern. In die Villa kommt niemand ungesehen hinein. Hier dagegen – bei dir kommt doch jeder rein. Die Terrassentür hat noch nicht einmal eine von innen gesicherte Klinke. Ein kleines Loch mit einem Glasschneider und man kann sich die Tür von außen selber öffnen.«

Da hatte sie recht. Aber der Gedanke an Jennifers Mann ließ mich schaudern. Als er uns nach Hause gefahren hatte, war er zwar nett zu Lucy gewesen, aber mich hatte er praktisch ignoriert. Nie im Leben würde ich in sein Haus ziehen und mich ihm ausliefern.

Als Jennifer gegangen war, ließ sie mich mit dem Gefühl zurück, einen falschen Eindruck hinterlassen zu haben. Sicher hielt sie mich für eine egoistische Mutter, der ihr eigenes Wohl wichtiger war als das ihrer Tochter. Und hatte sie nicht recht?

Schon bereute ich meine Entscheidung. Jennifer half mir, wo sie konnte, und ihr Vorschlag war vernünftig gewesen. Was konnte ich allein schon ausrichten?

Schließlich rief ich Herrn Rabe an und erzählte ihm von dem Sarg.

»Ich komme vorbei«, sagte er. »Lassen Sie alles, wie es ist. Fassen Sie nichts an!«

»Zu spät«, sagte ich. »Ich musste das Paket wieder einpacken und wegschaffen. Es steht jetzt in der Garage. Stellen Sie sich vor, meine Tochter fände hier im Wohnzimmer einen Kindersarg. Sie wäre zu Tode erschrocken. Und ehrlich gesagt, ich bin es auch.«

»Okay, okay. Ich bringe trotzdem die Spurensicherung mit. Wenn das ein Scherz sein sollte, war er jedenfalls nicht komisch.«

»Geht das auch morgen früh, wenn Lucy in der Schule ist? Das Ding steht jetzt ohnehin in der Garage.«

»Nur wenn Sie mir versprechen, heute Nacht alle Türen abzuschließen und gut aufzupassen.«

Da wäre ich auch selbst draufgekommen. Inzwischen war es draußen stockdunkel, und ich besaß nicht gerade das, was man eine heldenhafte Persönlichkeit nannte.

»Ich schicke ab und zu mal einen Streifenwagen durch ihre Straße«, versprach er noch. »Die Kollegen sind ohnehin verstärkt in der Gegend unterwegs.«

»Das ist nett. Vielen Dank. Bis morgen!«

Ich ließ den Rollladen vor der Terrassentür runter. Doch

kaum, dass ich den Gurt ein paarmal abgewickelt hatte, blieb er auf halber Höhe stecken.

Ich ging in den Garten und zog, so fest ich konnte. Nichts. Ich hängte mich mit meinem ganzen Gewicht daran. Es wackelte und gab ein Stück nach. Dann verhakte sich der Rollladen und blieb endgültig stecken. Na toll.

Ich krabbelte unter dem klemmenden Rollladen wieder ins Haus und machte die Terrassentür zu. Dazu hatte ich nur einen Kunststoffgriff zur Verfügung. Besonders stabil wirkte das tatsächlich nicht. Ich sollte darüber nachdenken, einen Sicherheitsriegel anbringen zu lassen.

Ich kontrollierte in allen Räumen im Erdgeschoss, ob die Fenster fest verschlossen waren, schloss die Haustür doppelt ab und ließ den Schlüssel von innen stecken.

Am liebsten hätte ich überall das Licht angemacht, aber das hätte Lucy sicherlich sehr gewundert, da ich sonst immer darüber schimpfte, wie viel Geld Strom kostete. Außerdem bedeutete Licht im Haus ja, dass man uns von außen besonders gut erkennen konnte.

Lucy war hellwach, weil sie den Nachmittag verschlafen hatte. Ich ließ sie noch etwas fernsehen und kroch dann zu ihr ins Bett. Mein Laptop nahm ich mit. Das gute Stück war Theas Abschiedsgeschenk gewesen, damit wir ab und zu facetimen konnten.

Es würde eine lange Nacht werden. Ich würde einfach wach bleiben, bis am nächsten Morgen Herr Rabe kam. Um mich wachzuhalten, knabberte ich Salzstangen, die ich für Notfälle eingekauft hatte. Salzstangen halfen bei uns bei vielen Dingen: wenn Lucy sich unwohl fühlte, ihr schlecht war, sie Magenschmerzen oder Durchfall hatte. Inzwischen hatten sie einen regelrechten Placebo-Effekt. Nach ein paar Salzstangen ging alles besser. Doch dieses Mal blieb ihre magische Wirkung aus.

Mein Kopf fühlte sich zu schwer an, und ich kniff meine

Augen zusammen, weil mir schon das Licht des Laptops zu hell war, was meist mit einer Migräne einherging. Ich beschloss, es zu ignorieren. Ich stellte das Licht des Laptops etwas dunkler und surfte eine Weile im Netz.

Es gab bereits über eintausend Einträge zu Charlotte Süssbrich im Netz, hauptsächlich Zeitungsberichte und Seiten, auf denen Menschen sich darüber austauschten, wo das Kind sein könnte. Eine offizielle Seite der Polizei enthüllte die Eckdaten: Aussehen, Kleidung und Ort und Zeit des Verschwindens.

Außerdem wurde über die bisherigen Suchmaßnahmen berichtet. Über fünfhundert Helfer der Polizei, Feuerwehr, des THW, DRK, des Rettungsdiensts und anderer Organisationen hatten unter Zuhilfenahme von Hubschraubern und zwanzig Spezialhunden öffentlich zugängliche Areale wie Schrebergärten, Parks, Felder und Waldgebiete in Lohausen, Kaiserswerth, Wittlaer und Kalkum abgesucht und die Suche bis auf den Ratinger Wald ausgedehnt. Die Rheinwiesen waren abgesucht und Taucher in den Rhein geschickt worden. Ich klickte ein kurzes Video von letzter Woche an und sah, wie sich drei Männer für einen Tauchgang im eiskalten Rhein mit Neoprenanzügen bekleideten.

»Die Suche nach der neunjährigen Charlotte ist im vollen Gange«, erklärte der Polizeisprecher dazu, »selbst der Schiffsverkehr ist bis siebzehn Uhr gesperrt.« Auf die Frage eines Journalisten, ob es überhaupt eine Chance gebe, im Rhein mit seinen starken Strömungen jemanden wiederzufinden, erklärte der Sprecher, der Rhein sei maximal sieben Meter tief, und wenn sie sich nicht irgendwo verhedderten, tauchten Leichen oft nach einigen Tagen von allein wieder auf.

Bisher war keine Leiche aufgetaucht, aber dass Charlotte zum Rhein gegangen war, erschien mir ohnehin unwahrscheinlich. Natürlich stand außer Frage, dass ein Kind im Rhein ertrinken konnte, aber ich konnte mir nicht vorstellen, dass Charlotte durch die schlammigen Rheinwiesen bis zum

Wasser gegangen war. Henriette hatte ihr garantiert eingebläut, nicht in den teuren Stiefeln im Schlamm herumzustapfen.

Eine privat erstellte Facebookseite zeigte Fotos von Charlotte, die ihr ähnlicher sahen als das, was die Polizei als Fahndungsfoto herausgegeben hatte. Darunter stand, dass die hier ansässigen Schützenvereine gemeinschaftlich Nachtpatrouillen organisierten. Die Notrufnummer für Gefahrenhinweise war ebenfalls angegeben. Die Facebookseite war von Uwe Schmeisser erstellt worden. Ich erwog kurz, ob ich dort anrufen und um zusätzlichen Schutz bitten sollte, entschied mich aber dagegen. Ich hatte schließlich keine Ahnung, wer mir den Sarg geschickt hatte. Nur eins war klar, die Person war kein Fan von mir. Und das waren einige, schätzte ich. Ich erinnerte mich an den Pulk der Eltern vor der Schule und wie sie über mich getuschelt hatten. Auch wenn ich nicht einmal Gabi so eine Hinterhältigkeit zutraute – sie war zumindest eine Person, bei der ich ganz genau wusste, dass sie zurzeit verdammt wütend auf mich war.

Vorsichtshalber speicherte ich aber trotzdem die Notrufnummer der Lohauser Patrouille in meinem Handy und legte es neben mich, um es jederzeit griffbereit zu haben.

Lucy schaute zum zweiten Mal hintereinander »Findet Nemo«.

Ich entdeckte ein neues Interview der Süssbrichs. Dieses Mal saßen sie vor einem Konferenztisch in einem großen Raum, der mit Journalisten gefüllt war. Vor dieser Horde, die ihnen unzählige Blitzlichter ins Gesicht schossen, versuchten sie Haltung zu bewahren. Es gelang ihnen besser, als es mir gelungen wäre, da war ich sicher. Der Gedanke, in ihren Schuhen zu stecken, war so entsetzlich, dass es mich schüttelte.

Henriette hielt einen Dufflecoat und einen passenden Schal in die Kamera, als mache sie Werbung für exklusive

Kinderkleidung. »Das trug unsere Tochter am Tag ihrer Entführung«, sagte sie.

Henriette musste das komplette Outfit extra noch einmal nachgekauft haben, um es der Presse zu zeigen. Sie stellte die mit rosafarbenem Fell gefütterten Ugg-Boots auf den Tisch. Wieder erschien Charlottes Bild mit den aufgedrehten Goldlöckchen auf dem Bildschirm. Ich fragte mich, ob man Charlotte eher an ihrem Mantel als an ihrem Gesicht erkennen sollte.

»Es war Ihrer Meinung nach also eine Entführung. Hat sich ein Erpresser bei Ihnen gemeldet?«, fragte eine forsche Reporterin und hielt ihr Mikrofon so weit es ging in Richtung des Tisches, der Henriette und Gerald von ihnen abschirmte.

Henriette war erstarrt wie ein Reh im Fernlicht. Ihre Hand umklammerte Geralds Arm.

»Was soll es sonst sein?«, antwortete Gerald Süssbrich anstelle seiner Frau und klang auf einmal wütend. »Was glauben Sie denn?« Er machte eine kurze Pause, um sich zu fassen. »Wo soll sie geblieben sein? Glauben Sie, eine Neunjährige bleibt freiwillig von zu Hause weg? Wohin sollte sie denn gehen? Und warum sollte sie das tun?«

Henriette beugte sich entschlossen vor und ergriff wieder das Wort. »Wir gehen von einer Entführung aus«, sagte sie, »ebenso wie die Polizei dies inzwischen tut. Die Suchmaßnahmen sind erfolglos geblieben. Es gibt keinen Grund für unser Kind, nicht nach Hause zu kommen. Wir hatten keine Probleme. Weder wir mit unserer Tochter noch wir als Ehepaar, was manche vielleicht denken könnten. Dass Kinder weglaufen, weil sie Probleme haben. Wir hatten aber keine. Wir sind eine vollkommen normale Familie, und wir möchten unser Kind zurück.«

»Genau so ist es. Jeder, der in unserer Situation wäre, wollte einfach nur sein Kind zurück. Sonst nichts«, sagte Gerald.

»Es ist einfach nur ein Albtraum.« Henriette sah wieder

Gerald an. »Vor einer Woche noch war unser Leben absolut normal. Wir hatten keine Probleme. Und jetzt – nichts ist mehr wie vorher.«

»Ich komme nach Hause und denke, wie leer das Haus ohne sie ist. Ich gehe zu Bett, mache das Licht aus, hoffe, dass alles nur ein Traum ist. Aber am nächsten Tag ist es immer noch so«, sagte Gerald Süssbrich mit brechender Stimme.

Henriettes graue Augen in dem etwas zu kantigen Gesicht wirkten fast wie tot. Ich vergrößerte das Bild auf dem Rechner und starrte ihr ins Gesicht. Immer wieder huschte Henriettes Blick zu ihrem Mann. Ihre Hand umklammerte die seine. Sie wirkte unterwürfig und unerbittlich zugleich. Es hatte etwas Abstoßendes. Irgendetwas stimmte nicht mit ihr.

Nein, etwas stimmte nicht mit mir.

Da saß ich in meinem Bett, direkt neben meiner Tochter, die an ihren roten Fingernägeln kaute, und sah mir ein Interview über eine Frau an, die ich persönlich kannte und deren verschwundene Tochter eine Klassenkameradin meiner Tochter war, und ich hatte nichts Besseres zu tun, als sie zu verurteilen. Ich war schockiert über mich selbst.

»Es gibt keine Vorschrift, wie man sich zu benehmen hat, wenn einem so etwas zustößt«, hörte ich Jennifers Stimme in meinem Ohr.

Ich wechselte das Programm und schrieb eine längst überfällige Mail an Thea. Ich überlegte, was ich ihr erzählen sollte. Es war so viel passiert in den letzten Wochen wie sonst in einem Jahr nicht. Das konnte ich nicht alles in einer einzigen Mail zusammenfassen. Dafür müssten wir wieder mal einen Telefontermin ausmachen. Wegen der Zeitverschiebung konnte ich sie leider nicht sooft erreichen, wie ich gern wollte. Wenn sie nach Hause kam, schlief ich bereits.

Ich überlegte, ob ich mich auf das Verschwinden von Charlotte beschränken und den Sarg unterschlagen sollte. Sie konnte ja ohnehin nichts ändern im fernen Maine. Doch es gelang mir nicht. Zu groß waren meine eigenen Sorgen, und ich musste sie teilen. Um sie wieder etwas zu beruhigen, erwähnte ich, dass ich eine Freundin gefunden hätte, die Jennifer hieß. Ich las den Brief noch einmal durch.

Einem Impuls folgend, hängte ich auch noch den Link des letzten Interviews von Henriette und Gerald an, bevor ich die Nachricht abschickte. Mit ihrem analytischen Verstand hatte Thea mir schon sooft geholfen. Wenn ihr etwas merkwürdig vorkam, würde sie es mir sagen. Vielleicht war ich ja doch nicht wahnsinnig.

Dann schaltete ich den Rechner aus und kuschelte mich an Lucy.

»Nemo ist gefangen in dem Aquarium«, erklärte sie mir, als sähen wir den Film zum ersten Mal. »Und der Zahnarzt will ihn seiner Nichte schenken, die immer alle Fische umbringt. Aber mach dir keine Sorgen, Nemos Papa ist schon auf dem Weg. Er sucht ihn. Und er gibt auch nicht auf, bis er ihn gefunden hat.«

»Er findet ihn bestimmt.«

»Ja«, sagte Lucy zufrieden. »Am Ende findet er ihn immer.«

Kapitel 20

Obwohl ich mir fest vorgenommen hatte, die ganze Nacht wach zu bleiben, schreckte ich am nächsten Morgen plötzlich hoch, als der Wecker klingelte.

Ich stöhnte. Gleich würde Herr Rabe hier auflaufen und ich musste Lucy vorher zur Schule bringen.

Der Druck in meinem Kopf hatte etwas nachgelassen. Ich schleppte mich unter die Dusche, um dem elenden Kopfweh ein Ende zu machen. Minutenlang ließ ich mir eiskaltes Wasser über den Kopf prasseln. Es tat gut. Danach war ich hellwach.

Als ich mit einem Handtuchturban auf dem Kopf in den Flur im ersten Stock trat, fiel mein Blick auf die Reihe von Zimmertüren, die rechts und links von dem langen Flur abgingen. Zwei rechts neben dem Bad, drei gegenüber. Fünf Zimmer, alle relativ groß, aber ungenutzt. Das letzte Zimmer, ganz hinten, war Konrads gewesen. Ich hatte es schon lange nicht mehr betreten, ja nicht einmal mehr beachtet.

War es an der Zeit, sich all den Erinnerungen wieder zu stellen?

»Mama!«, hörte ich Lucy von unten rufen.

Ich nahm es als Zeichen und verneinte die Frage für mich.

Mit Lucy an der Hand ging ich zur Schule. Ich brachte sie bis ins Klassenzimmer. Dann beeilte ich mich auf dem Rückweg, um Herrn Rabe nicht zu verpassen.

Er kam um Punkt neun Uhr und brachte zwei Frauen mit, die sich gleich in der Garage an dem Sarg zu schaffen machten.

Ich kochte Kaffee für uns alle und dankte Jennifer im Stillen für die mitgebrachte Milch.

»Die Firma Coffini GmbH existiert wirklich«, sagte Herr Rabe. »Ich habe bereits dort angerufen. Eine Mitarbeiterin hat im Computer nachgesehen und festgestellt, dass der Sarg eine Online-Bestellung war. Wenn wir Glück haben, wusste derjenige, der den Sarg bestellt hat, nicht, dass man über die IP-Adresse feststellen kann, wo der Rechner steht, von dem die Bestellung aufgegeben wurde.«

»Und wenn wir Pech haben?«, fragte ich.

»Dann hat er ein VPN benutzt.«

»Und was ist das?« Meine Computerkenntnisse waren recht bescheiden.

»Ein ›virtual private network‹. Das täuscht dem Computer vor, er stünde in einem anderen Land. Das kann jedes beliebige sein. Andorra oder Luxemburg oder Nigeria, völlig egal. Außerdem werden die Daten sehr schnell gelöscht. Dann haben wir kaum eine Chance, ihn zu finden.«

»Dann hoffen wir mal das Beste«, sagte ich.

»Haben Sie einen Computer?«, fragte Herr Rabe.

»Nur ein Laptop«, sagte ich, »das liegt im Schlafzimmer.«

»Können Sie uns das zur Verfügung stellen?«

»Wozu das denn?«

»Um auszuschließen, dass die Bestellung von diesem Gerät ausgegangen ist.«

»Was ist das denn für ein Quatsch? Natürlich habe ich den Sarg nicht bestellt. Ich bin ja nicht verrückt.«

»Trotzdem wüsste ich gerne Ihre IP-Adresse. Nur, um Sie auszuschließen.«

»Wenn es Ihnen Spaß macht. Ich hole das Laptop.« Mit einer demonstrativen Bewegung klappte ich den Rechner auf, stellte ihn auf den Esstisch und tippte mein Passwort ein.

»Wirklich?«, fragte er und grinste. »Lucy1234?« Es war das erste Mal, dass ich ihn lächeln sah. Er hatte ein einzelnes

Grübchen auf der rechten Wange. Ich schaute schnell zur Seite.

»Ich bin reine Anwenderin«, verteidigte ich mich. »Computer sind für mich nur Arbeitsgeräte.«

Herr Rabe war da offenbar bewanderter als ich. Er brauchte etwa dreißig Sekunden, da hatte er meine IP-Adresse ermittelt und ein Foto davon mit seinem Handy geschossen. »Das war es schon. Danke.«

»Glauben Sie, dass die Sarg-Geschichte mit Charlotte zusammenhängt? Ich meine … weil es sich doch um einen Kindersarg handelt?«

»Das werden wir herausfinden, Frau Markowski. Es ist zumindest merkwürdig.«

»Ich habe Angst um meine Tochter. Ein Sarg ist doch eine eindeutige Drohung, finden Sie nicht? Auch wenn ich keine Ahnung habe, weswegen.«

Er tippte etwas in sein Handy und reagierte nicht. Es ärgerte mich. Schließlich gestand ich ihm gerade, dass ich Angst hatte, und war auch der Meinung, dass ich allen Grund dazu hatte.

»Der Vater von Lucy ist unbekannt?«, fragte er beiläufig und sah dabei so konzentriert auf sein Handy, als kratze er nur ganz nebenbei an meiner Ehre.

Ich lief rot an. Offenbar machte er auf dem Handy gerade seine Hausaufgaben.

»So würde ich das nicht nennen«, verteidigte ich mich. »Mir ist er natürlich schon bekannt.«

»Das denke ich mir. Aber warum ist er nicht beim Standesamt als Vater verzeichnet?«

»Er ist verschwunden, als ich mit Lucy schwanger war. Bevor er die Vaterschaft anerkennen konnte.«

»Verschwunden …« Er kratzte sich an den dunklen Stoppeln am Kinn.

»Das ist acht Jahre her«, sagte ich, als mir dämmerte, worauf er anspielte. »Das hat nichts mit Charlotte zu tun.«

»Das habe ich auch nicht gesagt. Aber es ist doch zumindest eine Auffälligkeit, finden Sie nicht? Ich meine, so alltäglich ist es ja auch wieder nicht, dass Leute spurlos verschwinden. In meinem Bekanntenkreis ist noch nie jemand verschwunden. In Ihrem dagegen … schon zwei.«

Bisher hatte der Kommissar mit seiner ruhigen Art, den breiten Schultern und dem untersetzten Körperbau eher etwas Beruhigendes und Beschützendes ausgestrahlt. Doch jetzt schien er in den Angriffsmodus zu wechseln. Ich verspürte den Impuls, mich zu verteidigen.

»Da mögen Sie vielleicht recht haben«, sagte ich schließlich. »Aber wenn Sie das Ganze zu Ende denken, werden Sie feststellen, dass die Person, die den größten Schaden an Olivers Verschwinden davongetragen hat, meine eigene Tochter ist. Sie hat nämlich ihren Vater nie kennengelernt. Und deshalb muss sie jetzt ›Findet Nemo‹ in Dauerschleife sehen, verstehen Sie?«

Herr Rabe sah mich verständnislos an.

»Sie möchte auch gefunden werden«, erklärte ich. »Kennen Sie den Film etwa nicht? Den kennt doch jeder. Oder haben Sie keine Kinder?«

Er antwortete nicht, was ich sehr wohl bemerkte. Einen Ehering trug er jedenfalls nicht, wie ein rascher Blick mir verriet.

»Mein Interesse daran, Leute verschwinden zu lassen, ist nicht sehr ausgeprägt, falls das Ihr Rückschluss ist. Schon gar nicht, wenn meine Tochter darunter leiden würde. Verstehen Sie das?«

Er nickte bedächtig. »Aber auf Charlotte waren Sie nicht gut zu sprechen, nicht wahr?«, sagte er wie beiläufig.

Aber auf so etwas fiel ich nicht herein. »Nun machen Sie

mal halblang! Deshalb lass ich sie doch nicht verschwinden. Sie ist ein Kind.«

»Sagt Ihnen der Name Monika Mengel etwas?«, fragte Herr Rabe unvermittelt.

Das saß. Wie um Gottes willen war er jetzt da draufgekommen? Hatte er sich vorgenommen, alle dunklen Geheimnisse meines Lebens aufzudecken und mir gebündelt vor die Füße zu werfen, damit ich mich schuldig bekannte? Aber wessen? Dass ich Charlotte verschleppt hatte?

»Ich habe gehört, dass das Ihre Mutter ist. Stimmt das? *Die* Monika Mengel?«

In meinem Kopf fing es an zu summen. »Man kann sich seine Eltern nicht aussuchen«, sagte ich und hörte, wie böse ich klang. »Oder sind Sie auch einer dieser Erbschuldvertreter?«

»Nein, eigentlich nicht«, sagte Herr Rabe und sah von seinem Handy hoch. »Es tut mir leid, Sie ausgerechnet in diesem Zusammenhang nach Ihrer Mutter gefragt zu haben. Doch ein wenig wundere ich mich schon. Mir hat nämlich gerade ein Kollege eine Nachricht geschickt. Er hat die IP-Adresse des Auftrages bei der Coffini GmbH überprüft. Der Sarg ist von Ihrem Computer aus bestellt worden. Können Sie mir das erklären, Frau Markowski?«

Kapitel 21

»Unmöglich«, sagte ich, »ich wüsste doch, wenn ich etwas bestelle.« Während ich das sagte, zweifelte ich bereits an meinem Geisteszustand. In letzter Zeit hatte ich permanent Tabletten eingeworfen, darunter starke Schmerzmittel. Ich hatte Albträume gehabt, war einmal sogar unter meinem Bett aufgewacht, ohne zu wissen, wie ich dahin gekommen war. Verlor ich einfach den Verstand?

»Gibt es jemanden, der Sie nicht leiden kann?«, fragte Herr Rabe.

Das war wieder so eine Frage. Gab es denn jemanden, der mich leiden konnte? Thea. Und Jennifer, warum auch immer. »Bestimmt«, sagte ich vage. »Wie Sie eben so scharfsinnig festgestellt haben, ist meine Mutter Monika Mengel. Können Sie sich vorstellen, wie es sich unter solchen Umständen in einem Dorf wie Lohausen lebt?«

»Das war bestimmt nicht einfach.«

»Nein«, sagte ich. Ich schluckte gegen den Kloß in meinem Hals an. Jetzt nicht auch noch hysterisch werden. Flennen kam sicherlich nicht gut an. »Und woher wissen Sie das?«, fragte ich. Meine Stimme klang kläglich, als habe ich einen Fehler gemacht, der jetzt aufgedeckt wurde. »Meinen Nachnamen habe ich doch längst ändern lassen. Lucy und ich tragen den Mädchennamen meiner Großmutter väterlicherseits. Hier im Dorf weiß zwar trotzdem jeder, wessen Tochter ich bin, aber ich dachte, wenn Lucy mal in die Welt hinauszieht, muss sie nicht diesen Namen mit sich herumschleppen.«

»Ich wurde tatsächlich von jemandem darauf aufmerksam gemacht.«

»Dann weiß ich Bescheid. Gabi Schmeisser. Das war ja klar. Die kann einfach nicht anders. Wenn sie kein Gift spucken kann, ist sie unglücklich. Dabei ist Annabel die beste Freundin von Charlotte. Charlotte war ständig bei Gabi zu Gast. Hat man da in einer solchen Situation keine anderen Sorgen als ein Auto?«

Ich biss mir auf die Zunge. Es war unnötig, ihn an eine Situation zu erinnern, bei der ich Dreck am Stecken hatte.

»Damit haben Sie ja nichts zu tun, wie Sie sagten.«

»Ich habe es immerhin gesehen.« Damit Herr Rabe mich nicht fragen konnte, was genau ich gesehen hatte, redete ich schnell weiter. »Jedenfalls hat sie immer schon gegen mich gehetzt, schon seit der Grundschule. Meine Mutter ... sie war eine schillernde Persönlichkeit, sagen wir mal so, lange, bevor sie ... Gabi hat mich als Kind immer wieder damit aufgezogen.«

»Verstehe. Aber Frau Schmeisser hatte nichts damit zu tun. Ich habe den Namen von jemand anders gehört, und derjenige meinte es keineswegs böse mit ihnen, im Gegenteil.«

»Da fällt mir aber leider niemand ein.« Mit Thea konnte Herr Rabe kaum gesprochen haben. Und ich bezweifelte, dass ausgerechnet sie den Namen meiner Mutter preisgegeben hätte. Und Jennifer kannte ihn nicht.

»Doch. Es war Herr Russek.«

»Rolfie?« Natürlich, Rolfie wusste alles. Ich sah uns vor mir, wie wir uns auf dem Schulhof im Gebüsch hinter dem gemauerten Häuschen, in dem die Mülltonnen standen, vor den anderen versteckten. Es war keine Freundschaft gewesen, uns vereinte eine Mischung aus Not und Angst. Not, weil wir beide sonst niemanden hatten, und Angst vor den anderen. Ich vor den Mädchen, die mir Juckpulver in den Nacken warfen, Knallerbsen zwischen die Buchseiten klebten und auf dem Heimweg »Kotzi« hinter mir herriefen, und Rolfie vor den Jungs, die ihn traten und schlugen, sobald er in ihre Nähe kam.

Sie ließen uns nur in Ruhe, wenn Konrad rechtzeitig aus dem Bus stieg. Er war jünger als wir, aber mit ihm war nicht zu spaßen, wenn er wütend wurde. Sein Ruf eilte ihm voraus. Er war schon in der ersten Klasse von der Schule geflogen, weil er einen Stuhl nach Herrn Töpfer geworfen hatte, der ihn für eine Sache bestraft hatte, die er nicht getan hatte.

Auf einmal überfiel mich ein schlechtes Gewissen. Ich hatte so viel mit mir selbst zu tun gehabt, dass ich Rolfies Schicksal beinahe vergessen hatte.

»Wo ist Rolfie denn überhaupt?«, fragte ich.

»Herr Russek ist in einem Wohnheim in der Harkortstraße, vor dem Bahnhof. Er wusste nicht wohin, und wir brauchen ihn noch in der Nähe, vorsichtshalber. Wir suchen jetzt mit einem Sozialarbeiter zusammen eine neue Bleibe.«

Das war sicher nicht das Standardprotokoll auf einer deutschen Polizeiwache.

»Und warum diese Nettigkeit? Aus Menschenliebe?«

»Nun, ich habe das Gefühl, dass er etwas über den Verbleib von Charlotte weiß. Er ist doch arg nervös, wenn man ihn darauf anspricht. Deshalb wüsste ich auch gerne, wo ich ihn wiederfinden kann, falls ich beabsichtige, ihn zu sprechen.«

»Bei Rolfie setzen Sie jedenfalls auf das falsche Pferd. Er kann keiner Fliege was zuleide tun. Er würde nie einem Kind etwas antun.«

»Das habe ich auch nicht gesagt«, sagte Herr Rabe ruhig. »Ich habe gesagt, dass ich glaube, dass er etwas weiß. Anders kann ich mir sein schlechtes Gewissen, das einen förmlich anspringt, nicht wirklich erklären.«

»Und was hat er Ihnen über meine Mutter erzählt?« Gegen meinen Willen fing mein Herz an zu rasen, wie immer bei diesem Thema. Ich sprach nie über sie. Nur in der Nacht wachte ich manchmal auf, starrte mit weiten Augen in die Dunkelheit und hatte schreckliche Angst, dass ich so sein könnte wie sie.

»Vornehmlich, dass Ihre Mutter Monika Mengel ist.«

»Wie kam er denn darauf? Ich meine, in welchem Zusammenhang hat er das erwähnt?«

»Wir haben ihn gefragt, woher Sie beide sich kennen. Er hat gesagt, dass sie seit der Schulzeit befreundet sind. Sie hätten es beide nicht leicht gehabt. Er hatte wohl einen recht strengen Vater und Sie – eben Monika Mengel als Mutter.«

Rolfie dachte also, wir seien befreundet. Bisher hatte ich es immer mehr als einen Zusammenschluss aus der Not gesehen. Da es immer so entsetzlich lange dauerte, bis er einen Satz heraushatte, war ich wohl davon ausgegangen, dass sein Denkapparat ähnlich langsam war wie seine Sprechwerkzeuge. Er hatte mir immer leidgetan. In meiner Ignoranz war mir völlig entgangen, dass ich ihm genauso leidgetan hatte. Vielleicht hatte auch ich Rolfie immer unterschätzt. Mir fiel wieder sein Talent für Muster und Geometrie ein. Und wenn er mit Lucy Karten spielte, schaute er nur sehr selten in sein Blatt. Ich war immer davon ausgegangen, dass er kaum lesen konnte, vielleicht nicht einmal die Zahlen, sondern sich nur die Bilder merkte.

Die beiden Kolleginnen von Herrn Rabe kamen über die Terrassentür herein. Sie mussten sich bücken, um unter dem herabhängenden Rollladen eintreten zu können.

»Christian«, sagte die eine, »komm mal bitte.«

»Entschuldigen Sie mich.«

Christian hieß er also. Christian Rabe folgte der Kollegin in die Garage. Offenbar hatte sie etwas gefunden. Ich überlegte, ob ich hinterherlaufen sollte, entschied mich aber dagegen. Ich war mir nicht sicher, ob ich wissen wollte, was sie entdeckt hatten. Stattdessen griff ich neben mich und fischte vier

Tabletten aus einer Schale. Ich schluckte sie, gerade noch rechtzeitig, bevor Herr Rabe zurückkam.

Er sah ernst aus. »Die Kolleginnen packen jetzt den Sarg ein. Wir nehmen ihn mit ins Labor, falls es Ihnen recht ist.«

Ich nickte. Hauptsache, Lucy bekam ihn nicht zu Gesicht. »Haben Sie etwas herausgefunden?«, fragte ich.

Der Kommissar setzte sich wieder auf seinen alten Platz und sah mich an, ohne zu lächeln. »Hat noch jemand Zugang zu Ihrem Computer?«, fragte er.

Ich schüttelte den Kopf.

»Denken Sie nach!«

»Nein, ganz bestimmt nicht.«

»Hatten Sie vielleicht Besuch?«

»Schon, aber der war nie unbeobachtet. Das wäre mir aufgefallen, wenn meine Freundin irgendwann im Schlafzimmer verschwunden wäre, um einen Sarg zu bestellen. Außerdem lag da meine Tochter drin. Apropos – wann ist der Sarg denn überhaupt bestellt worden?«

Er sah mich aufmerksam an. Sein Blick wurde wieder weicher. »Meine Kolleginnen haben etwas gefunden«, sagte er.

»Und was?«

»Auf das Kissen sind Namen gestickt. Wissen Sie, welche Namen dort stehen?«

Ich schloss die Augen und versuchte, in der Erinnerung einen Namen zu lesen.

»Nein«, sagte ich. »Da hat nichts gestanden. Jennifer hat den Deckel hochgeklappt, da war ein Kissen und eine Decke, aber da stand nichts.«

»Doch, da steht was. In Weiß. Weiß auf weiß: Das fällt nicht sofort ins Auge. Ungewöhnlich ist, dass gleich zwei Namen dort stehen, einer auf der Vorder- und einer auf der Rückseite des Kissens.«

»Und was? Was steht da? Machen Sie es doch nicht so spannend!« Die Angst nahm vollkommen von mir Besitz. Ein

Sarg war schlimm genug. Aber auch noch eine Botschaft im Sarg – das machte das Ganze noch bedrohlicher.

Herr Rabe legte seine breite Hand auf meine. Ich krampfte meine zu einer Faust zusammen, damit er nicht bemerkte, dass meine Handflächen von kaltem Schweiß bedeckt waren. Aber das Zittern konnte er nicht übersehen. Es durchzog meinen ganzen Körper.

»Kann es sein«, sagte er, »dass die ganze Geschichte mit Charlotte Süssbrich Ihnen sehr zusetzt?«

»Natürlich kann das sein! Die Geschichte setzt uns allen zu. Alle Eltern in Lohausen sind in Aufruhr, wahrscheinlich sogar alle in Düsseldorf.«

»Wir machen uns Sorgen um Sie und Ihre Tochter. Verstehen Sie?«

»Ja. Aber ich weiß nicht, warum.«

»Sie haben uns angerufen, weil Sie einen Sarg bekommen haben. Wie sich herausstellt, haben Sie ihn selbst bestellt. Oder jemand anders, der ihn aber von Ihrem Computer aus bestellt hat. Sie selbst sagen, niemand außer Ihnen konnte an den Rechner. Ihrer Tochter traue ich den Umgang mit einem Computer nur begrenzt zu, sind wir uns da einig?«

»Na ja«, sage ich. »Ein bisschen kennt sie sich schon aus, wie die meisten Kinder heutzutage. Aber das Passwort habe ich ihr nicht verraten, damit sie nicht heimlich ins Internet geht, wenn ich nicht da bin.«

»Das heißt, wir können Lucy als Bestellerin ausschließen.«

»Natürlich! Welches Kind würde auch einen Sarg bestellen?«

»Aber die Namen auf dem Kissen … wer außer Ihnen kannte die?«

Ich starrte ihn an. Hinter meinen Augäpfeln pochte es wie verrückt. »Was steht denn auf dem Kissen?«, fragte ich mit hohler Stimme.

»Lucy«, sagte Herr Rabe. »Auf der einen Seite steht Lucy.«

Mir wurde übel. Auch wenn es nicht überraschend war, da Lucy das einzige Kind im Haus war und es sich um einen Kindersarg handelte. Trotzdem war die Bedrohung durch den Namen noch konkreter geworden.

»Und auf der anderen Seite?« Ich presste meine Hände gegen meinen Magen, der sich mit einem Mal meldete.

»Auf der anderen Seite«, sagte Christian Rabe, »steht ›Konrad‹.«

Ich übergab mich direkt neben ihm auf den Fußboden.

Kapitel 22

Es dauerte eine Weile, bis ich wieder klar denken konnte.

Christian Rabe legte mir ein nasses Küchentuch auf die Stirn. Seine Kolleginnen kamen herein, als sie ihn rufen hörten. Die Ältere von ihnen verschwand und kam mit einem Eimer und Lappen aus meiner Küche wieder zurück. Sie fing an, das Erbrochene aufzuwischen. Es war beinahe nur Flüssigkeit und ein paar halb verdaute Salzstangen. Ich hatte kaum etwas gegessen. Deshalb sah man ganz genau, dass in der Flüssigkeit vier Tabletten schwammen. Viel schlimmer konnte es kaum noch kommen. Ich fragte mich, ob dies bereits genug war, um Lucy in die Obhut eines Amtes geben zu lassen. Eine Mutter, allem Anschein nach tablettensüchtig, die sich Kindersärge zuschicken ließ, mit einem Kissen mit dem Namen ihres eigenen Kindes.

Schlimmer noch, ich fragte mich, ob ich noch Respekt vor Christian Rabe haben konnte, wenn er Lucy nach diesen Ereignissen *nicht* in die Obhut eines Amtes gab.

Ich würgte noch einmal. Die ältere Kollegin von Christian Rabe hielt mir routiniert den Eimer hin. Ich kotzte Galle. Die Frau schien nicht sehr zart besaitet zu sein, aber nun gut, sie war ja auch von der Spurensicherung. Die Jüngere wedelte unterdessen mit der Terrassentür, offenbar gefiel ihr der Geruch nicht. Die Lüftung wurde erschwert durch den halb herabhängenden Rollladen. Sie versuchte, ihn hochzuziehen, aber er bewegte sich immer noch keinen Millimeter.

»Und nun?«, fragte ich, als ich wieder sprechen konnte. »Was passiert jetzt mit Lucy? Nehmen Sie sie mir weg?« Vielleicht war es ja sogar besser, wenn sie in Obhut genommen wurde, bis klar war, was aus Charlotte geworden war.

Aber wie sollte ich ihr das klarmachen? Ich konnte schlecht zu ihr sagen: »Du musst jetzt in ein Heim, weil du vielleicht in Gefahr bist und deine Mutter außerdem verdächtig wird, an Charlottes Verschwinden beteiligt zu sein.«

Christian Rabe nahm das nasse Küchentuch, drehte es um und legte es mir wieder auf die Stirn. »Ach, Frau Markowski«, sagte er, als spräche er mit einem kleinen Kind. »Sie haben ja sehr merkwürdige Vorstellungen. Wie kommen Sie nur auf …« Er sprach den Satz nicht zu Ende. Wahrscheinlich war ihm wieder eingefallen, wessen Tochter ich war.

»Und fällt Ihnen nicht auf, wie makaber es ist, dass ausgerechnet die Tochter von Monika Mengel einen Sarg bestellt?«, fragte ich. Es klang bitter.

»Haben Sie denn den Sarg bestellt?«, fragte er.

»Nein!«, sagte ich.

»Warum sagen Sie das dann?»

»Ich versuche, so zu denken wie Sie.«

»Lassen Sie das mal besser. Sie sind nicht besonders gut darin. Außerdem – auch wenn es etwas merkwürdig anmutet, es ist meines Wissens keine Straftat, einen Sarg zu bestellen.«

»Glauben Sie denn, dass ich es war?«

»Ich *weiß*, dass er von Ihrem Computer aus bestellt wurde. Nicht mehr und nicht weniger. Und dass diese … nennen wir sie mal Nachricht … auf dem Kissen von jemandem geschickt wurde, der sie und ihre Familiengeschichte recht gut kennt.«

»Ja, aber das trifft leider auf ziemlich viele Menschen zu. In Lohausen wahrscheinlich auf jeden, zumindest von den Alteingesessenen. Das sind nicht gerade wenig.«

Wieder kam mir der Pulk der Eltern vor der Schule in den Sinn. Hatte irgendjemand besonders hasserfüllt ausgesehen? An freundliche Gesichter erinnerte ich mich überhaupt nicht, wenn ich darüber nachdachte. Doch wer von ihnen wäre bereit, nicht mich, sondern meine achtjährige Tochter zu bedrohen? Wer tat so etwas? Vielleicht jemand, der dachte, dass seine eigene Tochter bedroht oder in Gefahr gebracht worden sei?

»Wir nehmen den Sarg mit, sind Sie damit einverstanden? Vielleicht können wir ja doch noch Spuren daran feststellen, die uns bisher entgangen sind.«

Mir war alles recht, Hauptsache, Lucy bekam nichts davon mit.

Im Hinausgehen legte Christian Rabe seine Hand kurz auf meinen Unterarm. »Ruhen Sie sich etwas aus, Frau Markowski. Sie sind ganz blass. Es nutzt niemandem, wenn Sie schlappmachen. Und wenn Ihnen etwas einfällt, zögern Sie nicht, mich anzurufen.« Er schien über seine Worte nachzudenken. »Oder wenn Sie etwas brauchen. Ganz egal.« Er nickte mir zu.

Als die Tür ins Schloss fiel, breitete sich eine unangenehme Stille im Haus aus.

Ich nahm den nassen Lappen, den ich bei der Verabschiedung zur Seite gelegt hatte, und bedeckte mein gesamtes Gesicht damit, als wollte ich die Welt aussperren. Oder die Realität. Warum war dieser Kommissar erst so misstrauisch und dann wieder so freundlich zu mir? War das ein Trick? War er immer so? Eins musste mir klar sein: Christian Rabe war und blieb Polizist. Er war auf der Suche nach Charlotte, nicht nach mir.

Und ich mochte die Polizei nicht. Ich fürchtete sie. Warum? Aus Erfahrung. Denk nach, Kathi. Lass dich nicht einlullen. Natürlich ist er nett, denn er will etwas von dir. Dass du dich in Sicherheit wiegst und Fehler machst. Und wozu könnte das führen? Dass man mir Lucy wegnahm. Sollte irgendjemand auf die Idee kommen, dass ich geistig nicht zurechnungsfähig war, waren wir in Gefahr.

Der Lappen auf meinem Gesicht war inzwischen warm geworden. Ich zog ihn weg.

Falls ich Besuch vom Jugendamt bekam, musste es hier picobello aussehen. Vorsicht war die Mutter der Porzellankiste. Ich sagte alle Patiententermine für den Tag mit der Begründung ab, dass ich einen Magen-Darm-Virus habe, und konzentrierte mich dann auf mein Heim.

Fast alles in meinem Haus war alt. Das konnte ich nicht ändern. Dafür fehlte mir das Geld. Aber es sah auch ziemlich unordentlich aus.

Auf einmal hatte ich es sehr eilig.

Ich leerte den Eimer mit meinem Erbrochenen ins Klo. Dann schnappte ich mir einen Wäschekorb und sammelte hektisch alles auf, was herumstand oder auf dem Boden lag, und schob den Korb in meinen Kleiderschrank. Ich machte das Bett, lief weiter zu Lucy.

Lucys Zimmer war eigentlich in Ordnung. Das Bett war klein, neunzig mal hundertvierzig Zentimeter. Sie passte gerade noch hinein, aber ich würde bald ein größeres kaufen müssen. Doch mit dem Zimmer hatte ich mir alle Mühe gegeben. Weil Lucy Fliegenpilze so liebte, hatte Thea hübsche, rot getupfte Plissees für ihre Fenster spendiert, die Bettwäsche war im gleichen Design gehalten. Gemeinsam hatten wir drei einen alten Kindertisch ebenfalls rot-weiß lackiert. Ein weißes Bücherregal, ein paar Kuscheltiere. Das Zimmer wirkte von allen am frischesten, freundlichsten.

Wir hatten uns Stück für Stück das Haus vornehmen wollen. Doch dann zog Thea nach Maine. Ohne sie war ich in diese alte Energielosigkeit verfallen.

Ich riss die Terrassentür so weit wie möglich auf, um frische Luft hereinzulassen. Der Rollladen hing immer noch windschief auf halber Höhe vor dem Fenster. Dadurch wirkte es düster im gesamten Wohnzimmer, doch das Ding bewegte sich keinen Millimeter, sosehr ich auch daran zerrte.

Ansonsten sah es unten inzwischen einigermaßen erträglich aus.

Jetzt das Bad. Doch schon als ich das oberste Stockwerk betrat, spürte ich, dass die gesamte Etage wie ein Museum wirkte.

Ich starrte den Flur hinunter.

Es war die Luft. Unbewegte Luft, viel zu lange schon unbewegt. Sie legte sich schwer über mich, wie eine Decke aus staubigem Brokat.

Die geschlossenen Türen verbargen die seit Jahren verlassenen Zimmer, und die zugezogenen Schlagläden vor den Fenstern hüllten sie in Finsternis.

Gegenüber dem Bad war das Elternschlafzimmer gewesen. Daneben das Wäschezimmer. Neben dem Bad war mein Zimmer, daneben ein Raum, den wir als Rumpelkammer nutzten, am Ende des Flurs lag Konrads Zimmer. Es war ein Haus für drei Generationen gewesen, von denen am Ende nicht mehr viele übrig geblieben waren.

Hier musste gelüftet werden. Dringend. Der Staub musste weg. Doch ich fühlte mich wie gelähmt.

»Reiß dich zusammen«, sagte ich laut zu mir selbst. »Die Vergangenheit ist vorbei. Es geht jetzt um die Zukunft. Von Lucy.«

Ich stieß die Tür zum alten Schlafzimmer meiner Eltern auf. Es drangen winzige Sonnenstrahlen durch die Ritzen der Schlagläden. Ich tastete nach dem Lichtschalter. Das Zimmer war leer, bis auf das alte Doppelbett mit der Besucherritze und einen buchefarbenen Einbauschrank, der sich über die gesamte Länge einer Wand zog. Ich durchquerte das Zimmer mit drei eiligen Schritten, rüttelte am Fensterriegel, bis er endlich nachgab, und stieß die Läden beiseite. Luft strömte herein.

Ich ging in mein Kinderzimmer, tat dort dasselbe, anschließend in der Rumpelkammer.

Im Wäschezimmer lehnte noch das alte Bügelbrett mit

dem Bezug, auf den Efeuranken gedruckt waren. Der Efeu war im Laufe der Jahre grauer geworden, ansonsten sah der Bezug aus wie früher.

Das Bügelbrett war stets das Ziel von Konrads und meinem Versteckspiel gewesen. Wer als Erster anschlug, hatte gewonnen. Wenn ich Konrad glücklich sehen wollte, ließ ich ihn gewinnen. Wir waren es so selten gewesen. Dieses Spiel war eine einfache Möglichkeit, das für einen Augenblick zu ändern. Ihn, wenn er gewann, und mich, wenn ich seine leuchtenden Augen sah.

Das Bügelbrett war alt, es war schmal und zu niedrig für mich. Ich benutzte es nicht, ich hatte ein größeres unten neben meinem Kleiderschrank stehen.

Mit beiden Händen strich ich über den rauen Bezug. Wie oft hatten wir uns hier im Bügelzimmer verkrochen? Jedes Mal, wenn ein neuer Mann aufgetaucht war und meine Mutter besuchte, suchten wir uns schnell ein Versteck. Wenn wir uns im Haus blicken ließen, bekamen wir ihre Wut später zu spüren. Sie wollte nicht gestört werden.

»Irgendwann gehe ich fort von hier, Kathi«, hatte Konrad eines Tages geflüstert, »ganz weit fort.«

»Wohin denn?«, fragte ich.

»Ganz weit. Wo mich niemand findet«, antwortete er ernst.

»Nicht mal ich?«, fragte ich.

Er schüttelte ernst den Kopf.

Mir wurde kalt. »Ich bin ja älter als du«, sagte ich gekränkt. »Ich gehe vor dir fort.«

Nebenan schrie Mutter nach uns. Einer ihrer Verehrer musste ihr den Laufpass gegeben haben, dann war sie immer wütend und ließ es an uns aus.

Wir verharrten eine Weile mucksmäuschenstill in unserem Versteck.

»Nein«, sagte Konrad, »du bleibst noch hier. Ich bin Erster.«

Wie lange war das her, dass wir uns dort im Wäscheschrank verkrochen hatten? So viele Jahre …

Ich schob das alte Bügelbrett zurück in die Ecke und verließ das Wäschezimmer. Es war keine Zeit für Sentimentalitäten. Ich musste das Haus auf Vordermann bringen, bevor die Polizei mir jemanden vom Jugendamt vorbeischickte.

Doch vor Konrads Tür blieb ich stehen.

Die Erinnerung lähmte mich. Genau dort hatte ich mich an jenem Tag versteckt. Nur war ich allein gewesen. Ohne Konrad war ich nur noch die Hälfte. Die Hälfte eines Geschwisterpaares.

Langsam öffnete ich die Tür. Es roch muffig. An der Decke hing noch eine richtige Glühbirne. Die gab es heute gar nicht mehr. Aber sie funktionierte noch.

Das alte Klappbett stand hochgeklappt an der Wand. Ich wusste, dass es mit blau-weiß gestreifter Frotteebettwäsche bezogen war. Seit vierundzwanzig Jahren.

Die Erinnerung überrollte mich wie ein Tsunami.

Als ich an jenem Tag aus der Schule gekommen war, hatte sie mich nicht begrüßt, sondern hatte sich ans Telefon geklammert wie an eine Sauerstoffflasche.

Wenn sie so war, ging man ihr besser aus dem Weg.

Ich schlich an ihr vorbei nach oben. Konrad musste schon zu Hause sein. Er hatte eine Stunde vor mir Schule aus. Ich wollte nicht, dass er hörte, wie sich unsere Mutter benahm. Konrad war ohnehin immer ein schwieriges Kind gewesen. Er konnte komplett ausrasten und um sich schlagen. Aber seine Zimmertür war geschlossen. Ich legte mich auf den Teppichboden im Flur, machte mich ganz flach und schaute vorsichtig die Treppe hinunter, um die Lage zu checken.

»Warum?«, rief Mama. »Warum können wir uns nicht

mehr sehen? Nein, das ist kein Problem mehr. Ich verspreche dir, das ist kein Problem. Ich kümmere mich darum.«

Sie lauschte. Wartete.

»Hallo?«, schrie sie in den Hörer. »Hallo!«

Sie schlug mit dem Hörer gegen die Wand. Es knackte. Das Plastik war gebrochen.

Das Haar hing ihr wirr ins Gesicht. Sie sah wahnsinnig aus. Ihre Augen waren weit aufgerissen. Dann knickte sie ein wie eine Stoffpuppe, die man in eine Ecke stellte, und fing an zu weinen.

Ich lag ganz still, damit sie mich nicht sah. Einen Moment überlegte ich, ob ich hinuntergehen und sie trösten sollte. Aber gleichzeitig wusste ich, dass ich es nicht vermochte. Ich war nicht die Person, die sie sehen wollte. Auch war mein Wunsch, sie zu trösten, nicht mehr so stark. Sie tat mir leid, aber gleichzeitig fingen die Eskapaden meiner Mutter auch an, mich abzustoßen.

Ich zog mich von meinem Beobachtungsposten zurück und schlich mich zu Konrad ins Zimmer.

Wir spielten mit seiner Eisenbahn. Eigentlich waren wir beide schon zu groß dafür. Er war in der fünften Klasse, ich in der sechsten. Aber es hatte etwas Beruhigendes, alte Kinderspiele zu spielen.

Mama würde sich gleich wieder zusammenreißen, denn Papa musste jeden Moment zum Essen heimkommen. Der Postschalter hatte mittags geschlossen.

Konrad und ich lauschten nach dem Motorengeräusch des gelben Audi 80, das für uns bedeutete, dass wir für einen Moment in Sicherheit waren.

Egal wie aufgelöst sie vorher noch gewesen war, wenn mein Vater auftauchte, schaffte meine Mutter es, sich wieder im Griff zu haben.

Und tatsächlich, kurz nachdem mein Vater nach Hause gekommen war, rief meine Mutter uns zum Essen. Sie tat blen-

dend gelaunt. Direkt aus dem Topf schaufelte sie uns Kartoffelbrei auf die Teller. Sogar einen Krug mit Himbeersirup, den mein Vater so mochte, hatte sie zubereitet.

»Himbeersirup«, sagte mein Vater glücklich, »ist ein Getränk aus meiner Kindheit. Es schmeckt immer noch wie früher.«

Ich hasste Sirup, das wusste meine Mutter auch. Trotzdem goss sie mir ein ganzes Glas ein.

»Trink aus.«

Am Klang ihrer Stimme hörte ich, dass die Fassade, die sie so schnell aufgebaut hatte, schon wieder bröckelte.

Ich widersprach ihr besser nicht und nippte an meinem Glas. Als sie mich böse anguckte, nahm ich einen großen Schluck. Ich schluckte mit so widerwilligem Gesichtsausdruck, dass Konrad mir zu Hilfe eilte. Als meine Mutter die Pfanne mit den Fischstäbchen holte, tauschte er schnell sein leeres Glas mit meinem.

Nach dem Essen sagte meine Mutter: »Macht eure Hausaufgaben. Ich bringe Papa zur Arbeit und gehe dann einkaufen.«

Das war nicht so ungewöhnlich, auch wenn sie ihren Wocheneinkauf sonst freitags erledigte und nicht donnerstags.

Konrad und ich setzten uns an den Küchentisch und breiteten unsere Hefte aus. Doch irgendetwas stimmte nicht. Mir war schwindelig. Konrads Kopf sank auf die Tischplatte. Er schlief.

Kurz darauf kam meine Mutter zurück. Sie stutzte, als sie mich sah. Ich konnte mich nicht erinnern, Motorengeräusch gehört zu haben. Ich sah sie hilfesuchend an. »Mir ist schlecht«, sagte ich.

»Geh ins Auto«, sagte meine Mutter. »Wir fahren zum Arzt. Deinem Vater ist auch nicht gut. Bestimmt eine Fischvergiftung.«

Sie zerrte Konrad von seinem Stuhl und hob ihn hoch. Er

war klein für einen Zehnjährigen. Sie konnte ihn noch tragen. Mit Konrad auf dem Arm verschwand sie Richtung Garage.

Meine Alarmglocken schrillten auf einmal wie verrückt. Mit wackeligen Beinen schleppte ich mich die Treppe nach oben. Mein Verstand wurde wabbelig wie Götterspeise. Ich wusste nur, dass ich nicht ins Auto wollte. Meine Mutter hatte auch Fischstäbchen gegessen. Warum war ihr nicht schlecht?

Ich meinem Zimmer würde sie zuerst nach mir suchen. Deshalb stolperte ich in Konrads und zog die Tür hinter mir zu.

Konrad besaß ein Klappbett, das man morgens einfach an die Wand klappte, um Raum zu sparen. Dann zog man einen Vorhang davor, und es war verschwunden. Das Bett war eines unserer Verstecke. Man konnte es oben ein wenig aufklappen und dann in den Spalt zwischen Wand und Bett klettern. Der Schließmechanismus drückte das Bett wieder gegen die Wand, und man war nicht mehr zu sehen.

Konrad und ich waren Meister darin, uns in das nächstbeste Versteck zu verkriechen, wenn meine Mutter einen ihrer Anfälle bekam.

Doch jetzt war ich allein.

Ich hörte meine Mutter unten nach mir schreien. Sie hatte bemerkt, dass ich ihr nicht gehorcht hatte. Die Stimme kam näher. Sie musste schon auf der Treppe sein. Sie machte mir schreckliche Angst. »Kathi! Komm her!«

Die Stimme meiner Mutter klang laut in meinem Ohr, obwohl sie im Erdgeschoss sein musste. Sie war böse. Nicht so wie sonst, wenn ich mein Zimmer nicht aufgeräumt oder das Geschirr nicht abgewaschen hatte. Sie war böser als sonst, viel böser. Ich hatte keine Ahnung, warum.

Eigentlich war ich ein gehorsames Kind. Wenn sie rief, kam ich.

»Komm sofort raus! Es nützt nichts, wenn du dich versteckst!«

Irgendetwas war anders als sonst. Sie klang kalt. Und ruhig. Zu ruhig. Sonst war sie immer wütend und keifte. Und eben war sie noch ein Nervenbündel gewesen.

Ich hielt meinen Atem an. Ich zitterte am ganzen Körper. Mir war schwindelig. Irgendetwas stimmte nicht mit mir. Warum war Konrad eingeschlafen? Warum war ich so müde?

Ich versuchte, das Geschrei meiner Mutter zu ignorieren. Bevor ich einschlief, konzentrierte ich mich auf die Bettwäsche, in die ich mein Gesicht drückte. Es war blau-weiße Frotteebettwäsche, die an meiner Wange kratzte. Sie roch nach Konrad.

Kapitel 23

Vierundzwanzig Jahre später klappte ich das alte Bett zum ersten Mal wieder auf. Das blau-weiße Bettzeug lag auf der Matratze, mit zwei Gurten fixiert, damit es nicht runterrutschte.

Ich drückte meine Nase an das Kissen. Es roch durchdringend nach Staub, aber ich bildete mir ein, ganz tief darunter immer noch Konrads Geruch wahrzunehmen. Sein Gesicht mit den Sommersprossen auf der Nase lag auf einmal wieder neben mir auf dem Kissen, den Finger auf die Lippen gepresst, damit uns kein Geräusch verriet, unsere Körper sowohl aneinander als auch an die Wand gequetscht.

Ein Kloß bildete sich in meinem Hals. Ich klappte das Bett schnell wieder hoch und trat an die Fensterbank.

Auch hier lag der Staub von Jahren.

Es war an der Zeit, die Vergangenheit rauszuwerfen. Lucy wohnte jetzt hier. Sie brauchte kein Museum.

Ich öffnete das Fenster, stieß die Schlagläden auf. Kalte, klare Novemberluft umfing mich. Der Staub tanzte im Licht. Die Sonne schien sich von uns zu verabschieden. Jeden Tag wurde ihr Licht schwächer.

Ich wischte über das Fensterbrett und klopfte die Hände über dem Fenster aus. Zusammengezwirbelte graue Flocken stürzten in den Garten. Dann holte ich den Staubsauger und saugte die Reste meiner Vergangenheit ein.

Als ich fertig war, sah man dem gesamten Stockwerk zwar immer noch sein Alter an, aber es war sauber, und Licht kam herein. Weil ich gerade dabei war, saugte ich auch das Erdgeschoss.

Hinter der Couch klaubte ich meine Jeans hervor, in der das Lipgloss steckte, für das ich auch noch keine Erklärung hatte. Ich legte es in eine Schublade und warf die Jeans in den Wäschekorb.

Wieder fing es in meinem Kopf an zu pochen. Konnte Rolfie doch etwas mit Charlottes Verschwinden zu tun haben? Und ich war am Ende schuld daran, dass er nicht überführt wurde, weil ich dieses Lipgloss versteckte?

Aber je länger ich es hatte, umso unmöglicher konnte ich es der Polizei überreichen. Die Villa im Park war längst gründlich nach Spuren durchkämmt worden. Ich konnte es also auch nicht einfach zurückbringen. Ich hätte es direkt der Polizei überreichen müssen, aber »Hier bitte, den Beweis habe ich bis jetzt versteckt« kam sicher nicht besonders unschuldig rüber. Außerdem widerstrebte es mir, Christian Rabe zu enttäuschen. Als mir das klar wurde, ärgerte ich mich über mich selbst.

Jedenfalls waren in der Villa keinerlei Spuren von Charlotte gewesen, was mich beruhigte.

Rolfie hielt ich tatsächlich für so unschuldig wie ein Lämmchen, doch vielleicht hatte er ja etwas gesehen? Aber wie sollte ich ihn danach fragen? Er war nicht mehr in der Nähe, sondern in irgendeinem Männerwohnheim auf der Harkortstraße. Wo war die überhaupt noch mal? Ich schnappte mein Laptop und suchte danach. Sie lag hinter dem Bahnhof. Na, der war mit der Bahn wenigstens gut erreichbar.

Ich nutzte den Moment und warf einen Blick in meine E-Mails: Thea hatte mir geantwortet!

Meine liebe Kathi,

pass bloß gut auf Lucy auf, auch wenn es überflüssig ist, das einer Mutter wie dir zu schreiben.

Es ist furchtbar, dass das Mädchen, Charlotte, immer noch

nicht gefunden wurde. Aber meine Hauptsorge, verzeih, gilt im Moment Lucy.

Ich möchte dich nicht beunruhigen und normalerweise liegt es mir fern, nur anhand einer solch kurzen Sequenz eine Analyse zu machen. Trotzdem tue ich es jetzt – in aller Kürze und unter dem Vorbehalt, dass ich mich irre -, nur weil ich will, dass du dich vorsiehst. Vielleicht droht dir Gefahr aus einer Ecke, die du nicht erwartest.

Die Eltern des Kindes nämlich kommen mir merkwürdig vor. Ich habe mir das Interview jetzt mehrfach angesehen.

Pass auf, dies sagt die Mutter von Charlotte:

»Wir gehen von einer Entführung aus, ebenso wie die Polizei dies inzwischen tut. Die Suchmaßnahmen sind erfolglos geblieben. Es gibt keinen Grund für unser Kind, nicht nach Hause zu kommen. Wir hatten keine Probleme. Weder wir mit unserer Tochter noch als Ehepaar, was manche vielleicht denken könnten. Dass Kinder weglaufen, weil sie Probleme haben. Wir hatten aber keine. Wir sind eine vollkommen normale Familie und wir möchten unser Kind zurück.«

Als Erstes fiel mir die Reihenfolge der Prioritäten in ihrer Mitteilung auf:

1. Es gibt keinen Grund für ihr Kind, nicht nach Hause zu kommen

2. Sie hatten keine Probleme

3. Weder mit ihrer Tochter noch als Ehepaar

4. Sie hatten keine Probleme

5. Sie sind eine völlig normale Familie

6. Sie möchten ihr Kind zurück.

Erst beim 6. Punkt kommt die Mutter darauf, dass sie ihr Kind wieder zurückmöchte.

Ich erwarte von einer Mutter, die ihr Kind vermisst, diesen Satz als Erstes zu hören.

Wohlgemerkt ein Kind, das für die Mutter keinen Namen trägt und außerdem in ihren Worten die ganze Zeit »unser

Kind« ist. Das Pronomen »unser« wird gern verwendet, wenn es um Schuld geht. In der Statement Analysis nennen wir das »sharing guilt«. »Mein Kind hat den Wettbewerb gewonnen«, aber »Unser Kind hat sich schlecht benommen«.

Henriette Süssbrich ruft nicht nach ihrem Kind, etwas zutiefst Normales, wenn man nicht weiß, wo ein Kind ist. Sie spricht keinen Entführer an, sie »ruft« nicht nach ihrem Kind, stattdessen erklärt sie uns mehrfach, dass sie keine Probleme hatten.

Die doppelte Betonung von »wir hatten keine Probleme« und dann Präzisierung (weder mit unserer Tochter noch als Ehepaar) besorgt mich ebenfalls. Von allen Dingen, die man hätte sagen können, entscheidet sich die Mutter zweimal dafür, der Presse zu erklären, was die Familie nicht habe: Probleme. Das hört sich für mich so an, als müsse sie die Zuhörer unbedingt davon überzeugen. Aber warum hat sie das Bedürfnis, die Zuhörer davon zu überzeugen, dass keine Probleme vorhanden sind? Hier wird ein Kind vermisst.

Für mich klingt das, als seien dort eine ganze Menge Probleme, und die Mutter benennt auch die Beteiligten ziemlich genau: Sie hatten erstens Probleme mit Charlotte und zweitens auch als Ehepaar.

»Wir sind eine völlig normale Familie«, sagen in der Regel Personen, die glauben, dass man sie nicht für normal hält, oder die tatsächlich alles andere als normal sind.

Außerdem sagt sie, was manche vielleicht denken könnten. »Dass Kinder weglaufen, weil sie Probleme haben. Wir hatten aber keine.«

Für mich hört sich das so an, als würden nicht »manche«, wohl aber Henriette selbst denken, dass Charlotte weggelaufen ist, weil sie Probleme hatte. Dem würde ich mal nachgehen, wenn ich der ermittelnde Polizeibeamte wäre.

Beim Vater wiederum zeigt sich eine ganz andere Problematik:

»Ich komme nach Hause, gehe durch die Tür und denke, wie leer das Haus ohne sie ist. Ich gehe zu Bett, mache das Licht aus, hoffe, dass alles nur ein Traum ist. Aber am nächsten Tag ist es immer noch so.«

Es ist vielleicht für dich jetzt nicht sofort nachzuvollziehen, aber wenn ich dem Vater zuhöre, schrillen bei mir die Alarmglocken. Türen, auch wenn das jetzt im ersten Moment komisch klingen mag, werden statistisch gesehen signifikant häufig im Zusammenhang mit sexuellem Missbrauch erwähnt. Das tun allerdings sowohl Täter als auch Opfer, es ist also kein Zeichen eines Schuldeingeständnisses oder so etwas. »Licht« wird ebenfalls häufig in sexuellem Zusammenhang erwähnt, das hier von Gerald Süssbrich erwähnte »Licht aus« wiederum spricht eher für eine erloschene Sexualität oder die Befürchtung einer solchen. Vielleicht haben wir hier schon einen Hinweis auf eines der Probleme, die die Familie laut Henriette Süssbrich nicht hatte. Das führt in einer Mail aber etwas weit. Lass uns bald mal wieder telefonieren.

Also, liebe Kathi, sei ein bisschen vorsichtig mit den Eltern. Ich kenne sie nicht, aber etwas an der Geschichte gefällt mir ganz und gar nicht. Vielleicht kannst du bei Lucy mal vorsichtig nachfragen, ob an dieser Charlotte sonst noch etwas auffällig war. Ich hoffe, dass sich das Rätsel bald löst und das Kind gesund wiederauftaucht.

Ich komme hier gut vorwärts und hoffe, dass wir uns ganz bald wiedersehen. Küss Lucy von mir!

Und denk immer dran: Hör auf deinen Bauch. Er hat dich schon mal gerettet.

Alles Liebe,
Deine Thea

Theas E-Mail bestätigte meine Gefühle. Henriette und Gerald Süssbrich waren mir merkwürdig vorgekommen, obwohl sie in einer Situation waren, in die ich in meinen schlimmsten

Albträumen nicht geraten wollte, ich hatte es nur nicht formulieren können. Außerdem kam es mir nicht fair vor, die Eltern zu kritisieren. Selbst Jennifer hatte gesagt, dass es keine Verhaltensvorschrift für Extremsituationen gab, und sie musste es ja aus eigener Erfahrung wissen.

Durch Theas Bestätigung genau zum rechten Zeitpunkt, auf meinen Bauch zu hören, fühlte ich mich gestärkt. Und diesen günstigen Moment nutzte ich, um einen Plan zu schmieden.

Am Nachmittag würden Lucy und ich einen Ausflug machen.

Während ich meine Tasche packte, rief Jennifer auf dem Handy an.

»Wie sieht es heute Nachmittag aus mit Keksebacken? Ich habe alle Zutaten besorgt. Sogar Glitzerstreusel und essbare Perlmuttperlen«, sagte sie.

»Was es alles gibt. Wahnsinn. Aber ich wollte heute in die Stadt fahren.«

»In die Stadt? Auch eine gute Idee. Möchtest du shoppen?«

»Ich weiß nicht mal, was das sein soll.«

»Na hör mal, in vier Wochen ist Weihnachten.«

Ich seufzte. Weihnachten ohne Thea würde schön traurig für uns werden. Ich versuchte noch, es zu verdrängen. »Nein, keine Weihnachtseinkäufe. Ich möchte nur jemanden was fragen.«

»Du machst es ja spannend. Wann soll ich euch abholen?«

»Quatsch, gar nicht, wir fahren mit der Bahn.«

»Ich weiß nicht mal, was das sein soll.«

Ich lachte. »Wir machen einen Ausflug wie normale Leute ohne Range Rover.«

»Ich habe eine Sitzerhöhung für Lucy gekauft, die muss ich unbedingt ausprobieren.«

»Morgen gerne«, sagte ich.

»Ach wie schade. Wenn ich mich nicht bei dir verstecken

kann, muss ich mit Rupert zu einem Geschäftsessen.« Ihr Tonfall ließ mich vermuten, dass sie sich nicht besonders darauf freute.

»Tut mir leid. Aber heute haben wir so eine Art Familienangelegenheit zu regeln.«

»Ich dachte, du hättest keine Familie mehr.«

»Eine Art Familienangelegenheit, habe ich gesagt.« War ich jemandem Rechenschaft schuldig? Ich klang schnippischer als beabsichtigt.

»Dann vielleicht morgen? Zum Keksebacken mit Lucy?« Jennifer klang beinahe schüchtern, als verstünde sie nicht, warum ich so einen unangemessenen Ton in unsere noch junge Freundschaft einführte.

Meine schnippische Antwort tat mir schon wieder leid. »Aber gerne, Lucy wird sich sehr freuen«, sagte ich deshalb entschuldigend, »vor allem über Glitzerstreusel.«

»Ich hole sie dann nach der Schule ab.«

»Nicht nötig, morgen habe ich keinen engen Zeitplan. Komm doch so gegen drei, dann habe ich alles aufgeräumt.« Jetzt, wo ich einmal angefangen hatte, den alten Mief aus dem Haus zu pusten, wollte ich die frische Luft darin behalten.

»Auch gut.«

»Ich muss jetzt auch los, Herr Kröger braucht seine Medikamente. Bis morgen!«

»Ich freue mich!«

Froh darüber, dass Jennifer mir meinen Ausrutscher von eben nicht übel zu nehmen schien, absolvierte ich meine Patientenrunde.

Auf dem Rückweg holte ich Lucy ab.

»Heute essen wir eine Bratwurst in der Stadt«, verkündete ich.

Lucy machte große Augen. »Mit Pommes?«

»Wenn schon, denn schon.« Ich hatte immer noch die zwanzig Euro von Herrn Kröger im Portemonnaie. Lucy verdiente auch mal ein kleines Extra, von mir bezahlt. Vernünftig konnte ich morgen wieder sein.

Wir brachten mein Fahrrad und Lucys Roller nach Hause, dann machten wir uns sofort auf den Weg.

Im Bus kaufte ich mir ein Ticket für 2,80 Euro und eins für Lucy für 1,60 Euro. Allein für die Fahrt hin und zurück würde ich 8,80 Euro zahlen müssen. Ich hoffte, dass die Bratwurstpreise nicht auch so explodiert waren, sonst würde ich mit den 20 Euro von Herrn Kröger nicht weit kommen.

Wir fuhren mit der U-Bahn bis zur Heinrich-Heine-Allee.

Ich war verdammt lange nicht mehr in der Stadt gewesen. Alle Leute schienen sich wesentlich geschmackvoller zu kleiden als ich. Ich war froh, dass ich mich hinter Lucy ein wenig verstecken konnte, sonst hätte ich das Gefühl gehabt, dass mich alle anstarren. Dabei starrte genau genommen niemand mich an, sondern alle ihre Smartphones, selbst die älteren Leute. Außerdem hatten fast alle zusätzlich irgendwelche Stöpsel im Ohr.

Obwohl wir nur fünfzehn Minuten mit der Bahn bis in die Innenstadt brauchten, fühlte ich mich wie ein Landei auf dem Weg in die große, weite Welt.

Auf der Bolkerstraße in der Altstadt kaufte ich Lucy bei einem Holländer eine Bratwurst mit Pommes und Frittessaus. Damit sie nicht allein essen musste, aß ich eine kleine Pommes Speciaal, dazu teilten wir uns eine mittlere Apfelschorle. Ich zahlte dafür zusammen 8,40 Euro. Schon war von dem Zwanziger kaum noch etwas übrig. Aber es war egal: Lucys glückliches Gesicht zu sehen, war die Ausgabe wert. Der junge Mann hinter dem Tresen überreichte Lucy ihre Pappschachtel mit einem Holzgäbelchen, das er in die Pommes steckte, und sagte mit holländischem Akzent: »Hier, du Schöne.« Lucy sah ihn überrascht an, aber sie freute sich, das sah ich an den rosa Wangen.

Wir setzten uns auf Hochstühle an einen Thekentisch direkt vor der Schaufensterscheibe.

Es war ein grauer Novembertag, draußen eilten die Passanten an uns vorbei, die meisten schon bepackt mit Unmengen an Geschenketüten. Viele hatten trotzdem verdrießliche Gesichter. Wir überlegten, ob es am Wetter lag oder an den nahenden Feiertagen, die alle in Stress versetzten.

Lucy und ich genossen jeden Bissen auf unserem warmen Aussichtplatz. Es machte richtig Spaß, da zu sitzen und die Leute zu beobachten. Dort an dem Tisch fühlte ich mich auf einmal, als gehörten wir auch irgendwie dazu, zu diesen Leuten und dieser Stadt, ganz anders als noch eben in der Bahn. Lucy erzählte mit roten Wangen von ihrem Schultag. Annabel hatte sie ohne Probleme aufs Klo gelassen und in der Pause sogar gefragt, ob sie mit »Mädchen fangen die Jungen« spielen wollte.

Bevor wir gingen, winkte der Holländer Lucy noch einmal zu sich. Dann drückte er ihr eine Handvoll kleiner Gummibärchentüten in die Hand.

»Damit du wiederkommst, wenn du groß bist«, sagte er und zwinkerte ihr zu.

Vor lauter Dankbarkeit vergaß ich beinahe, dass mir jemand einen Sarg mit dem Namen meines Kindes geschickt hatte. Aber mein Plan zum Schutz meines Kindes war bereits in vollem Gange.

»So«, sagte ich zu Lucy, »jetzt holen wir Rolfie.«

»Wohin?«, fragte Lucy.

»Nach Hause.«

»Wirklich?« Lucy machte große Augen.

»Ja! Wir haben Platz genug, und ich brauche dringend jemanden, der mir beim Renovieren im Haus hilft. Rolfie ist Handwerker und braucht einen Platz zum Wohnen. Das passt doch!«

»Und wir können jeden Tag ›66‹ spielen!«, rief Lucy.

»Das natürlich auch«, sagte ich.

Und so geschah es.

Rolfie, der sich ein Zimmer mit drei anderen Männern in dem Übergangsheim teilte, nahm wortlos seine Tasche vom Etagenbett und lief hinter uns her, als wir ihm unseren Plan mitteilten. Er lächelte, als er Hand in Hand mit Lucy zur U-Bahn-Station lief. Vielleicht war Rolfie nicht genau die männliche Bezugsperson, die ich mir für Lucy vorgestellt hatte, aber die schlechteste war er mit Sicherheit auch nicht.

Ich kaufte eine Fahrkarte für Rolfie. Von den 20 Euro hatte ich exakt 2,80 Euro übrig, und genau so viel kostete das Einzelticket für einen Erwachsenen vom Bahnhof nach Lohausen.

Wenn das mal kein Zeichen des Himmels war!

Ich nahm mir vor, Herrn Kröger beim nächsten Besuch zu erzählen, was für einen wunderbaren Nachmittag er uns beschert hatte, und schickte ihm ein stummes Dankeschön.

Und obwohl Rolfie in der Bahn vor lauter Aufregung wieder schrecklich stotterte, kam ich mir dieses Mal kein bisschen fehl am Platz vor.

Am Abend, als Lucy im Bett war, kochte ich Rolfie und mir einen Tee.

»Warum hast du mir nicht gesagt, dass du nicht mehr bei der alten Frau Prott wohnst?«, fragte ich. »Und warum überhaupt? Du hast ihr doch immer so unter die Arme gegriffen, wenn es was zu tun gab. Sie konnte doch froh sein, dich zu haben.«

»Die F…f…frau P…pr…rott ist jetzt im Pflegeheim. Ihre To…tochter wollte das so. Und d…d…dann hat sie gesagt, ich muss ausziehen, da sie das Hinterhaus re…re…novieren und dann neu vermieten will. Und dann wusste ich nicht, w…w…wohin.«

»Und warum hast du mir das nicht erzählt?«

Rolfie zuckte mit den Achseln.

Ich konnte es ihm nicht verdenken. Wie oft war ich mit meinen eigenen Sorgen beschäftigt gewesen und hatte nur mit halbem Ohr zugehört, wenn er etwas erzählte.

»Ich muss dir aber etwas erzählen, Rolfie. Es ist sehr wichtig.«

Er sah mich gespannt an.

»Ich wollte auch, dass du hier wohnst, weil ich Hilfe brauche.«

Er nickte. »Mit de...dem Haus.«

»Ja, auch mit dem Haus. Aber es ist noch etwas passiert. Du weißt doch, dass das Mädchen verschwunden ist, Charlotte. Und als würde mir das nicht schon genug Angst einjagen, habe ich jetzt auch noch so etwas wie eine Drohung bekommen. Mir hat nämlich jemand einen Sarg zugeschickt. Mit Lucys Namen darin. Und Konrads.« Dann erzählte ich ihm genau, was geschehen war. Von Christian Rabe, der der Meinung war, ich selbst hätte die Bestellung aufgegeben, von der Angst, das Jugendamt könnte jeden Moment an der Tür klopfen, und natürlich davor, dass jemand Lucy etwas antun könnte.

»Ich brauche also dringend Hilfe, verstehst du? Einen Mann im Haus, sozusagen. Oder einen Bodyguard für Lucy. Und wenn du etwas siehst, was dir komisch vorkommt, musst du mir das sofort sagen, okay, Rolfie?«

Rolfie nickte. An seinem Hals zeigten sich rote Flecken, daran konnte ich erkennen, wie aufgeregt er war.

»Und du passt auf Lucy auf, nicht wahr?«

Er nickte noch heftiger. »L...lu...lucy ist bei m...mir in Sicherheit«, sagte er. »M...mach d...dir k...keine Sorgen, Kathi. Ich p...pass auf L...lucy auf.«

»Ich weiß«, sagte ich und drückte seine Hand. »Aber ich habe noch was auf der Seele.«

Ich stand auf und zog das Lipgloss aus der Schublade, in die ich es verbannt hatte.

Rolfie starrte das kleine pinke Ding derart schuldbewusst an, als hätte ich einen Haufen Pornos unter seinem Bett hervorgezogen und ihm unter die Nase gehalten.

»Weißt du, von wem das ist?«, fragte ich.

Als ich die Frage stellte, fiel mir auf, wie leichtsinnig ich war. Rolfie war groß und stark. Auch wenn ihm jegliche Aggression abging, so hatte ich doch eigentlich keine Ahnung, was er tun würde, wenn er sich in die Ecke getrieben sah. Aber mein Puls stieg nicht um einen Schlag. Ich hatte einfach keine Angst vor Rolfie, Lipgloss hin oder her.

Rolfies Gesichtsfarbe wechselte von Weiß zu Rot. »I…i… ich w…weiß nicht. E…es w…ar nur, weil L…lucy s…so gern eins h…aben w…wollte.«

»Was wollte Lucy haben?«

»D…das da!« Er zeigte auf das Lipgloss.

»Aber das ist doch Charlottes. Wieso wollte Lucy Charlottes Lipgloss haben?«

Rolfie schüttelte den Kopf. »S…sie wollte auch eins ha… haben. A…a…alle Mädchen i…in der Kl…klasse hatten eins.«

»Das hat sie dir erzählt?«

Er nickte.

»Und wie ist es in das alte Herrenhaus im Park gekommen?«

Er zuckte mit den Schultern.

»Du musst es mir sagen, Rolfie! Es ist sehr wichtig, dass du es mir sagst. Es ist von Charlotte, dem verschwundenen Mädchen.«

»Vie…vielleicht ist d…das gar ni…nicht von Charlotte.«

»Sondern?«

»V…von L…lucy.«

»Von Lucy? War Lucy denn bei dir im Herrenhaus?«

Er nickte wieder.

»Woher wusste sie, dass du da wohnst und nicht mehr bei Frau Prott?«

»S…sie ha…hat gesehen, da…dass ich in den Pa…park gegangen bin. Fa…falsche Richtung.«

»Und woher hatte Lucy das Lipgloss?«

Er zuckte mit den Achseln.

»Von dir?«

Er schüttelte den Kopf.

»Das kostet 6,95 Euro. Ich habe nachgesehen, weil sie es sich gewünscht hatte. Aber es war zu teuer. Woher sollte Lucy so viel Geld haben?«

Rolfie starrte auf den Teppich.

»Hattest du so viel Geld übrig?«

Er schüttelte wieder den Kopf.

»Woher soll sie dann das Lipgloss haben?«

Rolfie sah auf den Boden.

»Wann war das? An welchem Tag hat Lucy dich besucht?«

»A…an dem D…Dienstag, a…ls i…ch sie z…zum Turnen ge…bracht habe. Da ist sie auf ei…einmal in der Villa au… aufgetaucht.«

Mir fiel ein Stein vom Herzen. Ich hatte das Lipgloss noch am Freitag bei Charlotte gesehen. Es war nicht Charlottes.

»Aber wo hatte sie das Ding dann her?«, fragte ich.

Rolfie hob die Hände in einer bedauernden Geste nach oben.

Ich seufzte. »Okay. Ich werde Lucy befragen. Und jetzt mache ich dir erst mal ein Bett zurecht.« Wir machten uns auf ins Wäschezimmer.

»Gut, dass du da bist«, sagte ich, während ich die Bettdecke und das Kissen frisch bezog. »Ich fühle mich viel sicherer. Welches Zimmer möchtest du haben?«

»I…ich schlaf unten«, sagte Rolfie. »Da höre ich b…besser, we…wenn jemand reinkommt.« Er nahm seine Decke und sein Kissen und zog auf das Sofa im Wohnzimmer.

»Da ist eine Sprungfeder kaputt«, sagte ich.

»Ma…macht nix …«

Das war keine Dauerlösung, aber für heute Nacht war ich froh, dass er nicht so weit weg war. Auch wenn er sich schnell fürchtete, wirkte er durch seine massive Gestalt doch im ersten Moment sicher abschreckend.

Trotzdem sperrte ich die Haustür gut ab.

Kapitel 24

Vor der Schule sprach ich nicht mehr mit Lucy über das Lipgloss und redete mir selbst ein, dass gerade nicht der richtige Zeitpunkt war. Doch ich bemerkte selbst, dass ich es vor mir herschob. Ich fürchtete mich ganz offenbar vor der Antwort, ohne recht zu wissen, wieso. Etwas, was ich nicht greifen konnte, machte mir an der Sache auf einmal Angst.

Rolfie fing mit der Hausarbeit an, während ich den längst fälligen Einkauf erledigte.

Ein Mann von Rolfies Statur im Haus zu haben, bedeutete, dass wir sehr viel mehr Essen brauchen würden. Ich musste ihn auf jeden Fall schnell auf Jennifers Baustelle unterbringen, sonst wären wir bald alle pleite. Und danach würden wir weitersehen.

Meine Satteltaschen und mein Rucksack waren prall gefüllt, als ich wieder nach Hause kam.

Ich räumte die Einkäufe ein. Rolfie stand draußen auf einer wackeligen Leiter und schraubte den Rollokasten vor der Terrassentür auf.

»Ri…chtig re…parieren kann ich ihn nicht«, sagte Rolfie. »D…da hat si…sich das Ho…lz verz…ogen. Ich schi…iebe ihn in d…den Rollo…kasten zurück, abe…er wenn du ihn runterlässt, wi…wird er wi…wieder stecken bleiben. D…da brauchst du ein n…neues Rollo.«

»Na, das fehlt mir gerade noch. Da hab ich kein Geld für übrig. Aber Hauptsache, es ist nicht mehr so dunkel.«

Rolfie wickelte den windschiefen Rollladen zurück in den Außenkasten. Das war schon mal sehr gut. Falls jemand vom

Jugendamt kam, wollte ich die Person nicht in ein halbdunkles Wohnzimmer führen.

Außerdem würden wir weiter im oberen Stockwerk ausmisten.

Ich suchte im Internet nach Terminen zur Sperrmüllabholung.

»Lass uns mal oben schauen, welches Zimmer du gerne hättest, Rolfie. Die Couch ist auf die Dauer keine Lösung.«

Rolfie entschied sich für mein früheres Kinderzimmer.

Dort stand noch mein Bett. Die Matratze war schon alt, aber allemal besser als ein Schlafsack auf dem Boden eines verlassenen Herrenhauses.

»Möchtest du nicht lieber ein Doppelbett?«, fragte ich. »Drüben hab ich noch eins.«

»N…nein, d…das ist mir zu groß.«

Das verstand ich. Ich schlief ebenfalls in einem Doppelbett, noch aus Zeiten mit Oliver. Wenn Lucy nicht zu mir kam, fühlte ich mich darin auch oft verloren.

Wir schleppten Wassereimer, Schrubber und Staubtücher nach oben. Auch die Fenster hatten es nötig.

Zu zweit waren wir schneller, als ich es gewohnt war. Schon nach einer halben Stunde war das Zimmer bewohnbar und sauber. Ich hatte gestern ja auch schon vorgearbeitet.

»Was m…machen w…wir mit den anderen Zimmern?«

»Entrümpeln.«

Das Doppelbett meiner Eltern zerlegten wir in Einzelteile und trugen sie in den Garten. Lucy spielte hinter den Brettern Verstecken und erschreckte Rolfie jedes Mal zu Tode, wenn sie dahinter hervorsprang, sobald er in den Garten ging. Zumindest tat er immer wieder so, als sei er kurz vor einem Herzinfarkt. Die Wiederholung schien ihr Vergnügen daran eher zu steigern.

Schließlich kam Konrads Zimmer an die Reihe. Mir wurde mulmig.

Ich griff in meine Jeans und zog zwei Tabletten aus der Tasche. Ohne sie würde ich es nicht schaffen, die letzten Erinnerungen an Konrad aus dem Haus zu räumen. Aber war es nicht langsam an der Zeit?

Auch wenn ich es kaum glauben konnte, ich lebte schon fast ein Vierteljahrhundert ohne Konrad.

Rolfie trat neben mich. »Ach K...kathi«, sagte er und legte unbeholfen seinen Arm um mich.

»Gib mir noch einen Moment«, flüsterte ich.

»D...die Vergangenheit g...geht immer mit, nicht wahr?« Da hatte er recht.

Und hier war sie eingesperrt, meine Vergangenheit. In der blau-weißen Bettwäsche. Auch jetzt noch spürte ich, wie ich zwischen Klappbett und Wand eingepfercht war, sodass mir das Atmen schwerfiel. Oder war es vor Angst?

Dort hatte ich mich damals versteckt. Vor meiner eigenen Mutter.

Ich war wohl eingeschlafen, denn ich erwachte, als meine Mutter die Tür von Konrads Zimmer öffnete. Ich biss ins Kissen, um nicht vor Schreck zu schreien. Wie lange hatte ich geschlafen? Es musste eine Weile gewesen sein. An meiner Wange klebte getrockneter Speichel.

»Kathi«, sagte meine Mutter leise. Ihre Stimme war hart wie Metall. »Komm sofort raus, Kathi. Ich warne dich. Ich weiß, dass du hier bist.« Ich hörte, wie sie Konrads Schranktüren öffnete. Sie atmete scharf aus. Dann kam sie ans Bett. Ich hörte die Schritte näher kommen.

Der Schwerkraft folgend war ich an der Wand ganz nach unten gerutscht. Wenn ich mich aus dieser Lage befreien wollte, musste ich mich am oberen Matratzenrand festhalten, mich ein Stück nach oben ziehen und mit den Füßen fest gegen die Wand drücken. Dann krachte das Bett in einem Satz herunter. Gleichzeitig klappten sich durch einen eingebauten Mechanismus zwei Metallfüße aus, auf die das Bett dann mit seinem ge-

samten Gewicht knallte. Es machte ziemlichen Lärm, weil die Sprungfedermatratze auf dem Metallgestell einiges wog. Wenn ich mit Konrad Verstecken spielte, war das Krachen des Bettes das Zeichen für denjenigen, der suchte, sofort zum Bügelbrett zu rennen, um das Spiel zu gewinnen.

Unterhalb der Matratze war ein Spalt von etwa dreißig Zentimetern. Wie oft hatte ich darunter geguckt, um festzustellen, ob Konrad sich im Bett versteckte. Wenn man genau schaute, konnte man manchmal ein Kleidungsstück erkennen, das unter der Matratze hervorlugte.

Ich hörte die Atemzüge meiner Mutter. Steckte auch sie den Kopf unter die Matratze? Ich betete. Hoffentlich hing nicht ein Fetzen meines T-Shirts am Bettlaken hinunter. Ich hatte an diesem Tag ein rotes T-Shirt an. Gegen das Blau-Weiß der Bettwäsche würde es sofort zu sehen sein.

»Kathi«, flüsterte meine Mutter.

Ich wagte nicht, mich zu rühren.

Sie musste mit dem Kopf auf dem Fußboden liegen, um unter die Matratze zu schauen. Es hörte sich an, als spräche sie direkt zu mir. Hatte sie mich gesehen? Wusste sie von diesem Versteck? Auf einmal wurde mir klar, dass das Krachen des Bettgestells auf den Fußboden ihr kaum entgangen sein konnte, auch wenn sie nie gesehen hatte, wie wir uns hinter dem Bett versteckten. Zu dem Lärm musste sie sich Gedanken gemacht haben.

»Ich krieg dich sowieso«, sagte meine Mutter. »Komm lieber freiwillig raus, sonst bin ich wirklich, wirklich böse.«

Ich schloss die Augen und tat, als höre ich sie nicht. Mir war schlecht. Ich hoffte, dass mein Magen kein Grummeln von sich geben würde.

Mit einem Mal war es ganz still.

Lag sie noch unter der Matratze?

Wo waren Konrad und mein Vater? Wie viel Zeit war vergangen?

Oder war sie gar nicht mehr im Zimmer? Ich hatte keine Schritte gehört. War das ein Trick? Ich atmete gepresst. Das Stück Kissen in meinem Mund fühlte sich mit einem Mal zu groß an, als würde es mich ersticken. Ich schob es mit der Zunge nach draußen und schnappte nach Luft. In selben Moment hörte ich, wie sich meine Mutter vom Boden erhob. Sie schnaufte. Bestimmt hatte sie die ganze Zeit gelauscht, ob sie mich atmen hören konnte.

»Okay«, sagte sie. »Dann warte ich. Du kannst dich nicht für immer verstecken. Irgendwann wirst du Hunger haben oder aufs Klo müssen. Und dann sitze ich genau hier und warte auf dich.«

In meinem Spalt zwischen Wand und Matratze liefen mir inzwischen die Tränen die Wangen hinunter. Was war hier passiert? War meine Mutter komplett wahnsinnig geworden? Wo waren mein Vater und Konrad? Sollte ich warten, bis sie wiederkamen, oder war es besser, mich dem Zorn meiner Mutter zu stellen?

Es war sehr still im Haus. Schon hatte ich das Gefühl, dringend aufs Klo zu müssen. Ich hatte keine Ahnung, ob sie noch im Zimmer war. Durch meine eingequetschte Lage, die Bettwäsche und die dicke Matratze vor mir war es für mich schwer, Geräusche im Zimmer auszumachen.

Also harrte ich dort aus. Mir war übel.

Wurde es schon dämmerig? Es kam mir vor, als sei es dunkler im Zimmer. Ich hatte schon lange nichts mehr gehört. Wartete meine Mutter noch im Zimmer? War sie vielleicht im Flur? Unten? Oder gar nicht mehr im Haus? Wann konnte ich es wagen, mein Versteck zu verlassen? Aus irgendeinem Grund hatte ich aufgegeben, auf meinen Vater und Konrad zu warten. Vielleicht waren sie im Krankenhaus. Vielleicht hatten sie wirklich eine Fischvergiftung. Das würde auch meine Übelkeit erklären. Und meine Mutter wollte mir nur helfen. Aber das glaubte ich nicht. Sie war in einer sehr merkwürdigen Stim-

mung gewesen. Das Telefonat hatte sie sehr aufgebracht. Ich war es gewöhnt, auf ihre Stimmungen zu achten. Als Kind weiß man einfach, wann es besser ist, den Eltern aus dem Weg zu gehen. Man weiß nur nicht immer, warum. So wie jetzt. Ich hatte keine Ahnung, was in sie gefahren war, aber mir war klar, dass ich ihr jetzt nicht unter die Augen treten durfte.

Meine Blase drückte. Es ging nicht mehr anders, ich musste mein Versteck verlassen.

Ganz vorsichtig bewegte ich meine Arme ein wenig nach oben. Dann schob ich meine Hüfte ein Stück nach. Lauschte. Zog die Beine höher. Zentimeter für Zentimeter. Lauschte. Nichts. Wenn ich mein Gewicht zu weit nach oben schob, krachte irgendwann das Bettgestell nach unten. Das würde meine Mutter auf jeden Fall hören. Ich musste versuchen, mich auf die Kante der Matratze zu hieven, ohne dass das Bett umkippte – oder zumindest so spät wie möglich. Ich hatte es schon oft versucht, wenn ich mit Konrad Verstecken gespielt hatte. Aber das Bett kippte irgendwann, ohne dass ich etwas machen konnte. Dann musste ich lossprinten, um vor Konrad in der Wäschekammer zu sein.

Nur wenn ich schon beinahe oben auf der Kante lag, bevor das Bett kippte, hatte ich gute Chancen, es bis ins Wäschezimmer zu schaffen.

Aber wohin sollte ich jetzt rennen? Wenn meine Mutter unten war, brauchte sie mir nur die Treppe zu versperren. Der einzige Ausweg war das Fenster. Wie tief ging es da runter?

Ich bewegte meinen Körper Stück für Stück an der Wand entlang nach oben zur Bettkante, ständig in der Furcht, dass das Bett kippen könnte.

Immer noch war mir nicht klar, wohin ich laufen sollte, als ich mein zweites Bein etwas zu schnell nachzog. Ich merkte, dass der Schwerpunkt des Bettes – mit mir buchstäblich als dem Zünglein an der Waage – sich in die falsche Richtung bewegte.

Einen schrecklichen Moment hing ich in der Schwebe. In meiner Panik hievte ich mich so schnell es ging nach oben auf die Kante. Dann krachte das Bett mit atemberaubendem Lärm auf den Boden. Ich konnte mich nicht auf der Kante halten und stürzte mit hinab.

Vor Schreck hielt ich den Atem an. Dann, wie sooft im Spiel geübt, stürzte ich los. Tatsächlich war es mittlerweile draußen dunkel. Ich riss das Fenster auf und starrte in die schwarze Tiefe unter mir. Ich wusste instinktiv, dass ich nicht zögern durfte. Ich musste springen.

Aber wie hoch war der erste Stock? Zweieinhalb, drei Meter? Ich war groß für eine Zwölfjährige, ungefähr eins fünfundsechzig. Wenn ich mich am Fensterbrett raushängen ließ, fiel ich nur noch anderthalb Meter tief. Ich kletterte aufs Fensterbrett, ängstlich lauschend, ob meine Mutter die Treppe hochgestürzt kam.

Dann umklammerte ich das Fensterbrett und ließ mich an der Wand hinab. Doch schon bald konnte ich mein Gewicht nicht mehr halten. Meine Finger rutschten ab, und ich stürzte in die Schwärze. Noch im Flug registrierte ich, dass durch den Rollladen im Wohnzimmer ein schwacher Lichtschimmer fiel. Meine Mutter war im Wohnzimmer.

Zum Glück war unter mir Wiese, und ich fiel weicher als erwartet. Mein Knöchel knickte um, aber ich war so in Panik, dass ich trotzdem rannte. Es gab nur einen sicheren Ort, der mir einfiel.

Schon vor Theas Haustür hörte ich die Schreierei. Thea und Jochen stritten. Aber sie musste mich retten, denn Konrad und mein Vater waren verschwunden, und ich war meiner Mutter ausgeliefert, was mich in Angst und Schrecken versetzte. Ich hämmerte aus Leibeskräften gegen die Haustür.

Ich hörte Thea brüllen.

»Das ist mir egal! Wie kannst du mich so anlügen!«

Noch nie zuvor hatte ich Thea auch nur die Stimme erheben hören. Sie klang wie ein verletztes Tier.

»Es hat nichts zu bedeuten. Mach doch aus einer Mücke keinen Elefanten!«, schrie Jochen. Er klang wütend.

»Mücke? Das nennst du Mücke? Es geht nicht nur um dich, verdammt noch mal! Oder um mich. Da sind auch Kinder im Spiel!«

»Ach Gott, jetzt kommst du mir auf die Tour! Geht es dir wirklich um die Kinder oder um dein Ego, Thea? Kapier es endlich! Es ist vorbei. Vorbei! Was verstehst du daran nicht?«

»Weißt du eigentlich, wie oft sie heute hier angerufen hat? Denkst du eigentlich, ich bin bescheuert? Nur weil sie immer auflegt, wenn ich drangehe? Gar nichts ist vorbei. Nichts. Im Gegenteil. Es geht gerade erst los.«

Wir hatten in dem Moment beide keine Ahnung, wie recht sie damit hatte.

Ich schlug immer noch gegen die Haustür. Dabei sah ich mich ängstlich um. Meine Mutter konnte jederzeit hinter mir auftauchen.

Doch Thea und Jochen hörten mich nicht. Ich humpelte mit meinem schmerzenden Knöchel um das Haus herum zur Terrassentür, in der Hoffnung, dass sie mich dort bemerken würden.

Thea und Jochen standen sich im Wohnzimmer gegenüber. Thea sah aus, als wollte sie Jochen an die Gurgel gehen. »Du warst der Mensch, dem ich am meisten vertraut habe!«

»Es ist doch kein Drama, Thea. Bloß eine Krise. Wir kommen darüber hinweg.« Jochen versuchte, seinen Arm um sie zu legen, aber sie schüttelte ihn ab. »Ich geb dir was zur Beruhigung«, sagte Jochen und öffnete eine Schublade.

»Hast du keine andere Lösung als deine bescheuerten Pillen? Du kannst doch nicht immer alles mit Pillen regeln!«

Inzwischen liefen mir die Tränen über die Wangen. Mein Knöchel schmerzte, ich musste aufs Klo, ich hatte stundenlang in einem Spalt an die Wand gequetscht ausgeharrt, aus Angst vor meiner eigenen Mutter, mein Bruder und mein Vater waren verschwunden, und die einzige Person, bei der ich mich verstecken konnte, stritt mit ihrem Mann und machte die Tür nicht auf.

Ich schlug noch einmal mit der Faust gegen das Glas. Endlich bemerkten sie mich. Thea sah mich an und erstarrte.

Nach einem Moment, der mir endlos erschien, löste sich Thea endlich aus ihrer Erstarrung und kam zur Terrassentür.

»Kathi«, sagte sie und versuchte, einen gefassten Eindruck zu machen. »Was ist los? Hast du deinen Schlüssel vergessen?«

Statt einer Antwort stolperte ich ins Wohnzimmer und fiel ihr um den Hals. Ich fing an zu schluchzen.

Jochen stand immer noch an der Schublade und hielt das Tablettenröhrchen in der Hand.

»Hol mal ein Glas Wasser für Kathi«, sagte Thea und wedelte mit der Hand, doch er rührte sich nicht. »Was ist passiert?«, fragte sie und löste sich aus meiner Umklammerung. »Kathi! Sprich doch mit mir!«

In dem Moment klingelte das Telefon.

»Herrgott noch mal!« Thea riss mit einem Ruck die Telefonschnur aus der Buchse. Die Nerven lagen nicht nur bei mir blank.

»So, jetzt rede, Kathi. Was ist passiert?«

»Meine Mutter …«, krächzte ich. Ich hatte kaum noch eine Stimme.

»Was ist denn mit ihr?«

Ich ließ mich auf einen Stuhl fallen und fing an zu weinen. Thea sah ebenso ratlos wie wütend zu Jochen hinüber.

Ein Eisschauer jagte mir durch den Körper. Die Puzzleteile fielen an ihren Platz. Der Mann, dem meine Mutter hinterherlief, war Jochen.

Und meine Mutter war nicht gut darin, sich abweisen zu lassen. Gar nicht gut.

War ich hier überhaupt in Sicherheit? War Jochen im Zweifel auf der Seite meiner Mutter?

Ich beugte mich zu Thea.

»Papa und Konrad sind verschwunden. Ich weiß nicht, wo sie sind. Sie sind einfach weg«, flüsterte ich ihr ins Ohr.

»Was soll das heißen, weg?«, flüsterte Thea zurück und sah mich an.

»Papa und Konrad sind eingeschlafen«, sagte ich leise, »einfach so, nach dem Essen. Mama hat sie irgendwohin gebracht. Sie hat gesagt, sie bringt sie ins Krankenhaus. Meinen Vater und Konrad. Mir war auch schlecht, aber ich habe nicht so viel von dem Himbeersirup getrunken.«

Jochen stand immer noch wie angewurzelt, mit dem Tablettenröhrchen in der Hand.

»Hast du ihr Tabletten gegeben, Jochen?«, fragte Thea und wurde auf einmal aschfahl.

Jochen dagegen war krebsrot geworden.

»Hast du Monika Tabletten gegeben, verdammt noch mal?«, schrie Thea.

»Nur ab und zu mal Diazepam … Wenn sie nicht schlafen konnte … Sie … sie hatte doch immer diese starken Schlafstörungen …«

»Ruf die Polizei«, sagte Thea zu Jochen. »Mach schon!«

Kapitel 25

»Alles kl...klar?«, fragte Rolfie.

Ich nickte. Die Geister der Vergangenheit würden in mir weiterleben, ohne dass ich es verhindern konnte. Aber das Haus musste kein Museum bleiben. Wir konnten neue Erinnerungen hinzufügen.

»Komm, wir fangen an«, sagte ich kurz entschlossen. »Wir schmeißen die alten Möbel raus. Glaubst du, du bekommst das Bett da von der Wand weg?«

Rolfie schob den Vorhang beiseite und besah sich den Klappmechanismus des Bettes.

»K...kein Problem.«

»Ohne das Ding wäre ich nicht mehr hier«, sagte ich. »Kann man das glauben?«

»So...soll es denn dann wirklich weg?«

»Ja, wirklich.«

Rolfie nickte ernst und holte den Werkzeugkoffer.

»Ich gehe später noch zu Frau Klinkhammer, danach hole ich Lucy ab«, sagte ich. »Heute Nachmittag wollen wir Kekse backen. Jennifer kommt vorbei. Du kannst gerne mitbacken.«

Rolfies Gesichtsausdruck war nicht zu deuten. Er konnte ebenso Begeisterung wie Entsetzen ausdrücken.

Ich ging in die Küche, kochte uns einen Kaffee, legte ein paar belegte Brote auf einen Teller. »Hier unten sind Brote!«, rief ich nach oben.

»Ich mach das hier erst fertig!«

Ich hörte ihn werkeln. Es war schön, wenn da oben jemand lebte. Es war eine gute Entscheidung.

Ich nahm meine Kaffeetasse, biss in ein Brot und klappte

mein Laptop auf. Von Charlotte gab es immer noch keine Spur. Ich fand ein Foto von Henriette, wie sie auf dem Rheindamm joggte. Man konnte sie kaum erkennen, sah nur ihre lange, schlanke Gestalt in Läuferpose auf dem menschenleeren Rheindamm zwischen den uralten Pappeln. Bodennebel bedeckte ihre Beine bis zum Knie. Es sah aus, als würde der Nebel sie verschlingen.

»Eine Mutter läuft gegen ihren Schmerz an«, war eine der rührseligen Zeilen in dem Artikel.

Henriettes Schmerz konnte ich nicht ermessen. Ich wollte es auch nicht. Ich war nur froh, dass ich nicht in Henriettes Lage war und meine Tochter in Sicherheit. Auch wenn ich bezweifelte, dass mir in Henriettes Situation nach einer Joggingrunde zumute gewesen wäre.

Ich versuchte, mich zur Ordnung zu rufen. Tatsächlich war mir ja nie nach Joggingrunden zumute. Wahrscheinlich halfen Henriette nur noch diese Routinen, um über den Tag zu kommen. Aber Theas Worte pochten in meinem Hinterkopf. In Henriettes Prioritätenliste von sechs Punkten war Charlotte Nummer sechs gewesen. Das ließ sich nun mal nicht leugnen. Aber was bedeutete das?

Und was hatte Thea gemeint, als sie sagte, dass Gerald Süssbrich ihr eine Gänsehaut verursachte?

Das Klingeln meines Handys riss mich aus meinen Gedanken.

»Hallo, Herr Rabe«, sagte ich. »Gibt es was Neues?«

»Wie geht es Ihnen, Frau Markowski?« Seine Stimme klang freundlich.

»Kommt drauf an, was Sie mir zu sagen haben«, antwortete ich. Mir war nicht entgangen, dass er meine Frage nicht beantwortete hatte.

Ich hörte ein Seufzen durch die Leitung. »Wir arbeiten mit Hochdruck. Aber leider noch ohne Ergebnis.«

»Und über den Sarg? Konnten Sie da etwas herausfinden?«

»Leider nichts Neues.«

»Oh.«

»Ich rufe in einer völlig anderen Angelegenheit an.«

»Aha. Und in welcher?«

»Ich habe etwas recherchieren lassen. 2011 gab es in der Bundesrepublik Deutschland siebenundzwanzig Fälle von unbekannten Toten, deren Identität und zum Teil auch Todesursache bis heute ungeklärt sind. Neunzehn davon waren männlich. Und elf davon jünger als vierzig.«

»Ich verstehe nicht ...«

»Sie vermissen doch den Vater Ihrer Tochter, nicht wahr? Und ich dachte ... nur, damit Sie abschließen können ... Also, falls Sie es wünschen, könnte ich Ihnen vielleicht helfen.«

»Wie denn?«, fragte ich, aber mein Herz klopfte bereits wie wild.

»Auf einen der Männer – also der Toten – würde ganz gut die Beschreibung von Ihrem Verlobten passen. Alter, Haarfarbe, Augenfarbe ...«

»Haben Sie ein Foto von ihm?«, unterbrach ich ihn.

»Ja, aber sehen Sie, da ist ein kleines Problem. Der Mann wurde erst Wochen nach seinem Tod im Dortmund-Ems-Kanal gefunden. Die Leiche hatte sich unter Wasser verheddert und ... Verzeihen Sie, aber nach so langer Zeit unter Wasser sieht er nicht mehr so aus, dass Sie ihn darauf erkennen könnten.«

Obwohl der Kommissar mich gar nicht sehen konnte, nickte ich. Meine Gedanken rasten. Oliver. War er ins Wasser gefallen? Aber er konnte doch schwimmen. Und was machte er am Dortmund-Ems-Kanal? Es klang nicht wahrscheinlich. Andererseits – war er vielleicht heimlich nach Dortmund gezogen? Ich dachte wieder an seine ausgeräumte Wohnung.

»Aber es gibt eine andere Möglichkeit. Ihre Tochter hat fünfzig Prozent der DNA von ihrem Vater«, sagte Christian Rabe. »Wenn Sie Sicherheit möchten ...«

»Ja. Ja, ich möchte Sicherheit. Auf jeden Fall. Für meine Tochter. Was brauchen Sie dafür?«

»Lucys Zahnbürste genügt.«

»Wo soll ich Sie hinbringen?«

»Sie können sie einfach in eine Plastiktüte packen. Ich hole sie bei Gelegenheit ab. Ich wollte sie ohnehin noch um Ihr Laptop bitten, um festzustellen, ob jemand Zugriff darauf hat.«

»Aber woher bekommen Sie jetzt noch die DNA des Mannes? Ist er nicht längst beerdigt?«

»Doch, natürlich. Aber bei ungeklärten Tötungsdelikten bewahren wir DNA auf, falls sich neue Hinweise ergeben.«

»Wie … Ist er nicht ertrunken?«

»Ja. Aber vor seinem Sturz ins Wasser hat er einen heftigen Schlag auf den Hinterkopf bekommen, den er wahrscheinlich auch dann nicht überlebt hätte, wenn er nicht in den Kanal gefallen wäre.«

Nachdem Christian Rabe aufgelegt hatte, saß ich eine Weile da und dachte nach. Das musste ich erst einmal verdauen. Wenn der Mann Oliver war – wer hatte ihn geschlagen? Und warum?

Und war es wirklich möglich, dass auch Oliver ertrunken war? War das nicht ein bisschen viel des Zufalls?

Es waren Wochen vergangen, bis man das Auto meines Vaters im Angermunder Baggerloch entdeckt hatte. Der Audi war nur wenige Meter weit in den See gerollt. An dieser Stelle fiel der Boden zwar recht steil nach unten ab, doch das Auto war in einer Tiefe von etwa zweieinhalb Metern in einem Kiesbett stecken geblieben. Mein Vater saß angeschnallt auf dem Beifahrersitz, Konrad auf der Rückbank.

Es war schon erstaunlich, wie tief uns Verletzungen prägen konnten.

Ich war zeit meines Lebens misstrauisch geblieben. Und genau deshalb fragte ich mich jetzt, warum sich Christian

Rabe wohl wieder an einen alten Vermisstenfall gesetzt hatte. Was war sein Motiv? Wollte er mir wirklich helfen? Und wenn ja, warum? Und wenn der Tote wirklich Oliver war, dann mussten nicht nur Lucy und ich damit klarkommen, dann fiel Christian Rabe vielleicht auch auf, dass Ertrinken in unserer Familie statistisch überproportional häufig vorkam. Das gefiel mir überhaupt nicht.

Wie gern hätte ich jetzt mit Thea gesprochen. Doch sie würde frühestens in einer Stunde aufwachen, und da musste ich bereits arbeiten. Ich hoffte, ich hätte später eine ruhige Minute, um sie anzurufen. Erst einmal musste ich aufpassen, dass Lucy von der neuen Entwicklung bezüglich ihres Vaters nichts mitbekam. Ich wechselte rasch Lucys Zahnbürste aus und legte ihre benutzte in eine Plastiktüte in meinen Nachtschrank. Vielleicht war der Tote ja gar nicht Oliver. Ich war durcheinander. Im Moment konnte ich mich nicht einmal entscheiden, worauf ich hoffen sollte.

Als ich wieder nach unten kam, stand Rolfie am Fenster und betrachtete den Haufen Sperrmüll.

»W…ir sollten den Müll bald wegräumen. N…icht d… dass Lucy was auf den K…kopf fällt«, erklärte er.

»Ja, und schön sieht das ja auch nicht aus«, bemerkte ich, »aber auch die Garage ist noch voller Müll. Hilfst du mir morgen Nachmittag, alles rauszuräumen? Sperrmüll kommt am Samstag ganz früh am Morgen.«

»Kl…ar.«

»Möchtest du nichts essen?«

Ich hielt Rolfie den Teller mit den Schnittchen hin.

Er biss im Stehen ab.

»Setz dich doch. Ich hole dir einen Kaffee.«

Eine Weile saßen wir einfach beisammen und aßen Graubrot mit Leberwurst.

Rolfie trank einen Schluck. »I…ich hab in der Garage ei…

einen Eimer weiße Farbe gefunden«, sagte er. »D…der ist noch gut. Ich kann oben anfangen zu streichen.«

»Ja, die ist noch übrig von Lucys Zimmer. Klar, fang an. Am besten mit deinem Zimmer. Die anderen Zimmer müssen warten, bis es wieder Farbe bei Aldi gibt.«

»O…okay.«

»Ich gehe jetzt zu Frau Klinkhammer, und dann hol ich Lucy. Später wollen wir ja Kekse backen. Und heute Abend koche ich uns was.«

Ich war froh, dass mein Tag verplant war und mir wenig Zeit zum Grübeln blieb.

Kapitel 26

Draußen wickelte ich mich in den Schal von Thea. Das Wetter war kühler geworden. Lucy würde eine neue Winterjacke brauchen, sie war gewachsen im letzten Jahr. Vielleicht konnten wir morgen in die Stadt fahren und eine aussuchen, bei H&M gab es auch modische Varianten, die nicht so teuer waren. Und ich hatte unseren letzten Ausflug in die Stadt genossen.

Frau Klinkhammer hatte einen akuten MS-Schub und brauchte jetzt täglich Kortison, das ich ihr über eine Infusion verabreichte. Sie erzählte wieder von ihrem Enkel an der International School, aber ich hörte nur mit halbem Ohr zu, weil ich an Jennifers Tochter denken musste, die auf die International School in Frankfurt gegangen war. Ich musste Jennifer unbedingt nach dem Namen fragen, sonst hielt sie mich womöglich für uninteressiert an ihrem Schicksal.

Vor der Schule stand immer noch eine größere Traube Eltern als üblich. Solange Charlotte verschwunden war, würde sich das wahrscheinlich auch nicht ändern. Ich wartete möglichst weit abseits der Menge. Das Fahrrad schob ich wie einen Schutzwall zwischen sie und mich. Ich war sicher, dass ich das Thema ihrer Gespräche war. Meine Rolle würde sich wohl nie ändern.

Zu meiner Verblüffung kam Lucy Seite an Seite mit Annabel auf den Schulhof. Sie steckten die Köpfe zusammen. Annabel war offensichtlich weder auf dem Weg zum Schulklo noch Lucy gegenüber feindselig gestimmt. Im Gegenteil, die beiden unterhielten sich lebhaft, beinahe aufgeregt.

Als Lucy mich entdeckte, kam sie auf mich zu gerannt. »Kann ich heute bei Annabel spielen, bitte, Mama, bitte!«

»Ähh …« Vor lauter Verblüffung fiel mir erst mal keine Antwort ein.

»Bitte, bitte, bitte! Annabel fragt gerade ihre Mama!«

Ich warf einen verstohlenen Blick zu Gabi. Sie sah nicht sehr begeistert aus. Ich konnte förmlich sehen, wie sie nach Ausreden suchte, um nicht ausgerechnet mein Kind mit zu sich nehmen zu müssen.

»Heute leider nicht, Lucy, wir wollten Kekse backen. Jennifer hat schon alles eingekauft, sogar Glitzerstreusel und essbare Perlmuttperlen.«

»Oh, dann kann Annabel ja zu uns und mitbacken. Annabel!« Sie flitzte davon, um Annabel von ihrem neuen Plan zu berichten.

Gabis Gesicht wurde noch länger, als Lucy Annabel von der Planänderung erzählte. Nun redeten zwei Mädchen auf sie ein. Ich sah, dass Annabel die Hände wie zum Gebet faltete und ihre Mutter anbettelte.

Mich wunderte etwas, dass Annabel mir offensichtlich unser unerfreuliches Gespräch an dem Tag, als Charlotte verschwand, nicht übel genug nahm, um einen Backnachmittag bei uns für sich auszuschließen.

Gabi sah mit missmutigem Gesichtsausdruck zu mir herüber, aber ich kam ihr nicht entgegen. Schließlich machte sie ein paar Schritte auf mich zu, blieb aber in sicherem Abstand stehen. »Ist es dir recht, wenn Annabel mitgeht? Ich hole sie dann bei dir ab. Um fünf?«

»In Ordnung«, sagte ich, auch wenn ich etwas überrascht war. Doch was immer sie hinter meinem Rücken erzählte, sie traute mir offenbar dennoch zu, ein paar Stunden auf ihren Augenstern aufzupassen. Ich nahm es als Zeichen, dass die Lage sich zwischen uns wieder etwas entspannte.

Zu Hause machte ich den Kindern ein paar Brote. »Wir

essen meistens erst abends warm«, sagte ich entschuldigend zu Annabel, »weil ich es meistens nach der Arbeit nicht rechtzeitig schaffe zu kochen, bevor Lucy kommt.« Gleichzeitig fragte ich mich, warum ich mich gemüßigt fühlte, einer Neunjährigen meinen Lebensstil zu erklären.

Rolfie kam mit weißen Klecksen im Gesicht die Treppe runter.

»Ha…hallo Lucy«, sagte er, »Hast du eine F…freundin mitgebr…acht?«

»Das ist Annabel.«

»J…ja, ich weiß, U…uwes Tochter.«

»Ist Rolfie dein Vater?«, flüsterte Annabel gerade so laut, dass wir es alle hörten.

»Nein«, sagte Lucy ernst. »Aber er bleibt jetzt bei uns. Spielst du mit uns ›66‹, Rolfie?«

»Sp…später. Ich streiche noch.«

Annabel und Lucy verschwanden in Lucys Zimmer.

Ich seufzte. Na, da würde Gabi ja nachher Interessantes zu hören bekommen. Am Ende dichtete sie Rolfie und mir noch eine Affäre an. Aber andererseits war es nicht schlecht, wenn Gabi verbreitete, dass Rolfie bei mir wohnte. Das würde gewisse Leute vielleicht davon abhalten, bei mir einzusteigen, um meine Tochter zu klauen.

Jennifer kam schon um kurz vor halb drei. Sie war voll beladen. »Im Auto ist noch mehr«, sagte sie und hievte die Tüten auf meinen Esstisch.

»Bist du noch bei Trost? Willst du Kekse für ganz Düsseldorf backen?«

Ungerührt packte sie aus. Kiloweise Mehl, Zucker, Puderzucker, Butter und mehrere Dutzend Eier stapelten sich auf dem Tisch. Dann folgten die Verzierungen: Perlen, Herzen, Sterne, bunter Zuckerguss, Fondant in allen Regenbogenfarben, Glitzerpulver, -streusel und -kristalle, dazu alle Ausstechformen, von denen ein Mädchen nur träumen konnte, auch

Prinzessin Lillifee und ein Zauberstab. Sogar ein Einhorn war dabei.

»O mein Gott«, sagte ich. Der Berg an Gütern erschlug mich geradezu.

»Wo ist Lucy?«, fragte Jennifer und sah stolz aus. »Sie wird die schönsten Kekse von ganz Lohausen backen.«

Lucy war ein solches Übermaß nicht gewöhnt. Es würde sie überfordern. Es überforderte mich ja bereits.

»Nimm bitte einen Teil wieder mit nach Hause«, sagte ich. »Das können wir unmöglich alles verarbeiten, vom Essen ganz zu schweigen.«

»Auf keinen Fall. Lucy soll alles haben, wovon sie träumt.«

Ich gab nach. Schaden würde es Lucy schließlich auch nicht. Und Jennifer musste ganz offensichtlich etwas kompensieren. Da hatte sie alles Geld der Welt, ein riesiges Haus, Zeit und Platz genug – aber keine Tochter mehr, mit der sie Kekse backen konnte.

Ich knetete rasch ein paar Kilo Teig, den ich in den Kühlschrank stellte, dann holten wir die Mädchen.

Rolfie lehnte dankend ab, als ich ihn fragte, ob er zum Backen nach unten käme. Vier Frauen seien ihm dann doch zu viel auf einen Schlag, sagte er und machte sich daran, die Decke in seinem neuen Zimmer zu streichen.

Die Mädchen sichteten inzwischen die Ausstechförmchen. Lucy bekam rote Bäckchen vor Aufregung. Jennifer sah zufrieden aus.

»Die Kronen könnt ihr mit Goldstaub verzieren«, schlug sie vor.

»Und Perlen!«, rief Lucy.

Weil in der Küche nicht genug Platz zum Ausrollen war, wurde der Tisch im Esszimmer großzügig mit Mehl bestäubt und der Plätzchenteig ausgerollt.

Nachdem ich vier Bleche voll gebacken und zum Verzieren auf den Esstisch geschüttet hatte, brachte mir Lucy noch ein Backpapier voller Fliegenpilze, der einzigen Form, die ich beigesteuert hatte.

»Ohne die ist es kein Weihnachten«, sagte sie.

Ich lächelte. Das ganze Haus duftete, das Esszimmer war über und über mit Mehl bestäubt, die Mädchen verzierten die Plätzchen großzügig mit Glitzer, Goldstaub und Perlen. Lucy mit einem anderen Kind zusammen zu sehen und ihre Freude darüber, dass sie etwas besaß, das sie mit anderen teilen konnte, auch wenn es nur Backförmchen waren, erfüllte mich ganz und gar mit Zufriedenheit.

Auch Annabel kümmerte sich nett um Lucy, schob ihr die Perlen hin, die sie haben wollte, und half ihr bei der Gold-Bestäubung der Kronen. Ich konnte kaum glauben, dass es dasselbe Mädchen war, das mir noch vor zwei Wochen schlaflose Nächte bereitet hatte. Wenn ich Annabel beobachtete, war sie einfach ein ganz normales Mädchen. Seltsam.

Irgendwann stapelte Lucy ein paar fertige Kekse auf einen Teller und sagte: »Die bringe ich Rolfie.«

»Rolfie?«, fragte Jennifer.

»Der streicht oben Mamas altes Zimmer«, erklärte Lucy und stiefelte nach oben.

»Rolfie?«, fragte Jennifer. »Ist das nicht der Mann aus dem Bunker?«

»Ja.«

»Der wohnt jetzt hier«, sagte Annabel.

»Der wohnt hier? Bei dir?«

Ich zuckte mit den Achseln. »Warum nicht? Er weiß nicht wohin, ich habe Platz. Ich hab dir doch erzählt, dass ein Obdachloser im alten Herrenhaus im Park gewohnt hat. Das war Rolfie.«

Jennifer sah mich verwundert an. »Du lässt jemanden hier wohnen, nur weil er nicht weiß, wohin?«

»Gibt schlechtere Gründe.«

»Auch wieder wahr«, sagte sie, aber sie sah nicht aus, als ob sie meiner Meinung wäre.

Als Annabel in die Küche ging, um sich die Hände zu waschen, beugte ich mich über den Tisch zu Jennifer und sagte leise. »Ich fühle mich sicherer, wenn er hier ist.«

»Aber hast du keine Angst vor ihm? Hat die Polizei ihn nicht verdächtigt? Ich meine nur, wegen …«, flüsterte Jennifer und machte eine Kopfbewegung Richtung Tür.

Ich schüttelte den Kopf. »Rolfie war das nicht«, flüsterte ich zurück. »Das weiß ich.«

»Dein Wort in Gottes Ohr«, sagte Jennifer, als Lucy wieder zurückkam.

»Rolfie sagte, die Kekse wären die besten, die er je gegessen hat.« Sie sah sehr stolz aus.

Ich warf einen Blick auf die Uhr. »Ihr beide geht euch jetzt bitte ordentlich die Hände waschen. Annabels Mutter kommt gleich«, sagte ich.

»Och, schon?« Lucy war enttäuscht.

»Ihr könnt euch ja noch mal treffen«, sagte ich. Tatsächlich war der Nachmittag so friedlich verlaufen, dass ich überhaupt nichts dagegen hatte.

Ich fegte das Mehl auf dem Tisch mit den Händen zusammen.

Jennifer saß mit untergeschlagenen Beinen auf dem Cordsamtsofa und sah mir dabei zu. Sie wirkte auf einmal traurig. Ob sie an all die Weihnachten dachte, die sie noch ohne ihre Tochter würde feiern müssen? Die Vorstellung war so schrecklich, dass ich beschloss, Jennifer an Weihnachten zu mir einzuladen. Meinetwegen sogar zusammen mit diesem grantigen Rupert. Vielleicht war er ja nur so geworden, weil auch er seine Tochter verloren hatte.

»Jennifer«, fing ich an. »Es ist mir schon unangenehm, weil ich nie gefragt habe, aber es wird ja immer merkwürdiger, wenn ich es nicht endlich mal tue.« Ich klopfte mir über der Teigschüssel das Mehl von den Händen. »Aber … wie hieß eigentlich deine Tochter?«, fragte ich.

Jennifers Blick schnellte zu mir hoch. Einen Moment lang dachte ich, sie würde nicht antworten. Doch dann sagte sie: »Judith. Sie hieß Judith.«

Kapitel 27

Den Namen ihrer Tochter auszusprechen, fiel ihr schwer, das hörte ich an Jennifers brüchiger Stimme.

»Judith. Ein schöner Name. Hast du sie nach deiner Mutter benannt?«, fragte ich deshalb.

»Wieso?« Jennifer sah mich konzentriert an.

»Nur so. Heute ist der Name ja eher selten. Man hört ihn kaum noch.«

»Das stimmt.«

Ich wusste nicht, auf was sich das bezog – dass der Name heute selten war oder dass sie ihre Tochter nach der Mutter benannt hatte, aber ich fragte nicht weiter nach. Etwas anderes beschäftigte mich.

»Ist Judith der Grund, warum Rupert so … so ist, wie er ist?«, fragte ich vorsichtig.

»Wie meinst du das?«

»Na ja, er macht auf mich einen etwas … grantigen Eindruck. Als er mich damals nach Hause gefahren hat, war er ganz zuckersüß zu Lucy, aber mit mir hat er kein Wort gesprochen. Als wenn er mich komplett ausgeblendet hätte.«

»Da hast du bestimmt was in den falschen Hals bekommen. Rupert ist ein ganz Netter, wirklich. Vielleicht erst auf den zweiten Blick. Aber mir liest er jeden Wunsch von den Augen ab. Stell dir vor, er bringt mir sogar immer Kaffee ans Bett. Selber. Er könnte ja auch Agata schicken, aber er möchte etwas für mich tun. Und Kinder – er liebt Kinder eben. Die gehen bei ihm nun mal vor. Und auf alleinerziehende Mütter ist er nicht so gut zu sprechen. Da ist er ein gebranntes Kind.«

»Was meinst du damit?«

»Als wir uns kennenlernten«, erzählte Jennifer, »war Rupert schon eine Weile von seiner ersten Frau geschieden. Dir ist ja sicher aufgefallen, dass er ein paar Jahre älter ist als ich. Seine Exfrau hat ihm den Kontakt zu seiner Tochter unglaublich schwer gemacht. Das waren noch andere Zeiten, damals bekamen die Mütter bei einer Scheidung problemlos das alleinige Sorgerecht. Er hatte zwar noch ein Umgangsrecht, aber jedes Wochenende, an dem Rupert sie abholen wollte, hatte das Kind irgendeine geheimnisvolle Krankheit und konnte nicht mitgehen. Die Mutter wollte partout jeden Kontakt zu ihm verhindern. Sie konnte ihm nicht verzeihen, dass er sie verlassen hatte, gerade, als es mit der Firma so bergauf ging. Irgendwann war das Mädchen ihm so entfremdet, dass sie ihn nicht mal mehr sehen wollte. Das hat ihm das Herz gebrochen.« Jennifer schien nachzudenken. »Ich fürchte fast, ich habe ihm die Geschichte mit Lucys Vater auch ungeschickt weitergereicht. Ich habe erzählt, dass Lucy ihren Vater nie kennengelernt hat. Das war wahrscheinlich eine etwas zu knappe Information. Und dann hat Rupert dich in die gleiche Schublade wie seine Exfrau gesteckt.«

»Hm«, sagte ich. Ich fragte mich, ob die erste Frau von Rupert wirklich so partout gegen Kontakt mit dem Vater war, weil der sie verlassen hatte. Es wäre sehr egoistisch gewesen. Vielleicht gab es andere Gründe? Jedenfalls hatte Rupert auf gewisse Weise gleich zwei Töchter verloren. Die eine durch Entfremdung, die andere durch einen tödlichen Unfall.

Jennifer wischte sich über die Augen.

Das Klingeln an der Haustür unterbrach sie. Das war bestimmt Gabi, die ihre Tochter abholen wollte. Die Frau hatte wirklich Talent zum Nerven.

Sie stand mit verschränkten Armen vor der Tür, aber das konnte an der Kälte liegen. Gabi trug keine Jacke, ihr Minivan parkte genau vor meinem Gartentor.

Da war sie also, diese Frau, mit den leicht vorstehenden

Vorderzähnen und diesen etwas zu kleinen Augen, vor der ich immer solche Angst gehabt hatte. Jetzt sah ich Falten um die Augen und auf der Stirn. Doch der Blick hatte sich verändert. Freundlich wäre übertrieben gewesen, aber sie sah immerhin auch nicht mehr aus, als wolle sie mir im nächsten Moment den Hals umdrehen. Ich fragte mich, was den Sinneswandel verursacht hatte.

Sie war nicht übergewichtig, aber der Typ, den meine Mutter mit ihrer perfekten Silhouette »alles oben« genannt hätte. Ihr Pullover spannte über den enormen Brüsten, fiel dann aber schlabberig nach unten, sodass man keine Taille erkennen konnte. Die Beine sahen im Vergleich zu ihrem Oberkörper irgendwie zu dünn aus.

»Ich wollte Annabel abholen«, sagte Gabi. »Kannst du sie rufen?«

»Die Mädchen sind in Lucys Zimmer«, sagte ich. Dann zögerte ich: Ich sah ähnlich aus wie mein Wohnzimmer, mehlbestäubt, meine Ärmel waren vollgeklebt mit Zuckerguss und Glitzerstaub. Doch draußen war es kalt. Deshalb sagte ich: »Möchtest du kurz reinkommen?«

Auch sie zögerte.

»Na komm schon«, sagte ich schließlich. »Ich beiße nicht.«

Nun blieb ihr nichts anderes mehr übrig. Sie zuckte mit den Schultern und trat näher.

»Ich rufe Annabel«, sagte ich und ging vor. »Lucy, Annabel!«

Gabi blieb auf der Fußmatte stehen. Mir war klar, dass mein Haus einen gewissen Ruf hatte. Aber jetzt war nun mal Annabel hier, und da blieb ihr nichts anderes übrig, als hereinzukommen.

Ich ging vor ins Wohnzimmer. »Komm durch!«, sagte ich.

Gabi trat näher und erstarrte, als sie Jennifer sah. »Oh«, sagte sie und versuchte, ihre Gesichtszüge unter Kontrolle zu halten. Lucy hatte bei der Einladung wohl nur davon gesprochen, dass sie Kekse backen wollte, sonst wäre Gabi jetzt nicht so überrascht gewesen, Jennifer hier anzutreffen. Ihre Kiefer mahlten. Offensichtlich hatte Gabi ein neues Feindbild. Es war mir sehr recht. Vielleicht war ich dann aus der Schusslinie. Und Jennifer wirkte nicht geneigt, sich vor Gabi zu fürchten.

»Sieh an. Die Frau Schmeisser«, sagte Jennifer, als sei Gabi ein Schulmädchen, das zu spät zum Unterricht erschienen war. Anschließend betrachtete sie interessiert ihre Fingernägel.

Der Umschwung von einer gerade noch traurigen zu einer selbstsicheren Jennifer hatte sich so schnell vollzogen, dass ich mir nicht sicher war, ob Jennifer die selbstsichere Person in Wirklichkeit nicht spielte. Sie saß mit untergeschlagenem Bein auf dem Sofa, einen Arm lässig über die Lehne gelegt, lächelte und wirkte Gabi haushoch überlegen.

»Wir haben … äh … wir haben gebacken«, erklärte ich, weil die Anwesenheit der beiden zusammen mich plötzlich nervös machte. Ich fing an, hektisch ein paar Perlendosen zusammenzuschieben und Mehltüten zu schließen.

Zum Glück kamen die Mädchen ins Wohnzimmer gerannt.

»Mama, ich habe eine Prinzessin Lillifee gebacken! Und ganz viele Kronen! Guck mal!« Annabel zog ihre Mutter bis zum Esstisch.

»Ich hole dir eine Dose, dann kannst du dir deine einpacken«, sagte ich schnell und floh kurz aus dem Wohnzimmer. Die Schwingungen zwischen Gabi und Jennifer waren aufgeladen.

Als ich mit der Dose zurückkam, suchte Annabel Plätzchen zusammen, während Gabi zum Aufbruch drängte. »Nun mach schon. Wir müssen gehen. Lass doch die Kekse für Lucy hier. Wir können auch welche backen.«

Annabel, die offenbar die Mühen ihres Nachmittags nicht genug gewürdigt sah, verzog das Gesicht.

Ich sprang Gabi bei. »Die sind ja auch noch nicht ganz trocken, besser bringt Lucy sie dir morgen mit in die Schule«, sagte ich. »Sonst ist nachher der schöne Zuckerguss kaputt.«

»Okay«, sagte Annabel zögernd mit einem Blick auf ihre nervöse Mutter. »Das da drüben sind alles meine, nicht wahr, Lucy, du merkst dir das?«

»Weiß ich doch. Du hast immer so goldene Perlen auf die Kronen gemacht. Und deine Prinzessin ist viel schöner als meine.«

»Dafür ist dein Einhorn toll geworden. Wie ein Regenbogen.«

Ich stand sprachlos dabei. Waren die beiden noch vor Kurzem Erzfeindinnen gewesen? Sollte ich es vielleicht auch einfach mit einem Kompliment bei Gabi versuchen? Leider fiel mir keins ein, wie sie da stand, mit hektischen Flecken im Gesicht, und versuchte, Jennifer und mich zu ignorieren, ganz darauf bedacht, ihre Tochter so schnell wie möglich aus diesem Haus zu bugsieren.

»Sag Danke, Annabel. Wir müssen jetzt wirklich gehen.«

»Kann Lucy morgen mit zu uns?«, fragte Annabel.

»Morgen ist Freitag, Annabel.«

»Och, immer dieser blöde Freitag«, maulte Annabel.

Gabi sah mich kurz entschuldigend an. »Freitags haben wir nie Besuch. Das ist mein Putztag, da kann ich keine Kinder zwischen den Füßen gebrauchen. Und dann kommt Uwe früher nach Hause. Das machen wir so schon seit Annabels Geburt. Sonst bekämen wir ihn ja nie zu Gesicht, so viel wie er arbeitet. Aber der Freitag, der ist uns heilig. Da darf Annabel ausnahmsweise mal niemanden einladen. Es ist der einzige Tag in der Woche, in der Annabels Papa sich immer die Zeit nimmt, um bei seiner Familie zu sein.«

»Wirklich, Gabi?«, sagte Jennifer. »Jeden Freitag? Kommt da nie etwas dazwischen?«

Gabi lief puterrot an. »Ich weiß nicht, was du meinst.« Sie nahm Annabel an der Hand und zog sie in den Flur. »Tschüss dann«, sagte sie zu mir gewandt und schob Annabel vor sich her den Gartenweg entlang.

»Mir ist kalt«, beschwerte sich Annabel, die ihren Mantel noch nicht angezogen hatte.

»Wir sind ja gleich im Auto.«

Lucy winkte Annabel hinterher.

»Räum schon mal dein Zimmer auf«, sagte ich zu ihr. »Dann kannst du nach dem Essen sofort ins Bett.«

Sie zog, ohne zu murren, ab. Der Besuch von Annabel hatte sie offensichtlich sehr gnädig gestimmt.

»Was war das?«, fragte ich Jennifer, die inzwischen auf dem Sofa lag und Dehnübungen machte. Sie war erstaunlich beweglich und zog das durchgestreckte Bein problemlos bis zu ihrer Nasenspitze.

»Was?«, fragte sie und wechselte das Bein.

»Mit dem Freitag und Uwe Schmeisser?«

»Na ja, an dem Freitag, als Charlotte verschwand, war er jedenfalls woanders.«

»Wo denn?«

»Im Hotel ›Am Rheindamm‹.«

»Ach. Und das weißt du woher?«

»Das munkelt die Dorfpost von Lohausen.«

»Vielleicht renovieren die im ›Rheindamm‹ ja ihre Badezimmer, und er hat gerade die Pläne besprochen.«

»Nö.«

»Woher willst du das wissen?«

»Weil man es eben erzählt.«

»Wer erzählt das?«

Jennifer zuckte mit den Achseln. »Weiß ich gar nicht mehr

so genau. Wahrscheinlich eine von den Müttern bei der Suche nach Charlotte.«

Jennifer war neu in Lohausen und wusste besser Bescheid als ich. Es hätte mir egal sein sollen, aber es traf mich trotzdem.

Lucy unterbrach uns. »Bin fertig mit dem Aufräumen. Was gibt es zum Abendessen?«

»Ich fange gleich an zu kochen«, sagte ich. »Ich wollte uns einen Nudelauflauf machen. Einverstanden?«

»Ich frag mal Rolfie, ob er den mag«, sagte Lucy.

Rolfie. Den hatte ich ja beinahe vergessen. Ich wollte doch, dass er Jennifers Bad flieste. Es war wichtig für unser beider Zukunft. Ich brauchte ihn, konnte Rolfie aber nicht den Rest seines Lebens mitfinanzieren. Wir hatten ja selbst kaum genug.

»Ach ja, apropos Rolfie«, sagte ich deshalb, »könntest du dir vorstellen, deine Badezimmer von ihm fliesen zu lassen? Oder den Pool oder was immer du für Fliesenarbeiten hast? Ich weiß, Uwe hat den Auftrag für den Umbau, aber für die komplizierten Fliesenarbeiten nimmt er eh meistens Rolfie. Nur bezahlt er ihn so beschissen, dass Rolfie nicht mal mehr seine Miete zahlen kann. Rolfie ist halt nicht sehr kommunikativ und arbeitet am liebsten alleine. Aber er ist ein perfekter Fliesenleger, das verspreche ich dir.«

Jennifer runzelte die Stirn. »Mit den Pools wollten wir noch bis zum Sommer warten.«

Als sie mein enttäuschtes Gesicht sah, fügte sie hinzu: »Er kann aber den Duschbereich übernehmen. Ich möchte mehrere Duschen nebeneinander haben, da sind im Moment nur zwei. Die sollen bunt und fröhlich werden für die Kinder. Wenn er da gute Ideen hat?«

»Das wirst du nicht bereuen!« Mir fiel ein Stein vom Herzen.

»Er kann ja morgen auf der Baustelle vorbeikommen und

sich das Ganze anschauen. Ich zahl ihm denselben Stundenlohn wie den Schmeisser-Leuten. Aber er muss es dann selbst versteuern.«

»Das ist kein Problem, dabei helfe ich ihm. Danke! Ich sag ihm Bescheid. Er wird sich sicher sehr freuen.«

Lucy kam die Treppe runter. »Rolfie sagt, Nudelauflauf ist seine Leibspeise. Was ist Leibspeise, Mama?«

»Sein Lieblingsessen. Wir fangen gleich an zu kochen, Süße.«

»Okay«, sagte Jennifer. »Ich geh dann mal. Soll ich dich morgen von der Schule abholen, Lucy? Dann können wir ins SuperFly fahren. Das ist eine riesige Trampolinhalle, da gibt es ganz viele verschiedene Trampoline.«

Lucy bekam große Augen. »Wirklich? Einfach so?«

»Klar!«

»Morgen geht nicht«, mischte ich mich ein. »Danke für das Angebot, Jennifer. Ich bring dich raus.« Im Flur sagte ich leise zu ihr: »Du kannst sie nicht immer so verwöhnen, Jennifer. Das sind alles Dinge, die ich mir nicht leisten kann. Du lässt mich schlecht dastehen vor meiner Tochter.«

Jennifer sah bestürzt aus. »Das wollte ich nicht. Sorry. Ich wollte nur, dass sie Spaß hat.«

»Ich weiß.«

»Sei nicht böse, Kathi, bitte nicht.« Sie nahm meine Hand und drückte sie. »Weißt du … Judith hätte so etwas auch gerne gehabt. Prinzessinnen-Plätzchen backen und Trampolin springen. Aber sie kann das alles nie wieder haben. Verstehst du?« Sie sah mich mit großen Augen an. Tränen schwammen darin.

»Ich weiß. Entschuldige, dass ich da nicht dran gedacht habe. Aber im Moment habe ich solche Angst um Lucy. Die Geschichte mit dem Sarg … Ich kann kaum noch schlafen vor Angst. Ich möchte sie einfach bei mir haben.«

Sie sah aus, als wolle sie mir widersprechen, überlegte es

sich dann aber anders. »Na gut. Ich möchte nur nicht, dass du böse bist mit mir.«

Sie hüpfte den Gartenweg nach draußen, als würde sie Himmel und Hölle spielen. »Kennst du das, Kathi? Hat Judith früher immer gespielt.« Sie hüpfte bis zu ihrem Auto. Der Range Rover stand auf der gegenüberliegenden Straßenseite. Sie hupte kurz, als sie wegfuhr.

Ich blieb noch einen Moment in der Tür stehen. Sie war viel zu elegant für so ein Kinderspiel, und auf einmal dachte ich, wie einzigartig sie war und wie besonders und wie sehr ich sie mochte und wie gemein es gewesen war, dass das Schicksal zugeschlagen hatte und ihr das einzige Kind genommen hatte. Und wie merkwürdig, dass sie ein Kind ausgerechnet mit diesem Rupert gehabt hatte. Ein gefülltes Bankkonto konnte nicht die einzige Erklärung sein. Erstens kam sie mir nicht geldgierig vor, und zweitens hätte sie sicherlich ganz andere Männer um den Finger wickeln können.

Gerade als ich die Tür schließen wollte, hörte ich noch ein Motorengeräusch. Es war lauter als ein normales Auto.

Ich riss die Tür wieder auf und rannte nach draußen. Doch ich sah nur noch die Rückleuchten eines großen dunklen Wagens. Es bog rechts ab auf den Nagelsweg. Es war zu groß für eine normale Limousine. Aber wie ein SUV sah er irgendwie auch nicht aus. Da waren Buchstaben hinten als Typenbezeichnung gewesen, aber ich konnte sie so schnell nicht entziffern. Ich verfluchte mich, weil ich so unglaublich schlecht war im Erkennen von Autotypen. Jeder andere hätte wahrscheinlich sofort gewusst, was das für ein Auto gewesen war. War das ein Mercedesstern hinten am Kofferraum gewesen?

Als ich wieder ins Haus ging, stand Rolfie in der Tür.

»Hättest du nicht eine Minute früher kommen können?«, seufzte ich.

»W…wieso?«

»Ach, da war ein Auto, und ich wollte wissen, was für eine Marke das war.«

»T…tut mir leid.«

»Konntest du ja nicht wissen. Na komm, ich koch jetzt was. In einer halben Stunde können wir essen, okay?«

»Ich h…hab ei…ein Auto gehört. W…war ein AMG.«

»Was ist ein AMG?«

Rolfie schaute mich an, als sei ich nicht mehr ganz richtig im Kopf. »Ei…ein Mercedes.«

Mir wurde heiß. Dann hatte ich das richtig gesehen mit dem Mercedesstern. Ich zog Rolfie zu meinem Laptop. »Wie heißt das Modell, das du meinst? Es war keine normale Limousine, aber auch kein SUV.«

»Ei…ein Mercedes AMG. Wa…wahrscheinlich ein GLE, da…das ist ein Crossover-Modell.«

Ich suchte nach Bildern. Ja, das könnte einer gewesen sein. Er sah aus wie eine Mischung aus einem Geländewagen und einer Limousine. Das passte.

»Sind die Dinger laut?«, fragte ich.

»J…ja. Die haben 584 PS«, sagte Rolfie. Es klang begeistert.

Auch wenn es mir ein Rätsel war, was genau einen da begeistern konnte, suchte ich auf Youtube nach dem Fahrgeräusch eines AMG GLE. Die Leute stellten wirklich alles ins Netz: Tatsächlich wurde ich fündig. Das Röhren des Motors war laut und rasselte irgendwie. So wie der Wagen eben.

»Das könnte einer gewesen sein«, sagte ich. »Gibt es das Modell öfter?«

»N…nur bei Leu…leuten, die un…gefähr hunderttausend Euro ü…übrighaben.«

»Wow. Das schränkt die Zielgruppe ja schon etwas ein.«

Wie viele Leute kannte ich, die so viel Geld hatten? Jennifer, doch die fuhr einen Range Rover. Die Süssbrichs vielleicht?

Kapitel 28

Dass ich vor lauter Detektivarbeit das Kochen ganz vergessen hatte, merkte ich erst, als Lucys sich beschwerte. Daraufhin erklärte sich Rolfie bereit, das Abendessen zu machen.

»Du kannst kochen, Rolfie?«, fragte ich.

»Na ja … kochen. Ist ja nur ein Nu…nudelauflauf. Lucy k…kann mir helfen.

»Ihr seid spitze. Ich decke dafür den Tisch.«

Beim Essen erzählte ich Rolfie von meinem Gespräch mit Jennifer. »Rolfie, du kannst morgen mit den Schmeisser-Jungs auf die Baustelle in der Korten-Villa. Jennifer braucht jemanden, der beim Fliesen helfen kann. Du sollst schon unten im Schwimmbad anfangen, Duschen zu installieren und zu fliesen. Die Pläne gibt sie dir morgen. Und sie bezahlt dich extra, da verdienst du mehr und kannst Uwe Schmeisser außen vor lassen.«

»Wi…wirklich?« Rolfie freute sich.

Lucy strahlte ihn an. Die beiden gaben sich über ihren Salatschüsselchen ein High Five.

Ich fasste mir ein Herz.

»Lucy, ich muss dich noch was fragen«, sagte ich ernst. »An dem Dienstag, als du nicht beim Turnen warst … Wo warst du da? Sag bitte nicht wieder am Rhein. Da warst du nicht.«

Lucy lief rot an. Sie hatte offenbar gehofft, das Thema würde nie wieder zur Sprache kommen.

»Ich schimpfe nicht. Versprochen. Es ist nur – du weißt, was mit Charlotte passiert ist. Ich muss im Moment einfach immer wissen, wo du bist. Sonst kann ich nicht richtig auf dich aufpassen. Und das ist doch die allerwichtigste Aufgabe, die ich habe.«

Lucy schwieg.

Rolfie schaute betreten auf seinen Teller. Dann sah er Lucy an. »L...lucy«, sagte er. »I...ich hab dir doch gesagt, du musst es d...deiner M...mama sagen!«

»Aber du wolltest doch auf keinen Fall, dass sie weiß, dass du in dem Herrenhaus im Park gewohnt hast. Deshalb habe ich nichts gesagt.«

Jetzt lief Rolfie rot an. »D...das stimmt. A...aber du hättest sagen können, d...dass d...du b...bei mir warst, Lucy!«

»Also warst du bei Rolfie? Im Lantz'schen Park im Herrenhaus? Am Dienstagnachmittag? Die ganze Zeit?«

Lucy sagte nichts.

»Lucy?«

Sie schüttelte den Kopf.

»Wo warst du denn?«

»Bei Rossmann«, sagte sie und schaute auf ihren Schoß.

Jetzt ging mir ein Licht auf. »Wegen des Lipgloss? Du wolltest so ein Lipgloss haben? Wie die anderen Mädchen?«

Sie nickte und sah mich kurz an. »Charlotte hatte fast jeden Tag ein neues. Und die haben alle so lecker gerochen. Aber am besten fand ich Kokos. Ich mag doch Kokos so gerne«, sagte sie und sah wieder nach unten.

»Und woher hattest du das Geld? Hat Rolfie es dir gegeben?«

Sie schüttelte den Kopf. »Ich habe es aus deiner Schublade genommen. Wo du immer das Trinkgeld aufbewahrst für meine Schulsachen«, flüsterte sie und verzog den Mund zu einem Schluchzen. »Tut mir leid, Mama!« Sie fing an zu weinen.

»Ach du meine Güte.« Ich zog sie auf den Schoß und nahm sie fest in den Arm. »Wegen so etwas musst du doch nicht lügen, Schätzchen. Ich verstehe doch, dass du auch mal etwas haben möchtest, was die anderen alle haben.«

Ihr kleiner Körper wurde geschüttelt von einem Weinkrampf.

»Aber einfach stehlen darfst du auch nicht«, sagte ich, um meiner Mutterpflicht Genüge zu tun.

»Ich weiß.« Lucy weinte noch lauter.

Rolfie klopfte Lucy etwas steif auf den Rücken. »Na, na«, sagte er.

»Das war also wirklich Lucys Lipgloss, das ich in der Villa gefunden habe?«, fragte ich.

»S…ie hat es mir gezeigt. Sie war so stolz drauf«, sagte Rolfie. »A…aber ich ha…hab ge…gedacht, sie hä…hätte es dann wieder mit nach Hause ge…genommen.«

»Aber du hast es da im Herrenhaus versteckt?«, fragte ich.

Lucy nickte. »Im Badezimmer«, sagte sie mit tränenerstickter Stimme. »Weil ich Angst hatte, dass du es findest und fragst, woher ich das Geld habe.«

»Ach du meine Güte.« Ich hörte mich an wie meine Großmutter. »Und du Rolfie, warum bist du dann abgehauen, als wir ins Herrenhaus gekommen sind und Charlotte gesucht haben?«

»E…es i…ist doch verboten, d…da drin zu wohnen. Das v…von Charlotte wusste i…ich da noch gar nicht. Ich w… wollte nur nicht, dass jemand we…weiß, dass ich k…kein Dach m…ehr über dem K…kopf habe.«

»Aber du hast gesagt, es tut dir leid, Rolfie, erinnerst du dich? Daraufhin hat der Polizist, dieser Christian Rabe, geglaubt, dass du etwas mit dem Verschwinden von Charlotte zu tun hast. Aber du meintest Lucy, nicht wahr? Dass du mir nicht gesagt hast, dass Lucy bei dir im Herrenhaus war. Wo du gar nicht sein durftest. Und Lucy erst recht nicht. Stimmt's?«

Rolfie nickte.

Ich seufzte laut. »Könnt ihr beide mir wenigstens versprechen, dass jetzt Feierabend ist mit der Geheimnistuerei?«

Rolfie und Lucy nickten.

Danach aßen wir endlich mit noch besserem Appetit weiter. Es schmeckte. Rolfie konnte gut kochen. Eine Last war von uns allen abgefallen. Und die Aussicht auf einen Job ließ Rolfie richtig ausgelassen werden. Er alberte mit Lucy herum, als seien sie beide acht Jahre alt.

»Wenn ich dir vier von meinen Kronen-Plätzchen gebe, spielst du dann nach dem Essen mit mir ›66‹?«, fragte Lucy.

»N…ein, nur wenn du mir sechs Kronen-Plätzchen gibst.«

»Dann hab ich ja gar keine mehr. Ich habe nur sechs Kronen gemacht.«

»N…na gut, dann vier. Dann spiele ich mit dir a…aber auch nur ›44‹.«

»Okay«, unterbrach ich die beiden. »Dann spielt ihr beide jetzt eine Runde ›66‹. Oder ›44‹. Und ich mach den Abwasch.«

Damit waren sie einverstanden.

Beim Spülen hörte ich, wie die beiden Karten auf den Tisch knallten und sich gegenseitig Ansagen machten. Sie lachten mehr als sonst.

Später brachte ich Lucy ins Bett. Sie schlief sofort ein. Es war ein aufregender Tag gewesen.

Ich steckte den Kopf noch einmal kurz durch die Wohnzimmertür. »Gute Nacht«, sagte ich zu Rolfie, der das Kartenspiel zusammenpackte.

»Ich schlafe besser noch mal hier unten«, sagte Rolfie. »Sicher ist sicher.«

»Danke«, sagte ich und lächelte.

Er hatte nicht gestottert.

Doch im Gegensatz zu Rolfie kam ich an diesem Abend nicht zur Ruhe. Der Gedanke an das Auto ließ mich nicht los. Und noch etwas spukte in meinem Hinterkopf herum. Etwas, das nicht zusammenpasste …

Sollte ich Christian Rabe noch einmal anrufen? Oder wirkte das dann wie ein Ablenkungsmanöver? Wenn ich nur gewusst hätte, was der Mann von mir hielt. Die Uhrzeit war noch okay für einen Anruf – es war halb zehn. Ich fasste mir ein Herz.

Er hob nach dem zweiten Klingeln ab. »Frau Markowski«, sagte er. »Ist Ihnen etwas eingefallen, oder haben Sie Sehnsucht nach mir?«

»Beides.« Ich ging zu meiner eigenen Überraschung auf seinen Tonfall ein. »Aber ehrlich gesagt, ist Ersteres wichtiger.«

»Entschuldigen Sie, es war ein schlechter Scherz. Was kann ich für Sie tun, Frau Markowski?«

»Mir ist etwas aufgefallen. Erstens, ich habe jetzt schon zweimal ein ungewöhnlich lautes Auto bei mir in der Straße gehört. Sie erinnern sich? Wie das Auto, das ich vor der Schule gesehen habe, als Charlotte verschwand?«

»Natürlich. Konnten Sie das Nummernschild erkennen?«

»Leider nein. Aber ich glaube, ich weiß, was es für ein Auto war.«

»Und?«

»Also, eigentlich hat Rolfie … Herr Russek hat das Auto am Motorengeräusch erkannt. Dann hat er mir ein Bild davon im Internet gezeigt, und er hatte recht. Es war ein Mercedes GLE AMG. Ein Coupé, um genau zu sein. Die Farbe konnte ich wieder nicht genau erkennen, aber wahrscheinlich dunkelgrau.«

Er pfiff durch die Zähne. »Nicht gerade ein Alltagsmodell.«

»Eben. Deshalb rufe ich Sie ja an. Sie können doch sicher feststellen, wie viele Leute in Lohausen ein solches Modell fahren? Das können ja nicht sehr viele sein.«

»Das dürfte das geringere Problem sein.«

»Und was wäre das größere?«

»Dass der Halter gar nicht aus Lohausen kommt. Dann dauert die Suche etwas länger.«

Auf die Idee, dass es ein Fremder sein konnte, war ich nicht einmal gekommen. Dabei hätte selbst mir ein solch ungewöhnliches Auto eigentlich auffallen müssen. Wobei ich mir nicht sicher war. Meistens speicherte ich Autos erst im Gedächtnis ab, wenn ich sie mit irgendeiner Person verband. Ohne dazugehörige Fahrer waren es für mich nur Blechbüchsen. Ich war eben kein Mann.

»Haben Sie nicht zufällig wenigstens den ersten Buchstaben des Kennzeichens? War es ein D wie Düsseldorf?«, fragte Christian Rabe hoffnungsvoll.

»Ach du Schande. Meinen Sie, er kommt nicht mal aus Düsseldorf?«

»Ich werte das mal als ein Nein.«

»Tut mir leid. Es war ja schon dunkel. Ich war selber überrascht, als ich den Wagen plötzlich hörte, und bin extra noch mal raus auf die Straße gelaufen.«

»Das gefällt mir alles ganz und gar nicht, Frau Markowski. Wir haben immer noch keine Spur von Charlotte. Sie ist wie vom Erdboden verschluckt. Und dann die Geschichte mit dem Sarg …«

»Sie können mir glauben, dass mir nichts ferner liegt, als so etwas zu tun. Einen Sarg für mein eigenes Kind zu bestellen, meine ich.«

»Ich kann es mir auch nicht wirklich vorstellen, Frau Markowski. Trotzdem – haben Sie etwas dagegen, wenn morgen jemand Ihr Laptop abholt? Nur um sicherzugehen, dass niemand von außen Zugriff darauf hat?«

»Wie soll das denn gehen?«

»Haben Sie noch nie davon gehört, dass man einen Computer hacken kann? Das glaube ich Ihnen nicht.«

»Doch, natürlich.« Ich war beleidigt. Ich lebte nicht hinter dem Mond, auch wenn es zugegebenermaßen ein bisschen so aussah. »Aber meines Wissens muss man dafür Zugriff auf den Rechner haben. Das hatte aber niemand außer mir. Oder ich müsste mir die Software selbst heruntergeladen haben, von irgendeiner Phishing-Mail. Ich habe aber noch nie eine E-Mail geöffnet, deren Absender ich nicht kannte. Und schon gar nicht irgendwelche Anhänge.«

Christian Rabe seufzte. »Trotzdem hätte ich das Laptop gerne – vielleicht entdecken wir etwas.«

»Meinetwegen. Wenn Sie sich beeilen. Der Computer ist mein einziges Kontaktmedium zu meiner Freundin in den USA. Sie ist ein Statement Analyst.« Das sagte ich vor allem, damit er beeindruckt war und meinen nächsten Worten eher Glauben schenkte. Offensichtlich klappte es.

»Wirklich?« Christian Rabe klang interessiert. »Aussagen-Analyse. Ein spannendes Feld. In etwa vergleichbar mit dem Lügendetektor.«

»Ja und nein. Bei der Aussagen-Analyse bekommt man wesentlich mehr Informationen. Während ein Lügendetektor nur die physiologische Anspannung misst, die eine Lüge hervorruft, kann man bei der Aussagen-Analyse nicht nur herausfinden, ob jemand lügt, sondern auch warum, und oft auch, was er in Wirklichkeit getan hat. Sagt Thea.«

»Das stimmt, wir arbeiten mit ähnlichen Methoden, aber die Forschung ist in den USA schon etwas weiter als hier.«

»Ja, das sagt Thea auch. Aber genau in dem Zusammenhang ist mir noch etwas aufgefallen, Herr Rabe. Es klingt nicht wirklich nett, deshalb sage ich es nicht gerne. Aber es geht ja um Charlotte …«

»Entschuldigen Sie sich nicht andauernd. Ohne Informationen von außen wird es schwer, Charlotte zu finden. Und das ist doch das Wichtigste.«

Trotzdem zögerte ich einen Moment. Ich wollte nicht die Böse sein. Schließlich gab ich mir einen Ruck. »Der Tag, an dem Charlotte verschwand, war ein Freitag«, sagte ich.

»Stimmt.«

»Und Gerald Süssbrich hat geglaubt, seine Tochter wäre am Freitagabend bei Annabel zur Übernachtung.«

»Ja.«

»Und Henriette Süssbrich auch.«

»Ja. Charlotte hatte ihrer Mutter morgens gesagt, dass sie nachmittags zu Annabel wolle.«

»Genau. Aber nun weiß ich, dass Annabel freitags keine Kinder einladen darf, weil die Mutter erst ihren Putztag hat und sie dann Familiennachmittag haben. Der Vater kommt früher nach Hause, und sie unternehmen etwas. Das war schon immer so, sagte Gabi Schmeisser mir.«

»Und?«

»Glauben Sie nicht, dass Charlotte das gewusst hat? Dass ihre beste Freundin freitags nie kann? Warum sollte sie also sagen, dass sie ausgerechnet Annabel besucht?«

Auf der anderen Seite der Leitung war es still.

Erst als ich »Hallo?« sagte, hörte ich, wie Herr Rabe sich räusperte.

»Frau Schmeisser hat uns auch gesagt, dass kein Besuch von Charlotte an diesem Freitag geplant war. Deshalb haben wir schon überlegt, ob Charlotte in Wirklichkeit an dem Nachmittag woanders hinwollte … Vielleicht hat sie ihre Mutter angelogen?«

»Ja, das ist eine Möglichkeit. Aber – jetzt komme ich zu einem unangenehmen Punkt. Weil ich natürlich niemanden in ein falsches Licht stellen möchte …«

»Ja?«

»Die beiden Mädchen sind seit Jahren befreundet. Selbst wenn Charlotte etwas anderes geplant hätte an dem Nachmittag und Henriette absichtlich angelogen hätte – hätte Henriette das nicht sofort merken müssen?«

Wieder war es am anderen Ende still. Ich wurde nervös. Ich wollte Henriette wegen nichts beschuldigen. Sie war in einer schrecklichen Lage. Ihr Kind war verschwunden. Aber ich konnte nicht anders. Es fiel mir auf, dass sie Dinge tat, die mir unlogisch vorkamen.

Weil Christian Rabe nichts sagte, redete ich weiter. »Charlotte ist freitags noch nie bei Annabel gewesen. Kann es wirklich sein, dass eine Mutter so etwas vergisst? Und selbst wenn Henriette in diesem Moment unaufmerksam war – glauben Sie nicht, dass es ihr wieder einfallen würde, wenn ihr Kind verschwindet?«

Ich hörte, wie Christian Rabe Luft einsog.

»Wahrscheinlich«, gab er zu. »Vielen Dank für den Hinweis, Frau Markowski.«

»Noch eine Frage …«, sagte ich. »Wenn ich auch den Zusammenhang zu Lucy überhaupt nicht verstehe. Aber nur für den Fall: Können Sie vielleicht nachprüfen, ob Dr. Süssbrich einen Mercedes GLE fährt? Er könnte doch noch einen Zweitwagen in der Garage haben?«

»Habe ich gerade schon während unseres Gesprächs getan. Nein, er hat einen grauen Panamera und einen weißen BMW X7 angemeldet.«

»Ja, die Autos kenne ich. Henriette fährt den BMW und er den Porsche.«

»Einen anderen hat er nicht. Zumindest nicht auf seinen oder den Namen seiner Frau.«

»Oh.« Ich war enttäuscht und erleichtert gleichzeitig. Einerseits wollte ich herausfinden, wo Charlotte war. Andererseits wollte ich nicht, dass jemand aus meiner Nachbarschaft mit Charlottes Verschwinden zu tun hatte. Es war mir mehr als recht, wenn das Böse möglichst weit weg wohnte.

»Kann dann morgen früh jemand den Computer bei Ihnen abholen?«, fragte Christian Rabe.

»Ja.«

»Und passen Sie gut auf Lucy auf! Mir gefällt das alles

nicht. Ich kann mir noch keinen Reim darauf machen, aber da stinkt etwas zum Himmel.«

»Ich habe schon für männliche Verstärkung gesorgt. Wir sind nicht mehr allein hier.«

Einen Moment schwieg Christian Rabe. »Ich weiß«, sagte er dann. »Herr Russek hat sich gemeldet und seinen neuen Aufenthaltsort bekannt gegeben. Das war eine der Auflagen für ihn als Zeugen in diesem Fall.«

Was eigentlich schade war, denn so war mein Versuch, mich bei Christian Rabe ein wenig interessanter zu machen, bereits wieder gescheitert.

Kapitel 29

Morgens weckte ich erst Lucy und dann Rolfie. Seine Beine hingen über der Lehne der alten Couch. Er war viel zu groß für das unbequeme Ding. Es war an der Zeit, dass er in sein Zimmer oben umzog.

Heute war sein erster Arbeitstag in Jennifers Villa. Wenn ihm alle Knochen wehtaten, würde er sich ganz schön quälen, wenn er den ganzen Tag auf Knien über den Boden rutschen musste.

Wir frühstückten mit Lucy in der Küche, dann verzog sich Rolfie ins Badezimmer.

»Lucy«, fragte ich, weil mir schon den ganzen Morgen diese Frage durch den Kopf schwirrte. »Wie kommt es eigentlich, dass du dich auf einmal mit Annabel so gut verstehst? Nicht falsch verstehen, ich freue mich ja darüber, dass du eine Freundin gefunden hast. Aber vorher war sie doch immer so gemein zu dir? Habt ihr da mal drüber gesprochen?«

Lucy zuckte mit den Schultern und biss in ihr Marmeladenbrot. »Charlotte ist ja nicht mehr da«, sagte Lucy nach einer Weile nachdenklich. »Sie braucht doch eine neue Freundin.«

»Ich hätte auch am liebsten dich zur Freundin, wenn ich ein kleines Mädchen wäre«, sagte ich vorsichtig. »Aber findest du den Umschwung nicht … überraschend? Sie war doch vorher geradezu … besitzergreifend, was Charlotte anging. Hat sogar Jungs verprügelt, die ihr zu nahe kamen, und so weiter.«

»Aber doch nur, weil Charlotte so krank war«, sagte Lucy. »Das hat Annabel mir gestern erzählt. Deswegen musste Annabel sie verteidigen. Sie hatte es ihr versprochen.«

Ich hatte keine Ahnung gehabt, dass Charlotte krank gewesen war. »Was hat sie denn gehabt?«

»Wusste Annabel auch nicht so genau. Aber sie hat ganz oft Tabletten bekommen, sagte Annabel. Und dann hatte sie Magenschmerzen, und ihr wurde schlecht.«

»Die arme Charlotte.« Mehr fiel mir dazu auch nicht ein.

»Deswegen wollte sie auch immer in Ruhe aufs Klo. Charlotte wollte nicht, dass jemand wusste, dass sie wieder krank war.«

»Das hört sich ja an, als wäre es etwas Ernstes gewesen«, sagte ich. »Aber die Mama von Charlotte ist ja zum Glück Ärztin. Sie weiß genau, was sie Charlotte für Tabletten geben muss.«

»Es war auch was ganz Ernstes«, sagte Lucy. »Hat Annabel erzählt. Vielleicht ist Charlotte ja daran gestorben und deshalb verschwunden.«

»Schatz, wenn Charlotte einfach gestorben wäre, hätte man sie doch gefunden. Nein, das glaub ich nicht.« Ich beschloss dennoch, Christian Rabe nach Charlottes mysteriöser Krankheit zu fragen.

Auf dem Weg zu Herrn Gernot und seinem Nierenfistelverband brachte ich Lucy in die Schule. Ich trug ihren Ranzen. Lucy hatte einen Beutel mit Annabels Keksen dabei. Er schlenkerte am Griff ihres Rollers hin und her.

Annabel wartete auf dem Schulhof. Ihr Gesicht leuchtete auf, als Lucy kam.

»Du hast ja die gleiche Frisur wie ich!«, freute sich Lucy.

Erst da fiel es mir auf. Der lange Zopf, der eine dünne Kopie von Charlottes gewesen war, war ab. Stattdessen trug sie einen halblangen Bob, genau wie Lucy.

»Mama wollte nicht mit mir zum Friseur, da habe ich einfach die Küchenschere genommen und den Zopf abgeschnitten«, sagte Annabel zufrieden. »Dann musste Mama nachher meine Haare doch noch gerade schneiden, sonst hätte ich nicht zur Schule gehen können.«

Ich runzelte die Stirn. So sehr ich mich für Lucy freute, dass sie endlich eine Freundin hatte, so merkwürdig fand ich, dass Annabel offenbar dazu neigte, ihre Freundinnen zu kopieren.

Doch andererseits war es für Annabel schließlich ein Schock gewesen, dass ihre beste Freundin von einem auf den anderen Tag wie vom Erdboden verschluckt worden war. Vielleicht brauchte sie die äußere Ähnlichkeit, um sich ihren Freundinnen nah zu fühlen. Trotzdem war mir diese Verhaltensweise irgendwie suspekt. War das nicht eher im Kindergartenalter, dass Kinder sich selbst die Haare abschnitten?

Warum war ich sofort misstrauisch, statt mich für Lucy zu freuen, dass sie endlich eine Freundin hatte? Konnte ich diese furchtbare Eigenart nicht auch mal ablegen?

»Hier, ich habe deine Plätzchen dabei«, sagte Lucy und drückte Annabel den Beutel mit der Keksdose in die Hand.

»Danke, Lucy! Willst du Seilchen springen?« Annabel zog meine Tochter mit sich.

Ich schaute den beiden hinterher. Vor nicht allzu langer Zeit hatte Lucy zuschauen müssen. Jetzt schien das alles vorbei zu sein. Hatte ihre Ausgrenzung doch mehr an Charlotte als an Annabel gelegen? Oder war Lucy jetzt einfach die einzig verfügbare neue Freundin für Annabel?

Später wechselte ich bei Herrn Gernot den Verband und machte anschließend einen Besuch bei Herrn Kröger außer der Reihe. Ich brachte ihm Schokoladentrüffel vom Café Schuster mit und erzählte ihm von dem schönen Ausflug in die Stadt, den er uns ermöglicht hatte. Er wollte mir gleich wieder einen Zwanziger zustecken.

»Lassen Sie mal, Herr Kröger. Sonst fühle ich mich, als hätte ich Ihnen von unserer Freude gar nichts erzählen dürfen. Wir haben jetzt auch einen Mitbewohner. Vielleicht geht es ja bald aufwärts für uns.«

Der Termin bei Frau Klinkhammer fiel heute aus, da sie für ein paar Untersuchungen ins Krankenhaus eingeliefert worden war.

Ungewöhnlich früh schloss ich meine Haustür wieder auf.

Zu Hause war es seltsam still. Lucy war noch in der Schule, und Rolfie klebte wahrscheinlich gerade winzige Mosaiksteinchen in komplizierten Mustern an eine Duschkabinenwand. Einen Moment lang fühlte ich mich in der Stille ziemlich einsam.

Ich starrte in den Garten. Der Sperrmüll auf dem matschigen Rasen verbesserte meine Laune nicht. Also machte ich mich an die Arbeit. Auch wenn ich wusste, dass Rolfie es am Abend noch erledigt hätte, fühlte ich mich tatsächlich besser, sobald ich angefangen hatte, einfach etwas zu tun. Ich schleppte Bretter und Matratzen vor das Haus, bis mein T-Shirt am Rücken klebte.

Erst als Christian Rabe direkt vor meinem Müllhaufen parkte, fiel mir auf, dass weder ich noch meine Einfahrt einen besonders schönen Anblick boten.

»Oje«, sagte ich. »Sie haben ein Talent für den falschen Moment! Ich habe gerade ausgemistet, und das hier alles …«, ich zeigte auf den Müllhaufen, »… wird morgen vom Sperrmüll abgeholt.«

Er nickte, ohne zu lächeln, was mich sofort nervös machte. »Ich komme wegen des Laptops«, sagte er.

»Ich weiß«, sagte ich und wunderte mich, dass er keine Kollegen schickte. Er war doch immerhin der Leiter der Sondereinheit, der sich mit Charlottes Verschwinden beschäftigte. Ein Laptop konnte auch ein Kollege von der Streife abholen. Eine Sekunde schoss mir durch den Kopf, ob er vielleicht meinetwegen kam. Doch dann fiel mein Blick in den Spiegel im Flur. Wohl kaum, es sei denn, er stand auf Besen.

»Möchten Sie einen Kaffee?«, fragte ich der Höflichkeit halber. Ich rechnete nicht mit einer positiven Antwort.

Doch er nickte.

Also mussten wir warten, bis der Kaffee durch meine alte Filtermaschine gelaufen war, bevor wir uns am Esstisch niederlassen konnten.

Ich stellte einen Teller mit den selbst gebackenen Plätzchen vor uns auf den Tisch. So was sah doch wirklich nach harmonischem Familienleben aus.

»Möchten Sie? Wir haben gestern frisch gebacken! Das Design ist vielleicht etwas rosalastig, aber sie schmecken sehr gut.«

Er betrachtete etwas skeptisch die zuckergussverklebten Plätzchen und nahm schließlich einen undekorierten Fliegenpilz vom Teller. »Also, Frau Markowski. Ich habe mir die Akte Ihrer Mutter noch mal vorgenommen.«

Er schwieg eine Weile. Ich wusste nicht, was er wollte, deshalb schwieg ich auch.

»Sie ist 2011 gestorben«, sagte Christian Rabe. »Herzversagen.«

»Ich weiß. Es stand ja groß in der Presse. Der Tod der Medea. So hat man sie genannt. Die ›Medea von Düsseldorf‹.«

Christian Rabe nickte. »Die Presse liebt plakative Ausdrücke.«

»Es wäre aber schön, wenn Sie die hier nicht in Lucys Anwesenheit erwähnen würden. Meine Tochter weiß von alldem nichts. Ich weiß einfach nicht, wie man so etwas einem Kind erklärt. Wer ihre Großmutter war, meine ich.«

Der Kommissar betrachtete mich nachdenklich.

Überlegte er, wie viel von der Medea in mir steckte? Hatte ich den Vater meiner Tochter umgebracht? Bestellte ich einen Sarg für mein Kind? War ich in der Lage, Lucy zu töten? Mein Misstrauen stellte seine Stacheln auf. Doch wie mein Feind sah Christian Rabe gar nicht aus. Eher im Gegenteil.

Er drehte den Keks in seiner Hand. »Ja, das ist nicht einfach. Um über solche Themen zu reden, ist Lucy wahrscheinlich auch noch zu klein«, sagte er.

Mitgefühl vertrug ich noch schlechter als Verdächtigungen. Es machte mich schlagartig schwach.

»Ich kann mir auch nicht anmaßen zu behaupten, dass ich weiß, wie das damals für Sie gewesen sein muss«, fuhr er fort. »Aber sicher sehr schlimm. Sie waren ja erst zwölf Jahre alt. Auch noch ein Kind.«

Plötzlich fühlte ich mich, als müsse ich weinen. Ich presste Daumen und Zeigefinger gegen meine Nasenwurzel und schloss kurz die Augen. In meinem Kopf klebte ein Brei aus Erinnerungen. Erst als ich sicher war, dass ich nicht weinen würde, sah ich den Kommissar wieder an.

Sein Blick war warm und offen. »In dem Alter, ganz allein zurückzubleiben – schrecklich einsam stelle ich das mir vor. Ganz schrecklich«, sagte er. Es klang, als meinte er das auch so.

Wieder schossen mir die Tränen in die Augen. Ich tastete in meiner Hosentasche nach Tabletten, fand aber keine. Christian Rabe konnte nicht wissen, dass meine größte Qual nicht in meiner Erinnerung lag. Das Allerschlimmste hatte ich gar nicht selbst erlebt, sondern mir nur wieder und wieder vorgestellt. Einen gelben Audi, der lautlos ins Wasser rollte und langsam verschwand.

Wir schwiegen.

Christian Rabes Blick ruhte auf mir. »Ich habe lange darüber nachgedacht. Das Kissen in dem Sarg mit Konrads Namen besticken zu lassen, ist eine unfassbare Grausamkeit Ihnen gegenüber«, sagte er schließlich. »Wer um Himmels willen möchte Sie so quälen?«

Im Moment quälte mich die Vorstellung an die weißen Gesichter hinter den Autofenstern. Konrads Nase mit den Sommersprossen darauf … Ich spürte, wie ich die Beherrschung verlor. Mein Körper fing an, unkontrolliert zu zittern. Meine Zähne schlugen aufeinander.

»Sie haben noch gelebt!«, stieß ich hervor. »Meine Mutter hat sie lebendig in den See gerollt. Ich weiß nicht mal, ob sie da unten noch einmal aufgewacht sind. Als das kalte Wasser über ihnen zusammengeschlagen ist …«

Christian Rabe beugte sich über den Tisch zu mir und umfasste meine zitternden Hände fest mit seinen.

»Nein«, sagte er bestimmt. »Das dürfen Sie nicht denken. Sie sind ganz sicher nicht aufgewacht. Die Menge an Diazepam in ihren Körpern war viel zu hoch.«

Jetzt kamen die Tränen. Es war nicht mehr möglich, sie zurückzuhalten. Ich weinte so sehr, dass mein Körper geschüttelt wurde. Christian Rabe ließ meine Hände nicht los. Nur einmal löste er vorsichtig eine Hand, zog ein Stofftaschentuch aus der Tasche und tupfte mir über das Gesicht wie einem Kind. Es dauerte lange, bis ich mich beruhigt hatte. Doch irgendwann war ich leer geweint, die Tränen versiegt. Mein Atem ging rasselnd. Wir schwiegen uns über den Tisch hinweg an, ohne dass Christian Rabe seine Hände wegzog. Um mir zu ersparen, dass er es noch tat, kam ich ihm zuvor und strich mir rasch die nassen Strähnen aus dem Gesicht.

Er blieb einen Moment in der Haltung sitzen, zu mir gebeugt. Seine Hände lagen noch auf dem Tisch, mit den Handflächen nach oben, doch sie wirkten auf einmal fehl am Platz. Er ballte sie zusammen und lehnte sich auf seinem Stuhl zurück.

»Ich habe übrigens alle AMGs, die in Düsseldorf gemeldet sind, überprüfen lassen«, sagte er schließlich. »Und es gibt tatsächlich einen in Lohausen. Er gehört einem Spieler von Fortuna.«

Froh über den Themenwechsel fragte ich: »Und welche Farbe hat er?«

»Laut Herstellerangaben ›Iridiumsilber‹«, sagte Christian

Rabe. »Das ist ein ganz helles Silber. Aber jetzt kommt es: Er hat seinen Wagen vor Kurzem umlackieren lassen. Wohl um den Aufstieg in die erste Liga zu feiern. Er ist jetzt rot. Fortuna-Rot sozusagen.«

»Rot war der Wagen definitiv nicht.«

»Sind Sie sicher? In der Dämmerung kann man sich da schon mal vertun.«

»Aber als Charlotte verschwand, war es helllichter Tag. Ein rotes Auto wäre mir sicher aufgefallen.«

Er sah enttäuscht aus. »Schade eigentlich. Das war der einzige AMG, der eine direkte Verbindung nach Lohausen hatte. Alle anderen zu überprüfen, wird noch etwas dauern.«

Er trank einen Schluck Kaffee, der längst kalt sein musste. »Danke für den Kaffee. Ich nehme Ihr Laptop dann schon mal mit. Es wird Ihnen, so schnell es geht, zurückgebracht. Wenn jemand von außen Zugriff darauf hat, ist es für unseren Computerspezialisten eine Kleinigkeit, das festzustellen«, sagte er und erhob sich.

»Warten Sie, ich hole Ihnen noch Lucys Zahnbürste.«

Auf dem Weg ins Schlafzimmer fuhr ich mir schnell mit den Zeigefingern unter meinen Augen entlang, um Reste von Wimperntusche zu entfernen. Warum musste ich immer dermaßen scheußlich aussehen, wenn ich Christian Rabe traf?

Er verstaute die Tüte mit der Zahnbürste sorgfältig in seiner Tasche.

»Annabel Schmeisser hat übrigens meiner Tochter erzählt, dass Charlotte eine Krankheit hatte. Wissen Sie etwas darüber?«

Er runzelte die Stirn und packte noch das Laptop ein. »Was meinen Sie damit? Eine chronische Krankheit? Oder eine Erkältung?«

Ich zuckte mit den Achseln. »Keine Ahnung. Lucy wusste es selbst nicht so genau. Aber vielleicht fragen Sie Annabel mal danach? Sie soll Tabletten bekommen haben, hat Annabel erzählt, von denen sie manchmal Magenschmerzen und Durchfall bekam. Hat Henriette das nie erwähnt?«

Christian Rabe schüttelte den Kopf. Er sah ernst aus.

»Es kann ja auch eine völlig harmlose Erkrankung gewesen sein«, versuchte ich, meine Worte abzuschwächen. »Ein Infekt oder auch nur eine Aufspielerei von Charlotte. Vielleicht ist es ganz und gar unwichtig. Ich wollte es nur erwähnen, für den Fall, dass doch etwas daran wichtig sein könnte. Damit allen Spuren nachgegangen werden kann.«

Christian Rabe setzte sich noch einmal. Wieder sah er mich nachdenklich an. »Sehen Sie, Frau Markowski«, sagte er langsam. »Genau das erwarte ich auch. Dass man mir alle Dinge mitteilt, die einem einfallen, wenn es um ein verschwundenes Kind geht. Auch wenn sie einem noch so harmlos vorkommen. Das ist völlig normales Verhalten. Ich frage mich gerade nur, warum …«, er stockte einen Moment, »… ich all diese kleinen Dinge vornehmlich von Ihnen zu hören bekomme.«

Und während ich mir darüber Sorgen machte, ob er mich am Ende irgendwelcher Falschaussagen verdächtigte, fiel mir ein, dass man es auch ganz anders deuten konnte. Nämlich, dass er keine Informationen von Charlottes Eltern bekam.

Kapitel 30

Als ich Lucy von der Schule abholte, schimpfte sie, weil Annabel freitags nicht konnte. Bei Lucy hatte also ein einziges Treffen genügt, um den Freitag als den Tag in ihrem Gehirn einzubrennen, an dem Annabel sich mit niemandem verabredete. Das bestätigte mich zwar in meinem Gefühl, dass Charlottes Eltern hätten Bescheid wissen müssen, trotzdem war mein Gewissen ihnen gegenüber nicht rein. Statt den Süssbrichs behilflich zu sein, unterstellte ich ihnen ständig merkwürdiges Verhalten. Und das auch noch gegenüber der Polizei.

Lucys Beschwerden über den bevorstehenden langweiligen Nachmittag lenkten mich von meinen Gedanken ab. Es war ein klarer Novembertag mit tiefblauem Himmel. Ein paar Wolkenfäden zogen Seite an Seite mit den weißen Kondensstreifen der Flugzeuge über den Himmel, die immer neue Muster in das dunkle Blau malten. Um Lucy zu beschäftigen, holte ich ein 1000-Teile-Puzzle hervor. Auf dem Bild war eine perfekte Rasenfläche von oben zu sehen. Sonst nichts. Rolfie hatte mehrere solcher Puzzles mitgebracht, die mit dem Rest seiner wenigen Habseligkeiten noch im Hinterhaus seiner alten Vermieterin, Frau Prott, gelagert worden waren. Inzwischen hatte er alles, was er besaß, in sein neues Zimmer gebracht. Viel war es nicht. Aber Puzzles hatte er gesammelt. Die »leichten Puzzles«, wie er sie nannte, hatte er für Lucy ins Wohnzimmer gelegt. Aber sie waren für uns viel zu schwierig. Lucy und ich versuchten, nur ein einziges passendes Teil zu finden. Es war beinahe unmöglich. Nach über einer Stunde hatten wir gerade mal den Rand zusammengesucht.

Lucy verlor bereits die Lust. »Kann ich wenigstens morgen mit Annabel spielen?«, fragte sie schlecht gelaunt.

»Morgen ist Wochenende«, sagte ich.

»Na und?«

Die Haustür flog mit einem solchen Knall auf, dass wir beide gleichzeitig aufschrien.

Rolfie steckte seinen Kopf zum Wohnzimmer rein.

Er war kreideweiß. Dann lief er schnurstracks zum Puzzle, das vor uns auf dem Esstisch ausgebreitet war, als habe er genau danach schon lange gesucht. Er sortierte mit fliegenden Fingern eine Handvoll Puzzleteile nach einem Muster, das sich mir nicht erschloss. Er sagte kein Wort. Aber seine Finger zitterten.

»Rolfie?« Ich versuchte, ihm in die Augen zu sehen. »Ist etwas passiert?«

Rolfie setzte zwei Puzzleteile ineinander und schob sie in die Mitte.

»Geh mal in dein Zimmer«, sagte ich zu Lucy, die sofort den Mund zu einem Flunsch verzog. Doch etwas an seinem Zustand gefiel mir nicht.

»Ich will lieber Karten spielen. Rolfie? Spielst du mit mir ›66‹?«

Rolfie antwortete nicht. Er schob Puzzleteile hin und her, suchte sich neue aus dem Haufen. Manche schafften es in die engere Auswahl, die meisten warf er zurück.

»Jetzt nicht, Lucy. Geh in dein Zimmer!«

Auf Lucy reagierte Rolfie sonst immer. In meinem Magen breitete sich ein komisches Gefühl aus.

»Geh Lucy! Du kannst auch ›Findet Nemo‹ gucken. Los!«

Endlich verließ Lucy das Zimmer. Im Rausgehen knallte sie die Tür zu.

»Rolfie«, sagte ich leise. »Was ist los?«

Seine Unterlippe zitterte.

»Solltest du nicht arbeiten? Bei Jennifer auf der Baustelle?«

Rolfie schob zwei Puzzleteile zusammen. Sie passten perfekt.

Mir reichte es. Ich hielt seine Hände fest. »Rolfie! Schau mich an!«

Rolfies Blick flatterte erst zu mir und dann wieder zu dem Haufen Puzzleteile.

»Da…da…das Mu….muster«, sagte er. »Da…das Mu… muster.«

»Was ist mit dem Muster, Rolfie?«

»Ni…nicht ri…richtig … da…das Mu…muster«

»Das Muster ist nicht richtig?«

Er nickte heftig.

Ich verstand kein Wort. Ich sah mir das Bild auf der Schachtel an. Alles war voller grüner akkurat gestutzter Grashalme. Mehr konnte ich nicht entdecken.

»Das ist ein Stück Rasen«, versuchte ich ihn zu beruhigen. »Das ist kein Muster!«

»»Ka…ka…ka…ka…thi«, flüsterte er. »Ich ha…b sie ge… ge…ge…fu…fu…fund…en.«

Sein Stottern war so stark, dass ich kaum ein Wort verstand. Rolfie steckte wieder zwei Puzzleteile zusammen.

»Ich sehe, dass du die Teile findest, Rolfie. Niemand findet die Teile schneller als du. Aber warum bist du so aufgeregt? Und warum bist du nicht bei der Arbeit?«

»N…ne…nein!«, stieß er hervor. »Cha…charlotte!«

Kapitel 31

Nach meinem Anruf bei Christian Rabe brach in Lohausen die Hölle los.

Ich stand am Fenster und sah nach draußen. Von Konrads Zimmer aus konnte ich den Nagelsweg beobachten. Polizeiwagen rasten mit Blaulicht die Straße entlang. Es waren so viele, dass ich den Überblick verlor. Ein Wagen hatte vor meinem Haus gehalten und Rolfie mitgenommen. Inzwischen hatte sich eine Menschentraube vor meiner Tür gebildet. Leute zeigten auf mein Haus und redeten wild durcheinander. Ich sah, wie sich der hiesige Schützenverein versammelte. Auch Markus und Henning, die mit mir das Herrenhaus im Park durchsucht hatten, waren dabei, in ihrer Mitte stand Uwe Schmeisser.

Ich musste daran denken, dass Jennifer behauptet hatte, die Schützen wären bewaffnet. Auf einmal konnte ich es mir gut vorstellen.

Ich bekam es mit der Angst zu tun.

Dann raste ein Krankenwagen den Nagelsweg entlang, was eine wilde Hoffnung in mir auflodern ließ. Vielleicht lebte Charlotte doch noch, auch wenn Rolfie etwas anderes gesagt hatte. Aber Rolfie war ja auch … nun, er war eben Rolfie. Er verstand Dinge, die uns verborgen blieben und umgekehrt.

Doch die Hoffnung erfüllte sich nicht.

Rolfie hatte Charlotte tatsächlich gefunden. Er hatte angefangen, die neuen Duschen zu fliesen, als ihm etwas im Schwimmbecken selbst aufgefallen war. Am Schwimmbecken sollte er eigentlich nicht arbeiten. Doch dann entdeckte er an der vorderen Beckenwand, unterhalb des Sprungbretts, einen Fehler.

Im ersten Moment sah alles normal aus. Wahrscheinlich wäre es auch niemandem außer Rolfie je aufgefallen, dass die Fliesen auf einer Fläche von etwa siebzig Quadratzentimetern ein bisschen anders angebracht waren als im Rest des Schwimmbades. Denn das Muster – es waren winzige Mosaiksteine in einer Reihenfolge von unterschiedlichen Blautönen – war falsch gewesen. Auf Dunkelblau folgte nicht Hellblau, sondern Mittelblau oder so etwas, ich hatte Rolfie nicht genau verstanden, er hatte vor Aufregung wieder schlimm gestottert.

Jedenfalls hatte er sich das falsche Muster genauer angeschaut. Dabei war ihm aufgefallen, dass die Fugen zwischen den Steinchen nicht richtig abgedichtet waren. Also hatte er angefangen, die Steinchen zu lösen. Auch darunter war stümperhaft gearbeitet worden, und so hatte sich Rolfie Stück für Stück bis zu dem zugemauerten Schacht der alten Gegenstromanlage vorgearbeitet. Und dort hatte er sie gefunden. Charlotte.

Ich hatte sofort Christian Rabe angerufen.

Inzwischen war ich kurz davor, noch einmal anzurufen. Der Mob auf der Straße machte mir Angst. Die Leute liefen auf der Straße hin und her, beratschlagten sich. Bisher wusste niemand, was geschehen war. Aber es wurde immer deutlicher, dass Rolfie verdächtigt wurde.

Kaum wurde es dunkel, kam der erste Ruf. »Kindermörder!«, schrie einer, der sich anhörte wie Uwe Schmeisser.

Etwas flog gegen die Scheibe. Dabei war Rolfie nicht mal hier. Oder meinten sie mich?

Ich versteckte Lucy in ihrem Zimmer, ließ alle Rollos herunter. Da das Rollo vor der Terrassentür sich wieder verklemmen würde, ließ ich es oben, schaltete im Wohnzimmer das

Licht aus und schloss stattdessen die Tür. Anschließend rief ich Christian Rabe an.

»Ich schicke einen Streifenwagen vorbei«, sagte er. »Herr Russek kommt auch bald wieder nach Hause. Wir haben Rupert Grams festgenommen. Er hat übrigens einen AMG in der Tiefgarage. Es ist uns bei der ersten Überprüfung durchgegangen, weil er als Firmenwagen in Frankfurt gemeldet ist. Herr Grams hat dort ein Immobilienbüro.«

»Ich weiß. Seine Frau ist meine Freundin – oh mein Gott, die arme Jennifer! Erst die Sache mit ihrer Tochter und jetzt auch noch der Ehemann! Aber mir war der Mann von Anfang an nicht geheuer.« Ich fühlte mich erschöpft, als hätte ich seit Tagen nicht geschlafen.

»Ja, Frau Grams wird ebenfalls gerade verhört. Entschuldigen Sie, Frau Markowski. Ich muss jetzt hier weitermachen. Ihre Aussage nehmen wir ein andermal auf. Ein Streifenwagen ist unterwegs, um den Mob vor Ihrer Haustür fernzuhalten.«

Tatsächlich kam bald ein Team vorbei. Die Polizisten klärten die Leute darüber auf, dass Rolfie nicht als Tatverdächtiger, sondern als Zeuge im Polizeipräsidium sei.

Er stehe nicht unter Verdacht, erklärte ein Polizist. »Denkt doch mal nach, bevor ihr rumbrüllt!«, sagte einer der Beamten. »Wie sollte Herr Russek es geschafft haben, ein Kind zu entführen – ohne Auto – und dann im bestgesicherten Haus von Lohausen einzubrechen und es dort einzumauern, ohne dass es jemand bemerkt.«

Als trotzdem gemurrt wurde, stellte sich der Streifenwagen in meine Einfahrt und blieb dort. Irgendwann stieg eine Beamtin aus und machte Fotos. Das vertrieb die Leute tatsächlich.

Ich bot ihr einen Kaffee an, und die Beamtin, die sich als Grit bei mir vorstellte, trank eine Tasse mit mir zusammen in der Küche.

»Wir haben eigentlich schon die ganze Zeit mit so etwas

gerechnet«, sagte sie. »Unser Kollege Volker Löhse ist mit Uwe Schmeisser im Schützenverein und hat uns vorgewarnt. Es gingen hier wohl schon eine ganze Weile Gerüchte rum, dass Sie schuld am Verschwinden von dem armen Mädchen sind. Weil Sie ausgerechnet an dem Tag verschwunden ist, als Sie sie von Ihrer Freundin getrennt haben. Ohne das Eingreifen von Lucys Lehrerin hätten wir wohl schon vor einer ganzen Weile den Mob hier gehabt.«

»Lucys Lehrerin? Frau Klose?«

»Ja. Sie hat vor ein paar Tagen eine Rundmail an alle Eltern der dritten Klasse – außer an Sie natürlich – geschickt, dass Sie gegen jedes Gerücht, dass jemand ohne Beweise weitertrüge, notfalls rechtlich vorgehen würde, das sei sie dem Schutz des ihr unterstellten Kindes, also Ihrer Tochter, schuldig. Das hat die Meute wohl bisher etwas zurückgehalten.«

Also war es wirklich kein Zufall gewesen, dass ich beim Bäcker und beim Café Schuster nicht bedient worden war. Die überraschende Schützenhilfe von Frau Klose aber tat gut. Ihre Hilfsangebote waren, auch wenn sie sie an völlig falscher Stelle angebracht hatte, immerhin doch ernst gemeint gewesen.

Später versteckten Lucy und ich uns im Schlafzimmer. Ich machte »Findet Nemo« in Dauerschleife an. Die Nacht verlief ohne weitere Vorkommnisse.

Am Samstagmorgen kam Rolfie wieder nach Hause. Doch erst als öffentlich wurde, dass Rupert Grams der Täter gewesen war, ließen die Leute endgültig von uns ab.

Jennifers Haus wurde versiegelt.

Ich hörte nichts mehr von ihr. Meine Anrufe wurden alle direkt zur Mailbox weitergeleitet, und die WhatsApp-Nachrichten wurden nicht einmal zugestellt. Offenbar hatte sie ihr Handy ausgeschaltet. Ich machte mir Sorgen um sie. Was für ein Schock musste das Ganze für sie gewesen sein: der eigene Mann ein Kindermörder. Auf eine merkwürdig morbide Art fühlte ich mich mit Jennifer noch mehr verbunden als vorher. Meine Mutter war ebenfalls eine Kindermörderin gewesen.

Ich wusste, mit welchen Selbstvorwürfen man zu kämpfen hatte. Aber sosehr ich es versuchte, Jennifer blieb verschwunden.

In der Zwischenzeit versuchte ich, möglichst auf Tauchstation zu gehen und niemandem Anlass zu bieten, uns zu verdächtigen, irgendwie doch in die Sache involviert zu sein.

Auch Christian Rabe hüllte sich in Schweigen und ließ uns erst Mitte der Woche aufs Präsidium holen, um unsere Aussage zu machen. Das Protokoll nahm ein anderer Beamter auf, doch Christian Rabe rief mich danach zu sich ins Büro, während die nette Sandra Kühnel sich anbot, wieder auf Lucy aufzupassen.

»Frau Markowski«, sagte er und streckte mir die Hand entgegen. »Ich wollte Ihnen doch noch persönlich danken.«

Ich lief rot an, weil ich keine Ahnung hatte, wofür er dankbar sein sollte. Dass ich ihn anrief, wenn mein Mitbewohner eine Kinderleiche fand? Trotzdem freute ich mich, ihn zu sehen. Mehr, als ich zugeben wollte.

»Möchten Sie einen Kaffee?«, fragte er.

Ich nickte.

»Automatenkaffee«, sagte er. »Aber gar nicht so übel, wie es sich jetzt anhört. Mit Milch, nicht wahr?«

Der Mann war zu Recht Polizist. Ich nickte. »Also«, sagte ich, »hat Rupert Grams gestanden?«

»Nein«, sagte Christian Rabe. »Aber das ist, im Gegensatz zu den meisten Mördern im ›Tatort‹, eher die Regel als die Ausnahme. Das Geständnis ist nicht entscheidend, sondern die Beweise, die wir gegen ihn haben. Wir haben Spuren von Charlotte im Kofferraum seines Autos gefunden. Die Faserspuren ihrer Kleidung sind bereits bestätigt, auf die DNA-Analyse warten wir noch. Aber das ist nur eine Sache der Zeit, nicht des Zweifels. Die Schlinge um seinen Hals zieht sich immer weiter zu.«

Ich versuchte krampfhaft, mir kein Bild von Charlotte im Kofferraum zu machen. »Wissen Sie schon, wie sie gestorben ist?«

»Sie ist erstickt. Sie hatte Klebeband über Mund und Nase. Es ist nicht zu sagen, ob er es zu schnell über den Mund geklebt hat und aus Versehen die Nase mit zugeklebt hat, oder ob das Absicht war.«

»Konnten Sie denn feststellen, ob Charlotte eine Krankheit hatte? Wie Annabel gesagt hatte?«

»Sie ist missbraucht worden, der Gerichtsmediziner ist sich da ziemlich sicher, wenn auch … nun, die Verwesung hatte ja schon eingesetzt. Trotzdem gab es Abnormitäten in bestimmten Bereichen … Ich möchte Ihnen eigentlich gerne die Einzelheiten ersparen.«

Das war mir sehr recht.

»Das Alibi von Herr Grams ist auch nicht überzeugend. Er sagt, er war den ganzen Freitag allein in seinem Haus bei Frankfurt, um dort in Ruhe Unterlagen zu ordnen. Er hatte in aller Herrgottsfrühe ein elektronisches Zugticket nach Frankfurt gebucht. Der QR-Code ist auch von einem Schaffner eingescannt worden. Allerdings hatte Herr Grams locker die Zeit, nach dieser Fahrkartenkontrolle auszusteigen und einfach wieder nach Hause zu fahren. Zeugen für seinen Aufenthalt dort gibt es erst wieder am Samstagnachmittag, da hat er dann in Frankfurt mit einem Kunden ein Penthouse besichtigt.«

»Ich fand ihn von Anfang an merkwürdig«, sagte ich. »Er hat uns mal nach Hause gefahren und die ganze Zeit nur mit Lucy geredet. Mich hat er komplett ignoriert. Ich hatte jedenfalls ein komisches Gefühl bei dem Mann.«

Christian Rabe nickte. »Manchmal ist es nicht schlecht, sich darauf zu verlassen.«

»Leider kann ich Jennifer nicht mehr erreichen. Ich hoffe, mit ihr ist alles in Ordnung? Ich meine, sie hatte sicher einen Schock, und ich habe keine Ahnung, wer sich jetzt um sie kümmert.« Mir fiel etwas ein. »Und ich hoffe, man kann sie wegen nichts belangen? Mittäterschaft oder wie nennt man das?«

»Keine Sorge, als ich sie das letzte Mal gesehen habe, war sie doch sehr gefasst. Sie zieht sich sicher nur etwas zurück, bis der schlimmste Sturm vorbei ist. Verständlich. Und für die Tatzeit hat sie ein Alibi. Sie war im Hotel ›Rheindamm‹.«

Etwas klickte in meinem Kopf. Hatte sie mir davon erzählt? Ich sah Gabis wütendes Gesicht vor mir, als sie Jennifer auf meiner Couch entdeckte. Dann fiel bei mir der Groschen.

»Deshalb wusste sie von Uwe Schmeisser. Dass er am Freitagnachmittag dort im Hotel war.« Ich fasste es nicht. Die beiden hatten ein Verhältnis. Das passte zwar zu dem Schürzenjäger, über Jennifer allerdings wunderte ich mich. Andererseits – wer weiß, wie attraktiv einem Uwe Schmeisser erscheinen musste, wenn man mit einem Rupert Grams verheiratet war?

»Wir haben noch etwas für Sie«, sagte Christian Rabe und schob mir mein Laptop über den Tisch. »Wir haben es wieder in Ordnung gebracht. Da war tatsächlich Spyware drauf. Der Sarg ist nicht von Ihrem Computer bestellt worden. Sondern von einem anderen, der Ihre IP-Adresse benutzt hat.«

Mein Mund wurde trocken. Wie war jemand an mein Laptop gekommen? Wer hatte Zugang zu meinem Haus?

»Die Spyware war auf dem Rechner von Herrn Grams«, sagte Christian Rabe. »Der Kreis schließt sich.«

»Aber warum? Warum hat er das getan? Und wie ist er an mein Laptop gekommen?«

Christian Rabe zuckte mit den Achseln. »Gab es irgendwann mal Zeichen eines Einbruchs bei Ihnen?«

Ich dachte nach. »Ich weiß nicht«, sagte ich schließlich.

»Das Rollo vor meiner Terrassentür ist auf einmal kaputt gewesen. Aber das kann auch einfach durch das feuchte Wetter gekommen sein, weil sich das Holz verzogen hat. So zumindest hat Rolfie mir das erklärt.«

»Nun, Herr Russek hat ja auch nicht nach Einbruchsspuren gesucht. Wir werden das bald nachholen. Herr Grams schweigt sich jedenfalls aus. Aber unsere Computerabteilung hat zweifelsfrei festgestellt, dass die Spyware auf seinem Rechner installiert ist. Da kann Herr Grams sich noch so lange stur stellen. Er konnte von dort aus jederzeit auf Ihre IP-Adresse zugreifen. Merkwürdig zwar, dass er kein VPN benutzt hat, aber umso besser für uns.«

»Aber ... was wollte er denn von Lucy?«

Christian Rabe fuhr sich mit beiden Händen durchs Haar und lehnte sich dann auf dem Stuhl zurück. »Ach ... wissen Sie, diese Typen ... Es ist nicht so einfach, wenn man in diese Untiefen hinabtauchen muss. Charlotte und Lucy sind beide kleine, blonde Mädchen. Das war vielleicht schon die Gemeinsamkeit, die er braucht.«

»Aber warum schickt er mir einen Sarg? Und woher wusste er überhaupt von Konrad?«

»Vielleicht gehörte das zu seinem Spiel? Den Kindern Angst einjagen. Und Lucy mit ihrem toten Onkel zusammen symbolisch in einen Sarg zu legen, das ist schon erschreckend. Und wegen Konrad – nun, es gibt genug Zeitungsartikel über Sie im Internet. Er braucht nur einmal Ihren früheren Nachnamen von jemandem aufgeschnappt zu haben, vielleicht von Uwe Schmeisser, er war ja oft genug auf der Baustelle im Haus.«

»Aber damit hat er doch mich erschreckt. Nicht Lucy. *Ich* war das Ziel. Glauben Sie nicht? Und wovor wollte er mich überhaupt warnen? Pass auf, ich bin hinter deinem Kind her? Das macht doch keinen Sinn. Sind Charlottes Eltern denn auch vorher erschreckt worden?«

»Nicht, dass ich wüsste.« Christian Rabe nahm einen Schluck Kaffee und verzog den Mund. »Doch nicht so toll, der Automatenkaffee.«

Ich versuchte ein Lächeln, doch es misslang.

»Sobald Herr Grams den Mund aufmacht, sind Sie die Erste, der ich davon erzähle, versprochen. Und wenn wir Pech haben, redet er sowieso nicht mehr, sondern nur noch sein Anwalt. Leider gehört Herr Grams zu den gutbetuchten Herren der feinen Gesellschaft. Und ich befürchte, der Anwalt war schlau genug, ihm den Mund zu verbieten, sobald sich einer von uns nähert. So gerne ich Ihnen auch etwas anderes sagen würde: Manche Dinge werden rätselhaft bleiben.«

»Ich verstehe«, sagte ich.

Wir sahen uns in die Augen. Der Abschied rückte näher. Wir wussten es beide.

»Ich schulde Ihnen was«, sagte Christian Rabe.

»Ich wüsste nicht, wieso«, erwiderte ich.

»Sie haben mir geholfen. Nicht nur bei der Entdeckung von Charlotte. Sie haben die ganze Zeit versucht, zu helfen.«

»Sicher nicht mehr, als jede andere Mutter es tun würde.« Mir fiel Henriette wieder ein, und ich sagte nichts mehr. Mit einem Mal war ich tieftraurig.

»Frau Markowski …« Christian Rabe zögerte. »Wir haben inzwischen das Ergebnis der DNA-Probe bekommen. Leider muss ich Ihnen mitteilen, dass es sich bei dem Toten aus dem Kanal tatsächlich um Ihren Verlobten gehandelt hat.«

Kapitel 32

Ich musste meinen ganzen Mut zusammennehmen, um Lucy vom Tod ihres Vaters zu erzählen. Erst danach brach ich zusammen. Die Trauer um Oliver, die ich jahrelang zurückgehalten hatte, hatte mich fest im Griff. Ich sagte alle Termine ab und verkroch mich tagelang im Bett, bis Rolfie mich schließlich ermahnte.

»Lucy braucht dich«, sagte er und da riss ich mich endlich zusammen.

Gemeinsam besuchten wir Olivers Grab, ein schmuckloses, anonymes Urnengrab auf einem Dortmunder Friedhof. Wir legten Blumen ab und gaben einen Stein in Auftrag, den Lucy aussuchte.

Inzwischen bemühten sich mehrere Staranwälte um die Freilassung von Rupert Grams. Währenddessen schwieg er.

Das Leben in Lohausen normalisierte sich langsam. Mit großer Verspätung, aber dafür umso üppiger wurde nun die bis dato völlig abwesende Weihnachtsbeleuchtung aufgehängt. Es war, als ob erst die Gewissheit, dass Charlotte tot war, es uns erlaubte, Weihnachten zu feiern. Jetzt blinkte es aus allen Fenstern und in allen Vorgärten, und, wie mir schien, mehr als sonst.

Wir brauchen die Routinen, um Albträume zu verkraften, dachte ich, als ich eine Lichterkette im Wohnzimmer aufhängte. So wie Henriette Süssbrich und ihre morgendlichen Joggingrunden. Routine. Alles wie immer.

Annabel und Lucy blieben Freundinnen. Rolfie bekam eine feste Stelle bei Uwe Schmeisser. Wohl auf Druck von Gabi, wie ich aus Annabels Erzählungen heraushörte. Vielleicht wollte Gabi wiedergutmachen, dass Uwe Schmeisser mit seinen Mannen vor meinem Fenster nach Rolfies Kopf gerufen hatten. Selbst Gabi und ich näherten uns zwangsläufig an, denn unsere Töchter konnten auf einmal kaum einen Nachmittag ohne einander auskommen. Weil wir befürchteten, dass das Trauma von Charlottes Tod unsere Kinder nachhaltig prägen würde, waren alle Eltern nachgiebig. Auch Gabi und ich stellten unsere persönlichen Befindlichkeiten zurück und erlaubten unseren Kindern, sich zu sehen, wann immer sie wollten. Außer am Freitag.

Gabi tat mir leid, da ich von Uwe und Jennifer wusste und nicht sicher war, ob Gabi etwas davon ahnte. Ob auch Uwe Schmeisser bei der Polizei zugegeben hatte, dass er sich mit Jennifer getroffen hatte an dem Tag, als Charlotte verschwand? Ich nahm es an. Es war ja auch sein eigenes Alibi. Außerdem hatten sie Pizza bestellt. Der Lieferdienst hatte ihn sicher gesehen.

Christian Rabe hatte die Ermittlungen zu Olivers Todesfall wieder aufgenommen und uns in deren Verlauf einige Neuigkeiten mitgeteilt.

Er fand heraus, dass Oliver kurz vor seinem Verschwinden bereits eine neue Stelle in Dortmund angenommen hatte. Eine Dortmunder Textilfirma hatte große Hoffnungen auf die Vermarktung von Olivers Erfindung gesetzt und ihm ein Haus zur Verfügung gestellt, als er auf einmal verschwand. Im Haus befanden sich alle seine Sachen – und ein eingerichtetes Babyzimmer. Er hatte wohl den Plan gehabt, mir zur Geburt ein Haus und einen neuen Job zu präsentieren.

Trotz der Trauer um Oliver ging es mir besser. Die Tatsache, dass er uns nicht im Stich gelassen hatte, war ein großer Trost.

Rolfie lüftete noch ein Geheimnis, als er den Keller aufräumte und die Kiste fand. Protactinium, Tellur, Stickstoff, Tellur: Wenn man diese Elemente mit ihren Abkürzungen aus dem Periodensystem bezeichnete, kam »Patente« dabei heraus. Oliver hatte Lucy seine Forschungsergebnisse hinterlassen. Die Textilfirma hatte bereits Interesse angemeldet.

Inzwischen hatte ich aufgegeben, bei Jennifer Nachrichten auf der Mailbox zu hinterlassen. Ich wusste nicht einmal, wo sie wohnte, denn die Villa war immer noch versiegelt. Sie schämte sich sicherlich in Grund und Boden. Während sie sich mit Uwe Schmeisser im Hotel traf, war in ihrem eigenen Haus ein Kind getötet worden. Das musste sie erst einmal verarbeiten. Und sicherlich fürchtete sie sich auch davor, was die Leute über sie redeten. Ich konnte nur abwarten, bis sie sich traute und sich wieder bei mir meldete.

Offenbar hatte sie sich für die Flucht nach vorn entschieden, denn eines Tages prangte sie mir auf jedem Titelblatt entgegen. Selbst im Fernsehen sah ich ihre schlanke Gestalt, umrahmt von Blitzlichtern.

»Ist Ihnen denn nichts am Verhalten Ihres Mannes merkwürdig vorgekommen?«, fragte ein besonders aufdringlicher Reporter, der sich viel zu nah an sie herandrängte.

»Nein, gar nicht«, sagte Jennifer. »Aber wir waren ja auch erst kurz verheiratet.«

Das verblüffte mich. Ich war davon ausgegangen, dass sie bereits längere Zeit verheiratet waren, obwohl sie das nie behauptet hatte. Wahrscheinlich war ich wegen Judith davon ausgegangen. War sie gar nicht Ruperts Tochter gewesen? Oder hatten die beiden einfach erst nach ihrer Geburt geheiratet? Oder war das nur eine reine Verteidigungsbehauptung von Jennifer gegenüber der Presse gewesen? Es kam schließlich nicht selten vor, dass man den Frauen von Tätern im Nachhinein unterstellte, sie hätten alles ahnen müssen, als seien sie eine Art menschlicher Lügendetektor.

Und dann endlich, drei Tage vor Heiligabend, rief sie mich an.

»Sorry«, sagte sie und schwieg dann einen Moment. »Ich brauchte einfach Abstand von … allem.«

»Verstehe ich. Aber ich hätte dir bestimmt keine Vorwürfe gemacht.« Als ich es aussprach, war ich mir nicht sicher, ob das stimmte. Die Geschichte mit Uwe Schmeisser lag mir schwer im Magen.

»Es war eine harte Zeit. Aber jetzt kann ich wieder nach Hause. Die Villa ist wieder freigegeben.«

»Was für eine schreckliche Vorstellung, dort sein zu müssen«, sagte ich. »Kannst du das da aushalten?«

»Ich werde wohl müssen. Aber ich bin immer beschäftigt. Die Zeitungen überschlagen sich. Ich habe ständig Interviewanfragen«, antwortete Jennifer.

»Ja, ich hab dich ein paarmal gesehen. In der Rheinischen Post und im Fernsehen. Die Frau an seiner Seite und so was.«

»Ja, genau. Und jetzt bin ich außerdem damit beschäftigt, die Firma von Rupert zu verkaufen. Unter seinem Namen werde ich kein einziges Appartement mehr verkauft bekommen, fürchte ich. Ich kann von Glück sagen, dass ich trotzdem keine Geldsorgen habe, weil Rupert einfach gut verdient hat.«

»Sonst fände sich bestimmt ein anderer Mann, der froh darüber wäre, dich zu haben«, sagte ich. Schon als der Satz draußen war, bereute ich ihn. Warum sagte ich so was? Das war beleidigend.

Jennifer stutzte einen Moment. Dann sagte sie: »Du bist böse auf mich wegen Uwe Schmeisser, oder? Weil ich es dir nicht erzählt habe?«

Sie hatte den Nagel auf den Kopf getroffen. Beschämt schwieg ich.

»Ich war nicht gerade stolz darauf«, erklärte Jennifer. »Tut mir leid.«

»Nein, mir tut es leid. Meine Bemerkung war total daneben.«

»Schwamm drüber«, sagte Jennifer. »Was machst du denn nun an Weihnachten?«

»Lucy hat schon Ferien seit gestern«, sagte ich. »Am vierundzwanzigsten wird natürlich Rolfie hier sein, und Thea kommt morgen Abend aus den USA. Ich habe schon ein größeres Bett für Lucy zu Weihnachten gekauft, da kann Thea dann drin schlafen und Lucy kommt zu mir. Dann essen wir hier schön zusammen und freuen uns, dass wir uns haben und am Leben sind. Rolfie kocht. Er kann sogar eine Gans zubereiten, sagt er. Ich habe noch nie eine Gans gemacht. Sie liegt schon in der Garage und wartet auf uns. Und gleich holen Lucy und ich einen Weihnachtsbaum.«

»Jetzt erst? Am 21. Dezember? Das lohnt ja kaum noch.«

»Wenn man sie so spät holt, werden sie schon billiger.«

»Du hast doch gar kein Auto. Hilft Rolfie euch beim Tragen?«

»Ach, das ist kein Problem. Wir schieben ihn auf dem Fahrrad. Rolfie kann nicht, er hat noch einen eiligen Auftrag von Uwe Schmeisser bekommen. Er muss das heute fertig bekommen, damit er ab morgen Zeit hat, mit uns den Weihnachtsbaum zu schmücken. Deshalb kommt er erst spät.«

Jennifer sagte nichts.

»Du bist natürlich eingeladen.«

»Nein danke, nach Weihnachten ist mir gerade echt nicht.«

»Das verstehe ich.«

»Aber ich habe schon ein tolles Geschenk für Lucy. Das bringe ich nachher vorbei. Ihr werdet Augen machen.«

»Jennifer! Nicht schon wieder. Du übertreibst immer so.«

»Lass mir doch wenigstens diese eine kleine Freude.«

Ich seufzte. Aber ich war friedlich gestimmt.

Lucy und ich packten rasch die Geschenke für Thea und Rolfie ein. Für Rolfie hatten wir ein 5000-Teile-Puzzle gekauft, das nur aus einer Fläche in Weißschattierungen bestand, für

Thea das neueste Buch ihrer Lieblingsautorin und für Jennifer hatte ich einen Bildband über Mies van der Rohe gekauft. Lucy hatte hübsche Strohsterne gebastelt, die sie zusammen mit bunten Weihnachtskugeln als Dekoration an Äste hängte, die wir im Lantz'schen Park gesammelt hatten. Lucy hatte für alle einen Ast gemacht: Rolfie, Thea und auch Jennifer. Das würden wir ihr eben heute schon schenken, wenn sie an Weihnachten nicht bei uns war.

Ich sah in den kahlen Garten. Wettertechnisch sah es noch nicht besonders weihnachtlich aus. Nicht gerade stimmungsvoll.

Ich schaltete noch die Lichterketten an und machte einen Teller mit den Plätzchen fertig, die wir zusammen gebacken hatten, als es auch schon klingelte. Jennifer war schneller, als ich gedacht hatte.

»Jennifer!«, rief Lucy, die sofort an ihr hochsprang wie ein Hündchen.

Jennifer lachte und hob Lucy auf den Arm, als sei sie ein Kleinkind.

»Du bist aber schnell! Wir wollten gerade den Weihnachtsbaum holen«, sagte ich. »Kannst du mich eben fahren? Dann muss ich nicht das Fahrrad durch ganz Lohausen schieben …«

»Mein Auto ist noch in der KTU. Das bekomme ich in nächster Zeit nicht wieder.« Jennifer seufzte. »Aber wenn du ohne Lucy fährst, bist du viel schneller. Lucy und ich kochen in der Zeit Kaffee, nicht wahr, Lucy?«

Lucy nickte eifrig.

»Okay«, sagte ich. »Dann fahr ich jetzt schnell.«

Im Flur flüsterte Jennifer mir zu: »Ich bin mit einem von Uwes Firmen-Transportern gekommen. Hat er mir geliehen, solange ich kein Auto hab. Aber da steht ja groß der Name drauf. Ich wusste gerade nicht, wie ich Lucy erklären soll, dass ich mit dem Auto von Annabels Vater hier bin. Sorry!«

Jennifer schleppte eine riesige Golftasche herein, die sie vor der Haustür geparkt hatte. »Hohoho!«, rief sie laut. »Geschenke, Geschenke! Waren hier alle brav?«,

Lucy nickte und versuchte unauffällig einen Blick in Jennifers Tasche zu werfen, doch sie war mit einem langen Reißverschluss verschlossen. Groß war das Geschenk offensichtlich. Ich hoffte doch sehr, dass Jennifer nicht auf die Idee kam, Lucy Golfschläger zu schenken. Mir wurde schon ganz anders. Wie sollte ich ihr erklären, dass auch Golf nicht für unsereins gemacht war? Aber sicher hatte sie die Tasche nur als Verpackung genommen, beruhigte ich mich dann. Sie war so groß, dass sie Erwachsenenschläger beherbergen konnte. Selbst ich wusste, dass man Schläger in der richtigen Größe brauchte.

Ich holte mein Fahrrad aus der Garage und fuhr zum Lohauser Hof, um uns einen schönen Tannenbaum auszusuchen.

Es dauerte ungefähr eine Stunde, bis ich wieder da war. Meine Theorie war, je später ich den Baum kaufte, umso dringender wollten die Leute ihn loswerden, aber dieses Mal war eine studentische Hilfskraft angestellt worden, die sich nur an den Preis halten wollte, mit dem der Baum ausgezeichnet war. Die Dämmerung senkte sich bereits über die Stadt, als ich endlich mit meinen Verhandlungen fertig war.

Am Ende war ich trotzdem zufrieden. Der Baum war nicht groß, aber hübsch gewachsen. Er war in ein Netz gewickelt und ließ sich problemlos auf meinen Sattel legen und nach Hause schieben. Wenn wir ihn auf einen Hocker stellten, würde er eindrucksvoller wirken.

Ich lehnte den Baum draußen an die Hauswand und schloss dann die Tür auf. Rolfie würde ihn später aufstellen.

Mir fiel sofort auf, dass es im Haus schon richtig nach Weihnachten roch. Jennifer hatte die Rollos runtergelassen. Sie hatte wohl für eine gemütliche Stimmung sorgen wollen.

Doch das Rollo vor der Terrassentür hatte sich wieder verhakt und steckte auf halber Höhe fest.

Auf dem Tisch standen die Plätzchen und eine Karaffe mit einem Getränk, das ich nicht sofort identifizieren konnte. Dann erinnerte ich mich. Es war der Saft, den Lucy so gern mochte. Jennifer musste ihn wieder mitgebracht haben. Neben der Karaffe stand ein volles Glas. Die Lichterketten verbreiteten ein warmes, weihnachtliches Licht. Eine Kerze flackerte und warf Schatten an die Wand.

Die hübsche Atmosphäre machte es mir wahrscheinlich schwerer, zu begreifen, was ich sah: Lucy lag auf dem Cordsamtsofa und schlief mit dem Kopf in Jennifers Schoß. Auf dem Couchtisch stand noch ein Glas mit einem kleinen Rest rotem Saft darin.

»Was ist denn mit Lucy?«, fragte ich. »Sie schläft, bevor es Geschenke gibt? Unglaublich.«

Erst da sah ich, dass Lucys Mund mit Klebeband zugeklebt war.

»Was ...« Ungläubig machte ich einen Schritt auf sie zu.

Jennifers Stimme durchschnitt die Stille. »Keinen Schritt weiter!« In ihrer Hand blitzte es. Sie drückte eine Messerspitze in die weiche Haut von Lucys Hals.

Ich sah, wie die Haut nachgab und schrie auf. »Bist du verrückt geworden? Lass sie los!«

»Da auf dem Tisch«, sagte Jennifer ruhig. »Das Glas. Nimm einen Schluck!«

Mein Blick flatterte von Lucy weg zum Esstisch. Das Glas sah blutrot aus.

»Lass Lucy los!«, sagte ich. In meinen Ohren rauschte es.

»Trink!«, sagte Jennifer noch einmal. »Oder ich stech sie ab.« Die Messerspitze an Lucys Hals wurde tiefer in die Haut gedrückt.

Auf einmal fiel mir ein, dass Lucy schon einmal nachmittags eingeschlafen war, nachdem Jennifer diesen Saft mitgebracht hatte.

Ich starrte sie entsetzt an.

»Trink!«

Ich griff nach dem Glas und trank. Es war süß.

»Austrinken! Ganz!«

Ich schluckte, so schnell ich konnte, bevor ich das leere Glas zurück auf den Esstisch stellte.

»Aber was … warum? Was hat Lucy dir getan?«, fragte ich.

»Lucy? Nichts. Aber du! *Kathi!*« Sie spie das Wort aus.

»Ich? Weil ich die Polizei gerufen habe oder was? Das kann nicht dein Ernst sein!«

Jennifer schnaubte wie ein Stier, den man durch die Arena trieb. »Kathi, Kathi, Kathi. Du hast keine Ahnung, nicht wahr? Mein Gott, wie blind du bist. Schau mich an. Schau mich doch einmal richtig an.«

Ich starrte sie immer noch entsetzt an. Sie sah trotz der absurden Situation erstaunlich gut aus. Der Kerzenschein machte ihre Züge weich. Bis auf das Messer in ihrer Hand sah sie ganz und gar harmlos aus. »Was soll ich denn sehen?«

»Die Ähnlichkeit, du dummes Stück!«

»Von wem? Von Lucy? Mit Oliver? Kanntest du ihn?«

»Von uns beiden, du Idiot!«

Ich sah nichts. Sie sah viel besser aus als ich. Blonder, schlanker, zartere Züge, eine Figur wie eine Sanduhr, hätte meine Mutter gesagt.

Meine Mutter.

Jetzt sah ich es: Jennifer sah mir vielleicht tatsächlich ein bisschen ähnlich.

Aber viel ähnlicher sah sie meiner Mutter.

Kapitel 33

Jahrelang hatte ich alles versucht, um sie aus meinem Gedächtnis zu löschen, und das war mir offenbar besser geglückt, als ich gedacht hatte. Aber auf einmal, wie bei einem dieser Bilder, in denen man sowohl eine Frau als auch eine Vase sehen kann, je nachdem, wie man auf das Bild schaut, sah ich die frappierende Ähnlichkeit.

Das Haar meiner Mutter war dunkler als Jennifers gewesen, und sie hatte es lang und offen über den Rücken getragen, während Jennifer ihres meistens hochsteckte. Aber die Züge um die Augen und diese unglaubliche Figur …

»Mama«, krächzte ich. Mir wurde schwindelig.

»Na, na«, sagte Jennifer. »Nun mal langsam. So alt bin ich nun auch wieder nicht. Ich bin deine Halbschwester.«

»Meine …? Ich verstehe kein Wort.«

»Nun, bevor unsere Mutter sich in diesem Rattenloch niederließ …« Jennifer machte eine Kopfbewegung, die sich wohl auf unser Haus beziehen sollte, »… hat sie mit mir zusammengelebt. Ich bin *vor* dir da gewesen. Wegen euch hat sie mich nicht holen können. Wegen dir und deinem Bruder und deinem Vater, der mich nicht im Haus wollte, weil ich nicht von ihm war.«

»Was redest du denn da?«

Jennifer spuckte auf den Boden. Bei der heftigen Bewegung rutschte Lucys Kopf von Jennifers Schoß. Ich hielt die Luft an. Einen Moment lang war Lucy aus der Gefahrenzone. Das Messer war noch in Lucys Nähe, aber die Messerspitze zeigte nicht mehr auf ihren Hals. Hoffentlich merkte Jennifer das nicht.

»Ich war im Kinderheim. All die Jahre. Mama konnte mich nicht mal besuchen kommen, weil dein Vater es ihr verboten hatte. Und als du unterwegs warst, wollte er auch nicht mehr, dass das schon vorhandene Kind zu ihr zog, so, wie er ihr vorher versprochen hatte.«

»Jennifer«, versuchte ich so ruhig wie möglich zu antworten. »Du irrst dich. Mein Vater hatte keine Ahnung, dass es dich gab. Das verspreche ich dir. Und ich auch nicht.«

»Du lügst!«

»Weißt du überhaupt, wer meine Mutter war? Meine Mutter war Monika Mengel. Sie war ein Monster. Sie hat meinen Vater und meinen Bruder umgebracht.«

»Ja, aus Rache. Weil ihr immer verhindert habt, dass sie zu mir kommen konnte. Nur du bist ihr entkommen.«

Mein Kopf fühlte sich an wie mit Watte gefüllt. »Nein … wir wussten doch gar nichts von dir …« Meine Knie wurden ganz weich. Was hatte ich da getrunken? Ich knickte ein und hielt mich gerade noch an der Tischkante fest. Himbeersirup. Das war das Getränk in der Karaffe. Woher wusste Jennifer davon?

»Ich habe Mama immer im Gefängnis besucht, als ich erwachsen war. Du hast sie nie besucht. Aber ich weiß Bescheid.«

»Meine … unsere … Mutter war eine Psychopathin«, sagte ich. »Sie hat immer gesagt, was ihr gerade in den Kram passte. Sie hat dich benutzt. Wie sie alle Menschen um sich herum benutzt hat. Auch meinen Vater. Und mich.«

»Nein!«, schrie Jennifer plötzlich und sprang auf.

Lucy rutschte vom Sofa hinunter und fiel auf den Boden, ohne sich zu rühren. Sie lag mit dem Gesicht nach unten. Hoffentlich bekam sie noch Luft.

Ich machte eine Bewegung auf sie zu, aber mein Körper bewegte sich nur noch in Zeitlupe. Was war in dem Saft gewesen? Diazepam, wie damals bei meiner Mutter?

Die größte Gefahr für Lucy und mich bei einer Überdosierung war Atemstillstand oder Erbrechen während einer Bewusstlosigkeit.

Jennifer trat gegen den Couchtisch. Sie war jetzt sehr erregt. So hatte ich sie noch nie gesehen. »Wegen euch musste ich im Heim bleiben! Sie hat es mir selbst gesagt!«

»Sie … hat … gelogen …« Ich merkte, dass meine Sprache verwaschen klang. Ich hatte nicht mehr viel Zeit, wenn ich Jennifer davon überzeugen wollte, dass wir unschuldig waren. Wenn nur mein Gehirn besser funktioniert hätte. Aber die Gedanken liefen mir davon.

»Ich war sehr neugierig auf dich, muss ich gestehen«, sagte Jennifer. »All die Jahre habe ich gedacht, was für ein besonderer Mensch du sein musst, dass du mir vorgezogen worden bist. Selbst im Gefängnis wollte Mama alles von dir wissen, hat immer nach dir gefragt. Bis zu deinem Oliver und deiner Schwangerschaft konnte ich ihr noch alles berichten, aber dann … das verdammte Herz! Sie ist mir einfach weggestorben!«

Jennifers Stimme klang auf einmal schmerzverzerrt.

»Später … später wollte ich deine Freundin werden, das hatte ich mir vorgenommen. Ich war schon enttäuscht, wie gewöhnlich du warst, als ich dich kennengelernt habe … an dir war nichts. Gar nichts Besonderes. Das Haus … der Ort, an den ich mich all die Jahre hingewünscht hatte, dorthin, wo Mama lebte. Aber auch das war … nur gewöhnlich. Da dachte ich, bevor du dran glauben musst – und das wirst du ganz bald, versprochen –, hab ich wenigstens noch ein bisschen Spaß. Mit dir und deiner Tochter. Wenn diese Charlotte nicht dazwischengekommen wäre, wäre deine Kleine ja schon längst Geschichte.«

»Charlotte?« Ich war zu benebelt, um zu begreifen. »Du hast Charlotte umgebracht? Warum? Was hat sie dir getan?«

»Nichts. Das war ein Irrtum. Als ich dich das erste Mal

sah, auf dem Schulhof, hast du Charlotte einen Turnbeutel in die Hand gedrückt, den sie vergessen hatte. Ich dachte natürlich, das sei deine Tochter. Wer bringt denn einem fremden Kind einen Turnbeutel? Dann war mein Wagen kurz zum Lackieren in der Werkstatt, wegen des Unfalls mit Gabi. Ich hatte Rupert mit seinem Auto zum Bahnhof gefahren. Als ich auf dem Rückweg an der Schule vorbeifuhr, sah ich, dass du mit Annabel beschäftigt warst und Charlotte – ich hielt sie freilich für Lucy – alleine nach Hause ging. Da hab ich neben ihr angehalten und sie einfach hochgehoben. Ich habe sie von der Straße gepflückt wie eine Blume vom Straßenrand. Sie hat sich nicht mal gewehrt, so perplex war sie. Dann lag sie schon im Kofferraum. Hab ihr den Mund mit Klebeband zugeklebt, damit Agata sie unten in der Tiefgarage nicht schreien hört. Dann hab ich mir rasch ein Alibi besorgt, hab mich mit Uwe Schmeisser getroffen.« Sie lachte kurz auf. »Ein leichtes Opfer, dieser Uwe … Wie der mich immer angeguckt hat. Dem lief ja der Sabber schon aus den Mundwinkeln. Hab ihn danach extra noch Pizza bestellen lassen, damit er gesehen wird und mir ein Alibi geben muss, ob er will oder nicht … Aber als ich von unserem Treffen wiederkam, sagte das Kind, sie wäre nicht Lucy, sondern Charlotte.« Jennifer zuckte mit den Schultern. »Ich konnte sie natürlich schlecht wieder laufen lassen. Sie hatte mich gesehen und wusste jetzt, dass ich hinter Lucy her war.«

Meine Beine gaben nach. Ich fiel auf die Knie. Ich musste dafür sorgen, dass Lucy auf der Seite lag. Und ich auch. Damit wir nicht erstickten. Aber meine Arme und Beine gehorchten mir nicht mehr.

»Es hat erstaunlich lange gedauert, bis ihr endlich mal nach Charlotte gesucht habt. Zwei Tage! Aber dann – alle Eltern waren in Panik. Einschließlich dir. Das hat mir gut gefallen. Da hab ich gemerkt, dass es eigentlich nicht schlecht ist, wenn ich dein Leiden noch ein bisschen verlängere. Ich habe schließlich auch jahrelang gelitten. Noch ein bisschen Angst schüren, das war mein Plan. Da kam mir die Idee mit dem Sarg.«

»Durchtrieben«, schoss mir durch den Kopf. Genau wie unsere Mutter. Und ihre Durchtriebenheit hatte sie mir von Anfang an offenbart. Als sie Gabis Telefon benutzte, um ihr dann in die Schuhe zu schieben, dass Gabi in Jennifers Auto gefahren war und nicht andersrum. Das hätte eine Warnung für mich sein können. Wenn ich in der Lage gewesen wäre, sie zu sehen. Aber ich war nur froh gewesen, dass endlich mal jemand zu mir hielt. Alles andere hatte ich ausgeblendet.

»Der Computer …«

»Hatte ich schon beim ersten Besuch hier präpariert. Ich hatte einen Memorystick mit Spyware in der Tasche. Die Geschichte mit Gabi kam mir gerade recht. Ich musste mich ja irgendwie in dein Vertrauen schleichen. Mama hatte mir vor ihrem Tod noch erzählt, dass du misstrauisch bis unter die Haarwurzeln bist. Nie jemandem über den Weg traust. Dass du dich so gerettet hättest, damals. Und sie davongekommen wäre, wenn du nicht gegen sie ausgesagt hättest. Und dass es deine Schuld war. Du hast verhindert, dass wir wieder zusammenkommen konnten, Mama und ich. Du allein!«

Sie schleuderte einen Gegenstand nach mir, den ich nicht erkannte, weil ich kurzzeitig die Augen zugemacht haben musste. Er traf mich seitlich am Kopf, knallte vor mir auf den Boden und zersprang. Ein Glas. Das Glas, aus dem Lucy getrunken hatte? Lucy … sie lag auf dem Boden. Lag Lucys Kopf auf der Seite? Sie musste auf die Seite gedreht werden … sonst erstickte sie …

»Dann hast du mich vor lauter Dankbarkeit eingeladen – und ich hab dein Laptop mit Spyware gehackt. Vorsichtshalber. Das mache ich gerne, um die Kontrolle zu behalten. Hast du Einblick in einen Rechner, kennst du die Person besser als jeder andere. Auch wenn du – sagen wir mal, wie es ist – echt langweilig bist. Ruperts Rechner war auch gehackt. Ich wusste immer, was er gerade tat. Er ist ja so krankhaft eifersüchtig! Was glaubst du, warum er immer hier in der Straße rumstand? Hat ständig kontrolliert, ob ich wirklich bei dir war, wenn ich es behauptet hab.«

»Aber eure Tochter …« Ich vergaß, was ich hatte fragen wollen. Es hatte irgendwas mit Respekt vor dem Vater ihrer toten Tochter zu tun, aber sicher war ich nicht.

»Welche Tochter? Mein Gott, die Menschen sind so naiv. Und du besonders. Wenn man irgendwo herumerzählt, dass man ein Kind verloren hat, fliegen einem die Sympathien nur so zu. Rupert hat sogar geweint, als ich ihm davon erzählte. Und weil verlorene Töchter sozusagen Ruperts Achillessehne waren, habe ich mir einfach eine zugelegt. Funktioniert wunderbar. Es kontrolliert ja niemand, ob du wirklich mal ein Kind hattest. Wie auch? Du bist ja auch sofort drauf reingefallen. Selbst bei Uwe hat die Geschichte funktioniert – der hat die Gunst der Stunde sofort genutzt, um mich in seine männlichen Arme zu ziehen und zu trösten.

Meine Augen fielen wieder zu. Ich musste wach bleiben! Inzwischen hockte ich wie der geprügelte Hund, der ich war, im Vierfüßlerstand auf dem Boden und versuchte immer wieder verzweifelt, den Kopf zu heben. Wo blieb Rolfie? Vielleicht hatte er schnell gearbeitet und kam früher nach Hause? Aber wüsste er, dass er Lucy sofort auf die Seite drehen musste? Oder würde er erst mal ein Puzzle machen, um sich abzuregen, wie an dem Tag, als er Charlotte gefunden hatte?

»Apropos Uwe Schmeisser, der ist gerade mit Rolfie auf einer Baustelle in Bad Homburg. Mach dir keine Hoffnung. Rolfie sollte da vor Weihnachten noch etwas für einen unserer exklusiven Kunden fertigstellen … Die beiden kommen nicht vor morgen zurück. Ich hab ja noch was vor. Ich muss nachher noch jemanden nach Angermund bringen. Da gibt es einen schönen Baggersee, an den erinnerst du dich sicher noch gut.«

Ich sah Blut vor mir auf dem Boden. War das meins? Meine Hand. Sie stützte sich auf eine große Scherbe. Ich musste mich verletzt haben, aber ich spürte gar nichts. Ich sah Jennifer an. Sie starrte in die Luft, als redete sie mit jemandem in weiter Ferne.

»Du hast mich zu etwas Kreativität genötigt, da du unbedingt deine Freundin Thea zu Weihnachten einladen musstest. Ich wollte dir und Lucy eigentlich ein schönes Weihnachtsgeschenk machen. Das ist so schön dramatisch, ein ›erweiterter Selbstmord‹ am Heiligabend. Depressionen sind an Weihnachten besonders häufig, wusstest du das? Aber mit noch einer Person mehr wird es mir hier langsam zu voll …« Jennifer lachte. Hatte sie einen Witz gemacht? Ich öffnete mühsam die Augen. Ich hatte gar nicht gemerkt, dass sie mir schon wieder zugefallen waren.

»Bist du müde?«, fragte Jennifer wie durch Nebel. »Ja, das kann ich mir vorstellen. Schlaf, Kindchen schlaf … Jetzt wirst du dafür bezahlen, dass du Mama und mich getrennt hast. Du wirst dafür zahlen. Und keine Sorge, das kleine Ding hier …«, sie trat gegen Lucys schlaffen Körper, als sei sie ein Sack Müll, »… wacht nicht mehr auf. Ich habe schon mal einen Probelauf durchgeführt, erinnerst du dich? Lucy ist doch schon einmal eingeschlafen, nachdem sie den Saft getrunken hat. Ich wollte wissen, wie lange es ungefähr dauert, bis sie einschläft. Es geht erstaunlich schnell. Na, erst recht bei der Menge, die du jetzt intus hast. Mach dir keine Hoffnung für Lucy, die schmeiß ich später noch in den Baggersee. Ich hab meine Golftasche dabei, da passt sie rein. Dich lass ich allerdings hier. Du bist mir zu schwer. Und außerdem – wie soll ich dich unauffällig aus dem Haus bekommen? Zugleich ist es eine gerechte Sache, findest du nicht? Mutter und Tochter sollten getrennt werden. So wie meine Mutter und ich.«

»Nein … ich …« Meine Arme rutschten weg. Ich griff Halt suchend umher und versuchte mich an etwas hochzuziehen, das vor mir lag, aber es gelang mir nicht.

Jennifer kam näher. Ich sah ihre Schuhe vor mir. Schneeweiße Sneakers.

»Ich … weiß … wer du bist …«, flüsterte ich. »Ich weiß … es …«

»Hast du auch mal selber was herausgefunden? Ist ja toll. Ich habe dir doch alles verraten.«

»Du bist … nicht …«

Jennifer beugte sich über meinen schlaffen Körper. »Na, was denn, kleine Schwester? Was bin ich nicht?«

»Nicht Jennifer …« Ich sammelte alle meine Kräfte. Dieses Mal hatte ich viel mehr von dem Zeug im Körper als damals bei meiner Mutter. Da hatte Konrad fast alles getrunken. Mir wurde auf grausame Art bewusst, warum er es nicht hatte schaffen können, seinen Gurt zu lösen. Meine Arme waren so schwer, so schwer …

»Wer bin ich denn?«, hörte ich Jennifers Stimme ganz nah an meinem Ohr.

»*Du* bist …«, flüsterte ich und versuchte mich zu sammeln, »… Judith!« Mit allerletzter Kraft bäumte ich mich ein letztes Mal auf. Mein Arm schnellte nach oben.

Dann brach ich zusammen.

Kapitel 34

Dass ich ausgerechnet Gabi Schmeisser verdammt dankbar sein musste, erfuhr ich erst mit einigen Tagen Verspätung.

Lucy ging es gut, weit besser als mir. Sie war bereits wieder zu Hause, wo Thea auf sie aufpasste. Da mein Kreislauf sich von der Vergiftung nur langsam erholte, musste ich noch im Krankenhaus bleiben.

Doch als sich mein Zustand stabilisierte, besuchte Gabi mich und versorgte mich mit den fehlenden Informationen.

Sie hatte den Firmenwagen ihres Mannes vor meinem Haus entdeckt. Von Eifersucht getrieben, war sie in meinen Garten geschlichen. So hatte sie durch das klemmende Rollo gesehen, wie Jennifer uns mit einem Messer bedrohte – und zu meinem Glück sofort die Polizei gerufen.

Für Jennifer aber kam jede Hilfe zu spät. Die Glasscherbe, die ich ihr in den Hals gerammt hatte, hatte die Aorta getroffen. Sie war innerhalb von Minuten verblutet.

»Als ich Lucy auf dem Boden liegen gesehen habe, ist mir ganz anders geworden. Sie sah aus, als wäre sie …« Gabi unterbrach sich. »Was für ein Glück, dass das Rollo geklemmt hat«, sagte sie schließlich.

»Gabi …«, sagte ich und schluckte schwer. »Es … es tut mir leid. Mit dem Auto, meine ich. Dass ich da gelogen habe. Bei der Polizei.«

Gabi nahm meine Hand und tätschelte sie wie bei einem Kind. »Schon gut«, sagte sie. Als sie sich verabschiedete, drehte sie sich an der Tür noch mal um.

»Mir tut es auch leid«, sagte sie. »Wirklich.«

Ich kehrte an Silvester nach Hause zurück.

Rolfie hatte die Kampfspuren bereits beseitigt. Das Wohnzimmer war frisch gestrichen und der Teppich war verschwunden.

Von Christian Rabe hörte ich zunächst nichts mehr. Nur Thea hatte Kontakt zu ihm, da sie überlegte, ob sie nach Deutschland zurückkehren und Statement Analysis unterrichten sollte. Sie erkundigte sich bei ihm, mit welchen Methoden die deutsche Polizei arbeitete, um einen Vergleich anzustellen. Unterdessen arbeiteten Rolfie und ich an einer Renovierung des Hauses, um später ein paar der oberen Zimmer an Messegäste vermieten zu können.

Doch Ende Januar kam Christian Rabe völlig unerwartet zu Besuch.

»Ich habe eine gute Nachricht für Sie, Frau Markowski«, sagte er.

»Warten Sie einen Moment, wir wollten eh gerade in den Park, nicht wahr, Rolfie?«, sagte Thea.

»Wir werden eine Weile unterwegs sein«, sagte sie und packte Lucy in ihren Anorak. »Bis später.«

Ich lief grundlos rot an.

»Ich koche uns einen Kaffee«, sagte ich schnell und ging in die Küche.

»Ich wollte Ihnen nur mitteilen, dass der Richter es heute amtlich gemacht hat. Es war ein klarer Fall von Notwehr«, sagte Christian Rabe, während ich etwas verlegen meinen Kaffeebecher hin- und herdrehte. Dafür war er extra vorbeigekommen? Das war eigentlich nur noch eine Formsache gewesen.

Ich sah auf den Verband an meiner rechten Hand. Eine Entzündung hatte die Wundheilung verzögert. Die Sehne zum Daumen war durchtrennt worden, ebenso wie das Karpalband an der Innenseite der Hand. Aber das würde alles wieder heilen.

Christian Rabe trank einen Schluck Kaffee.

»Ihre Schwester Judith hat ihre Mutter immer wieder im Gefängnis besucht. Doch als Monika Mengel starb, hatte ihre Schwester einen schweren Zusammenbruch und war längere Zeit in einer Klinik. Deshalb hatten Sie wohl eine Weile Ruhe vor ihr.«

Auch ich hatte darüber nachgedacht, warum Judith erst nach so vielen Jahren bei uns aufgetaucht war. Hier hatte ich die Erklärung. Ich konnte mir gut vorstellen, dass meine Mutter meine Halbschwester instrumentalisiert hatte, um mich zu quälen. Meine Mutter hatte mir immer die Schuld daran gegeben, dass sie im Gefängnis war. Ich hatte gegen sie ausgesagt. Vielleicht hatte sie Judith sogar beauftragt, Oliver zu töten. Und meine Tochter. Und am Schluss schließlich mich. Der weibliche Zweig der Familie war offenbar verdammt gefährlich, ja, sogar tödlich.

Doch Judith hatte etwas übersehen: Ich war auch eine von ihnen.

Christian Rabe und ich hingen eine Weile unseren Gedanken nach.

»Nur eine Sache verstehe ich immer noch nicht«, sagte ich schließlich. »Sie hatten doch gesagt, dass Charlotte missbraucht worden ist. Muss Rupert Grams dann nicht doch in die Entführung involviert gewesen sein?«

»Nein«, sagte Herr Rabe. »Das waren alte Verletzungen. Der Missbrauch, befürchte ich, kam aus einer anderen Ecke.«

»Gerald Süssbrich?«, fragte ich. Thea hatte es mir gegenüber ja bereits angedeutet.

Er zuckte mit den Achseln. »Die Befürchtung habe ich zwar, aber noch fehlen mir Beweise. Ich arbeite daran.«

»Aber was hatte Henriette zu verbergen?«

»Wer weiß? Vielleicht wusste sie davon. Das gibt es leider öfter, als man annehmen sollte. Als Charlotte verschwand, war Henriette die ganze Nacht arbeiten, und Charlotte sollte alleine mit dem Vater bleiben. Wenn Henriette wusste, dass die Situation für Charlotte bedrohlich war, hat sie vielleicht vermutet, dass sie weggelaufen ist. Und gehofft, dass Charlotte wiederauftaucht und sie das Ganze vertuschen können. Ich habe mir alte Nachrichten von Charlotte auf dem Handy ihrer Mutter durchgelesen. Dabei fiel mir auf, dass Charlotte nie auch nur ein einziges Komma gesetzt hat. Außer in den allerletzten Nachrichten an ihre Mutter. Da waren alle Kommas korrekt gesetzt. Das sah für mich sehr nach einem erwachsenen Verfasser der Nachricht aus.«

Wir schwiegen eine Weile.

Ich dachte daran, wie falsch ich Charlotte beurteilt hatte. Sie war ein Kind gewesen. Nur weil sie herausgeputzt war wie eine Anziehpuppe, hatte ich sie verurteilt, als verwöhntes kleines Ding ohne Sorgen. Ihre Leidensgeschichte hatte ich nicht mal bemerkt. Vielleicht war die einzige Person, die gespürt hatte, dass Charlotte Schutz brauchte, Annabel gewesen. Ich erinnerte mich daran, wie sie die Jungs von ihr wegzerrte und schubste.

»Tja«, sagte Christian Rabe da, »das war es dann wohl. Ich muss dann wieder. Auf Wiedersehen, Frau Markowski.«

Er stand auf und streckte mir die Hand entgegen.

Ich hielt bedauernd meine verbundene Rechte in die Höhe.

»Ach ja, entschuldigen Sie«, sagte Christian Rabe. »Also dann …«

Jetzt oder nie. Es war Zeit, sich ins Leben zu stürzen. »Es ist zwar kein Gips«, sagte ich mit klopfendem Herzen, »aber Sie könnten mir Ihre private Nummer trotzdem gerne auf den Verband schreiben.« Ich reichte ihm einen Kugelschreiber mit meiner Linken.

»Lieber nicht«, sagte Christian Rabe und lächelte. »Das tut doch weh.« Er nahm mir den Kugelschreiber aus der Hand und schrieb seine Nummer auf eine Papierserviette.

Epilog

Ich hole tief Luft. Die Taschenlampe klemme ich mir zwischen die Zähne, lege ein Bein über den abbröckelnden Rand, halte mich an den Seiten der vermoosten Öffnung fest, ziehe das zweite Bein nach.

Nicht zögern! Hineinspringen!

Da stehe ich nun, im Halbdunkeln auf einer Schicht aus Schutt und Müll.

Langsam taste ich mich vorwärts.

Im zweiten Raum verschluckt mich die Dunkelheit. Es riecht muffig, schimmelig. Ich versuche, die Luft anzuhalten. Mir wird mulmig, auch wenn hier niemand außer mir ist. Schritt für Schritt taste ich mich vorwärts. Meine Taschenlampe ist stark und leuchtet die Räume gut aus.

Trotzdem ist der Boden unsicher, auf dem ich mich langsam von einem Raum in den nächsten bewege. Immer wieder rutscht ein Stück Bauschutt unter meinen Füßen weg.

Im vierten Raum liegen Bretter an eine Wand gestapelt. Zerfledderte Magazine liegen davor. Kerzenstummel und Zigarettenkippen daneben. So weit drinnen war ich noch nie.

Ich leuchte sorgfältig die Wände ab. Nichts.

Ich gehe weiter. Und da sehe ich es. Die Taschenlampe leuchtet die Wand vor mir an wie ein Scheinwerfer. Beinahe muss ich lachen. Doch dann stürzen mir Tränen aus den Augen.

»Ich lasse dir auch etwas hier, Konrad«, flüstere ich. Ich fische meine letzten Tabletten aus der Hosentasche und streue sie auf dem Boden aus. Auf einmal bin ich sicher, dass ich sie nicht mehr brauchen werde.

So schnell es geht, laufe ich durch den Bauschutt zurück und klettere wieder nach draußen.

Christian wartet mit Lucy an der Hand vor der Kapelle auf mich.

»Und? Hast du es gefunden?«, fragt er.

»Ja. Typisch Konrad. Er hat was an die Wand geschrieben. Nur ein Wort.«

»Was denn?«

»Erster«, sage ich.

Ich schaue nach oben.

Die kalte Luft ist klar und riecht nach Schnee. Die Bäume sind längst kahl. Ich kann durch die Kronen hindurchsehen wie durch ein Spinnennetz. Über mir spannt sich ein wolkenloser Himmel wie eine blaue Decke.

Es ist ein schöner Tag.

ENDE

Ein verschwundenes Mädchen und eine Insel mit dunklen Geheimnissen …

Jenny Blackhurst
DEIN DUNKELSTES
GEHEIMNIS
Psychothriller
Aus dem Englischen
352 Seiten
ISBN 978-3-404-18455-2

„Wo ist sie?" Immer wieder stellt Kathryn ihrem Vater diese Frage, die sie bis in ihre dunkelsten Träume verfolgt. Seit mehr als zwanzig Jahren sitzt er nun im Gefängnis und schweigt über seine grauenvolle Tat: den Mord an ihrer besten Freundin Elsie, deren Leiche bis heute nicht gefunden wurde. Am 25. Jahrestag von Elsies Verschwinden erreicht Kathryn eine zutiefst verstörende Nachricht: Auf ihrer Heimatinsel Anglesey wird ein weiteres Mädchen vermisst. Die Ähnlichkeit zu Elsie ist frappierend. Auf der Suche nach Antworten kehrt Kathryn nach Angelesey zurück. Doch sie ist nicht willkommen – denn mit ihrer Ankunft drängen tödliche Geheimnisse an die Oberfläche …

Lübbe

Von Anfang an spielten Frauen im tantrischen Buddhismus eine wesentliche, dem Mann gleichberechtigte und nicht selten sogar führende Rolle. Zur Verwirklichung voller Erleuchtung muß das weibliche Prinzip der Weisheit vollkommen mit dem männlichen Prinzip der Methode vereinigt werden. Der Prozeß dieser Vereinigung spiegelt sich auf allen Ebenen der religiösen Schulung wider, von den subtilsten meditativen Praktiken bis hin zum rituellen Geschlechtsverkehr und der Geschlechterbeziehung im Alltag. Ob als Weisheitsgefährtin der oft verheirateten tantrischen Meditationsmeister, ob als erleuchtete weibliche Gurus, die Männer wie Frauen in die Praktiken des Tantra einzuweihen vermochten, ob als »Erleuchterinnen« (Dākinīs) in der Erfahrung subtiler Bereiche der Wirklichkeit – die Frau leistet mit ihren besonderen Stärken und Fähigkeiten einen unverzichtbaren Beitrag zur spirituellen Entwicklung des Menschen.
Dieses Buch vertieft nicht nur unser Verständnis der geheimsten Lehren und Praktiken des tibetischen Buddhismus, sondern trägt auch zur religiösen Emanzipation der Frau und zur Überwindung des sexistischen Vorurteils im abendländischen Religionsverständnis bei.

Miranda Shaw promovierte an der Harvard Universität und ist heute Professorin für Buddhistische Studien am Department of Religion der University of Richmond, Virginia. Von *Tricycle*, der führenden buddhistischen Zeitschrift im Westen, erhielt sie für dieses Buch den »Tricycle Preis für herausragende Leistungen auf dem Gebiet der buddhistischen Forschung«.

Unsere Adresse im Internet: www.fischer-tb.de

Miranda Shaw

Frauen, Tantra und Buddhismus

Aus dem Amerikanischen
von Thomas Geist und Heike Münnich

Fischer Taschenbuch Verlag

Spirit
Herausgegeben von
Stephan Schuhmacher

Veröffentlicht im Fischer Taschenbuch Verlag GmbH,
Frankfurt am Main, Juli 2000

Lizenzausgabe mit freundlicher Genehmigung des
Wolfgang Krüger Verlages, Frankfurt am Main
Die amerikanische Originalausgabe erschien 1994 unter dem Titel
›Passionate Enlightenment. Woman in Tantric Buddhism‹
im Verlag Princeton University Press, Princeton

Die deutsche Erstausgabe erschien unter dem Titel
›Erleuchtung durch Ekstase. Frauen im tantrischen Buddhismus‹
Druck und Bindung: Clausen & Bosse, Leck
Printed in Germany
ISBN 3-596-14743-3

Inhalt

བླ་མ་བསོད་ནམས་འབྱོར་འཕེལ་རིན་པོ་ཆེ་

ཡང་དག་པའི་དེད་དཔོན་ཆེན་པོ་མཆོག་གི

ཐུགས་བརྩེ་དང་བཀའ་དྲིན་རྗེས་དྲན་དུ

འབུལ་བ་ལགས་སོ།།

Lama Sonam Jorphel Rinpoche gewidmet,
dem vollendeten Führer auf dem Weg des Tantra,
für seine unvergeßliche Freundlichkeit
und sein ungewöhnliches Mitgefühl.

Zur deutschen Übersetzung

Da die Autorin in diesem Buch eine Interpretation der Tradition des tantrischen Buddhismus anbietet, die in vieler Hinsicht von der herkömmlichen Interpretation von Tibetologen, Buddhologen und Sanskritgelehrten abweicht (vor allem von der männlicher westlicher Gelehrter, die diese Tradition von außen betrachtet haben), hat sie ihre Argumentation in der Originalausgabe mit umfangreichen Quellenangaben, Anmerkungen zu unterschiedlichen Lesarten, Hinweisen auf tibetische Quellen und Originalzitate in tibetischer Sprache usw. belegt. Wer sich auf dieser akademischen Ebene mit ihrer Arbeit auseinandersetzen möchte, wird zweifellos auf die unter dem Titel »Passionate Enlightenment« bei der Princeton University Press erschienene Originalausgabe zurückgreifen (Princeton, 1994).

Ziel der deutschen Ausgabe ist, diese für das Verständnis des tantrischen Buddhismus so wertvolle Arbeit einem breiteren, an Buddhismus und der Rolle der Frau in dieser spirituellen Praxis interessierten Publikum zugänglich zu machen. Der akademische Apparat wurde deshalb in der deutschen Übersetzung auf ein für ein allgemeineres Verständnis notwendiges und für Nichtfachgelehrte akzeptables Maß reduziert. Die akademische Umschrift des Sanskrit beziehungsweise des Tibetischen ist nur für Leser aussagekräftig, die die jeweilige Sprache und Schrift beherrschen. Die tibetische und die Sanskrit-Terminologie sind deshalb in einer vereinfachten »phonetischen« Umschrift wiedergegeben, die dem Leser auch ohne diese Fachkenntnisse eine zumindest annähernd richtige Aussprache der Begriffe ermöglicht; bei wichtigen und einigen in phonetischer Umschrift eventuell mißverständlichen tibetischen Begriffen wurde die akademische Umschrift nach dem Wylie-System beibehalten oder in Klammern hinzugefügt.

1.
Auf den Spuren der Himmelstänzerinnen

Wer immer einen tantrischen Text liest oder einen tantrischen Tempel betritt, sieht sich mit einer erstaunlichen Vielfalt von Darstellungen weiblicher Gottheiten konfrontiert. Man begegnet einem ganzen Pantheon weiblicher Buddhas und einer Schar weiblicher Erleuchtungsboten, Dākinīs genannt, die, umhüllt von wallender Haarpracht statt hemmender Kleidung, in sinnlichen Tanzposen umherspringen und -fliegen. In ihren Augen lodern Leidenschaft, Ekstase und ungezähmte Wildheit. Beinahe meint man, das leise Klappern ihres aus Knochen gefertigten Schmucks zu hören und den leisen Wind zu spüren, den ihr Flug durch die tantrisch-buddhistische Landschaft hervorruft. Diese ungezähmten Maiden scheinen jede nur denkbare Freiheit zu genießen. In der tantrischen Literatur findet dieses Motiv seinen Ausdruck in Beschreibungen von Yoginīs mit magischen Kräften, machtvollen Verführerinnen, die ihre Gestalt nach Wunsch verändern können, und erleuchteten Frauen mit der Fähigkeit, eine direkte Erfahrung der Wirklichkeit durch eine genau gezielte Geste oder ein Wort auszulösen.

Diese weiblichen Figuren mit ihrer überschäumenden Leidenschaftlichkeit und Freiheit vermitteln ein Gefühl von Meisterschaft und spiritueller Kraft. Sie sind es gewesen, die mein Interesse an der tantrischen Tradition geweckt haben; und sie waren der Leitstern meiner gesamten Forschung. Es schien mir sicher, daß die Yoginīs der tantrischen Bilderwelt, mit ihrem bezwingenden Blick, von der Rolle der Frauen im tantrischen Buddhismus zeugen – von ihrer historischen Existenz, ihrer spirituellen Befreiung und ihren religiösen Erkenntnissen.

Die vorliegende Studie ist das Ergebnis meiner Suche nach den Frauen, die diese beeindruckenden weiblichen Bilder inspiriert und mitgeschaffen haben.

Die Arbeit an diesem Buch führte mich auf eine sowohl intellektuelle als auch geographische Reise. Sechzehn Monate dauerte die Feldforschung in Indien, einige Wochen hielt ich mich in Japan auf und noch einmal sechs Monate in Nepal. Zuvor hatte ich den Dalai Lama schriftlich um Rat gebeten. Ich erhielt seine offizielle Zustimmung für mein Projekt und hatte außerdem später in seinem Wohnsitz in Nordindien die Gelegenheit, mit ihm darüber zu sprechen. Sein Wohlwollen sicherte mir die Unterstützung weiterer hoher Lehrer tibetisch-buddhistischer Schulen und damit die Möglichkeit, Interviews führen und Handschriftensammlungen einsehen zu können. In Indien besuchte ich auch indische Historiker und Gelehrte des Tantra, vor allem Narenda Nath Bhattacharyya und Lokesh Chandra. Sie bestätigten meine Sichtweise des Tantra, unterstützten mich mit ihrem Wissen und stellten mir ihre Bibliotheken zur Verfügung.

Auf meinen Reisen befragte ich zahlreiche Lamas und tantrische Yogis und Yoginīs über die Rolle der Frauen im Tantrayāna, dem tantrischen Buddhismus, über die Einstellungen gegenüber Frauen und die Interpretation wichtiger Textstellen. Einige Zeit verbrachte ich in einem tibetischen Kloster sowie in Lama Yuru in Ladakh, einem kleinen, in einem Felsennest gelegenen Kloster, das durch die umgebenden Berge des Himalaja noch winziger erscheint. In den bizarr ausgewaschenen Klippen rings um das Kloster gibt es seit Jahrhunderten eine Vielzahl von Meditationshöhlen der Yogis und Yoginīs, und in einer dieser Fels-Einsiedeleien hat einst sogar der berühmte Meister Nāropa meditiert. Dieser abgelegene und die

Alltagswelt überragende Ort war der ideale Rahmen für die Erforschung der esoterischen Lehren des Tantrayāna.
Die Feldforschung im Rahmen einer esoterischen Tradition wirft zunächst die gleichen Schwierigkeiten auf wie jede andere religiöse Feldforschung auch. Man muß geeignete Informanten finden, das Vertrauen und die Mitarbeit einer großen Anzahl von Menschen gewinnen und den Zutritt zu Gemeinschaften und religiösen Ritualen erhalten. Ethische Belange wie das Privatleben der Informanten müssen berücksichtigt und ihre Interessen geschützt werden. Die Erforschung einer *esoterischen* Tradition stellt aber noch zusätzliche Herausforderungen. Die Elemente der tantrischen Tradition, die mich am meisten interessierten, nämlich die Verehrung von Frauen und die Praxis sexueller Vereinigung als Form spiritueller Disziplin, gehören zu einem besonderen esoterischen Bereich und werden streng gehütet. Möchte man hier einen Zugang finden, genügt es nicht, einschlägige Texte zu suchen. Die schriftlichen Quellen des Tantrayāna sind nicht einfach aus sich selbst heraus verständlich, und die Tradition der mündlichen Kommentare besitzt eine weitaus größere Autorität als die aufgezeichneten Worte alter Handschriften. Daher ist es unumgänglich, Kontakt zu einer dieser mündlichen Überlieferungen zu finden, die in Herz und Geist lebender Meister verborgen sind. Selbst wenn es einem gelingt, den Kontakt zu einem derartigen Meister der Übertragungslinie herzustellen, muß man akzeptieren, daß diese esoterischen Praktiken oft lediglich unter der Voraussetzung enthüllt werden, daß nicht namentlich zitiert wird und manche Punkte überhaupt nicht erwähnt werden.
Im tantrischen Buddhismus ist eine weitere Voraussetzung für esoterische Unterweisungen die Initiation. Eine Initiation oder Einweihung hat drei Ebenen: die rituelle Ermächtigung oder Initiation (*abisheka*), die wörtliche Übertragung der Praxis (*āgama*) und die geheime mündliche Unterweisung (*upadesha*). Die rituelle Ermächtigung verdichtet die Wahrheiten

der zukünftigen spirituellen Reise in symbolischer Form. Die wörtliche Übertragung der Übung besteht aus einer zeremoniellen Lesung des entsprechenden Praxistextes; sie gewährt die Erlaubnis zum Studium und bereitet den Geist auf die Einsicht in die Tradition vor. Ich wurde in mehrere wichtige Techniken initiiert und erhielt die »wörtliche Übertragung«, so daß ich auch geheime mündliche Unterweisungen erhalten durfte. Die Initiation verpflichtete mich jeweils dazu, ein einfühlsames Verständnis für die Tiefe einer alten und komplexen religiösen Tradition zu entwickeln, die während vieler Jahrhunderte von zahlreichen aufrichtigen und bemerkenswerten Persönlichkeiten ausgeübt und verehrt wurde.

Ich bin sehr dankbar, Meister und Praktizierende gefunden zu haben, die mir großzügig einige der wohlgehüteten Aspekte ihrer Tradition mitgeteilt haben. Obwohl ich aufgrund der Initiationen den technischen Voraussetzungen Genüge geleistet hatte, mußten die Meister jeweils auf eigene Verantwortung entscheiden, ob und in welchem Ausmaß sie mich unterstützen würden. Die Bewahrung und Weitergabe esoterischer Lehren bedeutet eine große Verantwortung. Es war deutlich, daß sie versuchten, meine Motive zu erkennen und die Ernsthaftigkeit meines Vorhabens abzuschätzen. Daß ich Doktorandin in Harvard war, bedeutete dabei wenig, da die meisten nie von Harvard gehört hatten. Mein Status als Geisteswissenschaftlerin verschaffte mir zwar ein wenig Respekt, stellte aber an sich keine ausreichende Qualifikation dar, um tantrische Belehrungen erhalten zu können. Allerdings zeugten die körperlichen Strapazen, die ich in meinen Reisen auf mich zu nehmen bereit war, von meinem leidenschaftlichen Wunsch, die tantrische Tradition zu verstehen. Manchmal wurde ich auch aufgefordert, meine jüngsten Träume zu erzählen oder meine Beweggründe zu erklären. Viele Zeichen wurden befragt, um zu klären, ob es ratsam sei, mir zu helfen.

Eines späten Nachmittags zum Beispiel, als ein Lama gerade

erwog, ob er mich nun unterweisen solle, verließen wir den dunklen Schreinraum und tauchten in das strahlende Licht eines leuchtend rosa und goldenen Sonnenuntergangs über den schneebedeckten Gipfeln des Himalaja. Als wir in der Tür stehenblieben, um das flammende Panorama zu bewundern, fiel plötzlich aus einem wolkenlosen Himmel leichter Schnee. Die Schneeflocken reflektierten die Farben des Himmels und erfüllten die Luft mit einem zarten, rosa und golden schimmernden Schauer. Dieser überirdische und magische Schneefall dauerte fünf Minuten und hörte dann ebenso plötzlich auf, wie er begonnen hatte. Seine unheimlich treffsichere zeitliche Abstimmung war atemberaubend. Es schien ein klares Zeichen für den Segen der weiblichen Geister, der Dākinīs, zu sein, der Hüterinnen des tantrischen Wissens. Diese übernatürliche Zustimmung öffnete den Weg zu einigen unschätzbaren Unterweisungen. Bei anderer Gelegenheit sorgten Regenbogen, Träume oder andere Vorzeichen für die nötige Genehmigung. Es erschien meinen Informanten durchaus einleuchtend, daß sich die weiblichen Dākinīs Frauen gegenüber geneigter zeigten als gegenüber Männern und daß sie jetzt offensichtlich beschlossen hatten, einer Frau eine Überlieferung des geheimen Yoginī-Tantra anzuvertrauen.

Da die Yoginī-Tantras oder Anuttara-Yogas als Gipfel des Tantrayāna angesehen werden, benötigte ich mehr als nur die Hilfe von Gelehrten und Anfängern der Praxis und auch mehr als eine Reihe von Interviews mit hoch verwirklichten Meistern. Ich brauchte die individuelle Anleitung eines Meisters auf diesem höchsten Weg der Meditation, des Studiums und der persönlichen Verwirklichung. Solch ein Meister ist schwer zu finden, aber noch seltener ist es, daß er gewillt ist zu lehren und überdies Zeit hat. Sechs Monate lang suchte ich in ganz Indien, bis ich einen qualifizierten Meister fand, der einwilligte, mir ausführliche Unterweisungen zu geben. Mein Hauptmentor war ein Meister der Drikung-Kagyü-Schule,

Lama Sönam Jorphel Rinpoche, ein heiligmäßiger und charismatischer Lehrer, mit dem ich Hunderte von Stunden verbrachte. Er fühlte sich sehr verantwortlich für das Ergebnis meiner Forschung. Im Verlauf unserer langen Verbindung verstand er die Komplexität meiner Motivationen und Verpflichtungen immer besser und auch mein Verlangen, verwirklichte Frauen der Vergangenheit und ihre Schriften zu entdecken und durch das Verstehen weiblicher Verkörperung Inspiration zu finden. Sein Einfühlungsvermögen glich dem eines Bodhisattva; schließlich teilte er einige der Perlen seines hart erworbenen Wissens mit mir und öffnete einer so wenig qualifizierten Sucherin die Tore zur visionären Welt des Tantrayāna.

In der Anthropologie ist es eine bekannte Tatsache, daß – selbst im Verlauf eines einzigen Projektes – unterschiedliche Umgebungen und das Sammeln unterschiedlicher Daten unterschiedliche Ebenen persönlicher Beteiligung erfordern. Man kennt das vollkommene Unbeteiligtsein beziehungsweise die losgelöste, objektive Beobachtung und verschiedene Ebenen passiver, gemäßigter, aktiver und vollständiger subjektiver Anteilnahme. Dazu wechselt man zwischen verschiedenen Graden von Insider- und Außenseiterperspektiven. Dies ermöglicht sowohl einfühlsame Einsichten als auch die Aufrechterhaltung einer kritischen Distanz. In der Gesellschaft eines sehr gelehrten Meisters oder eines unwiderstehlich lebendigen Yogi oder einer Yoginī fiel mein Beobachterstatus gelegentlich vollkommen von mir ab. Andere Male legte ich während eines Rituals Kamera, Notizblock und Lexikon beiseite und versuchte, in einer ganzheitlicheren Weise zu erfahren. Dann vertiefte ich mich so voll und ganz in die Situation, daß sich die Erinnerungen in Fleisch und Blut einprägten und meine Sprache durch evokative Kraft und poetische Tiefe belebten. Obwohl sich meine Behandlung des Themas wo irgend möglich auf schriftliche Quellen stützt, habe ich das Überleben der Praktiken und Vorstellungen, die ich in

Abbildung 1: Eine Yoginī genießt die himmelsgleiche Freiheit. Zeichnung von Merry Norris und Emily Martindale, nach einer tibetischen Vorlage.

diesem Buch beschreibe, als lebendige Tradition beobachten dürfen.

Die Frauen des tantrischen Buddhismus und ihre himmlischen Ebenbilder werden oft Ḍākinīs genannt, übersetzt etwa »Frauen, die im Raum tanzen« oder »Frauen, die in der Freiheit der Leerheit schwelgen« (Abb. 1). Wie ihr Name schon andeutet, hinterlassen diese Damen keinen ausgetretenen Weg. Manchmal verlieren sich ihre Spuren schon dort in der dünnen Luft, wo sie zu ihrem Abenteuer der Erleuchtung aufgebrochen sind, aber manchmal setzt sich ihr Pfad im dichten Unterholz alter Texte fort, findet sich unter den verschlungenen Ranken der Geschichte tibetischer Linienhalter oder in der Asche des glühenden Ruhmes ihrer berühmten Schüler wieder. Die Spuren der Frauen des tantrischen Buddhismus sind manchmal dunkel und rätselhaft, oft sogar verborgen und verkleidet, aber doch für jeden zugänglich, der herausfindet, wo sie zu suchen sind. Hat man sie erst einmal gefunden, locken diese Spuren flammend, belebend und provokativ aus dem weiten Raum himmelsgleicher Freiheit.

2.
Tantrischer Buddhismus in Indien

Der tantrische Buddhismus war der Höhepunkt der Kultur Indiens zur Pāla-Zeit (8.-12. Jh.) und gelangte von hier aus nach ganz Asien, wo er in vielen Ländern bis heute überlebt hat. Der tantrische Buddhismus entstand, als sich der Mahāyāna-Buddhismus großer philosophischer Produktivität und intellektuellen Einflusses erfreute. Blühende Klosteruniversitäten ermöglichten vielen ein dem Studium und der Kontemplation gewidmetes Leben, stellten aber auch einen direkten Weg zu gewaltigem Reichtum, politischem Einfluß und sozialem Prestige dar. Chinesen, die eine Pilgerfahrt nach Indien machten, bezeugten, welchen Lohn die »Entsagung« einbringen konnte:

> Da der Staat Männer von Bildung und Genius schätzt und das Volk hohe Intelligenz achtet, werden diese Männer auffallend überschwenglich geehrt und gepriesen, und die Aufmerksamkeit, die ihnen von Privatleuten und Beamten zuteil wird, ist beachtlich. Daher zwingen sich die Menschen zu einem gründlichen Erwerb von Wissen.

> (Die Mönche) begeben sich zum Palast des Königs ... Hier tragen sie ihre Gedanken vor und beweisen ihr (politisches) Talent, in der Hoffnung, in die Regierung berufen zu werden ... Sie erhalten Pfründe und werden in hohe Ränge befördert; zum Lohn prangen ihre berühmten Namen in weißer Schrift

über ihren hoch aufragenden Toren. Danach können sie sich jeder beliebigen Beschäftigung widmen.

Hatte er seine akademische Laufbahn erfolgreich absolviert, konnten einem Mönch Land, Diener, Vieh, Gebäude, Edelmetalle, Juwelen, Möbel, Kunstgegenstände und das Privileg verliehen werden, bei offiziellen Prozessionen auf einem Elefanten zu reiten. Diese Geschenke zeigten die Wertschätzung seiner Gönner und waren für diese zugleich ein Mittel, religiöses Verdienst anzusammeln. Von einem begeisterten königlichen Förderer wurde einem Mönch einmal sogar das Einkommen von achtzig Dörfern angeboten. Der Mönch lehnte ab.
Der kritische Ansatz des tantrischen Buddhismus baute zwar auf den großen Leistungen der Mahāyāna-Philosophie auf, entwickelte sich jedoch außerhalb der mächtigen buddhistischen Klöster als Protestbewegung von Laien, die sich den klassischen Universalismus des Mahāyāna zurückwünschten. Die tantrischen Reformer protestierten gegen monastische Privilegien und trockene Scholastik. Ihr Ziel war ein religiöses System, das allen sozialen Schichten zugänglich war. Nach Ansicht der Tantriker sollte sich spirituelle Selbstbeherrschung im Familienleben bewähren, im Tumult der Städte und Marktplätze, der furchterregenden Umgebung von Verbrennungsstätten und angesichts der Gefahren der Wildnis. Die neuen Buddhisten bestanden ferner darauf, daß Verlangen, Leidenschaft und Ekstase in den spirituellen Weg integriert werden müßten. Sie wollten der Begierden Herr werden, indem sie sich in sie vertieften, statt sie zu fliehen. Als »Helden« (*vīra*) und »Heldinnen« (*vīrā*) waren sie gewillt, mutig in die Tiefen des Ozeans der Leidenschaften zu tauchen, um die Perlen der Erleuchtung zu gewinnen. Die kühne Behauptung der Tantriker, daß Erleuchtung in allem Handeln gefunden werden könne, ließ sexuelle Intimität zu einem bedeutenden Paradigma tantrischen Rituals und tantrischer Meditation werden.

Die tantrische Revolution gewann die Unterstützung von Volk und König und fand schließlich sogar ihren Weg in den Lehrplan der großen Klosteruniversitäten wie Nālandā, Vikramashīla, Odantapurī und Somapurī. Diese Einrichtungen der höheren Bildung wurden sowohl von Hindus als auch von Buddhisten gefördert, und Anhänger beider Religionen widmeten sich dort dem Studium von Philologie, Literatur, Medizin, Mathematik, Astronomie und Kunst sowie der »inneren Wissenschaften« Meditation, Psychologie und Philosophie. Während die Klöster als institutionelle Hochburgen des Glaubens dienten, wanderten Laientantriker durch die ländlichen Gebiete und brachten den Buddhismus in die Dörfer, die Stammesgebiete und Grenzregionen. Sie waren die Zwischenglieder, über die neue Bevölkerungsgruppen ihre jeweiligen Praktiken, Symbole und Gottheiten in den buddhistischen Kosmos einbrachten. Altertümliche Religionen aus Indiens Wäldern, Bergen und ländlichen Gebieten, Bräuche der Stammesvölker, Dörfler und unteren Gesellschaftsschichten fanden Aufnahme und wurden den buddhistischen Inhalten gemäß umgeformt, so daß der Buddhismus aufs neue alle Schichten der indischen Gesellschaft ansprach. Der tantrische Buddhismus zog Anhänger der konkurrierenden Glaubensrichtungen an und verbreitete sich triumphal in jede Region des indischen Subkontinents, in die Länder des Himalaja sowie nach Ost- und Südost-Asien.

Theorie und Praxis des tantrischen Buddhismus

Die tantrische Bewegung stellte eine radikal neue Sicht der herrschenden Werte, Praktiken und Symbole innerhalb des Buddhismus dar und stimulierte als neues religiöses Paradigma eine lebhafte literarische und künstlerische Kreativität. Mit den sogenannten Tantras wurde ein neuer Kanon von

Schriften eingeführt, der sich auf übernatürliche Offenbarung berief. Aus vergleichbaren Quellen schöpfend wie die hinduistischen Tantra- und Shākta-Bewegungen (die besonders die Verehrung von Göttinnen betonten), entstanden die buddhistischen Tantras aus einem dynamischen Austausch zwischen unterschiedlichsten Elementen der Gesellschaft, die für eine Erneuerung der Lebenskraft und kulturellen Energie des Buddhismus sorgten. Diese neuen Schriften führten eine aufsehenerregende und farbenprächtige Palette an Ritualen, Initiationen, Magie, Mantras, Yoga, sakramentalen Festmahlen und ekstatischen Praktiken ein.

Die Anhängerinnen und Anhänger des buddhistischen Tantra kamen aus den unterschiedlichsten sozialen Schichten und Lebensumständen. Einige waren Prinzen, königliche Minister und reiche Kaufleute, die sich der tantrischen Meditation neben ihren gesellschaftlichen Verpflichtungen widmeten. Andere Adepten von aristokratischem oder gar königlichem Blut, wie die Prinzessin Lakshmīnkarā, gaben alle Privilegien und Bequemlichkeiten auf, um sich an abgelegenen Orten, in Höhlen, Wäldern und auf Friedhöfen intensiven tantrischen Übungen zu widmen. Einige nahmen eine weniger angesehene Form des Lebenserwerbs an, um ein einfacheres, der Übung des Tantra besser entsprechendes Leben führen zu können. So entschied sich der Gelehrte Tilopa zum Beispiel, seinen Lebensunterhalt mit dem Mahlen von Sesamsamen zu fristen. Der Mönch Saraha gab seine klösterlichen Gelübde auf, nahm sich eine spirituelle Gefährtin und übte fürderhin deren Gewerbe aus; er wurde Pfeilmacher. Diesen bescheidenen, nichtzölibatären Lebensstil schätzte er als vollkommenen Rahmen für seine religiöse Übung. An dem Tag, an dem er sich mit der Pfeilmacherin vereinigte, rief er aus: »Heute bin ich ein wahrer Mönch geworden!« Einer seiner berühmten Verse drückt aus, was er von ihr lernte:

Ohne Meditation, ohne der Welt zu entsagen,
bleibe in Gesellschaft deiner Gefährtin zu Haus.
Vollkommenes Wissen ist nur zu erlangen,
wenn man die Freuden der Sinne genießt.

Einige Tantriker waren von niederer Herkunft – Flickschuster, Vogelfänger, Weber und Schankwirte. Sie gingen ihren unauffälligen Beschäftigungen einfach weiter nach und entwickelten gleichzeitig ekstatische, innere Freiheit. Unter diesen finden wir Manibhadrā, eine Hausfrau, die tantrische Meditation übte, während sie ihren häuslichen Pflichten nachkam. Sie erlangte während ihrer Hausarbeit sogar Erleuchtung. Als sie nämlich eines Tages einen Krug mit Wasser, den sie vom Dorfbrunnen heimtrug, fallenließ und das Wasser sich über den Weg ergoß, floß auch ihr Bewußtsein aus und wurde eins mit der Wirklichkeit von allem (Abb. 2). Die tantrische Bewegung erfaßte Menschen, denen gewöhnlich nicht unbedingt spirituelles Wissen oder religiöse Bildung zugeschrieben wurde – Ausgestoßene und sozial Verachtete wie Lumpensammler, Straßenfeger, Diebe, Spieler, Schankwirte, Schausteller und Menschen, die alle möglichen anderen niederen Arbeiten verrichteten. Ebenso auch Menschen, die in Stammesverbänden in abgelegenen, wilden Gebieten lebten, wie die Jägerinnen Padmalochanā und Jñānalochanā. Einige, wie zum Beispiel Saraha, verließen ihre Klöster, um sich ganz auf die Gefühle und Empfindungen des weltlichen Lebens einzulassen. Andere blieben ordiniert und versuchten, die tantrischen Praktiken im Geheimen auszuüben – ein Versuch, der – dem Ruhm nach zu urteilen, den ihnen einige ihrer tantrischen Abenteuer eintrugen – häufig genug fehlschlug.

Als Zweig des Mahāyāna leitet der tantrische Buddhismus seine Philosophie aus der Mahāyāna-Tradition ab. Die Einsichten der Mādhyamaka-, Yogāchāra- und Tathāgatagarbha-Philosophie sowie die Ideale altruistischer Motivation und die

Abbildung 2: Manibhadrā erlangt Erleuchtung. Detail eines Rollbildes aus dem 16. Jh., mit freundlicher Genehmigung des Tibet House, New Delhi. Foto John C. Huntington.

Verpflichtung zu mitfühlendem Dienen bilden den Kern buddhistisch-tantrischer Praxis. Nichtsdestoweniger scheint die intellektuelle Kontinuität beider Bewegungen im Widerspruch zu der manchmal dramatischen Verschiedenheit ihrer Methoden zu stehen. Der Mahāyāna lehrt, daß die Welt, die dem unerleuchteten Bewußtsein so unvollkommen und voller Makel erscheint, in Wirklichkeit ein strahlendes Buddha-Land ist. Tatsächlich ist sie sogar nur eins von unzähligen Juwelen in einem unendlichen Netz miteinander verflochtener Buddha-Länder.

Der Tantrayāna teilt diese ontologische Sichtweise zwar, hat aber eigene Methoden entwickelt, um zu dieser Erkenntnis zu gelangen. Wo der Mahāyāna einen allmählichen Prozeß der Läuterung über viele Lebenszeiten hinweg lehrt, in dessen Verlauf Weisheit, Mitgefühl, Geduld und andere Tugenden vervollkommnet werden, besteht der tantrische Buddhismus darauf, daß Erleuchtung in einem einzigen Leben erlangt werden kann. Tantrische Übungen fordern den Praktizierenden heraus, bereits jetzt alle Dinge und alle Erfahrungen als ursprünglich rein und seit jeher vollkommen zu sehen. Viele tantrische Methoden sind darauf angelegt, konventionelle dualistische Denkmuster schnell, direkt und sehr unmittelbar aufzubrechen. Dieses Vorgehen beinhaltet auch Situationen, die durch Schock, Ekel oder Schrecken eine machtvolle Reaktion provozieren sollen, um die tiefsten Inhalte der Psyche zum Vorschein bringen. Indem so jeder Winkel von Geist und Herz ausgeleuchtet wird, kommen alle Schatten und dunklen Schlupfwinkel ans Licht. Aus diesem Grund wird Tantra als »schneller Weg« zur Erleuchtung angesehen. Die Beschleunigung ergibt sich durch Methoden, die eine Selbstkonfrontation erzwingen; und ist das Ich dann entblößt, gibt einem der spirituelle Meister oder die Meisterin die notwendigen Werkzeuge an die Hand, um es zu transformieren.

Der Mahāyāna sieht in den Emotionen den nährenden Schlamm, in dem die Lotosblumen von Mitgefühl, Großzügigkeit und Empfindsamkeit Wurzeln schlagen und erblühen können. Im *Vimalakīrtinirdesha-Sūtra* heißt es: »Blumen wie der blaue Lotos, der rote Lotos oder der weiße Lotos ... wachsen nicht auf dem trockenen Boden der Wüsten, sondern in Sümpfen und auf Schlammbänken. Gleichermaßen wachsen die Buddha-Eigenschaften in den Lebewesen, deren Leidenschaften Sümpfen und Schlammbänken ähneln.« Auf dieser Wertung der Emotionen aufbauend, hält der Tantrayāna Gefühle, Verlangen und Sinneserfahrungen für ursprünglich rein. Dieser Weg, der als der geeignete für intensiv empfindende, leidenschaftliche Menschen gepriesen wird, ist aber durchaus nicht frei von Fallen – denn Leidenschaft wird für alle diejenigen zum ernsten Hindernis, die nicht über eine entsprechende Reinheit von Herz und Geist verfügen. Für Yogis und Yoginīs jedoch, die sich von Anhaftung befreit haben und die von Mitgefühl motiviert sind, ist Leidenschaft die Energie und der Brennstoff für die Meditation über Leerheit.

»Leerheit« (*shūnyatā*) ist ein buddhistischer Begriff für die regenbogengleiche Substanzlosigkeit und illusorische Natur aller Phänomene. Das tantrische Ziel besteht darin, inmitten der Leidenschaften ein klares Gewahrsein der Leerheit aufrecht zu erhalten, denn nur dadurch wird es möglich, bloße Leidenschaft in höchste Glückseligkeit zu verwandeln. Aus diesem Grund legen es zahlreiche tantrische Übungen darauf an, den Yogi oder die Yoginī immer wieder mit dem Strom direkter, unmittelbarer Erfahrung zu verbinden. Darüber hinaus bietet der tantrische Weg zahlreiche Methoden an, die Glückseligkeit zu intensivieren, zu kanalisieren und sie darzubringen. Dazu gehören rituelle Festmähler, spontane Poesie, esoterischer Tanz und Gesang, das Opfer des inneren Feuers, sakramentale Substanzen wie Fleisch und Alkohol sowie yogische Praktiken, die von Männern und Frauen gemeinsam geübt werden. Diese Übungen werden in den folgenden Kapiteln näher beschrieben.

Weil der Pfad zur Erleuchtung eine furchtlose Konfrontation

mit jedem Aspekt der Psyche nötig macht, einschließlich sehr tiefer und ungezähmter Ebenen von Haß, Gier und Angst, erfordert er einen erfahrenen Führer, eine erfahrene Führerin. Dieser Führer ist der tantrische Meister oder Guru. Er oder sie gewährt Initiationen, gibt Unterweisungen und wendet präzise psychologische Einsichten in der Schulung jedes einzelnen Schülers, jeder Schülerin an. Wenn diese den Pfad betreten, führt der Guru eine Initiation (*abhisheka*) durch, die dem Schüler die Erlaubnis erteilt, esoterische Lehren zu empfangen und auszuüben, und ihn entsprechend vorbereitet. Die Initiation kann in einer kurzen, privaten Zeremonie stattfinden oder auch ein ausführliches, komplexes Ritual von mehreren Tagen Dauer sein. Sie verleiht allem, was sich in der Meister-Schüler-Beziehung entwickeln mag, das Siegel der gegenseitigen Verpflichtung und des heiligen Vertrauens. Diese Beziehung kann nämlich äußerst persönlich werden. Schließlich überwacht der Guru die psychische Reise des Schülers, und er läßt keinen Stein ungewendet, während er dessen Persönlichkeit, lange verborgenen Erinnerungen, Enttäuschungen und Wunden der Kindheit sowie Wurzeln des Schmerzes aus dem gegenwärtigen und vergangenen Leben auslotet und dabei sämtliche kulturellen und persönlichen Annahmen hinterfragt. Ziel dieser Reise ist nicht nur die Freiheit vom Leiden, sondern eine erhöhte Fähigkeit zu Kreativität, Klarheit und Freude.

Der tantrische Buddhismus kann unter allen Umständen und Bedingungen geübt werden. Das Ziel besteht darin, das gewöhnliche, beschränkte Gewahrsein so direkt wie möglich zu durchschneiden, um während eines einzigen Lebens Erleuchtung zu erlangen. Hierfür werden viele Methoden angeboten, von denen aber keine eine formelle Bedingung für die Praxis darstellt. Die für einen bestimmten Menschen geeignetste Methode wird vom Meister jeweils individuell aus dem breiten Angebot ausgewählt. Am Anfang werden oft anstrengende Reinigungsübungen wie Niederwerfungen und Mantra-Rezitation verlangt, um den Geist des Schülers vorzubereiten. Die Wegbereiter des Tantrayāna haben Meditationen entwickelt, die sich während jeder beliebigen Aktivität ausführen lassen. Hausbauer, Handwerker, Arbeiter aller Art erfuhren, wie sie ihr Gewahrsein während ihrer täglichen Verrichtung transformieren konnten. Ein Juwelier zum Beispiel konnte darüber meditieren, daß alles so rein und strahlend ist wie glänzendes Gold, eine Winzerin konnte sich vorstellen, aus den Trauben der Erfahrung Glückseligkeit zu destillieren, ein Schuhmacher, daß er das Leder der Leidenschaften mit dem Faden der Freiheit zu Schuhen der Erleuchtung zusammennähte.

Sahajavajrā zum Beispiel, eine umherziehende Weinhändlerin, die die tantrischen Yogis in Uddiyāna versorgte, glaubte zunächst nicht daran, daß sich ihr Lebensunterhalt mit der Suche nach Erleuchtung vertragen könnte. Auf der Suche nach einem Ausweg aus diesem Dilemma traf sie auf Guru Padmavajra, der erkannte, daß sie an der Schwelle zur vollen Erleuchtung stand, und sie eine Meditation lehrte, die auf dem Verkauf von Wein beruhte:

> Alle Buddhas trinken einen Wein, der nicht von Menschenhand gemacht und unerschöpflich ist ... Das ist die unerschöpfliche Schatzkiste, der Eingang in den Bereich aller Buddhas. Er wird auch die Sphäre jenseits aller Gedanken genannt. Buddha-Tochter, verweile in diesem meditativen Zustand und du wirst den ursprünglichen Wein der von Natur aus spontanen Verwirklichung (*sahaja*) kosten, den alle Buddhas trinken. Er wird deinen Durst stillen und dich befähigen, allen Wesen zu dienen.

Durch diese tantrische Methode konnte Sahajavajrā ihren Lebensunterhalt und ihre Meditationsdisziplin verbinden.

Einige tantrische Lehren schaffen durch die Ästhetik von Sprache und Bildern einen meditativen und rituellen Bereich, in dem die oder der Praktizierende zu direktem Gewahrsein geführt wird. Eine dieser imaginativen Techniken ist der Yoga der Gottheit (*devayoga*), in dem die Meditierende sich selbst als Gottheit wie zum Beispiel Tārā, Mañjushrī oder Avalokiteshvara visualisiert. Der Sinn dieser Übungen liegt darin, die eigenen erleuchteten Eigenschaften zu wecken und Zugang zu ihnen zu erlangen, sei es die mütterliche Fürsorglichkeit von Tārā, die strahlende Weisheit des Mañjushrī oder das bedingungslose Mitgefühl des Avalokiteshvara. Dann weitet man diese Übung aus und visualisiert alle Wesen als Buddhas, die Umgebung als den reinen Bereich eines Buddha, alle Klänge als die Stimme eines Buddha und alle Ereignisse als die befreienden Handlungen eines Buddha.

Eines der wichtigsten tantrischen Symbole zur Umformung der subjektiven Wirklichkeit des Übenden ist das Mandala; es stellt sozusagen den Bauplan der erleuchteten Sicht dar. Normalerweise ist die Weltsicht jedes einzelnen Ausdruck seiner kulturellen Umgebung, seiner persönlichen Neurosen, Anhaftungen und Gewohnheitsmuster in Denken und Verhalten, die Karma genannt werden. Meditation über ein Mandala ersetzt diese gewohnheitsmäßige, abgestumpfte Sichtweise durch eine strahlende, kristallklare Welt leuchtender Farben, schöner Formen und göttlicher Bilder und Klänge. Der Grundriß des Mandala besteht aus einem Palast, der sich, auf einer Lotosblume ruhend, aus dem kosmischen Meer erhebt. Der Mandala-Palast wird nicht als solide visualisiert, sondern bestehend aus kristallenem Licht oder transparent wie ein vom Licht durchstrahlter Edelstein: saphirblau, topasgelb, rubinrot, smaragdgrün und diamantweiß. Jede seiner vier Mauern ist mit Vasen, Baldachinen, Perlengirlanden und Siegesbannern geschmückt und weist ein großes reich verziertes Tor auf. Die Reise durch das Mandala steht symbolisch für die Reise zur Erleuchtung. Der Meditierende tritt durch das Osttor ein und begegnet einer Reihe von Buddhas, die verschiedene Aspekte seiner Persönlichkeit und ihre erleuchteten Entsprechungen verkörpern. Hier werden Visualisation und Imaginationskraft genutzt, um die fünf Gifte der selbstzentrierten Persönlichkeit in die fünf Nektare oder Buddha-Weisheiten umzuwandeln. Zorn wird in die Spiegelgleiche Weisheit verwandelt, Arroganz in die Weisheit der Wesensgleichheit, Begehren in die Weisheit unterscheidenden Gewahrseins, Neid wird zur Allesvollendenden Weisheit und Unwissenheit zur panoramischen Weisheit des allumfassenden Raumes.

Unter dem Einfluß der tantrischen Inspiration hat sich das buddhistische Pantheon stark erweitert. Neue Buddha-Formen und neue Klassen von Buddha-Gestalten wurden eingeführt. Weibliche Buddhas fügten der buddhistischen Ikonographie und Befreiungslehre eine ganz neue Dimension hinzu, indem sie ausdrücklich bestätigten, es sei möglich, Buddhaschaft in einem weiblichen Körper zu erlangen. Frühere buddhistische Texte halten es zwar für möglich, daß Frauen Erleuchtung erlangen, aber die Möglichkeit, daß es jemals einen weiblichen Buddha geben könne, wird strikt verneint: »Es ist unmöglich, es kann niemals geschehen, daß eine Frau, auch wenn sie eine Vollkommene ist, ein vollständiger und vollkommener Buddha würde« (*Bahudhātuka-Sutta* 3.65). Da das Erlangen der vollkommenen Buddhaschaft im frühen Buddhismus jedoch als äußerst seltenes Ereignis gesehen wurde, das ausschließlich in kosmischen Intervallen auftritt, stellte diese Sicht für die Frauen nicht unbedingt eine ernsthafte Einschränkung dar. Auch der Mahāyāna-Buddhismus lehrt die Fähigkeit der Frauen zur Erleuchtung, verneinte aber ebenfalls die Möglichkeit eines weiblichen Buddha. Da jedoch im Mahāyāna die Buddhaschaft zum universalen Ziel *aller* Praktizierenden geworden war, hatte die Verneinung weiblicher Buddhas wesentlich problematischere Implikationen. So sollte eine Frau, wenn sie vollkommene Erleuchtung erlangte, zu einem männlichen Buddha werden, der offensichtlich einzigen Form, die im Mahāyāna-Buddhismus einem Buddha zugestanden wurde. Das *Bodhisattvabhūmi*, ein Text aus dem 4. Jahrhundert, argumentiert:

> Vollständig vervollkommnete Buddhas sind niemals Frauen. Und warum? Eben weil ein Bodhisattva (d.h. jemand auf dem Weg zur vollständigen Erleuchtung) ... den Zustand der Weiblichkeit vollständig aufgegeben hat. In seinem Aufstieg zum höchsten Thron der Erleuchtung wird er nie wieder als Frau geboren. Alle Frauen sind von Natur aus voller Befleckungen und von schwacher Intelligenz. Und niemals wird ein Wesen vollendete Buddhaschaft erlangen, das von Natur aus voller Befleckungen ist und von schwacher Intelligenz.

Obwohl Frauen in den Mahāyāna-Texten ansonsten durchaus positiv dargestellt sind, hatte diese Ansicht negative Auswirkungen für Frauen, hält sie doch den weiblichen Körper nicht für geeignet, Ort der Erleuchtung zu sein.
Das Erscheinen weiblicher Buddhas in der tantrischen Ikonographie wirkte sich in verschiedener Hinsicht positiv auf die Stellung der Frau aus. Besonders förderlich war dabei die tantrische Lehre, nach der Buddhaschaft im gegenwärtigen Leben und damit im gegenwärtigen Körper erlangt werden kann. Da es sowohl weibliche als auch männliche Körper gibt, würde die Abwesenheit eines weiblichen Buddha sämtliche Frauen vom tantrischen Ziel der Buddhaschaft im gegenwärtigen Körper ausschließen. Jetzt wurde die frühere Lehre der jedem Wesen eingeborenen Buddhaschaft dahingehend weiterentwickelt, daß Männer als männliche und Frauen als weibliche Buddhas gesehen werden. Im *Chandamahāroshana-Tantra* verkündet ein männlicher Buddha im Gespräch mit einem weiblichen Buddha:

> Ich bin der Sohn der Māyā (d.h. Shākyamuni Buddha)
> in der Erscheinung des Chandamahāroshana.
> Du bist die erhabene Gopā (Shākyamunis Frau),
> die Herrin »Vollkommenheit der Weisheit«.
> Alle Frauen im Universum
> sind deine Verkörperungen,
> und alle Männer sind meine Verkörperungen.

Abbildung 3: Der weibliche Buddha Vajrayoginī. Nepalesischer Blockdruck.

Der vielleicht herausragendste weibliche Buddha ist Vajrayoginī. Sie ist blutrot und hat wehende schwarze Haare; sie trägt Knochenschmuck und schwingt tanzend eine Schädelschale mit Ambrosia. Sie ist schön, leidenschaftlich und ungezähmt. Manchmal zertritt diese höchste Befreierin Leichen unter ihren Füßen (Abb. 3), dann wieder fliegt sie durch den Himmel. Vajrayoginī wird meist allein dargestellt, manchmal aber auch mit einem Gefolge von Yoginīs und gelegentlich mit einem männlichen Partner. Nairātmyā, ein anderer wichtiger weiblicher Buddha, ist himmelblau, was symbolisiert, daß sie die selbstzentrierte Existenzweise überschritten hat. Sie tanzt mit ihrem hoch erhobenen sichelförmigen Messer und schneidet alle egozentrischen Zustände des Geistes ab.

Eine weitere Neuerung tantrischer Ikonographie ist die Einführung der rasenden oder grimmigen Buddhas oder Gottheiten. Die rasenden Gottheiten (*krodhakāya*), manchmal Herukas oder »Bluttrinker« genannt, haben meist blutunterlaufene Augen, einen zornigen Blick und eine dunkelblaue Hautfarbe. Ihr Tigerfellschurz ist mit einer Schlange gegürtet, und ihr Schmuck besteht aus Knochen und Schädeln. Es gibt männliche rasende Buddhas wie Hevajra und weibliche wie die löwengesichtige Simhamukhā (Abb. 4). Nach dem Vorbild dieser Gottheiten tragen tantrische Yogis und Yoginīs manchmal Tigerfelle und Knochenornamente und trinken aus Schädelschalen. Rasende Gottheiten tanzen auf den negativen Kräften, die sie überwunden haben, und verspeisen lachend die rohe, schmerzhafte Negativität, die von unerleuchteten Menschen als erschreckende Dämonen gesehen wird. Solche Buddhas mögen bedrohlich erscheinen, aber per Definition handeln Buddhas ausschließlich zum Nutzen der Lebewesen. Rasende Gottheiten zeigen, daß es selbst im Herzen der Aggression eine reine Energie gibt. Der Meditierende muß aufhören, furchterregende und feindliche Erscheinungen als Bedrohung für das Ich zu sehen, und erkennen, daß sie Muster

Abbildung 4: Simhamukhā, ein grimmiger weiblicher Buddha. Zeichnung aus der Sammlung der Autorin.

reiner Energie sind, frei von Negativität. Eine Tantrikerin des 8. Jahrhunderts lehrte:

> Anmutige, heroische, furchterregende,
> mitfühlende, wütende und friedliche Handlungen,
> sowie Leidenschaft, Ärger, Gier, Stolz und Neid –
> all dies ist ohne Ausnahme
> die vollkommene Gestalt
> der reinen, sich selbst erhellenden Weisheit.

Wut und Zorn werden auf dem spirituellen Pfad nicht vollständig beseitigt, weil es gelegentlich notwendig sein mag, eine zornige Erscheinungsform zu wählen, um jemanden retten, befreien oder beschützen zu können. So verkündet Chandamahāroshana zum Beispiel seiner geliebten Dveshavajrī, er trage seine Waffen, um Frauen vor den Männern zu beschützen, die ihnen Verehrung und Dienst versagen.

Buddha-Paare, bestehend aus einem männlichen und einem weiblichen Buddha in geheiligter Vereinigung (*maithuna*) sowie andere göttliche Paare waren eine weitere Neuerung der tantrischen Ikonographie. Diese Paare erscheinen sowohl in milder als auch in grimmiger Form. Trotz der in ihrer leidenschaftlichen Umarmung erfahrenen Ekstase ist der Gesichtsausdruck der göttlichen Gefährten von Zärtlichkeit und tiefem Frieden gekennzeichnet – Ausdruck der vollkommenen Reife ihrer Weisheit. Buddhas verdinglichen weder das Glück der Vereinigung, noch haben sie eine selbstsüchtige Motivation oder lassen das Entstehen neurotischer Anhaftung zu. Indem sie die Leerheit erkannt haben, haben sie die Glückseligkeit auf eine höhere Oktave transponiert. Die Buddha-Paare symbolisieren ekstatische Erleuchtung.

Ein Grund für die Kraft und Lebensfähigkeit des tantrischen Buddhismus war seine geschickte Synthese verschiedener Elemente der indischen Kultur. Es gab keine indische religiöse Bewegung, aus der der tantrische Buddhismus nicht geschöpft hätte. Vedisches Ritual und Mantra, die mystische Theorie der Upanischaden, Hatha-Yoga, Kundalinī-Yoga, shivaitische Ikonographie und Shākta-Vorstellungen fanden ihren Platz im Repertoire des Tantrayāna. Der Hatha-Yoga trug mit körperlichen Übungen und Atemübungen dazu bei, die Kontrolle über den Körper und dessen Biegsamkeit und Langlebigkeit zu erhöhen. Der Kundalinī-Yoga steuerte eine Reihe von Techniken zur Nutzbarmachung der mächtigen, den Körper durchströmenden psychophysischen Energie (prāna) bei. In Indien nimmt man an, daß diese Energie zum Zwecke der Fortpflanzung, des sexuellen Genusses, der Kreativität oder für spirituelle Erfahrungen und erhöhtes Gewahrsein kanalisiert werden kann. Die meisten Menschen lassen sie einfach den Kessel chaotischer Gedanken und Emotionen aufwühlen oder zerstreuen sie im Verfolgen oberflächlicher Vergnügungen. Ein Yogi oder eine Yoginī hingegen konzentriert und steuert diese Energie bewußt zu bestimmten Zwekken. Während er oder sie sich sammelt, erzeugt diese Energie Wärme und wird zum inneren Feuer oder innerer Hitze (*chandālī*), die den Unrat der Unwissenheit und Selbstsucht verbrennt.

Der bedeutendste Einfluß anderer indischer Religionen kam aus der Verehrung von Göttinnen (*shākta*) und aus der shivaitischen Tradition. Tantrische Buddhisten begegneten den Hindu-Tantrikern auf Verbrennungsstätten und an bestimmten Pilgerorten, denn hier versammelten sich auch die shivaitischen und Shākta-Yoginīs und Yogis. Bis heute haben sie viele heilige Plätze gemein und benutzen auch den gleichen Ausdruck für sie (*pītha* statt *tīrtha*). Ihre Begegnungen lieferten zahlreiche Gelegenheiten für wechselseitigen Einfluß und gegenseitige Anleihen.

Der Einfluß der shivaitischen Tradition ist in der Ikonographie des tantrischen Buddhismus ohne weiteres erkennbar. Der Hindu-Gott Shiva gilt als der Herr der Yogis. Er lebt auf einer Verbrennungsstätte, wo niemand seine Meditation stören kann und alles, was er für sein anspruchsloses Leben braucht, leicht zu finden ist. Er reibt sich mit Asche ein und trägt die zerlumpten Leichentücher der Toten. Schlangen winden sich als Zierde um seinen Körper, er sitzt auf einem Tiger- oder Antilopenfell, trinkt und ißt aus einer menschlichen Schädelschale und macht sich Schmuck und Musikinstrumente aus Menschenknochen. Er lebt jedoch nicht zölibatär, und seine Gefährtin, Pārvatī, ist eine ebenso große Meditierende und Yoga-Praktizierende wie er. Einige der Züge Shivas wurden der buddhistischen Symbolik einverleibt, am auffälligsten in der Darstellung von Heruka-Buddhas wie Chakrasamvara und Hevajra.

Die Anteile der allgemeinen Strömungen indischer Kultur am tantrischen Buddhismus zeigen sich vielleicht am deutlichsten im Vorkommen von Shākta-Elementen in seiner Ikonographie, seinen rituellen Motiven und seiner Geschlechterideologie. Tantrischer Buddhismus und Shāktismus teilen die Verehrung von Göttinnen und von Frauen als den Verkörperungen weiblicher Gottheiten. Beide Bewegungen neigen zu der Ansicht, das Universum sei aufgrund weiblicher Kreativität entstanden. Diese ontologische Sicht von Weiblichkeit als Ursprung und folglich Männlichkeit als abgeleitet und abhängig geht mit einem besonderen Respekt für Frauen im sozialen und rituellen Bereich einher. In den tantrisch buddhistischen Schriften finden sich Passagen einer Literaturgattung, die manchmal »Lob der Frauen« (*strīprasamsha*) genannt wird. Darin werden die Tugenden der Frauen gepriesen. Für diese Passagen finden sich in der früheren buddhistischen Literatur keine Vorgänger. Sie lassen jedoch eine Verwandt-

schaft mit Texten des tantrischen Hinduismus und der Shākta-Bewegung erkennen. Die tantrischen Schriften beider Religionen fordern Respekt vor Frauen und drohen denjenigen drastische Strafen an, die dieses unverletzliche Gebot übertreten. Tantrische Buddhisten teilen mit Hindu-Tantrikern ebenfalls die Praxis der Verehrung von Frauen (*strīpūjā*, auch bekannt als »geheimes Ritual«, oder *guhyapūjā*). Die theoretische Grundlage dieser Praxis ist der Glaube, Frauen seien Verkörperungen von Göttinnen, und ihre Verehrung werde von den Göttinnen ausdrücklich als Form der Hingabe gefordert.
Diese Züge des tantrischen Buddhismus lassen sich eher aus den zeitgenössischen tantrischen und shaktischen Bewegungen heraus verstehen als durch Verweise auf innere Merkmale des Buddhismus. Das Urteil von André Padoux, einer weltbekannten Autorität des Hindu-Tantra, daß »insgesamt die Shākta-Ideologie ... dem Tantrismus grundlegend inhärent ist«, läßt sich genausogut auf den buddhistischen Tantrayāna anwenden. Buddhismus und Shaktismus fließen hier auf eine Art und Weise ineinander, daß man den tantrischen Buddhismus mit Fug und Recht auch Shākta-Buddhismus nennen könnte.

Bis vor einigen Jahrzehnten war es die gängige Ansicht der meisten westlichen Gelehrten, die Pāla-Zeit sei wegen des Entstehens des Tantrayāna als eine Zeit der Dekadenz und des Verfalls des Buddhismus anzusehen. Eine weniger voreingenommene Betrachtung hat jedoch gezeigt, daß während der Pāla-Kultur im Nordosten Indiens der Buddhismus dort ebenso wie auch weiter westlich und südlich in Blüte stand, und dies größtenteils eben aufgrund der Kreativität der sich entwickelnden tantrischen Bewegung. Die Lebensfähigkeit des indischen Buddhismus zeigte sich in seiner institutionellen Kraft, seiner künstlerischen und literarischen Produktivität, dem Wachstum innerhalb Indiens und über die Grenzen Indiens hinaus sowie in seiner deutlichen Manifestation in allen Bereichen kultureller Entwicklung. Internationale Expansion und missionarische Aktivitäten zeugen von der Kraft buddhistischen Glaubens während dieser Periode. Berühmte Missionare wie Shāntaraksita, Padmasambhava, Amoghavajra, Vajrabodhi, Subhākarasimha und Atīsha brachten den Buddhismus nach Zentral-, Ost-, und Südostasien, oft auf Einladung der jeweiligen Könige. Buddhistische Pilgerzentren wie Bodh-Gayā, Shrāvastī und Kushinagara zogen Gelehrte, Künstler und religiöse Sucher aus ganz Asien nach Indien.

Zur Pāla-Zeit erreichte das buddhistische künstlerische Schaffen einen Höhepunkt; ein goldenes Zeitalter der buddhistischen Kunst war angebrochen. Tantrische Kunstwerke und Literatur wurden in verschwenderischem Maß in Auftrag gegeben. Die beeindruckenden künstlerischen Relikte dieser Periode zeigen nur einen Bruchteil der ursprünglichen Werke. Vergängliche Materialien wie Holz, Tuch, Gips und Ton sind seit langem den Elementen und der Vergänglichkeit zum Opfer gefallen. Die kunstvolle Klosterarchitektur jener Zeit wurde ebenfalls vernichtet, entweder durch Fackel und Schwert oder durch den Zahn der Zeit. Das künstlerische Niveau war so hoch entwickelt, daß Künstler, Handwerker und Ikonographen aus der ganzen buddhistischen Welt nach Indien kamen, um sich inspirieren zu lassen. Vom künstlerischen Einfluß der Pāla-Zeit, von der Anziehungskraft und Stärke der buddhistischen Kultur zeugen in ganz Asien mannigfaltige Spuren.

Die blühende buddhistische Literatur ließ das Indien der Pāla-Zeit auch zu einem intellektuellen Zentrum werden. Buddhistische Autoren und Gemeinschaften schufen bleibende Klassiker der Philosophie und Ethik, bemerkenswerte Theaterstücke und Werke der Dichtkunst und Tausende von Schriften des aufkommenden tantrischen Genres. Als die Muslime im 13. Jahrhundert die Klosterbibliotheken niederbrannten, gingen viele dieser Werke verloren. Glücklicherweise jedoch waren zahlreiche buddhistische Schriften nach

Tibet, China und in andere Länder Asiens gelangt, wo man sie aus dem Sanskrit in die Landessprache übersetzt hatte, so daß sie außerhalb ihres Ursprungslandes bewahrt wurden. Der Buddhismus befand sich also während der Pāla-Zeit offensichtlich nicht in einer Phase des Niedergangs, sondern gelangte im Gegenteil zu seiner höchsten Ausdruckskraft und Verbreitung.

Der tantrische Buddhismus war jedoch nur eine der kraftvollen religiösen Bewegungen dieser Zeit. Die Kultur jener Zeit war durchaus kein abstrakter Monolith, von dem der tantrische Buddhismus sich abgespalten hätte, gegen den die Tantriker ein wenig protestiert oder aus dem sie sich in eine isolierte Gegenkultur zurückgezogen hätten. Vielmehr stellte die Pāla-Gesellschaft ein dynamisches und pluralistisches Umfeld für kulturelle Kreativität und Vielfalt dar, an dem der tantrische Buddhismus einen wesentlichen Anteil hatte. Die tantrischen Elemente gehörten zu den wichtigsten Strömungen der Pāla-Kultur und können nicht von ihr getrennt werden. Gleichermaßen ist die Rolle der Frauen im tantrischen Buddhismus keine untergeordnete Fußnote oder verstimmte Saite im symphonischen Hintergrund der »indischen Kultur«, sondern stellt ein zentrales Merkmal einer der strahlendsten Blütezeiten indischer Zivilisation dar.

3.
Starke Frauen in der tantrischen Theorie

Nach Weisung der Buddhas
mußt du einer wunderbaren Frau dienen,
die dich unterstützt.
Ein Mann, der sich diesem Befehl widersetzt,
ist töricht und wird nicht Erleuchtung erlangen.
Chandamahāroshana-Tantra

Das religiöse Leben von Frauen entfaltet sich in einem Kontext von Vorstellungen über ihre Fähigkeiten sowie über die Natur und den Wert von Weiblichkeit. Meinungen und Einstellungen, die die Selbstwahrnehmung von Frauen formen – wie etwa zum symbolischen Gehalt ihrer religiösen Praxis und zu deren Deutung – sind dabei ebenso wichtig wie materieller Besitz und tatsächliche Handlungen. Besonders in den biographischen Werken der tantrischen Literatur und in den Texten der Yoginī-Tantras sind die entsprechenden Vorstellungen über Frauen leicht auffindbar. Es gibt Passagen, die sich ausdrücklich mit dieser Frage befassen, Bezeichnungen für weibliche Praktizierende, Klassifikationen von Frauen, erzählende Darstellungen von Frauen und Beschreibungen der Beziehungen zwischen Frauen und Männern. Die tantrischen Texte formulieren ein tiefes und bejahendes metaphysisches Verständnis weiblicher Verkörperung. In der tantrischen Literatur sind Frauen spirituell unabhängig und machtvoll, sie lösen Ehrfurcht und Hingabe aus und verlangen Respekt und

Gehorsam. In diesem Sinne sind die tantrischen Texte – im Gegensatz zu so vielen Texten anderer religiöser Traditionen – erstaunlich frei davon, Behauptungen über die Unterlegenheit von Frauen oder ihre religiöse Unfähigkeit aufzustellen. Auffallend ist auch die Abwesenheit von Darstellungen unterwürfiger, unterdrückter Frauen und ihrer Ausbeutung durch Männer. Diese Texte versuchen nicht, männliche Autorität oder Überlegenheit zu rechtfertigen oder zu legitimieren; nirgends wird behauptet, daß Frauen in tantrischen Kreisen nicht praktizieren, lehren oder die Leitung übernehmen sollten.

An der Unklarheit der tantrischen Texte kann es also nicht gelegen haben, daß die positiven Ansichten über Frauen von den Gelehrten nicht wahrgenommen wurden. Sie entsprachen einfach nicht den *Erwartungen* der meisten westlichen Interpreten über Geschlechterbeziehungen und wurden daher nicht akzeptiert. Nur einige indische Gelehrte, tantrische Lehrer und westliche Initiierte wie Sir John Woodroffe und Lilian Silburn erkannten die besondere Rolle der Frauen im Tantra. Die meisten Gelehrten – ganz besonders Buddhologen – übersahen dieses für die klassische tantrische Weltsicht unverzichtbare Merkmal jedoch geflissentlich, vor allem auch, weil sie versuchten, einen strikt buddhistischen Bezugsrahmen für den Tantrayāna zu setzen, und die Gemeinsamkeiten mit der Shākta-Bewegung damit nicht zur Kenntnis nahmen.

Für die Gelehrten, die frei waren von einer ausgesprochen negativen oder misogynen Haltung, war die offensichtliche Bedeutung der Frauen in tantrischen Texten selbst Beweis für den Ausdruck ausschließlich männlicher Sichtweisen und Interessen:

> Alle tantrischen Texte ... sind deutlich in erster Linie für männliche Praktizierende gedacht ... Daher dient die ganze tantrische Theorie und Praxis – trotz der häufigen Loblieder auf

Frauen und ihres hohen symbolischen Stellenwertes - den Männern.[1]

> Wir müssen ... einen hartnäckig androzentrischen Fokus selbst in der Ausarbeitung dieses weiblichen Ideals erkennen ... Jegliche Wertschätzung des Weiblichen dient in erster Linie dem Wohl der männlichen Praktizierenden.[2]

> In den Texten wird durchgängig die Sichtweise männlicher Praktizierender zum Ausgangspunkt genommen und reflektiert ... Dies ist nicht bloß eine Frage stilistischer Konvention in einer patriarchalen Gesellschaft, sondern könnte die größere Resonanz des Tantra für die männliche Psyche und Physiologie innerhalb der indischen Kultur spiegeln.[3]

Das Kernstück dieser androzentrisch gebeugten Interpretation scheint in dem Gedankengang zu liegen, daß dort, wo so häufig von Frauen die Rede ist, nur eine männliche Autorenschaft in Frage kommen kann und damit der Beweis erbracht ist, daß Frauen nur die Funktion von Objekten und Ergänzung haben können. Unausgesprochen wird vorausgesetzt, daß Frauen a priori nur als Objekte männlicher Subjektivität in einem Text vorkommen. Obwohl die Tantras Weiblichkeit stets positiv darstellen und die religiöse Zusammenarbeit von Männern und Frauen fordern, macht dieser willkürliche logische Sprung absurderweise den Inhalt der Texte bedeutungslos für ihre Interpretation.
Meine Hypothese bezüglich Autorenschaft und Geschlechterperspektive der tantrischen Texte ist eine ganz andere. Daraus, daß die Tantras gynozentrische Texte sind, in denen häufig von Frauen die Rede ist, folgt nicht, daß die Frauen

1 David Snellgrove, *Indo-Tibetan Buddhism*, S. 287.
2 Alan Sponberg, *»Attitudes toward Women and the Feminine in Early Buddhism«*, S. 28.
3 Sudhi Kakar, *Shamans, Mystics and Doctors*, S. 153.

passive Objekte männlicher Betrachtung oder Unterdrückung waren. Meiner Meinung nach drücken die Texte nicht ausschließlich männliche Sichtweisen aus, weil sie nicht allein von Männern geschaffen wurden. Sie entstanden aus dem Erleben einer *gemeinsamen* Praxis und gehen von den Erfahrungen sowohl von Männern als auch von Frauen aus. Tatsächlich können viele Einsichten der tantrischen Schriften ihren Ursprung nur in der gemeinsamen Praxis von Männern und Frauen haben. Unzweifelhaft stellen die Texte den Tantrayāna als einen religiösen Pfad vor, auf dem das Leben von Frauen und Männern eng verwoben ist. Ich halte die ausführlichen Beschreibungen des Austauschs und der gemeinsamen Praktiken für einen hinreichenden Beweis dafür, daß die Yoginī-Tantras in Kreisen entstanden sind, an denen Frauen ebenso wie Männer beteiligt waren. Ich zähle Frauen damit zu den Urheberinnen der Tantras und ziehe den Schluß, daß die Texte ihre Ansichten und Interessen ebenso wiedergeben wie die der Männer.

Liest man die Texte als Quellen, die sich aus den Einsichten von Männern und Frauen speisen, eröffnen sich neue Wege der Interpretation. Jetzt kann man in den Textstellen über Frauen danach forschen, wie Frauen ihr eigenes Leben gesehen und erfahren haben. Dieser hermeneutische Zugang läßt die Möglichkeit zu, daß Frauen die Ansichten der Männer über sie beeinflussen sowie die Umstände, unter denen sich Männer ihnen näherten, und die Bedingungen, unter denen sie selbst männliche Gesellschaft zu akzeptieren bereit waren, aktiv mitgestaltet, wenn nicht sogar bestimmt haben. Ich weiche damit von der gängigen Haltung ab, die tantrischen Texte als ausschließlich männliche Schöpfungen zu sehen und den Frauen nur niederen Objektstatus einzuräumen, und wage statt dessen einen frischen Blick. Ich versuche herauszuarbeiten, welche Frauen und welche Art von Geschlechterbeziehungen wirklich dargestellt werden und wie sie sich ideale Partnerschaften vorstellen.

Frauen werden in der tantrischen Literatur vor allem in ihrem selbständigen religiösen Streben dargestellt. Sie sind stets unabhängig und zeigen ab und zu eine stolze Herablassung gegenüber Männern. Zu anderen Zeiten verbinden sie ihre Kräfte jedoch in dynamischen, religiösen Partnerschaften mit Männern, denen sie zu spirituellen Verbündeten, geschätzten Lehrerinnen und mystischen Gefährtinnen werden, welche magische Kräfte und Erleuchtung verleihen. Männer werden nicht als die Beherrscher der Frauen dargestellt, sondern als Bittsteller, Liebhaber, spirituelle Söhne und Brüder. Die Texte definieren Frauen nicht im Verhältnis zu Männern, sondern sie zeigen die männlichen Tantriker als Männer in einer bestimmten Beziehung zu Frauen. Um an tantrischen Zirkeln teilnehmen oder in ihnen aufsteigen zu können, brauchte die Frau nicht die Zustimmung eines Mannes. Die Entwicklung eines Mannes wird im Tantrayāna jedoch in verschiedenen Entwicklungsstufen seiner Beziehung zu Frauen beschrieben. Die richtige Wertschätzung und Verehrung von Frauen ist eine Voraussetzung für seine Erleuchtung. Da Frauen auf der tantrischen Suche unentbehrliche Verbündete sind, müssen männliche Praktizierende um ihre Gunst werben. Das *Chakrasamvara-Tantra* sagt:

> Meine Botinnen sind überall
> und gewähren spirituelle Vollendung
> durch Blicke, Berührungen, Küsse und Umarmungen.
> Der beste Aufenthalt für Yogis ist
> ein Ort wo sich Yoginīs treffen.
> Dort erlangen die Glückseligen
> alle magischen Kräfte.

Da sie auf diesem Pfad auf die Mitarbeit von Frauen angewiesen sind, unternehmen manche Männer weite Reisen, um ihre Gefährtin für die Praxis der Glückseligkeit zu finden:

Genuß und magische Kräfte findet man dort,
wo weibliche Adepten (*dākinīs*) weilen.
Dort solltest du bleiben und mit ihnen
Mantras rezitieren, feiern und scherzen.

Diese Textstellen sind ein Beispiel für die spielerische und festliche Stimmung der Tantras. Die gelassene Fröhlichkeit und Festlichkeit in der Gemeinschaft von Männern und Frauen steht im offensichtlichen Widerspruch zu der gewichtigen und ernsthaften Stimmung männlicher Dominanz, die dieser Literatur zugeschrieben wird.

Erste Hinweise auf den Status der Frauen und ihre Rolle in tantrischen Kreisen finden sich in der ikonographischen Darstellung von Adeptinnen und in den Begriffen, mit denen sie beschrieben werden. In der Kunst wird ihre spirituelle Größe durch charakteristische Zeichen wie kunstvollen Schmuck aus Blumen oder geschnitzten Knochen und einer Krone aus Schädeln oder Blüten dargestellt. Die Frauen nehmen entweder eine selige Tanzstellung ein oder sitzen in einer stabilen Yoga-Haltung mit symbolischer Gestik (*mudrā*). Manchmal sitzen sie auf einem Antilopenfell oder tragen ein Gewand aus Tigerfell um die Hüften, beides Vorrechte erfahrener Meditierender. Häufig halten sie eine Schädelschale (*kapāla*), aus der sie trinken und in der sie den Nektar der Glückseligkeit darbieten. In der anderen Hand halten Yoginīs im allgemeinen ein Messer mit geschnitztem Griff und einer gebogenen, sichelförmigen Klinge – keine Waffe, sondern ein meditatives Werkzeug zur Zerstörung von Illusionen, Negativität und sämtlichen selbstzentrierten Gewohnheitsmustern. Eine Tantrikerin, die sich in dieser Form visualisiert, stellt sich dabei vor, daß sie die negativen Erscheinungen zermalmt und zerhackt, um die reine, glückselige Essenz der Energie zu destillieren, die sie ihren Schwestern und Schülern in einer schimmernden Schädelschale darbietet.

Die Bezeichnungen für Tantrikerinnen sind durchweg Ehrentitel, die ihre religiöse Ernsthaftigkeit und meditativen Fertigkeiten herausstellen. Am gebräuchlichsten sind die Begriffe Yoginī, Ḍākinī, Botin und Heldin. »Yoginī« bezeichnet eine Frau, die den Yoga oder die rituellen Künste praktiziert, ein weibliches Wesen mit magischen Kräften oder einen Typus weiblicher Gottheiten. Der Begriff Ḍākinī entzieht sich genauer Definition, läßt sich aber mit »Himmelsläuferin«, »fliegende Frau« oder »Himmelstänzerin« übersetzen und bezieht sich auf den Höhenflug spiritueller Ekstase und auf die Freiheit von Weltlichkeit durch die Erkenntnis der Leerheit. »Botin« (*dūtī*) wird eine Tantrikerin genannt, weil sie die Überbringerin des Erfolgs aller Unternehmungen ist, sowohl weltlicher als auch überweltlicher. Der Begriff »Heldin« (*vīrā*) beschreibt eine Frau voller Mut, die sich den Herausforderungen des tantrischen Pfades der psychischen Erforschung und radikalen Abkehr vom Konventionellen gestellt hat. In frühen Werken findet sich auch der Begriff »Wissenshalterin« (*vidyādhārinī*), der Name für eine Frau, die sich in Magie, Ritual und Meditationstechniken genauestens auskennt.

»Yoginī«, Ḍākinī und einige weitere Begriffe bezeichnen sowohl weltliche Frauen als auch Göttinnen, da die tantrische Denkweise nicht eindeutig, sondern eher graduell zwischen dem Menschlichen und dem Göttlichen unterscheidet. Fortschritt auf dem tantrischen Weg führt zu übernatürlichen Kräften und zur Erkenntnis der innewohnenden Göttlichkeit. Frauen, die Fortschritte auf diesem Pfad gemacht hatten, wurden ob ihrer besonderen Fähigkeiten ehrfürchtig verehrt, und die kreative Mehrdeutigkeit der Begriffe konnte eine Frau an jedem Punkt des Spektrums beschreiben, von der Anfängerin bis hin zum weiblichen Buddha in aller Herrlichkeit vollständiger Erleuchtung.

Das auffälligste Merkmal tantrischer Literatur in Hinblick auf Frauen ist eine kompromißlose Haltung von Respekt und Verehrung. Diese Hochachtung wird leidenschaftlich eingefordert, wie im folgenden Zitat aus dem *Chandamahāroshana-Tantra,* einem wesentlichen Text aus der Klasse der Yoginī-Tantras, deutlich wird:

Frauen sollten geehrt werden.
Frauen sind der Himmel, Frauen sind die Wahrheit,
Frauen sind das höchste Feuer der Transformation.
Frauen sind der Buddha,
Frauen sind die religiöse Gemeinschaft,
Frauen sind die Vollendung der Weisheit.

In einem Werk der Lakshmīnkarā, einer der Gründermütter des tantrischen Buddhismus, findet sich eine der frühesten Darstellungen dieses Konzepts. In der Abhandlung »Erkenntnis der Nicht-Dualität« begründet Lakshmīnkarā die Forderung von Respekt gegenüber den Frauen damit, daß sie Verkörperungen der weiblichen Gottheiten seien:

Eine Frau darf niemals herabgesetzt werden,
ganz gleich, welcher sozialen Klasse sie angehört,
denn sie ist die Herrin »Vollendung der Weisheit«,
die sich in der Welt der Phänomene verkörpert.

Die Herrin »Vollendung der Weisheit«, auf die Lakshmīnkarā hier Bezug nimmt, ist die weibliche Gottheit Prajñāpāramitā des frühen Mahāyāna, die als sogenannte »Mutter aller Buddhas« die höchste Wahrheit verkörpert und auch im Tantra hoch geehrt wird. Frauen als Verkörperungen weiblicher Gottheiten zu sehen, war zwar für den Buddhismus neu, kommt aber in den tantrischen Shākta- und Hindu-Texten je-

ner Zeit durchaus vor. Vermutlich griffen Frauen wie Lakshmīnkarā diese Shākta-Vorstellungen auf, integrierten sie in den buddhistischen Pfad und setzten mit der Verbindung von Frauen und weiblichen Gottheiten ein unumstößliches Beispiel für den Wert von Weiblichkeit.
Lakshmīnkarā fordert aber nicht einfach nur Respekt, sie verlangt die *Verehrung* von Frauen. Dies gibt dem Text eine durchaus widersprüchliche Färbung, denn eigentlich betont Lakshmīnkarā, daß äußere Einschränkungen für Tantriker nicht bindend seien. Sie können essen, was sie wollen, tun und lassen, wonach ihnen der Sinn steht, und hingehen, wohin sie möchten. Obwohl also keine Notwendigkeit für Fasten, Pilgerschaft, Mantra-Rezitation, Verehrungspraktiken und Rituale besteht, werden an den männlichen Praktizierenden ganz bestimmte Anforderungen gestellt:

> Durch die Methode von Weisheit und kunstvollen Mitteln
> sollte ein Kenner dieses Yoga
> Mutter, Schwester, Tochter und Nichte stets Verehrung erweisen.
> Mit seinem machtvollen Zepter der Weisheit
> sollte er Frauen stets verehren –
> auch verkrüppelte Frauen, Handwerkerinnen und Frauen der niedrigsten Klassen.

Gemäß Lakshmīnkarā sollte ein Mann den Frauen in einem Rahmen begegnen, der von Hochachtung bis zu ritueller Verehrung reicht. Ein Yogi, der seines Namens würdig ist, muß also »Frauen stets verehren« – nicht nur seine lieben weiblichen Verwandten, sondern auch Frauen, denen er alles andere als zugetan ist. Lakshmīnkarās Forderung der Verehrung von Frauen (*yoshitpūjā* oder *strīpūjā*) ist besonders bemerkenswert in einem Text, in dem es um die Erkenntnis der Nichtdualität geht. Offensichtlich gehörte die Zugehörigkeit zu einem bestimmten Geschlecht nicht zu den Dualitäten, die Lakshmīnkarā entkräften oder beseitigen wollte. Sie ließ die

Dualität von Mann und Frau unangetastet und legte die Betonung auf die Lehre der richtigen Beziehung zwischen den Geschlechtern, die in der rituellen Verehrung der Frauen ihren höchsten Ausdruck finden sollte.
Der Grundsatz, daß Frauen Verkörperungen der großen Göttinnen des tantrischen Buddhismus sind, stellt die metaphysische Basis für die Theorie des Tantrayāna dar. Die Gleichsetzung von Frauen und Göttinnen wird oft von einer weiblichen Gottheit selbst zum Ausdruck gebracht. So erklärt zum Beispiel Vajrayoginī im *Chandamahāroshana-Tantra* wiederholt, sie offenbare sich in und durch Frauen, und alle Formen weiblicher Verkörperung – auch im übernatürlichen Bereich und unter den Tieren – hätten Teil an ihrer Göttlichkeit:

> Wo immer in der Welt ein weiblicher Körper erscheint,
> sollte er als mein heiliger Körper erkannt werden.

Indem Vajrayoginī alle Frauen und weiblichen Wesen im Universum als Verkörperungen (*rūpa*) oder Manifestationen ihrer selbst bezeichnet, betont sie, daß ihnen allen ausnahmslos Hochachtung, Verehrung und Dienste zustehen. Diese Forderung von Hochachtung und Verehrung des Weiblichen gilt sowohl für Frauen als auch für Männer – jedoch unter unterschiedlichen Voraussetzungen. Für Frauen besteht die Beziehung zu Vajrayoginī darin, daß sie sich mit ihr identifizieren; sie müssen die göttliche weibliche Essenz in sich selbst entdecken. Dies führt zu Selbstachtung, Vertrauen und dem für den tantrischen Pfad erforderlichen »göttlichen Stolz«. Göttlicher Stolz bedeutet die Vergegenwärtigung der eigenen grundlegenden Identität als Gottheit, nicht aber Arroganz, denn sie entsteht nicht aus einem Gefühl von Mangel oder durch kompensatorische Selbsterhöhung.[1] Dieser Stolz ist das

1 »Stolz« wird hier also im ursprünglichen Sinn des Wortes von »stattlich, hochgemut, kühn« verwendet und nicht im Sinne egozentrischer Überheblichkeit. (A. d. R.)

Mittel gegen Selbstzweifel und Verzagtheit und Ausdruck der reinen tantrischen Sichtweise. Wenn eine Frau ihre göttliche Identität einnimmt, bedarf sie keiner äußerlichen Bestätigung mehr, denn ihre feste, unerschütterliche Selbstachtung nährt sich aus den Tiefen ihres eigenen Seins.
Vajrayoginī (auch Dveshavajrī oder »Diamant des Zorns« genannt) verkündet im *Chandamahāroshana-Tantra*, sie sei vollständig von Leerheit und Glückseligkeit durchdrungen und daher auf einer bestimmten Ebene zwar formlos, erscheine aber in körperlicher Form, »um allen unwissenden Frauen zu zeigen, daß ich im Körper aller Frauen gegenwärtig bin«. Vajrayoginī nimmt Form an, damit Frauen Erleuchtung in weiblicher Form sehen und so ihre eigene Göttlichkeit und ihr Potential zur Erleuchtung erkennen können:

> Wenn (eine Frau) über meine Form meditiert
> und dann den höchsten Stolz ihrer eigenen Göttlichkeit fühlt,
> wird sie sich nicht mit Schande beflecken,
> selbst wenn sie hundert Hindu-Priester tötet ...
> Selbst wenn sie mitleidslos, launisch und reizbar ist
> und aus Gier nach Profit Leben zu nehmen wünscht,
> wird eine solche Yoginī makellos bleiben.

Bezeichnenderweise wird diese nachdrückliche Verteidigung der Frauen einem weiblichen Buddha in den Mund gelegt. Vajrayoginī erinnert die Frauen daran, daß sie selbst als Buddha (Erleuchtete) dasselbe Geschlecht habe wie sie, und wenn Weiblichkeit kein Nachteil in Hinsicht auf die Buddhaschaft darstelle, dann könne sie schlechterdings auch im Falle eines Menschen nicht nachteilig sein. Im Gegenteil, da sie als weiblicher Buddha in allen Frauen gegenwärtig sei, hätten alle an ihrer Göttlichkeit teil. Diese grundsätzliche Aussage ermutigte Frauen, ihre innere Stärke und ihre spirituelle Unabhängigkeit zu erkennen. Das Vorbild weiblicher Göttlichkeit half ihnen, ihr beschränktes Selbstbild abzubauen und eine erleuchtete Identität zu entdecken, ohne dabei die Weiblichkeit zu entwerten. Darüber hinaus hielt diese metaphysische Position den Frauen die Türen des Tantrayāna geöffnet, da die Identifikation mit einem göttlichen Ebenbild ein wesentlicher Faktor tantrischer Praxis ist. Die Gegenwart weiblicher Buddhas in der Ikonographie der Erleuchtung bestätigt die Fähigkeit der Frau, in ihrem gegenwärtigen Leben und in ihrem gegenwärtigen, weiblichen Körper vollständige Erleuchtung erlangen zu können.

Ist die Beziehung zu Vajrayoginī bei Frauen hauptsächlich von Identifikation geprägt, fordert sie bei Männern in erster Linie Hingabe, die letztlich alle Frauen als ihre lebendigen Vertreterinnen umfassen muß. Die Hingabe an Göttinnen wie Vajrayoginī muß sich also im Respekt gegenüber Frauen erweisen, und der Respekt für Frauen wiederum kann als Maßstab für die Hingabe an die Göttin gelten. Im selben tantrischen Text hilft Vajrayoginī den Männern, ihre Einstellung gegenüber Frauen zu entwickeln, indem sie ihnen sagt, was ein Mann in Gegenwart seiner Gefährtin kontemplieren und rezitieren sollte:

> Überall in den Drei Welten
> schenken nur die Frauen Leben,
> und gewähren wahre Glückseligkeit.
> ...
> An Tugenden übertreffen die Frauen
> alle anderen lebenden Wesen.
> Wenn irgendwo Zärtlichkeit oder Fürsorge zu finden ist,
> dann im Geist der Frauen.
> Sie helfen Freunden und Fremden gleichermaßen.
> Jede Frau mit diesen Eigenschaften
> ist die glorreiche Vajrayoginī selbst.

Für Männer war die Meditation aller Frauen als Verkörperungen Vajrayoginīs und ihre Verehrung ein Weg, ihre gewöhnlichen Ansichten über Frauen zu korrigieren und ihre Einstellung zu reinigen. Dabei handelte es sich nicht um eine willkürliche Übung zum Abbau sozialer Konditionierung, sondern um eine Methode zur Erkenntnis der Frauen als Verkörperungen weiblicher Göttlichkeit. Meditation muß stets in direkter Einsicht gipfeln:

> Ein Mann sollte über seine Gefährtin
> als Verkörperung deiner (Vajrayoginīs) Form meditieren,
> bis intensive Übung
> eine klare, direkte Einsicht hervorbringt.

Eines der Merkmale eines männlichen Tantrikers und Maßstab seines spirituellen Fortschritts war seine Fähigkeit, Frauen als göttlich wahrnehmen zu können. Für diese Sichtweise gibt es in den tantrischen Erzählungen viele Beispiele. Der Adept Urgyenpa zum Beispiel begegnete der Tochter einer Kurtisane, die die Segenskraft besaß, seinen Geist von hartnäckigen neurotischen und negativen Neigungen befreien zu können. Dies geschah, als sie ihm eine Schale Curry reichte. Aufgrund seiner plötzlichen geistigen Reinigung konnte Urgyenpa die junge Frau in ihrer wahren Form sehen, als Vajrayoginī. Während ein gewöhnlicher Zuschauer nur eine Frau aus einer niederen Kaste beobachtet hätte, die einem Mann Essen brachte, war es in Wirklichkeit so, daß die glorreiche Vajrayoginī selbst Urgyenpa ihren Segen erteilte. In einem anderen Beispiel hatte der Yogi Tilopa ohne Erfolg nach jemandem Ausschau gehalten, der ihn in der Meditation des weiblichen Buddha Tārā hätte unterweisen können. Schließlich begab Tilopa sich nach Uddiyāna, an einen Ort, der für seine Tantrikerinnen berühmt war. Dort begegnete er einer Frau von dunkelgrüner Farbe, mit allen Kennzeichen einer Dākinī. Er machte die geheimen Zeichen, mit deren Hilfe ein Tantriker sich einer Yoginī näherte, und sie hieß ihn mit den entsprechenden Antwortzeichen willkommen. Als Tilopa sie um religiöse Führung bat, offenbarte sie sich in der Form von Tārā, ergoß ihren Segen in seinen Geist und erteilte ihm so die Initiation, die er gesucht hatte (Martin Wilson, *In Praise of Tārā*, S. 197).

Ein mit der tantrischen Tradition nicht vertrauter Leser könnte meinen, daß es sich bei den vergöttlichten Frauen nur um visionäre Erscheinungen oder Phantasieprodukte, nicht aber um reale Menschen handele. Nach Meinung der Tantras aber kann ein erleuchteter Mensch ohne weiteres die Präsenz und Erscheinung von Göttlichkeit manifestieren. Die vollständige Identifikation mit den Gottheiten ist eines der Ziele tantrischer Praxis, und die Fähigkeit, die Gottheiten wahrzunehmen, ist eines der Ergebnisse spirituellen Fortschritts.

Die Doktrin von der Göttlichkeit aller Frauen war auch eine Prüfung für die Reinheit der Sichtweise, wie man im folgenden Beispiel zweier Yogis sehen kann, die sich zusammen in Nordindien auf Pilgerreise befanden. Beide hatten bereits bedeutende Fortschritte in der Meditation gemacht und sogar magische Kräfte erlangt. Jetzt pilgerten sie zu den heiligen Orten, um ihnen Ehrerbietung zu erweisen und dort zu meditieren. Eines Tages begegneten sie zwei Hirtinnen, die ihre Tiere auf einem Hügel weideten. Weil ihre gewöhnliche Sichtweise noch nicht vollständig gereinigt war, sahen die beiden Pilger nur zwei Frauen bei ihrer niedrigen Arbeit, konnten jedoch die wunderbare Szene, die sich eigentlich vor ihnen entfaltete, nicht erkennen: »Am Fuße des Hügels saß die heilige Tārā und gab den Nāgas buddhistische Unterweisungen. Sie aber sahen nur eine alte Frau eine große Herde von Kühen hüten. Auf halber Höhe des Hügels predigte die Göttin Bhrikuti einer Gruppe von Āsuras und Yakshas den Buddhismus, sie aber sahen nur ein Mädchen, das eine große Herde Ziegen und Schafe hütete.« Die nichtmenschlichen Schlangenwesen (*nāgas*), eifersüchtigen Götter (*āsuras*) und Schatzhüter (*yakshas*), denen diese Frauen predigten, erschienen ihrer gewöhnliche Wahrnehmung nur als Tiere. Einer der Pilger jedoch, der Yogi Buddhashānti, merkte auf. Er ging davon aus, daß auf ei-

ner Pilgerschaft alles voller Bedeutung sein müsse, und zweifelte daher auch an dem gewöhnlichen Anblick der Frauen auf dem Hügel. Reuevoll betete er zu Tārā, und sie belohnte seine Hingabe mit der Gabe wunderbarer Fähigkeiten. Der andere Pilger war nicht aufmerksam geworden und hatte damit eine Gelegenheit zu spirituellem Fortschritt versäumt.
Neben der Annahme, daß Frauen Verkörperungen und Repräsentantinnen von Göttinnen und damit wertvoll und verehrungswürdig sind, besteht eine weitere Übereinstimmung des buddhistischen Tantrayāna und des tantrischen Hinduismus in der Überzeugung, daß alle Kräfte des Universums durch Frauen hindurchfließen und von ihnen ausgehen. Diese Akzentuierung der Weiblichkeit stellt eine radikale Abkehr von der neutralen Nichtdualität des Mahāyāna dar und leitet sich eindeutig von der Shākta-Sichtweise ab, die in Frauen Gefäße und Kanäle jener Energie (*shakti*) sieht, aus der das Leben und das Wohlbefinden auf allen Ebenen entsteht, und ihnen damit ein besonderes spirituelles Potential zuschreibt.
Im *Chakrasamvara-Tantra* werden Frauen mit der Erde (*bhūmi*, tib.: *sa* oder *sashi*) verglichen, wobei bewußt eine Verbindung zur Erde als Ursprung und Grundlage hergestellt wird. Grundlage und Ursprung beschreibt die Fähigkeit, etwas zu produzieren, das vorher nicht gegenwärtig war, so wie die Erde neues Leben hervorbringt und alles Leben unterstützt. In den tantrischen Texten werden die Quellen spirituellen Fortschritts – wie etwa die Gefährtin, der spirituelle Führer, die spirituelle Führerin, der Geist und so weiter – als Grundlagen von erdhafter Qualität beschrieben. In diesem Verständnis kann die Verbindung eines Mannes mit einer Gefährtin die Grundlage seines religiösen Lebens sein:

> Ein Frau mit Besitz der Gelübde ist wie die Erde –
> sie ist der Reichtum des sie liebenden Helden.
> Indem sie zu seiner Grundlage wird wie die Erde,
> verehrt sie der Yogi des Chakrasamvara.

In ihrer Wertschätzung der Frau und der Erde als Quellen des Lebens, der Energie sowie körperlichen und spirituellen Wohlergehens könnte diese buddhistische Textstelle auch aus einem Shākta-Text stammen.
Zu dieser Analogie zwischen der Yoginī und der Erde erklärt der »Perlenkranz«, ein tibetischer Kommentar zum *Chakrasamvara-Tantra* aus dem elften Jahrhundert: »Wenn der Yogi die Yoginī, die ihn entzückt, die ihm Energie und Kraft verleihen kann (*adhishthāna*) und zu der er sich leidenschaftlich hingezogen fühlt, nicht verehrt, wird sie ihn nicht segnen, und es werden keine spirituellen Fertigkeiten entstehen.« Der Text beschreibt eine Yoginī, die bereits spirituelle Qualitäten besitzt und Unterstützung anbieten kann. Das Erlangen von Erleuchtung ist für einen Mann also abhängig von seiner Verbindung mit einer Gefährtin, die die erleuchteten Eigenschaften bereits besitzt. So wie eine Göttin ihre Anhänger segnet und unterstützt und Shakti alles biologische, kulturelle und religiöse Leben belebt, kanalisiert eine Frau diese Lebenskraft oder spirituelle Energie zu ihrem Gefährten und Verehrer. Dabei erschöpft sie sich nicht mehr als eine Mutter, die ihr Kind nährt, oder eine Kerzenflamme, die viele Lampen entzündet.
Im Gegensatz zu dem, was westliche Interpreten vermuten, kann ein Mann diese Energie nicht etwa willkürlich aus einer Frau herausziehen oder sie ihr stehlen. Die Frau entscheidet, wann und wem sie ihren Segen gewährt. Um die spirituelle Entwicklung eines Mannes fördern zu können, muß sie durch ihre eigene religiöse Praxis die ihr innewohnende Göttlichkeit erwecken und zur Reife bringen. Dazu visualisiert sie sich in der Erscheinung verschiedener Gottheiten mit allem Schmuck, dem milden oder grimmigen Ausdruck und den übernatürlichen Fähigkeiten zur Befreiung der Wesen. Wenn sie diese Energie und Macht auf einen Mann überträgt – ihn »segnet« oder »ermächtigt« (*adhishthāna*) – geht ihr nichts davon verloren. Sie teilt sie freiwillig mit einem Mann ihrer Nei-

gung, der alle Anforderungen erfüllt, die sie ihm auferlegt hat, etwa die Einhaltung ritueller Etikette, die Benutzung geheimer Zeichen, das Darbringen von Opfergaben und Gesten des Gehorsams.
Ein Punkt der esoterischen Etikette ist zum Beispiel das »Verhalten der Linken«. Als Yoginī-Tantras oder »Mutter-Tantras« klassifizierte Texte verlangen diesen formellen Ausdruck der Ehrerbietung. Hierbei wird verlangt, daß sich ein Mann bei allen Begegnungen mit Frauen auf die linke Seite ausrichtet. Wenn er neben einer Frau hergeht, hält er sich zu ihrer Linken, er macht den ersten Schritt mit dem linken Fuß, er umwandelt sie gegen den Uhrzeigersinn. Geheime Zeichen macht er mit der linken Hand, er opfert ihr und reicht ihr Speisen mit der linken Hand und umarmt sie mit dem linken Arm. Tsongkhapa kommentiert, daß es »das Zeichen eines tantrischen Yogi ist, alle Handlungen mit der Linken auszuführen«. Als Grund für dieses Verhalten gibt er an:

> Viele Botinnen, also Dākinīs, erfreuen sich an den Handlungen der Linken. Nimm diese Handlungsweise auf. Wenn du tust, was ihnen angenehm ist, vor allem Aktivitäten der linken Seite, erfreust du ihren Geist.
>
> Wenn ein Mann einer Frau begegnet, sollte er sie dreimal linksherum umwandeln, wobei er die Hände auf seinen Kopf legt, ihr dreimal Gehorsam erweist und sagt: »Du bist meine Mutter, ich bin dein Sohn. Bis zur Erleuchtung werde ich durch die Milch aus deinen Brüsten genährt, den Gliedern der Erleuchtung.« Das ist die rechte Art der Verehrung.

Ein weiteres Gelübde des *Chakrasamvara-Tantra* verlangt, daß ein Mann, der das große Glück hatte, eine machtvolle spirituelle Frau zu finden, sie für die ganze Dauer der tantrischen Suche nicht mehr verläßt.
Die geheimen Signale, die ein Mann bei der ersten Begegnung

mit einer Yoginī benutzt, bestehen aus Handzeichen und einem Silbencode (*chommā*, manchmal »Dākinī-Sprache« genannt). So konnten sich auch Tantriker verständigen, die nicht die gleiche Sprache sprachen. Für Tsongkhapa geht die Bedeutung dieses esoterischen Codes über die reine Kommunikation hinaus und dient der Herstellung einer harmonischen Beziehung: »Durch diese Zeichen werden der Held, also der Bruder, und die Schwester sich verständigen können, der Geist der Dākinī und des männlichen Praktizierenden werden eine vertraute Verbindung erlangen ... Die Zeichen sind die Symbole der vollendeten Yoginīs, der Botinnen, die über spirituelle Vollendung verfügen.« Mehrere Kapitel des *Chakrasamvara-Tantra* erklären den Code von Gesten und Körpersprache für grundlegende Botschaften wie »Ich habe Hunger«, »Nimm etwas Fleisch«, »Versammlung im Mandala«, »Verweile im Wald«, und »Bleib bei mir«. Der Text beschreibt darüber hinaus auch das »Vokabular« von Gesichtsausdrücken, mit denen eine Yoginī ihre Stimmungen, besonders ihr Gefallen oder Mißfallen zum Ausdruck bringt.

Im Rahmen der tantrischen Praxis gleicht die Beziehung zwischen Mann und Frau der zwischen einer Gottheit und ihrem Verehrer. Die Bezeichnungen für die Verhaltensweisen eines Mannes gegenüber seiner Gefährtin stammen aus dem Wortschatz der Ergebenheit. Er verläßt sich auf sie und ist abhängig von ihr als seiner religiösen Zuflucht (*nissraya, āshraya*), Ehrerbietung und Dienst (*sevā*) sind wichtig, Verehrung und Hingabe (*bhakti, shraddhā*), hingebungsvolle Dienstbereitschaft (*upāsanā, upachāra*), materielle Großzügigkeit (*dāna*), sowie rituelle Verehrung (*pūjā*). In vielen Ritualen sieht auch die Frau ihren Partner als Gottheit, aber seine Göttlichkeit besitzt nicht dasselbe symbolische Gewicht. Weder muß sie auf seine Göttlichkeit mit besonderer Ehrerbietung reagieren, noch muß sie ihm auf die gleiche Weise dienen wie er ihr.

Eine weitere Parallele zur Beziehung zwischen Mensch und Gottheit besteht darin, daß die Gottheit stets der gebende und der Mensch der empfangende Teil ist. Während das überlegene Objekt der Hingabe durch die Beziehung kaum etwas zu gewinnen hat, geht es dem hingebungsvollen Menschen um nichts weniger als um die höchste Befreiung. Diese endgültige Erfüllung erstrebt der männliche Tantriker in der Beziehung mit seiner spirituellen Gefährtin. Die Texte betonen stets, daß ein Mann ohne generellen Respekt vor allen Frauen und die Verbindung mit einer Gefährtin nicht Erleuchtung erlangen könne. Dies wird gelegentlich als Beweis dafür gewertet, daß Männer ihren spirituellen Fortschritt durch Ausbeutung und auf Kosten der Frauen zu gewinnen suchten. Eine derartige Interpretation ignoriert jedoch den übergeordneten Rahmen der devotionalen und hierarchischen Beziehung nach dem Muster der Verbindung zwischen Verehrer und Gottheit. Das Wohlwollen der Frauen ist ein freiwilliges Entgegenkommen aufgrund des Flehens ihres Verehrers und seiner hingebungsvollen Ehrerbietung.

Die Folgen von Respektlosigkeit

Bedingungsloser Respekt vor Frauen war ein derartig wesentlicher Bestandteil des tantrischen Ethos, daß Männer, die diesen Aspekt nicht ernst nahmen, ernstlich kritisiert und gerügt wurden. Männer wurden instruiert, welche Verhaltensweisen gegenüber Frauen sie zu kultivieren hatten und welches Verhalten mit der tantrischen Weltsicht unvereinbar war. Alle Verachtung gegenüber Frauen mußte aufgegeben werden. Dieses Wertesystem gipfelte in einem besonderen tantrischen Gelübde, in dem sich der Initiierte verpflichtete, Frauen niemals zu schmähen oder herabzusetzen.

In einem Kapitel mit dem Titel »Lobpreis der Frauen« wendet sich auch das *Chandamahāroshana-Tantra* energisch gegen die Verunglimpfung oder asketische Meidung von Frauen:

Selbst wenn du Bindung und Tod befürchtest,
widerstehe all dem.
Auf diesem Pfad darf man Frauen nicht aufgeben!
...
Diejenigen, die frei von Durchtriebenheit, Arroganz und Schande
stets allen helfen und sie mit dem Nötigen versorgen
und tatsächlich spirituelle Vollkommenheit verleihen,
müssen wir stets mit allem verehren, was wir besitzen.

Man darf niemals verachten ...
Man sollte sich freundlicher Worte bedienen
und einer Frau geben, was sie verlangt.
Wenn man sie mit seinem Besitztum ehrt,
darf man sie deswegen nicht verachten.
Gib die Frauen nie auf!
Beachte die Worte des Buddha!
Wenn du diese Vorschrift mißachtest,
wirst du in den Höllen enden!

Ohne Respekt und Hingabe an Frauen wartet auf den männlichen Tantriker spiritueller Rückschritt und Bestrafung. Tsongkhapa warnt in seinem Kommentar zum *Chakrasamvara-Tantra* vor den schrecklichen Folgen der Respektlosigkeit:

Wenn ein nach Erleuchtung Strebender
einer Botin mit Zorn begegnet,
wird das in Millionen Äonen gesammelte Verdienst
in einem einzigen Augenblick zerstört.

Nach dem *Chandamahāroshana-Tantra* kann ein Mann hundert Hindu-Priester töten, ohne sich zu versündigen, aber eine Frau zu kritisieren oder herabzusetzen, bringt ihn in die Hölle. Dieser Aspekt des tantrischen Buddhismus spiegelt deutlich Shākta-Einfluß wider. Denn auch Shākta-Texte drohen mit schweren Strafen für die geringste Kritik oder Respektlosigkeit gegenüber Frauen. An einer Stelle des *Kaulāvalīnirnaya* heißt es:

> Man sollte eine Frau nicht schlagen,
> und sei es auch nur mit einer Blume,
> selbst wenn sie hundert Missetaten begangen hat!

Vajrayoginī hat äußerst wenig Geduld mit denen, die Frauen verachten, und verflucht diejenigen, die meinen, sie könnten trotz Geringschätzung von Frauen die tantrischen Gipfel erklimmen:

> Schnatternde Dummköpfe ..., die Frauen aus Feindseligkeit schmähen.
> Aufgrund dieser Handlung werden sie drei Äonen lang
> die unvorstellbaren Qualen der Raudra-Hölle erleiden
> und klagen, wenn ihr Körper in vielfachem Feuer brennt.

Die Hauptaufgabe Chandamahāroshanas, in diesem Text der Gefährte Vajrayoginīs, besteht in der Unterwerfung aller Übeltäter der Welt, besonders aber derjenigen, die sich gegen Frauen vergehen. Er versichert ihr, er halte sein Schwert und seine Schlinge bereit und suche nach respektlosen Männern, um die Schurken in Stücke zu hauen (Abb. 5):

> Mutter, Tochter, Schwester, Nichte
> und allen anderen weiblichen Verwandten,
> sowie jeder Musikerin, Brāhmanin, Straßenfegerin,
> Tänzerin, Waschfrau und Prostituierten,
> Heiligen, Yoginī und auch Asketin ...
> allen Frauen sollte er angemessen dienen,
> ohne zu wählen und zu sondern.

Abbildung 5: Chandamahāroshana, Schützer der Frauen, mit Dveshavajrī. Zeichnung von Emily Martindale.

Wenn er sondert und wählt,
wird Chandamahāroshanas Zorn geweckt,
und er wird den Praktizierenden töten,
in die Avichihölle werfen
und ihn mit Schwert und Schlinge bedrohen.
Weder in dieser Welt noch in der nächsten
wird ihm Erfolg beschieden sein.

Zweifellos nehmen die klassischen Texte der tantrischen Tradition die respektvolle Haltung und das rechte Verhalten gegenüber Frauen sehr ernst. In den tantrischen Biographien kann man nachlesen, was einem respektlosen Mann geschehen kann, selbst wenn es sich bei seinem Gegenüber um eine Frau von scheinbar zweifelhaftem Charakter handelt. In vielen Geschichten machen sich Yogis unglücklich, weil sie bewußt oder unbewußt Frauen herabgesetzt haben. Der Yogi Maitrīpa zum Beispiel suchte tief in den Shrīparvata-Bergen Südindiens nach Shavari, einem berühmten tantrischen Guru. Er fand ihn mit zwei Gefährtinnen (Abb. 6), Frauen aus dem Wald mit langen, verfilzten Haaren, Röcken aus Rinde und Blättern und Jagdgeräten über den Schultern. Zu ihren Füßen lag eben erlegtes Wild, und sie suchten in den Haaren des Guru nach Läusen. Bei diesem Anblick konnte Maitrīpa sich eines verächtlichen Schnaubens nicht enthalten, da er sich wunderte, was ein spiritueller Meister wohl in solch unwürdiger Gesellschaft zu suchen habe.
Maitrīpa wußte nicht, daß es sich bei den Frauen um die tantrischen Adeptinnen Padmalochanā (»Lotosauge«) und Jñānalochanā (»Weisheitsauge«) handelte. Bald begannen sie, Maitrīpa in der tantrischen Weisheit zu unterweisen, nach der er gesucht hatte. Dākinīs haben eine besondere Gabe, Hindernisse für die Allwissenheit mit einem raschen, entschiedenen Streich des Schwertes nichtdualer Weisheit zu vernichten, und diese beiden Jägerinnen waren Dākinīs der höchsten Stufe. Als Maitrīpa sich im Wald erging, sah er, wie eine der Frauen ein Wildschwein erlegte. Während es ihn vor Abscheu und Schrecken schwindelte, gab sie ihm eine unmißverständliche Botschaft:

> Mit dem Pfeil des klaren Verstehens
> erlege ich den Eber der Unwissenheit –
> iß nun das Fleisch der Nichtdualität!

Dann schoß sie einen Hirsch und sang:

> Mit dem Pfeil der absoluten Erfahrung
> erlege ich den Hirsch des Haftens an Subjekt und Objekt –
> iß nun das Fleisch der Nichtdualität!

Ihre wahre Jagdbeute waren die dualistischen Werturteile, die Maitrīpas Erleuchtung verhinderten. Als er schließlich erkannte, daß die beiden Frauen spirituell fortgeschrittener waren als er selbst, nahm Maitrīpa sie als seine Gurus an. Seine Einsicht kam jedoch zu spät, und er wurde bestraft. Da er sie bei der ersten Begegnung nicht geehrt, sondern beleidigend über sie gedacht hatte, verkürzte sich seine Lebensspanne, und er erlangte die Erleuchtung nicht im gegenwärtigen Leben. Eigentlich hatte er jedoch versagt, weil er nicht in Erwägung gezogen hatte, daß Frauen – und noch dazu Jägerinnen – Gurus für ihn sein konnten. Auf diese Weise wurde seine Respektlosigkeit zu einer der entscheidendsten und verhängnisvollsten Handlungen seiner ganzen religiösen Laufbahn.

Solche Begegnungen sind in den tantrischen Schriften nichts Ungewöhnliches. Auch der Yogi Kānha versagte, weil er in einer einfachen Frau keinen tantrischen Guru erkennen konnte. Sein Guru hatte ihn weggeschickt, jemanden aufzusuchen, der ihm eine besondere Unterweisung geben sollte. Obwohl Kānha wußte, daß er nach einer Frau suchte, konnte er, als er schließlich in einer elenden, einsamen Kate einer schlichten Bäuerin gegenüberstand, einfach nicht glauben, daß die Anweisungen seines Guru ihn wirklich zu ihrer Tür führen sollten. Voller Zweifel machte er sich erneut auf die Suche, nur um am nächsten Tag wieder zur selben Hütte zu gelangen. Immer noch nicht überzeugt, mußte er noch einen dritten Anlauf nehmen, bevor er endlich überzeugt war, daß sie tatsächlich die gesuchte spirituelle Lehrerin war. Als seine Sichtweise schließlich gereinigt war, konnte er sie endlich in

Abbildung 6: Padmalochanā, Jñānalochanā und Shavari. Mit freundlicher Genehmigung des Tibet House, New Delhi. Foto John C. Huntington.

ihrer wahren Form sehen – ein weiblicher Buddha auf einem Thron in einem herrlichen Palast. Kānha kehrte mit der gesuchten Unterweisung zu seinem Guru zurück, aber dieser machte ihm Vorhaltungen, den wahren Grund für seinen Besuch überhaupt nicht begriffen zu haben. Wäre er nur in der Lage gewesen, sich der Dākinī ohne Vorbehalte zu nähern, hätte er vollständige Erleuchtung erlangen können. Seine Voreingenommenheit hatte verhindert, daß es dazu kommen konnte.

In einem weiteren Fall erhielt Abhayākaragupta, der sehr stolz auf seine Gelehrsamkeit war, mehrere Gelegenheiten, die Vajrayoginī in ihrer menschlichen Manifestation zu erkennen. Da er in seinen früheren Leben starke Hingabe für sie entwickelt hatte, arrangierte Vajrayoginī, daß er ihr mehrfach begegnete. Weil zwischen den verschiedenen Begegnungen viele Jahre lagen, hatte er Zeit genug, an Weisheit zu wachsen. Beim ersten Mal, als er noch ein Hindu der Priesterkaste war, bevor er also überhaupt Buddhist geworden war, kam eine kastenlose Frau an seine Tür und forderte ihn auf, sie zu lieben. Er antwortete, daß er sie, ohne unrein zu werden, nicht einmal anfassen, geschweige denn lieben könne. Weil er um seinen Ruf als Gelehrter fürchtete, verjagte er sie schleunigst von seiner Tür. Bevor sie ging, gab sie ihm den Rat, nach Magadha zu gehen und sich einer tantrisch-buddhistischen Einweihung zu unterziehen. Er aber hatte es nicht eilig, ihrem Rat zu folgen. Bei der zweiten Begegnung hatte er bereits die Gelübde eines buddhistischen Mönchs abgelegt, als ihm ein junges Mädchen etwas rohes Fleisch mit der Bemerkung anbot, das Tier sei speziell für ihn getötet worden. Diese Gabe stieß ihn ab, hätte er doch durch die Annahme des Fleisches seine Mönchsgelübde verletzt, und so lehnte er ab. Bei der dritten Begegnung, Abhayākaragupta war in seiner tantrischen Schulung bereits vorangeschritten, brachte ihm die Dienerin seines Guru, die ihn normalerweise mit Wasser versorgte, Fleisch und Alkohol in seine Meditationsklause und lud ihn ein, sie zu einem tantrischen Festmahl zu begleiten. Als er zögerte, befahl sie ihm mitzukommen, in der Hoffnung, daß ihre Entschiedenheit ihn vom Ernst der Angelegenheit überzeugen würde. Blind wie er war, lehnte der Gelehrte wieder ab. Die Frau warf ihm vor, trotz seiner tiefgehenden Kenntnisse der tantrischen Lehren die Bedeutung ihres Angebots nicht begriffen zu haben. Die Gelegenheit, in seinem jetzigen Leben spirituelle Vollkommenheit zu erlangen, sei versäumt, denn dreimal habe er die Botinnen der Vajrayoginī nun zurückgewiesen.

Vajrayoginī selbst hatte Abhayākaragupta also auf die Probe gestellt, indem sie ihm stets in der Form von Frauen erschien, deren spirituelle Autorität er nicht so leicht anzuerkennen bereit war. In jedem Fall waren die Prüfungen der Vajrayoginī eine Herausforderung an den Gelehrten, Frauen als Verkörperungen ihrer Person und als Trägerinnen spiritueller Autorität zu erkennen. Als Praktizierender des Tantra hatte Abhayākaragupta eine besondere Verehrung für Vajrayoginī entwickelt.

Als es ihm aber in keinem Fall gelang, in seine Hingabe zu ihr auch ihre menschlichen Manifestationen einzubeziehen, zeigte die göttliche Yoginī deutlich ihr Mißfallen. Die Konsequenz für Abhayākaragupta war, daß er in demselben Leben nicht mehr Erleuchtung erlangte.

Es geht in diesen Geschichten nicht darum, daß die beschriebenen Männer eklatante Vorurteile gegenüber Frauen gehegt hätten. Als Tantriker kannten sie die vorgeschriebene Haltung gegenüber Frauen und akzeptierten sie grundsätzlich auch, aber aufgrund noch nicht gänzlich aufgelöster Vorbehalte oder weil sie die Lehren einfach noch nicht vollständig verinnerlicht hatten, scheiterten diese Männer an ihrer Unfähigkeit zu reiner Sicht. Frauen so zu sehen, wie sie wirklich sind, bedeutet in dieser Tradition nämlich, sie sämtlich als Trägerinnen von Macht und Präsenz weiblicher Gottheiten zu sehen. Auch im tibetischen Buddhismus von heute gibt es viele Mönche, deren monastische Orientierung eine Intimität, wie sie in den Tantras beschrieben wird, nicht zuläßt, was gelegentlich zu einer kompensatorischen Haltung von Furcht und Verachtung gegenüber Frauen führt. Dennoch nehmen bis zum heutigen Tage viele Laien und Mönche die tantrischen Lehren der Geschlechtlichkeit sehr ernst. Sie glauben fest daran, daß die

Erkenntnis der den Frauen innewohnenden Göttlichkeit und ein entsprechendes Verhalten für ihren spirituellen Fortschritt wesentlich ist.

Die Klassifizierung von Frauen

Die Yoginī-Tantras widmen der Klassifizierung von Frauen beträchtliche Aufmerksamkeit. Das Konzept und einige der Begriffe für die Klassifizierung von Frauen (*nāyikāprakāra*, tib.: *mu-med-rtags*) wurden aus der Kāmashāstra-Literatur Indiens übernommen, deren Bestandteil sie seit Erscheinen des ältesten bekannten erotischen Handbuchs, des *Kāma-Sūtra*, gewesen sind. Allerdings modifizierten die buddhistischen Tantriker das übernommene Modell so weit, daß es ihren eigenen religiösen Zielen und Wertvorstellungen entsprach. Während die säkularen Werke sich in Beschreibungen der Schönheit und des angenehmen Wesens der Frau ergehen, geht es den tantrischen Einteilungen darum, im Temperament zueinander passende Yogis und Yoginīs zum Zwecke einer fruchtbaren spirituellen Zusammenarbeit zusammenzubringen. Spirituelle Übereinstimmung zeigt sich in der gemeinsamen Zugehörigkeit zu einer der verschiedenen Buddhafamilien (*kula*). Ein Mann kann die entsprechende Zugehörigkeit einer Frau zum Beispiel an den Farben erkennen, die sie bevorzugt trägt, an ihrem Körpertyp, ihrem Verhalten sowie an psychologischen Merkmalen. Tsongkhapa empfahl das Studium und die Kontemplation der Klassifizierung von Frauen selbst den Mönchen unter seinen Anhängern, denn »selbst wenn jemand nicht das Glück hat, in diesem Leben mit einer Frau praktizieren zu können, kann er auf diese Weise doch geistige Eindrücke für ein späteres Leben ausbilden, in dem er dann dazu in der Lage ist«.
Die Klassifizierungen beschreiben Eigenschaften, die Frauen entweder wirklich auszeichnen oder die sie idealerweise be-

sitzen sollten. Obwohl die Tatsache einer Klassifizierung selbst auf eine Unterordnung von Frauen in den tantrischen Kreisen hinzudeuten scheint, spricht die Art der beschriebenen Eigenschaften dagegen. In einem Kapitel des *Chakrasamvara-Tantra* zum Beispiel werden Frauen verschiedener Buddha-Familien beschrieben. Die Frau vom ersten Typus ist angenehm sanft. Sie hat ein friedliches Temperament, eine liebevolle Haltung und das Bild eines Lotos in ihrem Haus. Solch eine Frau scheint für die Schürzenjäger unter den Yogis eine leichte Beute zu sein, aber im Verlauf der Aufzählungen werden die Frauen zunehmend stärker und eigensinniger. Manche Frauen zum Beispiel sagen unter allen Umständen die Wahrheit und sind stolz auf ihre Stärke. Es werden Frauen mit einem machtvollen und energischen Geist beschrieben, andere, die prahlen und ihre Widerspenstigkeit genießen, wieder andere freuen sich furchtlos an ihrer eigenen Wildheit, essen gern Fleisch und verkehren auf Verbrennungsplätzen, und einige schließlich haben Spaß an ihrer Unzähmbarkeit. Wenn es tatsächlich die Absicht der Männer gewesen wäre, sich mit passiven oder leicht zu unterwerfenden Opfern zu versorgen, sollte man eine Klassifizierung von schwachen, leichtgläubigen und schutzlosen Geschöpfen erwarten, nicht aber die hier beschriebenen Frauen, die nicht nur stark sind, sondern ihre Macht auch bewußt genießen.

Im *Chakrasamvara-Tantra* werden Yoginīs in vier Klassen eingeteilt. Der erste Typus spricht stets die Wahrheit und hat Freude an den buddhistischen Lehren. Der zweite ist hochmütig, reich und dominierend und hört gerne Neuigkeiten von tödlichen Schlachten. Der dritte Typ ist sehr stolz, launisch, braust bei der geringsten Provokation auf und ist streitlustig. Der vierte ist von unvollkommener Erscheinung und unangenehmem Ausdruck, dazu über alle Maßen arrogant. Diese Frauen machen nicht den Eindruck von vielversprechenden Kandidatinnen für mühelose Verführung. Statt dessen sind die weiblichen Gefährtinnen der Yogis wilde, do-

minierende und unzähmbare Frauen, deren außergewöhnliche Eigenschaften auch nicht das geringste Anzeichen von Unterwürfigkeit erkennen lassen.
Schon die von den Yoginīs bevorzugten Aufenthaltsorte lassen auf eine gewisse Kühnheit des Temperaments schließen. Außer auf Verbrennungsplätzen und in Wäldern leben sie in einsamen Höhlen, an Straßenkreuzungen, Flußufern, in verlassenen Häusern, in Theatern und Vergnügungsvierteln und in den Tempeln von Göttinnen. Sie liebten offensichtlich schöne, unberührte Landschaften und abgelegene Orte, an denen sie ihre Meditationen und Rituale ungestört ausüben konnten. Eine Frau, die allein oder auch in einer Gruppe an einen solchen Ort reiste, mußte mutig, entschlossen und abenteuerlustig sein.
Damit die Männer ihre weiblichen Pendants erkennen konnten, beschreiben die tantrischen Texte auch allgemeine Merkmale einer Yoginī, zum Beispiel den rötlichen oder bläulichen Schimmer ihrer Haut, einen ungewöhnlichen Haaransatz, spezielle Seitenblicke, den übergangslosen Wechsel zwischen Lachen und Weinen oder ihr forsches, aggressives Verhalten. Männer wurden gewarnt, daß Yoginīs bei der ersten Begegnung sehr einschüchternd sein können. Als Prüfung für seinen Mut und seine Unterscheidungskraft würden sie der Annäherung eines Helden häufig mit schrecklichen Schreien und zornigem Verhalten begegnen. Das *Chakrasamvara-Tantra* verspricht:

> Wenn der Held sich nicht einschüchtern läßt,
> werden die Dākinīs seine linke Hand ergreifen
> und ihn mit sich nehmen zu ihrem Aufenthaltsort.
> Dort werden sie mit ihm herumtollen und dieser Ort
> wird zum Paradies werden.

Mit dem Wissen über diese Gewohnheiten und Merkmale gewappnet, verbesserte ein Mann seine Chancen, eine übernatürliche Begegnung auch als solche zu erkennen – wie im Falle von Atīsha:

Einst begegnete Atīsha einer nackten Frau mit einer Halskette aus Knochen und Schädeln. Sie selbst sah aus wie ein Skelett, lachte in einem Augenblick und weinte im nächsten. Atīsha ... hatte das Gefühl, daß sie vielleicht esoterische Unterweisungen geben könnte, also verneigte er sich im Geist vor ihr und bat sie um ihre Lehren.

»Wenn du Unterweisung suchst, mußt du mir nach Ost-Bengalen folgen«, sagte sie und brach auf.

Atīsha folgte ihr bis zu einem großen Verbrennungsplatz. Dort drehte sie sich plötzlich um und fragte ihn: »Wie hast du erraten, daß ich besondere religiöse Lehren besitze? Sehe ich etwa so aus?«

»Ja« antwortete Atīsha, »so siehst du gewiß aus!«

Das gefiel ihr und sie weihte ihn ein.

Weil er sich von ihrer unkonventionellen Erscheinung nicht hatte beeindrucken lassen und sie an den Knochenornamenten und dem Wechselspiel von Lachen und Weinen als Dākinī erkannte, wurde Atīsha mit einer erleuchtenden Erfahrung gesegnet. Er lebte noch drei Jahre unter den Dākinīs von Uddiyāna.
Die unzähmbaren Frauen tantrischer Klassifizierung bevölkern auch die biographische Literatur. Die Frauen der tantrischen Biographien sind geradeheraus und ungehemmt. Soziale Konventionen scheinen sie nicht einschränken zu können. Es findet sich kein Anzeichen von Respekt vor männlicher Autorität oder ein Zugeständnis männlicher Überlegenheit. Offen und ohne zu zögern weisen diese Frauen spirituell

irrende Männer zurecht. Mit ihren erfrischenden, schlagfertigen Bemerkungen erschüttern sie die männliche Selbstzufriedenheit. Wir müssen nur an die spontane Entgegnung denken, mit der die Bogenmacherin auf Sarahas Versuch reagierte, mit ihr ein belangloses Gespräch zu beginnen. Kühl informierte sie ihn: »Die Lehren des Buddha kann man nur an Handlungen und Symbolen erkennen, niemals jedoch durch Worte und Schriften.« Zu einem späteren Zeitpunkt, als seine Gefährtin gerade ein Currygericht aus Rettich zubereitete, trat Saraha in eine tiefe meditative Versenkung ein. Mehrere Jahre blieb er in diesem Zustand, fragte aber beim Erwachen als erstes nach dem Curry. Ein Zeichen von Anhaften, das ihre Kritik erregte. Als sie ihm sagte, daß er offensichtlich weitere Meditation nötig habe, sprach er davon, in die Berge gehen zu wollen, um in Einsamkeit meditieren zu können. Erzürnt über seinen einsiedlerischen Hang wies sie ihn zurecht, daß es für ihn unergiebig sei, sich in die Berge zurückzuziehen. Körperliche Einsamkeit würde ihm nicht helfen, wenn er nicht endlich sein begriffliches Denken aufgebe. Dieser Tadel verhalf ihm zum höchsten spirituellen Erwachen und bewegte ihn zu einem seiner unsterblichen Verse: »Sitz nicht zu Hause herum und auch nicht im Wald. Wo du auch bist, erkenne den Geist.«

Geschichten wie diese zeugen von der kühnen, unbestechlichen Beobachtungsgabe, für die die tantrischen Yoginīs berühmt sind. Auch Luipa erhielt seine entscheidende Lektion in Form einer Beleidigung durch eine Frau. Luipa, ein Yogi von königlicher Herkunft, hatte viele Jahre tantrische Meditation geübt und glaubte sich von Anfechtungen frei, als er einer Yoginī begegnete, die eine Schankwirtin war. Dank ihrer Hellsichtigkeit erkannte sie, daß in Luipas Herzen trotz vieler Jahre der Askese noch ein kleiner, aber hartnäckiger Knoten königlichen Stolzes verblieben war. Statt ihm etwas von der Speisekarte aufzutragen, reichte sie ihm eine Schale verschimmelter Reste. Angeekelt warf Luipa die Schale auf

die Straße und rief: »Wie kannst du es wagen, mir, einem Yogi, Abfall zu servieren?« Sie schoß zurück, »Wie kann ein Feinschmecker Erleuchtung erlangen?« Durch die Treffsicherheit ihrer Erwiderung geschlagen, erkannte er, worauf er seine Anstrengungen richten mußte, um auch den letzten Gipfel der Erleuchtung noch zu erklimmen. Er ließ sich am Flußufer nieder und lebte von den Fischinnereien, die die Fischer wegwarfen. Durch seine Praxis erlangte Luipa einen Zustand fortwährender Glückseligkeit, in dem ihm die Fischinnereien wie Nektar und Ambrosia schmeckten.
Ein anderes Erlebnis hatte der bitterarme Kantali, der sein Leben an einem Straßenrand fristete und Lumpen sammelte, die er zu Flickenkleidern zusammennähte. Als er sich eines Tages beim Nähen in den Finger stach, verlor er allen Gleichmut und schrie vor Schmerz auf. Eine Yoginī, die gerade vorüberschlenderte, erkannte sofort die günstige Gelegenheit, jemanden von den Fesseln des illusionären Glaubens an ein Ich zu befreien. Sie fragte Kantali, ob er, der er nun über viele Leben im Kreislauf des Leidens gefangen gewesen sei, dies nicht endlich ändern wolle. Kantali fragte, was er denn tun könne, um diesen Teufelskreis zu durchbrechen. Die Yoginī antwortete herausfordernd, sie wisse nicht, ob er den Mut habe, ihr zu folgen. Er versicherte ihr, daß er bereit sei, alles Nötige zu tun. Sie wurde sein Guru und führte ihn – von der Visualisation der Gottheiten über den subtilen inneren Yoga bis zur höchsten Erkenntnis der Natur des Geistes – auf seinem Weg zur Erleuchtung.
Als sie sah, wie schwer es ihrem Schüler fiel, beim Nähen über Gottheiten zu meditieren, half ihm die wandernde Yoginī mit einem spontanen Gesang:

Sieh die Lumpen, die du sammelst und zusammennähst,
als leeren Raum.
Sieh deine Nadel als Achtsamkeit und Wissen.
Führe nun diese Nadel mit Mitgefühl
und nähe allen Wesen der Drei Bereiche neue Kleider.

Ihr Lied öffnete die Schleusen des unendlichen Mitgefühls in seinem Herzen, und die Woge von Freiheit und Glückseligkeit ließ ihn lachen und ausrufen: »Schaut nur die wundervollen Kleider, die dieser Yogi genäht hat!« Die Passanten dachten, der verdreckte Kerl am Straßenrand müsse wohl verrückt geworden sein und wunderten sich, daß der Verrückte sogar eine Gefährtin hatte – eine zerlumpte Frau, die ebenso ungestüm lachte wie er.

Mütter, Schwestern und Töchter

Die weiblichen Verwandten sind eine weitere Klasse von Frauen innerhalb der tantrischen Literatur. Für die frühen Erforscher des Tantrayāna waren die Stellen, die – wie die folgende Passage aus dem *Guhyasamaja-Tantra* – zur Vereinigung mit der eigenen Mutter, Schwester oder Tochter aufforderten, mit Abstand am schockierendsten:

> Einer der sich mit Mutter, Schwester und Tochter vereinigt,
> wird alle Vollkommenheiten erreichen und die Wahrheit
> am Gipfel des Mahāyāna erleben.

Der Schock, den diese umstrittenen Bilder hervorrufen, war durchaus beabsichtigt. Sie verdeutlichen die charakteristische Sichtweise der Beziehungen in tantrischen Kreisen und konnten nur Außenseiter abstoßen. Die Insider jedoch verstanden die Symbolik dieser Bilder. Gruppen freiwilliger Zugehörigkeit, deren Mitglieder untereinander durch geheime Einweihungen und Gelübde eng verbunden waren, traten für die Anhänger des Tantrayāna an die Stelle der biologischen Familien. Die Bedeutung der Bindung verschob sich also von der biologischen Verwandtschaft hin zu einer religiösen Familie aus Mitgliedern mit einer identischen Weltsicht und gemeinsamen Zielen. Tantriker sahen sich als Mitglieder einer Familie, was in der folgenden Passage aus dem *Chakrasamvara-Tantra* deutlich wird:

> Halte dich nur bei Botinnen auf:
> bei Müttern, Schwestern und Ehefrauen.
> Praktiziere so in einem Zirkel
> und auf keine andere Art.

Männliche Tantriker wurden in parallelen Begriffen gesehen:

> Wenn ein Mann Dākinīs erkennt,
> die ihre tantrischen Gelübde halten,
> werden sie ihn umgehend als ihren
> Bruder, Vater oder Ehemann ansehen.

In tantrischen Kreisen werden diese Begriffe gemeinhin folgendermaßen verstanden: Für einen Tantriker ist die Gefährtin seines Guru die »Mutter«, eine Schülerin seines Guru ist seine »Schwester«, seine eigene Schülerin ist seine »Tochter« und seine Partnerin ist seine »Frau« oder »Gefährtin«. Umgekehrt ist für eine Frau jeder Schüler des eigenen Guru ein »Bruder«, jeder eigene Schüler ein »Sohn« und ihr Partner der »Gefährte« oder »Ehemann«. Der Begriff Mutter steht in einer allgemeineren Bedeutung auch für die Mutter der Befreiung und des spirituellen Lebens. In Übereinstimmung mit der gynozentrischen Perspektive dieser Texte wird die Vulva als Tor zum Leben und als Zitadelle der Buddhaschaft verehrt. Der männliche Praktizierende kontempliert den Mutterschoß seiner Partnerin und erkennt, daß das, was für ihn das Tor zu zahlreichen Wiedergeburten gewesen ist, jetzt zur Schwelle seiner Erleuchtung wird. In diesem Sinn verstanden, vereinigt sich ein Mann mit seiner »Mutter« – der Mutter seiner Befreiung.

Auch wenn die Forderung der Vereinigung von Familienmitgliedern einen bewußt provozierenden Unterton hat, bezieht sich »Familie« hier in erster Linie auf die religiöse Abstammungslinie und die Notwendigkeit familiärer Loyalität unter den geheimen Gefährten. Die entsprechenden Aussagen unterstreichen die Tatsache, daß der tantrische Schulungsweg, der eben auch die sexuelle Vereinigung nicht aus dem spirituellen Leben ausschließt, nur mit Menschen gegangen werden sollte, die dieselben Einweihungen und Gelübde teilen und sich derselben Schulung unterziehen.

Tänzerinnen, Kurtisanen und Frauen von niederer Kaste

Tänzerinnen, Kurtisanen und eine Reihe von Frauen aus niederen Kasten wie etwa Waschfrauen, Weberinnen, Barmädchen, Jägerinnen, Fischerinnen, Handwerkerinnen oder sogar kastenlose Frauen, die völlig außerhalb des traditionellen Gesellschaftssystems stehen, das sind die Frauen, die in den Biographien, der Dichtkunst und den Ritualhandbüchern des Tantra besonders in Erscheinung treten. Dieser Umstand wurde nicht selten als Beweis für die Ausbeutung von Frauen in tantrischen Kreisen angeführt. Vor allem die westlichen Gelehrten unterstellen in ihren Erklärungen den Frauen dieser Gesellschaftsschicht oft generell Unwissenheit, Promiskuität und ständige sexuelle Verfügbarkeit für die männlichen Tantriker:

> Praktische Erwägungen machten auch den Gebrauch [sic] von Frauen niedriger Kasten nötig. ... kastenlose Mädchen [sic] waren promiskuitiver und ungehindert durch Manus Gesetze.[1]

1 Keith Dowman, *Sky Dancer*, S. 259–260.

> Sie kommen dort vor, weil Frauen dieser Kasten benutzt worden waren [sic] und wahrscheinlich auch weiterhin benutzt wurden, wo immer »Verrückte« diese Riten ausführten.[1]

> Die Rolle, die Mädchen niedriger Kastenzugehörigkeit und Kurtisanen in den tantrischen »Orgien« (chakra, das tantrische Rad) spielen, ist wohlbekannt. Je verdorbener und verkommener die Frau, desto geeigneter ist sie für das Ritual.[2]

Derartige Spekulationen führen die Anwesenheit dieser Frauen in tantrischen Kreisen ausschließlich auf ihre Nützlichkeit für die Männer und ihre – durch eine soziale Außenseiterstellung bedingte – Wehrlosigkeit gegenüber sexueller Ausbeutung zurück.
Etwas schmeichelhafter ist die Theorie, daß die Verbindung mit Frauen niederer Kaste den Männern Gelegenheit bot, ihre Klassenvorurteile und die damit verbundenen Sorgen einer rituellen Verunreinigung zu überwinden:

> Wenn der indische Eingeweihte zu einer der Kasten der Zweimalgeborenen gehörte, hatte der Guru ein offensichtliches Motiv für die Benutzung [sic] einer kastenlosen Frau im Einweihungsritual. Durch eine solche Verbindung konnte die Verminderung des Stolzes und die Entwicklung der Weisheit der Gleichheit erreicht werden.[3]

Da Frauen niederer Kasten den Bodensatz der sozialen Hierarchie bildeten, wird nach einer gängigen Version dieser Theorie durch ihre Erhöhung in der tantrischen Praxis und Sym-

1 David Snellgrove, *The Hevajra Tantra*, Bd. 1, S. 17.
2 Mircea Eliade, *Yoga: Immortality and Freedom*, S. 261. Eliades Ansicht wird weitgehend akzeptiert und ist in der Literatur zum Thema weit verbreitet.
3 Keith Dowman, *Sky Dancer*, S. 259.

bolik die religiöse Einsicht des Praktizierenden durch eine Umkehrung oder *coincidentia oppositorum* stimuliert, indem das, was im sozialen Bereich als niedrig gilt, im religiösen Zusammenhang erhöht wird:

> Die Symbolik der »Wäscherin« und der »Kurtisane« ist von höchster Bedeutung, und wir müssen dabei in Betracht ziehen, daß in Übereinstimmung mit den tantrischen Lehren der Gleichheit der Gegensätze das »Edelste und Kostbarste« gerade im »Einfachsten und Gewöhnlichsten« verborgen ist.[1]

Da diese Theorie Frauen einfach als Instrument zur »Benutzung« für männliche Zwecke sieht, stellt sich ihren Vertretern überhaupt nicht die Frage, welchen Vorteil die Frauen selbst aus ihrer Verbindung mit einem Tantriker ziehen mochten.
Diese Erklärungen für die Teilnahme von Frauen aus niederen Kasten bei tantrischen Ritualen sind aus zahlreichen Gründen unhaltbar. Sie wollen uns glauben machen, daß ein Mann eine Frau aufgrund oberflächlicher Merkmale wie ihrer Kastenzugehörigkeit zu seiner spirituellen Gefährtin machte und nicht wegen innerer Gründe, wie etwa der Tatsache, daß sie ebenfalls eine Praktizierende des Tantra war. In den Yoginī-Tantras werden aber stets innere Kriterien für die Wahl einer religiösen Gefährtin angegeben. Das wichtigste dieser Kriterien ist die Tatsache, daß es sich bei ihr um eine Initiierte handelt, die ihre Gelübde einhält. Wichtig sind ebenfalls ihre religiöse Schulung, die Ebene ihrer spirituellen Einsicht und ihre Kenntnis von Ritual, Yoga und Meditation. Wenn der Mann aus einer höheren Kaste kam oder Mönch war, kostete ihn die Beziehung zu einer Frau aus der sozialen Unterschicht meist eine ganze Menge: seine soziale Stellung, sein Prestige als Mönch, sein Vermögen, seinen guten Ruf und, in einigen wenigen Fällen, sogar seinen Thron. Es scheint unwahr-

1 Mircea Eliade, *Yoga: Immortality and Freedom.*

scheinlich, daß ein Mann für die Beziehung zu einer unwissenden, promiskuitiven, unkultivierten Frau ohne religiöse Begabung so viel aufgegeben haben sollte. Übrigens haben auch Frauen aus Königs- oder Priesterfamilien ihren hohen gesellschaftlichen Rang für einen Gefährten aus niederer Kaste aufgegeben. In diesen Fällen hielt allerdings niemand die Männer für Opfer, die sozial benachteiligt, promiskuitiv, einfältig oder gar dumm waren.

Solche Theorien gründen auf einem grundlegenden Mißverständnis der kulturellen Rolle von Frauen mit niedrigem sozialen Status in der indischen Gesellschaft. Frédérique Marglin kritisiert die Vermutung, der einzige Grund für die Anwesenheit von Frauen aus niederen Kasten in tantrischen Kreisen sei in der sogenannten »tantrischen Umkehrung« zu suchen, auf ethnographischer Grundlage. Er führt aus, daß die soziale Bedeutung von Frauen wie Tänzerinnen, Kurtisanen und Wäscherinnen über ihren niedrigen Rang in der sozialen Hierarchie hinausgeht. Diesen Frauen werden in der indischen Kultur traditionell wichtige Kräfte wie Fruchtbarkeit und Glücksverheißung zugeschrieben. Ihre Rolle im Tantrayāna kann nicht auf einer strukturellen Opposition oder »Umkehrung der Werte« beruhen, da das Tantra – im Interesse seiner Entwicklung von Kräften – soziale Hierarchien explizit ablehnt. Die weibliche Urkraft (*shakti*) von Geburt, Wachstum und religiöser Transformation entspricht niemals den dualistisch-hierarchischen Ordnungsprinzipien der Gesellschaft. Die Kraft zur Transformation (*adhishthāna*) kann weder durch Beachtung gesellschaftlicher Hierarchien noch durch ihre Umkehrung oder die Überschreitung ihrer Normen erreicht werden. Diese Kraft transzendiert jede Art gesellschaftlicher Hierarchie, da ihre Wirksamkeit niemals vom sozialen Status des Nutznießers abhängig ist. Aufgrund ihrer Beschäftigung besitzen und verkörpern Frauen niederer Kaste transformative Kräfte oder weibliche Energie in besonderem Maße. Da sich der Tantrayāna mit der Entdeckung und Entwicklung eben derjenigen Kräfte beschäftigt, die Frauen zugeschrieben werden, ist es nur natürlich, daß er Frauen anzieht und begrüßt, die Selbstvertrauen, Stärke und spirituelle Kraft entweder bereits besitzen oder an ihrer Entwicklung interessiert sind.

Die vorher erwähnten Theorien tragen darüber hinaus auch nicht den subjektiven und eigentlichen Beweggründen der Frauen selbst Rechnung. Ihr erhöhter Status in einem Bereich kultureller Bedeutung, in dem spirituelle Kräfte über rituelle Reinheit gestellt werden, machte die tantrische Bewegung für viele Frauen natürlich besonders anziehend. Die Tatsache, daß ihre besonderen Kräfte in dieser Tradition besonders geschätzt und verehrt wurden, konnte sie in ihrer Teilnahme nur weiter bestärken. Frauen der unteren Gesellschaftsschichten waren häufig finanziell unabhängig und verfügten darüber hinaus über einen relativ großen Handlungs- und Bewegungsspielraum innerhalb der indischen Gesellschaft. Auf diese selbstbewußten Frauen mußte der tantrische Buddhismus natürlich besonders anziehend wirken, denn frei von jeder Geschlechter- oder Klassenhierarchie unterstützte er ihren Sinn für Macht und Autonomie, so daß sie sich in keiner Weise eingeschränkt oder ausgeschlossen fühlen mußten. Frei von gesellschaftlichen Zwängen konnten diese Frauen selbstbestimmt ihre religiöse Wahl treffen, einen passenden Partner finden und den oft unkonventionellen Lebensstil einer tantrischen Yoginī aufnehmen.

Die Bedeutung, die gerade den Frauen niederer Kaste und den unteren Kasten ganz allgemein im Tantrayāna zukommt, ist ein sehr komplexes Motiv, das seine philosophische Erklärung in der Ontologie des Mahāyāna findet, die alles Sein grundsätzlich als gleichwertig und rein erkennt. Zusätzlich wird jedoch betont, daß tantrische Weisheit in allen sozialen Klassen zu suchen ist, da Menschen niederer Kaste nicht weniger als andere die entsprechenden Lehren und Einweihungen besitzen und weitergeben können. Gerade wegen ihrer unterschiedlichen Herkunft konnten Frauen der unteren Gesellschaftsschicht eigenständige religiöse Einsichten und Fähigkeiten in die Methodik des Tantra einbringen und seinen kulturellen Horizont erweitern. So steuerten Tänzerinnen ihre Körperbeherrschung, ihre Kenntnis der heiligen Gesten und Bewegungen sowie Techniken für den körperlichen Ausdruck von Göttlichkeit bei. Kurtisanen brachten ihre erotische Fertigkeit und Raffinesse ein und Winzerinnen und Weinhändlerinnen ihr Wissen um die Destillation von Alkohol, der für die tantrischen Rituale so wichtig war. Leichenfrauen waren mit den Verbrennungsplätzen vertraut, auf denen die tantrischen Feste häufig stattfanden. Frauen der nomadisierenden Stämme stellten Knochenornamente und Musikinstrumente her und kannten sich aus im rituellen Gebrauch von Schädeln, in magischen Künsten, der Mantra-Rezitation, der Verehrung von Göttinnen und den rituellen Anrufungstechniken zur Kommunikation mit Geistern und Gottheiten.

Das waren die sozialen Gruppierungen, aus denen der Buddhismus ebenso wie die anderen klassischen Traditionen jener Zeit Schübe frischer kultureller Energie bezogen. Die Verschmelzung der buddhistischen Lehre mit archaischen religiösen Praktiken und Symbolen macht einen Teil des Genius der Tantras aus. In seiner Betonung der unteren sozialen Schichten verweist der tantrische Buddhismus auf die Bereiche der Gesellschaft, aus denen er einen Großteil seiner besonderen Rituale und ikonographischen Elemente bezog. Und wenn die buddhistischen Quellen gerade die Frauen dieser Klasse ins Licht rücken, deuten sie möglicherweise auf ihre eigenen Wurzeln hin.

Die auffallende Präsenz von Frauen niedriger Kastenzugehörigkeit in der tantrischen Bewegung hatte also wesentlich komplexere Gründe als bloße sexuelle Verfügbarkeit. Diese Frauen waren im Besitz spiritueller Kräfte und vielfältigen kulturellen Wissens. Im tantrischen Buddhismus mußten sie weder ihre persönliche Stärke und Initiative noch ihre Selbständigkeit aufgeben. Es stand ihnen als eigenständige Praktizierende frei, die tantrischen Übungen nach Belieben aufzunehmen. Ihre ungeschminkte Direktheit kam ihnen in tantrischen Kreisen sogar zugute. Statt zur Unterwerfung unter ihre männlichen Gefährten gezwungen zu werden, war deren Respekt und Verehrung eine Voraussetzung, der sie gehörigen Nachdruck verleihen konnten.

Die Tänzerin und der König

Die übliche Sicht tantrisch-buddhistischer Frauen im allgemeinen und von Frauen aus niedrigen Kasten im besonderen simplifiziert ihr religiöses Leben auf unzulässige Weise und stellt die von den Tantras beabsichtigte Intimität verzerrt dar. Ein Beispiel für die religiöse Laufbahn einer Tantrikerin niederer Kaste mag helfen, die vorhandenen Interpretationsprobleme zu klären. In diesem Fall gab ein König um einer Tänzerin willen seinen Thron auf. Bei der Tänzerin handelte es sich um Dombīyoginī, während der König der Geschichtsschreibung nur als Dombīpa oder Dombīheruka bekannt ist, Namen, die ausschließlich aus seiner Verbindung mit der Yoginī herrühren. Als ihre Geschichte begann, war der König – unter Anleitung seines Guru Virūpa – in den Übungen des Tantrayāna bereits so weit fortgeschritten, daß er die für die Übung mit einer Partnerin nötige Reife erlangt hatte. Und das baldige Erscheinen seiner ihm durch Karma verbundenen Gefährtin war ihm bereits in einer Vision angekündigt worden. Sie begegneten sich zum ersten Mal, als eine Schar von Sängern und Tänzern, zu der auch sie und ihre Eltern gehörten, ein Gastspiel im Palast gab. Sie war zwölf Jahre alt, von weltabgewandtem Wesen und großer Begabung für eine spirituelle Schulung. Der König griff tief in seine Schatzkammer und

wog sie in Gold auf, um von ihrer Familie die Erlaubnis zu erwirken, daß sie bei ihm bleiben könne.
Zwölf Jahre lang konnte der König den Aufenthalt Dombīyoginīs im Palast geheimhalten, bis sie schließlich doch von Mitgliedern seines Hofstaats entdeckt und ihr Verhältnis bekannt wurde. Nachdem der König und seine Geliebte ob ihres unpassenden Verhältnisses des Reiches verwiesen worden waren, zogen sie sich in eine Einsiedelei in der Wildnis zurück, wo sie zwölf weitere Jahre meditierten. In der Abwesenheit des früheren Königs verfiel das Reich zusehends, und schließlich blieb seinen Untertanen nichts übrig, als sich aufzumachen, um ihn reuevoll auf den Thron zurückzubitten. Als die Minister in den Wald kamen, erblickten sie die Tänzerin und den König in inniger Vereinigung auf einem Lotosblatt auf der Oberfläche des Sees sitzend. Sowohl die Tänzerin als auch der König hatten während ihrer Meditationsklausur deutliche Fortschritte gemacht. Um ihre mystische Vollendung zu beweisen, ritten sie auf einer wilden Tigerin in die Stadt ein, eine giftige Schlange als Peitsche schwingend (Abb. 7). Später wurden Dombīyoginī und der König zu Nairātmyā und Hevajra, einem der Buddha-Paare, über die sie meditiert hatten. Der König übrigens weigerte sich strikt, wieder die Macht in seinem Reich zu übernehmen; offensichtlich hatte er einen besseren Zeitvertreib gefunden.
Gewöhnlich wird diese Partnerschaft von mehr als zwanzig Jahren so interpretiert, daß der König die Tänzerin ausnutzte, die ihm nur nützlich war, um seine Kastenvorurteile zu überwinden. Die Geschichte selbst jedoch erwähnt weder ihre Verfügbarkeit noch ihre Kastenzugehörigkeit, ja nicht einmal ihre nach indischen Maßstäben klassische Schönheit als wesentliche Merkmale. Vielmehr waren es sehr persönliche Eigenschaften, wie etwa ihre spirituelle Empfindsamkeit, an denen der König sie als die für ihn bestimmte Gefährtin erkannte. Sie war nicht bloß eine gesellschaftlich marginalisierte Frau niederer Kaste und daher für seine Praxis »ver-

fügbar«; ebensowenig war sie dumm und ungebildet. Als Tänzerin, die bei Hofe auftreten durfte, mußte sie bereits über eine ernstzunehmende künstlerische Ausbildung verfügt haben. Trotz ihres jugendlichen Alters von zwölf Jahren hatte sie bereits eine jahrelange Schulung hinter sich, da mit der Tanzausbildung üblicherweise sehr früh begonnen wird, besonders bei einem Mitglied einer Tänzerfamilie. Dombīyoginī war also eine gebildete und kultivierte Persönlichkeit mit großer Selbstbeherrschung, die sie den Jahren rigoroser körperlicher Disziplin verdankte. Vor allem diese Fähigkeiten ließen den König in der Tänzerin die potentielle tantrische Gefährtin erkennen. Die Höhe des Entgelts an ihre Familie bewies die Wertschätzung für die Tochter und die Ernsthaftigkeit seiner Absichten und war ein deutliches Zeichen dafür, wie gut er für sie zu sorgen bereit war. Mit dem Betrag hatte der König sie nicht etwa gekauft, sondern lediglich ihre Eltern für den Verlust ihrer künftigen Einnahmen entschädigt. Der König riß die Tänzerin zwar aus ihrem früheren Leben und aus ihrer Familie, verlangte jedoch kein größeres Opfer von ihr, als er selbst zu bringen bereit war. Beide mußten sie die Bindungen an ihre frühere Lebensweise durchschneiden, um sich gemeinsam auf den Weg in ein neues Leben machen zu können.

Auch daß sie länger als zwanzig Jahre zusammenlebten, spricht dagegen, daß die Tänzerin vom König »ausgebeutet« wurde. Während dieser Zeit erhielt sie eine ausführliche buddhistische Vorbereitung auf die Praxis der tantrischen Vereinigung, die, wie Dombīheruka in seiner Abhandlung zum Thema selbst feststellt, »nichts für Anfänger ist«. Während der ersten zwölf Jahre im Palast kamen sich die beiden so nahe, daß sich der König, als er zwischen seiner Gefährtin und dem Reich wählen mußte, für sie und damit die gemeinsame Erleuchtung entschied. Wie sehr sie sich gegenseitig vertrauen, zeigt sich daran, daß sie zusammen in die Wildnis gingen und sich, sowohl was ihr körperliches Überleben als auch ihr spiri-

Abbildung 7: Dombīyoginī und Dombīpa reiten eine Tigerin. Detail eines Rollbildes aus dem 16. Jh., mit freundlicher Genehmigung des Tibet House, New Delhi. Foto John C. Huntington.

tuelles Schicksal anging, voll und ganz aufeinander verließen. Sie war jetzt vierundzwanzig, und während der nächsten zwölf Jahre lebten sie allein zusammen in der Wildnis, ohne andere Gefährten. Das setzt eine außergewöhnliche Beziehung voraus, vollständiges gegenseitiges Vertrauen und die gemeinsame Hingabe an ihre religiösen Ziele. Zu dieser Zeit hatte Dombīyoginī durch die vielen Jahre ihrer Meditationspraxis eine Ebene der Erfahrung erreicht, die der ihres Gefährten vergleichbar war, so daß sie die höheren yogischen Praktiken nun zusammen üben konnten. Die Tänzerin und der König brauchten einander, um Zugang zu den visionären Ebenen des Tantra zu erlangen. Sie teilten die Schwierigkeiten und die Höhepunkte der spirituellen Suche als Ebenbürtige.

Dombīyoginīs Fortschritt in der Meditation zeigte sich an ihren magischen Fähigkeiten, sie konnte auf dem Wasser gehen (Abb. 8) und beherrschte die Vier Blicke. Tāranātha berichtet, daß sie Gesänge der Verwirklichung komponierte (Vajra-Lieder). Die meisten dieser Lieder sind verloren, eines ist glücklicherweise in einer Sammlung tantrischer Gesänge in Nepal bewahrt worden. Darin wird ihre Fähigkeit besungen, auf dem Wasser zu gehen, eine übernatürliche Kraft, die vom Begreifen der Leerheit zeugt. In diesem Lied meditiert sie in der Mitte eines Sees über das Buddha-Paar Vajrayoginī und ihren Gefährten Chakrasamvara:

> Auf dem See wird Dombīyoginī zwei.
> Wie können sie in der Mitte des Sees sitzen?
> Die beiden vergnügen sich im Palast der Erleuchtung,
> tanzen im Bereich der Phänomene,
> in einem Land makelloser Reinheit.
> In natürlicher Schönheit ruhen sie still
> in der Budda-Weisheit.

Vajrayoginī erscheint in vier Formen
und durchquert die Welt.
Die mit dem Eberkopf, Vajravārāhī,
umarmt ihren Liebsten
In einem viereckigen Mandala sitzend, schenkt sie Mitgefühl.
Mal in dieser Gestalt, dann wieder in jener,
umarmt sie den blaugesichtigen Herrn.

Der See, aus dem Dombīyoginī während der Zeit in der Wildnis Wasser holte, ist auch eine Metapher für die Welt, die, abhängig von der Sichtweise, ein Bereich des Leidens oder der Glückseligkeit sein kann. Die Reinheit ihrer Sichtweise befähigt die Tänzerin, spielerisch mit den Phänomenen umzugehen und unbelastet von den groben Aspekten der konventionellen Wirklichkeit nicht in diesem See zu versinken. In der ersten Hälfte des Liedes visualisiert Dombīyoginī ein Buddha-Paar in Vereinigung. Sie visualisiert sich selbst als Vajrayoginī, die sich in verschiedenen Formen manifestiert, um die Bedürfnisse der Wesen in der ganzen Welt zu befriedigen. Wenn sie ihren Partner, den sie als den blauen Buddha Heruka visualisiert, umarmt, imaginiert sich die Tänzerin spielerisch zuerst in einer Gestalt und dann in einer anderen; sie wechselt zwischen den vier göttlichen Yoginī-Formen im innersten Chakrasamvara-Mandala hin und her. Auch wenn die Vereinigung die Partner mit äußerster Glückseligkeit erfüllt, geben sie sich ihr letztlich aus Mitgefühl für die Welt hin. Die heilige Verbindung des männlichen und weiblichen Buddha erzeugt Wellen von Glückseligkeit und Harmonie, die die Welt in ein Mandala verwandeln, aus dem sich ein Regen von Nektar ergießt, um den spirituellen Hunger in den Herzen aller Wesen zu stillen.

Die visionäre Großartigkeit des einzigen von Dombīyoginī überlieferten Liedes läßt uns ahnen, welche Reichtümer verloren gegangen sind. Das Lied läßt auch erkennen, daß die Tänzerin sich tief in die ästhetische Welt des Tantra versenkt und

Abbildung 8: Dombīyoginī tanzt auf dem See. Zeichnung von Emily Martindale, nach einem nepalesischen Blockdruck.

den Yoga der tantrischen Vereinigung vollständig begriffen und gemeistert hat.

Das Beispiel von Dombīyoginī macht deutlich, wie falsch westliche Gelehrte Frauen niederer Kaste in diesem Zusammenhang bewertet haben. Die tantrische Erzählung selbst stellt die Tänzerin durchaus nicht als niedrig oder unwürdig dar, sondern als wunderschöne, künstlerisch begabte Yoginī. Die vom König seit langem ersehnte spirituelle Gefährtin machte selbst bedeutende Fortschritte und lehrte nach Dombīherukas Tod unabhängig als tantrischer Guru. Sie gab Einweihungen und lehrte in geheimer mündlicher Unterweisung die Feinheiten der esoterischen Yogas. Zwei wichtige Übertragungslinien des Hevajra gehen auf sie zurück.

Unsere genauere Betrachtung des Berichts über eine tantrische Yoginī niedriger Herkunft zeigt, daß es in ihrer Geschichte nicht um Promiskuität geht. Es ist auch äußerst unwahrscheinlich, daß der König über zwanzig Jahre mit ihr zusammenlebte, nur um seine Kastenvorurteile zu überwinden. Wir erfahren vielmehr von einer ernsthaften langjährigen und auf gegenseitigem Vertrauen gegründeten Partnerschaft, die ihrer beider Befreiung gewidmet war. Dombīyoginī entwickelte sich in dieser Beziehung, was an ihrer eigenen späteren Tätigkeit als Guru deutlich wird. Die Tänzerin wurde also nicht ausgenutzt - sie suchte Erleuchtung und erlangte sie schließlich auch.

Die tantrische Geschlechterideologie

Der tantrische Buddhismus unterscheidet sich von den anderen buddhistischen Traditionen nicht nur durch seine Methodik, sondern vor allem auch durch sein Verständnis von Weiblichkeit. Die tantrische Geschlechterphilosophie entstand in einer Zeit großer Kreativität und Veränderung innerhalb des Buddhismus, und die Ansichten gegenüber Frauen standen für die Reformer dabei an erster Stelle. Rita Gross hat überzeugend dargelegt, daß im Kern des Buddhismus schon immer eine egalitäre Vision latent vorhanden war, auch wenn diese Sichtweise über die Jahrhunderte auf vielfache Weise verschleiert und geleugnet wurde. Im Theravāda-Buddhismus wurden die nichtdiskriminierenden theoretischen Grundlagen überlagert von negativer Bewertung weiblicher Körperlichkeit und der Verachtung von Frauen in der monastischen Tradition. In der Lehre des Mahāyāna gilt der geschlechtliche Unterschied zwar als unwichtig, da er auf einer illusionären dualistischen Sicht beruht; dennoch finden sich Anklänge von Frauenfeindlichkeit. Der tantrische Buddhismus entwickelte eine neue Strategie zur Aufrechterhaltung der dem Buddhismus eigenen egalitären Philosophie. An die Stelle der Neutralität gegenüber dem Dualismus der Geschlechter im Mahāyāna setzt der Tantrayāna die Polarität der Geschlechter, wobei es den weiblichen Pol stärker betont als den männlichen. Technisch gesehen haben Männer zwar den gleichen metaphysischen Status und Wert wie Frauen, aber im empirischen Bereich von Bildern und Ritualen nahm die Frau eine bevorzugte Stellung ein.

Das Hauptargument für diese Strategie ist die Aussage, daß es sich bei Frauen um die Verkörperungen weiblicher Gottheiten handelt. Die Identifizierung der Frau mit der Göttin wurde noch verstärkt, indem die Beziehungen zwischen Männern und Frauen in den tantrischen Zirkeln nach dem Muster der Beziehung zwischen einer Gottheit und ihrem Verehrer geformt wurden. Die Göttlichkeit des Mannes wird in der tantrischen Metaphysik zwar ebenfalls gesehen, aber nicht gleichermaßen konkret zum Ausdruck gebracht wie die Göttlichkeit der Frau.

Die Identifikation mit göttlichen weiblichen Rollenmodellen gab Frauen ein unerschütterliches Selbstbewußtsein, den »göttlichen Stolz«, der durch das Erwecken der eigenen, ursprünglichen Göttlichkeit entsteht. Das Vorhandensein göttlicher Vorbilder, die sich ihrer Weiblichkeit furchtlos und frei von Hemmungen erfreuten, scheint die Frauen zu körperlicher und geistiger Abenteuerlust inspiriert zu haben. Sie sprachen furchtlos die Wahrheit, und wenn ihnen der Sinn danach stand, waren sie streitbar und forsch. In den tantrischen Biographien weisen Frauen einen Mann offen und ohne Entschuldigung zurecht, um ihn an die direkte Sicht der Realität zu erinnern. Dazu fordern sie seine Vorurteile heraus, zerstören lieb gewordene Illusionen oder lassen ein aufgeblasenes Selbstbild zerplatzen. Der Sinn der Frauen für Freiheit von männlicher Autorität wurde auch durch die Tatsache bestärkt, daß sie in ihrem religiösen Fortschritt von männlicher Zustimmung weder in Theorie noch in Praxis abhingen. Kein männlicher Klerus versperrte ihnen den Weg und auch kein Versprechen metaphysischen Vorteils durch Unterwerfung unter männliche Autorität. Frauen konnten selbstbestimmt der tantrischen Lehre nachgehen. Sie mußten nur von einem Guru angenommen werden, und dieser Guru konnte ein Mann oder eine Frau sein.

Dieser Furchtlosigkeit, die frei war von Unterwürfigkeit, entsprachen auch die tantrischen Partnerschaften. Die Frauen mußten keine Beziehungen zu Männern eingehen, um sich selbst zu bestätigen, ihr soziales Ansehen oder die moralische Ordnung aufrecht zu halten. Dies gab der Frau die Freiheit, Beziehungen nur zum Zweck ihrer eigenen Erleuchtung einzugehen. Im Gegensatz zu den damals üblichen arrangierten Eheschließungen waren tantrische Beziehungen stets freiwillig. Ihre Basis war die leidenschaftliche Hingabe an dieselben religiösen Ziele und Ideale. Wenn eine Frau nach einem Gefährten suchte, ging es ihr darum, in dieser Beziehung ihre religiösen Ideale von Ganzheit und Harmonie zu erfüllen.

Diese gynozentrische Vereinbarung ließ das spirituelle Wachstum von Männern und Frauen auf unterschiedlichen, aber parallelen Wegen verlaufen, auf denen sie sich in ihrer Entwicklung ergänzten. Ein Mann akzeptierte seine Abhängigkeit von Frauen. Er erkannte, daß die Frau infolge ihrer eigenen Entwicklung sein religiöses Leben unterstützen und bereichern konnte, und wurde so beziehungsfähiger, während die Frau an Zuversicht und Selbstwertgefühl wuchs. Die Übung, Frauen als weibliche Buddhas zu sehen, gab den Männern die Möglichkeit, unerleuchtete Gedankenmuster abzubauen, vor allem männliche Überlegenheitsgefühle und Vorurteile. Das Verhalten des Mannes in einer tantrischen Beziehung macht deutlich, daß er nicht beabsichtigt, die Frau zu beherrschen oder ihre Energie zur Förderung seines eigenen spirituellen Wachstums auf ihre Kosten zu mißbrauchen. Die Ehrerbietung des Mannes zeigt, daß er eine Beziehung einzugehen bereit ist, in der nicht sein Ego oder seine Bedürfnisse im Vordergrund stehen, sondern die Erleuchtung beider Partner. Weder ordnen sich ihre Bedürfnisse den seinen unter, noch seine den ihren – ihre Vertrautheit ist ein Verwobensein. Tatsächlich ist das Wort *tantra* von der Verbwurzel *tan*, »weben«, abgeleitet. Auf dem tantrischen Pfad sind viele Dinge miteinander verwoben, so auch die Lebenswege von Männern und Frauen.

Die feine Ausgewogenheit dieser Vereinbarung, das Gleichgewicht der Wertschätzung, tendiert allerdings zur Seite der Weiblichkeit. Tantrische Texte instruieren den Mann, wie er sich einer Frau zu nähern hat, was er tun muß, um ihr zu gefallen und ihre Aufmerksamkeit zu verdienen; entsprechende Vorschriften für Frauen aber sucht man vergeblich. In vielen Geschichten bemühen sich Männer um die Anerkennung und Zustimmung einer Frau, aber in den Lebensgeschichten von Frauen fehlen vergleichbare Motive. Da Frauen auf das Wohlwollen der Männer nicht angewiesen sind, zeichnet die tantrische biographische Literatur sie als fröhlich unbekümmert gegenüber männlicher Billigung und gelegentlich sogar als ein wenig herablassend.

Der Gynozentrismus konnte zu einer psychologischen Gleichstellung von Männern und Frauen beitragen. Obwohl es oberflächlich betrachtet so aussieht, als seien die Frauen überlegen, scheint die ungleiche Beziehung die tiefere Harmonie der Geschlechter zu ermöglichen, wie sie von den Buddha-Paaren der tantrischen Ikonographie symbolisiert wird. Das Ziel dieser Dynamik war nicht die weibliche Vorherrschaft über den Mann, sondern Partnerschaften, die der Verwirklichung der höchsten Wahrheit gewidmet waren. In dieser Art von Partnerschaft war es undenkbar, daß einer den anderen zugunsten der Erfüllung selbstsüchtiger Bedürfnisse von seinem Weg zur Erleuchtung abbrachte. Die spezielle Schulung des Mannes gewährleistete die nötige Kultivierung und Sensibilisierung, die ihn erst befähigte, im Rahmen einer intimen Beziehung an der Selbsttransformation zu arbeiten.

Ich behaupte, daß im tantrischen Buddhismus ein praktisches Gleichgewicht erreicht wird, indem die Frau in der Theorie bevorzugt wird, weil dadurch jeglicher Unterminierung dieser Balance durch irgendwelche Strategien männlicher Bevormundung vorgebeugt wird. Die Waagschale der Wertschätzung zugunsten der Frauen zu neigen bedeutet, das weibliche Geschlecht – und die lebendigen Frauen – vor Ausbeutung und Unterdrückung zu bewahren. Das Prinzip der Gleichheit der Geschlechter in der Gedankenwelt des Mahāyāna bedeutete – auch wenn es befreiend und egalitär gedacht war –, daß selbst die kleinste Geste männlicher Ausbeutung bereits zu einem Verlust der Geschlechtergleichheit führen konnte. Die gynozentrische Philosophie des tantrischen Buddhismus setzte ein vorbeugendes und ausgleichendes Gegengewicht gegen sämtliche Selbsterhöhungsversuche der Männer auf Kosten von Frauen. Gegen alle männlichen Versuche, sie herabzusetzen oder von ihrem Platz zu verweisen, hatten Frauen nun die unbestreitbare Autorität der Schriften und erleuchtete Vorbilder auf ihrer Seite. Weder konnten einzelne Männer sich geistig oder durch religiöse Autorität über sie erheben, noch war es ihnen kollektiv möglich, die Frauen von der religiösen Bewegung auszuschließen, an deren Entstehung sie mitgearbeitet hatten. Und auch da, wo es Männern trotzdem gelungen ist, Frauen zu entrechten (zum Beispiel in einigen Institutionen in Tibet), haben diese Lehren aus der Frühzeit der Bewegung überlebt und legen den Finger auf diese Wunde. Unmißverständlich ist die Aussage des Buddha aus dem *Chandamahāroshana-Tantra*: »Auf diesem Pfad dürfen Frauen nicht aufgegeben werden!«

Möglicherweise waren Frauen selbst die Urheberinnen dieser weiblichkeitsbetonten und gleichzeitig ausbalancierten Gestaltung der Geschlechterbeziehung. Selten haben Männer von sich aus Bewegungen oder Philosophien geschaffen, in denen Frauen ausdrücklich bevorzugt wurden und die unzweideutig zu ihrem Nutzen gereichten. Ich nehme daher nicht an, daß der Respekt vor den Frauen und ihre Verehrung, die in der tantrischen Weltsicht so offensichtlich im Mittelpunkt stehen, eine großzügige Geste oder spontane Liebenswürdigkeit der männlichen Tantriker gegenüber den Frauen gewesen ist. Es scheint bei weitem wahrscheinlicher, daß die Ansichten und das Verhalten der Männer durch eine weibliche Führerschaft bei der Schaffung dieses Ethos geformt wurden. Ich nehme an, daß diese Frauen die Männer unmißverständlich wissen ließen, wie sie sich selbst sahen und was ihre Bedürfnisse waren, und daß sie so die Einstellung, das Verhalten und die Schriften der Männer formten. Solche Frauen hätten auch Männer als Gefährten ausgewählt, die ihre eigene Würde und Kraft spiegelten, und es ist gut möglich, daß dieser Selektionsprozeß ein bestimmender Faktor bei der Zusammensetzung tantrischer Kreise und der Bildung tantrischer Partnerschaften gewesen ist.

Es muß offensichtlich im Interesse der Frauen gelegen haben, die Entwicklung der Männer auf diese Weise zu beeinflussen. Jeglicher Fortschritt, den ein Mann auf diesem Weg machte, kam ja seiner Partnerin direkt zugute. Ein Mann, der sich dieser Schulung unterzog, war bestimmt ein weitaus besserer Gefährte und Liebhaber als einer, der sich in seiner Entwicklung an frauenfeindlichen Vorstellungen orientierte und der von seiner Überlegenheit und seiner Vorherrschaft über Frauen nach göttlichem Recht überzeugt war. Nur ein solcher Mann hätte mit einer stolzen, empfindsamen und machtbewußten Yoginī umgehen können und wäre ein guter Gefährte für Frauen gewesen, die aufgrund ihres Temperaments, ihrer Herkunft oder ihres spirituellen Fortschritts männliche Überlegenheitsgefühle und Zwänge nicht hätten ertragen können. Meiner Meinung nach ist der offensichtliche Nutzen für die Frauen ein weiterer naheliegender Grund für die Annahme, daß sie selbst diese radikal befreiende Vision kooperativer spiritueller Partnerschaft initiiert haben. Als Reaktion auf die Initiative der tantrischen Yoginīs verehrten die Yogis die Frauen, um ihre eigene Vision in Einklang mit der ontologischen Sichtweise ihrer Göttlichkeit zu bringen und damit für die ganz besondere Art von Beziehung fähig zu werden, die für den Erfolg auf dem tantrischen Pfad unverzichtbar war.

Dieses Kapitel zeichnet das kulturelle Umfeld nach, in dem sich das religiöse Leben tantrisch-buddhistischer Frauen abspielte. Die tantrischen Lehren präsentieren ein positives Frauenbild, und ausdrückliche Regeln für das Verhalten gegenüber Frauen fördern den konkreten Ausdruck von Respekt in den sozialen und rituellen Beziehungen. Die in diesem Kapitel vorgestellten Lehren beinhalten keine intellektuellen Strategien zur Unterdrückung oder Unterordnung von Frauen. Frauen kämpfen hier nicht gegen die Vorurteile einer Ideologie männlicher Dominanz oder eine obsessive Verachtung weiblicher Sexualität, wie man sie manchmal in asketischen Texten von Männern findet. Die tantrischen Lehren bestätigen Frauen in ihrem religiösen Streben und verweigern männlicher Dominanz jede theoretische Rechtfertigung.
Die Lehren erlauben keinem Geschlecht, das andere zu domi-

nieren. Sie fordern eine enge Verbindung von Männern und Frauen auf der Suche nach spiritueller Vollkommenheit. Diese Ideale waren die Leitprinzipien, deren Bedeutung um so wichtiger wurde, je näher man der Erleuchtung kam. Auch wenn einzelne Praktizierende diese Ideale nicht erreichen mochten, bestimmten sie doch die Richtung ihres Strebens und wurden gelegentlich tatsächlich Wirklichkeit. Die gemeinsame Odyssee von Dombīyoginī und Dombīpa, die »Geschichte ihrer Befreiung«, ist ein Beispiel für die Paare, die in einer spirituellen Partnerschaft nach der krönenden Vollendung völliger Befreiung strebten und sie auch erlangten.

In einem zwar empfindlichen, aber dennoch haltbaren weiblichkeitsbetonten Gleichgewicht erfreuten sich die Frauen einer Position, in der sie die Umworbenen waren. Eine Frau konnte bestimmte Formen der Verehrung, der Kommunikation und des Gehorsams einfordern, bevor sie einen männlichen Schüler oder Partner akzeptierte. Dadurch erhielt der Mann die Gelegenheit, die Ernsthaftigkeit seiner Annäherung unter Beweis zu stellen. Diese Dynamik stellt die Beziehung ausdrücklich in den Zusammenhang eines gemeinsamen Strebens nach Erleuchtung. In der tantrischen Beziehung hatten beide Partner ihr Ego aufzugeben, wobei das ehrfurchtsvolle Verhalten des Mannes der Frau die Aufgabe erleichterte, weil sie seinem Ego nicht zu dienen hatte.

Der Respekt gegenüber Frauen war ein Maßstab für den spirituellen Fortschritt eines Mannes, der sich ja verändern mußte, um den kooperativen Praktiken und der höheren Oktave der Vertrautheit, auf die die Tantras abzielten, gerecht werden zu können. Frauen hingegen kultivierten ihre innere Unabhängigkeit, um die Gleichheit in der Partnerschaft bewahren zu können. Die tantrischen Lehren förderten die Frauen also in ihrem spirituellen Streben. Die Männer forderten sie auf, die Frauen in ihrer Mitte zu ehren. Darüber hinaus zeichnen die tantrischen Klassifikationen und biographische Skizzen ein Bild von mutigen und herausfordernden Frauen, die Ehrfurcht, Bewunderung und Anhänglichkeit auslösten. Der triumphierende Tonfall dieser Darstellungen läßt vermuten, daß der Respekt der Männer keinem billigen oder widerwilligen Zugeständnis entstammte, sondern ehrliche Bewunderung für das Talent, die Energie und Leidenschaft darstellte, die ihre Gefährtinnen und Lehrerinnen für die Erleuchtung einsetzten.

4.
Frauen als Adeptinnen und Wissende

Tantrische Yogis und Yoginīs verfügten über ein Netzwerk von Pilgerstätten in ganz Indien. Dort trafen sie andere Tantriker, übten die inneren und äußern Yogas und führten kunstvolle Rituale aus. In diesem offenen und freien religiösen Rahmen gab es keinerlei formelle Hindernisse für die Teilnahme von Frauen. Obwohl sich auch in den tantrischen Schriften keine derartigen Einschränkungen finden, stellten moderne Gelehrte des tantrischen Buddhismus die Männer in den hell erleuchteten Vordergrund, die Frauen aber, die an ihrer Seite praktizierten, verbannten sie in den dunklen Hintergrund. Historische Studien haben, bis auf wenige Ausnahmen, stets behauptet, Frauen seien in tantrischen Kreisen nicht die Norm gewesen und hätten darüber hinaus niemals die Ziele und die Schulung der männlichen Tantriker geteilt, sondern ihnen ausschließlich zu rituellen Zwecken gedient.
Diese Behauptung ist angesichts der vielen Zeugnisse für die gleichberechtigte Teilnahme von Frauen in tantrischen Kreisen schlicht unhaltbar. So hatte der Guru Kānha zum Beispiel gleich viele männliche und weibliche Schüler, herausragend unter ihnen jedoch war eine Frau. Unter Padampa Sangyes vierundfünfzig Lehrern waren viele Frauen, und 24 seiner Schülerinnen erlangten Erleuchtung. Zwei der fortgeschrittensten Schüler Jñānamitras waren Frauen. Shāntigupta hatte eine Frau, Dinakarā, zur Schülerin. Als die Prinzessin Shrīsukhā tantrischer Guru wurde, wurden Hunderte Frauen aus

ihrem Gefolge ihre Schülerinnen und vollendete Yoginīs. Der Adept Bodhivajra, einer von Kānhas Schülern, hatte der Überlieferung nach Hunderte von Yoginīs unter seinen Schülern. Zweihundert Schüler und eintausend Schülerinnen des Adepten Nāropa erlangten vollständige Erleuchtung. Die achtzig männlichen »großen Adepten« (*mahāsiddha*) Indiens hatten größtenteils Gefährtinnen. Scharen von Yoginīs hielten tantrische Feste ab, zu denen Meister wie Kānha, Atīsha, Kamalashīla und Gotsangpa zugelassen waren. Als Yogis wie Luipa, Nāropa und Kantali kurz vor dem spirituellen Durchbruch standen, gaben ihnen Frauen aus ihrer unmittelbaren Nachbarschaft die entscheidenden Anstöße und setzten anschließend einfach ihr sorgloses Leben fort.

Welche religiösen Praktiken übten diese Frauen? Welche Vollendungen hatten sie erlangt? Verfolgt man aufmerksam die Quellen der entsprechenden Textstellen in Biographien und rituellen Texten sowie die Geschichte der religiösen Überlieferung und hält man sich darüber hinaus an ihre eigenen Schriften, läßt sich das Schema ihrer religiösen Praktiken durchaus nachvollziehen. Andere Studien mögen die Zeugnisse weiblicher Religiosität als Darstellungen imaginärer Art abtun und die entsprechenden Textstellen auf literarische Floskeln oder Anflüge von Phantasie reduzieren. Ich räume in meiner Untersuchung den Aussagen über Frauen den gleichen Stellenwert ein wie entsprechenden Aussagen über Männer und lasse ihre Zeugnisse sich zu einem sinnvollen Muster entfalten.

Eine Kritik der androzentrischen Deutung

Die verbreitete Interpretation des tantrischen Buddhismus, die die Männer hervorhebt und den Frauen eine marginale Opferrolle zuweist, ist größtenteils das Ergebnis einer andro-

zentrischen Ausdeutung tantrischer Quellen. Man nimmt von allen Beschreibungen tantrischer Überzeugung, Praxis und Vollendung automatisch an, daß sie sich nur auf Männer bezögen, wenn Frauen nicht ausdrücklich erwähnt werden. Dabei wird gewöhnlich nicht gefragt, ob die Autoren mit ihrer allgemein gehaltenen Sprache wirklich ausschließlich Männer meinten oder aber beide Geschlechter. Dieser androzentrische Zugang ist jedoch sowohl aus logischen als auch aus linguistischen Gründen problematisch. Nach den Gesetzen der Logik handelt es sich hier um einen ungültigen Zirkelschluß:
Prämisse: Tantrische Texte beziehen sich nicht allgemein auf Frauen.
Schlußfolgerung: Frauen sind nicht die Referenten der Aussagen in tantrischen Texten.
Der Zirkelschluß dieses Arguments, in dem die Schlußfolgerung einfach die Prämisse wiederholt, zeigt, wie historische Vermutungen über Frauen bereits auf die schriftlichen Quellen projiziert werden, bevor eine behutsame und reflektierte Interpretation überhaupt begonnen hat.
Die linguistische Problematik androzentrischer Deutung ergibt sich zum Teil aus Unterschieden in den Regeln von Grammatik und Stil bei den ursprünglichen Sanskrit-Quellen und ihren tibetischen Übersetzungen. Das Sanskrit, in dem Geschlecht und Zahl stets flektiert werden, benutzt, wenn eine Gruppe sowohl Männer als auch Frauen umfaßt, das masculinum plural. Daher macht der Begriff *sādhakāh* (Nominativ masc. pl.), »Praktizierende«, keine Aussage über das Geschlecht der betroffenen Personen. Er kann männliche und weibliche Praktizierende ebenso meinen wie nur männliche Praktizierende. Ob man solche Konstruktionen, die in den tantrischen Texten sehr häufig sind, nur auf Männer oder auf Männer *und* Frauen bezieht, ist somit nur eine Frage des eigenen historischen Verständnisses der Tradition und nicht der Grammatik der ursprünglichen Quelle.
Ein stilistisches Problem ergibt sich daraus, daß bei den Über-

setzungen der Tantras aus dem Sanskrit ins Tibetische die Slokas[1] des Originaltexts meistens in Zeilen von sieben oder neun Silben wiedergegeben wurden. Zum Zwecke der Kürzung wurden gelegentlich Präfixe und Plural- oder Kasusendungen weggelassen. Die beabsichtigte Anzahl und das Geschlecht des Originals ging dabei unter. Das Sanskritwort *mantrinah* (Nominativ masc. pl.) zum Beispiel bedeutet »Mantra-Praktizierende« und kann sowohl Männer als auch Frauen meinen. Im Tibetischen wird es korrekt mit *sngags-pa-rnams* übersetzt. Um aber die erforderliche Silbenzahl einer Zeile zu erreichen, wurde es oft auf die Singularfarm *sngags-pa* verkürzt, manchmal sogar auf die einzige Silbe *snag*. Es ist nur natürlich, die verkürzte Form nun als Singularnomen zu übersetzen, nämlich »Mantra-Praktizierender«. Wenn solche verkürzten Formen jetzt noch mit »Yogi« übersetzt werden, was nicht selten vorkommt, nehmen sie eine noch eindeutiger männliche Form an, und wenn ein Pronomen nötig wird, nimmt man »er«. Entsprechend wird *rnal-'byor-ma,* die korrekte tibetische Übersetzung des Sanskritworts *yoginī,* häufig – unter Verlust seiner weiblichen Endung – zu *nal-jor* verkürzt. Im nächsten Schritt wird bei der Rückübersetzung aus der ursprünglich weiblichen Yoginī ein männlicher Yogi. Ein Vergleich mit dem Sanskrit-Original (wenn denn überhaupt noch eines existiert) oder der textkritische Vergleich verschiedener tibetischer Übersetzungen könnte zwar zum beabsichtigten Geschlecht zurückführen, aber bis heute ist es Brauch, diese linguistischen Konstruktionen als Nachweis dafür anzuführen, daß die tantrischen Texte sich nur auf Männer beziehen und tantrische Kreise eine ausschließlich männliche Angelegenheit sind. Das Endergebnis dieser Form linguistischer und kultureller Übersetzung ist die vollständige Tilgung der Frauen aus der Literatur, der Frauen, die doch ein integraler Bestandteil der tantrischen Bewegung gewesen sind.

1 Zweizeilige Verse mit sechzehn Silben pro Zeile (Anm. d. Übers.)

Androzentrische Deutungstendenzen zeigen sich auch in der Beurteilung des Frauenanteils in einigen der wichtigen Quellen wie dem Kompendium kurzer Beschreibungen der 84 Mahāsiddhas. Die legendären Karrieren dieser »großen Adepten« gelten als Höhepunkt des tantrischen Buddhismus im mittelalterlichen Indien. Ein wichtiges frühes und weitverbreitetes Werk ist das *Chaturashītisiddha-Pravritti* des Abhayadatta (12. Jh.). Es enthält nur wenig Informationen über Frauen, nur vier der 84 großen Adepten waren weiblich. Dies wurde als exakter Hinweis auf den Anteil von Frauen in tantrischen Kreisen gedeutet. Faktum jedoch ist, daß die Darstellung in derartigen historischen Quellen nichts über die wahre Präsenz oder historische Bedeutung der Frauen aussagt. Wer die entsprechenden Biographien liest und die Ikonographie untersucht, stellt fest, daß mindestens 60 der männlichen Mahāsiddhas tantrische Gefährtinnen hatten. Einige dieser Frauen werden in Abhayadattas Werk zwar nicht namentlich genannt, sind aber aus anderen Quellen bekannt. Zum Beispiel wird der Adept Shavari oft mit zwei Frauen dargestellt, die in seiner Biographie nur nebenbei erwähnt werden (siehe Abb.6). Ihre Namen und die Art ihrer Lehrtätigkeit sind aber aus anderen Quellen bekannt. Als Maitrīpa Schüler Shavaris war, gaben ihm auch die Yoginīs Padmalochanā und Jñānalochana entscheidende Unterweisungen und enthüllten ihm die Natur seines eigenen Geistes.

Daß bestimmte Frauen in Abhayadattas Werk nicht oder nur oberflächlich erwähnt werden, ist keinesfalls ein Zeichen ihrer Bedeutungslosigkeit für die tantrische Bewegung, sondern eher auf das spezifische Genre und die rhetorische Absicht des Textes zurückzuführen. Im Gegensatz zu dem, was die Historiker vermuten, ist Abhayadattas Zusammenstellung nämlich kein historisches, sondern ein in erster Linie didaktisches Werk. Die Berichte haben alle die gleiche Länge, und es ist offensichtlich, daß der Autor nicht versucht, ein ganzes Leben in seine Beschreibung zu packen. Nur die Höhepunkte der Le-

benswege der großen Adepten werden dargestellt, mit eben genug Detail, um eine verständliche Erzählstruktur zu gewährleisten. Zusätzliche Informationen, volkstümliche Geschichten und Anekdoten über die Adepten waren zu Abhayadattas Zeit vermutlich weit verbreitet, und so war es unnötig, weltliche Details über das Leben solch erhabener und berühmter Gestalten, einschließlich der Namen all ihrer Lehrer, Zeitgenossen und Schüler, zu liefern. Diese Geschichten sollten vor allem andere Tantriker unterweisen und inspirieren; zusätzliche Details wurden als mündlicher Kommentar gegeben. Abhayadattas Werk war also durchaus kein photographisch genaues Abbild eines bestimmten Abschnitts der buddhistischen Geschichte. Es skizzierte die ausgeübten Praktiken und die unterschiedlichen Lebensmuster der Praktizierenden, aber es stellt nicht unbedingt eine zuverlässige Grundlage für die Erhebung von Statistiken dar.
Wir können den didaktischen Absichten Abhayadattas die von Jonang Tāranātha (17. Jh.) zusammengestellten Geschichten der Abstammungslinien gegenüberstellen, die verschiedene Quellen auswerten, auch widersprüchliche Berichte zitieren und ihren relativen Nutzen untersuchen. Im Gegensatz zu Abhayadatta schrieb Tāranātha bewußt Religionsgeschichte. Folglich finden sich in seinem Werk auch wesentlich mehr Informationen über Frauen, da er häufig auch die Namen von Lehrern, Zeitgenossen und Schülern anführt.
Die Tatsache, daß Abhayadattas Werk für den Nachweis der Anzahl von Frauen in tantrischen Kreisen herangezogen wird, während Tāranāthas Werk, in dem Frauen in viel größerer Anzahl vorkommen, vernachlässigt wird, ist ein Beispiel für androzentrische Selektivität. Ebenso wird die Tatsache, daß in den Yoginī-Tantras mehr als die Hälfte der geschlechtsbezogenen Hinweise weiblicher Art sind, nicht als Zeugnis für eine Vorherrschaft von Frauen in tantrischen Kreisen gesehen, sondern – wegen des Interesses am anderen Geschlecht – als Nachweis männlicher Urheberschaft. Die androzentrischen

Kriterien, mit denen man tantrische Texte beurteilt, werden also einfach jeweils so verändert, daß immer auf männliche Dominanz geschlossen werden kann, gleichgültig welchen Inhalt ein gegebener Text tatsächlich hat. Für die Beurteilung schriftlicher Quellen werden damit Kriterien angewandt, die für andere Nachweise niemals akzeptiert würden. Ein Historiker gleicht oft einem Archäologen, der zwischen Ruinen nach Artefakten und Tonscherben gräbt. Wenn man aus einem fünfprozentigen Anteil ausdrücklicher Erwähnung von Frauen in einem Text auf einen fünfprozentigen Anteil an einer gesellschaftlichen Bewegung schließt, ist das, als würde ein Archäologe behaupten, daß der Fund von zwei Töpfen an einer Grabungsstätte oder das Überdauern zweier Fundamente der Nachweis dafür sei, daß es an dieser Stelle nie viele Töpfe beziehungsweise kaum Gebäude gegeben habe. Die Behauptung, daß die Lebensgeschichten von Frauen nicht aufgezeichnet wurden, weil sie es nicht wert gewesen seien, gleicht der Annahme, daß nur die Topfscherben und alten Monumente überdauert haben, die es aufgrund ihrer historischen Bedeutung »verdienten«. Diese Argumentation ist für schriftliche Quellen und archäologisches Material gleichermaßen absurd. Sowohl die Geschichtsforschung anhand von Texten als auch die Archäologie muß die zufällig überlieferten Fundstücke so zusammensetzen, daß alle Anhaltspunkte berücksichtigt und in ein zusammenhängendes Ganzes verwoben werden.

Wenn man die Informationen der tantrischen Literatur nebeneinanderstellt, wird deutlich, daß das Leben und die Lehrtätigkeit von Frauen nicht weniger interessant oder folgenreich für den tantrischen Buddhismus waren als die ihrer männlichen Pendants. Weibliche Beteiligung und Expertenschaft sind in allen Bereichen tantrischer Aktivität – seien es Magie und Ritual, tantrische Feste, Visualisation von Gottheiten und Mandalas, innere Yogas oder das Erlangen der Erleuchtung und das Wirken als Guru – eindeutig und ausreichend dokumentiert.

Magie, Ritual und der Einsatz übernatürlicher Kräfte gelten im tantrischen Buddhismus als übliche Methoden, um Meisterschaft über die phänomenale Wirklichkeit zu demonstrieren und Menschen zu konvertieren. Die Behauptung, übernatürliche Fähigkeiten und Erfahrung in magischen Künsten zu besitzen, mag modernen westlichen Lesern dubios erscheinen, wird im tantrischen Buddhismus aber als Beweis spiritueller Errungenschaften akzeptiert und geachtet. Magische Fähigkeiten zu haben bedeutet, die Kräfte der Gottheiten zu besitzen und mit ihrer Hilfe durch die scheinbare Solidität materieller Gegenstände hindurch auf ihre beliebige Formbarkeit zugreifen zu können, die sie für rituelle Handlungen empfänglich macht. Die erfolgreiche Ausführung eines Rituals verlangt vom Yogi Meisterschaft über seinen Körper und die Elemente (Erde, Feuer, Wasser, Luft und Raum). Besitzt er diese Meisterschaft, kann er das Wetter kontrollieren und Krankheit heilen, Getreide reifen lassen und religiöse Lehren erteilen. Da die rituellen und magischen Fähigkeiten in der tantrischen Praxis einen so zentralen Platz einnehmen, stellen die Errungenschaften der Frauen auf diesem Gebiet einen handfesten Beweis ihres Fortschritts in den tantrischen Methoden dar.

In zahlreichen überlieferten Geschichten werden die magischen und rituellen Fähigkeiten der Tantrikerinnen beschrieben. Viele von ihnen waren Gurus, und ihre Schüler führten ihre magischen Kräfte als Beweis für ihre religiöse Meisterschaft an.

Um einige Beispiele zu geben: Guru Dinakarā hatte seit ihrem dreizehnten Lebensjahr eifrig Buddhismus praktiziert und war von den Lehren des Vinaya und Mahāyāna zu den tantrischen Studien fortgeschritten. Sie beherrschte die rituellen Blicke (d.h. sie konnte Menschen, Tiere und Gegenstände mit ihrem Blick kontrollieren). Einmal setzte sie diese Fähigkeit ein, um

einen zudringlichen, nichtbuddhistischen Yogi zu konvertieren, ein anderes Mal, um einen Yogi zu bestrafen, der sich mit Kräften gebrüstet hatte, die er nicht besaß. Dinakarā besaß neben anderen übernatürlichen Fähigkeiten (*siddhis*) auch die Gabe zu fliegen. Dombīyoginī war sowohl für ihre Meisterschaft der rituellen Blicke und der vier Arten ritueller Handlungen (friedvoll, bereichernd, erobernd, zerstörend) bekannt als auch für ihre Fähigkeit, auf dem Wasser zu gehen. Die Schwestern Mekhalā und Kanakhalā hatten die Blicke gemeistert und die Fähigkeit, durch feste Gegenstände hindurchzugehen. Auch konnten sie materielle Gegenstände durch Geisteskraft an einen anderen Ort bringen. Gangādharā, eine Prinzessin, die als Lehrerin des Khyungpo Naljor (Khyung-po rnal-'byor) und spirituelle Gefährtin Maitrīpas berühmt wurde, war bekannt für die Wirksamkeit ihres rituellen Blickes. Sie lebte vorzugsweise im tiefen Wald und konnte ihren Körper in viele Formen verwandeln. Einmal verwandelte sie sich in einen Wolf und nahm in dieser Gestalt rituelle Opfergaben in Empfang.
Bandhe, die beste Schülerin Kānhas, war hellsichtig. Außerdem konnte sie sich unsichtbar machen, beherrschte die rituellen Blicke und hatte die Fähigkeit, große Entfernungen in nur wenigen Minuten zurückzulegen. Mit ihren magischen Kräften bekehrte sie ein ganzes Königreich in Assam, indem sie zuerst Regen beschwor, um eine Feuersbrunst zu löschen, und dann mit Mantras und körperlichen Verwandlungen einen Angriff von Hindu-Tantrikern abwehrte, ihre Andacht im Tempel störte und ein solches Durcheinander anrichtete, daß sich alle bekehrten und ihr unterwarfen. Jalahari, eine weitere von Kānhas Schülerinnen, konnte Reis, Suppe und Bier aus der Küche anderer Leute in ihre Schädelschale zaubern. Wenn die Schale voll war, verzehrte sie die Speisen nicht etwa, sondern nährte sich, indem sie die feinstoffliche Essenz der Nahrung einatmete. Als Jatijālās Gefährte Buddhashrījñāna (ein ehemaliger Mönch, auch als Jñānapāda be-

kannt) bereit war, in strikter Klausur die Mahāmudrā[1] zu üben, lehrte sie ihn die rituelle Kunst, den Gott des Reichtums, Jambhala, günstig zu stimmen, damit er während der Klausur für den nötigen Unterhalt sorgte. Acht Schülerinnen von Lokapradīpa (11. Jh.) in Südindien erlangten die übernatürliche Macht ewiger Jugend. Auch Ālokī und Duhshīlā, zwei Kurtisanen und Schülerinnen desselben Waldeinsiedlers, waren für ihre magischen Kräfte bekannt. Eine weitere Yoginī, deren Namen nicht überliefert ist, konnte sich, nachdem sie einen Monat auf einer Verbrennungsstätte Mantras der Tārā rezitiert und die Asche der Toten auf ihre Augenlider gerieben hatte, unsichtbar machen. Die berühmte Yoginī Menakā, deren Verwirklichung »weit wie der Himmel« war, hatte die vier rituellen Blicke gemeistert und konnte auf dem Wasser gehen. Kangkanā, eine von Kānhas engen Schülerinnen, konnte sich ebenfalls unsichtbar machen und machte sich einen Spaß daraus, Früchte von einem Baum zum anderen zu zaubern. Die Gefährtin von Kukkutipa hingegen besaß die Fähigkeit, sich in eine Henne zu verwandeln.

Magie und Ritual erfordern neben der kontemplativen Vorbereitung exaktes esoterisches Wissen um rituelle Substanzen, Handlungen und Rezitationen. Die von Frauen verfaßten Anleitungen zum Gebrauch von Mantras und Ritualen zu bestimmten Zwecken dokumentieren ihre Expertenschaft in rituellen Dingen. Laksmīnkarās Anweisungen zur Praxis der Vajrayoginī mit dem abgetrennten Kopf und Yashodattās und Yashobhadrās Erklärungen der Mañjushrī-Praxis beinhalten Anweisungen für die Rezitation von Mantras zum Erlangen von manchmal sehr ehrgeizigen Zielen.

Die Schriften der Siddharājñī sind besonders reich an rituellen Details. Sie entwickelte ein umfassendes Ritual und meditatives Yoga-System für die Praxis des Amitāyus (Buddha des unendlichen Lebens) und schrieb Anleitungen für die Pra-

1 Zur Definition von »Mahāmudrā« siehe S. 118.

xis der mit ihm verwandten Gottheiten Hayagrīva und Avalokiteshvara. Ihr Hayagrīva-Handbuch enthält Anweisungen für die Weihe einer Teig-Skulptur (*bali*, tib.: *torma*), die innere Körpersubstanzen und die von Natur aus erleuchteten Eigenschaften versinnbildlicht und auch benutzt wird, um die Hindernisse der Schüler zu beseitigen. Siddharājñīs Meisterschaft in rituellen Dingen beweist auch eine von ihr verfaßte Anleitung zu der mit einer esoterischen Form des Avalokiteshvara verbundenen Praxis, in der sie unter anderem die Erschaffung eines komplexen Opfer-Mandalas, die Zubereitung von Medizinkügelchen und tantrischen Sakramenten, die korrekte Enthüllung der rituellen Substanzen und ein Feuer-Opfer aus der Gattung der Unterwerfungsrituale beschreibt. In einem weiteren Text erklärt sie die Ausführung eines Feuer-Opfers am Ende einer Amitāyus-Klausur. Ihre diesbezügliche Autorität wird von dreien der vier Hauptrichtungen des tibetischen Buddhismus anerkannt.

Schon diese Beispiele, die notwendigerweise nur einen Bruchteil der tatsächlich dokumentierten Fälle darstellen, zeigen deutlich, daß Frauen Männern nicht nur rituelle Handlangerdienste leisteten, sondern selbst magische Kräfte und rituelle Fähigkeiten erlangten. Obwohl die tantrische Literatur nur flüchtige Einblicke in die magischen Kräfte von Frauen (und Männern) bietet, wird doch eine religiöse Landschaft erkennbar, in der Frauen sich ungehindert bewegten und leichtfüßig die Schwelle zwischen der Welt der gewöhnlichen Realität und dem Reich der Magie überschritten, in dem Gedanken die Wirklichkeit darstellen, Erscheinungen dagegen symbolisch sind und Objekte die kreativen Fähigkeiten des Geistes widerspiegeln. Durch die tantrische Praxis entdeckte eine Frau in allem, was sie in der sogenannten äußerlichen Welt erfuhr, die Kreativität ihres Geistes. Die Dākinī »Leuchtender Löwe« feiert die Magie, die im Bereich der Weisheit herrscht:

Ich schaue nicht auf das, ich schaue mich selbst an.
Ich bin weite ursprüngliche Weisheit,
das ist meine magische Schöpfung –
nichtduales Wissen ist unbegreiflich!

Tantrische Feste

Tantrische Feste oder gemeinschaftliche Versammlungen (*ganachakra* und *chakrapūjā*) gehören zum festen Repertoire der tantrischen Praktiken. Das esoterische Ritual des tantrischen Festes entfaltet sich in vielen Stufen. Der heilige Raum für die Zeremonie wird durch geometrische Figuren begrenzt, die mit Pigmentpulver auf den Boden gezeichnet sind. Kunstvoll werden Opfergaben und Speisen arrangiert. Die Teilnehmer tragen besondere Insignien wie Knochenornamente und Kronen und spielen auf archaischen Musikinstrumenten wie Schädeltrommeln, Knochentrompeten und Muschelhörnern, um ein erhöhtes Gewahrsein zu erzeugen. Männer und Frauen sitzen im Kreis und teilen Fleisch und Wein miteinander – in Schädelschalen dargereichte sakramentale Substanzen. Die Feiern sind der geeignete Rahmen für die Pflege alter Überlieferungen, die rituelle Verehrung von Frauen (*strīpūja*) und die Ausübung sexueller Yoga-Praktiken. Ein solches Fest gipfelt schließlich in der Darbietung von tantrischen Tänzen und Musik, die Außenseitern unter keinen Umständen zugänglich gemacht werden dürfen. Gelegentlich improvisieren die Yogis und Yoginīs auch »Lieder der Verwirklichung« (*charyāgīti*), die ihren Zustand erhöhter Klarheit und Glückseligkeit in spontanen Versen besingen.
Das sind die Rituale, von denen man behauptete, Frauen würden »zugelassen«, wenn ihre »Dienste« von den männlichen Praktizierenden benötigt würden. Es gibt jedoch reichlich Zeugnisse dafür, daß Frauen selbständig und unabhängig von

Männern derartige Feste veranstalteten. Mindestens zwei Anthologien mit »Liedern der Verwirklichung«, die Teil des tibetisch-buddhistischen Kanons sind, stammen von Versammlungen, bei denen ausschließlich Frauen zugegen waren. Ein Band gedenkt eines Festes auf der Shītavana-Verbrennungsstätte in Bihar, einem bevorzugten Ort für tantrische Versammlungen, bei dem sich fünfunddreißig »erhabene Damen, die die höchste Wirklichkeit erkannt haben« (*dhātvīshvarī*) trafen. Ein Fest von Dākinīs auf dem Attahāsa-Verbrennungsplatz gab Anlaß zu einer weitern Anthologie des tibetischen Kanons. Daneben finden sich Belege dafür, daß Frauen tantrischen Festen vorstanden und sie gemeinsam mit Männern inszenierten. Als zum Beispiel Kānhas zahlreiche Schülerinnen und Schüler ein Fest abhielten, leitete Bhande, eine Frau, die Versammlung.

Typisch für die tantrische Literatur sind Feste, die entweder nur von Frauen oder von einer gleichen Anzahl von Frauen und Männern abgehalten wurden. Rein männliche Feste werden ebensowenig erwähnt wie etwa der Fall, daß Frauen von Männern unter ihrem Vorsitz »zugelassen« worden wären. Ich bin nirgends auf die Beschreibung eines Festes gestoßen, bei dem Männer einer Frau die Erlaubnis zur Teilnahme hätten geben müssen; der umgekehrte Fall ist jedoch sehr häufig. In der tantrischen Literatur finden sich viele Begebenheiten, bei denen Yogis die Zulassung zu einer Versammlung von Yoginīs erhielten, eine Tatsache, die für den Mann als hohe Ehre galt. Im klassischen Szenario stößt der Yogi unerwartet auf eine Zusammenkunft von Yoginīs, manchmal mitten im Wald, in einem verlassenen Tempel oder auf einem Verbrennungsplatz. Er bittet um Zugang zu ihrem Kreis, feiert mit ihnen und erhält Einweihungen, magische Überlieferungen und tantrische Unterweisungen.

Ein tibetischer Tantriker berichtet, wie er auf seiner Pilgerschaft zum Tempel einer Göttin (möglicherweise Jvālāmukhī) im Himalaja-Vorgebirge des nördlichen Indien durch einen glücklichen Zufall eine Yoginī-Versammlung entdeckt. Bei Einbruch der Nacht beobachtet er, wie zahlreiche Frauen mit Blumen und Vorbereitungen für ein Fest den Tempelhof betreten. Die nächtlichen Vorbereitungen für das Ritual, die Tatsache, daß sie Kronen, kunstvollen Schmuck und regenbogenfarbige Kleidung tragen, läßt ihn vermuten, daß es sich um Yoginīs handelt. Obwohl er weiß, daß es die Yoginīs sehr erzürnen könnte, erzwingt er sich in der festen Entschlossenheit, eine solche Gelegenheit nicht ungenutzt verstreichen zu lassen, an der Türhüterin vorbei Zutritt und mischt sich unter die Frauen. Die Yoginī, die den Vorsitz führt, erlaubt ihm schließlich dazubleiben. Er genießt die Gesänge und Tänze der Frauen, beteiligt sich an ihrem Fest und hält die Begebenheit in seinem Tagebuch als Höhepunkt seiner spirituellen Suche fest.

Das Motiv der Yoginī-Feste und Versammlungen zieht sich durch die gesamte tantrische Literatur. Kānha erhielt von seinem Guru Jālandhari den Auftrag, an einem Yoginī-Fest teilzunehmen und sich die Knochenschürze einer der Teilnehmerinnen geben zu lassen. Kānha fand die Yoginī und erhielt auch ihre Schürze, knüpfte aber die Knoten, die die geschnitzten Knochenstücke zusammenhielten, neu und machte damit den Segen und die magische Potenz, die die Yoginī in das Kleidungstück gewoben hatte, zunichte. Bevor Atīsha, einer der Väter des tibetischen Buddhismus, Mönch wurde, verbrachte er drei Jahre in Uddiyāna, wo er mit Yoginīs tantrische Feste feierte und viele Dākinī-Lieder hörte. Luipa nahm an einem Fest von Dākinīs auf einem Verbrennungsplatz in Uddiyāna teil und erhielt von ihnen eine Vajravārāhī-Initiation. Mehrere Kompendien des tibetischen Kanons bestehen aus Liedern, die für Yogis gesungen wurden, welche das Glück hatten, an einer Versammlung von Yoginīs teilnehmen zu dürfen. Darunter befindet sich auch eine Reihe von Liedern, die für Kamalashīla auf einem Fest der Yoginī Mahāsukhāsiddhī (»Adeptin der Großen Glückseligkeit«) auf einem

Verbrennungsplatz in Uddiyāna gesungen wurden. In der Eröffnung wird erklärt, daß die Dākinīs mit Kamalashīla zufrieden waren und ihre spontanen Lieder sangen, um seine Weisheit zu feiern.

Die tantrischen Schriften beschreiben gemeinsame Feste auch als Ritual, das von Frauen inszeniert und geleitet wurde. Im *Hevajra-Tantra* kommt die Geschichte eines Mannes vor, der ganz allein an einem Fest von lauter Frauen teilnimmt. Ein großer Teil des Werkes beschreibt genau, wie man Yoginī-Festversammlungen aufspürt und was man tun muß, um zu ihnen zugelassen zu werden. Wenn ein Mann die richtigen geheimen Zeichen kennt, erlauben die Yoginīs ihm gelegentlich die Teilnahme an ihren Versammlungen: »Wenn [die Yoginīs] Kränze in ihren Händen halten, zeigen sie, daß du kommen sollst. Wenn sie die Kränze bewegen, bedeutet das: ›O Halter tantrischer Gelübde, bleibe und nimm an dieser Versammlung teil‹. Am Ort der Versammlung angekommen, sollte er den heiligen Kreis nicht verlassen und alles tun, was die Yoginīs befehlen.«

Das tantrische Fest in seiner klassischen Form war also keineswegs eine Praxis von Männern, zu der Frauen nur gelegentlich der Zutritt gestattet wurde. Auch in der Säkularliteratur der Zeit werden Frauen beschrieben, die sich zu einer Feier versammeln, Rituale ausführen, lehren und sich gegenseitig inspirieren.

Solche nächtlichen Versammlungen von Frauen wurden »Kreis von Yoginīs« (*yoginī-chakra, yogeshvarī- chakra* oder *yoginī-mandala*), »Versammlung von Yoginīs« (*yoginī-gana, yoginī-melaka* oder *yoginī-samvara*), oder »Versammlung von Dākinīs« (*dākinī-samvara*) genannt.

Die Beschreibung von Festversammlungen in säkularen Sanskritwerken gleicht jenen der buddhistisch-tantrischen Werke. Das *Rājataranginī* beschreibt eine Versammlung, die durch den Yogi Ishāna bezeugt ist. Er war in der Nähe eines Verbrennungsplatzes im Wald eingeschlafen, als er um Mitternacht durch einen bezaubernden, überirdischen Duft geweckt wird. Ishāna schleicht sich mit gezogenem Schwert an die Quelle des Duftes an und entdeckte eine Versammlung von Yoginīs. Die Frauen spielen auf Zimbeln, Glocken und Tambourinen und tanzen in einem Kreis von Licht und einer Wolke von Räucherwerk. Sie sind berauscht und spielen mit einem Skelett, als sei es ihr Liebhaber. Dieser Bericht gleicht denen der Tantriker, nur daß die Versammlung sich auflöst, als der Eindringling entdeckt wird. Die tantrischen Texte dagegen berichten im allgemeinen, daß Yogis an den Feiern der Yoginīs teilnehmen durften. Diese Parallele lädt zu tiefergehenden Untersuchungen ein, läßt sie doch vermuten, daß die Versammlung von Frauen in hierarchiefreien Zirkeln eine nichtbuddhistische Praxis gewesen sein könnte, die die tantrischen Buddhisten rituell und ikonographisch nachgebildet und in ihre Literatur integriert haben.

Die Visualisation von Gottheiten und Mandalas

Es ist eines der Hauptanliegen der tantrisch-buddhistischen Praxis, die von Natur aus gegebene Vollkommenheit der Welt zu erkennen. Zu diesem Zweck werden die Welt als göttliche Behausung (*mandala*) und alle Wesen als Gottheiten mit erleuchteter Energie und befreienden Handlungen visualisiert. Die Erlöserin Tārā zum Beispiel, deren smaragdgrüne Körperfarbe die heilsame Kühle der Medizinwälder heraufbeschwört, sitzt mit einem ausgestreckten Fuß so auf einem Lotos, daß sie jederzeit aufspringen und aktiv werden kann. Ihre weibliche Buddha-Form verkörpert die mütterliche Eigenschaft der Befreiung, die den Suchenden vor jeder spirituellen und weltlichen Gefahr beschützt, und ihr gelassenes und doch freundliches Lächeln ist eine Einladung zu spirituellem Wohlergehen (Abb. 9). Die korallenrote Vajrayoginī dagegen tanzt wild in einem Feuerkreis und verkörpert die erleuchtete Weisheit als unzähmbare Klarheit und Freiheit.

Aus den verschiedenen biographischen Berichten, der Geschichte der Abstammungslinien und den Schriften von Frauen selbst wird deutlich, daß Frauen die Visualisation von Gottheiten und Mandalas praktizierten. Diese Visualisationen wurden nur dann aufgezeichnet, wenn eine Frau sie so weit gemeistert hatte, daß sie sie an einen Schüler weitergeben

Abbildung 9: Buddha Tārā. Nepalesischer Blockdruck.

konnte, besonders, wenn dieser Schüler später berühmt wurde. Kumudarā zum Beispiel übermittelte dem Dampakor (dam-pa-skor) die Visualisation des schwarzen Bhairava, eines rasenden tantrischen Buddha. Dinakarā vollendete die Visualisation von Vajrayoginī und Heruka und konnte ihr Bild jederzeit vor ihren Augen erscheinen lassen. Dombīyoginī lehrte Durjayachandra und andere Schüler die Visualisation von Nairātmyā und Heruka. Shrīsukhā lehrte Padmavajra die Visualisation des Guhyasamāja.

Frauen schrieben Anleitungen zur Visualisation von milden und grimmigen Gottheiten, männlichen und weiblichen Gottheiten und der Mandalas der esoterischen Buddha-Paare. Die Laienfrauen Yashodattā und Yashobhadrā verfaßten beispielsweise eine Anleitung zur Visualisation von Mañjushrī, dem Bodhisattva der Weisheit. Vajradākinī schrieb Anweisungen zur Visualisation von Vāgīshvara, einer Form des Mañjushrī. Vajravatī schrieb Handbücher über Pitheshvarī, eine rote, grimmige Form der Tārā, die einem Mandala von Yoginīs am heiligen Ort Uddiyāna vorsitzt. Lakshmīnkarā gab Erläuterungen zur Praxis der Vajrayoginī mit abgetrenntem Kopf, und ihre Schülerinnen Mekhalā und Kanakhalā entwickelten den zu diesem weiblichen Buddha gehörenden inneren Yoga. Manchmal wurden die Anweisungen und Neuerungen von Frauen die Grundlage von Übertragungslinien, die bis auf den heutigen Tag lebendig sind.

Die vollendeten Yoginīs dieser Beispiele stehen stellvertretend für die viel größere Anzahl von Frauen, die ernsthaft den Weg des Tantrayāna praktizierten, ohne daß es darüber Aufzeichnungen gäbe. Denn für jede Frau, die den Gipfel erreichte, gab es viele andere, die sich zwar anstrengten, aber den letzten Erfolg nicht oder nur im Geheimen erreichten.

Nach sorgfältiger Vorbereitung durch die »Erzeugungsstufe« oder »Entwicklungsphase« (*utpattikrama*), die hauptsächlich in der Visualisation von Gottheiten und Mandalas besteht, gehen Praktizierende des Tantra zur »Vollendungsstufe« (*sampannakrama*) über, einem Spektrum innerer Yogas, bei dem die Übenden feinstoffliche Kanäle und Tropfen in ihrem Körper visualisieren, um besondere Zustände glückseligen Gewahrseins zu erzeugen. Die Praktizierenden lassen Energien innerhalb ihres Körpers zirkulieren, um damit den »psychischen Körper« oder Vajra-Körper (*vajradeha*) zu reinigen – einen feinstofflichen, aber nichtsdestoweniger fühlbaren Körper, der Veränderungen in Vitalität, Temperatur sowie eine ganze Reihe feinster Empfindungen registriert, für die die tantrischen Schriften ein ganz spezielles Vokabular entwickelt haben. Dieser Vajra-Körper wird auch »Diamantkörper« genannt, weil die inneren Yogas eine vollständige physische, geistige und emotionale Reinigung bewirken und einen Seinszustand enthüllen, der so makellos und strahlend ist wie ein perfekt geschliffener Diamant. Die inneren Yogas lösen die – durch gewohnheitsmäßige negative und selbstzentrierte Reaktionen auf das Leben entstandenen – Knoten und öffnen die inneren Kanäle für einen unbehinderten Fluß von Energie und Kraft. Diese Reinigung der inneren Kanäle soll den Körper zunehmend verfeinern und entmaterialisieren, indem die grobe Materie allmählich durch Lichtpartikel ersetzt wird, bis er schließlich zum ätherischen, aber dennoch sichtbaren »Regenbogenkörper« wird. Von Bandhe zum Beispiel heißt es, daß sie durch die Vollendung der Übungen innerer Hitze alle Knoten der psychischen Kanäle öffnen konnte und schließlich in der Lage war, sechs Monate in einer einzigen Meditationssitzung zu verbringen, und den Regenbogenkörper erlangte.

Die inneren Yogas können – wenn es die Umstände erfordern – auch ohne menschlichen Partner geübt werden, obwohl die klassische Lehre des Tantrayāna auf einer bestimmten Stufe der Entwicklung und in bestimmten Ritualen die Praxis mit Partner verlangt. In jedem Fall ist jedoch die Kenntnis der inneren Yogas eine notwendige Voraussetzung für die Praxis der sexuellen Yogas, die einen subtilen Austausch von Energie und eine gegenseitige Resonanz zwischen den psychischen Körpern beider Beteiligter beinhaltet. Die inneren Yogas führen zu einer Zunahme der Empfindsamkeit der Partner, und nur so können sie die feinen Unterschiede und Bewegungen im Austausch der Energie überhaupt wahrnehmen. Der Nachweis der Kenntnisse von Frauen auf diesem Gebiet widerlegt daher die verbreitete Behauptung, daß diese nur ungebildete, unwissende Handlangerinnen für die Praxis gewesen seien, sie aber nicht selbst hätten nutzen können.

Den entsprechenden Nachweis der Kenntnisse von Frauen bezüglich der Techniken der inneren Yogas führen zum Teil die existierenden Schriften der Frauen selbst. Wir kennen zum Beispiel Siddharājñīs Anweisungen zu den Vollendungsstufen-Yogas des Amitāyus (Buddha Ewiges Leben) und der Praxis des Herrn-der-auf-einem-Lotos-tanzt, die im nächsten Kapitel näher beschrieben werden. Mehrere Texte des tibetischen Kanons bewahren die knappen, treffenden mündlichen Anleitungen (*upadesha*) der Niguma, und es gibt einen detaillierten analytischen Text von Lakshmī der Großen aus Kashmir (Bhikshunī Lakshmī) über die fünf Stufen (*pañchakrama*) der Vollendungsphase des Guhyasamāja. Ferner gibt es ein Handbuch über den Yoga der Vajrayoginī mit dem abgetrennten Kopf, das von den Schwestern Mekhalā und Kanakhalā stammt. Jalahari, eine Schülerin von Kānha, meisterte den Yoga der inneren Hitze und leitete während ihrer anschließenden Lehrtätigkeit viele Jahre »zahllose« Schüler. Es heißt, sie habe ein Handbuch über die Vollendungsstufe mit dem Titel »Eine Serie von Gemälden« verfaßt, das aber nicht überliefert zu sein scheint. Als sie starb, lieferte sie den endgültigen Beweis für ihre yogischen Errungenschaften, indem sich ihr Körper in Regenbogenlicht auflöste. Vielleicht sollten wir das letzte Wort über die inneren Yogas einer Frau erteilen. Von Vajravatī nämlich, die eine Praxis der rasenden roten Tārā speziell für Frauen entwikkelte, stammt die Behauptung, daß die inneren Yogas das unbestreitbare Hohheitsgebiet der Frauen seien. Sie nennt sie »die Praxis der Yoginīs«.

Verwirklichung und Erleuchtung

Im Anschluß an die komplexen Rituale, Visualisationen und inneren Yogas des tantrischen Buddhismus erscheinen die letzten Stufen der Verwirklichung wie ein frischer Wind, der durch einen leeren Himmel fegt. Im Vergleich zu den komplizierten Visualisationen ist die höchste Verwirklichung – die Fähigkeit, jeden Augenblick in einem Zustand höchster Klarheit, spontan vollständig präsent zu sein – von göttlicher Einfachheit. Viele tantrisch-buddhistische Frauen erlangten Erleuchtung. Ihre Berichte finden sich in tantrischen Liedern, spontanen Lobpreisungen des erleuchteten Gewahrseins in poetischer Form. In einigen dieser Lieder wird die Erfahrung geradeheraus beschrieben, andere machen Gebrauch von vielsagenden Metaphern oder greifen auf rätselhafte oder paradoxe Aussagen zurück.
In der tantrisch-buddhistischen Literatur Indiens bezieht sich der Begriff Mahāmudrā auf den höchsten, den erleuchteten Zustand des Geistes, ein natürliches, vollständiges Gewahrsein jedes Augenblicks, ohne daß Begriffe und Emotionen die Klarheit des nächsten Augenblicks wieder verdunkeln. Niguma, die legendäre Gründerin der Shangpa-Linie, schrieb (oder rezitierte) mehrere kurze Werke über Mahāmudrā. In ih-

rem Essay mit dem Titel »Mahāmudrā als spontane Befreiung« erklärt sie, zwischen Beschreibung und Anleitung hin und her wechselnd, wie man in diesem Zustand wachsamer Entspanntheit verweilt:

> Tue nichts mit dem Geist, was es auch sein mag –
> verweile in einem authentischen, natürlichen Zustand.
> Der eigene Geist, unerschütterlich, ist Wirklichkeit.
> So zu meditieren, ohne zu schwanken, ist der Schlüssel,
> Erfahre die große [Wirklichkeit] jenseits der Extreme.
> ...
> In einem klaren Ozean
> steigen Blasen auf und platzen.
> Ebenso sind die Gedanken
> nicht von der höchsten Wirklichkeit verschieden.
> Also beanstande nichts, bleibe gelassen.
> Was immer erscheinen mag, was auch geschieht,
> greif nicht – laß auf der Stelle los.
> Erscheinungen, Klänge, Objekte sind der eigene Geist;
> es gibt nichts außer dem Geist.
> Der Geist geht über Geburt und Tod hinaus.
> Die Natur des Geistes, reines Gewahrsein,
> nutzt zwar die Objekte der fünf Sinne,
> schweift aber niemals von der Wirklichkeit ab.
> ...
> Im Zustand des kosmischen Gleichgewichts
> ist nichts aufzugeben oder zu üben,
> weder Meditation noch Nach-Meditation.

Niguma beschreibt einen Zustand wacher geistiger Entspanntheit. Obwohl sich der Geist nicht absichtlich mit Gedanken abgibt, ist Mahāmudrā, wie sie betont, kein inhaltsloser Zustand. Die fünf Sinne nehmen weiterhin ihre jeweiligen Objekte wahr, Gedanken quellen weiterhin wie Schaum auf den Wellen auf und lösen sich genauso schnell wieder auf. In diesem Zustand kann man bleiben, solange man nicht versucht, in irgendeiner Weise nach dem Strom der Erfahrung zu greifen. Einen Gedanken oder eine Empfindung »auf der Stelle« loszulassen bedeutet, ihn so zu lassen, wie er ist. Wenn man nicht nach ihm greift, indem man ihn beurteilt, annimmt, fürchtet, abweist oder herbeiwünscht, dauert er nur einen flüchtigen Augenblick. Es ist, als säße man entspannt an einem Flußufer und beobachte, wie ein Fisch aus dem Wasser springt, einen Augenblick im Sonnenlicht glitzert und dann in einem anmutigen Bogen wieder ins Wasser zurücktaucht. Es gibt nicht den geringsten Grund, sich in einem geistigen Dialog über die Verdienste und Fehler des Fisches zu ergehen, emotional auf ihn zu reagieren oder ins Wasser zu springen, um ihn zu fangen. Sobald der Fisch außer Sicht ist, sollte er auch aus dem Geist verschwunden sein. Daher die Anweisung: »Tue nichts mit dem Geist, was es auch sein mag.«

Niguma empfiehlt, die Aufmerksamkeit von den momentanen Erzeugnissen des Geistes abzuziehen und sie lieber auf den Geist selbst zu richten und auf diese Weise einen Aussichtspunkt zu gewinnen, von dem aus man die Parade der vorüberziehenden Empfindungen beobachten kann. In diesem Zustand gibt es keinen Unterschied zwischen der formellen Meditationssitzung und dem täglichen Leben mehr, da die erhöhte Klarheit, die Ziel der Meditation ist, ein integraler Bestandteil des Alltagsbewußtseins geworden ist.

Die »Lieder der Verwirklichung« der Yoginīs sind der poetische Ausdruck der Erleuchtung. Viele dieser Lieder wurden bei den tantrischen Festen der Frauen gesungen, bei denen nur gelegentlich der eine oder andere Mann anwesend war. Eine der Sammlungen solcher Lieder geht auf ein Fest auf der Shītavana-Verbrennungsstätte in Bihar zurück, die berühmt war für ihre tantrischen Versammlungen. Gastgeberin war, laut Kolophon, die Yoginī »Glückselige Leichenesserin«. Das Fest wurde von fünfunddreißig spirituell fortgeschrittenen Frauen (*dhātvīshvarī*, d.h. »Königinnen des Raumes«, ein Ausdruck für Frauen, die die höchste Wirklichkeit erkannt haben) besucht. Nach Darbringung der äußeren Opfergaben an die Gottheit schenkte »Glückselige Leichenesserin« sakramentalen Wein aus Trauben an die Teilnehmerinnen aus und bat jede Frau, ein Lied der Verwirklichung mit ihren persönlichen Einsichten in die höchste Wirklichkeit zu singen. Man kann sich diese Szene im Zwielicht des Sonnenuntergangs vorstellen: Die sanften Hügel Bihars zeichnen sich deutlich gegen den rosigen und violetten, von einer Mondsichel geschmückten Himmel ab, und die Frauen genießen, wie berauscht von spiritueller Ekstase, die spontanen Gesänge tiefer spiritueller Einsicht.

Eine ähnliche Szene fand vermutlich während eines Festes von Dākinīs auf dem Attahāsa-Verbrennungsplatz statt, bei dem die Lieder der Verwirklichung von weiteren einundzwanzig hoch verwirklichten Frauen entstanden, die bis heute in einer weiteren Anthologie des tibetischen Kanons erhalten sind. Diese Lieder verwenden metaphorische und paradoxe Dākinī-Symbole (*dākinī-nimitta*). In ihrer lebhaften Frische und Kürze geben uns diese Lieder einen Geschmack von den Einsichten und Erkenntnissen dieser Frauen. Auf einem der Feste brachte eine Dākinī namens Kambalā Jahrhunderte der metaphysischen Suche mit ihrem Gesang auf den Punkt:

> KHYE HO! Wunderbar!
> Lotospollen erwacht inmitten des Herzens –
> die schimmernde Blume ist frei vom Schlamm.
> Woher kommen Farbe und Duft?
> Warum nach ihnen greifen oder sie zurückweisen?

Ihr Lied drückt eine philosophische Doktrin des Mahāyāna poetisch und zugleich intellektuell genau aus. Es bezieht sich auf das Konzept des *Tathāgatagarbha,* die Lehre, nach der jedem Wesen der reine Samen der Buddhaschaft innewohnt, wobei das spirituelle Herz als Ort der Verwirklichung der

Buddhaschaft mit einem Lotos verglichen wird und die Buddhaschaft mit dem Pollen in seiner Mitte. In der tantrischen Sichtweise besitzen alle Sinneserfahrungen und Gefühle im ersten Augenblick ihres Erscheinens eine glückselige und unverfälschte Klarheit, die aber schnell durch Urteile und Bewertungen überschattet und verdunkelt wird. Wie die Blüte einer Lotosblume unbefleckt bleibt von dem Schlamm, der ihre Wurzeln nährt, ist auch die Klarheit der Buddhaschaft immer vorhanden und bleibt unbefleckt durch Gedanken und Gefühle. Gedanken und Emotionen sind die Farben und der Duft des Geistes; es gibt keinen Grund, nach ihnen zu greifen oder sie zurückzuweisen – ihre rätselhafte, momentane Existenz soll einfach wahrgenommen werden. Es gibt keinen Grund, das Aufsteigen der Gedanken zu verhindern oder sie mit einer formellen meditativen Disziplin zu kontrollieren. Wer bis zur Mahāmudrā-Ebene der Praxis fortgeschritten ist, hat viele meditative Disziplinen gemeistert, und für ihn oder sie ist jetzt die Zeit gekommen, die wahre Natur des Geistes direkt und unmittelbar zu erfahren.

Viele der Lieder der Erleuchtung besingen die trügerische Natur der Welt der Erfahrungen. So enthüllt das Gedicht einer Frau namens »Glückseliger Diamant«, daß die Welt keineswegs so existiert, wie wir sie erfahren:

KHYE HO! Wunderbar!
Was du auch siehst oder hörst,
denkst oder fühlst – all die unendlichen Dinge
sind nichts als Spiegelungen
in der klaren Weisheit des Geistes –
leer, existieren sie überhaupt nicht!

»Glückseliger Diamant« vergleicht die Welt der Erfahrung mit den Reflexionen in einem Spiegel. Obwohl unzählige Gegenstände und Menschen auf seiner Oberfläche erscheinen, existieren sie nicht im Spiegel. So wird die Welt der alltäglichen

Erfahrungen mit der in einem Spiegel erscheinenden Welt verglichen, die sich im Theater des Geistes entfaltet; Besetzung, Requisiten und Handlung werden von den Sinnesorganen bestimmt, von Temperament, Sprache und kultureller Herkunft. Der erleuchtete Geist wird zum klaren Spiegel der Weisheit. Er spiegelt genau, was vor ihm erscheint. Seine unvoreingenommene Klarheit löst die Dualität zwischen dem »Geist hier drinnen« und davon getrennten, konkreten »Dingen da draußen« auf.
Wenn sich Gegenstände nicht in einer definitiv äußerlichen Welt befinden, wo entstehen dann die fesselnden Illusionen? Ein Lied der Frau »Drei Blätter« spricht diese Frage an:

Wer spricht den Klang eines Echos?
Wer malt das Bild in einen Spiegel?
Wo befindet sich das Spektakel eines Traums?
Nirgends –
Das ist die Natur des Geistes!

Ursprung und Ort der phänomenalen Welt können also nicht festgelegt werden. Selbst der Geist ist nicht Schöpfer oder Ort der Erfahrung, er ist genausowenig unabhängiger Erzeuger der Erfahrung wie die äußere Welt. Der Klang eines Echos oder die Bilder in einem Spiegel sind das Ergebnis eines komplexen Zusammenspiels von Ursachen; und erleuchtete Einsicht führt zum Gewahrsein dieses zarten, subtilen Gewebes wechselseitiger Bedingung und Durchdringung.
Wer die illusorische Natur jeglicher Wahrnehmung erkennt, löst sich vom Anhaften – so wie man sich beim Erwachen nicht länger von den Inhalten des Traums gebunden fühlt. Kein Mensch schließt eine Versicherung ab für die Juwelen, die er im Traum gewonnen hat, läuft nach Wasser, um ein Feuer zu löschen, das nur im Traume brennt, oder harkt die Blätter, die im Traum gefallen sind. Wer erkennt, daß die Objekte des Wachbewußtseins ebenfalls keine endgültige Wirk-

lichkeit besitzen und nur Erzeugnisse individueller und kollektiver Phantasie sind, wird weniger von ihnen gefesselt und beginnt – jenseits des Dualismus von Greifen und Zurückweisen –, ihre innewohnende Vollkommenheit zu schätzen. Daher singt »Frau mit siegreichem Geist«:

KHYE HO! Wunderbar!
Leerheit und die Kunstfertigkeit des Gewahrseins –
das Ungeborene gebiert die tausend Wunder.
Greife nicht nach dem, was frei ist aus sich selbst,
und weise es auch nicht zurück –
Ich kann keinen Grund finden, daran herumzupfuschen!

Eine weitere Frau beschreibt mit dem Bild der Wolken am Himmel, wie Gedanken aufsteigen, ohne die grundlegende Klarheit des Geistes zu beeinträchtigen:

KHYE HO! Wunderbar!
Magische Bilder entstehen am Himmel.
Durch die Dynamik des Himmels selbst
bilden sie sich spontan als seine Verwandlung –
daran gibt es nichts auszusetzen!

Gedanken steigen ebenso natürlich auf, wie Wolken sich am Himmel zusammenballen. Der Himmel ist Sinnbild für offenen Raum, in dem Dinge sich entfalten können, ein aktiver Verursacher hingegen ist er nicht. Daher ist alles, was am Himmel erscheint – seien es Wolken, Regenbogen oder die magischen Erscheinungen, die die Lebensgeschichten tantrischer Adepten füllen – ohne Wurzel und hat keine letzte Ursache oder Basis. Wolken und Regenbogen wie auch Gedanken gehen aus etwas hervor und lösen sich in etwas auf, das in und aus sich selbst nicht wirklich existiert. Es gibt keinen Grund, nach Dingen zu greifen oder sie zu fürchten, die auf eine derart flüchtige, spontane, substanzlose Weise existieren.

Das Gedicht einer Dākinī mit Namen »Flügel des Atems« drückt aus, wie alle Dinge auf mysteriöse, unvorstellbare Weise aufsteigen und sich wieder auflösen.

KHYE HO! Wunderbar!
Alle Dinge sind bodenlos, wie ein Traum.
Abhängig scheinen sie zu entstehen wie ein Bild im Spiegel.
Spontan steigen sie auf und verschwinden wieder wie Blasen,
weit und unverwurzelt wie der Himmel!

Das Gedicht entspricht den klassischen Auffassungen der Mādhyamaka-Philosophen Nāgārjuna und Candrakīrti, die die logische Unmöglichkeit sowohl der Existenz als auch der Nichtexistenz sowie eines Verursachers nachgewiesen haben. Die Dākinī pflichtet den Philosophen bei, indem sie auf einen Seinszustand deutet, der letztlich begrifflich nicht faßbar und unausdenkbar ist und sich jenseits der logischen Extreme von Existenz und Nichtexistenz befindet. Dieser Analyse schließt sich auch das Lied der Dākinī »Löwengesicht« an:

KHYE HO! Wunderbar!
Du magst von »Existenz« sprechen,
doch nichts kannst du greifen!
Du magst von »Nichtexistenz« sprechen,
doch viele Dinge erscheinen!
Die Wahrheit ist jenseits des
Himmels von »Existenz« und »Nicht-Existenz« –
Ich kenne sie, kann sie jedoch nicht zeigen!

Viele der Lieder von Frauen enthalten Anweisungen für die Praxis der Mahāmudrā und geben der paradoxen Natur der ihrem Wesen nach »anstrengungslosen Anstrengung« Ausdruck. So sagte eine Frau zum Beispiel: »Das Wesen des Pfades ist, daß du ihn nicht beschreiten kannst.« Die höchste Form der Meditation besteht also darin, keine Anstrengung zu machen und der Erfahrung nichts aufzuzwingen. Ein Lied der »Frau, die Leichen erweckt« betont, daß dieser Zustand zwar in einsgerichteter Aufmerksamkeit bestehe, aber nicht Meditation im üblichen Sinne sei:

Laß dich nicht ablenken,
doch meditiere auch nicht;
so zu üben heißt geschickt zu sein.
Wenn unzählige Erfahrungen
keine Spur hinterlassen, wie großartig!
So üben heißt befreit sein!

Sie sagt »meditiere nicht«, weil es hier um einen Zustand jenseits von Meditation geht, einen »Pfad der Nichtmeditation«. Er erfordert eine entspannte Offenheit gegenüber allem, was im Feld des Bewußtseins erscheint. Dann wird das Werkzeug der formellen Meditation nicht mehr benötigt, weil das tägliche Leben die Bühne für kontinuierliche spirituelle Erkenntnis geworden ist. Nun »ist alles – alles! – der Pfad der Befreiung«.

Auf dieser Ebene der Befreiung wird die Wirklichkeit als aus sich heraus vollkommen und erfüllend erkannt. Die Erfahrung dieser Vollkommenheit ist spontan und erfordert keine Anstrengung mehr:

KHYE HO! Wunderbar!
Großes, waches Gewahrsein ist der höchste Pfad.
Nicht nötig, ihn zu gehen – er ist der Grund der Soheit;
nicht nötig, ihn zu praktizieren – er ist mühelos vollendet.
AHA! Wer diesen Yoga übt, ist wahrhaft vom Glück begünstigt!

Die buddhistische Philosophie lehrt, daß alles leer oder frei von letzter Wirklichkeit ist. Dies gilt sowohl für die Außenwelt als auch für das die Außenwelt erfahrende vermeintliche

Selbst. Im Stadium der Mahāmudrā wird dieses bis dahin philosophische Prinzip durch eigene Erfahrung verifiziert. Die Erkenntnis der Leerheit von »Selbst« und »anderen« öffnet der Erfahrung einen grenzenlosen Raum, entläßt sie in einen Tanz von Energie, eine sprühende, leuchtende Entfaltung von Licht und Farben, Klang und Gewahrsein, die im Augenblick der gleichzeitigen Auflösung der bisherigen Konzepte plötzlich aufscheinen wie die Illusion eines Magiers:

KHYE HO! Wunderbar!
Erkenne das magische Schauspiel der Erscheinungen
als Spiegelung deiner eigenen Gedanken.
Wisse, daß dein Geist von Natur aus leer ist –
kein Grund, woanders nach der
Glückseligkeit der Wirklichkeit zu suchen!

Dieses Lied einer Frau gibt dem Geist den Vorrang bei der Formung der Erfahrung. Damit entspricht es einer zentralen Einsicht der Yogāchāra-Philosophie, nämlich daß die Qualität des Gewahrseins die Qualität der Erfahrung bestimmt. Im erhöhten Gewahrsein der Mahāmudrā erlangen Sinneserfahrungen eine durchscheinende, juwelengleiche Eigenschaft. Für eine erwachte Frau ist das Spiel der Sinne Schmuck ihres reinen Gewahrseins. Erfahrungen sind nicht länger die Ursache von Leid, sondern ein blendendes, magisches Schauspiel, eine Quelle der Glückseligkeit:

KHYE HO! Wunderbar!
Was auch erscheint ist Mahāmudrā,
geschmückt mit den Objekten der fünf Sinne.
Du kannst in deinen natürlichen Zustand
nicht ein und ausgehen –
Lauf auf der Ebene großer Glückseligkeit«

Manche Frauen betonen die Natürlichkeit des Mahāmudrā-Zustands und die Notwendigkeit, gelassen und entspannt zu bleiben, um die spontane Klarheit nicht zu stören, während andere die Befreiung aus dem Gefängnis des Ego feiern:

Wenn du siehst, was man nicht sehen kann,
wird dein Geist aus sich heraus frei – Wirklichkeit!
Laß den Hengst, den Wind, hinter dir zurück –
und sein Reiter, der Geist, wird in den Himmel schweben!

Diese schwebende Qualität entzieht sich jedem Versuch einer begrifflichen Formulierung. Eine andere Frau drückt sich so aus: »Ein Vogel, der im Himmel fliegt, berührt nichts.« Wieder andere schwelgen in der unaussprechlichen Glückseligkeit dieser Erfahrung:

KHYE HO! Wunderbar!
Wenn eine die Wirklichkeit erfährt,
kann das ganze All ihre Seligkeit nicht fassen.
Kannst du das ausdrücken? Dann sprich!
Ich habe das ganz und gar Unsichtbare gesehen!

Manche Frauen staunen nur über die Unbeschreiblichkeit der Erleuchtung:

KHYE HO! Wunderbar!
Diesen spontanen Strom großer ekstatischer Weisheit
kann man ohne Verwirklichung nicht beschreiben.
Und nach der Verwirklichung, warum noch sprechen?
Schmecke ihn, und es verschlägt dir die Sprache!

Da das Erwachen unbeschreibbar ist, muß die Mystikerin auf Metaphern zurückgreifen. Das folgende Lied suggeriert einen panoramischen Aussichtspunkt, der alle Erfahrungen und Ansichten beinhaltet und übersteigt:

HUM! Wer den Gipfel des Berges Meru erreicht,
sieht die niedrigeren Gipfel in jeder Richtung.
Wer ein Vollblut zähmt,
Kann zu jeder Grenze galoppieren.
Eine Biene sammelt die Essenzen vieler Blumen
und mischt sie zu einem Geschmack. ...
Eine Sicht, die den gesamten Raum umfaßt,
zerstört das Verlangen nach Teilansichten.

Niguma vertrat die Ansicht, daß die Glückseligkeit der Mahāmudrā ihrem Wesen nach altruistisch sei und auf natürliche Weise zu befreienden Handlungen voller Mitgefühl führe:

Wenn man Verwirklichung erlangt,
ist alles spontan vollendet.
Man erfüllt die Hoffnungen und Wünsche aller Lebewesen,
gleich einem wunscherfüllenden Juwel.

Wie im klassischen Mahāyāna ist die mitfühlende Handlung mit der Erkenntnis der inhärenten Leerheit des Lehrers, des Schülers und der Lehren selbst verbunden. Yoginī Ekavajra singt dieser Erkenntnis ein Lied:

Schreibe im Buch der himmelsgleichen Leerheit
Buchstaben der Weisheit und reinen Gewahrseins.
Gewähre Anleitung in vielerlei Methoden –
verkünde die Lehren in einem nie endenden Strom!

Wenn die illusorische Natur aller Phänomene erkannt ist, haben selbst mitfühlende Handlungen den Charakter einer magischen Schau. Ein erleuchteter Mensch nutzt die magisch-illusorische Qualität der Existenz und wird zu einem Zaubermeister, der alle Wesen befreit:

Im unwandelbar demantenen Himmel,
blitzen wunderbare Bilder auf.
Sie nutzen der Vielzahl fühlender Wesen
und lösen sich dann im Himmel spontaner Freiheit auf!

Die Erkenntnis der trügerischen Natur selbst der befreienden Handlungen ist durchaus keine speziell tantrische Einsicht. Der erleuchtete Meister als Magier hat eine lange Tradition im Mahāyāna. Im *Vimalakīrtinirdesha-Sūtra* ruft der Laie Vimalakīrti magische Erscheinungen und Illusionen hervor, um seine Zuhörer zuerst zu blenden und in die Irre zu führen und sodann ihre Weisheit zu vertiefen. Wenn es für die Befreiung der Wesen notwendig ist, kann ein fortgeschrittener Bodhisattva buchstäblich mit der Wirklichkeit spielen, Täuschungen hervorrufen, Universen (»Buddha-Länder«) erschaffen und Körper manifestieren so zahlreich wie die Atome des Universums.

Mahāmudrā scheint ein glückseliger Zustand natürlicher Klarheit zu sein, aber sie öffnet auch die Tür zu einer Dimension magischer Wandelbarkeit. Wird die Erfahrung von ihren alles festlegenden Konzepten befreit, brechen wilde, spielerische, unvorhersehbare Eigenschaften hervor. Wegen der Befreiung des Gewahrseins von den Fesseln der Konvention wird auf der Ebene der Mahāmudrā alles möglich. Viele Lieder der Frauen feiern den Eintritt in diesen Bereich äußerster Freiheit und unbegrenzter Möglichkeiten mit verblüffenden, paradoxen Bildern. Mit scheinbar unsinnigen Fragen und Erklärungen wird auf einen Bereich der Erfahrung verwiesen, in dem die normalen Gesetze der Logik und der Natur ihre Herrschaft verloren haben:

HUM! Was denkst du,
wenn du vor Überraschung aufschreist?
Was kann dich ablenken,
wenn du verblüfft etwas anstarrst?

Wie kann man den Himmel polieren?
Was eine Butterlampe wohl denkt?
Man kann die Spur einer Blase im Wasser nicht finden.
Beim Erwachen vergehen die Gedanken des Traums.
...
Wen liebt die Mutter, deren Kind gestorben ist?
Nach welchem der sechs Aromen schmeckt das Wasser?
Was sind die Worte einer stummen Frau?

Diese direkten Fragen, die vom Verstand nicht zu beantworten sind, sind eine Attacke auf die Ratio des Hörers. Solche Gedichte sind schwer auszulegen, und schon der Versuch ginge an ihrem Anliegen vorbei, sind die Bilder doch absichtlich so angelegt, daß sie vom Standpunkt der normalen Logik aus unfaßbar und unbeantwortbar sind. Diese Lieder rufen einen Augenblick verblüffter Überraschung und Desorientierung hervor, der einen Vorgeschmack nichtdualer, nichtbegrifflicher Klarheit gibt.
Die Gedichte stehen in der alten Tradition mystischer Dichtkunst Indiens, die bewußt rätselhafte Bilder, Absurditäten und überraschende Umkehrungen benutzt, um den Zustand der Erleuchtung zu wecken. Die paradoxe Bilderwelt dieses Genres wird auch im folgenden Lied Lakṣmīnkarās sichtbar:

Leg deinen Kopf auf einen Block aus Butter und schlag zu –
zerbrich die Klinge der Axt!
Der Holzfäller lacht!
Ein Frosch verschluckt einen Elefanten!

Es ist verblüffend, Mekhalā,
zweifle nicht.
Wenn es dich verwirrt, Adeptin,
laß jetzt die Begriffe fallen!

Mein Lehrer hat mir nichts gesagt,
ich habe nichts verstanden –
Blumen blühten am Himmel!

Es ist wunderbar, Mekhalā,
zweifle nicht!
Wenn du ungläubig bist, Adeptin,
laß deine Zweifel fallen!

Eine unfruchtbare Frau gebiert!
Ein Stuhl tanzt!
Weil Baumwolle teuer ist,
weinen die Nackten!
...
Verblüffend! Ein Elefant sitzt auf einem Thron,
den zwei Bienen tragen!
Unglaublich! Die Blinden führen,
die Stummen sprechen!
...
Verblüffend! Eine Maus jagt die Katze!
Der Elefant flieht vor einem verrückten Esel!
Es ist wunderbar, Mekhalā,
zweifle nicht!
Wenn du verblüfft bist, Adeptin,
Laß deine Zweifel fallen!

Verblüffend! Ein hungriger Affe frißt Felsen!
Wunderbar! Die Erfahrungen des Geistes –
wer könnte ihnen Ausdruck geben?

Laksmīnkarā singt für ihre Schülerin Mekhalā, die das Lied aufzeichnete, und eine weitere Schülerin, eine Adeptin des inneren Yoga. Mit ihrem Lied hilft die erleuchtete Dichterin ihren Schülerinnen, das begriffliche Denken abzuschneiden und es in einen nichtdualen Zustand des Gewahrseins zu verwandeln. Durch die verrückten Bilder und unmöglichen Szenen dramatisiert Laksmīnkarā die Unfähigkeit der Logik, diesem Bereich der Erfahrung gerecht werden zu können. Philosophen und Meditierende scheinen, nachdem sie in den Bereich der Mahāmudrā eingetreten sind, als Magier, Komödianten und vor allem Dichter der Erleuchtung aus ihm hervorzugehen.

Frauen als Gurus

Frauen haben also alle Ebenen tantrisch-buddhistischer Praxis und Erkenntnis gemeistert, und folglich nahmen sie auch die Rolle erleuchteter Lehrerinnen und Gurus an. Im nicht restriktiven Umfeld des Vajrayāna gab es keine institutionellen Schranken für die Führung durch Frauen; keine Hierarchie von Klerikern versuchte sie – in Verteidigung ihrer Ränge und Pfründe – fernzuhalten. Religiöse Autorität basierte auf persönlicher Verwirklichung und der angemessenen Entfaltung übernatürlicher Kräfte und religiöser Einsicht. Diese Art der Qualifikation stellte für Frauen keinerlei Benachteiligung dar. Während der gesamten Dauer der Bewegung in Indien übernahmen Frauen Autorität und religiöse Leitung auf der gleichen Basis wie die Männer – gegründet auf Weisheit, magische Kräfte und religiöse Erfahrung.

Viele weibliche Gurus treten in der tantrischen Literatur als Wanderlehrerinnen auf. Sie betreten die Szene, um eine passende Lehre zu erteilen, und nehmen danach ihre Wanderschaft wieder auf. Andere lassen sich an einem Ort nieder, wo sich Schülerinnen und Schüler um sie versammeln können. Viele der in den vorhergehenden Abschnitten vorgestellten Frauen besaßen Guru-Qualitäten, und viele übernahmen tatsächlich diese Rolle. Obwohl wir nur in wenigen Fällen Informationen über ihre tatsächlichen Unterweisungen besitzen (was übrigens auch für die meisten männlichen Gurus zutrifft), bescheinigt allein schon ihre Nennung in der Literatur den Ruhm ihrer Lehrtätigkeit.

Frauen entwickelten einzigartige Lehrmethoden, die ihrem Temperament entsprachen, ihre besonderen Einsichten ausdrückten und den Bedürfnissen ihrer Schüler entgegenkamen. So behandelte zum Beispiel Kumudarā ihren Schüler mit der Zärtlichkeit einer Mutter:

> Kleiner Sohn mit deiner Furcht vor Leben und Tod,
> du hast so schwer für die Wahrheit gekämpft.
> Wie wunderbar!
> Darum will ich dich nun
> das diamantene Fahrzeug des Tantra lehren,
> das ohne Fehl ist und nicht weltlich.
> Meditiere darüber, mein Kind!

Dann nahm sie das Vorrecht des Guru in Anspruch, die Schulung ganz auf den Schüler abzustimmen, und erteilte ihrem spirituellen Sohn dadurch die Initiation, daß sie ihm den Fuß auf den Kopf stellte.

Ein drastisches Beispiel für einen selbstbestimmten, weiblichen Guru liefert eine Yoginī aus dem Dorfe Yambu (vermutlich Kathmandu) in Nepal, dem nördlichen Vorposten des tantrischen Buddhismus. Sie machte nie viele Worte, aber das war auch nicht nötig. Sie gab lieber Einweihungen als Unterweisungen, und ihre höchst unorthodoxen Initiationen versetzten jeden Empfänger in einen Zustand tiefster Glückseligkeit und Weisheit. Einmal brachte ihr Schüler Waruchen seinen Freund Dampakor mit in den kleinen Tempel, in dem sie von Almosen und Abfällen lebte, wie es sich gerade fand. Ihr Lebensstil und ihr Verhalten bewiesen, daß sie die weltlichen Konventionen überschritten hatte. Als die beiden Yogis ankamen, saß sie nackt auf der Statue eines liegenden Buddha. Sie saß so, daß Brüste und Geschlecht völlig entblößt waren und lächelte triumphierend, frei von Verlegenheit oder

Scham. Dampakor war von ihrem Verhalten offensichtlich beeindruckt, denn er bat sie um religiöse Unterweisungen. Waruchen erklärte ihm, daß sie lieber Einweihungen gab, und erzählte, wie sie bei einer Einweihung einmal eine Handvoll Schmutz auf ihn geworfen hatte. Von ihrer offensichtlichen Freiheit angezogen, hatte er sie darum gebeten, ihn als Schüler anzunehmen. Die Yoginī befahl ihm, all seinen Besitz wegzugeben und dann zurückzukommen. Er gab also alles weg, was er besaß, und kehrte zu ihr zurück. Sie gab ihm eine weitere Initiation, indem sie auf ihre Handfläche spuckte und dann die Hand auf seinen Kopf legte, was ihn in einen Zustand tiefer Konzentration versetzte. Waruchen pries die Wirksamkeit ihrer Methode: »Jetzt brauche ich keine Unterweisungen mehr – durch diese Methoden hat sie mich befreit!« Ihre unorthodoxe Initiation, verstärkt durch ihre verblüffende Erscheinung und ihr beinahe ketzerisches Verhalten, weckte spontan die meditativen Erfahrungen in ihm, nach denen er so lange gestrebt hatte.

Wenn der Schüler die grundlegenden Lehren der Meditation verwirklicht hat, findet eine sehr fortgeschrittene Form der Einweihung statt, die direkte Enthüllung der Natur des Geistes. Diese Initiation folgt keinem festgelegten Ablauf, sie wird für jeden Schüler je nach der Gelegenheit neu geschaffen. Der Lehrer enthüllt die Natur des Geistes spontan und direkt, durch Worte, Gesten, Symbole oder Lieder der Verwirklichung. Diese Enthüllung gilt als direkte Übertragung von Geist-zu-Geist, weil die Lehrerin den Sinn der Worte verkörpert und sie so für den Schüler zu einer lebendigen Wirklichkeit werden läßt.

Zahlreiche Frauen haben diese höchste Einweihung gegeben. So war es zum Beispiel eine Yoginī, die Saraha die Natur seines Geistes enthüllte. Padmalochanā und Jñānalochanā ließen Maitrīpa die Natur seines Geistes schauen. Dampa Sanggye (11. Jh.) wurde von Gangābhadrī eingeführt. Weitere seiner Lehrerinnen waren Kumudā, Laksmī, Padmapādā, Chintā, Sukhākarā, Sukhāsiddhī, Shabarī, Vimalā und Vrikshaparnī. Es versteht sich von selbst, daß diese Frauen die Natur ihres eigenen Geistes vollständig erkannt haben mußten, um ihm helfen zu können, die Natur seines Geistes zu begreifen.

Frauen befaßten sich mit sämtlichen Bereichen des tantrischen Buddhismus, ob es sich nun um magische Techniken und Anrufungen, Rituale, Visualisation von Gottheiten und Mandalas, fortgeschrittene Techniken des inneren Yoga oder um die höheren Gebiete der Kontemplation und philosophischen Reflexion handelte, und erlangten Meisterschaft. Es ist nur natürlich, daß ihre Erfahrung auch in ihrer Lehrtätigkeit und Autorität als Gurus Ausdruck fand. Für die tantrische Literatur sind diese Frauen in keiner Weise ungewöhnlich oder Ausnahmeerscheinungen. Weder gibt es Hinweise auf Einschränkungen der Aktivitäten von Frauen als Gurus noch Behauptungen, daß Frauen nicht lehren oder Initiationen geben sollten – derartige Aktivitäten gelten als selbstverständlich. Solange die Texte nicht ausdrücklich darauf hinweisen, daß eine bestimmte Praxis oder Erkenntnis für Frauen ungewöhnlich oder bemerkenswert sei, gibt es für den Historiker keinen Grund, etwas Derartiges zu behaupten. Obiger Überblick über die Praxis bestimmter Frauen im tantrischen Buddhismus kann daher als Anhaltspunkt für die Deutung der Aktivitäten der anderen Frauen dienen, deren religiöse Praxis in der Literatur nicht speziell aufgeführt wird.
Da die Frauen im tantrischen Buddhismus auf jeder Ebene aktiv beteiligt waren, kann man nicht behaupten, sie hätten nur als Handlangerinnen für das Ritual gedient und ansonsten im Schatten der Männer gestanden. Sie waren nicht als unbeteiligte Partei zufällig in der Nähe, wenn ein Ritual stattfand, und wurden dann irgendwie zur Teilnahme verführt. Diese Studie zeichnet nicht das sonst übliche Bild des tantrischen Buddhismus als einer Bewegung männlicher Asketen und Weiser, die Frauen tunlichst mieden und ausschlossen, es sei

denn, sie mißbrauchten dumme, schutzlose Frauen zum Zweck der sexuellen Ausbeutung. In den untersuchten Texten weist nichts darauf hin, daß Frauen rituelles Zubehör, »Schlampen«, »Mittel«, »fremde Objekte« oder »rituelle Handlangerinnen« für Männer waren. Im Gegenteil, Tantrikerinnen waren den Tantrikern religiös gleichgestellt, übten dieselben Praktiken, entwickelten dieselben übernatürlichen Fähigkeiten und Erkenntnisse einschließlich der höchsten Errungenschaft – der Erleuchtung selbst.

Es scheint, daß sich der tantrische Buddhismus, zusammen mit den zur gleichen Zeit auftretenden Bewegungen des Bhakti- und Hindu-Tantra, rühmen kann, Frauen weder die Teilnahme noch den spirituellen Fortschritt jemals versperrt zu haben. Diese Bewegungen boten eine lebendige Alternative zu den etablierten klerikalen, monastischen und asketischen Traditionen. Unter ihren Mitgliedern finden sich Frauen aller Kasten und sogar solche ohne Kastenzugehörigkeit, Handwerkerinnen und Frauen der Stammesbevölkerung abgelegener Gebiete, sogar in führender Position. Diese sozial umfassenden Bewegungen wurden im Gegenzug durch den Zufluß neuer religiöser Einsichten, Symbole und Praktiken belebt. Zuvor ausgeschlossene Personen waren nicht einfach nur »zugelassen«, sondern gaben viele schöpferische Anstöße zu neuen, aufregenden Entwicklungen. Da Frauen an jedem Aspekt der tantrisch-buddhistischen Praxis beteiligt waren, die angestrebten magischen Fähigkeiten und meditativen Errungenschaften verwirklichten und häufig die religiöse Leitung übernahmen, liegt der Schluß nahe, daß sie die entstehende tantrische Bewegung mit formten. Darum geht es im folgenden Kapitel.

5.
Frauen als Gründerinnen und Pioniere im Tantra

Der tantrische Buddhismus kennt zahlreiche Methoden zur Schulung des Geistes und Läuterung des Herzens: die Kontemplation und Verehrung von Gottheiten, farbige, dramatische Rituale, heilige Kunst und subtile Yoga-Praktiken, mit denen sich weltliche Leidenschaften in erhabene Glückseligkeit und erleuchtetes Gewahrsein verwandeln lassen. Diese Methoden entstanden, als in Indien während der Pala-Periode (8.–12. Jh.) viele neue Gottheiten, Praktiken und Lehren von hoch verwirklichten tantrischen Meistern eingeführt wurden. Diese neuen Lehren galten nicht als Produkte der Kreativität von Einzelpersonen, sondern als Offenbarung der Wahrheit aus einer anderen Dimension der Wirklichkeit, zu der man durch meditative Trance, Traumreisen und visionäre Kontakte Zugang erhält.

Die Einführung innovativer Praktiken war nichts Besonderes, denn im Mahāyāna ging man seit langem von einer Dimension meditativer Versenkung aus, in der man Buddhas begegnen und neue Lehren empfangen konnte. Eine Schrift des frühen Mahāyāna beschreibt Personen, die diese Ebene des meditativen Gewahrseins erreichen, folgendermaßen:

> Sie sind rein im Geist und sehen die Buddhas, wie sie den wahren Dharma darlegen. ... Für sie wird kein anderes Objekt wahrnehmbar als die Buddhas und der höchste Dharma. Für die so

Begabten ist außer den Lehren der zahlreichen Buddhas nichts sichtbar und hörbar.

Die buddhistische Wahrheit (*dharma*) ist nach Ansicht der Mahāyāna für Personen, deren visionäre Fähigkeiten hinreichend entwickelt sind, also stets zugänglich. Eine andere Mahāyāna-Schrift zum Beispiel verspricht: »[Es wurden buddhistische Lehren] in den Bergen, am Fuß der Berge und in Bäumen verborgen. ... Denjenigen, deren Geist vollkommen ist, wird, selbst wenn kein Buddha anwesend ist, der Dharma am Himmel, auf Wänden und in Bäumen erscheinen.« Derartige visionäre Offenbarungen, die von Meistern an ihre Schüler weitergegeben wurden, bildeten die Grundlage religiöser Abstammungslinien, die von Indien ausgehend schließlich auch Nepal und Tibet erreichten, wo sie bis heute im Kern des Himalaja-Buddhismus lebendig sind.
Die soziale Randstellung und lockere Organisationsstruktur der tantrischen Bewegung im mittelalterlichen Indien erlaubte es den Frauen, sich ungehindert an diesem Entdeckungsprozeß zu beteiligen. Da ihre Teilnahme an diesem Prozeß nicht eingeschränkt war, hatten Frauen wie Männer Zugang zu visionären Erfahrungen und damit religiöser Autorität. Die Frauen übten aufgrund der religiösen Erfahrung, die sie durch Meditation und die Praxis subtiler Yogas gemacht hatten, religiöse Autorität aus und nicht aufgrund einer Ordination oder eines klerikalen Amtes. Da sie an allen Aktivitäten Teil hatten, trugen Frauen ihren Teil zur Entstehung des tantrischen Buddhismus bei, indem sie Lehren, Rituale, Meditationen und yogische Übungen initiierten und übermittelten, die die Praxis des Buddhismus in Nepal und Tibet bis zum heutigen Tage prägen.
Viele Beiträge der Frauen fügten sich so nahtlos in das Gewebe des tantrischen Buddhismus ein, daß es nicht mehr möglich ist, jede einzelne der Praktiken oder Lehren mit einer bestimmten Frau in Verbindung zu bringen. Diese Tatsache

ermöglichte es den Historikern, fälschlicherweise zu behaupten, die Tradition sei ausschließlich durch und für Männer entstanden. Doch zumindest die Beiträge einiger Frauen lassen sich mit hoher Sicherheit und Genauigkeit nachweisen. So überlebten Anhaltspunkte für ihre Pionierarbeit in einigen ihrer noch existierenden Schriften, in der Geschichte der religiösen Abstammungslinien und in biographischen Erzählungen. Es ist nachweisbar, daß Frauen neue Gottheiten und neue Meditationsmethoden zur Übung mit bereits existierenden Gottheiten einführten. So stammen zum Beispiel die Praktiken um den Buddha des unendlichen Lebens (Amitāyus) und gewisse esoterische Praktiken des Avalokiteshvara von Siddharājñī, und das Heilungs-Mandala des Chakrasamvara stammt von Niguma. Bis heute begleiten von Frauen eingeführte Praktiken das rituelle Jahr des tibetischen Buddhismus, so etwa eine von Siddharājñī gelehrte Einweihung in eine Übung zur Gewährleistung eines langen Lebens und das Avalokiteshvara-Fastenritual der Bhikshunī Lakshmī. Frauen führten auch neue Göttinnen ein, die sich besonders bei Frauen größter Beliebtheit erfreuten. So geht die Praxis der grimmigen roten Tārā auf Vajravatī zurück, und die Praxis der »Vajrayoginī mit dem abgetrennten Kopf« wurde von den Yoginīs Lakshmīnkarā, Mekhalā und Kanakhalā gelehrt. Bis auf die Praxis der grimmigen roten Tārā, für deren Überleben ich bisher keine Belege finden konnte, lassen sich die anderen Gottheiten und ihre Praktiken bis in die Gegenwart verfolgen. Andere Frauen firmieren in den Annalen des tantrischen Buddhismus als Lehrerinnen und Gurus, ja als die spirituellen Mütter der Männer, die als Gründer der Bewegung des Tantrayāna gefeiert wurden.

Die spirituelle Biographie der Vajravatī wird in einem Text der Adeptin Lakshmīnkarā erzählt, die eine Gruppe erleuchteter Meister ihres unmittelbaren Umfelds beschreibt. Vajravatī war Brāhmanin, eine Frau aus der Hindu-Priesterkaste in Uddiyāna, und bekannt für ihre gewissenhafte Einhaltung der rituellen Reinheit durch Waschungen und Beachtung der Kastengesetze. Ānandavajra, ein tantrisch-buddhistischer Guru aus der Kaste der Weber, hatte von der jungen Frau gehört und intuitiv entschieden, sie sei dazu bestimmt, seine Schülerin zu werden. Da sein eigener Guru eine Frau gewesen war, hegte er nicht den leisesten Zweifel daran, daß Frauen fähig sind, die vollständige Erleuchtung zu erlangen. Um sich dem Mädchen nähern zu können, mußte er allerdings die Kastengesetze verletzen, nach denen kein Mitglied der Priesterklasse mit Personen niederer Kasten in Kontakt kommen durfte, um sich nicht der Gefahr einer Verunreinigung auszusetzen.
Als Ānandavajra spürte, daß die Zeit für Vajravatīs Bekehrung gekommen war, ging er zum Flußufer, wo sie wie gewöhnlich ihr rituelles Bad nahm. Auf ihre Sorge um rituelle Reinheit anspielend, drängte er sie, keine Zeit mit ihrer äußeren Reinigung durch Wasser zu verschwenden, sondern sich lieber innerlich mit dem Wasser der Buddha-Weisheit zu reinigen.

Wenn du glaubst,
Reinheit ließe sich badend erzielen,
dann müßten selbst Fischer dieses Ziel erreichen,
sind sie doch Tag und Nacht im Wasser!
Wie wäre das möglich?

Beeindruckt von der Gelassenheit, mit der er sich über die Kastengesetze hinwegsetzte, und betroffen von seinem Argument, fragte sie ihn, wie sie ihr inneres Selbst denn reinigen könne. Der Guru wies sie an, »mit Hilfe der mühelosen Methode zu baden«, der unmittelbaren Meditation über die ursprüngliche Reinheit aller Erfahrung. Und zu ihrer Inspiration sang er das folgende spontane Lied:

O Priestermädchen! In der reinen Weite des Himmels
steigen reine Wolken auf und zerstreuen sich wieder.
Genauso steigen im Fluß der Reinheit reine Fische auf.
So, Priestermädchen, schaue deinen eigenen Geist!
Betritt den anfanglosen Raum aller Buddhas,
bade im Wasser der Weisheit –
wasche alle Unreinheit des Glaubens an ein Selbst von dir ab!

Sein Lied erweckte Vajravatī auf der Stelle zur Reinheit ihres Geistes. Nachdem sie vollkommene Einsicht erlangt hatte, blieb sie in Uddiyāna, um andere Mitglieder der Priesterklasse anzuleiten, besonders aber Frauen, die wie sie einst selbst »befleckt waren durch den Glauben an ein Selbst«. In ihren Unterweisungen betonte Vajravatī, wahre Reinheit sei die Fähigkeit, alle Dinge als wesensgleich zu erkennen. Sie forderte ihre Schülerinnen auf, hinsichtlich Speisen, Gefährten und Handlungen keine Unterschiede mehr aufgrund von sozialen Konventionen zu machen. Das ist die diamantgleiche Weisheit, nach der Vajravatī benannt ist.

Der Name Vajravatī, der so viel wie »diamantgleiche Frau« bedeutet, besagt, daß ihr Geist makellos ist wie ein Diamant, da sie die Natur der Wirklichkeit erkannt hat. Vajravatī selbst bestätigt, daß ihre Lehren eine Offenbarung darstellen, wenn sie sagt: »Diese schwer zu begreifende esoterische Lehre über die Natur der Wirklichkeit ist mit den diamantgleichen Worten des geheimen Tantra übermittelt.« Mit dem Begriff »geheimes Tantra« meint sie offensichtlich keinen bestimmten Text, sondern die tantrischen Lehren insgesamt als Sammlung von Wahrheiten, von denen einige aufgeschrieben wurden, andere jedoch nicht. Diese Wahrheiten gehören einer anderen Ebene der Wirklichkeit an und können von Menschen mit besonderen mystischen und visionären Fähigkeiten entdeckt werden. Auch wenn Vajravatī an anderer Stelle sagt, sie schöpfe aus »schriftlichen« Meditationsanweisungen, bedeutet dies nicht unbedingt, daß sie von menschlicher Hand aufgeschrieben worden waren. Solche Unterweisungen konnten auf unterschiedlichste Weise »geschrieben« werden. Sie konnten in der Sprache der Dākinīs in die Strudel eines Flusses oder auf die Blätter eines Baumes geschrieben sein, auf eine winzige Papierrolle oder ein kostbares Amulett aus Lapislazuli. Diese symbolischen Zeichen sind geheime Codes, die von Visionären wie Vajravatī entziffert werden müssen. Im Lichte dieses Glaubens kann Vajravatī dann ihrer Zuhörerschaft versichern, ihre Lehren seien nicht aus ihrer eigenen Vorstellungskraft oder ihrem Intellekt hervorgegangen, sondern Objekte ihrer erleuchteten Schau.

Vajravatī richtet ihre Lehren an »Yoginīs und ihre guten Freunde«. Das bedeutet vermutlich, daß ein Mann am Fest teilnehmen konnte, wenn er der »gute Freund« einer Yoginī war. Vajravatī beschreibt die für diese Art der Übung qualifizierte Yoginī als eine Frau, die nach den zehn tugendhaften Handlungen streben muß, die die Kraft ihres Erbarmens durch reine Großzügigkeit zum Ausdruck bringen und die vier reinen Verdiensthandlungen vollenden muß. Die vier reinen Verdiensthandlungen sind der Bau eines buddhistischen Stupa, die Schenkung eines Hains an die spirituelle Gemeinschaft, die Wiederherstellung von Harmonie in der Gemeinschaft nach einer Spaltung und die Pflege grenzenloser Liebe, grenzenlosen Mitgefühls, grenzenloser Mitfreude und grenzenlosen Gleichmuts. Vajravatī stellt an ihre Schülerinnen also offensichtlich sehr hohe Anforderungen.

In der weiteren Aufzählung nötiger Eigenschaften ihrer Schülerinnen disqualifiziert Vajravatī diejenigen, die nicht genügend Hingabe besitzen, die dem Guru keine Einweihungsgabe (*dīkshā*) zu geben bereit sind oder die einen zornigen oder unruhigen Geist besitzen. Sie fügt noch hinzu, Gurus sollten diese Praxis nicht »Söhne«, also männliche Schüler, lehren, da sie für die »Töchter« oder Schülerinnen aus der Priesterklasse Uddiyānas gedacht sei. Diese Lehre ist reserviert für Frauen mit der Gabe der diamantenen Rede, der Fähigkeit, den tiefen Wahrheiten Stimme zu verleihen:

> Diese Lehre sollte man niemandem geben,
> dem es an Glauben mangelt,
> keinem Minderwertigen und auch nicht jenen,
> die keine Opfergaben geben, die verhaftet sind oder zornig,
> nicht denen, die aufgewühlt sind,
> nicht Schülern und Söhnen.
>
> Lehrer sollten diese Methoden anderen geben,
> den Menschentöchtern der priesterlichen Orte,
> die von Uddiyāna im Norden herüber grüßen –
> der Schar von Yoginīs,
> die diamantene Rede erlangt haben.

Es überrascht nicht, daß Vajravatī die buddhistischen Lehren an ihresgleichen weiterzugeben wünschte. Aufgrund ihrer Herkunft wußte sie gut, welche Meditationen für diese Frauen am wirksamsten sein würden. Waren diese Lehren tatsächlich auf Frauen beschränkt oder hauptsächlich mit ihnen verbunden, dann könnte das erklären, warum sie – über ihre Verzeichnung im tibetischen Kanon hinaus – nicht als lebendige Übertragungslinie in den tibetischen Klöstern überdauert haben. Ganz gleich, ob Vajravatīs Lehren aber nun auf Frauen beschränkt waren oder nicht, unzweifelhaft steht fest, daß sie ursprünglich von einem weiblichen Guru an ihre Schülerinnen weitergegeben wurden.

Vajravatī offenbarte eine Form der Tārā, die diesen weiblichen Buddha mit roter Körperfarbe, rasend, mit vielen Armen und in einem Flammenring tanzend darstellt. Diese Form der Tārā ist auch als Pītheshvarī bekannt, »Höchste Herrin des großen heiligen Ortes«. Der »heilige Ort« ist Uddiyāna, eine der Hochburgen des tantrischen Buddhismus in Nordwest-Indien. Pītheshvarī ist eine von zahlreichen Göttinnen, die mit Uddiyāna in Verbindung gebracht werden. Dieses Gebiet ist als »Land der Dākinīs« berühmt geworden. Wegen der vielen weiblichen Praktizierenden und Lehrer soll es ein idealer Ort gewesen sein, Tantra zu erlernen und zu üben. Für diesen Ruf spricht auch die Gestalt der Vajravatī, die eine Meditation einführte, welche in erster Linie von den Frauen Uddiyānas geübt wurde.

Das Vorhandensein weiblicher Buddhas in der tantrischen Ikonographie wird von den westlichen Gelehrten nicht allgemein akzeptiert, aber Vajravatī stellt die grimmige rote Tārā unmißverständlich als Buddha vor und bezieht sich auf sie als Buddha Tārā:

> Visualisiere die Buddhas der zehn Himmelsrichtungen
> in der Form der Tārā ...
> Sie reinigen alle Wesen mit Strahlen von Weisheitslicht,
> und lassen sie zu Buddhas werden.
> Bete von jetzt an bis zur vollständigen Erleuchtung darum,
> schnell Buddha Tārā zu werden.

Für die Ausübung der Praxis selbst werden verschiedene Orte empfohlen: Verbrennungsplätze, abgelegene Orte in den Bergen, Rotlicht-Bezirke und alle Plätze, die von Yoginīs aufgesucht werden oder sich in der Nähe einer »weltlichen Dākinī« befinden, einer erleuchteten Frau, die noch nicht in transzendente Bereiche aufgestiegen ist. Geistig bereitet sich eine Frau auf diese Praxis vor, indem sie alle Wesen als ätherisch und vergänglich betrachtet, einer magischen Täuschung oder einem Luftschloß ähnlich, und indem sie alles Belebte und Unbelebte als den schimmernden Körper von Buddha Tārā sieht.

Im Anschluß an diese Vorbereitung visualisiert sich die Frau selbst als rasende rote Tārā:

Auf einem vielfarbigen Lotos, Sonne und Hirschfell,
stehe ich als Frau mit dem Körper der heiligen Tārā ...
mit einem Bein ausgestreckt, dem anderen angezogen ...
geschmückt mit Menschenknochen,
mit wehendem Haar,
drei roten Augen und einem strahlendem Körper.

Diese Form der Tārā hat vier Gesichter und acht Arme:

Mit je einem roten, blauen und grünen, leicht grimmigen Gesicht
und einem heroischen, friedvollen gelben Kopf darüber,
der Krone der fünf Weisheiten und einer Kette aus Köpfen,
geschmückt mit allen Ornamenten, in den Händen Zepter (*vajra*),
Schwert, blauen Lotos und Juwel sowie
Schädel, Stab, Glocke und Schädeltrommel (*damaru*).
Die Frucht der glückseligen Weisheit entsteht.
Bekleidet mit einem Tigerfell, in tanzender Haltung,
auf einem vielfarbigen Lotos und einer Mondscheibe,
mitfühlend grimmig,
mit drei roten Augen, den Blick nach links gerichtet ...
Inmitten einer Versammlung ausgezeichneter Yoginīs.

Die rasende rote Tārā bezieht ihre Macht aus der Glückseligkeit. Einer ihrer Beinamen im Text lautet Ānandasukheshvarī, die »glorreiche Königin von Glückseligkeit und Freude«. Ihre Glückseligkeit wird durch die tantrischen Attribute symbolisiert: Schädeltrommel, mystischer Stab und tantrisches Zepter. Mit ihrer erleuchteten Energie und Ekstase umhüllt sie die ganze Versammlung des Mandala mit einer Wolke reiner Glückseligkeit. Sie ist von einem Gefolge aus insgesamt vier-

undzwanzig Göttinnen in verschiedenen Farben umgeben. Wie die rote Tārā selbst, erscheinen auch die Yoginīs ihres Gefolges nach außen hin rasend, sind aber unter ihrer Wildheit von glückseligem, weisem und zärtlichem Wesen.
Im Verlauf dieser Praxis werden der Reihe nach alle Ebenen der Realität als das Yoginī-Mandala der grimmigen roten Tārā visualisiert. Ein Mandala ist ein ästhetisches Modell der göttlichen Natur der Wirklichkeit auf der irdischen, körperlichen, rituellen und absoluten Ebene. Geographisch gesehen, entsprechen die vierundzwanzig Göttinnen den vierundzwanzig heiligen Pilgerorten des Tantra. Das Mandala stellt also auch eine »heilige Geographie« des indischen Subkontinents dar, in dessen Zentrum Uddiyāna liegt, von wo aus der weibliche Buddha die Erde in eine Wolke von Glückseligkeit hüllt. Auf der körperlichen Ebene visualisiert die Meditierende, daß ihr eigener Körper die ganze Welt mit allen unterirdischen, oberirdischen und himmlischen Bereichen enthält. Im Geist siedelt sie dann die göttlichen Yoginīs in dieser Welt an und verwandelt damit ihren Körper in ein Yoginī-Mandala. Die Geographie dieser inneren Welt korrespondiert mit den irdischen vierundzwanzig heiligen Orten und ihren Göttinnen und Yoginīs.
Rituell entspricht die Ikonographie des Mandala einer Versammlung von Yoginīs bei ihrem gemeinsamen Fest. Während einer solchen Festversammlung (*ganachakra*) gilt alles als von Natur aus rein, und daher ist nichts verboten. Aus diesem Grund ist das Motiv des Festes der Yoginīs auch Symbol für die erleuchtete Sicht der Wirklichkeit, der Erkenntnis, daß alles inhärent rein ist. Eingedenk der Lehre ihres Guru aus niederer Kaste, sich auf die innere Reinheit zu besinnen, nutzt Vajravatī das Bild des Festes der Yoginīs, um ihre Schülerinnen anzuhalten, alles als rein zu betrachten und in einem heiligen Bereich zu weilen. Sie lehrt, daß diese Unvoreingenommenheit eine »unveränderliche Wahrheit«, eine absolute Sichtweise ist, die soziale Konventionen überschreitet:

Die Meditierenden sind die Yoginīs und ihre guten Freunde.
Sie handeln uneingeschränkt von Regeln, was man essen dürfe und was nicht,
was man trinken dürfe und was nicht,
und wer ein passender Sexualpartner wäre und wer nicht.
Von jeder Sünde unbefleckt,
sind diese heiligen Zirkel versammelter Yoginīs
im Besitz der unveränderlichen Wahrheit, jenseits von Voreingenommenheit.

Vajravatī versichert ihren Schülerinnen, daß diese höchste Sicht sie über die »Sünde« stellt, die sie nach den gesellschaftlich sanktionierten Kastengesetzen begehen würden. In dem Maß, wie eine Frau ihre Sichtweise gereinigt hat, kann sie erkennen, daß sie tatsächlich in einem heiligen Bereich inmitten eines Kreises von Yoginīs lebt. Sie wird sich entsprechend verhalten und ihre Sinneserfahrungen als ein üppiges Fest für die Yoginīs und ihre kühnen männlichen Freunde genießen.

Niguma und ein Heilungs-Mandala des Chakrasamvara

Niguma, eine legendäre Yoginī des 11. Jahrhunderts, ist eine der historisch am schwersten faßbaren Gründerinnen tantrisch-buddhistischer Praktiken. Man verbindet sie gewöhnlich mit dem berühmten Adepten Nāropa und bezeichnet sie als seine Gefährtin oder Schwester, doch der Yogi, der den umfassendsten Kontakt mit ihr beansprucht und der ihre Lehren überlieferte, begegnete ihr ausschließlich in Visionen und Träumen. So bleibt die Gestalt der Niguma in einen visionären Nebel gehüllt.
Niguma ist die Begründerin einer besonderen Meditationslinie, welche die Heilung von Krankheiten durch die Visua-

lisation von Vajrayoginī und Chakrasamvara in heiliger Vereinigung anstrebt. Die Ikonographie der Visualisation besteht aus einem Mandala des Chakrasamvara mit fünf Gottheiten. Es handelt sich hierbei um eine sehr fortgeschrittene Übung im Rahmen der höchsten esoterischen Lehren, die den gesamten tantrischen Pfad in eine wirkungsvolle, leicht zu übende Technik verdichtet. Von einem erfahrenen Meditierenden ausgeübt, führt eine solche Praxis zu raschen Ergebnissen. Nigumas Chakrasamvara-Übung stellt eine Art Heil-Mandala dar, denn sie konzentriert sich unmittelbar auf die Beseitigung von Krankheiten, ihrer Ursachen und darüber hinaus auch der wesentlich subtileren Hindernisse für die Erleuchtung. Die Meditierende erschafft die heilende Vision, das Mandala, dreimal: ein weißes über dem Kopf, ein rotes an der Kehle und ein blaues auf Höhe des Herzens. Jede dieser Stellen wird zum Ort einer inneren Verbrennung, durch die alle Makel von Körper, Rede und Geist, die das Erlangen der Buddhaschaft verhindern, beseitigt werden. In allen drei Versionen des Mandala stehen die Gottheiten auf einem liegenden flammenden Rad. Das Rad hat scharfe Kanten und dreht sich; so wird es zu einem flammenden, kreiselnden Messer, das Krankheiten, Makel, Dämonen und negative Kräfte aller Art zerstückelt und verbrennt. Dieses geistige Bild verstärkt die Meditierende durch die Rezitation eines kontinuierlichen Stroms von Mantras, die sich drehen wie Räder, brennen wie Feuer, strömen wie Wasser und blasen wie ein mächtiger Wind.

Zu Beginn der Praxis füllt die Meditierende ihren Körper mit als Licht visualisiertem Nektar. Die Glückseligkeit der Vereinigung des Buddha-Paares auf dem höchsten Rad läßt das Elixier (*bodhichitta*) ihrer Vereinigung herabströmen. Es tritt durch die Öffnung der Fontanelle am Scheitel in die Meditierende ein und füllt ihren Körper mit reinigendem, heilendem Ambrosia:

Durch die geheime Opfergabe (der sexuellen Vereinigung)
und die natürliche Opfergabe (des erleuchteten Gewahrseins)
entsteht aus der Vereinigung des göttlichen Paares
weißes Elixier mit einem rötlichen Schimmer.
Der Strom tritt am Scheitel des Kopfes in mich ein.
Die vier (Göttinnen) auf dem Rad
vereinigen sich mit ihren Khatvāngas [Ritualstäbe, Symbol für ihre männlichen Gefährten].
Ströme von Elixier ergießen sich aus ihren geheimen Orten,
fließen am Scheitel (der Meditierenden) zusammen,
füllen die vier Orte (Kopf, Kehle, Herz und Nabel)
und reinigen die Hindernisse für die Erleuchtung.

Jedes der Mandalas zielt auf andere körperliche und geistige Krankheiten, die von flammenden Rädern zerstückelt, von Feuerbergen verbrannt und von den Winden der Weisheit zerstreut werden. Um auch die Umgebung zu heilen, sendet die Meditierende Lichtstrahlen mit Haken aus, mit denen sie alle negativen Kräfte einholt und schließlich im inneren Feuer verbrennt. In der folgenden Textpassage schildert Niguma das rote Rad im Kehlzentrum:

Im Zentrum weilt Chakrasamvara in heiliger Vereinigung (*yab-yum*);
er hat die Farbe eines roten Lotos,
ist geschmückt mit Knochen sowie frischen und trockenen Schädeln
und bewegt sich schwingend im Tanz.
Die Göttinnen in den vier Richtungen
halten gebogene Messer und Schädelschalen;
sie sind von roter Farbe und halten mystische Stäbe.
Auf den Speichen des Rades steht wie zuvor die Silbe RAM.
Das Feuer der Weisheit lodert, erfreut die Gottheiten mit Gaben.
Vom Ort der Vereinigung des Herrn und der Herrin

ergießt sich ein Strom roten Elixiers.
Stell dir vor, wie es
jede Quelle von Krankheit und Befleckung reinigt,
indem es dich von der Kehle abwärts erfüllt.
Rezitiere die Herz-Mantras wie zuvor,
gleich Wasserstrom, Rad, Feuer und Wind.

Noch dramatischer wird es, wenn Niguma zum blauen Rad am Herzen kommt:

Das Herz-Rad ist blau.
Im Herzen ist ein blaues BRUM.
Denke dir das Rad stark und scharf ...
HUM-Silben und Diamantzepter (*vajras*) strahlen aus und kehren zurück.
Visualisiere den blauen Samvara und seine rote Partnerin,
grimmig und von einem großen Gefolge umgeben.
Auf den Speichen lodern dunkelblaue Flammen.
Der göttliche Mann und die göttliche Frau vereinigen sich ...
die spirituelle Ekstase steigert sich,
die Laute HUM!, PHAT! und Gelächter hallen wider wie tausend Donnerschläge.
Das Elixier der Vereinigung, von blauer Farbe,
füllt den Körper vom Herzen abwärts
und reinigt die Ursachen von Krankheit und geistigen Befleckungen.
Vor allem böse Geister und Haß
werden vom Rad zerstückelt,
vom Feuer der Weisheit verbrannt
und von den Winden der Weisheit zerstreut.
Wie ein Sturzbach wäscht das Elixier
Verdunkelungen weg wie einen Berg von Asche.

Die dramatische, dynamische Bildhaftigkeit dieser Heilungsmeditation verleiht ihr eine starke ästhetische Anziehungskraft, was einer der Gründe dafür sein mag, daß sie als Übertragungslinie bis zum heutigen Tag überlebt hat. Nigumas Anweisungen zur Einweihung in diese Praxis sind ebenfalls erhalten. Die Übung ist sowohl im »Kompendium der Tantras« der Sakyas als auch in der Shangpa-Linie überliefert, die zur Zeit von mehreren Meistern der Karma-Kagyü-Schule gehalten wird. Man nimmt an, daß Niguma ebenfalls Lehren zu anderen Hauptgottheiten des Tantra wie etwa Guhyasamāja, Hevajra und Mahāmāyā erteilt hat; schriftlich überliefert sind jedoch nur ihre Anweisungen zur Hevajra-Initiation. Niguma ist ferner für ihre Unterweisung zu den »Stufen des Pfades magischer Illusion« bekannt. Dabei handelt es sich um ihre Formulierung fortgeschrittener Meditationen zur Erkenntnis der trügerischen Natur aller Phänomene – einschließlich der Buddhaschaft, die, wie sie lehrt, zwar die höchste, aber nichtsdestoweniger ebenfalls eine Illusion ist.

Lakshmīnkarā und die »Vajrayoginī mit dem abgetrennten Kopf«

Die Lebensgeschichte von Lakshmīnkarā beschreibt exemplarisch die heldenhafte Reise, der sich die nach höchster Wahrheit Suchenden häufig unterziehen müssen. Lakshmīnkarā war privilegiert, denn sie wurde als Prinzessin geboren, erhielt eine gute Ausbildung und führte ein luxuriöses Leben im Palast. Als Kind verbrachte sie mit ihren Dienerinnen und jungen Gefährtinnen sorgenfreie Tage in den königlichen Gärten, spielte mit Pfauen und Papageien, flocht Blumengirlanden und badete in Lotosteichen. Ihr Leben verlief idyllisch, bis sie eines politischen Bündnisses wegen mit dem König von Ceylon verlobt wurde. Ausgestattet mit einer üppigen Mitgift, machte sie sich auf die Reise nach Ceylon, was ihr anfangs wie ein großes Abenteuer erschien. Sie konnte es kaum erwarten, ihrem Verlobten zu begegnen, aber ihr Herz sank, als er ihr schließlich mit Waffen in der Hand und in Jagdmontur entgegentrat. Sogar als Geschenke brachte er Trophäen und Häute von ihm erlegter Hirsche mit.

Lakshmīnkarā beschloß, keinesfalls einen erbarmungslosen Jäger zu heiraten, auch wenn die Ehe sie zur Königin gemacht hätte. Weil diese Verbindung ihr schlimmer schien als der Tod, gab Lakshmīnkarā all ihren Besitz weg, schloß sich in ihr Zimmer ein und warf mit Gegenständen nach jedem, der sich ihr nähern wollte. Schließlich ergriff sie die Flucht, ohne einen Gedanken an ihre Sicherheit und ihr Wohlergehen. In einem Abschied ähnlich dem Buddha Shākyamunis zog sie ihre feinen Seidenkleider aus und legte ihren Schmuck ab. Sie löste ihr mit Sandelholzöl parfümiertes Haar, in das Jasminblüten eingeflochten waren. Nie wieder sollte sie es flechten oder zurückbinden. Statt Kleider anzulegen, rieb Lakshmīnkarā ihren Körper nun mit Asche ein. Sie redete wirr und tat, als sei sie verrückt. Da sie zur Ehe sichtlich nicht geeignet und in ihrem Zustand auch eine Peinlichkeit für den Hofstaat war, wurde die Verlobung annulliert. In der Hoffnung, allen etwaigen Verfolgern zu entgehen, floh Lakshmīnkarā auf einen Verbrennungsplatz. Niemand, der die Prinzessin dort sah, konnte sie noch erkennen, denn die Asche verlieh ihrer Haut eine bläuliche Färbung, und gekleidet war sie nur in ihr langes, von Schmutz, Blättern und Zweigen verfilztes Haar. Lakshmīnkarā aber nutzte ihre Einsamkeit gut und verbrachte viele Monate damit, in vollständiger Abgeschiedenheit die Tiefen der Meditation zu ergründen.

Lakshmīnkarās Geschichte macht deutlich, wie weit manche Mystiker gehen mußten, um alle Anhaftungen, die das vollständige Eintauchen in den Zustand der Ichlosigkeit verhindern, abschneiden zu können. Bevor sie den Palast verließ, hatte Lakshmīnkarā bereits eine religiöse Ausbildung erhalten und Meditation geübt, aber erst die Herausforderungen der Wildnis schleuderten sie in den Bereich visionärer Erfahrung, in dem sie die Buddhas und Bodhisattvas direkt sehen und mit ihnen kommunizieren konnte. Nun gaben ihr die Buddhas selbst religiöse Unterweisung. Der weibliche Buddha Vajrayoginī zum Beispiel erschien Lakshmīnkarā in einer speziellen Form, die zur Grundlage einer weitverbreiteten Meditationsübung wurde. Als die Zeit ihrer Abgeschiedenheit vorüber war, zog Lakshmīnkarā einen Kreis von Schülerinnen und Schülern an, von denen einige später recht berühmt wurden. Selbst ihr früherer Verlobter bekehrte sich zum Buddhismus und bat sie, ihn als Schüler anzunehmen. Sie aber bestimmte eine ihrer Schülerinnen von niederer Kaste zu seinem Guru.

Die weibliche Gottheit, deren Praxis Lakshmīnkarā einführte, ist die »Vajrayoginī mit dem abgetrennten Kopf«. Sie hat einen gelben Körper, nimmt eine dynamische Tanzhaltung ein, und ihr langes schwarzes Haar wallt fließend über ihren Rücken. In der Visualisation identifiziert sich die Meditierende mit der Vajrayoginī; sie stellt sich vor, wie sie ein Schwert schwingt, sich selbst den Kopf abschlägt und ihn triumphierend hochhält. Drei Ströme von Blut spritzen am Hals aus ihrem Rumpf und fließen in den Mund des eigenen, abgetrennten Kopfes und in den Mund der beiden Yoginīs zu ihren Seiten. Die Yoginīs sind die grüne Vajravarnanī (oder Vajrapranavā) zu ihrer Linken und die gelbe Vajravairochanī zu ihrer Rechten. Die göttlichen Yoginīs sind nackt und haben ebenfalls langes, wallendes Haar (Abb. 10).

In ihren Schriften weist Lakshmīnkarā die Praktizierende an, die Praxis – wie sie selbst es getan hatte – an einem abgeschiedenen Ort zu üben und dabei die Göttin zu imitieren, also mit offen wehendem Haar und »mit dem Himmel bekleidet«, das heißt nackt. Der Platz, an dem die Opfer dargebracht werden, ist ein rituell gezeichnetes Dreieck, ein altes indisches (und tatsächlich weltweites) Symbol der weiblichen, lebensspendenden Kräfte und des Ursprungs allen Seins. Dieser kosmische Mutterschoß muß mit Zinnober gemalt werden, dem

Abbildung 10: Vajrayoginī mit dem abgetrennten Kopf. Zeichnung von Emily Martindale, nach indischen und tibetischen Vorlagen.

Menstruationsblut der Erde, was den Unterton von Weiblichkeit in Ritual und Meditation noch verstärkt.

Lakshmīnkarā lehrte die Praxis der Vajrayoginī so, wie diese Gottheit ihr in einer Vision erschienen war. Es scheint angemessen, daß sich die weibliche Gottheit in ihrer Form mit dem abgetrennten Kopf einer Mystikerin offenbarte, denn wer außer einer Frau hätte dieses unter die Haut gehende Symbol spiritueller Nahrung, in dem sich Ströme lebensspendender Flüssigkeit aus einem weiblichen Körper ergießen, unmittelbar verstehen können? Einerseits bezieht sich das Bild auf die biologische Nahrung, doch auf einer anderen Ebene ortet es die Quellen spirituellen Lebens und Nährens im Körper der Frau. Es bestätigt, daß eine Frau einen unbegrenzten Strom von Energie in sich selbst freisetzen und diese Energie dann auf ihre eigene Befreiung und die Befreiung ihrer Schülerinnen richten kann. Die »Vajrayoginī mit dem abgetrennten Kopf« lokalisiert sowohl die Fähigkeit zur Selbsterneuerung im Körper einer Frau als auch die Fähigkeit, andere zu nähren, ohne dafür ihre eigenen Bedürfnisse oder ihre eigene spirituelle Entwicklung opfern zu müssen.

Eine weitere Ebene der Symbolik der weiblichen Gottheit, die sich selbst enthauptet, verweist auf die Notwendigkeit, das dualistische Denken an der Wurzel abzuschneiden, wenn man eine Ebene des direkten Wissens jenseits von begrifflicher Dualität erreichen möchte. Um ihre Schüler zu inspirieren und in den nichtdualen Zustand zu führen, verfaßte Lakshmīnkarā Lieder. Eines dieser Lieder wurde von zwei ihrer Schülerinnen aufgezeichnet (siehe S. 131). Lakshmīnkarās Verbindung zur Praxis der »Vajrayoginī mit dem abgetrennten Kopf« wird auch in der gelegentlichen Darstellung der früheren Prinzessin mit einem gebogenen Messer oder Schwert in der einen und ihrem Kopf in der anderen Hand deutlich.

Lakshmīnkarā übermittelte diese Übung an mehrere Schülerinnen und ihren männlichen Schüler Virūpa, der sie nach Nepal und Tibet brachte. Virūpa verfaßte einen Übungstext zur Vajrayoginī mit dem abgetrennten Kopf, von dem er sagt: »[Er] beruht auf den geheimen mündlichen Unterweisungen der Yoginī und sollte geheim gehalten werden.« Er nennt sie nicht beim Namen, doch es handelt sich bei der »Yoginī« eindeutig um Lakshmīnkarā, von der er die Praxis lernte. Durch Virūpa gelangte Lakshmīnkarās Übertragung über Nepal nach Tibet, wo sie sich mehrere Jahrhunderte lang großer Popularität erfreute. In den tibetisch-buddhistischen Linien der Drikung-Kagyüpas und der Sakyapas findet man bis heute Anhänger dieser Praxis, die ihre Übertragung auf Virūpa zurückführen. Auch wenn der Ruhm Virūpas den von Lakshmīnkarā im Lauf der Jahrhunderte überstieg, hatte diese Praxis nichtsdestoweniger eine »Gründungsmutter«.

Mekhalā, Kanakhalā und der innere Yoga

Mekhalā und Kanakhalā waren Schwestern, die beide das Tantra übten und die gemeinsam Erleuchtung erlangten. Lakshmīnkarā hatte die Praxis der »Vajrayoginī mit dem abgetrennten Kopf« zwar eingeführt, sie aber waren es, die – vielleicht aufgrund ihres besonderen Talents – die endgültige Version des inneren Yogas der Gottheit formulierten.

Laut ihrer Biographie waren die Schwestern zwei Brüdern versprochen worden. Als die Nachbarn jedoch später über sie zu klatschen begannen und sie ungerecht kritisierten, begann die Familie der Brüder an ihrem Charakter zu zweifeln und löste das Verlöbnis. Derart entehrt, wollten die Schwestern zuerst das Dorf verlassen, aber Mekhalā, der älteren von beiden, war klar, daß das Problem sie überall hin verfolgen würde. Als der tantrische Guru Kānha in ihr Dorf kam, vertrauten sie ihm ihre Not an, und er empfahl ihnen die Praxis der »Vajrayoginī mit dem abgetrennten Kopf«. Die meditative Disziplin, der sie sich die folgenden zwölf Jahre widmeten, gab ihrem Leben wieder einen Sinn und schenkte ihnen, inmitten der unglücklichen Umstände, ein wachsendes Gefühl innerer Freiheit.

Nach zwölf Jahren suchten die Schwestern Kānha in seiner Einsiedelei auf. Als er sie um eine Gabe bat, fragten sie nach seinen Wünschen. Der Guru tat, als erkenne er sie nicht, und bat um ihre Köpfe als Beweis ihrer Dankbarkeit. Die Schwestern schnitten sich ohne zu zögern den Kopf ab, und er stellte sie augenblicklich wieder her. Dann bestätigte Kānha ihre hohe Verwirklichung und ihre Befähigung, als Gurus zu wirken. Er mahnte sie:

> Sieh da! Zwei große Yoginīs,
> die Vortrefflichkeit und Glückseligkeit erlangt haben!
> Friede und Glück für euch selbst wäre der kleinere Pfad –
> lebt also für das Wohl der anderen.

Abbildung 11: Die Schwestern Mekhalā und Kanakhalā. Detail eines Rollbildes aus dem 16. Jh., mit freundlicher Genehmigung des Tibet House, New Delhi. Foto John C. Huntington.

Mekhalā und Kanakhalā werden üblicherweise tanzend und dabei ihr Schwert schwingend dargestellt, oder wie sie sich gerade den Kopf abschneiden (Abb. 11). Mit ihrer Enthauptung demonstrieren sie, daß sie ihr Ich mit dem Schwert der Weisheit erschlagen haben. Ein Interpret dieser Symbolik suggeriert, die Enthauptung der Schwestern zeige, daß sie den »selbstsüchtigen Dünkel« und die »Eitelkeit« besiegt hätten, denen Frauen so leicht zum Opfer fielen. Nichts in der Geschichte der Schwestern weist jedoch darauf hin, daß sie etwa eitel gewesen seien. Falsche Anschuldigungen sind etwas, das jeden treffen kann, und der Guru gab ihnen die buddhistischen Lehren nicht als Gegenmittel gegen speziell weibliche Schwächen, sondern gegen den Kern des menschlichen Leidens selbst, das Anhaften an ein illusorisches Ich oder Selbst.

Auch die Art, in der die Schwestern gewöhnlich abgebildet werden, weist auf ihre Meisterschaft der Praxis der »Vajrayoginī mit dem abgetrennten Kopf« hin. Stellt man jemanden mit den Merkmalen einer Gottheit dar, demonstriert man damit die vollständige Identifizierung des Betreffenden mit dieser Gottheit durch die Praxis der Meditation. Die Abbildung der Schwestern in der Form der Vajrayoginī – nackt, mit wallendem Haar, mit einem Schwert oder gezückten Messer, womit sie sich den Kopf abschneiden – drückt also ihre Identifikation mit dem weiblichen Buddha und die erfolgreiche Erweckung ihres göttlichen Potentials aus. Gemäß ihrer Biographie lernten die Schwestern diese Meditation von Kānha. Kānha wiederum hatte sie vermutlich von seinem Guru Jā-landhari erhalten, einem Schüler der Lakshmīnkarā, der Initiatorin der Praxis. Es ist auch möglich, daß die Schwestern direkte Unterweisungen von Lakshmīnkarā selbst erhalten hatten, da sie in denselben Kreisen verkehrten wie sie. Daß Lakshmīnkarā sie gekannt hat, beweist ein »Lied der Verwirklichung«, welches sie an die beiden richtete (siehe Kap. 4). In jedem Fall ist es als gesichert anzusehen, daß die Schwestern eng mit der Einführung der Praxis der »Vajrayoginī mit dem abgetrennten Kopf« in Verbindung gestanden haben und die Vollendungsstufe hinreichend gemeistert hatten, um die inneren Yogas, den Höhepunkt der Praxis, formulieren zu können.
Der Text der Schwestern mit dem Titel »Mündliche Unterweisungen zu den drei wirbelnden Kreuzen« ist kein Sādhana oder liturgisches Handbuch zur Rezitation der Praxis, sondern gibt nützliche Hinweise für diejenigen, die diese Übung erlernen. Da der Text als »mündliche Unterweisungen« (*upadesha*) gekennzeichnet ist, wurde er möglicherweise erst von den Schülern aufgezeichnet. Bei den ursprünglichen Adressaten mußte es sich um fortgeschrittene Praktizierende der tantrischen Meditation gehandelt haben, denn nur wer die innere yogische Praxis der Gottheit bereits aufgenommen hatte, konnte die Bedeutung dieser Lehren erkennen und auch nachvollziehen.

Gemäß den Anweisungen Mekhalās und Kanakhalās erschafft die Meditierende in diesem inneren Yoga die drei Gottheiten in ihrem eigenen Körper. In der grundlegenden Visualisation hat Vajrayoginī ihren Kopf abgeschnitten, und zwei Ströme von Blut ergießen sich aus ihrem Hals in die Münder der Yoginīs Vajravarnanī (oder Vajarpranava) zu ihrer Linken und Vajravairochanī zu ihrer Rechten (Abb. 10). Im inneren Yoga wird der Zentralkanal (*avadhūtī*), der den Körper senkrecht durchläuft, mit der Vajrayoginī gleichgesetzt, die beiden Seitenkanäle (*lalanā* auf der linken Seite und *rasanā* auf der rechten) sind die begleitenden Göttinnen. Die Meditierende identifiziert sich mit der zentralen Yoginī, sie stellt sich vor, wie sie ihren Kopf abschneidet und dann die drei Gefäße mit wirbelnden Kreuzen verschließt, so daß die psychische Energie (*prāna*) im inneren Kreislauf verbleibt. Das unwillkürliche Ausfließen dieser Energie charakterisiert einen unerleuchteten Geist, während zunehmende Kontrolle und Zentrierung der Energie Fortschritte in Richtung Erleuchtung bedeuten. Die Energie zu kleinen Punkten oder Tropfen zu verdichten, hilft der Meditierenden, sie willentlich auszurichten:

Ist das Feuer der Weisheit entzündet,
löst sich der Körper von der Kehle bis zu den Fußsohlen schrittweise
in den Bereich der Wirklichkeit (*dharmadhātu*) auf.
Richte den Geist auf den Punkt des Gleichgewichts,
der nicht durch Analyse zu finden, kein materieller Gegenstand
und frei von allen objektiven Merkmalen ist.
Meditierst du nicht auf diese Weise,
kannst du tun, was du willst,
du wirst das spontane Gewahrsein (*sahaja*) nicht erreichen
und in Weltlichkeit (*samsāra*) kreisen.

Aus diesem Punkt hervorgehend,
erschaffe dich magisch

als die Göttin mit dem abgetrennten Kopf.
Dann visualisiere den Buchstaben HRIM an deinem Nabel.
Wo die drei Kanäle zusammentreffen, erhebt sich der Wind.
Löse das HRIM in drei Tropfen auf:
das I in einen Windtropfen,
das HA in einen Samentropfen,
das RAM in einen Bluttropfen –
kurz, in einen blauen, weißen und roten Tropfen.
Wenn sie nicht aufsteigen,
drücke sie mit dem Wind nach oben.

Wenn sich die Tropfen in den hohlen Kanälen
der »Vajrayoginī mit dem abgetrennten Kopf« bewegen,
stelle dir vor, wie sie vier Fingerbreit aufsteigen.
Der linke dreht sich entgegen dem Uhrzeigersinn,
der rechte im Uhrzeigersinn,
der mittlere Tropfen löst sich brennend auf.

An diesem Punkt der Praxis überführt der Ausatem der beiden seitlichen Göttinnen die Energie aus den Seitenkanälen in den Zentralkanal – was das Ziel aller inneren Yogas ist. Sobald nämlich die Energie im Zentralkanal konzentriert ist, entstehen unmittelbar nichtduale und nichtdiskursive Geisteszustände:

Die beiden Göttinnen atmen aus, so daß sich
der linke und der rechte Tropfen im mittleren auflösen.
Indem du diesen nach unten einatmest,
stelle dir vor, wie er sich in das HUM am Herzen auflöst.
Dieses HUM ist klar und makellos,
ein nichtdualer Tropfen ursprünglichen Gewahrseins,
frei von jeglichem Glück und Leid – reines Gewahrsein,
von allen weltlichen Erscheinungen entleert.
Wie wunderbar! Übe den Yoga,
und du wirst nichtduale Weisheit erlangen!

In dieser Stelle berührt der Text nur ganz kurz eine hochkomplizierte Übung in kreativer Imagination. Der Prozeß innerer Verbrennung kulminiert in nichtdualen Zuständen reiner, gegenstandsloser Meditation, der fortgeschrittensten Stufe der Meditationspraxis.
Der Yoga von Mekhalā und Kanakhalā ist als kostbares Zeugnis für eine Praxis überliefert, die die Schwestern gemeistert und als tantrische Gurus weitergegeben haben. Er ist auch der Beweis dafür, daß das Symbol ihrer Selbstenthauptung nicht für die Überwindung ihrer weiblichen Eitelkeit steht, sondern ihren Triumph über das Hängen an einem Ich als Wurzel allen Leidens, was sie zur Entwicklung eines besonderen inneren Yogas befähigte.

Siddharājñī und der Buddha des unendlichen Lebens

Historisch bleibt die Persönlichkeit der Siddharājñī praktisch unfaßbar, obwohl ihr Einfluß auf den tantrischen Buddhismus greifbar und umfassend ist. Sie war eine Yoginī des 12. Jahrhunderts aus Uddiyāna in Nordwest-Indien und entwickelte ein umfassendes Ritualsystem im Zusammenhang mit Amitāyus, dem Buddha des unendlichen Lebens. Ihre Lehren über diese Gottheit sind für drei der vier Schulen des tibetischen Buddhismus bis heute maßgeblich.
Daß der Einfluß Siddharājñīs bis heute sichtbar ist, ist der häufigen öffentlichen Praxis der von ihr begründeten Langes-Leben-Zeremonie (tib.: *tsewang*, technisch eine Langes-Leben-Initiation) zu verdanken. Da jedem an einem möglichst langen Leben gelegen ist, sind dem Buddha des unendlichen Lebens gewidmete Rituale im Verlauf des tibetischen rituellen Jahres relativ häufig. Die Langes-Leben-Zeremonie hat ihren festen Platz im tibetisch-buddhistischen Kalender (näm-

lich den Vollmondtag des 10. Mondmonats), kann aber auf Wunsch eines Gönners auch an jedem anderen astrologisch günstigen Tag ausgeführt werden. Eine solche Zeremonie in Auftrag zu geben ist gewöhnlich sehr teuer, da im Rahmen des komplexen Rituals üppige Opfergaben dargebracht und große Mengen von Medizinkügelchen bereitet werden, die nach der Zeremonie an alle Teilnehmer verteilt werden. Ein Spender kann das Ritual für einen Kranken in Auftrag geben oder um seiner ganzen Familie ein langes Leben zu sichern. Die Ausrichtung des Rituals nützt jedoch auch der ganzen Gemeinschaft. Jeder kann teilnehmen und die geweihte Medizin erhalten, mit der er den Segen des Rituals aufnimmt.

Das Langes-Leben-Ritual wird auch zu Beginn der Mani-Rimdu-Tanzvorführungen ausgeführt, die gewöhnlich Teil der Neujahrsfeier oder anderer besonderer Gelegenheiten sind. Der Tanz soll negative Einflüsse austreiben und die positiven Energien steigern. Er besteht zwar aus mehreren Teilen, sein Name (tib.: *ma-ni-ril-sgrub*) bezieht sich jedoch auf die Langes-Leben-Kügelchen (tib.: *ril*), die während der Zeremonie verteilt werden. Ein westlicher Beobachter im Tibet des 19. Jahrhunderts berichtet, daß die Nachfrage nach Langes-Leben-Zeremonien so groß war, daß sie in den größeren Klöstern jede Woche ausgeführt wurden. Wegen seiner Häufigkeit gehört dieses Ritual zu den von vielen Gelehrten am ausführlichsten dokumentierten Praktiken des tibetischen Buddhismus. Die mit Amitāyus verbundenen Meditationen und Yogas werden nicht nur öffentlich für das Wohlergehen der Gemeinschaft ausgeführt, sondern auch von Mönchen, Yogis und Yoginīs ausgeübt. Der Buddha des unendlichen Lebens nimmt also im tibetischen Buddhismus sowohl für öffentliche Rituale als auch für die private Meditation eine sehr wichtige Stellung ein.

Siddharājñīs Lebensgeschichte ist in der Biographie Rechungpas (1084-1161) enthalten, desjenigen ihrer Schüler, der ihre Lehren nach Tibet brachte. Vielleicht kommt ja eines Tages eine eigene, vollständigere Biographie Siddharājñīs ans Licht. Es ist sogar recht wahrscheinlich, daß eine solche Biographie existiert, da die Bewahrung von Biographien und der Geschichte der religiösen Linien in Tibet Hand in Hand gingen – und Siddharājñī war immerhin die Urheberin der wichtigsten Amitāyus-Linien der Sarma-Schulen. Ihr Hintergrund wird in Rechungpas Biographie so gut wie gar nicht beleuchtet. Das Werk gibt keinerlei Information über ihre Familie oder religiöse Schulung, sondern konzentriert sich auf Rechungpas Begegnungen mit ihr und auf die tantrischen Lehren, die er von ihr erhalten hat. Die erwähnten Einzelheiten zeigen die spirituelle Größe seiner Lehrerin. Obwohl er ihr also seine Achtung zollt, wird Siddharājñī in seiner Biographie nicht wirklich lebendig, schließlich ist es die Geschichte seiner eigenen Befreiung, nicht die der ihren.

Rechungpa ging nach Indien und erhielt Lehren von vielen Meistern; seine Lehrerin wird aber in westlichen historischen Werken in der Regel nicht erwähnt. Nach seiner eigenen Biographie schulte er sich in Indien gerade unter dem Meister Tiphupa, als ein Yogi ihm den baldigen Tod prophezeite. Entsetzt lief er zu Tiphupa und sagte, er wolle nicht sterben, bevor er nicht Milarepas Auftrag erfüllt habe, weitere buddhistische Lehren von Indien nach Tibet zu bringen. Da er Rechungpas Motivation billigte, schickte Tiphupa ihn zu Siddharājñī, der Autorität für die Praxis des Langen Lebens. Als Rechungpa ihr zum ersten Mal begegnete, war er von ihrer Präsenz derart beeindruckt, daß ihm die Haare zu Berge standen. Von Hingabe überwältigt, zitterte und schluchzte er, warf sich vor ihr zu Boden und setzte ihren Fuß in einer Geste höchster Ehrerbietung auf seinen Kopf.

Siddharājñī war streng zu ihrem Schüler. Sie erteilte Rechungpa nur unter der Bedingung eine Einweihung in eine ihrer meditativen Praktiken, daß er sie sieben Tage lang ohne zu schlafen üben würde. Dies wendete seinen bevorstehenden Tod ab und trug ihm weitere Unterweisungen und Lehren ein, die er später mit zurück nach Tibet nahm. Siddharājñī prophezeite, Rechungpa werde seine ursprüngliche Lebensspanne verdoppeln und das hohe Alter von achtundachtzig Jahren erreichen. Als Dank für Siddharājñīs und Tiphupas Unterweisungen beschenkte Rechungpa seine beiden Gurus großzügig mit Gold und widmete ihnen einen Lobgesang. Während des tantrischen Festes am Vorabend seiner Abreise nach Tibet gab die Königin der Adepten ihrem spirituellen Sohn einige Ratschläge zum Abschied, Prophezeiungen über seine Aktivitäten in Tibet und geflüsterte Übertragungen (*karnatantra*, d.h. äußerst geheime mündliche Unterweisungen). Dann forderte sie ihn auf, nach Tibet zurückzukehren, um dort allen fühlenden Wesen zu dienen. Sie gab ihm den Schädel einer Dākinī aus Uddiyāna und Knochenschmuck als Geschenk für Milarepa mit.

Die Wertschätzung für Siddharājñī wird in einem Lied Tiphupas deutlich, in dem er sie mit zahlreichen Göttinnen vergleicht und so zum Ausdruck bringt, daß sie die erleuchtete Präsenz dieser Göttinnen verkörpert:

Inkarnation der Vajravārāhī,
Siegerin Pāndaravāsinī,
Mutter, die allen Buddhas das Leben schenkt,
Verehrung der Siddharājñī!
...
Du hast die 32 Merkmale eines Buddha.
Weiß mit rotem Schimmer,
bezaubernd schöne Frau,
dein Regenbogenkörper ist strahlend wie ein Diamant.

Segenspendende Dame mit allen Vorzüglichkeiten,
mit Juwelen und den sechs Knochenornamenten geschmückt,
hältst du ein gebogenes Messer und eine Schädelschale mit Nektar
und trägst ein Diadem aus Seidenbändern.

Inmitten eines Ozeans von Erleuchterinnen (Dākinīs),
in einer Meditationsklause aus Kristall,
auf einem Thron aus Gold, Silber, Türkis, Korallen und Perlen,
weilst du, unsere einzige Mutter, Siddharājñī!

Tiphupa nennt Siddharājñī »Vajravārāhī« als Zeichen ihrer Buddhaschaft und um ihre zweiunddreißig körperlichen Merkmale eines Buddha zu preisen. Die »Meditationsklause« (*gandhakutī*) ist der Baldachin, der zu Ehren und zum Willkommen eines Buddha gebaut wird. Der Regenbogenkörper (tib.: *dschalü ['ja'-lus]*), Quintessenz der tantrischen Verwirklichung, bezieht sich auf das Erstrahlen des erleuchteten Wesens in regenbogenhafter Transparenz und Schönheit, sobald alle geistigen und emotionalen Unreinheiten spurlos beseitigt sind.

Als nächstes beschreibt Tiphupa in seinem Lied Siddharājñīs meditative Reisen durch die visionäre Landschaft des tantrischen Buddhismus und ihr Zusammentreffen mit erleuchteten Wesen, von denen sie Lehren und Initiationen direkt erhalten hat – eine Fähigkeit, die nur die größten Meister besitzen:

Du schautest das Antlitz aller Gottheiten des Langen Lebens
und erhieltest ihre Ermächtigung
sowie Unterweisungen für die Praxis.
Tantrische Wissenshalterin,
du hast die spirituelle Errungenschaft der Langlebigkeit gemeistert.
...
Nachdem du in den Akanishtha-Himmel gegangen
und Vajradhara in seiner visionären Erscheinungsform begegnet bist,
die vier tantrischen Einweihungen vollendet
und die vier unübertroffenen Körper der Erleuchtung verwirklicht hast,

wirst du als [der weibliche Buddha] Vajravārāhī gerühmt,
umgeben von deiner Versammlung, dem Ozean der Sieger ...
Nachdem du Chakrasamvara begegnet bist,
die tantrischen Vajrayāna-Lehren gehört
und die höchsten tantrischen Errungenschaften verwirklicht hast,
wirst du als Vajrayoginī gerühmt,
umgeben von den Helden und Himmelstänzerinnen der drei Bereiche.
...
Nachdem du der Dākinī Simhamukhā begegnet bist,
die geheimen Darlegungen der höchsten Seligkeit gehört
und die vier spirituellen Aktivitäten vollendet hast,
wirst du »Leichenfresserin des Verbrennungsplatzes« genannt,
umgeben von Bären, Schakalen, Tigern und Leoparden –
Emanationen der Dākinīs.

Nachdem die Königin der Siddhas dem Buddha Amitāyus von Angesicht zu Angesicht begegnet war, was ihren Ruf und ihre Autorität in bezug auf diesen Buddha begründete, traf sie Vajradhara im Akanishtha-Himmel, erhielt die tantrischen Initiationen von ihm und wurde so dem weiblichen Buddha Vajravārāhī gleich. Dann begegnete sie Chakrasamvara, erhielt tantrische Lehren von ihm und identifizierte sich vollkommen mit der Vajrayoginī. Von der löwengesichtigen Gottheit Simhamukha (siehe Abb. 4, S. 34) hörte sie die geheime Darlegung der höchsten Glückseligkeit. Im Verlauf ihrer meditativen Reisen begegnete sie auch Avalokiteshvara und Hayagrīva und schrieb später eine Anleitung zur Kontemplation dieser Gottheiten. Tiphupas Lied erwähnt auch Siddharājñīs Pilgerreise zu den acht großen Verbrennungsplätzen und vierundzwanzig tantrischen Pīthas (Pilgerstätten), an denen sie geheime mündliche Unterweisungen von den dort anwesenden Dākinīs erhielt. Das Lied beschreibt nicht ihre Persönlichkeit oder die spirituellen Kämpfe vor ihrer Erleuchtung, sondern die Grundlage ihrer Autorität als Begründerin einer wichtigen Gruppe von Übungen.

Die Texte über Siddharājñī lassen erkennen, welch große Ehrfurcht sie bei allen auslöste, die ihr begegneten. Ihre eigenen Schriften erklären die von ihr eingeführten Praktiken im Detail, ein offensichtlicher Beweis für ihre Fachkenntnis in Fragen des Rituals und der Philosophie. Eines ihrer Werke ist eine Anleitung zur Herstellung des Amitāyus-Mandala und richtet sich an tantrische Gurus. Es beschreibt die Vorbereitung und Weihe der Gefäße für die Einweihung und den Verlauf der Einweihung selbst. Bevor ein Guru eine Initiation ausführt, muß er oder sie die in den Gottheiten verkörperten Energien anrufen, um Energie, Kraft und Segen auf den Einzuweihenden übertragen zu können. Entsprechend beschreibt Siddharājñīs Initiationsanleitung, wie man sich durch Mantra-Rezitation und Selbsteinweihung (*svādhishthāna*) mit der Gottheit identifiziert. Alle Sarma-Schulen des tibetischen Buddhismus bedienen sich bei den Amitāyus-Initiationen ihres detaillierten Systems, und die gebräulichen Liturgien sind spätere gekürzte Versionen. Diese späteren Texte beginnen mit einem Gebet an die Meister der Überlieferungslinie dieser Praxis, an deren Anfang stets sie als ihre Gründerin steht. Ihre Mittlerschaft zwischen den göttlichen und den menschlichen Bereichen ist die Basis für die Authentizität der nachfolgenden Übertragungslinie.

Zusätzlich zu diesem Initiationstext für Gurus schrieb Siddharājñī ein Meditationshandbuch über die Kontemplation des Amitāyus auf der äußeren, inneren, geheimen und natürlichen Ebene. Auf der äußeren Stufe lernt die Meditierende, sich die Gottheit in lebhaften Einzelheiten vorzustellen. Die innere Stufe erfordert, daß sie sich ihren eigenen Körper als Mandala vorstellt, wobei sie an verschiedenen Punkten innerhalb des Körpers Gottheiten visualisiert. Auf der geheimen Ebene bedient sie sich innerer Yoga-Praktiken, um mit Hilfe der psychischen Hitze, der Winde und Kanäle Seligkeit zu erwecken. Die letzte Stufe besteht in der Wiederherstellung des natürlichen, von Verblendung gereinigten Geisteszustands. Die Folge der Meditationen ist äußerst komplex, und die gebräuchlichen Anleitungen sind meist gekürzte Fassungen, die von späteren Meistern der verschiedenen Schulen stammen.

Die genauen Details aus Siddharājñīs Text dagegen wurden meist mündlich und in Kommentartexten weitergegeben. Als Ergänzung schrieb Siddharājñī ein Handbuch über Hayagrīva (»Pferdekopf«), eine grimmige und dennoch mitfühlende Schutzgottheit, die mit Buddha Amitāyus in Verbindung steht. Der Text gibt Unterweisungen über die Weihe einer Teigskulptur (tib.: *torma*, Skrt.: *bali*), die ein Guru als Opfergabe zur Beseitigung der Hindernisse für seine Schüler darbringt. Den Lehr- und Praxiszyklus des Amitāyus vervollständigte Siddharājñī schließlich mit einem Text über das Feueropfer, das am Ende einer Amitāyus-Klausur durchgeführt wird.

Im tantrischen Buddhismus ist die Vision einer Gottheit Maßstab für spirituelle Meisterschaft und Grundlage religiöser Autorität. Die Authentizität der Lehren Siddharājñīs ergibt sich also aus ihren visionären Begegnungen mit dem Buddha Amitāyus. Die Yoginī traf den Buddha des unendlichen Lebens von Angesicht zu Angesicht und erhielt die Lehren und Initiationen des Langen Lebens direkt von ihm. Daraufhin lehrte sie ihre Schüler und spirituellen Nachkommen, wie man sich diesem Buddha nähern und seine Erfahrung machen kann. In der Art, wie Siddharājñī gewöhnlich bildlich dargestellt wird, wird ihre Verbindung mit Amitāyus deutlich. Sie sitzt in Meditationshaltung und hält, wie er, die lebenspendende Vase (Abb. 12). Außerdem trägt sie die Zeichen einer tantrischen Yoginī: ein um die Hüften geschlungenes Tigerfell, Schmuck aus Knochen und Edelsteinen und eine Krone aus Menschenschädeln. In einer anderen Darstellung wird die Königin der Siddhas als tanzende Ḍākinī gezeigt, mit wehen-

Abbildung 12. Siddharājñī hält die Vase der Unsterblichkeit. Zeichnung von Emily Martindale, nach einem tibetischen Blockdruck.

den Schals und Knochenornamenten, einem sichelförmigen Messer und einer Schädelschale randvoll mit dem Nektar der Unsterblichkeit, ihrem Geschenk an ihre spirituellen Nachkommen.

Obwohl die von ihr begründete Zeremonie des Langen Lebens und ihre Linie der Praxis des Amitāyus in der Kultur des tibetischen Buddhismus allgegenwärtig sind, bleibt die Person Siddharājñī selbst unsichtbar. Der tibetische Titel ihrer Übertragung des Amitāyus lautet *Drub-pä-gyal-mo-lug*, aber in der gewöhnlich verwendeten Abkürzung (*Drub-gyal-lug*) fällt der weibliche Partikel (*-mo*) weg, und so bleibt allen außer den sehr Gebildeten die wahre Identität – und das Geschlecht – der Begründerin dieser Praxis verborgen. Sich dieser Tatsache bewußt zu werden, erfordert ein tieferes historisches Wissen, als es die meisten Anhänger besitzen. Obwohl Siddharājñīs Lehren des Buddha Amitāyus im tibetischen Buddhismus also einen so prominenten Platz einnehmen, bleibt dennoch vielen unbekannt, daß die Initiationen, Praktiken und Rituale an denen sie teilnehmen, auf den Offenbarungen und Lehren einer Frau basieren.

Siddharājñī und der »Herr, der auf einem Lotos tanzt«

Auf Siddharājñī geht auch eine esoterische Form des Avalokiteshvara zurück, die bei den drei Neuen (*gSarma*) Schulen des tibetischen Buddhismus in Gebrauch ist, nämlich Padmanarteshvara oder der »Herr, der auf einem Lotos tanzt«. Diese Form ist auch bekannt als Jinasāgara, »Ozean der Siegreichen«. Die exoterischen Formen des Avalokiteshvara, der Tausendarmige etwa, der von Bhikshunī Lakshmī übermittelt wurde, oder die auf Atīsha zurückgehende sitzende Form mit vier Armen, finden sich in jedem Werk über tibetische Kunst und werden häufig und öffentlich gelehrt. Der esoterischen Form des Avalokiteshvara dagegen begegnet man in der Kunst oder der allgemeinen Literatur nur selten. Sie ist üblicherweise den tantrisch Initiierten vorbehalten und erfordert ausführliche Anweisungen für das komplizierte Ritual und die yogischen Praktiken. Die Tradition verlangte, daß ein Bild des Padmanarteshvara erstmals während der Einweihung gezeigt wurde, und erst danach durfte der Praktizierende es besitzen und benutzen. Allerdings wandelt sich diese strikte Handhabung in der heutigen Atmosphäre zunehmender Offenheit in bezug auf tantrische Darstellungen allmählich.

Vom »Herrn, der auf einem Lotos tanzt« gibt es mehrere Formen, die sich durch ikonographische Einzelheiten – wie etwa die Anzahl der Hände, die Gegenstände, die sie in Händen halten, ihre Sitz- oder Tanzhaltung oder eine eventuelle Gefährtin – voneinander unterscheiden. Die Übung der auf Siddharājñī zurückgehenden roten vierarmigen Form wird von allen Sarma-Schulen des tibetischen Buddhismus praktiziert, also den Kagyüpas, Sakyapas und Gelugpas. Padmanarteshvara erscheint in Vereinigung mit Guhyajñānā, sie sitzen auf einem Lotos. Guhyajñānā ist rot, sie hat vier Arme, hält eine Schädelschale, ein Häutungsmesser, das Schwert der Weisheit und einen tantrischen Stab (*khatvānga*). Der Herr und die Herrin werden entweder mit je vier Armen dargestellt, dann gehören sie zu einer frühen Stufe der Visualisation, oder mit zwei Armen, wenn sie die geheime Praxis symbolisieren. Sie sind von fünf göttlichen Paaren in den Farben und mit den Zeichen der fünf Buddha-Familien umgeben. Dies sind nur einige der zahlreichen Gottheiten, die im Verlauf der komplexen Meditation visualisiert werden.

Siddharājñīs Text beschreibt eine Abfolge von äußeren, inneren, geheimen und äußerst geheimen Stufen der Praxis. Von tantrischen Meistern zubereitete und geweihte Medizin ist ein wichtiges Zubehör des äußeren Rituals. Ihr Verzehr stellt für die Teilnehmer nämlich eine Möglichkeit dar, den Segen des Langen Lebens aufzunehmen, der während des Rituals entstanden ist. Nachdem Siddharājñī die rituellen Zutaten, die geweihte Medizin, die Sakramente und die Opfergaben aufgezählt hat, beschreibt sie Padmanarteshvara, Guhyajñānā und ihr Gefolge, wie die Meditierende sie visualisieren soll. In der inneren Praxis müssen die Gottheiten an verschiedenen Punkten innerhalb des Körpers visualisiert und dann in strahlende Energie aufgelöst werden. Die entstehende Wärme und das Licht werden im ganzen Körper verteilt, um geistige und emotionale Reinigung zu erzielen. Die Meditierende »entzündet« im Unterleib ein Feuer, dessen Hitze die Gottheiten darüber zum Schmelzen bringt. Siddharājñī erklärt, wie alle Illusionen und Unreinheiten von diesem inneren Feuer verbrannt werden:

> Die Gottheiten am geheimen Ort brennen.
> Die Herren der vier Chakras brennen ebenso.
> Nachdem das Feuer das »A« am Nabel berührt und verbrannt hat,
> berührt es das »HAM« an der Schädeldecke,
> wodurch ein Strom von Elixier herabtropft und die vier Chakras erfüllt;
> deren Gottheiten brennen, was ihre große Seligkeit erhöht.
> Alle Buddhas der drei Zeiten,
> Lebewesen, Liebe, Haß und so weiter ...
> werden untrennbar vom Atem und verdichtet und absorbiert.
> Das Feuer verbrennt Unreinheiten.
> Im Zustand der Leerheit und des tiefen Erbarmens
> tut der natürliche Geist überhaupt nichts.
> Halte im authentischen Zustand nichtbegrifflicher Klarheit
> unbeflecktes, natürliches Gewahrsein aufrecht.
> Halte den Atem an und reinige dich von allen
> Voreingenommenheiten dualistischen Denkens.

Diesem verfeinerten Zustand innerer Verbrennung fügt Siddharājñī als Höhepunkt eine Stufe »äußerst geheimer Praxis« hinzu, in der philosophische Erkenntnisse auf die Ergebnisse der vorhergehenden yogischen Prozesse angewandt werden, was die subtilsten Stufen der Reinigung bewirkt. Die Königin der Adepten beschreibt die metaphysischen Einsichten auf dem Weg zu den höchsten Gipfeln der Meditation:

Suche nicht nach einer äußeren Einsiedelei,
der Körper selbst ist ein göttlicher Palast (Mandala).
Suche nicht woanders nach der Gottheit,
der Geist selbst, ungeboren und unvergänglich,
ist der Buddha der Familie und der Guru.
Wer dies nicht erkennt,
hat verwirrende Gefühle und ist unwissend.
Wer dies erkennt,
ist befreit und hat großes Erbarmen.
Die Fülle der Gedanken
sind die tausend Buddhas.
Heftiger, zorniger Haß hat keine Grundlage –
diese Erkenntnis ist Hayagrīva.
Wünsche, von denen man sich so schnell hinreißen läßt,
haben keine Wurzel –
diese Erkenntnis ist Guhyajñānā.
Die Scharen stolzer Emotionen,
frei von Selbstbezogenheit werden sie zu Helden.
Eifersucht ist wie ein Wirbelsturm,
wenn Hoffnung und Furcht zerstört sind,
sind das die Heldinnen.
…
Die Verblendung, die Natur des Geistes nicht zu kennen,
bedeutet, in der Falle der Weltlichkeit zu stecken.
Dies zu begreifen, ist selige Befreiung.
Die Formen der Gottheiten
sind die Schöpfung des eigenen Geistes.
Siehst du die Gottheiten als materielle Dinge,
bist du verblendet.
Gottheiten sind der Geist selbst,
klar manifest in der Weite der unbedingten Wirklichkeit.
…

Was man auch spricht oder hört,
ist Widerhall des Unaussprechlichen.
Dies ursprüngliche, reine Gewahrsein,
seit Anbeginn weilt es in der Wirklichkeit.
Wenn der Guru dies zeigt und man es begreift,
erkennt man die Sphäre höchster Wirklichkeit.
Dies ist als Buddhaschaft bekannt.

Siddharājñīs detaillierte Beschreibung des Weges zur Buddhaschaft beweist, daß Frauen das höchste Ziel dieser Tradition erlangt haben, Auch wenn der Text ihr nachträglich zugeschrieben wurde, bliebe die Aussage stichhaltig, denn damit eine derartige Schrift einer Frau zugeschrieben werden konnte, muß es glaubwürdige, lebendige Beispiele für die Vollendung von Frauen gegeben haben.

Bhikshunī Lakshmī und die Fastenpraxis des Avalokiteshvara

Im Gegensatz zu einigen anderen »Gründermüttern« erlangte Bhikshunī Lakshmī (tib.: Gelongma Palmo) den Status einer Kulturheroin. Sie begründete eine asketische Disziplin für Laien, die bis zum heutigen Tage von allen tibetischen Buddhisten sämtlicher Schulen auf der ganzen Welt häufig praktiziert wird. Man kann sich nicht lange in einer Gemeinschaft tibetischer Buddhisten aufhalten, ohne von einzelnen oder sogar großen Gruppen zu hören, die das Fastenritual der Bhikshunī Lakshmī ausführen. Vielleicht ist die Bhikshunī Lakshmī besser bekannt als andere weibliche Praktizierende, weil ihre Übung nicht so esoterisch und damit weiter verbreitet ist, und auch, weil sie häufig als Beispiel für die Wirksamkeit ihrer eigenen Praxis vorgestellt wird.
Bhikshunī Lakshmī, ursprünglich eine Prinzessin aus Kasch-

mir, lebte im späten 10. oder 11. Jahrhundert. Sie entwickelte die bekannte Fastenpraxis nach einer lebensbedrohenden Krankheit und der Vertreibung aus ihrer religiösen Gemeinschaft. Als junges Mädchen war Lakshmī sehr sensibel und mitfühlend, und als sie entdeckte, daß Tiere als Nahrungsmittel geschlachtet wurden – sogar die Lämmer, die sie besonders mochte –, war sie so entsetzt, daß sie beschloß, alle Bindungen an ein weltliches Leben abzuschneiden. Gegen den Widerstand ihrer Eltern ließ Lakshmī sich zur Nonne (*bhikshunī*) ordinieren und schulte sich dann bei einem tantrischen Guru. Die ehemalige Prinzessin bewies großes Geschick in der logischen Debatte, und der Guru forderte sie auf, sich mit den führenden Philosophen und tantrischen Gelehrten jener Zeit zu messen. Als sie einen nach dem anderen in der Debatte besiegte, machte man Lakshmī zur Äbtissin eines Klosters. In dieser Stellung bewährte sie sich viele Jahre, bis sie plötzlich an Lepra erkrankte. Daraufhin vertrieben die Mönche sie aus dem Kloster und ließen sie rücksichtslos zum Sterben im Wald zurück – nach einer Überlieferung dieser Geschichte auch deshalb, weil sie sie einer Fehlgeburt verdächtigten.

Zum Gehen zu krank, kroch Lakshmī in eine Höhle, wo sie endgültig zusammenbrach und mit letzter Kraft Avalokiteshvara, den Bodhisattva des Erbarmens anrief. Avalokiteshvara erhörte ihr Flehen und erschien ihr in einer blenden weißen, tausendarmigen Form. Er hielt das Gefäß mit jener Flüssigkeit, die den Durst und jedes andere Bedürfnis der Lebewesen stillt. In einer Fassung der Überlieferung spülte er dann ihren ganzen Körper mit klarem Wasser aus und heilte damit augenblicklich ihre Lepra, in einer anderen Version gab er ihr Medizinkügelchen und die Symptome verschwanden nach drei Tagen.

Nach ihrer wunderbaren Heilung hörten die Offenbarungen nicht auf. Die Äbtissin flog mit Avalokiteshvara in einen himmlischen Bereich, wo sie inmitten der Wolken mit wunderschönen Dākinīs tanzte. Als Krönung ihrer visionären Reise offenbarte der Bodhisattva des Erbarmens ihr eine Fastenpraxis und wies sie an, die Übung alle – Mönche wie Laien – als machtvolles Mittel zur Ansammlung von Verdienst und zur Reinigung zu lehren. In der Zwischenzeit war ihre persönliche Dienerin, die annahm, die Äbtissin müsse mittlerweile im Wald gestorben sein, aufgebrochen, um nach ihrem Leichnam zu suchen. Bhikshunī Lakshmī jedoch kam ihr vollständig geheilt aus der Höhle entgegen und erzählte, was geschehen war. Die Dienerin riet zur Rückkehr ins Kloster, um die Fastenübung an die dortigen Mönche weiterzugeben. Noch verletzt über die Behandlung, die ihr dort zuteil geworden war, erwiderte Bhikshunī Lakshmī: »Zurück in dieses Kloster? Ich würde dorthin nicht einmal mehr zum Urinieren gehen!« Ihr Mitgefühl überwog schließlich aber doch, und die beiden Frauen gingen zum Kloster und lehrten die eben offenbarte Praxis. Von denen, die ihre Äbtissin immer noch verehrten, wurde sie angenommen, die anderen jedoch, die sich gegen sie gewandt hatten, lehnten sie ab. Dann machten sich die beiden Frauen auf die Reise und verbreiteten die neue Fastenübung in Indien und Tibet.

Die Fastenpraxis der Nonne aus Kaschmir (*uposhana,* tib.: *smyung-gnas,* gesprochen *njung nä*) wurde eine wichtige Übung für Mönche, Nonnen und Laien. Sie wird im gesamten Himalaja-Raum und überall dort geübt, wohin sich der tibetische Buddhismus verbreitet hat. Auch in Amerika, Europa, Taiwan und anderen Außenposten des tibetischen Buddhismus wird sie sowohl von Tibetern als auch von den tibetisch-buddhistischen Konvertiten dieser Länder geübt. Die Fastenpraxis ist ein Schlüsselereignis im tibetisch-buddhistischen rituellen Jahr, wo sie im sechsten Mondmonat stattfindet; sie kann jedoch darüber hinaus jederzeit geübt werden.

Kern der Praxis des *njung nä* ist der vollständige Verzicht auf Essen und Trinken, begleitet von Niederwerfungen, Gebeten und Mantra-Rezitation. Laien können sich zudem auch den Kopf rasieren, barfuß gehen und Gegenstände aus Leder meiden. Es ist eine Gelegenheit für sie, sich für eine gewisse Zeit den Entbehrungen des Klosterlebens zu unterziehen, und für die Mönche und Nonnen ist es eine Zeit verstärkter Entsagung. Das Ritual dauert im allgemeinen zwischen zwei und vier Tage; man kann es allerdings mehrfach hintereinander ausführen, in manchen Fällen über mehrere Monate. Am Ende des Rituals und vor der Rückkehr zum normalen Leben wird ein Fest gefeiert.

Da Buddha Shākyamuni infolge einer langen Fastenperiode vor seiner Erleuchtung beinahe gestorben wäre, galt das Fasten ursprünglich nicht als Bestandteil buddhistischer Praxis. Schließlich fand es jedoch Eingang in das Repertoire der Mahāyāna-Frömmigkeit. Im 7. Jahrhundert berichtete der chinesische Pilger Xuan Zang (Hsuan Tsang) von einer Fastenpraxis vor einer berühmten Statue des Avalokiteshvara, die ausgeführt wurde, um eine Vision des Bodhisattva zu erreichen. Besagte Statue befand sich in einem Kloster in Kaschmir. Daher ist es durchaus möglich, daß diese Art der religiösen Übung – die Kombination von Entbehrung mit Visualisation – im Hintergrund von Bhikshunī Lakshmīs Heilungsvision des Avalokiteshvara gestanden hat; aber ihr Ritual ist nicht bloß die Übernahme einer bereits bestehenden Mahāyāna-Praxis. Über die klassische Meditation des Mahāyāna hinaus, in der man eine Vision der Gottheit erschafft, erfordert Bhikshunī Lakshmīs Methode die Identifikation mit Avalokiteshvara, ein typisch tantrisches Vorgehen, in dem die Praktizierende sich selbst als die Gottheit visualisiert (*atmotpatti*). Auch wenn derartige Praktiken schon zuvor in Kaschmir verbreitet gewesen sein sollten, schuf Bhikshunī Lakshmī doch immerhin eine lebendige Verbindung vom asketischen, hingebungsvollen Strom des Mahāyāna in Kaschmir zum Sammelbecken des tibetischen Buddhismus, in das alle Wasser des indischen Buddhismus flossen.

Bhikshunī Lakshmīs Fastenritual wird von allen Schulen des tibetischen Buddhismus ausgeführt. Die Wichtigkeit von zweien ihrer frühen Nachfolger, Rinchen Sangpo und Atīsha, für die Begründung des Buddhismus in Tibet trug dazu bei, die Überlieferung der Praxis auch in Tibet zu sichern. Bhikshunī Lakshmī selbst verfaßte eine Anleitung für die Visualisation; außerdem entstanden über die Jahrhunderte weitere Handbücher mit leicht abgewandelten Liturgien für dieselbe Kernpraxis in allen Schulen des tibetischen Buddhismus. Bhikshunī Lakshmī schrieb einen Lobgesang, der während des Rituals jeden Tag mehrere Stunden lang als Begleitung für die Niederwerfungen rezitiert wird, ganz gleich, welche Version der Liturgie ansonsten benutzt wird. Ihre poetischen Beschreibungen von Avalokiteshvara zeugen von der Lebendigkeit ihrer visionären Begegnung und rufen ein Gefühl intimer Vertrautheit mit dem Erscheinen der Gottheit wach. Ein Echo ihrer königlichen Erziehung klingt in den Metaphern nach, mit denen sie den Glanz und die überirdische Schönheit ihrer heilenden Vision vermittelt:

> Dein Gesicht strahlt herrlich wie der Vollmond;
> die Form deiner Augen
> gleicht erlesen geschwungenen Lotosblütenblättern.
> Duftend und schneeweiß wie eine Muschel,
> hältst du einen schimmernden Rosenkranz makelloser Perlen.
> Du bist mit dem rosigen Schimmer der Morgenröte geschmückt;
> wie aus einem Lotossee strömt aus deinen Händen der Nektar.
> Du Jugendfrischer, weiß wie eine Herbstwolke,
> von deinen Schultern strömen Edelsteine in Kaskaden.
> Deine Handflächen sind zart und frisch wie junge Blätter,
> dein Nabel ist weich wie ein Lotosblumenblatt.
> ...
> Quell ewiger Glückseligkeit, du heilst Alter und Krankheit.

Es ist leicht nachvollziehbar, wie durch diese Hymne die hingebungsvolle Stimmung entsteht, die den Praktizierenden hilft, sich den Herrn des Erbarmens lebendig zu vergegenwärtigen. Ihre eigene Erfahrung von Avalokiteshvaras dramatischer Reaktion auf ihr Flehen noch frisch im Gedächtnis, verspricht Bhikshunī Lakshmī, daß »jeder, ob Mann oder Frau«, der beim Morgengrauen aufsteht und diese »höchste Lobpreisung« rezitiert und sich gleichzeitig die Größe Avalokiteshvaras vergegenwärtigt, all seine Ziele in diesem und in künftigen Leben erreichen kann. Möglicherweise in Anlehnung an eine Stelle im *Lotos-Sūtra,* nach der der Bodhisattva auch in weiblicher Form erscheint, wenn es notwendig ist, preist sie Avalokiteshvara dafür, manchmal als Frau zu erscheinen:

> Mondgleiche Mutter der Buddhas,
> deren Form die einer schönen Göttin ist ...
> Von Natur aus leer,
> kommst du aus der Leerheit hervor
> in der Form einer Frau,
> um die Wesen zu zähmen.

Die Form, in der Avalokiteshvara der Äbtissin aus Kaschmir erschienen ist, ist eine der verbreitetsten der gesamten tibetischen Ikonographie. Als geliebte Schutzgottheit und Mittelpunkt religiöser Sehnsucht begegnet man Avalokiteshvara auf tibetischen Rollbildern, in Skulpturen und Tempelfresken. Man erkennt ihn an seinen elf Köpfen, tausend Armen und den Gegenständen, die er in den acht Haupthänden hält. In zwei seiner rechten Hände hält er einen Rosenkranz und das Rad des Dharma und macht mit einer Hand die Geste des Gebens (*varada-mudrā*), in den entsprechenden linken Händen hält er einen goldenen Lotos, Pfeil und Bogen und eine Initiationsvase. Mit einem Paar Hände hält er in der Geste der Añjalī-Mudrā das Wunscherfüllende Juwel der Erleuchtung an seinem Herzen (Abb. 13 links). Die Farben der elf Gesichter, die Stel-

Abbildung 13: Avalokiteshvara (links) und Bhikshunī Lakshmī (rechts) in der Höhle. Tibetischer Holzschnitt aus Lokesh Chandra, *Buddhist Iconographie*, Abb. 1627.

lungen und Gegenstände der Hände und ihre symbolische Bedeutung werden in Bhikshunī Lakshmīs Meditationshandbuch und anderen Schriften genau beschrieben. Wird diese Form des Avalokiteshvara von Nebenfiguren begleitet, so wird er in ikonographischen Werken nach Bhikshunī Lakshmī benannt, obwohl ihre Rolle bei der Popularisierung dieser Darstellung nicht allgemein bekannt ist. Nichtsdestoweniger wird die Äbtissin aus Kaschmir als seine erste Verehrerin manchmal selig zu seinen Füßen meditierend dargestellt. Nach seinem Vorbild hält auch sie ein Wunscherfüllendes Juwel in ihren zusammengelegten Händen am Herzen (Abb.13 rechts) und versinnbildlicht so ihre innige Verbindung mit dem Bodhisattva des Erbarmens und ihre Rolle als Pionierin der göttlich offenbarten Fastenpraxis.

Als Gründer des tantrischen Buddhismus werden in den Annalen der Schulen, den religiösen Biographien und historischen Werken über Indien und Tibet bestimmte männliche Persönlichkeiten genannt. Die Namen der ebenso glorreichen Gründermütter dagegen erstrahlen nicht im gleichen Glanz; in manchen Fällen wurden sie sogar fast vollständig vergessen.

Zum Glück machen viele Anhaltspunkte und Beweise ihre Wiederentdeckung durch Historiker möglich. »Gründer« sind stets diejenigen, die von ihren historischen Nachfolgern rückblickend als solche identifiziert werden. Ihre Namen sind verewigt in der Geschichtsschreibung der religiösen Linien, in Kolophonen und Hagiographien. Zu den prominentesten Vorvätern des Tantrayāna zählen Saraha, Kānha, Virūpa, Luipa, Tilopa, Kambala, Maitrīpa, Padmavajra und, für die Schule der Nyingmapas, Padmasambhava.

Über all diese Gründergestalten sind nur sehr wenige stichhaltige historische Fakten bekannt. Die Auswertung des verfügbaren Textmaterials führt zu zahlreichen Problemen bezüglich Identität, Chronologie und Datierung. So wird man wahrscheinlich nie wissen, unter welchem Herrscher der Pāla-Dynastie Saraha gelebt hat, ob »Saraha« in Wirklichkeit eine aus verschiedenen Personen zusammengesetzte Gestalt ist oder ob er eine historische Persönlichkeit war, deren Biographie nur durch volkstümliche Geschichten über die Heldentaten tantrischer Yogis oder die Kunst der Geschichtenerzähler ausgeschmückt wurde. Die quasi-legendäre Natur des Quellenmaterials stellt für die vorliegende Studie jedoch kein Problem dar, denn Sinn dieses Abschnitts ist es, die Geschichte der Tradition zu untersuchen, *so wie sie sich selbst versteht und darstellt.* In diesem Sinne hat das Material über die Gründerinnen den gleichen Wert für die Geschichtsschreibung wie die Informationen über die Gründer. Für die

Männer und Frauen in der tantrischen Literatur gilt gleichermaßen, daß sie, wenn sie keiner historischen Gestalt entsprechen, entweder einen in tantrischen Kreisen vorkommenden Typus darstellen oder eine zusammengesetzte Gestalt, um die die Taten und Abenteuer mehrerer Personen gruppiert wurden.

Gemäß meiner Hypothese, daß Frauen einen aktiven Beitrag zur Entwicklung tantrisch buddhistischer Theorie, Praxis und Ikonographie leisteten, habe ich die Biographien verschiedener männlicher Gründer des tantrischen Buddhismus daraufhin durchleuchtet, ob sie Lehrerinnen oder Gefährtinnen gehabt haben, die bei der Entwicklung ihrer tantrischen Lehren eng mit ihnen zusammenarbeiteten. Meine Methode ist mit dem *cherchez la femme* des klassischen Kriminalromans vergleichbar, dem Prinzip also, daß man auf die »Suche nach der Frau« gehen muß, wann immer sich die Frage nach der Ursache oder Wurzel von etwas stellt. Zweck dieser Übung ist es, die geläufige Darstellung der tantrischen Bewegung als strikt und ausschließlich männliche Schöpfung in Frage zu stellen und zu untersuchen, ob nicht Frauen an ihrer Wurzel zu finden sind.

Einer der überragenden Gründer des tantrischen Buddhismus ist der Adept Saraha, ein ehemaliger Priester und Gelehrter. Sarahas tantrische Lieder (*dohā*) werden als die grundlegende Quelle der Tradition der Mahāmudrā und als ihr charakteristischer Ausdruck in pointierter, poetischer Form gepriesen. Saraha gilt ebenfalls als Urheber der Übertragungslinie des *Chakrasamvara-Tantra,* und Tāranātha identifiziert ihn als Gründer des *Anuttara-Yoga-Tantra*. Seit seiner Jugend zeigte Saraha große Intelligenz und vertiefte sich ernsthaft in seine Studien. Als Hindu-Priester mit Namen Rahula lernte er zunächst die Veden auswendig und meisterte viele andere Disziplinen, bevor er zum Buddhismus konvertierte und Mönch wurde. Sarahas Leben nahm die entscheidende Wendung, als er sich von einigen Mädchen zum Bier-

Abbildung 14: Die Pfeilmacherin, Sarahas Guru. Zeichnung von Emily Martindale, nach einem tibetischen Blockdruck.

trinken überreden ließ und damit seine Mönchsgelübde brach. Als er in trunkener Euphorie herumtorkelte, erschien ihm ein Bodhisattva und befahl ihm, eine Pfeilmacherin mit mystischer Begabung aufzusuchen, die in der Stadt lebte. Er versprach, daß ihre Begegnung vielen Menschen Nutzen bringen würde.

Von der Wahrheit der Botschaft überzeugt, machte sich Saraha auf zum Marktplatz. Unter den Pfeilmachern dort entdeckte er eine Frau, die ihre Pfeile mit einer Behutsamkeit und Gewandtheit herstellte, die von einer tiefen meditativen Sammlung zeugte. Völlig in ihre Arbeit versunken, sah sie nicht auf oder ließ sich sonstwie ablenken, während sie den Pfeilschaft schnitt, die Spitze aufsetzte, Federn anbrachte und den Pfeil auf seine Geradheit prüfte (Abb. 14). Saraha wollte mit einer trivialen Frage das Eis brechen und Kontakt mit ihr aufnehmen. Für Trivialitäten nicht zu haben, waren ihre ersten Worte: »Der Sinn der Lehre Buddhas kann durch Symbole und Handlungen erkannt werden, nicht jedoch durch Worte und Bücher.« Saraha erkannte auf der Stelle, daß er eine wertvolle Lehrerin gefunden hatte, legte seine Mönchsroben ab und verpflichtete sich seiner Guru-Yoginī. Die Pfeilmacherin nahm ihn als Schüler und tantrischen Gefährten an. Laut Tāranāthas eigener Aussage lehrte sie ihn die wahre Bedeutung der Dinge und befähigte ihn, die Wirklichkeit zu sehen, wie sie ist. Saraha wurde für die spirituellen Verse berühmt, in denen er seinen Einsichten in dem geistreichen und schlagfertigen Tenor Ausdruck verlieh, den die Pfeilmacher-Yoginī ihn gelehrt hatte.

Die Yoginī lehrte Saraha, daß es eine Form der Partnerschaft gibt, die nicht auf gewöhnlicher Anhaftung beruht. Seine Bewunderung ihrer erleuchteten Präsenz kannte keine Grenzen:

Das Handeln dieser Yoginī ist ohnegleichen.
Sie vernichtet den Haushälter,
und erleuchtete Spontaneität scheint auf.

Jenseits von Leidenschaft und Nicht-Leidenschaft,
sitzt sie entrückt, den Geist zerstört –
so habe ich die Yoginī gesehen.

Man ißt und trinkt und denkt,
was einem in den Sinn kommt.
Es ist jenseits der Vernunft und unfaßbar,
dieses Wunder einer Yoginī.

Hier sind Sonne und Mond nicht mehr unterscheidbar,
in ihr entsteht die dreifache Welt.
Sie vervollkommnet das Denken
und ist die Einheit der erleuchteten Spontaneität –
O kenne diese Yoginī!

Nachdem er ein glühender Bewunderer der Pfeilmacherin geworden war, verbrachte der frühere Priester und Mönch seine Tage mit seiner Guru-Gefährtin in den Bergen und verdiente seinen Lebensunterhalt mit der Herstellung von Pfeilen. Saraha nahm den Kastennamen seiner Gefährtin an und führte ein tantrisches Leben, zu dem auch Feiern an Verbrennungsstätten gehörten. Als er für sein offensichtlich unpassendes Verhalten kritisiert wurde, verteidigte er sich, indem er seine mystischen Errungenschaften in poetischer Form besang (*dohā*) und übernatürliche Kräfte demonstrierte – im mittelalterlichen Indien beliebte Mittel, um öffentlicher Kritik zu begegnen. Also auch Saraha, eindeutig eine der größten Gründergestalten in der Geschichte des tantrischen Buddhismus, hatte eine spirituelle Mutter – eine Pfeilmacherin, die trotz ihrer niedrigen Kaste und ihrer handwerklichen Tätigkeit eine Frau von spiritueller Kultiviertheit, Tiefe und erleuchteten Fähigkeiten war.

Ghantapa, Luipa und Kānha werden als die Gründerväter der Tradition des Chakrasamvara angesehen. Sie meisterten die mit ihm verbundene Praxis und verfaßten wichtige Kommentare und Meditationssysteme. Wenn wir jedoch nach den Vorfahren der Gründer selbst suchen, zeigt sich, daß Ghantapa zwei Chakrasamvara-Initiationen erhalten hatte: eine von Dārika und eine von Sahajayoginīchintā, einer Frau. Sahajayoginīchintā war eine Philosophin, die jedoch ihren Lebensunterhalt als Schweinehirtin verdiente. Von ihr erhielt Ghantapa auch höchste esoterische Unterweisungen darüber, wie man die Befreiung durch Ekstase erlangt. Nachdem er diese Belehrungen in Uddiyāna erhalten hatte, ging er nach Orissa im Osten, wo er viele Jahre mit seiner spirituellen Gefährtin im Wald praktizierte. Sie war die Tochter einer Kurtisane, mit der ihn schon über viele Leben hinweg eine karmische Beziehung verband.

Aus Luipas Biographie läßt sich nicht entnehmen, wer ihm die Initiation des Chakrasamvara erteilt hatte, aber bei den meisten seiner Lehrer, da sind sich die verschiedenen Biographien einig, handelte es sich um Frauen: die Dākinīs, die ihn in Bodhgaya unterwiesen, die Frauen in Uddiyāna, die das Fest ausrichteten, auf dem er die Einweihung der Vajravārāhī erhielt, und die Dākinī-Schankwirtin, deren Kritik ihn schließlich dazu brachte, sich am Flußufer niederzulassen, wo er von Fischinnereien lebte und nichtduales Gewahrsein entwickelte. Luipa erhielt sogar seinen Namen von den Fischerinnen, die ihn beim Verzehr von Fischabfällen am Flußufer beobachteten. Von Luipa wird auch berichtet, er habe Einweihung von Shavari erhalten. Da Shavari selbst zwei weibliche Gurus hatte, Padmalochanā und Jñānalochanā, die gemeinsam mit ihm lehrten (wie in der Biographie von Maitrīpa beschrieben), ist wahrscheinlich, daß Luipa von allen dreien initiiert wurde und so auch Initiation von den beiden Yoginīs erhalten hat. Aus den traditionellen Berichten geht also hervor, daß auch die Gründer Ghantapa und Luipa Lehrerinnen hatten.

Kānhas Haupt-Guru war Jalandhari, der sowohl von der Adeptin Lakshmīnkarā tantrische Unterweisungen erhalten hatte als auch von Kambala (der weiter unten besprochen wird). Neben seiner Bedeutung für die Überlieferung des Chakrasamvara-Systems wird ihm die Enthüllung des *Samputatilaka-Tantra* zugeschrieben, eines kurzen tantrischen Werkes der höchsten esoterischen Klasse. Aus seiner Biographie geht hervor, von wem er diesen Text erhalten hatte. Sein Lehrer Jalandhari hatte ihn auf die Suche nach einer Dākinī namens Bhadri geschickt, von der er einen heiligen Text und entsprechende Unterweisungen erhalten sollte. Kānha fand eine Frau, die in einer zerfallenen Hütte hauste und behauptete, Bhadri zu sein. Er glaubte ihr nicht und suchte weiter. Nach zwei Tagen kam er wieder an ihrer Tür an, erkannte seinen Fehler, warf sich zu Bhadris Füßen nieder und bat um den Text und die Einweihung. Sie sah, daß sie auf diese Weise vielen Menschen würde nützen können und erfüllte Kānhas Wunsch, gab ihm die Einweihungen und Unterweisungen und erklärte Details der Praxis. Kānhas Sichtweise war mittlerweile rein geworden. Obwohl er bei der ersten Begegnung so verblendet gewesen war, daß er nur eine gewöhnliche Frau in einer schäbigen Hütte wahrgenommen und gedacht hatte, sie könne auf keinen Fall die gesuchte religiöse Lehrerin sein, sah er nun, als Bhadri die Einweihung ausführte, die Hütte als einen göttlichen Palast und den Sitz der Frau als prunkvollen Thron. Einmal mehr hatte ein »Gründervater« eine spirituelle Mutter.

Auch Kambala, ein Mahāsiddha aus Orissa, war ein wichtiger Gründervater, der das System des Chakrasamvara und andere wichtige Kernlehren wie das *Hevajra-Tantra* an die ursprünglichen Gemeinschaften des tantrischen Buddhismus übermittelte. Kambalas leibliche Mutter, eine tantrische Dākinī, war auch seine spirituelle Mutter. Sie überwachte seine religiöse Laufbahn, überredete ihn erst, auf den Thron zu verzichten und Mönch zu werden, später, das Kloster zu verlassen und sich in den Wald zurückzuziehen, und schließlich, seine Mönchsgewänder aufzugeben und tantrischer Yogi zu werden. Sie selbst gab ihrem Sohn die Einweihung und Unterweisungen zur Chakrasamvara-Praxis, und so kann man mit Fug und Recht davon ausgehen, daß seine beiden Werke über dieses Thema letztlich ihre Lehren übermitteln. Die Lehren, die Kambala von seiner Mutter erhalten hatte, wurden wiederum an Indrabhūti weitergegeben. Es ist also anzunehmen, daß auch dessen zahlreiche Schriften über das System des Chakrasamvara den Einfluß ihrer Lehren spiegeln, wenn auch nahtlos und anonym in das tantrische Material verwoben. Angesichts der Tatsache, daß diese Initiationen und Lehren ursprünglich von einer Frau ausgingen, scheint es gerechtfertigt zu fragen, *wessen* Lehren in diesen Texten eigentlich dargestellt werden. Sind sie männlicher oder weiblicher Herkunft? Wenn die Lehren einer Frau in den Text eingeflochten sind, kann auch eine männliche Autorenschaft – das heißt das Erscheinen des Namens eines Mannes im Kolophon – nicht als Beweis dafür dienen, daß es sich um eine ausschließlich männliche Kulturschöpfung handelt, wie es von tantrischen Texten oft behauptet wird.

Padmavajra, ein weiterer Gründervater des tantrischen Buddhismus, teilt mit Kambala die Bekanntheit als »Autor« des *Hevajra-Tantra*. Da tantrische Praktiken nicht auf menschliche Urheberschaft zurückzuführen sind, meint »Autor« in diesen Fällen jemanden, der den entsprechenden Text »entdeckte« oder niederschrieb. Padmavajra war ein begabter Redner und in Uddiyāna bereits ein angesehener Gelehrter, als er auf die Suche nach Anangavajra ging, einem Schweinezüchter und tantrischen Guru. Als er zu Anangavajras Bauernhof kam, erblickte er eine Frau und war sofort von ihr fasziniert. Sie widmete sich ihrer Arbeit mit meditativer Sammlung, ihre Bewegungen waren anmutig und zeugten von großer spiritueller Tiefe. Sie nahm Padmavajra als ihren Schüler an und gab ihm Unterweisungen darüber, wie man durch den Ausdruck von Leidenschaft spirituelle Seligkeit erlangt. Ihre Tochter nahm Padmavajra als ihren spirituellen Gefährten, und zusammen gingen sie in die Hauptstadt, wo ihre Beziehung als skandalös verschrien war, während ihre tantrische Praxis ihnen magische Kräfte und schließlich Erleuchtung einbrachte. Wieder finden wir in der Laufbahn eines »Gründervaters« die Präsenz einer spirituellen Mutter.

Virūpa, ein Adept, dessen Vorstellung von religiöser Disziplin darin bestand, in einer Kneipe über einem Dutzend Gläsern Wein zu meditieren, ist als der indische Ahn der Sakya-Schule des tibetischen Buddhismus bedeutsam. Diese Schule hat eine charakteristische Unterteilung des spirituellen Weges in »Pfad und Frucht« (tib.: *lam dre*) entwickelt, die mit der Philosophie des Mahāyāna beginnt und ihren Höhepunkt in den tantrischen Lehren des *Hevajra-Tantra* findet. Nach der offiziellen Sakya-Version seiner Biographie erhielt Virūpa die tantrischen Unterweisungen und Initiationen direkt von dem blauen weiblichen Buddha Nairātmyā; ein menschlicher Guru wird nicht erwähnt. Nach den »Blauen Annalen« allerdings erhielt Virūpa zumindest eine Initiation von einem menschlichen Guru. In die Praxis der »Vajrayoginī mit dem abgetrennten Kopf« nämlich wurde er durch ihre Gründerin, Lakshmīnkarā, eingeweiht. Er übertrug die Praxis dann seinen eigenen Schülern, durch die sie nach Nepal und Tibet gelangte. Also findet sich auch in Virūpas Fall eine spirituelle Mutter.

Tilopa (spätes 10. bis frühes 11. Jh.) ist, zusammen mit Nāropa und Maitrīpa, einer der Gründer der Kagyü-Schulen des tibetischen Buddhismus. Diese indischen Gründerväter gaben ihre Lehren an die tibetischen Meister Marpa, Milarepa und Gampopa weiter, bevor sich die Schule in die verschiedenen Kagyü-Linien teilte. Tilopas früher spiritueller Weg war ganz und gar von einer Frau bestimmt. Sie hatte ihn zum Buddhismus bekehrt, sie wies ihn an, buddhistische Schriften und Philosophie zu studieren, und sie entschied, zu welchen Gurus er gehen sollte (Saryapa und Matāngi). Sie übernahm es schließlich auch selbst, ihn in das *Chakrasamvara-Tantra* einzuweihen und die entsprechenden Unterweisungen zu geben. Dieselbe Dākinī überwachte Tilopas Entwicklung weiter, als er das Kloster verließ, mit anderen Gurus studierte und auf einem Verbrennungsplatz tantrische Disziplinen übte. Als sie erkannte, daß Tilopa reif war für die vollständige Erleuchtung, schickte sie ihn in eine Stadt in Bengalen, wo er eine Frau namens Barima finden und für sie arbeiten sollte. Barima war eine Dākinī auf einer hohen Bodhisattva-Stufe, die als Kurtisane lebte, um Lebewesen zu befreien. Die ganze Stadt war von ihrer spirituellen Präsenz erfüllt – eine optimale Umgebung für die letzten Stufen auf Tilopas Reise zur Erleuchtung. Tagsüber mahlte er Sesamsamen, nachts arbeitete er als Diener der Kurtisane.

Tilopas Verwirklichung wurde später noch durch direkte Visionen des Buddha Vajradhara und einer transzendenten (d.h. erleuchteten und körperlosen) Dākinī vertieft, aber aus seiner Biographie wird die unentbehrliche Rolle von Frauen als seine spirituellen Ratgeberinnen und Meisterinnen ersichtlich. Eine weitere wichtige, in der Kagyü-Version der Biographie nicht erwähnte Frau in Tilopas Leben, die dafür aber in Tāranāthas Bericht hervorgehoben wird, war seine spirituelle Gefährtin, eine Frau, die Sesamsamen mahlte. Nachdem er aus dem Kloster verstoßen worden war, weil er seine Zölibatsgelübde gebrochen hatte, nahm er ihren Beruf an. Daher kommt auch sein Name, der »Sesamstampfer« bedeutet. Laut Tāranātha reiste und lehrte das Paar gemeinsam und sang Lieder, die alle Hörer in Erstaunen versetzen, weil in ihnen die spirituelle Tiefe des Lebens spürbar wurde. Als bengalische Dörfler einmal Zweifel an der religiösen Glaubwürdigkeit des Paares aus einer offensichtlich niederen Kaste hegten, zerstreuten Tilopa und seine Gefährtin augenblicklich alle Bedenken. Sie erhoben sich hoch in die Lüfte, schwebten dort umher, mahlten Sesamkörner und sangen dabei Lieder. Man kann Tilopas Laufbahn also kaum richtig würdigen, ohne die Führung durch seine zahlreichen spirituellen Mütter zu berücksichtigen.

Maitrīpa gehört ebenfalls zu den indischen Gründervätern der Kagyü-Linie. Als er seinen Guru Shavari fand und ihm Ehrerbietung erwies, hatte er für die beiden Frauen in seiner Begleitung nur Verachtung übrig. Es waren Jägerinnen aus der

Stammesbevölkerung, und Maitrīpa schienen sie Shavaris unwürdig. Seiner Meinung nach sollte sich ein Guru nicht mit derart unkultivierten Gefährtinnen abgeben. Er wußte nicht, daß Padmalochanā und Jñānalochanā selber Gurus waren und mit Shavari zusammenarbeiteten. Später führten die Jägerinnen symbolische Handlungen aus und sangen spirituelle Verse, die ihm halfen, die dualistische Tendenz seines Geistes zu durchschneiden. Gangādharā, Maitrīpas spätere Gefährtin, hatte ebenfalls einen großen Einfluß auf seine Entwicklung. Sie war selbst ein Guru, und der berühmte Jungpo Naljor zum Beispiel war einer ihrer Schüler. Obwohl Gangādharā verwöhnt im Palast aufgewachsen war, zog sie, nachdem sie tantrische Yoginī geworden war, das entbehrungsreiche Waldleben vor. Zu ihren erstaunlichen magischen Verwirklichungen gehörten die Beherrschung der rituellen Blicke sowie die Fähigkeit, ihren Körper in viele verschiedene Gestalten zu verwandeln. Unter anderem konnte sie die Gestalt eines Wolfes annehmen. So war also auch das Leben dieses Gründervaters mit den Leben verschiedener Frauen verwoben. Das religiöse Verständnis und die Lehren Maitrīpas entwickelten sich in der Lehrzeit mit diesen Frauen und in der Beziehung mit ihnen.

Bei genauer Betrachtung der Lebensläufe der männlichen »Gründer« des tantrischen Buddhismus in Indien stellt sich heraus, daß viele von ihnen von Frauen unterwiesen und initiiert wurden. Die offizielle Geschichte der religiösen Linien besteht allerdings aus selektiven Zusammenstellungen, die nicht unbedingt vollständige Rechenschaft über die ursprünglichen »Gründer« einer bestimmten Praxis ablegen. Ein Auswahlkriterium war dabei eindeutig das Geschlecht. Stets liest man von Männern mit bemerkenswerten Eigenschaften und Fähigkeiten, aber nach einem tieferen Blick in die Geschichte erkennt man, daß nahezu alle diese Männer von Frauen umgeben waren und auch von ihnen ausgebildet wurden. Obwohl überwiegend Männer in den biographischen Anthologien gefeiert werden, wurde ihr religiöses Leben von weiblichem Einfluß bestimmt und oft sogar definiert. Wir sehen also, daß sich aus ausschließlich männlichen Übertragungslinien nicht unbedingt auf eine rein männliche religiöse Gemeinschaft schließen läßt. Die Annahme, daß es keine hoch verwirklichten Frauen oder Lehrerinnen gegeben hat, die sogar als Gurus der Gründer selbst fungierten, ist nachweisbar falsch.

Auch wenn gemeinhin angenommen wird, der tantrische Buddhismus sei ausschließlich das Werk von Männern wie Saraha, Kānha, Virūpa, Luipa, Tilopa, Padmavajra, Kambala, Maitrīpa und Ghantapa, gibt es Beweise genug, daß er in Wirklichkeit durch Frauen wie Vajravatī, Lakshmīnkarā, Mekhalaā, Kanakhalā, Siddharājñī, Padmalochanā, Jñānalochanā, Kambalas Mutter, Gangādharā, die Pfeilmacherin, Tilopas lebenslange Mentorin *und deren Schülerinnen und Schüler entstand.* Die Frage nach den Ursprüngen ist immer schwer zu beantworten. Stützt man sich jedoch auf die verfügbaren Belege, vor allem aus den legendären Quellen der Traditionen selbst, endet die geschichtliche Spur nicht bei den Männern, sondern verläuft in einer tieferen Schicht weiter zu ihren Lehrerinnen, Müttern, Gefährtinnen und Gurus. Die Frage nach der Identität ihrer Lehrer wiederum wirft eine ganz neue Fragestellung bezüglich des geschichtlichen Ursprungs der Bewegung auf. Tatsache bleibt jedoch, daß die historische Spur nicht bei den sogenannten männlichen Gründern endet, sondern sich erst mit ihren weiblichen Lehrern und Gurus zu verlieren beginnt.

Angesichts der Tatsache, daß Frauen eine maßgebliche Rolle bei der Unterweisung der »Gründerväter« des tantrischen Buddhismus spielten, kann die Bewegung nicht länger als eine ausschließlich männliche Kulturschöpfung gelten, die ohne die Einsichten und Beiträge von Frauen auskam. Da der tantrische Buddhismus nicht ausschließlich von Männern entwickelt wurde, bringt er auch nicht ausschließlich männliche Einsichten und Interessen zum Ausdruck. Das überrascht nicht, wenn man bedenkt, daß männliche Tantriker sich von anderen Buddhisten des Mahāyāna eben dadurch unterschieden, daß sie bei Frauen in die Lehre gingen und ihr religiöses Leben mit ihnen teilten. Dem tantrischen Pfad zu folgen bedeutete für einen Mann häufig, das Kloster zu verlassen, um einer Frau zu folgen, die im Besitz tantrischen Wissens war, oder mit einer Gefährtin zu praktizieren. Männer verfolgten ihre religiöse Suche inmitten weiblicher Gurus und hoch verwirklichter Yoginīs, die keinesfalls als Untergebene oder gar minderwertige Handlanger gesehen oder behandelt wurden. Die tantrische Geschichte berichtet nicht von der überlegenen Verwirklichung bemerkenswerter einsamer Männer, sondern von den Fortschritten und Lehren von Männern, die die religiöse Autorität von Frauen akzeptierten. Männer mögen die Trauben des tantrischen Rebstocks gewesen sein, aber Wurzel, Stamm, Blätter und Blüten waren die Frauen.

Mit der Einführung neuer Meditationen und Praktiken trugen Frauen zur Entstehung des tantrischen Buddhismus bei, und sie bereicherten das sich herausbildende Ethos der Bewegung mit ihren Einsichten. Einige Frauen, zum Beispiel die in diesem Kapitel beschriebenen, können wieder an ihren rechtmäßigen Platz als »Gründermütter« des tantrischen Buddhismus eingesetzt werden. Außer ihnen gibt es noch viele andere Frauen – deren Namen uns häufig unbekannt sind –, die Lehrerinnen der großen Gründerväter der Tradition waren. Die Beiträge der Frauen zur tantrischen Bewegung sind in der Tat insgesamt viel zu zahlreich und umfassend, als daß man sie je wird vollständig identifizieren können.

Die historische Suche nach Frauen in der Überlieferung des tantrischen Buddhismus ist noch bei weitem nicht beendet. Weitere Gründermütter und zusätzliche von Frauen eingeführte Praktiken werden entdeckt werden. Viele Beiträge von

Frauen allerdings werden niemals als solche erkannt werden, ihre »anonymen« und namenlosen Beiträge vielleicht niemals gezählt. Das Fehlen eines geschlechtsspezifischen Partikels in manchen Namen kann das Geschlecht des Autors eines Textes für immer verschleiern, ebenso die Anonymität und Pseudonymität vieler Texte des tibetischen Kanons. Aber auch die buddhistische Geschichtsforschung wird letzlich von Vorgehensweisen und Fragestellungen profitieren, die auf anderen Gebieten längst gang und gäbe sind. Neue hermeneutische Strategien werden zusätzliche Texte von Frauen zum Vorschein bringen, so wie es zum Beispiel bei der Entwicklung von geschlechtsbewußteren hermeneutischen Strategien zur Bestimmung der Autorenschaft früher christlicher Schriften der Fall war. In jedem Fall muß die tantrische Theorie insgesamt als ein Gemeinschaftsprodukt von Frauen und Männern gesehen werden. Die Lehren und Ansichten von Frauen haben ihren Eingang gefunden sowohl in die Texte ihrer männlichen Schüler und Gefährten als auch in die heiligen Texte der tantrischen Zirkel, von denen die Frauen ein unverzichtbarer Teil waren. Frauen und Männer teilten ihre Einsichten, Entdeckungen und Erfahrungen miteinander, und der tantrische Buddhismus war die Frucht ihrer gemeinsamen Erkundung. Ein Ergebnis dieser bemerkenswerten Zusammenarbeit war eine spezifische und für den Tantrayāna charakteristische religiöse Disziplin, die Frauen und Männer zusammen üben, um ihr gemeinsames Ziel, die Erleuchtung, zu erlangen. Dieser sexuelle Yoga ist Thema des nächsten Kapitels.

6.
Intimität als Pfad zur Erleuchtung

Von Unwissenden genossen,
wird Liebe zur Fessel.
Dieselbe Liebe, vom Wissenden empfunden,
bringt Befreiung.
...
Genieße furchtlos alle Freuden der Liebe
um der Befreiung willen.
Chittavishuddiprakarana

Der tantrische Buddhismus nimmt unter den buddhistischen Traditionen eine Sonderstellung ein, weil er den Körper und die Sinneserfahrungen als Quelle von Wissen und Kraft akzeptiert. Er preist den Körper als »Sitz der Glückseligkeit« und behauptet kühn, Verlangen, Sexualität und Vergnügen könnten in den Pfad der Erleuchtung einbezogen werden. In Übereinstimmung mit dieser lebensbejahenden Grundeinstellung vertrat die Bewegung stets die Möglichkeit von befreienden Beziehungen zwischen Männern und Frauen. Die männlichen und weiblichen Gründer des tantrischen Buddhismus entwickelten Methoden, mit denen Männer und Frauen gemeinsam die Glut ihrer Intimität und Leidenschaft in glückselige, erleuchtete Zustände des Gewahrseins verwandelten.
Die Betonung der Intimität zwischen Frauen und Männern gehört seit jeher zu den faszinierendsten, kontroversesten und auch am meisten mißverstandenen Aspekten der Tradition.

Während des ganzen 19. und noch bis weit ins 20. Jahrhundert hinein unterlagen tantrische Praktiken allgemeiner Mißbilligung und Zensur, während die Forscher und Schriftsteller der Gegenwart eher dazu neigen, die religiöse Seriosität dieser Praktiken zu verteidigen. Diese Verteidigung bezieht sich jedoch meist nur auf die männlichen Praktizierenden. Die Frauen werden weiterhin entweder aus der Diskussion völlig ausgeschlossen, oder ihnen wird generell eine marginale Rolle im Ritual zugeschrieben. Dieses Urteil reflektiert die unterschiedliche Beurteilung männlicher und weiblicher Sexualität seitens vieler westlicher Interpreten. Obwohl die Praktiken an sich zunehmend akzeptiert und gewürdigt werden, werden die an ihnen beteiligten Frauen immer noch als promiskuitive, unglückliche Wesen aus niederen Kasten geschmäht oder als Prostituierte, die in den Bann bedeutender männlicher Tantriker geraten sind.

Die fortwährende Verunglimpfung der an tantrischen Praktiken beteiligten Frauen zeugt von einer klaren Fehlinterpretation der Praktiken selbst. Das Mißverständnis gründet auf der Ansicht, die tantrische Vereinigung bestünde ausschließlich aus äußeren rituellen Handlungen ohne meditative, gefühlsbetonte oder ästhetische Intimität zwischen den Partnern. Agehananda Bharati formuliert diese Einstellung folgendermaßen:

> Die meisten Bewunderer des Tantrismus glauben, er gehe mit einer tiefen zwischenmenschlichen Verbundenheit einher, mit tiefer esoterischer Liebe zwischen einem Mann und einer Frau, mit verfeinerten erotischen Gefühlen oder einem besseren, vollkommeneren Geschlechtsleben ... Unglücklicherweise gibt es diese Dinge im Tantrismus nicht ... Er ist ziemlich mechanistisch.

Gemäß dieser weit verbreiteten Fehleinschätzung erfordert die tantrische Vereinigung zwar die Anwesenheit zweier Körper,

yogische Fähigkeiten werden aber nur von einem der Beteiligten gefordert, nämlich dem Mann; darüber hinaus besteht keinerlei Notwendigkeit einer inneren, psychischen Übereinstimmung der beiden Partner. Diese armselige Reduzierung der Praxis auf einen rein mechanischen Ablauf sieht für die Frauen nur eine beschränkte, ausschließlich körperliche Rolle vor. Die Herablassung der Gelehrten gegenüber den Frauen steht und fällt also mit der Ansicht, daß die tantrische Vereinigung nur in körperlichen Handlungen bestünde.
Während Menschen, die die Tradition von außen beurteilen, vor allem zu einer Beschäftigung mit den äußeren *Formen* des Rituals neigen, beschäftigen sich die Anhänger der Bewegung selbst vor allem mit den subjektiven und kontemplativen *Inhalten*, die das Ritual erst mit Leben füllen und daher für seine erfolgreiche Ausführung als wesentlich angesehen werden. Als harmonische Verschmelzung von Inhalt und Form widersetzt sich die tantrische Vereinigung einer Beschreibung in rein körperlichen Begriffen. Die Antwort auf die Frage, ob der Sinn der tantrischen Vereinigung wirklich im spirituellen Fortschritt der Männer auf Kosten der Frauen besteht, muß eher im Inhalt als in der äußeren Form des Rituals gesucht werden. Wir müssen fragen, welche Haltung der Praktizierende gegenüber der Partnerin haben muß. Welche Fähigkeiten werden für den Yoga der Vereinigung benötigt, und werden diese Fähigkeiten von beiden Teilnehmern gefordert? Lassen sich die in der tantrischen Vereinigung angestrebten Erfahrungen mit Verachtung und Ausbeutung vereinbaren? Ist die Basis tantrischer Glückseligkeit der physische Körper eines der beiden Partner, oder sind es die meditativen und yogischen Fähigkeiten, die er oder sie zum Tragen bringt und die eine Verfeinerung des Gewahrseins im Partner inspirieren? Soll die Praxis beiden Beteiligten, dem Mann und der Frau nützen?
Glücklicherweise muß man sich in Beantwortung der Fragen nach den Inhalten des Yoga der Vereinigung nicht auf Mut-

maßungen verlassen. In den Grundlagentexten der Yoginī-Tantras und der Mahāyoga-Tantras und ihren indischen und tibetischen, schriftlichen und mündlichen Kommentaren findet sich genügend Material für ein umfassendes Verständnis der religiösen Dimension der Praxis. In klassischen Texten der Yoginī-Tantras wie dem *Chakrasamvara-*, *Hevajra-* und *Chandamahāroshana-Tantra* wird die tantrische Vereinigung metaphorisch und anspielungsreich dargestellt. Im Verlauf der Untersuchung dieser klassischen Quellen müssen wir einige westliche Vorurteile ausräumen, damit wir den tantrischen Buddhismus von seinen eigenen Kategorien und Werten her verstehen können.

Tantrische Vereinigung: der Kern des tantrischen Modells

Die tantrische Vereinigung ist ein zentrales, charakteristisches Merkmal der esoterischen Lehren für fortgeschrittene Praktizierende im tantrischen Buddhismus. »Tantrische Vereinigung mit einem Partner« (*karmamudrā*) bezeichnet nicht eine einzelne Praxis, sondern eine besondere Klasse von Übungen, die in verschiedenen Zusammenhängen wie der Weisheitsinitiation (*prajñābhisheka*) und dem Geheimen Festopfer (*guhyapūjā*) ausgeführt werden, oder auch im Rahmen eines nach strengen tantrischen Regeln gelebten Alltags, der die nichtduale Weisheit im täglichen Leben zum Ausdruck bringt.

Nach den Schriften der klassischen tantrischen Tradition ist die Praxis des glückseligen kontemplativen Yoga der sexuellen Vereinigung eine notwendige Voraussetzung für die Erlangung der vollkommenen Erleuchtung. Wie unentbehrlich die tantrische Vereinigung ist, wird schon im Einführungsteil des *Chakrasamvara-Tantra* deutlich:

Mit Mantra und Gefährtin,
die auf dem verborgenen Pfad zu finden sind,
sollte der Übende nach spiritueller Verwirklichung streben.
Ohne Gefährtin wird der verborgene Pfad
den Wesen keine Vollkommenheit bringen.
Man erlangt also Erleuchtung,
indem man sich mit Eifer
dem Spiel erotischer Aktivitäten widmet.

Nachdem der Text ganz deutlich gemacht hat, daß die tantrische Vereinigung eine unabdingbare Voraussetzung für die Erleuchtung ist, sagt er, es sei ebenso sinnlos, Tantra ohne Partner zu üben, wie Wasser zu schlagen, um Butter zu gewinnen: »Wenn zum Beispiel jemand, der Butter will, Wasser schlägt, mag er noch so emsig sein, er wird keine frische Butter erhalten.« Diese Analogie ist bewußt gewählt, denn die tantrische Vereinigung wird manchmal auch als »Methode des Buttermachens« umschrieben.

Das *Chandamahāroshana-Tantra*, ein weiteres bedeutendes Yoginī-Tantra, spricht die offensichtliche Diskrepanz zwischen Buddhas asketischem Lebensstil und seiner späteren Empfehlung der tantrischen Vereinigung als Pfad zur Erleuchtung an. Der Text, der von Shākyamuni in einer tantrischen Manifestation gesprochen wird, erklärt:

Nachdem der weise Sohn der Königin Māyā
auf achttausend königliche Damen verzichtet hatte,
wandelte er an den Ufern des Nairañjanā Flusses,
besiegte Māra
und verkündete das Erlangen der Buddhaschaft.
Dieses ganze asketische Exempel diente allein dem Wohl der anderen.

Hier sagt der Buddha, er habe die Entsagung seines Palastlebens zum Wohl der Menschen inszeniert, um sie durch das

Beispiel seiner Loslösung zur Aufnahme einer spirituellen Disziplin zu inspirieren.
Wichtiger ist dem Text jedoch, was Shākyamuni tat, bevor er den Palast verließ. Er schreibt seine Erleuchtung der Glückseligkeit zu, die er mit seiner Frau Gopā erlebte:

> Mit Gopā erfuhr er Glückseligkeit.
> Durch die Vereinigung von Diamantzepter und Lotos
> erlangte er die Frucht der Glückseligkeit.
> Buddhaschaft wird durch Glückseligkeit erlangt,
> und ohne Frauen gibt es keine Glückseligkeit.

Hiernach war es also die Erfahrung der Glückseligkeit der sexuellen Vereinigung, die Buddha Shākyamuni zur Erleuchtung befähigte. Aus diesem Grund findet sich in der tantrischen Ikonographie immer wieder das Motiv von Buddha Shākyamuni und Gopā, die sich um der Erleuchtung willen in Heiliger Vereinigung (*maithuna*) umarmen. (Abb. 15).
Nach dieser überraschenden Offenbarung im Zusammenhang mit Buddhas Erleuchtung, richtet sich der tantrische Text weiter gegen Askese und Zölibat:

> Die Übung des Chandamahāroshana
> wird nicht durch Askese vollendet.
> Solange der Geist nicht geläutert ist,
> kann man die Frucht nicht gewinnen
> und bleibt von den Ketten der Unwissenheit gefesselt.
> Wer von Begehren erfüllt das Begehren unterdrückt,
> ist eine lebende Lüge. Wer lügt, der sündigt,
> und die Sünde wird ihn in die Höllen ziehen.

Der Buddha offenbart, daß Kasteiung durch Selbstverleugnung nicht den höchsten Sieg der Buddhaschaft hervorbringen kann:

Abbildung 15: Gopā und Shākyamuni in heiliger Vereinigung. Detail eines Rollbildes aus dem 16. Jh., mit freundlicher Genehmigung des Tibet House, New Delhi. Foto John C. Huntington.

Daher sollte, wer Buddhaschaft ersehnt,
üben, was zu üben ist.
Den Sinnesobjekten entsagen heißt
sich durch Askese quälen – tu das nicht!
Wenn du Formen siehst, schau hin!
Höre ebenso auf Geräusche,
atme die Düfte ein,
schmecke, was köstlich ist,

und ertaste die Beschaffenheit der Dinge.
Nutze die Objekte der fünf Sinne
und du wirst schnell die höchste Buddhaschaft erlangen!
...
Nimm Zuflucht zur Vulva einer geschätzten Frau,
um den Rang von Chandamahāroshana zu erlangen.

Wenn die Sinne und Sexualität keine Hindernisse zur Erleuchtung darstellen, muß man sich fragen, warum der Buddha zuvor Entsagung lehrte. Er sieht diese Frage voraus und antwortet:

Wenn ich die Meidung sexueller Vereinigung lehre,
dann richtet sich das an schwache, weltliche Wesen.
Ich lehre, was immer die Wesen zur Reife bringt.
Durch den Tanz der magischen Entfaltung eines Siegreichen,
durch vielfältige Methoden
wird ein jedes die Buddhaschaft erlangen.
In allen Darlegungen und Abhidharma-Texten
werden Frauen herabgesetzt,
zum Wohle der Schüler mit unterschiedlichen Fähigkeiten.
Die tatsächliche Wahrheit wird im Verborgenen gelehrt.

Der Text zeigt, daß Buddhas Empfehlung des Zölibats für Menschen gedacht war, die aus der Lehre der tantrischen Vereinigung keinen Nutzen ziehen können, ja denen sie sogar Schaden zufügen könnte. Chandamahāroshanas Gesprächspartnerin im Text, eine tantrische Form der Gattin Shākyamunis und der Mahāyāna-Göttin Prajñāpāramitā, befragt diesen weiter:

»Warum verleumden die frühen Schüler und andere die Frauen?«

Der Herr antwortete:
»Das ist den frühen Schülern und auch anderen gemein,

die im Bereich der Begierden leben
und den Pfad der Befreiung nicht kennen,
der sich auf Frauen stützt und alles gewährt.«

Der tantrische Buddha macht klar, daß er die frühen Schüler (*shrāvaka*) und andere, die den Weg der Entsagung üben, für Menschen mit geringerem Verständnis hält: »Der Geist dieser Männer von geringem Glauben kennt die Wirklichkeit nicht.« Weil Menschen mit »geringem Glauben« die Unterweisungen über sexuelle Praktiken als Pfad zur Befreiung nicht verstehen oder Nutzen aus ihnen ziehen können, verbirgt er sie sorgfältig und lehrt die tatsächliche Wahrheit im Geheimen. So bewahrt er die eigentliche Wahrheit der höchsten Lehren für die wenigen Menschen mit überragendem Glauben und Einsatz, die schnell Buddhaschaft erlangen möchten.

Die Herabsetzung von Frauen gehört also einer niederen Verständnisebene an und muß aufgegeben werden, wenn man zu höheren Lehren aufsteigt. So wie die Menschen, sagt der Buddha, die dort leben, wo Safran wächst, ihn nicht zu schätzen wissen, weil sie nicht um seinen Wert für andere wissen, so können die Schüler der kleineren Fahrzeuge das Juwel der Sexualität nicht schätzen, weil es ihnen zu nahe ist. Solche Schüler entsagen ihrem eigenen Begehren, beginnen deshalb Frauen und Sexualität zu verachten und entfremden sich gerade dadurch unwissentlich der eigentlichen Quelle der Buddhaschaft.

Nicht nur die klassischen indischen Schriften, sondern auch tibetische Texte über die höchste Yoga-Praxis (im tibetischen Kontext Anuttara-Yoga genannt) betonen, daß die Vereinigung mit einem menschlichen Partner Voraussetzung für das Erlangen der Buddhaschaft ist. Tsongkhapa meinte zwar, diese Praxis sei nicht unbedingt notwendig, räumte jedoch ein, daß es »extrem schwierig« sei, ohne einen Partner Befreiung zu erlangen. An anderer Stelle erklärt er, besonders qualifizierte Praktizierende sollten mit einem menschlichen Partner üben, weniger qualifizierte sich aber mit einem imaginierten Partner begnügen. Die buddhistische Literatur betont seit jeher, wie wichtig es ist, daß spirituelle Freunde (Skrt. *kalyānamitra*) die Reise zur Erleuchtung begleitend unterstützen. In einem Diskurs aus dem Pāli-Kanon fragt ein Schüler den Buddha, ob es tatsächlich wahr sei, daß ein spiritueller Freund das halbe spirituelle Leben ausmache. Der Buddha antwortet, ein spiritueller Freund mache tatsächlich das ganze spirituelle Leben aus. Vor diesem Hintergrund erklärt Tsongkhapa die Rolle der tantrischen Partnerin: »Eine Gefährtin ist das Fundament der Vollendung der Befreiung. Spirituelle Freunde sind Frauen, dem Yogi gleichgesinnte Gefährtinnen.« Die intime Verbindung mit einer gleichgesinnten Frau gibt dem spirituellen Leben eines Mannes die entscheidende Wendung; er wird durch ihre inspirierende Freundschaft rasch Fortschritte machen.

Den orthodoxen Ansichten Tsongkhapas, des Gründers ihrer Schule folgend, erkennen die Gelugpas im allgemeinen an, daß der Yoga der Vereinigung zum Erlangen der Buddhaschaft unentbehrlich ist. Lama Yeshe, ein moderner Vertreter dieser Schule, erklärt die Funktion dieser Übung für die Selbsttransformation folgendermaßen: »Es gibt ein gewisses Stadium in der Meisterung der Vollendungsstufe, in dem die körperliche Umarmung einer Gefährtin *notwendig* ist, um die den Körper durchziehenden Winde [Energien] in den Zentralkanal zu leiten. Dies ist eine Voraussetzung für die vollständige Öffnung des Herzzentrums, um die tiefste Ebene des Klaren Lichts erfahren zu können.« Geshe Kelsang Gyatso, ein weiterer zeitgenössischer Gelehrter der Gelugpa-Schule, bestätigt ebenfalls, daß die Praxis mit einem menschlichen Partner notwendig ist, um im gegenwärtigen Leben Erleuchtung zu erlangen. Die Praxis mit einem menschlichen Partner (*karmamudrā*) ist allerdings für besonders qualifizierte Personen bestimmt, die Übung mit einem imaginierten Partner (*jñānamudrā*) hingegen für weniger qualifizierte. Tsongkhapas eigenes Leben versinnbildlicht die Ansichten seiner Schule zu diesem Thema. Die Gelugpas glauben, er sei zwar hinreichend qualifiziert gewesen, habe aber die vollständige Erleuchtung zu seinen Lebzeiten zurückgestellt, um seine Mönchsgelübde rein zu halten, seinen Anhängern damit ein gutes Beispiel zu geben und das Fundament seiner monastischen Reform zu legen. Tsongkhapa schob also die vollständige Erleuchtung auf, bis er sich im Bereich der visionären Erfahrung, einem Zustand nach dem Tod des physischen Körpers, mit einer Partnerin vereinigen und damit Erleuchtung erlangen konnte.

Die Meditation in der Vereinigung mit einem menschlichen Partner hat gegenüber der einsamen Meditation offensichtlich entscheidende Vorteile. Die zusätzliche Energie des Partners erhöht Intensität und Kraft der Meditation. Die Energien der Partner ergänzen und verbinden sich qualitativ und quantitativ, so daß die inneren Yoga-Praktiken beider beschleunigt werden. Der tantrisch-buddhistische Yoga der Vereinigung gründet auf der Ansicht, daß negative emotionale und kognitive Gewohnheitsmuster im psychischen »Körper« Eindrücke in Form von Verknotungen und Blockaden der feinstofflichen psychischen Kanäle (*nādī*) hinterlassen. Sinn und Zweck der inneren Yogas besteht darin, diese »inneren Knoten zu lösen« (*nādīgranthi-nirmochana*) und die gesamte auf diese Weise freigesetzte Energie in den Zentralkanal (*avadhūti*) zu leiten, der den Körper vertikal durchzieht. Diese Energie kann dann genutzt werden, um karmische Blockaden aufzulösen, den Durchgang des Zentralkanals zu öffnen, das innere Feuer der Chandālī (tib.: *tummo*) zu entzünden und das Licht zu wecken, das im inneren Gewahrsein aufscheint, sobald der Zentralkanal durchlässig ist. Die inneren Winde bewegen sich während der Meditation in Vereinigung mit einem Partner kraftvoller durch den Zentralkanal. Die zusätzliche Kraft hilft die letzten und hartnäckigsten Knoten lösen – die des Herzzentrums. Die

Praxis mit einem Partner soll also ermöglichen, das Herz auf der tiefsten Ebene vollständig zu öffnen und es endgültig von allen Knoten, Verengungen und Verdunkelungen zu befreien, die durch falsche Sichtweisen und egozentrische Emotionen entstanden sind. Dies ist die wichtigste technische Begründung für die Notwendigkeit des tantrischen sexuellen Yoga, wenn auch noch eine Reihe anderer Zwecke und Anwendungsgebiete hinzukommen.

Die Beziehung zwischen tantrischen Partnern kann zeitweilig sehr explosiv werden, dann nämlich, wenn aufgrund der psychischen Aufdeckungstätigkeit bestimmte Inhalte ins bewußte Gewahrsein gehoben werden. Der Yogi und die Yoginī müssen sich der Quelle dieser machtvollen Emotionen sowie der Notwendigkeit, sie im Augenblick ihres Entstehens zu transformieren, stets bewußt bleiben, anstatt auf ihr Erscheinen mit dem Erzeugen weiterer Negativität und zusätzlicher karmischer Blockaden zu reagieren. Da das Herz letztlich der Sitz der tiefsten Ängste, Haßgefühle und egozentrischen Verdrehungen der Wirklichkeit ist, wird der Yoga der Vereinigung, der ja Offenheit, gegenseitige Durchschaubarkeit und völliges Vertrauen erfordert, zur idealen Disziplin, um die negativen Emotionen ins Bewußtsein zu bringen und ihr Gift in den Nektar erleuchteten Gewahrseins zu verwandeln.

Vereinigung mit einem imaginierten Partner

Obwohl die tantrische Vereinigung ein fester Bestandteil des klassischen Tantrayāna ist, führen einander widersprechende Aussagen in populären und akademischen Werken innerhalb und außerhalb der Tradition zu Verwirrung bezüglich der Rolle der Vereinigung mit einem menschlichen Partner. Häufig stößt man zum Beispiel auf die Behauptung, die symbolische Vereinigung mit einem imaginierten Partner sei der tatsächlichen mit einem menschlichen Partner vorzuziehen. So schrieb der Erste Dalai Lama, daß überragende Praktizierende mit einem imaginierten Partner üben, während »sich die Schwerfälligen ohne Stärke oder Reinheit des Geistes auf Karmamudrā stützen müssen, um die Erfahrung der großen Seligkeit zu erlangen«. In dieser Sichtweise ist ein körperlicher, menschlicher Partner ein Zugeständnis für weniger fähige Meditierende, die die Praxis nicht mental mit einem imaginierten oder visualisierten Partner ausüben können. Auf den ersten Blick läßt sich nicht feststellen, ob derartige Aussagen auf monastischer Herabsetzung der Intimität mit dem anderen Geschlecht beruhen oder auf verschiedene Ebenen der Praxis und des Verständnisses hinweisen, zumal man in derselben Literatur auch der Aussage begegnet, die Praxis mit einem menschlichen Partner sei der mit einem visualisierten Partner vorzuziehen.

Die Weisheits-Einweihung (*prajñābhisheka*) in ihrer klassischen Form erforderte – als Erbe ihrer Ableitung von Krönungsritualen – die Vereinigung mit einem menschlichen Partner. In Tibet jedoch wurde die Einweihung im Rahmen einer monastischen Umgebung tradiert, in der körperliche Vereinigung als unangemessen für die meisten Novizen galt. Als Grund gibt Atīsha die Einschränkungen durch Mönchsgelübde an, Tsongkhapas Schüler Khedrubje hingegen führt eher mangelnde yogische Erfahrung an. Weder Atīsha noch Khedrubje bestreiten aber die Tatsache der Vereinigung mit einem menschlichen Partner in der klassischen Form des Rituals.

Aus oben genannten Gründen ist es bei der Weisheits-Einweihung, wie sie gegenwärtig vorgenommen wird, für eine Person mit geringer Qualifikation üblich geworden, sich mit einem imaginierten Partner zu vereinigen, während der einweihende Guru oder ein fortgeschrittenerer Praktizierender qualifiziert genug wäre, sich in Übereinstimmung mit dem ursprünglichen Ritual mit einem menschlichen Partner zu vereinigen. Auch

für Personen, die eben erst mit der Praxis der inneren Yogas beginnen und die für die tantrische Vereinigung erforderlichen komplexen Visualisationen und Techniken – insbesondere die Fähigkeit, den Strom der inneren Energie (*prāna*) in den Zentralkanal des psychischen Körpers eintreten, dort verweilen und sich dann wieder auflösen zu lassen – noch nicht beherrschen, ist die Vereinigung mit einem visualisierten Partner vorzuziehen. Wenn ein Text die symbolische Vereinigung mit einem imaginierten Partner verlangt, bezieht er sich also möglicherweise auf eine frühe Stufe der Praxis, auf der der Übende die Techniken erlernt, die er oder sie erst später mit einem menschlichen Partner vertiefen wird. In anderen Fällen ziehen die Mönchsgelehrten den imaginierten Partner seinem menschlichen Pendant einfach deshalb vor, weil sie den Zölibat angesichts der offensichtlichen Befürwortung yogischer Vereinigung in den indischen Tantras verteidigen müssen.
Obwohl es Umstände gibt, unter denen die Praxis mit einem menschlichen Partner nicht durchgeführt werden kann oder nicht zu empfehlen ist, herrscht doch allgemeiner Konsens in der Tradition, daß die Vereinigung mit einem menschlichen Partner nötig ist, um die letzte Stufe der Vollendung zu erklimmen und höchste Erleuchtung zu erlangen. Diese Position wird selbst von den Gelugpas geteilt, der am striktesten monastisch ausgerichteten Schule, die gerade wegen ihrer konservativen Haltung eine orthodoxe Sichtweise pflegt, die in keinem Fall zu den klassischen indischen Quellen der Tradition im Widerspruch stehen darf.

Tantrische Vereinigung und tantrische Metapher

Der bewußte Einsatz indirekter, metaphorischer Sprache war eines der Mittel, um die tantrische Vereinigung dem öffentlichen Einblick zu entziehen. Jede beliebige Passage eines tantrischen Textes hat niemals nur eine einzige Bedeutung; das ganze Spektrum des Sinngehalts entfaltet sich für den Übenden erst im Verlauf seines Fortschreitens auf dem visionären Pfad meditativer Erfahrungen. Mit der beabsichtigten Doppeldeutigkeit der tantrischen Sprache führt der Lehrer einen Schüler in die dämmrigen Tiefen der Symbolik. Die augenscheinliche oder buchstäbliche Bedeutung einer Textstelle ist im allgemeinen für Schüler in einem frühen Stadium der Entwicklung oder mit geringen Fähigkeiten gedacht. Dieselben Textstellen kann ein Lehrer benutzen, um das Festhalten eines fortgeschritteneren Schülers, der bereits ein präzises intellektuelles Verständnis erlangt hat, an der oberflächlichen Realität zu lockern und neue Ebenen der Erfahrung psychologischer Einsicht auszuloten. Auf dieser tieferen Ebene dient die Sprache weniger dazu, Konzepte zu klären, als vielmehr gewohnte Ansichten zu untergraben, um im verletzlichen Augenblick der Desorientierung Symbole einzuführen, die die psychologische Wirklichkeit des Schülers in zunehmend seligere, mitfühlendere und weisere Formen der Subjektivität umformen.

Da der tantrische Pfad genau definierte Stufen aufweist, ist die Zahl der möglichen Bedeutungsebenen einer Textstelle allerdings begrenzt und entspricht dem System der fortschreitenden Stufen der Praxis, wie sie in den indischen und tibetischen Systemen dargestellt werden. Diese Stufen entstanden als grundlegende Parameter tantrischer Ausdeutung erstmals in der Interpretation des *Guhyasamāja-Tantra.* Der sexuelle Yoga entspricht hierbei der dritten von vier Stufen, nämlich der »geheimen«. Sie soll dem Praktizierenden der inneren Yogas »die Natur der Leidenschaft erhellen« oder »die Wahrheit der Leidenschaft enthüllen« (*rāgadharmaprakāsanam*).

Da Bezüge auf sexuelle Vereinigung auf allen Ebenen der Exegese eine Rolle spielen, ist die Interpretation in diesem Sinne nicht nur eine von mehreren möglicherweise gültigen Bedeutungen, sondern für diejenigen, die sich auf einer bestimmten Stufe der Praxis befinden, stets gegenwärtig. Dies kann auch der Fall sein, wenn überhaupt keine offensichtlichen oder erkennbaren sexuellen Bilder oder Bezüge benutzt werden. Giuseppe Tucci schreibt über die sexuellen Gleichnisse der Tantras: »Es ist nicht immer einfach, die beiden Interpretationsebenen auseinanderzuhalten und den wirklichen vom allegorischen Sinn zu unterscheiden.« Die Unterscheidung zwischen einem »wirklichen« und einem »allegorischen« Sinn spielt in diesem Zusammenhang jedoch keine Rolle, da die Tradition selbst jeder Textstelle eine ganze Reihe gültiger Bedeutungsebenen zugesteht, die jeweils den verschiedenen Ebenen der Praxis entsprechen.

Ein Beispiel für die metaphorische Natur der tantrischen Sprache ist das in den Texten häufig vorkommende Bild der Vereinigung von »Lotos« und »Diamantzepter« (*vajra*). Lotos und Vajra sind eindeutig metaphorische und nicht buchstäbliche Begriffe. Es geht nicht darum, eine Blume und ein Zepter zusammenzubringen, sondern das, was mit diesem Worte umschrieben wird. Je nach Interpretationsebene kann damit ebenso die Vereinigung von Weisheit und Mitgefühl oder von Glückseligkeit und Leerheit in der Psyche des Übenden gemeint sein wie die Verbindung des männlichen und des weiblichen Geschlechtsorgans in der körperlichen Vereinigung oder aber noch ganz andere Dinge, die auf dem Pfad der Erleuchtung zusammengebracht werden müssen. Interpreten außerhalb der Tradition erliegen nicht selten der Versuchung, sich auf eine endgültige Lesart festzulegen, doch da immer das gleichzeitige Anklingen mehrerer Bedeutungen beabsichtigt ist, kann man die Terminologie nicht auf eine Bedeutungsebene festlegen, wie das Interpreten versuchen, die einen sauberen »Schlüssel« für die tantrische Terminologie anbieten wollen. Solch eine Reduzierung ist unzulässig und irreführend. Die Möglichkeit abstrakter Bedeutungsebenen hat zu Zweifeln darüber geführt, ob sich die Texte überhaupt auf die körperliche Vereinigung beziehen oder ob Motive wie

Vajra oder Lotos sich vielleicht ausschließlich auf psychische Prozesse und Eigenschaften beziehen. Die Tradition selbst jedoch interpretiert die tantrische Vereinigung durchgängig als die »verborgene« oder »geheime« Bedeutung dieser Texte. Wegen der Mehrdeutigkeit tantrischer Sprache können Textstellen, die sich augenscheinlich auf die tantrische Vereinigung beziehen, auch eine ganze Reihe anderer Bedeutungen tragen, während Bilder, die auf den ersten Blick nichts mit der tantrischen Vereinigung zu tun zu haben scheinen, zur Grundlage kunstvoller und ausgeklügelter Analysen des Yogas der Vereinigung werden können. Ein gutes Beispiel für die Anwendung dieses Deutungsprinzips findet sich in einer Anleitung für Praktizierende im ersten Kapitel des *Chakrasamvara-Tantra*:

> Zeichne das Mandala auf einen Berg,
> in ein Medizintal oder einen Wald,
> ans Ufer eines breiten Flusses
> oder auf einen ursprünglichen Verbrennungsplatz.

Diese Stelle scheint eine unmißverständliche Aussage über die besten Orte für tantrische Praxis zu machen, Tsongkhapa aber analysiert sie als Beschreibung einer Tantrikerin:

> Weil ihre große Glückseligkeit unerschütterlich ist,
> ist sie ein Berg.
> Weil geringere Wesen ihre Tiefgründigkeit nicht ermessen können,
> ist sie ein Wald.
> Weil ihre Höhlung mit Nektar gefüllt ist,
> ist sie eine Höhle.
> Weil ihre Vereinigung von Weisheit und Geschicktheit tief ist,
> ist sie ein Flußufer.
> Weil sie den natürlichen Zustand jenseits von Geburt und Tod kennt,

ist sie ursprünglich.
Weil sie das Objekt großer Glückseligkeit ist,
ist ihr Handeln natürlich.
Weil sie die Sichtweisen der frühen Schüler und einsamen
Verwirklicher im Feuer großer Leidenschaft verbrennt,
ist sie eine Verbrennungsstätte.

Auch wenn dieser Text aus dem Wurzel-Tantra so direkt und auch ohne Kommentar leicht verständlich zu sein scheint, interpretiert Tsongkhapa ihn doch allegorisch im Sinne der tantrischen Vereinigung. Das Mandala besitzt als Ort der tantrischen Praxis viele Bezugsebenen. Es kann ein Diagramm für die rituelle Praxis sein, das mit farbigem Pulver gezeichnet, gemalt oder als Skulptur dargestellt wird. Es kann ebenso ein Kreis von Yogis und Yoginīs sein, die sich zur tantrischen Praxis versammelt haben. Als umschlossener, heiliger Ort der Erleuchtung kann sich das Mandala aber auch auf die Vulva der Gefährtin oder auf den Tropfen der Samenflüssigkeit an der Phallusspitze des Gefährten beziehen. Diese körperlichen Mandalas sind ebenfalls Orte ritueller Praxis, denn über sie gelangt man zu den höheren Ebenen der Vollendungsstufen, zur Schwelle der Buddhaschaft. So kann für einen Mann der »Ort« für die tantrische Praxis durchaus auch die Vereinigung mit einer Frau sein, wie Tsongkhapa sie beschreibt.
Ein weiteres Beispiel aus dem *Chakrasamvara-Tantra* zeigt, welch komplexe Bedeutungsschichten in einer Metapher für die tantrische Vereinigung enthalten sein können:

Hört, was in diesem Tantra
des unübertroffenen Yoga gelehrt wird:
Wissen über das heilige Ritual der Vereinigung,
verbunden mit Kontemplation und Mantra-Rezitation,
entsprechend der Methode
der wahren Vereinigung des Buttermachens.

Das Bild des »Butterns« ist eine geläufige tantrische Metapher für die sexuelle Vereinigung. Tsongkhapa, der aus einer Reihe indischer Quellen schöpft, erklärt, daß das »Aufrühren« der Partnerin mit dem Diamantzepter die Ursache des Nektars der Buddhaschaft sei. So wie Feuer durch das Aneinanderreiben zweier Stöcke entfacht wird, entsteht durch das »Aufrühren« Glückseligkeit, die, mit der Erkenntnis der Leerheit verbunden, wiederum die Grundlage der Erleuchtung ist. Das Bild des Butterns bezieht sich auch auf den indischen Mythos, in dem Götter und Dämonen den kosmischen Milchozean aufrühren, um seinen Nektar zu gewinnen. Dabei entsteht die Göttin Shakti, deren Sexualsäfte zu dem Unsterblichkeitsnektar werden, auf den die Götter aus sind. Die yogische Partnerin »aufzurühren« regt den Fluß ihres Nektars an, so wie der kosmische Ozean aus Milch um seines potenten, befreienden Nektars willen aufgerührt wurde. »Aufgerührt« wird auch die Zirkulation der yogischen Energie der psychischen Kanäle, die dann in den Zentralkanal aufsteigt. So schwingen in der Metapher des Butterns, die eine einfache physische Analogie zu sein scheint, zahlreiche Nuancen der tantrischen Vereinigung mit.

Vielschichtige Deutungen entsprechen durchaus der komplexen Absicht des Originaltexts. Tantrische Exegeten versuchen niemals, sich auf eine endgültige Bedeutung festzulegen. Vielmehr sammeln sie Bedeutungen und stellen sie auf verschiedenen Ebenen gegeneinander, so daß das Bild sich vertieft und bei jeder Begegnung zu einem immer reicheren symphonischen Einklang philosophischer, ästhetischer und mystischer Obertöne wird, dessen der erfahrene Meister sich bedient, um die Erfahrung religiöser Unterweisung auf die Bedürfnisse eines bestimmten Schülers abzustimmen. Moderne westliche Interpreten müssen, genau wie die tibetischen Erben der Tradition, Schichten von schriftlichen und mündlichen Kommentaren zu Rate ziehen, um herauszufinden, welche Deutung jeweils angewandt wurde. Jede Diskussion der tantrischen Vereinigung erfordert daher, daß neben den Tantras selbst eine ganze Reihe von Kommentaren hinzugezogen werden. Die Kommentare zeigen nämlich, daß die körperlichen, yogischen und ästhetischen Dimensionen der tantrischen Vereinigung stets gegenwärtige Möglichkeiten der Bedeutung darstellen.

Vereinigung als Verehrung der Partnerin

Der tantrisch-buddhistische Yoga wird häufig »Verehrung von Frauen«, »Verehrung der Partnerin« oder – mit Bezug auf seine esoterische Natur – »geheime Verehrung« und »große Verehrung« genannt. Der Buddhologe Louis de la Vallée Poussin erklärte die »Verehrung der Frauen« zum »auffälligsten Thema« des tantrischen Buddhismus und bestätigt damit die Wichtigkeit dieses Motivs in der tantrischen Literatur. In der Rolle des Verehrenden bringt der Mann eine Reihe von Opfergaben dar und verleiht sowohl symbolisch als auch konkret seinem untergeordneten Status Ausdruck. Höhepunkt der Verehrung ist das Geschenk sexuellen Vergnügens, das die yogische Praxis und die spirituelle Entwicklung der Frau fördert und der Umwandlung von Leidenschaft in göttliche Ekstase dient.

Die buddhistische Praxis der rituellen Vereinigung als Form der Verehrung hat Parallelen im Hindu-Tantrismus. Diese Form der Praxis ist eher als Teil einer breiteren kulturellen Strömung zu sehen denn als geschichtliche Sonderform, der man mit einer Interpretation ausschließlich im Licht buddhistischer Doktrinen und Kategorien gerecht werden könnte.

Ausgangspunkt dieser Verehrung ist die Erkenntnis der göttlichen, aus sich heraus erleuchteten Natur des Gegenübers. Die folgende Passage aus dem *Chandamahāroshana-Tantra* beleuchtet diesen Punkt:

Der Mann sieht die Frau als Göttin,
die Frau sieht den Mann als Gott.
Durch die Vereinigung von Diamantzepter und Lotos,
sollten sie sich gegenseitig Opfergaben darbringen.
Darüber hinaus gibt es keine Verehrung.

Den Partner als göttlich zu betrachten, ist der Schlüssel zu dieser Form der Verehrung. Wenn man den Partner als Gott oder Göttin sehen kann, entsteht ganz natürlich Hingabe, und es gibt keinen Bedarf mehr für komplexe Unterweisungen, da das Liebesspiel zum spontanen Vergnügen von Gottheiten wird. Jede Geste wird zu einem Akt der Verehrung, jeder Seufzer und jedes Liebeswort wird zum Gebet, und der tiefe Blick in die Augen des oder der Geliebten wird zur konzentrierten Meditation.

Obwohl Mann und Frau jeweils gegenseitig ihre Göttlichkeit anerkennen, wird vom Mann erwartet, daß er auf die Göttlichkeit der Frau mit Hingabe reagiert, mit Verehrung und einer ehrfürchtigen, flehenden Haltung. Den Mann als Buddha zu sehen, ist für die Frau einfach Teil ihres Yoga oder eine Schulung in reiner Wahrnehmung. Für den Mann dagegen bedeutet die Göttlichkeit der Frau, daß er ihr Geschenke und die üblichen Beweise der Verehrung darbringt: Licht, Weihrauch, Blumen, Kleidung, Schmuck und Parfum, das er ihr mit eigener Hand auftragen soll. Der Text fährt mit Anweisungen für die Verehrung der Frau durch den Mann fort:

Dann zeichnet der Yogi liebevoll
ein Mandala vor sich,
und die Frau betritt es.
Als die Verkörperung der Vollkommenheit der Weisheit,
ehrt er sie ununterbrochen mit Blumen,
Weihrauch, Butterlampen und anderen Dingen.
Nach der Vereinigung der fünf Mandalas

sollte er sich vor ihr niederwerfen,
sie im Uhrzeigersinn umwandeln und
die glühend leidenschaftliche Yoginī verehren.
Der Mann ehrt die Frau auf diese Weise,
mit einem ehrfurchtsvollen Geist.

Niederwerfungen und Umwandlungen sind in Indien übliche Methoden, Respekt zu erweisen. Der Text betont, daß sowohl die Einstellung als auch die Handlungen des Mannes »ehrfurchtsvoll« sein sollten.

Für den Mann in tantrischen Kreisen beschränkt sich die Verehrung von Frauen nicht auf das Ritual, sie durchzieht seinen gesamten Alltag. Ein Mann »sollte sich stets freundlicher Worte bedienen und einer Frau geben, wonach sie verlangt.« Der Text fordert, daß sich der Mann nach der rituellen Vereinigung und auch außerhalb der formellen Praxis vor der Frau niederwirft, ihr die Füße massiert, für sie kocht, sie füttert und wartet, bis sie aufgegessen hat, um sich dann von dem zu bedienen, was sie übriggelassen hat. Wenn der Mann für seine Frau das Essen zubereitet und erst nach ihr ißt, ist dies nach den Regeln der indischen Kultur ein dramatischer Ausdruck des Dienens und der Unterordnung in einer hierarchischen Beziehung. Die Füße der Frau zu berühren und zu massieren, ist ebenfalls eine Art, Demut und Unterordnung zu zeigen. Weiterhin sollte ein Mann jede Substanz, die aus dem Körper einer Frau ausgeschieden wird, als rein ansehen; er sollte sich nicht scheuen, sie zu berühren und aufzunehmen. Er sollte bereit sein, Sexualsekrete und Menstruationsblut aus ihrer Vulva zu trinken und jeden ihrer Körperteile zu lecken, wenn er darum gebeten wird. Die folgende Aussage wird zu seinem Gebet des Strebens:

Ich muß die Frauen mit Hingabe verehren,
bis ich die Essenz der Erleuchtung verwirkliche.

Die Beziehung zwischen Mann und Frau entspricht hier der zwischen einer Göttin und ihrem männlichen Anhänger. In diesem Sinne verlangt der weibliche Buddha Vajrayoginī im *Chandamahāroshana-Tantra* vom Mann Ehrerbietung und Hingabe an die Frau. Sie legt dar, daß alle Frauen und weiblichen Wesen im Universum ihre Verkörperung (*rūpa*) sind und daher verehrt und bedient werden sollten. Als Chandamahāroshana die Vajrayoginī fragt, wie ein Yogi ihre Heiligkeit ehren solle, antwortet Vajrayoginī, seine Opfergaben an sie sollten in der Verehrung sämtlicher Frauen bestehen:

> Er sollte Vajrayoginī stets verehren
> mit Blumen, Weihrauch und Kleidung
> und ihr mit poetischen Worten
> und zusammengelegten Handflächen Achtung erweisen.
> Er sollte sie betrachten, berühren und kontemplieren
> und sich seinen Worten entsprechend verhalten.
> In seinen Küssen und Umarmungen sollte er stets Vajrayoginī ehren,
> körperlich, wenn er kann, oder geistig und mit Worten, wenn nicht.
> Der Strebende, der mich zufriedenstellt, gewinnt höchste Verwirklichung.
> Ich bin mit dem Körper aller Frauen identisch, und außer der Verehrung von Frauen (strīpūjā),
> gibt es keine Methode, mit der man mich verehren kann.
> ...
> Er sollte seine Frau lieben
> und sie dabei als meine Verkörperung visualisieren.
> Durch die Vereinigung von Diamantzepter und Lotos,
> gewähre ich Erleuchtung.

Vajrayoginī verlangt außerdem, sexuelles Vergnügen und Befriedigung solle Teil ihrer Verehrung sein. Die Verehrung der Partnerin wird manchmal als Verehrung des weiblichen Geschlechtsorgans ausgedrückt, das entweder direkt als Vulva (*bhagi*, *yoni*) bezeichnet oder metaphorisch als Lotos (*padma*) umschrieben wird. Die äußere Öffnung des Geschlechtsorgans erinnert an die Blütenblätter eines Lotos, während Vulva und Zervix das Herz der Blume darstellen. Diese äußerliche Ähnlichkeit und die Tatsache, daß der Lotos ein buddhistisches Symbol für Reinheit und Erleuchtung ist, macht diese herrliche Blume zu einem natürlichen Symbol für die Vagina. Das *Chakrasamvara-Tantra* lehrt, daß »jemand, der Geschicktheit besitzt, den makellosen Lichtlotos der Yoginī verehrt.« Vajrayoginī verspricht einem Mann, der ihr auf diese Weise huldigt, ihre Zustimmung und ihren Segen:

> AHO! Ich werde demjenigen höchsten Erfolg gewähren,
> der rituell meinen Lotos verehrt,
> Träger aller Glückseligkeit.
> Ein Weiser vereinigt sich geduldig
> und vollzieht die erforderlichen Handlungen im Lotos.

Im *Chandamahāroshana-Tantra* beschreibt Vajrayoginī, wie diese tantrische Verehrung vonstatten gehen soll. Ein Yogi und eine Yoginī sollten sich zur gemeinsamen Praxis in eine Einsiedelei zurückziehen. Nachdem sie sich gegenseitig angesehen und unabgelenkte Sammlung erreicht haben, spricht die Frau den Mann an. Sie betätigt, daß er ihr Sohn und Gatte, Bruder und Vater ist und weiter, daß er über sieben Generationen ihr Diener und Sklave gewesen ist, von ihr gekauft und in ihrem Besitz. Er wiederum soll sich ihr zu Füßen werfen, seine Handflächen in einer Geste der Ehrerbietung zusammenlegen, seine Hingabe und demütige Dienstfertigkeit beteuern und sie bitten, ihn eines liebevollen Blickes zu würdigen. Sie wird ihn an sich ziehen und ihn küssen, seinen Mund zwischen ihre Schenkel führen, ihn umarmen und spielerisch kneifen. Sie leitet ihn in der Opfergabe des Vergnügens an:

Nimm stets zu meinen Füßen Zuflucht, mein Lieber …
sei freundlich, liebevoll und
schenke mir mit deinem Diamantzepter Vergnügen.
Sieh meinen dreiblättrigen Lotos,
in der Mitte mit einem Staubgefäß geschmückt.
Er ist ein Buddha-Paradies, geschmückt mit einem roten Buddha,
eine kosmische Mutter, die dem Leidenschaftlichen
Glückseligkeit und Frieden gewährt.
Gib alle Konzepte auf und
vereinige dich mit meinem zurückgelehnten Körper.
Lege meine Füße über deine Schultern
und sieh mich von oben bis unten an.
Laß das vollkommen erwachte Zepter
in die Öffnung in der Mitte des Lotos eintreten.
Bewege dich hundert, tausend, hunderttausend mal
in meinem dreiblättrigen Lotos
aus schwellendem Fleisch.
Das Spiel des Zepters an diesem Ort,
bereitet ihrem Geist Vergnügen.
Wind, innerer Wind – mein Lotos ist das Unübertroffene!
Durch die Spitze des Diamantzepters erregt,
ist er rot wie eine Bandhūka-Blume.

In diesem Zitat aus dem *Chandamahāroshana-Tantra*, einem der Yoginī-Tantras, fordert ein weiblicher Buddha körperliches Vergnügen für ihre Verkörperungen, die menschlichen Frauen. Die Passage steht für das, was man »weibliche Sicht« oder gynozentrische Perspektive nennen könnte, denn sie beschreibt Körperlichkeit und erotische Erfahrung vom weiblichen Blickwinkel aus. Der weibliche Buddha spricht von der Frau mal in der dritten Person, als einer anderen, mal setzt sie sich in der ersten Person mit ihr gleich. Diese Identifikation ist ein wichtiger Teil der Kontemplation des Mannes und der Frau im Yoga der Vereinigung. Die Anweisungen schreiben dem Mann vor, frei von Gier zu bleiben und einen von Konzepten freien, klaren Geisteszustand aufrechtzuerhalten. Er darf seine Verehrung nicht beenden, bevor die Frau vollkommen befriedigt ist. Erst dann darf er pausieren, sich mit Essen und Wein stärken – natürlich erst nachdem er die Frau bedient hat! Selbstsüchtiges Vergnügen steht für ihn nicht zur Debatte, er muß seiner Göttin dienen und ihr gefallen.

Zu diesem heilsamen Zweck beschreiben zahlreiche Tantras die von einem tantrischen Yogi zu entwickelnden erotischen Techniken, die denen der weltlichen Liebeskunst aus dem *Kāma-Sūtra* gleichen. Das *Chandamahāroshana-Tantra* beschreibt orale Techniken und eine Reihe sexueller Positionen wie die des »Schaukelns«, in der die Partner ihre Arme wie Zöpfe ineinander verschlingen und langsam schaukeln, oder die Stellung des »Schenkelreibens«, in der die Frau ihre Fußsohlen auf den Schenkelansatz des Mannes stellt. Die »umgekehrte Vereinigung«, in der der Mann auf dem Rücken liegt und die Frau die aktivere Rolle übernimmt, wird besonders empfohlen. Auch wenn der Text die Kenntnis dieser Techniken nur vom Mann ausdrücklich fordert, wird eine entsprechende Kenntnis seitens der Frau natürlich vorausgesetzt. Angesichts der ausführlichen Auflistungen von Techniken läßt sich leicht vorstellen, daß die tantrischen Paare über eine sexuelle Virtuosität verfügt haben müssen, die den Darstellungen der verliebten Paare *in flagrante delecto* auf indischen Tempeltürmen in nichts nachstand. Das ausgelassene Entzücken, die anmutige Sinnlichkeit und gegenseitige Hingabe, die diese Skulpturen erkennen lassen, kennzeichnet auch in den tantrischen Texten die literarischen Beschreibungen offener und ungenierter Bejahung der Sinnlichkeit im Rahmen der Religion.

Das intime Geschenk sexuellen Vergnügens, durchaus passend »geheime Opfergabe« oder »geheime Verehrung« genannt, vollzieht sich in Stufen. Eines der Ziele des erotischen Spiels ist es, den Fluß der weiblichen Sexualsekrete zu stimulieren, des weiblichen Äquivalents zur Samenflüssigkeit des Mannes. Dieser Prozeß wird im *Hevajra-Tantra* mit poetischem Zartgefühl beschrieben:

In einem Wald, an einem zurückgezogenen Ort
oder selbst in seinem eigenen Heim,
sollte ein wissender Yogi stetig
eine überragende Gefährtin verehren,
die sich entkleidet hat.
Nach Küssen und Umarmung streichle die Vulva.
Die Spitze des Mannes, trinkt drückend (oder küssend)
süßen Nektar aus den unteren Lippen.
Mit den Händen sollte der Besitzer des Zepters ständig das tun,
was den Moschus des Verlangens hervorruft ...
Wieder und wieder vereinige dich mit dem Diamantzepter,
sieh sie von oben bis unten an.
So erhält man umfassende spirituelle Vollkommenheit
und wird allen Buddhas gleich.

Das Sanskrit-Original weist viele poetische Nuancen auf. Das männliche Organ zum Beispiel wird mit Begriffen wie »Diamantzepter« (*vajra*), »Nase« oder »Spitze« (*nāsikā*) bezeichnet. Der die Sekrete der Frau stimulierende Kontakt wird mit »schmecken« und »sich erfreuen« umschrieben, während der Begriff »trinken« auch »küssen« und »destillieren« bedeutet, ein Vergleich, der sich aus der Destillation von Nektar aus einer Soma-Presse oder von der Herstellung eines berauschenden Getränks ableitet.
Für die männlichen und weiblichen Sexualsekrete wird derselbe Begriff, *sukra*, benutzt, wobei die gängige Übersetzung dieses Begriffs mit »Samen« zu dem verbreiteten Mißverständnis geführt hat, nur die männliche Flüssigkeit sei gemeint. Die Flüssigkeit der Frau wird außerdem auch mit dem Begriff *madhu* bezeichnet, was etwas Süßes wie Honig, Nek-

tar oder Wein beschreibt. Ein weiterer Begriff ist »Blumenwasser« oder »von selbst aufgestiegenes Blumenwasser«. Da der Fluß ihres Nektars die Erfahrung von Glückseligkeit und erhöhtem Gewahrsein begleitet, wird die Flüssigkeit auch »Moschus des Verlangens« oder »Moschus des Berauschtseins« genannt.

Das Ziel der Vermischung der sexuellen Sekrete in der tantrischen Vereinigung ist die Erleuchtung, nicht die Fortpflanzung. Die Flüssigkeiten von Mann und Frau vermischen sich und werden dann wieder von ihnen absorbiert. Dieser Vorgang wird oft die Mischung von »weißen und roten Tropfen« oder von »Kampfer und rotem Sandelholz« genannt. Es ist ein verbreiteter Irrtum, daß mit dem roten Element der Frau ihr Menstruationsblut gemeint sei. Das ist nicht der Fall. Der Begriff »rot« bezieht sich auf den hormonellen Anteil der weiblichen Sexualflüssigkeit und nicht auf ihre Farbe. Die Yoga-Praxis des Mischens der roten und weißen Flüssigkeiten wird poetisch von Babhaha ausgedrückt, einem tantrischen Adepten, der seine Erleuchtung gemeinsam mit einer gleichgesinnten Frau suchte:

> In der heiligen Zitadelle der Vulva
> einer überragenden, geschickten Partnerin,
> vollziehe die Praxis, den weißen Samen
> mit ihrem Ozean roten Samens zu vermischen.
> Dann absorbiere den Nektar,
> laß ihn aufsteigen und sich verteilen -
> für einen Strom von Ekstase,
> wie du sie nie zuvor gespürt hast.
> Und dann für den Genuß, der jeden Genuß übersteigt,
> erkenne dies als untrennbar von Leerheit.

Die sexuellen Sekrete gelten als besonders wirkungsvoll zur Stärkung der psychischen oder yogischen Anatomie. Daher visualisieren der Yogi und die Yoginī, daß sie den Seligkeit spendenden Nektar wieder aufnehmen und ihn im Körper verteilen. Das *Chandamahāroshana-Tantra* sagt: »Dies ist die vorzüglichste Nahrung, die alle Buddhas ernährt.«

Obwohl Mann und Frau diese auch im Hindu-Tantra und -Yoga bekannte Übung gemeinsam ausführen, betonen sowohl die hinduistischen als auch buddhistischen Texte eher die Aufnahme der weiblichen Sekrete durch den Mann. Das *Hevajra-Tantra* sagt, spirituelle Frauen oder Frauen der fünf Buddha-Familien »schenken die Siddhis [Kräfte, Verwirklichungen], und ihr Sexualsekret ist demanten; daher trinkt ein Yogin sie, wenn er Frauen verehrt«. Die Essenz der weiblichen Sekrete zu absorbieren wird als die subtilste Form der Ernährung betrachtet, die Geburt großer Glückseligkeit. Das *Hevajra-Tantra* verlangt vom Mann den Schwur, die weibliche Essenz in allen zukünftigen Leben aufzunehmen, bis er Erleuchtung erlangt. Die Betonung der Absorption des weiblichen Sexualsekrets durch den Mann unterscheidet die tantrische Vereinigung vom gewöhnlichen Geschlechtsverkehr.

Auch wenn die Aufnahme weiblicher Sekrete durch den Mann ausdrücklich erwähnt wird, ist eindeutig die Vermischung und der Austausch beider Flüssigkeiten beabsichtigt. Der Mann nutzt auch »die eigene Substanz«, um der Partnerin eine Opfergabe darzubringen: »Man sollte einer Frau der eigenen Buddha-Linie Gaben darbringen, indem man die eigene Substanz benutzt und sie ihr opfert.« Dieses »Opfer der eigenen Substanz« bezieht sich auf den intimsten yogischen Aspekt des Rituals.

So macht sich der Mann in der Verehrung der Partnerin selbst zur Opfergabe. Was er darbringt, sind sein Respekt und seine Anbetung, seinen Körper in der Lust, die er ihr bereitet, seinen Samen, den er mit ihren Substanzen vermischt, seinen Atem, den er ebenfalls mit dem ihren mischt, und die subtilen Energien, die, wenn sie ausgetauscht werden und durch beider Körper zirkulieren, Erfahrungen ermöglichen, die keiner von ihnen allein je erlangen könnte.

Die Verehrung der Partnerin beinhaltet die für die tantrische Kontemplation notwendige Opfergabe sexuellen Vergnügens. Dieses sexuelle Vergnügen ist allerdings nicht Selbstzweck, sondern Ausgangspunkt für einen fortgeschrittenen tantrischen Yoga, der die Seligkeit der Vereinigung zur Grundlage der Meditation macht. Der angestrebte yogisch-meditative Prozeß besteht darin, den inneren Atem oder Wind auf einen Punkt an der Basis der Wirbelsäule zu konzentrieren, die Winde dann in den Zentralkanal zu leiten, sie dort zu halten und den Körper vertikal durchziehen zu lassen.

In der diesen Yoga unterstützenden Visualisation wird die innere Anatomie des weiblichen Geschlechtsorgans als Mandala gesehen, als juwelenbesetzter Palast im Zentrum eines Buddha-Landes. Dieser Palast ist in der Vision ein »grenzenloses Haus« ohne festgelegtes Ausmaß. Das Zentrum des Mandala ist der Muttermund, der innerste Punkt der Vulva; die Größe des Mandala kann jedoch je nach dem Ziel der Meditation variieren. Manchmal erstreckt es sich über den Körper der Frau hinaus und umfaßt die ganze Welt und alle Lebewesen in einem vollkommenen, himmlischen Bereich. Bei anderen Praktiken visualisiert die Yoginī ein Buddha-Paar und sein göttliches Gefolge innerhalb des Palastes, entsprechend der Ikonographie des Mandala, über das sie meditiert. Ganz gleich, was die Details der jeweiligen Meditation sind, Reinheit, Glückseligkeit und Weisheit, die sich zum Mandala verdichten, gehen vom zentralen Punkt aus, dem Muttermund, auf den die Frau sich in ihrer Meditation konzentriert.

Der »geheime Ort« der Yoginī wird im tantrischen Sprachgebrauch manchmal auch »Krähengesicht« genannt. Krähengesicht (Kākāsyā) ist der Name einer Göttin, einer von acht Türhüterinnen des Chakrasamvara-Mandala. Dem indischen Verständnis der weiblichen Anatomie entsprechend, haben diese acht Göttinnen dieselben Namen wie die acht Hauptgefäße, die vom vaginalen Energiezentrum ausstrahlen. Durch die Benennung dieser Gefäße nach den Göttinnen werden Vulva und Mandala zu einer symbolischen Einheit verschmolzen. »Das Mandala betreten« bedeutet in diesem Zusammenhang, daß die Frau ihr meditatives Gewahrsein auf den Ort richtet, an dem sich die Erleuchtung entfalten wird.

Damit sie ihre Aufmerksamkeit leichter auf das innere Mandala richten kann, bringt ihr der Mann ein subtiles Opfer dar: »Bewege mit dem Finger, das heißt dem Diamantzepter, die Erde, das heißt die Gefäße der Basis – den Lotos. Und nachdem die Gefäße erwacht sind, binde das Diamantzepter. Mit anderen Worten, vereinige dich in der Praxis, die beide Gefäße untrennbar verbindet.« Der Mann unterstützt den inneren Yoga der Frau, indem er die Gefäße im Lotos bewegt, sie »aufweckt«, damit die Frau ihre Aufmerksamkeit leichter auf das untere Ende des Zentralkanals richten und die Energie dort konzentrieren kann, wo sie in den Zentralkanal gezogen wird. Die Stimulation dieses Gefäßnexus hilft ihr, alle ihre Empfindungen zu bündeln und die ganze Aufmerksamkeit auf einen Punkt nahe der unteren Öffnung des Zentralkanals zu konzentrieren. Der Mann muß also darauf achten, sie zu erregen, ohne sie vom Gewahrsein abzulenken – eine große Herausforderung seiner erotischen und yogischen Virtuosität. Eine in diesem Prozeß geübte Frau kann zu diesem Zeitpunkt den inneren Wind oder Atem in den Zentralkanal leiten.

Das ist der Moment, an dem die zusätzliche Energie vom Partner wesentlich ist. Der Austausch wird durch die Vereinigung der »Spitzen« der Geschlechtsorgane ausgelöst, manchmal »Vereinigung der Spitzen von Daumen und Ringfinger« oder »Küssen« genannt. Tsongkhapa erklärt: »Die Spitze des geheimen Ortes des Mannes ist die untere Öffnung seines Zentralkanals (*avadhūtī*), die Spitze des geheimen Ortes der Frau wird Krähengesicht genannt, die beiden Gefäße küssen sich.« Der Zentralkanal des Mannes endet also an der äußersten Spitze des Phallus, der der Frau an der innersten Spitze der Vulva. Die beiden Punkte werden während der sexuellen Vereinigung zusammengebracht. Durch die Vereinigung der Gefäße vermischen sich die rote und die weiße Essenz. Dies wiederum bewirkt einen subtilen, aber spürbaren Austausch und die Zirkulation der Energien zwischen den Partnern. Der Yogi und die Yoginī richten ihre nun vereinten Energien auf bestimmte Weise aus, um subtile Zustände von Glückseligkeit und Einsicht zu erzeugen.

Wenn der Nektar einer Frau zu fließen beginnt und sich mit dem des Mannes vermischt, heißt es, die Frau sei »berauscht« vom »Elixier der Vereinigung.« Dieser Rausch erzeugt die Seligkeit, die in der tantrischen Kontemplation so wichtig ist:

> Der Mantra-Praktizierende wird durch Alkohol berauscht. Dies bedeutet, daß er eine Partnerin hat, die einer Buddha-Linie (kulikā) angehört, das Mantra kennt und vom Saft berauscht ist ... Praktiziere mit der großartigen, gute Eigenschaften besitzenden Frau, und wenn der Saft des Elixiers der Vereinigung absteigt, wird sie von ihm berauscht werden.
>
> Daraufhin werden alle Buddhas im Mandala des Körpers des Übenden zusammenkommen; gleichzeitig versammeln sich alle Göttinnen im Mandala des Körpers der großen Gefährtin derselben Linie, die man als Sparshavajrī visualisiert.
>
> Verehre diese Frau.

Ob die »berauschende Mixtur« aus den roten und weißen Tropfen nun tatsächlich wieder aufgenommen wird oder nicht, die Visualisation führt die selige Energie dorthin, wohin man die Tropfen in der Vorstellung fließen läßt. Die Frau richtet diese Visualisation schließlich auf den Zentralkanal. Sie »inhaliert« den Wind oder die Energie in den Zentralkanal, zieht ihn bis zur Fontanelle hoch und »atmet aus«, läßt die Energie also wieder absinken. Sie visualisiert, wie die Nektartropfen im Zentralkanal auf- und abströmen. In den Worten einer berühmten Yoginī:

Auf einem Mond-Sockel am Scheitel des Kopfes
fließen die fünf Nektare über und strömen nach unten.
Festige diesen Prozeß, und visualisiere den Buchstaben OM.
Auf diese Weise den Yoga stetig zu üben,
den Nektar fallen und steigen zu lassen,
das ist die Praxis der Yoginīs!

Die Yoginī schwelgt im Rausch der Empfindungen, die durch ihren Körper laufen. Sie genießt die vielen Nuancen und Aromen von Seligkeit und Freude. Im Entzücken subtilster Gefühle glaubt sie zu fliegen oder, in tantrischer Terminologie, »den Himmel zu genießen«.

So erfreulich diese überirdischen Wonnen auch sein mögen, sie sind doch nur die Grundlage für die nun folgenden, äußerst subtilen Geisteszustände. Jetzt nämlich ist die Zeit für die Meditation über Leerheit gekommen. Das »geheime Opfer« – die »Vereinigung des Butterns« – ermöglicht nun das »wirkliche Opfer« der Vereinigung von Glückseligkeit und Leerheit, der letzten Stufe des Yogas der Vereinigung. Auf dieser Stufe müssen die Yoginī und der Yogi von jedem Haften an den erfahrenen Wonnen lassen und darüber meditieren, daß alles, einschließlich ihrer Glückseligkeit, frei ist von endgültiger Wirklichkeit. Inmitten intensivster Sinnenlust müssen sie der Sinnlichkeit entsagen, indem sie erkennen, daß es sich um das dualistische Greifen nach etwas handelt, das letztlich nicht existiert. Dieser Punkt ist leichter zu verstehen, wenn man sich vorstellt, daß man ein Verdurstender ist, der einer Fata Morgana nachgelaufen ist. Gewöhnliche Seligkeit kann ebensowenig höchste Verwirklichung bringen, wie eine Luftspiegelung den Durst löschen kann. Durch Analyse festzustellen, daß das Objekt der Seligkeit nicht wirklicher ist als eine Luftspiegelung am Himmel, hilft, das Anhaften in die grenzenlose Weite des himmelsgleichen Gewahrseins aufzulösen.

Der »Perlenrosenkranz«, ein früher Kommentar der Sakya-

Schule, faßt die Schritte zusammen, in denen eine Frau die Verehrung durch einen Mann als Grundlage für ihren inneren Yoga nutzt. Sie akzeptiert die Freude spendenden Opfergaben des Mannes und nutzt das Glücksgefühl jeder Stufe zu tieferer meditativer Sammlung. Je intimer seine Gaben werden, desto mehr wendet sie ihre Aufmerksamkeit nach innen. Auf der ersten Stufe bringt er dar, was die Sinne erfreut: Parfum, Speisen, Getränke, liebevolle Worte, schöne Kleidung, heiliges Fleisch und Wein. In der yogischen Terminologie werden diese Opfergaben an den »neun Toren« zu den Sinnesfreuden des Körpers (Augen, Ohren, Nase, Mund und untere Körperöffnungen) dargebracht. Sind die äußeren Sinne auf diese Weise befriedigt, zieht die Frau ganz natürlich ihre Aufmerksamkeit von ihnen zurück und sammelt sie auf der nächsten Ebene des Opfers, der sexuellen Wonne. Der Mann entflammt und nährt ihre Leidenschaft, die ihre Meditation anfeuert, und opfert dann direkt ihrem geheimen Energiezentrum (*chakra*). Er stimuliert die Gefäße oder Nerven der Vulva, um Wonne und Nektartropfen hervorzurufen. Die Partner visualisieren diese Gefäße auch als Gottheiten, die Opfergaben erhalten. Diese Visualisation kann sehr komplex werden, da der Yogi und die Yoginī sich vorstellen, wie die Gottheiten den himmlischen Nektar empfangen und genießen, der vom Buddha-Paar im Zentrum auf sie herabregnet. Wird zum Beispiel nach dem System des Chakrasamvara-Mandala visualisiert, so sind es 24 Paare von Helden und Heldinnen, die sich auf 24 ihnen zugeordneten Kanälen oder Nerven befinden und den Nektar des tantrischen Festes empfangen.

Nachdem die Frau ihre Aufmerksamkeit jetzt vollständig von den äußeren Sinnen und weltlichen Erscheinungen zurückgezogen hat, ist der Zeitpunkt für das höchste Opfer gekommen. Es findet im Zentralkanal (*avadhūti*) ihres Körpers statt. Die Frau nutzt es, um ihre Winde und Tropfen in den Zentralkanal zu leiten und dort zu halten. In diesem Prozeß verschmilzt die verfeinerte Energie des Yogi mit ihrer eigenen und entfacht oder steigert ihr im Zentralkanal aufsteigendes Empfinden von Glückseligkeit, Einsicht und Licht. Da diese Opfergabe es der Frau ermöglicht, die letzten Pässe des Pfades zur Erleuchtung zu überqueren, ist sie »die Quintessenz der Verehrung einer Frau«.

Die Frau muß ein hochentwickeltes Gewahrsein und ebensolche meditativen Fähigkeiten besitzen, um diese Opfergaben nutzen zu können. Allzu leicht kann diese Form der Verehrung zum Verlust von Achtsamkeit und der Vermehrung von Verlangen und Anhaften führen. Darum ist es so wichtig, die Leerheit zu begreifen, und die Frau sollte möglichst schon einen Vorgeschmack dieser Erkenntnis gehabt haben, damit sie an diesem Punkt Seligkeit und Leerheit verbinden kann. Gelingt ihr die Vereinigung von Entzücken und Leerheit, wird der innere Wind im Zentralkanal zum »Weisheitswind«, dem Fahrzeug der nichtdualistischen Wahrnehmung eines Buddha. Ein Geist, der von Glückseligkeit durchdrungen, gleichzeitig aber der Leerheit gewahr ist, nimmt den Platz der gewöhnlichen Sinneserfahrung ein. Von Gedanken und dualistischem Greifen, Verlangen und Anhaften völlig befreit, meditieren der Yogi und die Yoginī mit durchdringender Klarheit des Geistes. Auf dieser Ebene erfährt die Frau die ursprüngliche Natur ihres eigenen Geistes als weites, unbeschränktes Gewahrsein. Sie erkennt, daß alles, einschließlich ihres eigenen Geistes, klar, rein und weit wie der Himmel ist. Das ist das »wahre Opfer.«

Das innere Feueropfer

Bei einem tantrischen Fest (*ganachakra*) bringt die Versammlung der Yogis und Yoginīs eine Reihe von Opfergaben dar. Die »äußeren Opfergaben« (*bāhyapūjā*) des angenehmen Anblicks, Geruchs und Klangs von Essen, Blumen, Weihrauch,

Butterlampen, Tanz und Musik sind dieselben wie in anderen Formen des Buddhismus. Den äußeren schließen sich spezielle tantrische Opfergaben an. Diese sogenannten »inneren Opfergaben« bestehen aus Alkohol, den fünf Arten von Fleisch (von Hund, Pferd, Rind, Elefant und Mensch) und den »fünf Nektaren« (Samenflüssigkeit, Blut, Gehirn, Urin, Fäkalien). Tantrische Buddhisten führen auch ein Feueropfer (tib.: *dschinseg*) aus, das den Feueropfern der Hindus (*homa, agnihotra, yajña*) nachempfunden ist.

Das Feueropfer der Hindus besteht äußerlich aus einem komplexen Ritual vedischer Herkunft und innerlich aus yogischen und meditativen Übungen. In den Upanischaden werden die Lebensspanne, die Verdauung, die Atmung und die mystische Kontemplation als innerliches Feueropfer beschrieben. Nach der *Brihadāranyaka-Upanishad* ist auch die sexuelle Vereinigung ein Feueropfer, das der Schöpfergott Prajāpati nach Erschaffung der Frau erstmals ausgeführt hat:

> Nachdem er sie geschaffen hatte,
> verehrte er ihr Geschlechtsteil;
> daher soll die Vulva der Frau verehrt werden.
> Er streckte einen Stein aus sich heraus,
> um den Nektar zu pressen [also die Sexualsekrete der Frau fließen zu lassen],
> und durchtränkte sie damit.
> Ihr Schoß ist der Opferaltar,
> ihr Haar das Opfergras,
> ihre Haut die Soma-Presse,
> die Lippen der Vulva das Feuer in der Mitte.
> ...
> Viele Sterbliche ... scheiden aus dieser Welt ... ohne Verdienst,
> Vor allem die, die sexuelle Vereinigung vollziehen,
> ohne dieses zu kennen.

Das grundlegende Muster des Feueropfers besteht darin, eine gröbere Substanz (fest, flüssig oder beides) in einen kosmischen Behälter zu geben – hier durch die Yoni (die Vulva bzw. den Schoß) repräsentiert, wo sie in einen einfacheren, konzentrierteren oder weiterentwickelten Zustand transformiert wird – sei es nun die Verdauung, die komplexe Nahrungsmittel in einfachere Bestandteile aufspaltet, oder die Weisheit, die dualistische Gedanken und Wahrnehmungen in Erleuchtung verwandelt. Der tantrische Buddhismus folgt auch in dieser Hinsicht wieder eher der allgemeinen Strömung indischer Religiosität als einem dezidiert buddhistischen Denk- und Übungssystem. Wie die Hindu-Tradition entwickelte auch das buddhistische Tantra zahlreiche Versionen des Feueropfers. Das äußere Feueropfer ist eine Gelegenheit, die vier rituellen Handlungen zu meistern, nämlich das friedvolle, gedeihliche, erobernde und zerstörende Handeln. Das innere Feueropfer ist eine fortgeschrittene Yoga-Praxis, die ein Mann und eine Frau während der rituellen Vereinigung ausüben.

Wenn die spirituellen Gefährten den sexuellen Yoga üben, zum Beispiel anläßlich eines tantrischen Festes, bringen sie ein »geheimes Opfer« dar, indem sie die Seligkeit und Freude ihrer Vereinigung den Gottheiten des Mandala und allen Wesen des Universums zum Geschenk machen.

Das innere Feueropfer ist eine spezielle Visualisation, die die Wonne der leidenschaftlichen Vereinigung mit der Meditation über Leerheit verbindet. In diesem Prozeß wird zuerst die gewohnte Sicht der Wirklichkeit geopfert, indem alle Wesen des Universums in einem Palast erleuchteten Gewahrseins (*mandala*) visualisiert werden, wo sie die Seligkeit und Weisheit göttlicher Wesen genießen. Dann opfern beide Partner das Mandala selbst, angefangen bei den äußeren Ringen und dann weiter nach innen fortschreitend, bis sie zum Buddha-Paar in der Mitte kommen, mit dem sie sich identifizieren:

> Visualisiere die Wesen der drei Bereiche [unterirdisch, irdisch und himmlisch] als Mandala, in dem sich alle großer Seligkeit erfreuen. Nachdem sie Seligkeit erfahren haben, lösen sich die Helden und Heldinnen der drei äußeren Bereiche in die acht Verbrennungsstätten auf, und die Verbrennungsstätten lösen sich in die grenzenlosen Paläste auf, die sich in die vier [innersten Yoginīs], Khandaroha und so weiter, auflösen. Diese vier lösen sich auf und treten in die linken Nasenlöcher der vier Gesichter [des Heruka Chakrasamvara] ein. Nachdem sie dann zwischen den Augenbrauen in den Zentralkanal eingegangen sind, fließt das Elixier herab und durchdringt die vier Chakras. Dann schmilzt man selbst und Vajravārāhī in großer Seligkeit dahin.

Als nächstes treten der Yogi und die Yoginī selbst in das Opfer ein. An der Stelle, an der sich ihre Geschlechtsteile berühren oder »küssen«, vermischen sich die Tropfen ihrer dort gesammelten Sekrete und schaffen die höchste Opfergabe. Kein Text führt genügend Details an, so daß jemand die Praxis ohne mündlichen Kommentar eines qualifizierten Lehrers üben könnte. Die allgemeinen Beschreibungen sagen nur, daß sich die Tropfen der Sekrete vermischen, dann miteinander verschmelzen und so die erfolgreiche Sammlung der inneren Winde beider Partner im Zentralkanal (*avadhūtī*) einleiten. Die innere Feuerstelle kann in den verschiedenen Yoga-Systemen an verschiedenen Orten im Körper lokalisiert sein; im allgemeinen aber wird sie in Höhe des Nabels angesiedelt, wo ein in Flammen stehendes »A« visualisiert wird. Ganz gleich, wo die innere Feuerstelle lokalisiert wird, das wirkliche Feuer wird immer als höhere Form des Bewußtseins verstanden, das alle niedrigeren ihm übergebenen oder geopferten Formen verzehrt.

Nach buddhistischem Verständnis bedeutet das Feueropfer, alle Phänomene und Erfahrungen in den Dienst der Verwirklichung der Leerheit zu stellen. In der yogischen Dimension wird das philosophische Prinzip der Leerheit mit dem Zentralkanal des Körpers und dem inneren Feuer gleichgesetzt. Diese stehen miteinander in Beziehung, weil sie den Übergang zur Konzeptlosigkeit oder das Aufhören dualistischen Denkens vollenden. Wie Kambala feststellt, kann das »Feuer«, das alle Unreinheiten der Gedanken beseitigt, mit dem Zentralkanal gleichgesetzt werden, weil das Aufhören der dualistischen Gedanken mit der Sammlung der inneren Winde im Zentralkanal einhergeht. Die elementaren Bestandteile des Universums, also die vier Elemente und die fünf Sinneswahrnehmungen und ihre Objekte, werden dem Opferfeuer der lodernden Weisheit bildlich als Fleisch und Blut übergeben. Je mehr die Glückseligkeit zunimmt und alle Spuren von Anhaften aufgegeben werden, desto heller lodert das Feuer des Spiels spontanen Gewahrseins (*sahaja*). Ziel ist die vollständige Verbrennung allen dualistischen Denkens und sämtlicher Gewohnheitsmuster, die sich über unendlich viele Leben angesammelt haben. Da dies kein plötzlicher Prozeß ist, sondern kontinuierliche, stufenweise Bemühungen erfordert, sind viele Praxissitzungen erforderlich. Zunächst werden dem Feuer die gröberen Aspekte der Persönlichkeit und der verblendeten Überzeugungen geopfert, schließlich zunehmend subtilere Konzepte und Anhaftungen.

So wie die hinduistischen Upanischaden die mystische Kontemplation als höchstes Feueropfer ansehen, ist für das *Chakrasamvara-Tantra* die nichtduale Weisheit das wirkliche Feueropfer, das seinen Höhepunkt in der vollständigen Erleuchtung durch die Flamme der Weisheit erreicht. Wie Tsongkhapa darlegt, »ist die wirkliche Bedeutung des Feueropfers das Verbrennen allen begrifflichen Denkens – mit anderen Worten, die Auflösung in das Klare Licht«.

Das hier beschriebene Feueropfer aus dem *Chakrasamvara-Tantra* weist Ähnlichkeiten mit Ritualen auf, wie sie sowohl in den Veden als auch in den Upanischaden beschrieben werden. Über die Parallelen mit dem hinduistischen Ritual hinaus erfordert das buddhistische innere Feueropfer neben Entsagung und Erleuchtung durch das Feuer der Weisheit jedoch noch einen weiteren Schritt, nämlich den Ausdruck des durch die Wärme des Feuers der Weisheit erzeugten Mitgefühls. Die Auflösung des gesamten Universums samt allen Konzepten dualistischer Wahrnehmung und der Eintritt in das Klare Licht machen verfeinerte geistige Zustände und damit den vollkommenen Ausdruck von Imagination und Altruismus erst möglich. Nachdem das Universum dem inneren Feuer übergeben und aufgelöst wurde, visualisieren die Yoginī und der Yogi wiederum das Mandala, jetzt jedoch aus einem subtileren Geisteszustand heraus. Dieses Mal entsteht laut Tsongkhapa das Mandala »allein aus dem Geisteswind des klaren Lichtes.« Dieser Visualisationsprozeß unterscheidet sich qualitativ von den vorhergehenden, in denen der »Geist-Wind« noch mit Staub und Unreinheiten beladen war; jetzt ist er klar. Dieses Mandala muß, vollständig mit allen Details eines edelsteingeschmückten Palastes, »in der Größe eines Atoms oder eines Staubkorns auf einem weißen Lotos im Herzen der Gottheit [der Weisheitsgottheit Jñanasattva] erschaffen werden ... von seliger Essenz, wie es pulsierende Lichtstrahlen aussendet und die Körper verschiedener Buddhas emaniert«. So wird die Welt der gewohnten Erscheinungen, nachdem alles Gewöhnliche dem heiligen Feuer von Seligkeit, innerer Hitze und Weisheit dargebracht wurde, durch ein Meisterwerk der Imagination ersetzt, und es werden die transparenten, regenbogengleichen Körper erschaffen, die Ziel der tantrischen Praxis sind.

Die Beschreibungen des inneren Feueropfers machen klar, daß der Yogi und die Yoginī die Stufen der Visualisation gemeinsam durchlaufen, ihren Geist aufeinander einstellen und ihre Energien für die gemeinsame Reise verbinden. Durch die Abstimmung ihres Geistes und ihres Körpers und den Austausch von Gedanken, Atem und Sekreten kann der Erfolg des einen Partners auf einer bestimmten Stufe den des anderen beflügeln. Ihre innige Kommunikation und sympathische Resonanz ermöglichen es den Gefährten, geistige und körperliche Zustände auf den jeweils anderen zu übertragen und den gemeinsamen Entwicklungsprozeß in Harmonie und Gleichklang zu vollenden.

Intimität und tantrische Vereinigung

Intimität wird in der tantrischen Vereinigung durch die Erschaffung eines gemeinsamen visionären Universums hergestellt. Während der yogischen Vereinigung dient jeder Aspekt der Praxis dazu, das gewöhnliche Bewußtsein in erleuchtete Sicht zu transformieren. So kultiviert zum Beispiel der Mann die reine Sichtweise, indem er die Frau als Gottheit sieht, ihr Geschlechtsorgan als den Thron der Erleuchtung und ihre sexuellen Sekrete als göttlichen Nektar. Die poetischen und symbolischen Begriffe für die Sexualanatomie und die Zustände der Vereinigung formen die Ansichten, Meditationen und Erfahrungen von Mann und Frau. Der Gebrauch eines spezialisierten esoterischen Vokabulars verbirgt einerseits die Bedeutungen vor denjenigen, die nicht initiiert sind, andererseits schafft es Intimität zwischen den yogischen Partnern.
Einige Gelehrte vertreten die Ansicht, der Symbolismus distanziere die Partner und mache ihre Interaktion abstrakter. In Wirklichkeit jedoch erfordert der gemeinsam bereiste visionäre Erfahrungsraum die Intimität zwischen den Partnern und vertieft sie sogar noch. Die tantrische Sprache mag zwar den Zweck erfüllen, die tantrische Vereinigung von konventionellem, »profanem« Geschlechtsverkehr zu distanzieren, aber sicher schafft sie keine Distanz zwischen den beteiligten Partnern. Da sie ihre Praxis in einem gemeinsamen symbolischen Bezugsrahmen erleben, führt die esoterische Sprache sie in ein Universum tiefer Sinnhaftigkeit, in dem ihre Verei-

nigung der Würde und Anmut von Gottheiten teilhaftig wird und keine Spur von Weltlichkeit mehr hat.
Um diese Reise der Intimität antreten zu können, erschaffen die Partner eine separate, hermetisch verschlossene Welt, die für Menschen und Götter unsichtbar ist. Diese Welt wird im *Chakrasamvara-Tantra* folgendermaßen beschrieben:

> Verehre die nackte tantrische Gefährtin;
> eben dadurch wirst du vollständig befreit.
> So angezogen [d.h. nackt] oder anders [d.h. mit einem Tigerfell und Knochenschmuck],
> lasse dich nicht von Begierden berühren!
> Löse dein Haar
> und beginne alle Aktivitäten.
> Mit dem Wurzel-Mantra und anderem
> errichte die Grenze und verehre,
> unsichtbar für die Schar der Götter und Geister.

Der Yogi und die Yoginī versiegeln ihr Universum, indem sie »die Grenze errichten«; sie schließen sich in eine schillernde Sphäre verschachtelter Diamantzepter ein. Tsongkhapa erklärt, daß sie zur Vermeidung von Hindernissen für die Praxis das Wurzel-Mantra anstimmen und ein Schutzzelt visualisieren, einen Baldachin, einen Zaun aus Pfeilen und ein Netz aus Flammen, so daß das Ritual sogar dem übernatürlichen Blick der Götter entzogen wird, von menschlichen Zeugen ganz zu schweigen. Diese Barriere – ein undurchdringliches Kraftfeld zwischen der gewöhnlichen Welt und dem Bereich der visionären Erfahrung – schützt den heiligen Bereich vor dem Eindringen negativer Einflüsse und vor den neugierigen Blicken von Menschen und Göttern.
Da die tantrische Vereinigung Leidenschaft und Intimität ohne neurotisches Anhaften erfordert, stellt sie eine höhere Oktave der Leidenschaft dar, die oft auch als »große Leidenschaft« (*mahārāga*) bezeichnet wird. Diese Leidenschaft ist frei

von Begierde, gewöhnlicher Lüsternheit und nicht mit dem Makel eines aufgeblasenen Ich behaftet. Das Selbst (oder eigentlich Nicht-Selbst), das diese Praxis ausführt, ist ohne Grenzen und ohne eigenes Wesen (also nach buddhistischer Metaphysik Selbst-los). Dynamisch fließend, kann es von der Energie, dem Atem und dem Geist des Partners durchdrungen werden. Der ganze Yoga der Vereinigung basiert auf dieser Fähigkeit, sich von der Energie und dem Geist einer anderen Person durchdringen zu lassen.

Im Yoga der Vereinigung wird eine *Beziehung* angestrebt, in die sich beide Partner mit dem Ziel der gemeinsamen Befreiung vollständig vertiefen. Da diese intensive Intimität nicht leicht herzustellen ist, bilden ein Mann und eine Frau oft eine lebenslange spirituelle Partnerschaft. In anderen Fällen begeben sich eine Tantrikerin und ein Tantriker in Klausur und praktizieren ein oder zwei Jahre zusammen, um bestimmte religiöse Ziele zu erreichen. Wenn Atem, Sekrete und subtile Energien der Partner sich durchdringen und in dem vereinten Paar zu zirkulieren beginnen, erzeugen sie Erfahrungen, die durch einsame Meditation nur äußerst schwer hervorzubringen wären. Die Texte beschreiben eine komplexe gegenseitige Abhängigkeit, wobei sie die Abhängigkeit des Mannes von der Frau und seine Bemühungen, ihr zu gefallen und sie zu verehren, mehr betonen. Diese gegenseitige spirituelle Abhängigkeit trägt Frucht, wenn die Partner ihre Energien vereinen, um aus Seligkeit und Leerheit einen Mandala-Palast zu schaffen. Damit hat sich das Paar in Vereinigung buchstäblich und im übertragenen Sinn in einem Mandala niedergelassen. Es strahlt vom intimsten Punkt ihrer körperlichen Vereinigung aus und wird erzeugt und belebt von ihrer Seligkeit und Weisheit. Beide setzen gemeinsam die Energien und Sekrete ihrer Körper ein, um erleuchtete Wesen im Zentrum dieses Mandala zu werden.

Die Qualifikation der Frauen für die tantrische Vereinigung

Am häufigsten sind die Tantrikerinnen dadurch geschmäht worden, daß man ihnen die Qualifikationen für die Praxis der sexuellen Yogas abgesprochen hat. Kompetenz, Wissen und unabhängige Initiative der Frauen werden in den meisten Studien schlichtweg geleugnet. Dies ist eine ausgesprochene oder unausgesprochene Folge des Glaubens, daß Frauen bloße Anhängsel waren und auf Geheiß von Yogis für deren selbstsüchtige Zwecke in tantrische Rituale hineingezogen wurden. Die einzige Qualifikation also, die Frauen attestiert wurde, ist ihre sexuelle Verfügbarkeit.

Diese weit verbreitete Haltung spricht Mircea Eliade sehr deutlich aus, wenn er meint: »Je verdorbener und verkommener eine Frau ist, desto geeigneter ist sie für das Ritual.« Tatsächlich werden Promiskuität und sexuelle Verfügbarkeit – die in der westlichen Literatur zum Tantra hauptsächlich genannten Qualifikationen – in der tantrischen Literatur als erwünschte Eigenschaften für Frauen oder Männer überhaupt nicht erwähnt; andere Qualitäten hingegen, die mit der Sexualität in Verbindung stehen, werden von beiden gleichermaßen verlangt. Tantra ist ein Pfad, der Leidenschaft für die Selbsttransformation durch ekstatische Seligkeit benutzt. Daher sind Leidenschaft (*rāga*) und Verlangen, besonders Liebes- oder sexuelles Verlangen (*kāma*) für männliche und weibliche Tantriker wesentliche Eigenschaften. Das *Chandamahāroshana-Tantra* verkündet: »Es gibt keine größere Sünde als Leidenschaftslosigkeit, kein größeres Verdienst als Wonne.« Damit Leidenschaft transformiert werden kann, sollten Yogi und Yoginī die entsprechende erotische Empfindsamkeit und Fähigkeit möglichst im Überfluß besitzen. Das allein genügt jedoch nicht, denn auch Disziplin und die richtige Motivation sind wichtig. Die tantrischen Texte stimmen darin überein, daß die Umwandlung von Leidenschaft in göttliche Ekstase einen Zustand meditativen Gewahrseins erfordert, der frei ist von Gier, gewöhnlichem Anhaften und begrifflichem Denken. Dies setzt sowohl ein leidenschaftliches Temperament als auch einen fortgeschrittenen Zustand der Entwicklung eines reinen Herzens und klaren Geistes voraus. Die Leidenschaftlichkeit eines solchen Menschen wird häufig auch »große Leidenschaft« (*mahārāga*) genannt.

Aus der oben beschriebenen intimen Natur der tantrischen Vereinigung ergibt sich eindeutig, daß die meditative Schulung und spirituelle Läuterung der Partner von äußerster Wichtigkeit sind. Auch die mit der sexuellen Vereinigung verbundenen inneren Yogas setzen eine sorgfältige Vorbereitung und beständige Disziplin voraus. Männliche Praktizierende werden angewiesen, keine »unwissende und lüsterne« Partnerin auszuwählen. Im *Chakrasamvara-Tantra* heißt es: »Nähere dich nicht denen, die unwissend und lüstern sind. Befreiung bedeutet, eine Botin (eine fähige Praktizierende) zu lieben. ... Halte dich nicht bei unterlegenen Partnerinnen auf und diene ihnen nicht.« Tsongkhapa unterstreicht diese Forderung: »Vereinige dich nicht mit denen, die unwissend sind und Verlangen haben, sondern nur mit Botinnen, die die Gelübde abgelegt haben – niemals mit anderen, insbesondere nicht mit Frauen, die von gewöhnlichem Anhaften geprägt sind.« In seinem Kommentar zu dieser Aussage heißt es:

> Wenn einer Frau die Merkmale und überragenden Eigenschaften einer Botin fehlen, ist sie ein niederer Lotos. Bleibe nicht bei ihr, denn sie ist voll von negativen Eigenschaften. Bringe ihr eine Opfergabe dar und erweise ihr Respekt, aber praktiziere nicht mit ihr.
> Kambala sagt: »Einer Frau, die die Merkmale einer Botin aufweist, bringe Essen, Getränke und andere Dinge dar. Beschränke deine Großzügigkeit nicht, sei nicht geizig. Vereinige dich mit ihr.«
> Seligkeit wird durch Leidenschaft gesammelt. Deswegen verei-

nige dich häufig. Man erlangt Verwirklichung durch Leidenschaft, andernfalls wird keine spirituelle Ekstase entstehen.

Obwohl die meisten Qualifikationen für die tantrische Vereinigung von beiden Partnern verlangt werden, gehen die Texte manchmal auf die Anforderungen an die Frau näher ein. Tsongkhapa erklärt zum Beispiel in seinem Kommentar zum *Chakrasamvara-Tantra*, daß ein Mann eine reine Frau suchen sollte, die zudem viele Handgesten (*mudrā*) und heilige Gesänge (*mantra*) kennt. Sie sollte Erleuchtung mit der gleichen leidenschaftlichen Intensität suchen wie er: »Das höchste weibliche Gegenstück des Praktizierenden ... sollte eifrig und nicht faul sein, sie sollte eine Leidenschaft für die Praxis und die spirituelle Verwirklichung haben. Wenn du so eine Frau gefunden hast, vereinige dich mit ihr, vollbringe all die damit verbundenen rituellen Handlungen, und genieße die Wonne intensiver Leidenschaft.« Im gleichen Werk faßt Tsongkhapa die indischen Quellen zusammen und erklärt, daß ein Mann nach einer Frau suchen sollte, die im Besitz der drei Vortrefflichkeiten (von Körper, Rede und Geist) ist sowie der Zeichen für das Erlangen erleuchteten Gewahrseins (*mahāmudrā*) und eines göttlichen Körpers, der Fähigkeit, sich selbst als Göttin zu sehen und ihrer eigentlichen Göttlichkeit zu vertrauen. Die Frau sollte spirituelle Disziplin besitzen und durch und durch tugendhaft sein. Tsongkhapa legt anhand des Textes *Herukābhyudaya* dar, daß sowohl der Mann als auch die Frau qualifiziert sein müssen und daß Fehler bei der tantrischen Vereinigung zu einer Wiedergeburt in der Hölle führen. Wenn nicht beide Partner »vollständig befähigt sind, wird die Strafe äußerst hart ausfallen«.

Tantrische Texte nennen drei Arten von Gefährtinnen: solche von bester, mittlerer und geringerer Befähigung. Es gibt unterschiedliche Auslegungen dieser drei Kategorien. Tsongkhapa behandelt die Definitionen in seinem Kommentar zum *Chakrasamvara-Tantra*. Das Gewahrsein der besten Dākinī ist so erhaben, daß ihr Geist, frei von weltlichen Gedanken, in einem natürlichen, spontanen Strom fließt. Diese Ebene der Vollendung ist als Sahaja-Erkenntnis oder »erleuchtete Spontaneität« bekannt. Der zweite Typ wurde als Yoginī an den tantrischen heiligen Orten geboren. Solch eine Yoginī wacht über die heiligen Stätten und segnet, leitet und belehrt jeden, der sie dort aufsucht. Yoginīs vom dritten Typ haben Initiation erhalten und sich in der tantrischen Visualisation geübt. Alle drei Arten, einschließlich des sogenannten geringeren Typs, beziehen sich eindeutig auf hoch verwirklichte Frauen.

Für die Praxis des Yogas der Vereinigung ist es wesentlich, daß beide Partner qualifiziert sind, denn die Qualität und Intensität der Erfahrungen hängt von der Geschicktheit beider ab, von ihrer Fähigkeit, sich subtil aufeinander einzustellen und die aufeinander aufbauenden Stufen der Meditation gemeinsam zu beschreiten. Über ihre Hingabe an den tantrischen Weg und eine entsprechende Schulung hinaus müssen die Partner also auch noch sehr gut miteinander harmonieren. Sie versenken sich bewußt und auf der tiefsten Ebene in die Energie des anderen und leiten diese dann willentlich in die subtilen Nervenzentren (*chakras*) entlang des Zentralkanals. Diese Energie trägt die Emotionen des Partners, sein Bewußtsein und seine karmischen Spuren. Auf dieser Ebene durchdringen die Partner einander in ihrem Sein, sie verbinden buchstäblich ihr Karma und verschmelzen ihr spirituelles Schicksal. Dies ist einer der Gründe, warum die tantrische Vereinigung auch als Praxis der *Karmamudrā* bezeichnet wird.

Angesichts des subtilen Austauschs, der Vermischung und tiefen Kommunion ist es für die tantrische Vereinigung sogar noch wichtiger, daß die Partner zueinander passen, als bei einer gewöhnlichen Ehe. In indischen Ehen spielt die Frage der Kastenzugehörigkeit (*jati*) und Abstammung (*gotra*) die entscheidende Rolle. Diese Anforderung wird im tantrischen Zusammenhang dahingehend uminterpretiert, daß es für einen Mann wichtig ist, eine Kulikā (tib.: *rigdenma*) zu finden, eine »angemessene Partnerin« oder »Verwandte«, also eine Frau der gleichen religiösen Abstammungslinie oder Buddha-Familie (*kula*) mit den entsprechenden Qualitäten von Temperament, psychologischen Merkmalen und spirituellen Neigungen. Es stimmt also nicht, wenn westliche Autoren behaupten, die Tradition bestimme die »höchste Gefährtin« nach körperlichen Merkmalen. Körperliche Anziehung ist nicht an sich wichtig, obwohl körperliche Zeichen Aufschluß über die spirituelle Abstammungslinie und die Fähigkeiten der Frau geben können. Für den Tantriker gibt es keinen idealen körperlichen oder geistigen Typus einer Gefährtin, wie er in säkularen Systemen, etwa dem *Kāma-Sūtra*, zu finden ist. Jähzornige, streitsüchtige und stolze Frauen kommen genauso in Frage wie heitere und sanfte. Die wesentlichen Eigenschaften sind Disziplin, Hingabe und die Erfüllung der anspruchsvollen tantrischen Voraussetzungen.

Das System des Chakrasamvara betont, daß eine Praktizierende des Yoga der Vereinigung die tantrischen Gelübde (*samaya*) einhalten muß. Daher wird eine geeignete Partnerin häufig als »Halterin der Gelübde« oder die »Gelübde nicht brechend« bezeichnet. Das *Chakrasamvara-Tantra* erklärt, daß »der Yogi eifrig seine Gelübde einhalten und mit einer Gefährtin seiner Buddha-Abstammung praktizieren muß, die ebenfalls ihre Gelübde hält«. Dies stellt sicher, daß die spirituellen Gefährten denselben Praktiken und Zielen verpflichtet sind. Tsongkhapa kommentiert: »Wenn du eine Yoginī siehst, die die tantrischen Gelübde einhält, iß und feiere, und bringe Fleisch dar und ... alle anderen Opfergaben. Opfere denen nicht, die ihre Gelübde nicht einhalten.« Diese scheinbar einfache Forderung ist in Wirklichkeit sehr weitreichend, da die Gelübde eine ganze Reihe von Verhaltensregeln für Körper, Rede und Geist umfassen. Einige Gelübde beispielsweise verlangen, daß eine Frau eine reine, tantrische Sichtweise aufrecht erhält, was bedeutet, daß sie alles als ursprünglich rein erkennt und die konventionelle Sichtweise gewöhnlicher Dualität meidet. Dies erfordert ständige Wachsamkeit und meditative Festigkeit seitens der Frau, und ihre Rede und ihr Verhalten sollten nach außen hin stets die Reinheit ihrer Sicht widerspiegeln. Die Gelübde einzuhalten ist also durchaus nicht eine Sache der bloßen Formalität, es verlangt ein hohes Maß an Hingabe, Eifer und Achtsamkeit.

Die meisten Voraussetzungen für den sexuellen Yoga sind für Männer und Frauen gleich. Beide müssen von einem Guru als Schüler angenommen und initiiert werden und die tantrischen Gelübde der Loyalität, Geheimhaltung und Reinheit der Sichtweise einhalten. In seinem Kommentar zu den »Sechs Yogas des Nāropa« faßt Tsongkhapa die Qualifikationen für die Praxis mit einem menschlichen Partner (*karmamudrā*), die sich im *Herukābhyudaya*, einer indischen Quelle finden, zusammen:

> Man selbst und die Partnerin sollten wissend sein, eine reine Initiation erhalten haben, geschickt die tantrischen Haupt- und Nebengelübde einhalten, geübt sein in den Methoden der Mandala-Praxis, durch Meditation in vier täglichen Sitzungen eine gute Disziplin besitzen, vertraut sein mit den vierundsechzig Künsten der weltlichen Abhandlungen über die Liebeskunst (kāmashāstra), die Doktrin der Leerheit wirklich verstehen, die Stufen der vier Freuden und das Aufsteigen der Sahaja-Weisheit erkennen und die Fähigkeit besitzen, die sexuellen Sekrete zurückzuhalten.
>
> Wem es an mehr als einem Quentchen dieser in den Tantras und den authentischen Abhandlungen der großen Adepten dargelegten Qualifikationen mangelt und wer behauptet, die oberflächlichen mündlichen Unterweisungen, die er erhalten hat, seien tief, und wer dann entsprechend mangelhaft praktiziert, der ist sehr zu bedauern, denn dies Verhalten öffnet die Tür zu den unteren Daseinsbereichen.

Wer die strengen Anforderungen nicht erfüllt, dem empfiehlt Tsongkhapa, einen Partner zu visualisieren (*jñānamudrā*). Wieder zeigt sich, daß es die besonders qualifizierten Personen sind, die sich für die Praxis der Vereinigung mit einem menschlichen Partner eignen.

Tantrisch-buddhistische Quellen setzen voraus, daß Frauen an ihrer Vervollkommnung arbeiten. Die weiblichen Praktizierenden, die wir in den tantrischen Werken finden, sind also nicht die berüchtigten, umnachteten Unglücklichen, als die westliche Gelehrte sie so gern sehen, sondern qualifizierte und wissende Frauen. Sie haben sich sorgfältig auf die Praxis vorbereitet und verfolgen die Absicht, auch davon zu profitieren. Die Texte zeugen davon, daß sich Frauen wie Männer auf dem tantrischen Pfad den geistigen Disziplinen widmeten, die stilisierten Körperbewegungen (*yoga* und *mudrā*) zur Kommunikation und Selbsttransformation lernten und Glückseligkeit und Leidenschaft zum Erlangen ihrer Erleuchtung durch den erhabenen Yoga der tantrischen Vereinigung nutzten.

Gegenseitigkeit in der tantrischen Vereinigung

Die Tatsache, daß es strenge Voraussetzungen für die tantrische Praxis im allgemeinen und den Yoga der Vereinigung im besonderen gibt, hat in die moderne westliche Diskussion über weibliche Praktizierende bisher keinen Eingang gefunden. Hier scheint man anzunehmen, daß Frauen sich weder für die anspruchsvolle Schulung eignen noch die für einen ernsthaften Fortschritt auf dem Pfad erforderliche Meisterschaft erlangen können. Wenn man davon ausgeht, ergibt sich die logische Schlußfolgerung, daß Frauen, da sie den spirituellen Pfad ja nicht aus eigenem Entschluß beschreiten konnten, dies auf Geheiß und zum Nutzen der qualifizierten männlichen Tantriker taten. Da diese Schlußfolgerung so weit verbreitet und akzeptiert ist, mag es nicht genügen, die Kompetenz der Tantrikerinnen nur auf der Basis von »Belegen« aus klassischen Quellen zu verteidigen. Quellen, die gängigen historischen Sichtweisen widersprechen, werden nur allzu leicht als Ausnahmen abgetan, die für die Praxis niemals relevant gewesen seien, oder als rein rhetorische Wendungen ohne Bezug zu den echten Überzeugungen. Auch mit noch so vielen »Beweisen« läßt sich eine solche Behauptung dann nicht mehr widerlegen. Man kann nur die Annahmen deutlich machen, die einer solchen Position zugrunde liegen, und dann eine alternative Interpretation vorstellen – in der Hoffnung damit eine Entscheidung herbeizuführen, welche These größere innere Stimmigkeit besitzt und dem verfügbaren Material umfassend und sinnvoll gerecht wird.

Die Übung der Vereinigung – so praktiziert, wie sie ursprünglich beabsichtigt war – ist kein ausbeuterischer Prozeß, von dem nur eine Person, der Mann, profitiert. Waren die Übenden erst einmal so weit, für diese Praxis, bei der es sich ja um einen höchst esoterischen inneren Yoga handelt, qualifiziert zu sein, dann waren sie sich auch des größeren Bezugsrahmens dieser Praxis klar bewußt.

Als Vorbereitung für die sexuellen Yogas muß ein Gefühl universeller, von Mitgefühl motivierter Verantwortung entwikkelt worden sein, in der die Illusion eines getrennten, unabhängigen Ich oder Selbst aufgegeben wurde. Folglich werden beide Partner sorgfältig in Betracht ziehen, welche Implikationen die tantrische Vereinigung nicht nur für sie selbst und den anderen hat, sondern für die Entwicklung der gesamten Menschheit einschließlich der planetaren und kosmischen Umwelt. Bei einem derartig hohen Stellenwert von Mitgefühl und universeller Verantwortung sollte es eigentlich unmöglich sein, das Wohlergehen gerade des Menschen zu ignorieren, der am unmittelbarsten beteiligt ist. Die Praxis bewußt einzusetzen, um jemanden zu mißbrauchen oder auszubeuten, wäre in einem solchen Zusammenhang schlicht absurd.

Der Prozeß beruht letztlich auf Gegenseitigkeit und dient auf vielen Ebenen dem Wohl beider Partner. Beide müssen ähnlich motiviert und der tantrischen Praxis verpflichtet sein, und beide nehmen die Praxis mit der Absicht auf, der Erleuchtung näher zu kommen.
Die Sprache, in der die tantrische Vereinigung beschrieben wird, ist nicht die Sprache von Herrschaft oder Ausbeutung. Es ist vielmehr eine Sprache der Symmetrie, Ergänzung und gegenseitigen Bezogenheit. Ein Leser, der nach Anzeichen für Rangbezeichnungen sucht, wird finden, daß Männer und Frauen mit gleichermaßen ehrenhaften Begriffen als ernsthaft Strebende beschrieben werden. Der Mann ist ein Praktizierender des Yoga (*yogi*), Mantra-Rezitierender (*mantrin*), Held (*vīra*) oder Strebender (*sādhaka*), die Frau entsprechend eine Yoginī, eine, die tantrisches Wissen besitzt (*vidyā*), eine Heldin (*virā*) oder eine Frau, die die Leerheit erkannt hat und im Raum tanzt (*dākinī*).
Gewöhnlich wird angenommen, daß die tantrischen Texte immer den »männlichen Blickwinkel« wiedergeben. Das ist nicht der Fall. Manchmal werden Anweisungen für die Praxis des Mannes gegeben, seine Haltung, rituellen Handlungen und Formen der Verehrung beschrieben. Manchmal nehmen die Texte aber auch den »weiblichen Blickwinkel« ein und beschreiben, welche Dienste und welchen Gehorsam eine Frau von einem Mann verlangen sollte, welche Form der Verehrung sie erwarten kann, und stellen darüber hinaus auch Körperlichkeit und Sexualität aus einer weiblichen Perspektive dar. Ein gegebener Text kann eine der beiden Formen der Beschreibung bevorzugen oder zwischen beiden wechseln. Das *Chandramahāroshana-Tantra* beispielsweise beschreibt die Praxis eindeutig mehr vom weiblichen Standpunkt her, während das *Chakrasamvara-Tantra* eher den Mann anspricht und die Ehrerbietung, die er einer Frau erweisen muß, darlegt. In keinem Fall jedoch dominiert ein Blickwinkel völlig, denn die Art der Beschreibungen macht es leicht, sich

den Prozeß auch aus der jeweils anderen Perspektive vorzustellen. Der Blickwinkel, sei er männlich oder weiblich, löscht also die Präsenz oder Erfahrung des »anderen« nicht aus, denn der »andere« ist ja das Objekt des Blicks und damit vollständig anwesend. Da es sich bei dem beschriebenen Prozeß um einen Weg handelt, den zwei Menschen gemeinsam beschreiten, sind beide Pole implizit und fühlbar vorhanden und lassen sich aus jeder Beschreibung ganz leicht ableiten.

Die tantrische Beziehung beruht voll und ganz auf Gegenseitigkeit. Keiner der tantrischen Partner betrachtet den anderen also als unterlegen, als Objekt oder Instrument, das für eigensüchtige Zwecke manipulierbar ist. Die Texte sind Ausdruck eines buddhistischen Programms zur Auflösung des Ich, die gleichzeitig mit der Auflösung des Ich eines anderen Menschen verläuft, gefolgt von der Wiedererschaffung ihrer subjektiven Identitäten als männlicher und weiblicher Buddha in Vereinigung. Erscheinen sie in milder Form, ruhen sie in glückseligem Gleichgewicht auf einem Lotos; erscheinen sie in grimmiger Form, trampeln sie in ekstatischer Dynamik auf den Leichen des unerleuchteten Ich herum, das sie überwunden haben. Die Auflösung und Apotheose der beiden Partner beruht auf wechselseitiger Abhängigkeit. Ihre gegenseitige Wertschätzung, ihr Genuß und ihre intime Bezogenheit aufeinander ist in ihrem verzückten, seligen und kontemplativen Blick eingefangen – dem Blick von Gottheiten (Abb. 16).

Das Prinzip der Gegenseitigkeit in der tantrischen Vereinigung mag für einen westlichen Leser schwer zu erkennen sein, der ja gewöhnlich davon ausgeht, daß die Beziehung der Geschlechter immer eine Frage von Macht und Beherrschung ist. Der tantrische Buddhismus kommt aus einer anderen Kultur, mit einer anderen Art der Geschlechterbeziehung, für die »Macht« nicht die Kraft zur Beherrschung ist, sondern die Kraft zur Befreiung und Transformation. Diese nichthierar-

Abbildung 16: Verzückter, glückseliger Blick eines göttlichen Paares. Foto der Autorin.

chische Macht wird als fließende, dynamische Eigenschaft gesehen, die Personen, Gegenständen, Orten und Symbolen von Augenblick zu Augenblick innewohnt, besonders aber rituellen Handlungen, die ja darauf abzielen, diese Macht zu sammeln und zu kanalisieren. Im Ritual des tantrischen Buddhismus weilt diese Macht auch in Personen, meistens Frauen. Soweit im tantrischen Zusammenhang Macht überhaupt mit dem Geschlecht in Verbindung gebracht wird, besitzen und kanalisieren Frauen die Macht der Transformation. Der Grund hierfür wird nicht direkt erklärt, vielleicht weil er in der shaktischen Metaphysik der Göttinnenverehrung implizit enthalten war, die die buddhistischen Tantriker ja kannten und teilten. Männer können an dieser Macht teilhaben, sie kann Männern durch Frauen zufließen, aber sie kann einer Frau niemals abgepreßt oder gestohlen werden. In den Texten gibt es keinerlei Anzeichen dafür, daß Männer den Frauen diese Macht streitig machen oder sie ihnen entziehen wollten, um sie sich selbst anzueignen. Ein Mann empfindet gegenüber dieser Macht Ehrfurcht, Empfänglichkeit und Abhängigkeit.
Da die tantrische Vereinigung eine Praxis des gegenseitigen Austauschs ist, verbieten tantrische Texte ausdrücklich eine erniedrigende oder verächtliche Haltung gegenüber der Partnerin. Das *Chakrasamvara-Tantra* schreibt Aufrichtigkeit und eine reine Motivation vor:

> Der Mann sollte mit all seinem Besitz
> die Partnerin verehren.
> Diese Verehrung steht über allem,
> und wenn er voller Verachtung ist,
> wird er ganz sicher in der Hölle brennen.
> Man erhält höchste Verwirklichung
> durch die Tantras der Yoginīs.
> Daher sollte ein Eifriger
> sie mit vollkommener Aufrichtigkeit verehren.

Ein Mann, der die tantrische Verehrung mit einer respektlosen oder kritischen Haltung aufnimmt, wird nicht die Früchte der Praxis genießen können, sondern ernsthafte karmische Strafe erleiden. Das Verhalten des Mannes muß seiner inneren Einstellung entsprechen. Er sollte liebevoll und fröhlich sein; eine rein äußerliche Huldigung ohne wirkliche Verehrung ist weder verdienstvoll noch wirksam. Tsongkhapa kommt nach einem Überblick über eine Reihe indischer Quellen zu dem Schluß: »Sei ihnen gegenüber liebevoll, wie du es gegenüber deiner Mutter, Schwester, Tochter oder Gefährtin sein würdest ... Man sollte immer mit einem fröhlichen Geist huldigen. Wer dies fluchend und mit einem gewöhnlichen Geist tut, schafft sich Schwierigkeiten und vernichtet alle höchsten Eigenschaften.

Der intellektuelle, emotionale und meditative Gehalt der tantrischen Vereinigung läßt sich also nicht ignorieren. Wenn die vorgeschriebene Einstellung nicht vorhanden ist, wird die tantrische Vereinigung zu gewöhnlicher Sexualität unter einem religiösen Deckmäntelchen, eine Heuchelei, die sich spirituell verheerend auswirken kann. Handlungen, die mit einer falschen Geisteshaltung unternommen werden, können niemals spirituelle Früchte tragen. Damit eine Praxis zur Verwandlung führen kann, muß sie mit dem vorgeschriebenen Inhalt und in der richtigen rituellen Form geübt werden. Der geforderte Inhalt ist in diesem Falle Gegenseitigkeit, Nähe und das gemeinsame Streben, Erleuchtung zum Wohl aller Wesen zu erlangen.

Diese Studie beruht hauptsächlich auf indischen tantrischen Texten der Pāla-Zeit (8.-12. Jh.), die in ihnen beschriebenen Vorstellungen und Praktiken jedoch haben als lebendige Tradition bis heute überlebt. Zumindest bis zum Ende des 10. Jahrhunderts ist die tantrische Vereinigung ein wesentlicher Teil der klassischen Form des tantrischen Buddhismus in Indien gewesen. Ab diesem Zeitpunkt jedoch finden sich zunehmend Zeugnisse einer Aneignung dieser Tradition durch die Klöster und einer damit einhergehenden Uminterpretation der tantrischen Symbolik, um sie mit der zölibatären Lebensweise vereinbar zu machen. Da der lebensbejahende tantrische Geist und die klösterliche Entsagung im Grunde unvereinbar sind, setzten sich die Versuche, beide Lehrmeinungen zu verschmelzen, bis nach Tibet und weit ins 15. Jahrhundert hinein fort, wo die großen Mönchsgelehrten der tibetischen Renaissance sich noch mit dieser Problematik beschäftigten.

Obwohl die Energie der tantrischen Tradition also in die Entstehung patriarchaler Institutionen umgelenkt wurde, haben ihre Praktiken und Symbole in Tibet und der ganzen Region des Himalaja überlebt. In meinen Interviews stellte ich fest, daß nicht alle tibetischen Buddhisten diese yogische Disziplin kennen. Diejenigen jedoch, die sie ausüben, treten glühend für sie ein. Die Übertragungslinie der Yogis und Yoginīs ist nicht so sichtbar wie die großen Klosteruniversitäten, aber sie ist nichtsdestoweniger lebendig und einflußreich und stets eine unerschöpfliche Quelle charismatischer Lehrerinnen und Lehrer gewesen. Die zölibatären und nichtzölibatären Parteien befruchteten mit ihrem Wettstreit und ihrer gegenseitigen Kritik den tibetischen Buddhismus über die Jahrhunderte und erhielten seine Dynamik und Vitalität.

Die meisten westlichen Gelehrten haben diese alte Tradition im Lichte ihrer eigenen Vorstellungen von Geschlechterrollen und Sexualität interpretiert, ohne die Werte der Tradition selbst zu berücksichtigen. Wer weiterhin das Vokabular der Vorherrschaft benutzt, bleibt in den engen Raum der entsprechenden Interpretation eingeschlossen und verkennt, daß die tantrischen Texte mit beredten Worten ein einzigartiges Universum visionärer Erfahrung vorstellen – ein Universum, das wenig gemein hat mit den modernen westlichen Erkenntnislehren, die zu seiner Interpretation häufig bemüht werden. Durch eine Linse, die alles auf ein Schwarzweißmuster von

Manipulation und Unterwerfung reduziert, können die wunderbaren Farben dieses Universums niemals wahrgenommen werden. Der Tantrayāna stellt sich eine strahlende Welt lebhafter Farben, tänzerischer Bewegungen, feinster Beschaffenheit und intimer Gestik vor. Das Juwel dieser Welt überhöhter Erfahrung ist in der gewöhnlichen Welt des verschlossenen vom anderen getrennten, gewohnheitsmäßig dumpfen und unempfindlichen Ich verborgen, dessen Beziehungen zu anderen routiniert und bestenfalls selbstbezogen, im schlimmsten Fall jedoch neurotisch, verhaftet und zwanghaft sind. Aus tantrischer Sicht sind Dominanz und Ausbeutung charakteristisch für ein neurotisches und verhaftetes Verhaltensmuster, das unbedingt aufgegeben werden muß, wenn man das innere Juwel entdecken möchte – die natürliche, spontane Ekstase des Seins, die durch die Praxis der tantrischen Vereinigung zum Vorschein kommt.

7.
Die Lehren der »Spontanen juwelengleichen Yoginī« über Leidenschaft und Erleuchtung

Der Buddhismus hatte bereits zahlreiche Techniken für das einsame Streben nach Befreiung und die monastische Tradition hervorgebracht, als der Tantrayāna eine Methode einführte, die im Rahmen der Intimität mit einem anderen Menschen geübt werden konnte.

Der Tantrayāna entstand zu einer Zeit, als der Buddhismus, seine Lehre und der Pfad der Befreiung weiteren Teilen der Bevölkerung zugänglich wurden. Der monastische Buddhismus stand zwar in hoher Blüte, doch der tantrische Buddhismus eröffnete neue Wege für die Laien. Janice Williams stellt fest, daß der Stellenwert der Frauen im Buddhismus mit dem allgemeinen Stellenwert der Laien ansteigt. Als Frauen begannen, ihre Erkenntnisse darzulegen, trugen ihre Lehren und Einsichten wesentlich zur Ausformung der Theorien und Praktiken der tantrischen Bewegung bei. Praktiken, die auf der intimen Nähe von Frauen und Männern aufbauen, entstehen natürlicherweise aus ihren gemeinsamen Einsichten und Erfahrungen. Auf jeden Fall scheint es unwahrscheinlich, daß derartige Praktiken einem Gedankenspiel in der Abgeschiedenheit einer Mönchszelle entsprungen sein könnten.

In der Tat gab es, wie wir im 5. Kapitel gesehen haben, unter den frühen Lehrern der sexuellen Yogas Frauen. Zu den vielen Beweisen für ihre Meisterschaft auf diesem Gebiet gehören zahlreiche Zeugnisse »geheimer mündlicher Unterwei-

sungen« (*upadesha*) über die fortgeschrittenen inneren Yogas oder Vollendungsstufen-Praktiken der tantrischen Vereinigung, die von Frauen gegeben wurden.
Die geheimen mündlichen Unterweisungen dieser Frauen beinhalteten auch die inneren Yogas, Grundlage der sexuellen Praktiken. Mehrere Texte berichten, daß der Yogi, nachdem er die entsprechenden Unterweisungen erhalten hatte, von einer Tantrikerin als Gefährte angenommen wurde und mehrere Monate, in manchen Fällen auch mehrere Jahre, mit ihr praktizierte. Nachdem Buddhashrījñāna zum Beispiel geheime Unterweisungen von der Yoginī Guneru erhalten hatte, träumte er, wo er seine ihm bestimmte Partnerin, die Tochter eines kastenlosen (*chandāla*) Torhüters in Uddiyāna finden würde. Dort fand er Jatijālā tatsächlich, und sie praktizierten acht Monate zusammen. Ghantapa fand eine lebenslange spirituelle Gefährtin in der Tochter einer Kurtisane. Da sie schon frühere Leben zusammen verbracht hatten, war es ihr Schicksal, sich wieder zu begegnen und sich durch die Praxis tantrischer Vereinigung gegenseitig zur Erleuchtung zu verhelfen (Abb. 17). Zusammen erlangten sie Erleuchtung und wirkten viele verblüffende Wunder zum Wohl der Zuschauer. Atīshas Partnerin war dieselbe Frau, die ihn auch in der Praxis unterwiesen hatte. Gangādharā, eine von Khyungpo Naljors Lehrerinnen, war selbst die spirituelle Gefährtin Maitrīpas.
Diese Berichte zeigen, daß Frauen anerkannte Autoritäten auf dem Gebet genau derjenigen Praktiken waren, deren unwissende Opfer sie nach den gängigen Interpretationen des Tantrayāna gewesen sein sollen. Die Frauen mögen ihre Ansichten nicht aufgezeichnet haben, aber ihre männlichen Partner und Schüler taten dies und gaben sie an ihre eigenen Schülerinnen und Schüler weiter.
Zum Glück ist einer der wichtigsten Texte einer Frau über die Praxis der tantrischen Vereinigung überliefert. Der Text stammt aus dem 8. Jahrhundert, einer für diese Praktiken re-

lativ frühen Zeit. Als der tantrische Buddhismus nach Tibet kam, übernahmen die Tibeter sieben Texte als die grundlegenden tantrischen Werke. Mehrere dieser Texte stammten von Frauen, so auch das hier besprochene Werk. Die Abhandlung ist nicht nur ein faszinierendes Dokument weiblicher Geschichte, sondern ein bahnbrechender, einflußreicher und bedeutsamer theoretischer Beitrag seiner Epoche zur Praxis

Abbildung 17: Ghantapa und die Tochter der Kurtisane genießen die Erleuchtung. Zeichnung von Emily Martindale, nach einer tibetischen Vorlage.

der sexuellen Vereinigung als spiritueller Disziplin. Der Text bietet eine ausgezeichnete Gelegenheit, die Ansichten einer Frau zum Thema der tantrischen Vereinigung zu untersuchen. Die Autorin des Werkes ist Sahajayoginīchintā, deren Name »Spontane juwelengleiche Yoginī« bedeutet. Sie gehörte der Kerngruppe von Yogis und Yoginīs an, deren Schriften zum theoretischen Fundament der entstehenden tantrischen Bewegung geworden sind. Das Zentrum dieser Gruppe bestand aus Prinzessin Lakshmīnkarā, ihrem Bruder Indrabhūti, ihren Schülern Līlāvajra und Dārika, ihrer Kameradin und Schülerin Sahajayoginīchintā sowie deren Schülern Dombīheruka, Anangavajra und Padmavajra. Die Werke dieser Gruppe beherrschen die kleine Sammlung der in Sanskrit erhaltenen tantrischen Abhandlungen - ein deutliches Zeichen für ihre einzigartige Bedeutung für die Geschichte des Tantrayāna. Ein funkelnder Juwel dieses Schatzes ist die Abhandlung der Sahajayoginīchintā über die Befreiung durch Ekstase mit dem Titel »Erkenntnis der Wirklichkeit anhand ihres körperlichen Ausdrucks (Skrt.: *Vyaktabhāvānugata-tattva-siddhi*), in der sie die Beziehung zwischen körperlicher Wonne und Seligkeit und Erleuchtung darlegt. Andere tantrische Texte setzen diesen Zusammenhang bereits voraus, und man findet daher nur selten einen buddhistischen Text, der sich dem Thema detailliert und auf philosophische Art widmet. Sahajayoginīchintā führt aus, wie Leidenschaft oder sexuelles Begehren als Quelle körperlicher Seligkeit zu einem Mittel zur Erleuchtung werden kann, indem sie eine Brücke schlägt von der Erfahrung gewöhnlicher Leidenschaft zur höheren Oktave spiritueller Ekstase. In ihrem gelehrten, intellektuell anspruchsvollen Werk schöpft die Autorin aus der zeitgenössischen Philosophie, Psychologie, Biologie, Erotik und meditativen Kunst ebenso wie aus ihrer eigenen Erfahrung als Mystikerin und Frau.

Sahajayoginīchintā stellte ihre Lehre ursprünglich einer Versammlung von Frauen als in der Meditation empfangene Offenbarung vor. Obwohl sie aus einer ganzen Reihe von Quellen schöpft, einschließlich der Unterweisungen über spirituelle Ekstase oder »große Glückseligkeit« (*mahāsukhā*), die sie von Lakshmīnkarā, einem weiblichen Guru, erhalten hat, ist die unmittelbare Quelle ihrer Lehre eine Offenbarung, die sie in einem Zustand tiefer Meditation, der sogenannten »unzerstörbaren kosmischen Versenkung«, erhalten hatte. Der Kolophon beschreibt, wie sich in Nordwest-Indien eine Gruppe von Yoginīs versammelte, um ihrer Darlegung zu lauschen:

> Als sich glorreiche Yoginīs, strahlend vom Glanz selbstentstehender Weisheit, an dem überragenden, demantenen Ort Uddiyāna versammelten, begab sie sich in die »unzerstörbare kosmische Versenkung« (*samādhi*), die unmittelbar die kraftvolle Energie der Wahrheit der Wirklichkeit vermittelt, welche ohne Fehl ist und aus der Erkenntnis der höchsten Wahrheit aufsteigt. Und die »Erkenntnis der Wirklichkeit anhand ihres körperlichen Ausdrucks« strömte wie ein süßer Fluß von herrlicher Glückseligkeit ohne das geringste Stocken von ihren blühenden Lotoslippen.

In Sahajayoginīchintās religiösem Umfeld gründete sich Autorität auf mystische Fähigkeiten, und der Kolophon würdigt ihr Werk als echte Offenbarung.
Die Lehre der Sahajayoginīchintā beginnt mit einem Hinweis auf die Notwendigkeit geschlechtlicher Verkörperung in entweder weiblicher oder männlicher Form. Gleich zu Anfang stellt sie fest, daß Geschlecht ein integraler Bestandteil des Pfades zur Erleuchtung ist, da Ekstase untrennbar von Körperlichkeit ist und Körperlichkeit untrennbar von Geschlecht.

In ihrer ersten Aussage zum Thema negiert sie in einem atemberaubenden zweischneidigen Streich einerseits die ultimative Bedeutung von Geschlechtlichkeit - was der klassischen Mahāyāna-Sicht entspricht -, andererseits aber erkennt sie in der Geschlechtlichkeit gleichzeitig metaphysische Wurzeln, die tief in die höchste Wirklichkeit hineinreichen - eine typisch tantrische Einsicht. Sie argumentiert, daß der innere Geist zwar nichtdual, also geschlechtslos ist, fährt dann aber fort:

> Damit das eigene innere Selbst erkannt werden kann,
> das ja spontan (*sahaja*), ursprünglich rein und nichtdual ist,
> manifestiert sich das innere Selbst hier als Mann und Frau.
> Das eigene Selbst, von Natur aus schöpferisch,
> inszeniert die Wirklichkeit als körperlichen Ausdruck.

Da das essentielle Selbst, die innewohnende und unmittelbare Natur, von sich aus rein und nichtdual ist, transzendiert es die Dualität des Geschlechts. Gleichzeitig manifestiert sich das innere Selbst als Frau oder Mann, um die Natur der Wirklichkeit durch körperlichen Ausdruck (*vyaktabhāva*) zu manifestieren und damit das Mittel zu ihrer Erkenntnis zu liefern. Sahajayoginīchintā verbindet die Idee eines inneren Selbst oder einer Essenz mit der tantrischen Physiologie, die ein metaphysisches Element während der ganzen Entwicklung eines menschlichen Wesens voraussetzt. Sie erklärt, daß sich im Augenblick der Empfängnis ein Funken Glückseligkeit mit einem Tropfen der männlichen und weiblichen Sekrete verbindet und eine Kugel formt, die den Nukleus des neuen Wesens bildet. Glückseligkeit ist also schon bei der Entstehung eines Menschen vorhanden, und während des ganzen Lebens bleibt dieser Kern von Glückseligkeit im Herzzentrum. Dieses innerste Selbst oder der Funke Glückseligkeit schafft einen männlichen oder weiblichen Körper, der die Natur der Wirklichkeit inszeniert und konkret zum Ausdruck bringt. Dies macht die Geschlechtlichkeit zu einer expressiven Geste der glückseligen, inneren Buddha-Natur. Das Geschlecht ist also auf eine Weise mit dem Endgültigen verbunden, die einen Brückenschlag zur Dimension der absoluten Wirklichkeit ermöglicht.

Als nächstes wendet sich Sahajayoginīchintā dem Zustand der Erleuchtung, der Buddhaschaft, zu. Tantrische Buddhisten leben nicht zölibatär. Von den Buddhas in Vereinigung (*maithuna* oder *yab-yum*) der tantrischen Ikonographie heißt es gewöhnlich nur, sie weilten in der gleichzeitigen Erfahrung von Glückseligkeit und Leerheit. Darüber hinaus wird über die Stimmung und Handlungen von Buddha-Paaren jedoch nur wenig ausgesagt. Sahajayoginīchintā beschreibt die tantrische Buddhaschaft sehr viel ausführlicher. In anderen Texten wird ein Buddha als »Bezwinger der Leidenschaften« gepriesen, Sahajayoginīchintā beschreibt ihn als leidenschaftlich:

> Wenn er eine entzückende Frau sieht,
> Erleuchtung also spontan in verkörperter Form erscheint,
> schaut ein Buddha sie mit spielerischer Leidenschaft an,
> und Verlangen nach Wonne und Glückseligkeit entsteht.

Auf den Stimulus einer schönen Frau reagiert ein männlicher tantrischer Buddha also mit »spielerischer Leidenschaft« und nicht, wie man es bei einem Buddha vielleicht erwarten würde, mit Abneigung oder erhabener Gleichgültigkeit.

Da die tantrische Vereinigung ein Prozeß der *imitatio dei* ist, sehen die tantrischen Gefährten sich als männlichen oder weiblichen Buddha, und der Liebesakt wird zur Handlung von Buddhas. Auf einer gewissen Stufe visualisiert man den Partner manchmal auch als einen bestimmten Buddha, als blauen Heruka oder rote Vajrayoginī beispielsweise. Während die Körperfarbe des Partners dann Blau beziehungsweise Rot ist, erscheint der Körper selbst durchscheinend und leuchtend wie ein Regenbogen und mit allen Attributen wie Knochenschmuck und Seidenbändern geschmückt. Es ist wesentlich, daß sich Frau und Mann gegenseitig als Manifestation oder Verkörperung von Sahaja sehen – reiner Erleuchtung, die sich selbst spontan in verkörpertem Sein zum Ausdruck bringt. Der Visualisationsprozeß entwickelt die imaginative Kreativität, die Erkenntnis enthüllt die metaphysische Endgültigkeit.

Da die Partner sichtbare Verkörperungen von Sahaja sind, essentiell rein und erleuchtet, haben auch ihre Leidenschaft und ihr Verlangen einen transzendenten Aspekt. Ihre gegenseitige Anziehung wird nämlich letztlich von einem religiösen Impuls zu Ekstase und Transzendierung der gewöhnlichen, dualistischen Erfahrungsweise motiviert. Selbst ein Buddha hat derartige Gefühle, oder er kann – um der Erleuchtung willen – zumindest so tun, als habe er diese Gefühle:

> Dann, mit tiefgründigen Liebeslauten,
> erfreut sich das Selbst,
> wie ein Tänzer, wie in einem Traum,
> an den fünf natürlichen Arten erotischen Spiels.

In der indischen Gedankenwelt impliziert das Spiel ein innerstes spirituelles Selbst (oder eine Gottheit), das körperliche Handlungen ausführt, während es gleichzeitig das Gewahrsein der Transzendierung des Körpers und seiner Handlungen aufrecht erhält. Auf der künstlerischen Ebene beinhaltet Spiel die distanzierte Selbstwahrnehmung des Schauspielers in seiner Rolle oder die Sammlung des Tänzers bei der Ausführung anmutiger Gesten oder Tanzschritte. Spiel bezieht sich ebenfalls auf erotische Wonne. Die »fünf natürlichen Arten erotischen Spiels« beziehen sich wahrscheinlich auf die Freuden der fünf Sinnesorgane. Der Begriff »Spiel« wird auch benutzt, wenn spirituelle Disziplin leicht und mühelos wird. Das Bild des Spiels drückt daher auf poetische Weise die meditative Sammlung der tantrischen Partner aus, ihre Identifikation mit

Gottheiten und die tänzerische Qualität ihrer Intimität. »Spiel« ist ein passender Begriff für die gleichzeitig kontemplativen und amourösen Gebärden des Liebesspiels als religiöser Disziplin.

Sahajayoginīchintā beschreibt den Fortgang dieses Spiels der Befreiung:

Dann, mit sanften und ehrlichen Worten,
zieht er sie an sein Herz.
Er reibt sie ein mit starkem Parfum
und erfreut seinen Geist an dem Nachklang des Dufts.
Haben sie dieses erfahren
und Glückseligkeit und Wonne
gleich hundert Vasen voll Nektar erzeugt,
umarmen sie sich ohne zu zögern
und genießen die Abstufungen der Seligkeit.

Alle fünf Sinne sind beteiligt und werden befriedigt: Sehen durch den Anblick, Hören durch süße Worte, Geruch durch Parfum, Tastsinn durch das Einreiben und die Umarmung, Geschmack durch Küssen.

Der weibliche Buddha leitet die Vereinigung ein und übernimmt eine aktive Rolle:

Die Liebhaberin, mit verlangenden Blicken,
spricht Worte süß wie Honigseim,
Sie vereint sich mit ihm,
bewegt die Lotosblüte,
die den Regen der Wonne bringt.

In diesem Text einer Frau sprechen die Metaphern von Honig, Blumen und Regen für die zarte, verständnisvolle Empfindsamkeit weiblicher Sexualität. Die aktive Rolle, die der Frau in Sahajayoginīchintās Vision heiliger Sexualität zukommt, findet sich wieder in den künstlerischen Portraits der Buddha-

Paare, in denen der Mann meist fest und ruhig steht oder sitzt und die Hüften seiner Partnerin kraftvoll umfaßt, während die weibliche Gottheit, die eine Schädelschale voll Nektar hält und ihr gebogenes Messer schwingt, ihn dynamisch umarmt, ihre biegsamen Glieder um seinen Körper schlingt und ihr Antlitz hebt, um ihn zu küssen (siehe Abb. 17, S. 256).
Im weiteren Verlauf der Anweisungen Sahajayoginīchintās wird die aus Leidenschaft entstandene Glückseligkeit zur Grundlage für bestimmte Formen meditativer Sammlung und innerer Yogas. Sie betont, daß beide Partner im Verlauf der Handlungen, die ihre Glückseligkeit erhöhen, unbedingt meditative Achtsamkeit aufrechterhalten müssen:

> Das innerste Selbst, auf seine Absicht bedacht,
> sollte gesammelt bleiben,
> während man sich
> den unterschiedlichen Arten von Küssen widmet
> um des einen Geschmackes willen,
> während man sich der Vielfältigkeit des Liebesspiels hingibt,
> wie beißen, kneifen und so weiter.
> Wenn sie dann intensive Glückseligkeit hervorgerufen haben,
> kratzen sie sich ab und zu
> sanft mit ihren Fingernägeln,
> um die Verblendung zu zerstreuen.

Das »innerste Selbst«, das sich als Mann oder Frau manifestiert hat, entdeckt sich jetzt durch körperliche Handlungen wieder. Zahlreiche Küsse müssen beherrscht und ausprobiert werden, um den »einen Geschmack« (*ekarasa*) zu erlangen, in dem jede Erfahrung denselben emotional-ästhetischen Geschmack spiritueller Ekstase annimmt. Wenn sie »intensive Glückseligkeit hervorgerufen haben«, das Hauptziel der Handlungen, müssen die Partner aufpassen, diesem Rausch nicht zu erliegen und damit unbewußt oder mental dumpf zu werden. Um sich gegenseitig daran zu erinnern, daß sie volle

Klarheit aufrechterhalten und ein Absinken in Dumpfheit oder gewöhnliche Leidenschaft verhindern sollen, kratzen sich die Liebenden gegenseitig mit den Fingernägeln. Die von Sahajayoginīchintā beschriebenen verschiedenen Arten von Küssen, Bissen, Schlägen, Kniffen und so weiter entsprechen den Techniken der säkularen Liebeskünste, die jedoch bei ihr in den Dienst der Befreiung gestellt werden. Wenn körperliche Leidenschaft und spirituelle Ekstase zwei Zustände in demselben Kontinuum sind, kann erotische Verfeinerung kontemplativen Zwecken dienstbar gemacht werden.

Für Sahajayoginīchintā ist der Yoga der Vereinigung perfekt geeignet, die Dualität der gewöhnlichen Erfahrung von Subjekt und Objekt zu beseitigen. Die Entgrenzung des Ich während des Liebesspiels führt die Partner in den nichtdualen Erfahrungszustand ein:

> Durch den Geschmack des Verlangens
> weiß man allmählich nicht mehr,
> wer der andere ist und
> was einem selbst geschieht.
> Die Liebenden erfahren unaussprechliche Seligkeit,
> wie sie sie niemals zuvor erlebt haben.

Diese Verschmelzung der Identitäten wird zum Inbegriff der Nichtdualität, in der sich »Subjekt« und »Objekt« auflösen und vermischen. Sexualität kann zum Wege werden, weil erotische Erfahrung bereits die Samen des erleuchteten Bewußtseins enthält: Glückseligkeit, Verlust der Ich-Grenzen, Selbstvergessenheit und die Aufhebung der Dualität von Subjekt und Objekt. Leidenschaft und erotische Wonne trägt die yogischen Partner also an die Schwelle des erwünschten religiösen Zustandes.

Sahajayoginīchintās Beschreibungen der tantrischen Vereinigung sind überschwenglich, positiv und poetisch. Ihre Sprache zeugt nicht von Aggression oder Manipulation, sondern

von einer spielerischen Qualität und gegenseitigem Austausch. Das Prinzip der Gegenseitigkeit ist für das meditative Ziel der Praxis wesentlich. Das Verschmelzen der Identitäten hat den Verlust eines getrennten Ichempfindens zur Folge, eine Einheitserfahrung, in der man, nach ihren eigenen Worten, »nicht mehr weiß, wer der andere ist und was einem selbst geschieht«. Durch den Tanz der Vereinigung verlieren die Partner ihre Subjektivität und entdecken psychische Einheit oder die gegenseitige Durchdringung. Nachdem diese nichtduale Erfahrung gefestigt ist, wird sie zur Grundlage für weitere yogische und meditative Praktiken.
Da sie von Natur aus eingerichtet ist, bietet die sexuelle Vereinigung eine machtvolle Grundlage für die Festigung der Meditation. Die zahlreichen Objekte des Geistes werden durch ein unwiderstehliches, alles vereinnahmendes Objekt abgelöst:

> Beide [der Mann und die Frau]
> sind durch einen Strom von Vorstellungen gebunden,
> die im Geist entstehen und aufsteigen.
> Solange sie aber vereinigt sind,
> wird ihr Geist an nichts anderes denken –
> sie sind allein der Wonne gewahr.

Das Verb für Sammlung (*smriti*), das Sahajayoginīchintā in diesem Zusammenhang benutzt, ist dasselbe, das gewöhnlich für die Meditation über einen Buddha oder Bodhisattva gebraucht wird. Hier ist jedoch die Glückseligkeit der Vereinigung das Objekt der Meditation:

> Leidenschaftlich seufzend, werden beide,
> unabgelenkt durch irgend etwas anderes,
> überströmende, unübertreffliche Wonne erlangen und sie
> noch steigern.
> Sie erwachen aus dem Dunkel der Unwissenheit,

indem sie sich an den reichen Aktivitäten der Glückseligkeit erfreuen
und Seligkeit und Wonne entwickeln und steigern.

Da diese Meditation ein Objekt oder eine »Stütze« hat (nämlich durch die Sinnesorgane hervorgerufene körperliche Wonne), bringt sie eine bedingte, weil von den Sinnen abhängige Glückseligkeit hervor. Nichtsdestoweniger liefert diese sinnliche, körperliche Glückseligkeit – die »menschliche Wonne« – die dynamische Schwungkraft, die über den weltlichen Bereich hinaus in transzendente Sphären der Erfahrung führt:

Die menschliche Wonne, mit ihren besonderen Merkmalen,
ist eben das, was zu spiritueller Ekstase wird,
wenn ihre Merkmale beseitigt sind –
frei von begrifflichem Denken,
die Essenz der selbsterscheinenden Weisheit an sich.

Sobald die Dualität von Selbst und anderen und alle weiteren identifizierbaren Merkmale durch die Einsicht in Leerheit beseitigt sind, wird die Glückseligkeit zu spiritueller Ekstase.
Durch die Praxis dieses Yoga führt Leidenschaft schließlich über sich selbst hinaus. Die Gefährten wenden ihre Aufmerksamkeit nach innen und überschreiten das von Sinnesobjekten abhängige Verlangen. Einer der Hauptpunkte der Lehren Sahajayoginīchintās besteht darin, daß diese Ebene der Glückseligkeit nicht durch die Vermeidung sinnlicher Wonne zu erreichen ist, sondern nur durch ihre Kultivierung und Kanalisierung. Durch tiefes Eintauchen in die Welt der Sinne und Empfindungen erreicht man eine innere Quelle derart tiefer Glückseligkeit, daß sie den Geist mit fortwährender Befriedigung erfüllt. Da er naturgemäß unaufhörlich nach der Glückseligkeit strebt, aus der er geboren wurde, findet der

Geist nun endlich Ruhe, denn er hat die höchste, bedingungslose Seligkeit gefunden:

> Weil der Geist, von einem subtilen Wind getragen,
> seine ursprüngliche Essenz heiliger Glückseligkeit sucht,
> wird er, sobald er befriedigt ist,
> nicht mehr von anderen Dingen abgelenkt.
> Er ruht in der strahlenden Wirklichkeit,
> deren Essenz Methode und Weisheit ist.

Die endgültige Freude hat keine unmittelbare Ursache, weil sie die wahre Natur des Geistes ist – seine »ursprüngliche Essenz« und »strahlende Wirklichkeit«. Wer die Leidenschaft bis zu ihrer Quelle zurückverfolgt, legt den glückseligen Kern des Geistes bloß. Dieser Zustand nicht bedingter Glückseligkeit ist zutiefst befriedigend. Wenn sie in den aus Glückseligkeit und Glanz gesponnenen Palästen einer Welt, die den »einen Geschmack« großer spiritueller Ekstase angenommen hat, üppig bewirtet werden, sehnen sich die Sinne nicht länger danach, in den öden Städten von Hunger und Gier umherzustreifen:

> Wenn man die Paläste der Sinnesorgane betritt,
> und die wundervollen Ekstasen erfährt,
> nimmt eben diese Welt
> den einen Geschmack spiritueller Ekstase an.

Diese innere Erkenntnis, diese Revolution (*paravritti*) im Geiste beider Partner, verwandelt die Welt in ein Paradies, ein vollkommenes Buddha-Land, wo sämtliche Empfindungen, Gedanken und Emotionen von »heiliger Glückseligkeit« durchtränkt sind.
Der absolute Zustand der Erfahrung ist glückselig, strahlend, nichtdual und unendlich weise. Er ist auch aus sich selbst heraus mitfühlend:

Die heilige Glückseligkeit wird durch Wonne gefestigt,
durch höchstes Entzücken am Glück der anderen.

Der nach innen gekehrte Geist, der in seiner höchsten Natur jenseits von Subjekt und Objekt ruht und in diesem Zustand vollständige Gelassenheit und Freude gefunden hat, wendet sich nun wieder nach außen. Die Dynamik der Fürsorge für andere drängt die erwachte Frau (und den Mann) zur Teilnahme an der Welt. Sie betritt die Stadt der Sinne aufs neue, nicht auf der Suche nach persönlicher Befriedigung, sondern um die zu retten, die noch immer verloren und leidend sind. Es ist ihr unmöglich, nicht aktiv zu werden oder unbeteiligt zu bleiben, denn damit würde sie in einer dualistischen Ruhe verharren.
Sahajayoginīchintā stellt die Frage, die sich jedem buddhistisch Praktizierenden, der sich der Befreiung zahlloser Wesen verpflichtet hat, immer wieder stellt:

Wie soll man die Kinder erwecken,
deren inneres Leuchten verdunkelt ist,
durch das anfanglos wuchernde Karma?

Vom Standpunkt von Sahaja, der natürliche Spontaneität, stellt sich die Frage: Welche Basis kann es für motivierte, willentliche Handlung geben? Wie Sahajayoginīchintā erklärt, wird das Wissen, das über den Körper erworben wurde, jetzt durch den Körper zum Ausdruck gebracht. Eine erleuchtete Frau kann sich denselben Handlungen und Gefühlen widmen wie früher, jetzt aber werden sie spontan und befreiend sein. Der innere Zustand spiritueller Ekstase drückt sich ganz natürlich in einem ununterbrochenen Strom mitfühlender, befreiender Handlungen aus. Jeder körperliche Ausdruck wird rein, tänzerisch, und heilig:

Alle Bewegungen des Körpers,
die spontan aus dem erleuchteten Geist hervorgehen,
sind ihrem Wesen nach rein
und werden zu heiligen Gesten.
Was immer man spricht, es ist heilige Rede ...
Alles Tun, sei es anmutig, heroisch, furchterregend,
mitfühlend, wütend und friedlich,
sowie Leidenschaft, Zorn, Stolz, Gier und Neid –
alles dies ist ohne Ausnahme
die vollkommene Form
der reinen, selbsterleuchtenden Weisheit.

Einfacher und radikaler ausgedrückt bedeutet dies, daß eine Frau mit reinem Geist machen kann, was sie will, ihre Handlungen sind immer rein. Mit Anmut, Heroismus, furchterregendem Verhalten, Leidenschaft oder Zorn kann eine erleuchtete Person diejenigen befreien, die für die entsprechenden Erscheinungen empfänglich sind. Sahajayoginīchintā stellt fest, daß zur richtigen Gelegenheit jedes Verhalten der Inspiration oder Unterweisung dienen kann, sei es Lachen oder Weinen, Schläfrigkeit oder Wachheit, Standhaftigkeit oder Wankelmut, spielerisches Verhalten, leidenschaftslose Einsamkeit, Verrücktheit, Unersättlichkeit, Tanzen, fröhliches Singen, Baden, schmutzig sein, Nacktheit, Reichtum, Großzügigkeit, bittere Armut, Lachen über buddhistische Lehren, Aufrichtigkeit, Sündigen, Lügen, Unsinn reden oder stumm bleiben. Da alles von Natur aus rein ist, verfügt eine erleuchtete Frau offenbar über ein beachtliches Spektrum von Verhaltensweisen:

Eine geschickte Frau,
die den Reichtum all dieser Dinge
als ursprünglich rein nutzen kann,
hält die großen Vollendungen der höchsten Buddhaschaft
in ihrer Hand.

Laut Sahajayoginīchintā können also Geschlecht, Körperlichkeit, Sinne und Leidenschaft in den spirituellen Pfad einbezogen werden. Zuerst nimmt der Körper am Pfad der Erleuchtung teil, dann am schöpferischen Ausdruck der Erleuchtung.

Die »Spontane juwelengleiche Yoginī« als Frau

An ihren Schriften wird deutlich, daß Sahajayoginīchintā eine ausgezeichnete weltliche und religiöse Ausbildung genossen haben muß. Als Frau kann sie ihre Schulung auf verschiedene Arten erhalten haben. Schriften dieser Zeit belegen, daß Prinzessinnen, Töchter von hohen Beamten und Mitgliedern des Hofstaats, adelige Mädchen (der Kshatriya-Klasse), Kurtisanen und Tänzerinnen in Sanskrit, Komposition, Dichtkunst, Musik, Tanz und zahlreichen weiteren Wissenschaften (*shāstra*) einschließlich der Liebeskunst (*kāmashāstra*) ausgebildet werden konnten. Obwohl eine formelle Ausbildung in der Regel den genannten Frauen vorbehalten war, sind Fälle bekannt, in denen sie auch Dienerinnen und Frauen niedriger Kastenzugehörigkeit zuteil wurde.
Sahajayoginīchintās Herkunft läßt sich nur aus Tāranāthas Berichten über ihren Beruf, ihre Vertrautheit mit dem Leben bei Hofe und den Zeugnissen ihrer Texte ableiten. In Tāranāthas Geschichte der religiösen Abstammungslinien heißt es über Sahajayoginīchintā, sie habe Wein verkauft und später in ihrem Leben Schweine gehütet. Als sie noch Vilasyavajrā hieß, war sie Weinhändlerin beim König, eine Position, die der einer gewöhnlichen Schankwirtin haushoch überlegen war.
Schankwirtinnen verkauften Reisbier und Wein der Umgebung an eine buntgewürfelte und häufig recht dubiose Kundschaft. Als Hoflieferantin war Sahajayoginīchintā jedoch mit der ehrenvollen Aufgabe betraut, feine Traubenweine für den königlichen Gaumen zu beschaffen. Diese Weine wurden aus

Arabien, Persien und Kaschmir importiert. Sahajayoginīchintā mußte also mit Karawanenhändlern verhandeln und Juwelen und Gewürze gegen die begehrten Weine eintauschen. Mit ziemlicher Sicherheit ist sie für diese Geschäfte ausgebildet worden; sie mußte gut rechnen können und sich mit Edelsteinen und im Weinbau auskennen. In ihrer Position muß sie im Palast ein- und ausgegangen sein, und vielleicht hat sie sogar dort gelebt. Sie kannte den König gut genug, um von seiner panischen Angst vor Schlangen zu wissen. Eine Information, die sie an den Guru Dombiheruka weitergab, um ihm bei der Konvertierung des Königs zu helfen. Als Dombiheruka dann heimlich einige Schlangen in den Palast brachte, war Sahajayoginīchintā sogleich zur Stelle, um dem König zu empfehlen, an wen er sich um Hilfe wenden könne.

Die Herkunft aus einem Adelshaus oder einer Händlerfamilie oder die Tatsache, daß sie vielleicht als Händlerin im Palast aufgezogen und ausgebildet wurde, würde Sahajayoginīchintās umfassende Erziehung und Berufstätigkeit erklären. Aber auch die Herkunft als Tochter einer Kurtisane oder Tänzerin würde erklären, warum sie bei Hofe zugelassen war und Kontakt mit der königlichen Familie hatte, ferner würde sie ihre erotischen Kenntnisse und ihre Beziehung zu Kunst und Tanz begreiflich machen. Was ihre buddhistische Schulung angeht, schreibt Sahajayoginīchintā selbst zu Beginn ihres Textes, sie habe viele Jahre in hingebungsvollem Dienst zu Füßen ihres Guru verbracht. Während dieser Zeit erhielt sie eine buddhistisch-philosophische Ausbildung im Abhidharma, Yogāchāra und Tantra.

Sahajayoginīchintā war eine gelehrte und kultivierte Persönlichkeit, die von den philosophischen Grundlagen bis zu den fortgeschrittenen Techniken der Yoginī-Tantras spirituelle Unterweisung geben konnte. Dennoch verließ sie irgendwann die gute Gesellschaft und zog mit einem Gefährten niederer Kaste in ein kleines Dorf, bekam eine Tochter und lebte vom Schweinehüten. Darin gleicht sie männlichen Adepten wie Tilopa und Saraha, die trotz ihrer großen Gelehrsamkeit ebenfalls vom niedrigen Beruf ihrer Gefährtinnen lebten, obwohl sie ohne weiteres auch als Schreiber oder Lehrer hätten arbeiten können. Als sie Tantrikerin wurde, wählte die Yoginī ein einfacheres und freieres Leben, ungebunden durch soziale Einschränkungen. Auf die Aktivitäten, Reisetätigkeiten und Gefährten einer Schweinehirtin warf niemand einen prüfenden Blick – außer vielleicht, er war auf der Suche nach einem tantrischen Guru!

Obwohl Tāranātha berichtet, Sahajayoginīchintā sei als Expertin für »höchste Glückseligkeit« bekannt gewesen, gibt es nur wenige Anekdoten über ihre Aktivitäten als Guru. Das ist nicht ungewöhnlich, selbst im Falle einer so bekannten Persönlichkeit, denn leider sind die tantrischen Erzählungen und Berichte bedauerlich kurz. Eine der wenigen überlieferten Anekdoten über Sahajayoginīchintā ist allerdings sehr aufschlußreich. Es geht dabei um ihren Schüler Padmavajra, einen der »Gründer« des tantrischen Buddhismus. Padmavajra diente bei einem König in Uddiyāna als Priester und war sehr stolz auf seine Gelehrsamkeit und seine rhetorische Begabung. Als er einmal eine buddhistische Unterweisung gab, befand sich unter seinen Zuhörern eine Holzsammlerin, die bei seinen Worten abwechselnd lachte und weinte. Nach dem Vortrag kam sie zu ihm und sagte, sie habe gelacht, weil er sich so gewählt auszudrücken verstehe, und geweint, weil er keine Ahnung habe, worüber er spreche. Die Holzsammlerin schickte Padmavajra zu Guru Anangavajra, einem Schweinehirten in einem armseligen Dorf im Norden.

Als Padmavajra Anangavajra endlich gefunden hatte, nahm er kaum Notiz von ihm, denn sofort war er von der Frau fasziniert, die mit dem Meister lebte. In jedem Augenblick aufmerksam, war sie vollständig eins mit allem, was sie tat, und ihre tiefe Versenkung in die Wirklichkeit zeigte sich in jeder ihrer Bewegungen. Padmavajra brauchte ihr nur bei der Arbeit zuzusehen, und sofort vertieften ihre tadellosen, anmutig tänzerischen Bewegungen sein spirituelles Verständnis. Wie sie ging und sich bewegte, so erkannte er, war tiefgründiger als jede Unterweisung in buddhistischer Philosophie. Der Gelehrte bat Sahajayoginīchintā, um die es sich natürlich handelte, ihn als ihren Schüler anzunehmen. Sie reagierte wütend, schlug auf ihn ein und fragte, wie eine Frau niederer Kaste denn ein Guru sein könne. Der Gelehrte aber ließ sich nicht vertreiben und schlief im Schweinestall. Während er schlief, schnüffelten die Schweine in seinen Taschen und fraßen seine Bücher. Als er am nächsten Morgen entdeckte, was geschehen war, fluchte er und stampfte mit dem Fuß auf. Sahajayoginīchintā war durch diesen Ausbruch seiner Leidenschaft und Wut so beeindruckt, daß sie ihn als Schüler annahm: »Aha, du bist also nicht vollkommen! Vielleicht kannst du ja doch noch etwas von mir lernen!« Padmavajra erhielt Einweihung und Unterweisung von Sahajayoginīchintā und ihrem Gefährten. Später erwählte ihre Tochter ihn zu ihrem tantrischen Gefährten, und gemeinsam kehrten sie in den Palast zurück, wo Padmavajra seine öffentlichen Aufgaben wieder aufnahm. Insgeheim übte das Paar weiter die tantrischen Praktiken, bis ihre Entdeckung es erforderlich machte, daß beide ihre magischen Fähigkeiten zur Schau stellten, womit sie viele Menschen zum tantrischen Pfad bekehrten.

Wie der geschliffene Edelstein, nach dem sie benannt war, hatte auch die ruhmreiche »Spontane juwelengleiche Yoginī« viele Facetten. Sie offenbarte tantrische Lehren, die sie in tiefer Meditation erhielt. Sie war eine begabte Rhetorikerin, die ihr Publikum mit einer sinnlichen und überschäumenden Vision tantrischer Sexualität bezauberte. Sie war eine begabte Predigerin, die ihre Zuhörer zu religiöser Disziplin motivierte, indem sie ihnen erklärte, daß weltliche Vergnügen vergänglich und letztlich unbefriedigend seien. Sie war eine subtile Philosophin, die die komplexen Feinheiten ihrer Theorien wohl zu entwickeln verstand. Wer ihr zuhörte, wurde für seine Aufmerksamkeit mit einer bemerkenswerten und vielleicht einzigartigen Beschreibung der Buddhaschaft belohnt – wie Buddhas auf Leidenschaft reagieren, wie sie lieben und begehren und sich dem transzendenten Zeitvertreib des erotischen Spiels hingeben.

Sahajayoginīchintās Werk ist von großer Bedeutung für die Einschätzung des Wissensstandes tantrischer Frauen, denn sie schreibt geschickt, kundig und innovativ über ein Thema, von dem angenommen wurde, daß Frauen nichts von ihm verstünden, nämlich den Yoga der tantrischen Vereinigung. Sahajayoginīchintā war nicht die einzige Frau, die solches Wissen besaß. Sie selbst gab es im Rahmen einer Versammlung von Frauen weiter, und wir können aus Sahajayoginīchintās Werk auch auf ihre Zuhörerinnen schließen. Es handelte sich durchaus nicht um Novizinnen, denn für Anfänger sind ihre Lehren zu komplex und die Praktiken zu fortgeschritten. Der Fortschritt dieser Frauen auf dem spirituellen Pfad wird auch durch Bezeichnungen wie »glorreiche Yoginīs, im Glanze selbstentstehender Weisheit« deutlich. Sahajayoginīchintā hatte aber auch männliche Schüler wie Padmavajra und Ghantapa, die durch die tantrische Vereinigung Erleuchtung erlangten und berühmte »Gründer« des tantrischen Buddhismus wurden.

Die tantrische Literatur stellt Uddiyāna, wo auch Sahajayoginīchintā ihr Leben verbrachte, als idealen Ort für Studium und Praxis des Tantrayāna dar. Viele männliche Adepten wie etwa Padmasambhava, Kambala, Anangavajra, Līlāvajra, Luipa, Tilopa, Ghantapa, Budhashrījñāna, Gambhīravajra, Padmavajra, Atīsha und Gotsangpa begaben sich nach Uddiyāna, um bei den dortigen Tantrikerinnen in die Lehre zu gehen. Über die Yogis ist meist mehr bekannt als über ihre Lehrerinnen, aber Sahajayoginīchintā repräsentiert den Typus von Frauen, dem sie dort begegnet sind, und ihr Werk erlaubt einen faszinierenden Einblick in Herkunft, Leben und leuchtende Weisheit eines weiblichen Gurus in Uddiyāna.

Angesichts der Geschichte von Sahajayoginīchintā und ihren tantrischen Geschlechtsgenossinnen sind die Behauptungen über die marginale und ausgebeutete Stellung der Frauen im tantrischen Buddhismus unhaltbar.

Ausbeutung widerspricht dem ursprünglichen Entwurf und Sinn der tantrischen Vereinigung, wie sie in den klassischen schriftlichen Quellen – zu denen die hier untersuchten maßgeblichen Unterweisungen einer Frau gehören – dargestellt wird. Wissen um die beabsichtigte Form und den wahren Gehalt der Praktiken kann helfen, Abweichungen zu erkennen und soziale oder kulturelle Bedingungen zu identifizieren, die ihr Auftreten begünstigten. Wenn sich, wie behauptet wurde, in die Tradition später eine ausbeuterische Dynamik eingeschlichen haben sollte, ist es wichtig zu untersuchen, welche sozialen, institutionellen und doktrinären Bedingungen den Mißbrauch von Frauen durch eine Praxis verursachten, an deren Entstehung und Formulierung diese ja ursprünglich selbst mitgearbeitet hatten. Jede nachgewiesene Degeneration muß als Verrat am ursprünglichen Geist der Praktiken gewertet werden. Zum Glück sind diese Lehren in ihrer klassischen Form überliefert, und die ursprünglichen Praktiken haben als lebendige Tradition überdauert.

Viele buddhistische Lehren und Praktiken wurden sicher im Treibhausklima der Klöster entwickelt, der sexuelle Yoga gehört jedoch bestimmt nicht dazu. Die sexuelle Sādhanā bildete eine natürliche Arena für die Interessen und Wünsche von Frauen. Gebildete Frauen wie Lakshmīnkarā und Sahajayoginīchintā, Handwerkerinnen wie die Pfeilmacherin, Künstlerinnen wie Dombiyoginī, Kurtisanen wie die Gefährtin von Ghantapa und Gurus wie Gangādharā – für sie alle war der Yoga der Vereinigung Teil ihres Weges zur Erleuchtung.

8.
Schlußfolgerungen

Der Buddha lehrte ursprünglich ein Leben der Entsagung und des Zölibats als Ideal für das Streben nach Erleuchtung; die Anhänger der tantrischen Bewegung des Buddhismus in Indien lebten nach einem anderen Modell. So gab Saraha seine Mönchsgelübde auf, um mit einer Pfeilmacherin zu leben. Tilopa legte seine Mönchsroben ab und heiratete eine Frau, die ihren Lebensunterhalt mit dem Zerstoßen von Sesamsamen verdiente. Lakshmīnkarā verwarf die Ehe mit einem Prinzen und nahm einen Mann niederer Kaste als tantrischen Partner. Viele sind niemals Mönche oder Nonnen geworden, und andere gaben schließlich ihre Gelübde auf, ließen sich mit einem Partner des anderen Geschlechts in einem Dorf nieder, um dort ein einfaches Leben zu führen. Sie gingen auf Pilgerschaft und verfolgten ihre kontemplativen und yogischen Disziplinen inmitten der ganz normalen, lebhaften und leidenschaftlichen Alltagsgeschäftigkeit. Diese Menschen folgten einem besonderen religiösen Pfad, der seinen charakteristischsten und differenziertesten Ausdruck in intimer, sexueller Beziehung findet. Die Präsenz von Frauen in dieser Tradition ist keine Randerscheinung oder Fußnote der Geschichte, sondern integraler Bestandteil des idealen tantrischen Modells. Die Bewegung steht für ein hohes Ideal, die Überzeugung nämlich, daß Männer und Frauen Beziehungen eingehen können, die frei sind von Ausbeutung und Zwang und die gemeinsame Suche nach Erleuchtung zur Grundlage haben.

Seine ethischen und philosophischen Prinzipien teilt der Tantrayāna mit dem Mahāyāna-Buddhismus, unterscheidet sich von diesem aber vor allem in Symbol und Ritual, am eindeutigsten jedoch in der Einbeziehung von Intimität und Sexualität, Geschlecht und Körperlichkeit in den Pfad zur Erleuchtung. Tantrische Studien fanden schließlich sogar Eingang in die Lehrpläne der Klöster in Indien und Tibet. Es war allerdings nicht einfach, sie ohne beträchtliche Sublimierung ihrer Praktiken und Bilderwelt in ein zölibatäres Klosterleben zu übertragen. Die tantrischen Vorstellungen und Praktiken, die Thema dieser Studie sind, haben in der klassischen Literatur, im Geist großer Meister und in der blühenden Subkultur von Eremiten und von Yogis und Yoginīs bis heute überlebt.

Historische Gesichtspunkte

Die Leugnung von Status, Leistungen und der positiven Rolle von Frauen allgemein in den historischen Studien westlicher Forscher hat verschiedene Gründe. Sie alle scheinen aber Teil eines Trends zu sein, den Veena Das in vielen Gebieten historischer Forschung ausgemacht hat: »Das Studium anderer Kulturen wird nach wie vor unter der Prämisse betrieben, die Universalität der Unterdrückung von Frauen belegen zu wollen.« Dieses Postulat der Universalität männlicher Dominanz trägt dazu bei, gängige soziale Übereinkünfte zu legitimieren, indem es ihnen Unvermeidbarkeit und Universalität bescheinigt. Dieses unbewußte Ziel ist ein Haupthindernis für die Würdigung weiblicher Einflüsse in der Geschichte. Ein weiterer Faktor ist das deutliche Widerstreben, die potentielle Vielseitigkeit kultureller Konstruktionen von Geschlechterbeziehungen und Sexualität einzuräumen. Es gibt offenbar einen tiefverwurzelten psychologischen Widerstand gegen die Anerkennung von Sichtweisen die sich von der eigenen unterscheiden – eine ziemlich naive Haltung, wenn man bedenkt, wie sehr die Sexualität sozial bedingt ist. Dies mag auch die Tatsache erklären, daß die Behauptungen westlicher Gelehrter sich stets von denen indischer Gelehrter unterscheiden, die Ansichten indischer Praktizierender von denen westlicher Praktizierender und Gelehrter. Die tantrische Einstellung zu Geschlecht und Sexualität stellt im Vergleich zu anderen religiösen Traditionen der Welt eine ganz besondere Variante dar, und der Herausforderung dieser dissonanten Stimme kann man ausweichen, indem man ihre Botschaft als eine exotische, orientalisierte Version der eigenen Weltsicht ausgibt. Genau dies haben Gelehrte getan, wenn sie im Tantrayāna eine mittelalterlich indische Spiegelung ihrer eigenen Verachtung von Frauen und ihrer Vorstellungen von Sexualität als Form der Ausbeutung »entdeckten«. Die Stimme dieser Tradition zum Schweigen bringen zu wollen und zu mißachten, was sie selbst uns über ihre wertvollsten Ideale zu sagen hat, verrät das Erbe kolonialer Überheblichkeit gegenüber den kulturellen Werten anderer Völker.

Die Ergebnisse dieser Studie unterscheiden sich von denen anderer, weil sie von anderen Grundannahmen und historischen Prinzipien ausgeht. Einer der Leitgedanken ist, daß Frauen sich selbst als Subjekt ihres eigenen Lebens erfahren und interpretieren, ganz gleich, wie die Männer sie sehen mögen. Die Ansichten der Männer sind nicht die wichtigste Sorge einer Geschichte von Frauen, auch wenn in manchen Werken, die sich angeblich der Geschichte der Frauen widmen, Männer das einzige Thema sind. Eine Geschichte der Frauen muß herauszufinden suchen, wie Frauen ihr eigenes Leben gewertet haben, auf welchen Gebieten sie Autorität und Macht besaßen, ob sie die Ansichten der Männer über Frauen teilten, ob sie männlicher Autorität widerstanden oder um Macht kämpften, ob und in welchem Umfang männliche Dominanz auf dem Gebiet der Imagination und Literatur eine Rolle spielte und welchen Einfluß Herkunft und ökonomische

Faktoren bei der Bestimmung des Status und der gesellschaftlichen Stellung hatten.

Diese historiographische Ausrichtung ließ mich nach Anhaltspunkten für Praktiken, Überzeugungen und Erfahrungen von Frauen forschen. Eine solche Suche hängt einerseits zu einem gewissen Grad von der Menge des verfügbaren Materials über Frauen und Geschlechterbeziehungen ab, andererseits aber ebenso sehr von den theoretischen Vorgaben des Historikers selbst. Niemand kann einen Text als Quelle sogenannter neutraler Daten lesen, immer bestimmen die Erwartungen des Lesers, was er als bedeutungsvoll zu akzeptieren bereit ist und was er als entweder unnormal oder unverständlich ignoriert. Was unverständlich ist – also aufgrund einer inadäquaten Vorstellungswelt nicht gedacht werden kann –, geht nicht in die eigenen Beobachtungen oder das eigene Interpretationsschema ein.

Eben dieser inadäquaten Vorstellungswelt vieler moderner Gelehrter des Tantra ist es zu verdanken, daß die Frauen unsichtbar geworden und die Texte, die ihre Erfahrungen beschreiben, übergangen worden sind. Wenn eine tantrische Textstelle eine Frau so beschreibt, wie ihr Partner sie sehen würde, sind viele Gelehrte ganz selbstverständlich der Ansicht, daß sich hier ein männliches Subjekt dominierend, autonom und manipulierend über und in Gegensatz zu einem weiblichen, von ihm manipulierten Objekt setzt. Wenn Textstellen beschreiben, was eine Frau visualisieren, sprechen oder tun soll, werden sie abgetan und ignoriert, weil die Interpretationsstrategie der Wissenschaftler die Existenz solcher Texte nicht zuläßt. Werden alle derartigen Stellen getilgt, können sich im Geist des Lesers niemals genügend Beweise für eine andere, neue Interpretation oder Änderung der gängigen Lesart »ansammeln«.

Da ich mit anderen theoretischen Grundannahmen gearbeitet habe, habe ich in meinen Untersuchungen ein anderes Muster von Geschlechterbeziehungen »entdeckt«. Weil ich bei meiner

Forschungsarbeit die Subjektivität von Frauen angesichts ihres eigenen Lebens und auch eigenständige Motive für ihre Handlungen voraussetzte, war mein Herangehen an die Quellen ein anderes. Gelegentlich habe ich auf Daten – Biographien, Geschichten der Übertragungslinien und Schriften – zurückgegriffen, die bereits von anderen Gelehrten übersetzt und interpretiert wurden. Der unterschiedliche Zugang in meinem Fall bestand dann darin, daß ich die Hinweise auf Frauen als Informationen über *ihr* Leben gewertet habe und nicht als Fußnoten zu einer Geschichte männlicher Dominanz. Statt die Beispiele weiblicher Aktivität oder Leistung als Ausnahme, Anomalie oder Exempel weiblicher Unterordnung abzutun, habe ich sie als Dokumente der Geschichte von Frauen akzeptiert und versucht, sie zu einem zusammenhängenden Muster zu verweben. Auf dieser Basis konnte ich belegen, daß Frauen auf jeder Ebene des tantrischen Buddhismus mitwirkten. Sie standen nicht am Rand oder auf den niedrigsten Stufen religiösen Strebens, sondern nutzten die gesamte Bandbreite tantrischer Praktiken. Nirgends fand ich Zeugnisse für eine Behinderung der Beteiligung von Frauen, auch nicht im Hinblick auf das Ziel selbst, die Erleuchtung oder die Übernahme von Autorität als Gurus.

Die vollständige Einbeziehung der Frauen entspricht der lockeren Struktur tantrischer Kreise. Es gab keinen Klerus oder andere institutionalisierte Strukturen, an die Frauen (oder Männer) sich wenden mußten, um sich ihre Praxis autorisieren und ihren Fortschritt bestätigen zu lassen. Die informelle Organisationsstruktur kreiste um individuelle Lehrer/innen und ihre Schüler/innen. Männern und Frauen nahmen die Praxis auf eigene Initiative hin auf, und die Grenzen ihrer Verwirklichung wurden wie in allen yogischen und asketischen Religionen Indiens ausschließlich von ihrem eigenen Einsatz und ihren Fähigkeiten gesetzt.

Der Versuch einer Projektion männlicher Dominanz auf die tantrische Bewegung erweist sich besonders dann als »bemüht«, wenn zu diesem Zweck die leidenschaftlichen Yoginīs der tantrischen Ikonographie wegerklärt werden müssen. Diese ungenierten Maiden tanzen vergnügt in lodernden Flammen, trampeln lässig auf Leichen herum oder reiten auf

Abbildung 18: Eine Yoginī reitet einen Tiger. Zeichnung von Emily Martindale, nach einem tibetischen Blockdruck.

Tigern (Abb. 18). Um diese kraftvollen Frauen in leichtgläubige, lammfromme Opfer männlicher Verführung zu verwandeln, muß man sich schon einer besonders trickreichen Metamorphose bedienen.
Die Dākinīs sind zwar für ihre Fähigkeit bekannt, nach Belieben die Form ändern und etwa zu Vögeln, Schakalen oder Wölfen werden zu können, die Verwandlung in schwache, hilflose Opfer aber wäre vermutlich selbst für ihre magischen Kräfte zuviel.
Als ich die Frauendarstellungen der tibetischen Rollbilder zum ersten Mal sah, war ich vom Überschwang und Machtgefühl dieser Yoginīs und Dākinīs dermaßen beeindruckt, daß ich viele Jahre damit verbrachte, nach ihren historischen Vorbildern zu suchen. Ich war überrascht feststellen zu müssen, daß Gelehrte sogar die Möglichkeit einer Verbindung zwischen diesen Darstellungen und wirklichen Frauen leugneten. Statt dessen finden sich, meist nach dem Muster von Jung oder Freud, ausführliche Erklärungen darüber, daß diese Bilder psychische Prozesse und Entwicklungen von Männern symbolisieren. Die vorherrschende Interpretation nach Jung sieht in den weiblichen Gestalten Darstellungen der Anima, einer Kraft, die vom Inneren der männlichen Psyche ins Bewußtsein aufsteigt:

> Sie ist alles, was nicht im bewußten Geist des Individuums enthalten ist und als von diesem verschieden und mehr als es selbst erscheint.[1]

> Die Himmelstänzerinnen oder Dākinīs sind machtvolle Repräsentationen des unterdrückten weiblichen Aspekts der männlichen Psyche.[2]

1 Herbert Guenther, *The Life and Teaching of Naropa.*
2 Alan Sponberg, *Attitudes toward Woman and the Feminine in Early Buddhism.*

Nathan Katz versteht die Yoginīs ebenfalls nach Jungschem Muster als Symbole für innerhalb der männlichen Psyche wirksame Kräfte, die aus dem Labyrinth des Unterbewußten auftauchen, um das bewußte Selbst zu heilen und Integration zu bewirken. Fokke Sierksma hält sich in seiner Interpretation eher an Freud, wenn er sagt, daß der männliche Adept, »besessen von der aggressiven Bösen Mutter, die Muttersymbole gegen sein eigenes Ego richtet, damit er sterbe und wiedergeboren werde«. Andere behaupten, die weiblichen Gottheiten und Dākinīs stellten die innere Weisheit (*prajñā*), die innere Hitze oder das transzendente Bewußtsein des tantrischen Yogi dar, oder sie erweckten die Glückseligkeit und das Verlangen, das in der tantrischen Praxis gebraucht wird. Shashibhusan Dasgupta, ein früher Historiker des tantrischen Buddhismus, erklärt ausdrücklich, daß die Gestalt der Yoginī »nicht mit Frauen aus Fleisch und Blut verwechselt werden sollte ... sie ist nur eine verschiedenen Stadien yogischer Praxis innewohnende innere Kraft.« Um uns jede Möglichkeit der Identifizierung dieser Gestalten mit wirklichen Frauen zu nehmen, hat Janice Willis sogar unlängst behauptet, diese weiblichen Figuren seien nicht wirklich weiblich.

Diese Interpreten wollen uns also glauben machen, Frauen hätten sich nie selbst gesehen, wenn sie diese anatomisch korrekten Darstellungen nackter weiblicher Figuren betrachteten, und auch Männer dächten bei ihrem Anblick nie an Frauen. Ihnen allen war offenbar völlig offensichtlich, daß diese Bilder Form und Antrieb des männlichen Unterbewußten darstellen. Wie ich in diesem Buch gezeigt habe, können wir diese Symbole jedoch getrost als das interpretieren, was sie darstellen, und davon ausgehen, daß sie, ungeachtet anderer Ebenen symbolischer Bedeutungen, in direkter Beziehung zu den lebendigen Frauen des tantrischen Buddhismus stehen. Ich behaupte, daß diese kraftvollen Bilder ihre Glaubwürdigkeit von menschlichen Vorbildern bezogen, während umgekehrt die Tantrikerinnen ihr spirituelles Streben in ihnen widergespiegelt fanden. Was diese Bildnisse zeigen, wird durch die in dieser Studie vorgelegten Belege für die Errungenschaften und Beiträge von Frauen im tantrischen Buddhismus bestätigt. In den künstlerischen wie den historischen Aufzeichnungen begegnen wir überschwenglichen, leidenschaftlichen, erleuchteten Frauen, deren Erfahrung höchster Wirklichkeit und Freiheit keinerlei Einschränkung durch patriarchale Strukturen unterliegt.

Buddhologische Gesichtspunkte

Die tantrischen Praktiken und Lehren sind, wie der Buddhismus generell, Strategien zur Auflösung des unerleuchteten Ich oder Selbst. Die Interpretation irgendeines buddhistischen Textes als Strategie zum Aufbau oder zur Verstärkung eines Ego wäre von Anfang an problematisch, weil ein derartiges Unterfangen grundsätzlich niemals beabsichtigtes Ziel buddhistischer Lehre und Praxis sein kann. Wer behauptet, daß ein ganzes Genre buddhistischer Texte einem ausbeuterischen, egozentrischen männlichen »Ich« huldigt, muß auch den Nachweis für eine derartige Abweichung von zentralen buddhistischen Werten führen. Im Falle des tantrischen Buddhismus stellt der Yoga der Vereinigung ein Mittel dar, das es Frauen und Männern ermöglicht, ihr konventionelles Ich *gemeinsam* aufzulösen – oder, in tantrischer Terminologie, Leerheit und Glückseligkeit zu erfahren –, was für ein gepanzertes, gebundenes oder selbstsüchtig motiviertes »Ich« niemals möglich wäre. Jede Interpretation des tantrischen Buddhismus, die dieses Ziel der tantrischen Praxis leugnet – ein Ziel, für das viele Tantriker ein Leben in »gesicherten Verhältnissen« aufgegeben haben –, leugnet das radikale Anliegen der tantrischen Vision von Religion – daß nämlich *Frauen und Männer gemeinsam Befreiung finden können.*

Als Teil der tantrischen Methodik beim Abbau des gewöhnlichen Ich wird es durch ein göttliches Ich ersetzt. In der tantrischen Vereinigung verbindet sich dieses göttliche Ich dann mit einem Partner, der ebenfalls als Gottheit wahrgenommen wird. Den Partner als Gottheit zu erfahren, ist der Prüfstein tantrischer Sichtweise. Solange man aber den Partner mißbraucht, herabsetzt oder entmenschlicht, kann man auch sich selbst nicht als Gottheit sehen, denn die Partner spiegeln sich gegenseitig. Zu den Attributen der Gottheiten gehört ein Gefährte oder eine Gefährtin, der oder die ihnen angemessen ist. Per definitionem muß ein Gefährte/eine Gefährtin *gleichwertig* sein, und in der Tat wäre es unangebracht für eine Gottheit, sich mit weniger als einer Gottheit zufrieden zu geben. Ohne angemessene, göttliche Gefährtin kann ein das Tantra Übender keine Gottheit werden. Ebenso unmöglich ist es, sich selbst als glückselige Gottheit zu erschaffen, solange man einen herablassenden, verächtlichen Blick besitzt oder gar pflegt. Der Blick einer Gottheit ist zärtlich, klar und leidenschaftlich (siehe Abb. 16).

Die Aussage, Tantriker seien rücksichtslose Verführer gewesen, läuft auf die Aussage hinaus, eine der großen Traditionen des Buddhismus habe in erster Linie der Ausbeutung und Unterdrückung gedient. So gesehen, hätte der tantrische Buddhismus den Zweck gehabt, ein rücksichtsloses, selbstsüchtiges und manipulatives männliches Ego zu formen, dessen Motivation niemals in Frage gestellt worden wäre. Darüber hinaus würde er für eine soziale Komponente der Erniedrigung und des Leidens stehen. Diese schwerwiegende Behauptung kann man nicht einfach ungeprüft hinnehmen, denn würde sie stimmen, dann hätte der tantrische Buddhismus die wichtigsten Ziele der Tradition verraten – nämlich Leiden zu lindern, der Befreiung zu dienen und Menschen von den Fesseln der Selbstsucht und der irrigen Vorstellung des Getrenntseins zu erlösen. Selbst wenn man pragmatische Zugeständnisse an soziale, politische und wirtschaftliche Bedingungen macht, verlangte das Ausmaß der Korruption buddhistischer Werte, für das diese gängige Interpretation des Tantrayāna spricht, mehr als eine beiläufige Erwähnung. Diese Tradition hat es wohl kaum verdient, von den Historikern derart vorschnell und universell abqualifiziert zu werden.

Die Behauptung, der tantrische Buddhismus sei eine ausschließlich männliche Schöpfung gewesen, ist auch noch aus einer anderen Perspektive problematisch. Diese Annahme reflektiert nämlich ein Modell unabhängiger Existenz (*svabhāva*), die den Buddhismus als isolierten Entwicklungsstrang sieht, der von einer Männerelite in Klöstern konstruiert worden ist. Diese gängige Auffassung nimmt »Volkspraktiken« und »Volkstraditionen« vielleicht noch zur Kenntnis, würdigt sie aber keinesfalls als Teil des »echten« Buddhismus. Nach dieser Sichtweise wäre der Buddhismus eine wasserdichte Institution, die isoliert allen Einflüssen der sie umgebenden Kultur, allen Vergiftungen durch andere Religionen, jeder Popularisierung durch Volkspraktiken und vor allem jeder Korruption durch weibliche Interessen trotzt. Ein geeigneteres Modell, das man als »abhängiges Entstehen« (*pratītyasamutpadā*) bezeichnen könnte, sieht den Buddhismus als dynamischen Strom, der sich ständig von den verschiedensten Einflüssen und Einsichten unterschiedlichster Menschen bereichern läßt und in eben dieser Offenheit die Mittel findet, auf die Bedürfnisse der verschiedensten Menschen eingehen und unter den verschiedensten kulturellen Bedingungen lebensfähig bleiben zu können.

Die Präsenz von Frauen und die Lehren von Frauen sowie die Betonung weiblicher Energie und spiritueller Kapazität sind entscheidende Merkmale tantrischer Religiosität. Wenn man die historische Position des Tantra betrachtet, geht das Einfließen weiblicher Elemente einher mit der sozialen Inklusivität der Bewegung und ihrer Empfänglichkeit für Symbole, Praktiken und Einsichten aus neuen Bereichen. Der monastische Buddhismus hatte eine immer stärker werdende Betonung philosophischer Dialektik entwickelt, ein elitäres Unterfangen, das in Klöstern am besten gelingt und dessen Praktizierende eine Tendenz an den Tag legen, andere Aspekte des Lebens in ihrem Wert herabzumindern, die Rolle des Intellekts für das Erlangen der Erleuchtung überzubetonen und die Kapazitäten und Möglichkeiten, die im Körper, in den Sinnen und Emotionen liegen, aus den Augen zu verlieren. Tantra entstand als Korrektiv für dieses Ungleichgewicht und als Zeugnis für die Tatsache, daß der Intellekt nicht den einzigen Zugang zur Erkenntnis darstellt. Ekstase und Freude repräsentieren ebenfalls primäre Quellen von Wissen und Kraft. Tantra steht für das Einfließen genau dieser Elemente und Einsichten in den Buddhismus, und die spirituelle Partnerschaft zwischen Frau und Mann ist Teil dieser Ideale. Der Anlaß zu seiner Veränderung mag aus dem Buddhismus selbst gekommen sein, aus einem inneren Druck, seine Symbolik und soziale Basis erweitern zu müssen. Vielleicht kamen die Veränderungen aber auch von außen. Wie dem auch gewesen sein mag – fest steht, daß Einflüsse aus den Göttinnen-verehrenden Shakta-Traditionen und shivaitischen Sekten eingeflossen sind. Ferner haben verschiedene soziale Gruppen – Tänzerinnen, Kurtisanen, Angehörige nomadisierender Stämme und gesellschaftlich Geächtete – und die Frauen den Buddhismus zu dieser Zeit mit Einflüssen überschwemmt und damit die Schwungkraft für eine erstaunliche Belebung geliefert, die ihm mehrere strahlende Jahrhunderte internationaler Expansion und Blüte bescherte.

Danksagung

Mein Mentor, Masatoshi Nagatomi, unterstützte dieses Projekt lange bevor es konkreten Erfolg zu versprechen begann. Sein unerreichbarer Standard leidenschaftlicher und exakter Wissenschaftlichkeit ist mir dauernde Inspiration gewesen. Diana Eck hat mit ihren scharfsinnigen Fragen mein Denken herausgefordert und vertieft, Tu Weiming stand mir mit unschätzbaren theoretischen Einsichten bei. Elisabeth Schüssler Fiorenza inspirierte mich durch ihre feministische Arbeit über die Geschichte des frühen Christentums. Ihr mutiges Beispiel spornte mich zu meinem entschiedenen Engagement für dieses Projekt an.

Ich möchte auch einigen geschätzten Forschungsgefährten danken. John Huntingtons enthusiastische Einführung in die Kunst des tantrischen Buddhismus weckte in mir eine lebenslange Faszination für dieses Thema. Er und Susan Huntington führten mich in die Freuden der Wissenschaft und die Abenteuer der Forschung ein. Robert Thurman war mein unvergeßlicher und unvergleichlicher Führer, zuerst auf dem Gebiet der Texte des Mādhyamaka und später im tantrischen Genre. Frédérique Apffel Marglin ist seit unserer ersten Begegnung in Orissa eine ständige Ratgeberin gewesen. Sie half mir, Einsichten zu gewinnen, die jede Seite dieses Werkes prägen. Dafür stehe ich tief in ihrer Schuld.

Um Zugang zu einer religiösen Gemeinschaft zu bekommen, ist man auf die Zusammenarbeit mit den Anhängern der entsprechenden Tradition angewiesen. Diese Notwendigkeit gilt im Falle esoterischer Traditionen wie der des tantrischen Buddhismus in verstärktem Maße. Daher möchte ich allen Yoginīs, Yogis, Lamas, Mönchen, Gelehrten und Laienanhängern danken, die mir ihre Klöster, Tempel, Rituale, Einsiedeleien, Pilgerorte und Herzen geöffnet haben. Ich suchte sie auf, um Informationen zu erhalten, und verließ sie an Wissen und Zuneigung zutiefst bereichert. Unter den Lamas, denen ich für ihre Unterstützung Dank schulde, steht Seine Heiligkeit der Dalai Lama an der Spitze. Er gab seine Zustimmung, bot seine Unterstützung an und gewährte mir ein unverzichtbares Interview. Die folgenden Lamas unterstützten meine Forschungen auf verschiedenste Art: aus der Gelug-Schule: Lati Rinpoche, Tara Tulku Rinpoche und Gungru Tulku; aus der Drikung-Kagyü-Schule: S.H. Chetsang Rinpoche, Ayang Rinpoche und Khenpo Konchog Gyaltsen; aus der Karma-Kagyü-Schule: S.H. Shamarpa Rinpoche, Pawo Rinpoche und Trangu Rinpoche; aus der Sakya-Schule: S.H. Sakya Trizin, Jetsun Chime Luding, Luding Khen Rinpoche und Khenpo Abbe; und aus der Niyngma-Schule schließlich: S.H. Dilgo Khyentse Rinpoche, Minglin Trichen, Tulku Thondup und Lama Tsultrim. Einige dieser ehrenwerten Lehrer sind inzwischen verstorben, und ich fühle mich besonders geehrt, daß die Erinnerung an sie mit diesen Seiten verbunden ist. Sonam Sangpo half mir in Kathmandu während sehr heißen Wetters, wichtige Manuskripte ausfindig zu machen und sie dann zu übersetzen. Ngawang Jorden aus dem Sakya Kolleg in Dhera Dun kam glücklicherweise zu genau dem Zeitpunkt nach Harvard, als ich von meinen Feldstudien zurückkehrte, und ist seitdem ein bereitwilliger und kundiger Berater gewesen.

Während meiner Zeit in Indien hatte ich das große Glück, den brillanten Historiker Bitendra Nath Mukherjee zum Projektberater zu haben. Der unnachahmliche Narendra Nath Bhattacharyya teilte seine scharfen Einsichten bei vielen Tassen indischen Tees mit mir. Abhijit Ghosh ließ mich während vieler schöner Stunden, in denen wir aus den Hindu-Tantras und der Sanskrit-Literatur lasen, an seinem philologischen Wissen teilhaben. Dankbar bin ich ferner den Angestellten der United States Educational Foundation in Indien für ihre Hilfe in der geheimnisvollen Welt der indischen Bürokratie und für unzählige unverzichtbare Arrangements während meiner Feldforschung.

Zu den Institutionen die meine Forschung sehr unterstützt haben, gehörten das Indian Institute for Advanced Studies, Simla, das Tibet House, New Delhi, die Lokesh Chandra International Academy of Indian Culture, New Delhi, die Sahitya Akademii, Delhi, das Central Institute of Higher Tibetan Studies, Sarnath, die Library of Tibetan Works and Archives, Dharamsala, die Bibliothek des Orissa State Museum, die National Library, Calcutta, die Asiatic Society, Calcutta, das Ramakrishna Mission Institute of Culture, Calcutta, das Yenching Institute und die Harvard University. Dankbar bin ich auch Joseph Loizzo, der mir seinen Tangyur für die Dauer des Projekts leihweise überließ. Gleiches gilt für Melbourne Taliaferro für die Beschaffung einiger wesentlicher Texte.

Das Projekt erforderte Feldstudium, Archivforschung und Zeit für die Übersetzung und zum Schreiben. Während dieser Zeit mußte ich frei sein von anderen Verpflichtungen. Ohne die Beschaffung von Mitteln durch den Dekan des Radcliffe College, des Harvard Center for the Study of World Religions unter dem Direktorat von John Carman, der Fulbright-Hays Foundation, der Charlotte W. Newcombe Foundation, der Mrs. Giles Whiting Foundation und dem Faculty Research Committee of the University of Richmond wäre das Projekt nicht möglich gewesen. Steven Zimmerman und Pamela Russell gebührt ebenfalls Dank für zwei wichtige Reisen nach Nepal.

Für Rat, Ermutigung und hilfreiche Hinweise danke ich Tsultrim Allione, Paula Kane Arai, Theodore Bergren, Agehananda Bharati, Annie Dillard, Sherab Drolma, John Dunne,

Elinor Gadon, Herbert Guenther, Adelheid Hermann Pfandt, Toni Kenyon, Cliff Leftwich, Miriam Levering, Sara McClintock, Mildred Munday, Robin Rao, Shiníchi Tsuda und Alex Wayman. Besonderer Dank gilt Prajwal Ratna Bajracharya für die Interpretationen der Tanzhaltungen tantrischer Gottheiten. Emily Martindale verlieh dem Projekt durch ihre exquisiten Strichzeichnungen tibetischer Bilder und Blockdrucke zusätzliche Energie.

Mein tiefster Dank geht an Lama Sonam Jorphel Rinpoche, einen Linienhalter der Drikung-Kagyü-Tradition, weil er mir während dreier Monate in seiner Bergeinsiedelei in Ladakh, Hunderter Stunden der Diskussion in den folgenden Monaten und weiterer zwei Monate für den Feinschliff des Manuskripts in Kathmandu seine Zeit, seine Güte und sein Wissen zur Verfügung gestellt hat. Nichts kann meine Dankesschuld je tilgen.

Mein letzter Dank schließlich gilt der Familie, die mich genährt und unterstützt hat: meiner Großmutter Frances Wilson Eberle, die mich die Bedeutung von Büchern gelehrt hat, Merry Gant Norris, deren Wertschätzung jeden Erfolg versüßt, und Kenneth Rose, dem Gefährten im Leben und auf der intellektuellen Reise, dessen zahlreiche persönliche und wissenschaftliche Hilfestellungen diesem Buch zur Existenz verholfen haben.

Miranda Shaw

Quellen in westlichen Sprachen

(Die nur für Fachgelehrte zugänglichen Quellen in Sanskrit und tibetischer Sprache sind in der Bibliographie der amerikanischen Originalausgabe angeführt.)

Allione, Tsultrim, *Women of Wisdom,* London: Routledge and Kegan Paul, 1984.

Altekar, A. S., *The Position of Women in Hindu Civilization: From Prehistoric Times to the present Day*, Delhi: Motilal Banarsidass, 1959.

Atkinson, Jane Monnig, und Shelly Errington (Hg.), *Power and Difference: Gender in Island Southeast Asia*, Stanford: Stanford University Press, 1990.

Auboyer, Jeannine, *Daily Life in Ancient India from Approximately 200 BC to 700 AD*, übers. v. Simon Watson Taylor, 1961; englische Übers., New York: Macmillan, 1965.

Banerji, S. C., *Tantra in Bengal: A Study in Its Origin, Development, and Influence*, Calcutta: Naya Prokash, 1978.

Basham, A. L., *The Wonder That Was India: A Survey of the Culture of the Indian Sub-Continent before the Coming of the Muslims*, 1954; Neuausgabe, New York: Grove Books, 1959.

Beal, Samuel, (Übers.), *Si-yu-ki: Buddhist Records of the Western World*, übersetzt nach dem chinesischen Text von Hiuen Tsiang (A.D. 629), 1884, Neuauflage, New York: Paragon Book Reprint Corp., 1968.

Benard, Elisabeth, *Chinnamastā: The Aweful Buddhist and Hindu Tantric Goddess*, Delhi: Motilal Banarsidass, in Vorbereitung.

Beyer, Stephan, *The Cult of Tara: Magic and Ritual inTibet*, Berkeley und Los Angeles: University of California Press, 1973.

Bharati, Agehananda, »Making Sense out of Tantrism and Tantrics«, in: *Loka 2: A Journal from Naropa* (1976): S. 52-55.

–, *The Tantric Tradition*, 1965; revidierte Neuausgabe, New York: Samuel Weiser, 1975.

Bhattacherjee, Bholanath, siehe Bholanath Bhattacharya.

Bhattacharya, Bholanath, »Some Aspects of the Esoteric Cults of Consort Worship in Bengal: A Field Survey Report«, in *Folklore: International Monthly* 18, Nr. 10 (Oktober 1977): S. 310-324; Nr. 11 (November 1977): S. 359-365; Nr. 12 (Dezember 1977): S. 385-97.

Bhattacharya, Brajamadhava, *The World of Tantra*, Delhi: Munshiram Manoharlal, 1988.

Bhattacharyya, Benoytosh, *The Indian Buddhist Iconography: Mainly Based on the Sādhanamālā and Cognate Tantric Texts of Rituals*, Kalkutta: Firma K. L. Mukhopadhyay, 1968.

–, *An Introduction to Buddhist Esoterism*, Delhi: Motilal Banarsidass, 1980.

Bhattacharyya, Narendra Nath, *History of the Tantric Religion (A Historical, Ritualistic, and Philosophical Study)*, New Delhi: Manohar, 1982,

Bode, Mabel, »Women Leaders of the Buddhist Reformation«, in *Journal of the Royal Asiatic Society of Great Britain and Ireland* 25 (1893): S. 517-566 und 763-798.

Brock, Peggy, (Hg.), *Women, Rites and Sites: Aboriginal Women's Cultural Knowledge*, Sydney: Allen and Unwin, 1989.

Brock, Rita Nakashima, et al., (Hg.), »The Questions That Won't Go Away; A Dialogue about Women in Buddhism and Christianity«, in *Journal of Feminist Studies in Religion* 6, Nr. 2 (Herbst 1990): S. 87-120.

Brooks, Douglas Renfrew, *The Secret of the Three Cities: An Introduction to Hindu Shākta Tantrism*, Chicago: University of Chicago Press, 1990.

–, »The Shrīvidyā School of Shākta Tantrism: A Study of the Texts and Contexts of the Living Traditions in South India«, Dissertation, Harvard University, 1987.

Brooten, Bernadette J., »Early Christian Women and Their Cultural Context: Issues of Method in Historical Reconstruction«, in Adela Yarbro Collins (Hg.), *Feminist Perspectives on Biblical Scholarship*, Chico, CA: Scholars Press, 1985, S, 65-91.

Bynum, Caroline Walker, *Holy Feast ànd Holy Fast: The Religious Significance of Food to Medieval Women*, Berkeley und Los Angeles: University of California Press, 1987.

Cabezón, José Ignacio, »Mother Wisdom, Father Love: Gender-Based Imagery in Mahāyāna Buddhist Thought«, in José Ignacio Cabezón (Hg.), *Buddhism, Sexuality, and Gender*, Albany, N.Y.: State University of New York Press, 1992, S. 181-99,

Chandra, Lokesh, *Buddhist Iconography*, Kompaktausgabe, New Delhi: International Academy of Indian Culture and Aditya Prakashan, 1987.

–, *Tibetan-Sanskrit Dictionary*, New Delhi: International Academy of Indian Culture, 1959; Kompaktausgabe, Tokyo: Rinsen Book Co., 1982.

Chang, Garma C. C., *Teachings of Tibetan Yoga*, New Hyde Park: University Books, 1963.

Chattopadhyaya, Alaka, *Atīsha and Tibet: Life and Works of Dīpankara Srījñāna in Relation to the History and Religion of Tibet*, mit tibetischen Quellen, übersetzt unter Lama Chimpa, 1967; Nachdruck, Delhi: Motilal Banarsidass, 1981.

Chattopadhyaya, Debiprasad, *Lokāyata: A Study in Ancient Indian Materialism*, 1959; 6. Aufl., Delhi: People's Publishing House, 1985.

Chögyam, Ngakpa, *Rainbow of Liberated Energy: Working with Emotions through the Colour and Element Symbolism of Tibetan Tantra*, Longmead, Shaftesbury: Element Books, 1986.

Chöpel, Gedün, *Tibetan Arts of Love*, übers. v. Jeffrey Hopkins, Ithaca: Snow Lion, 1992.

Clark, Walter Eugene, (Hg.), *Two Lamaistic Pantheons*, 1937; Nachdruck, New York: Paragon Book Reprint Corp., 1965.

Cleary, Thomas, *The Flower Ornament Scripture: A Translation of the Avatamsaka Sutra*, Bd. 3: *Entry into the Realm of Reality*, Boston: Shambhala, 1987.

Conze, Edward, (Hg.), *Buddhist Texts through the Ages*, 1954; Neuausgabe, New York: Harper and Row, 1964.

Crawford, Mary, and Roger Chaffin, »The Reader's Construction of Meaning: Cognitive Research on Gender and Comprehension«, in Elizabeth A. Flynn und Patrocino R Schweickart (Hg.), *Gender and Reading: Essays on Readers, Texts, and Contexts*, Baltimore: Johns Hopkins University Press, 1986, S. 3-30,

Cunningham, Alexander, *The Ancient Geography of India*, 1871; erweiterte Neuausgabe, Varanasi: Bhartiya Publishing House, 1975.

Daniel, E. Valentine, *Fluid Signs: Being a Person the Tamil Way*, Berkeley und Los Angeles: University of California Press, 1984.

Dargyay, Eva, (siehe auch E. K. Neumaier-Dargyay.), *The Rise of Esoteric Buddhism in Tibet*, 1977, überarbeitete Neuauflage, Delhi: Motilal Banarsidass, 1979.

Das, Veena, »The Imaging of Indian Women: Missionaries and Journalists«, in Sulochana Raghavan Glazer und Nathan Glazer (Hg.), *Conflicting Images: India and the United States*, Glenn Dale, MD.: Riverdale, 1990, S. 203-20.

Dasgupta, Shashibhusan, *Introduction to Tantric Buddhism*, 1958; Neuausgabe, Berkeley: Shambhala, 1974.

–, *Obscure Religious Cults*, Calcutta: Firma KLM Private, 1976.

David-Neel, Alexandra, »Women of Tibet«, in *Asia* 34, Nr. 3 (März 1934): S. 176-181, Denton, Lynn Teskey, »Varieties of Hindu Female Asceticism«, in Julia Leslie (Hg.), *Roles and Rituals for Hindu Women, Rutherford, N.J.: Fairleigh Dickinson University Press, 1991, S. 211-31.*

Desai, Devangana, *Erotic Sculpture in India: A Socio-Cultural Study*, New Delhi: Tata McGraw-Hill, 1975.

Dhargyey, Geshe Ngawang, *A Commentary on the Kalacakra Tantra*, übers. v. Gelong Jhampa Kelsang (Allan Wallace), Dharamsala: Library of Tibetan Works and Archives, 1985.

Dimock, Edward, *Place of the Hidden Moon: Erotic Mysticism in the Vaishnava-Sahajiyā Cult of Bengal*, Chicago: University of Chicago Press, 1966.

Donaldson, Thomas, »Propitious-Apotropaic Eroticism in the Art of Orissa«, in *Artibus Asiae* 37 (1975): S. 75-100.

Douglas, Nik und Meryl White, *Karmapa: The Black Hat Lama of Tibet*, London: Luzac, 1976.

Dowman, Keith, *Masters of Mahāmudrā: Songs and Histories of the Eighty-Four Buddhist Siddhas*, Albany: State University of New York Press, 1985.

–, *Sky Dancer: The Secret Life and Songs of Lady Yeshe Tsogyel*, London: Routledge and Kegan Paul, 1984.
–, (Übers.), *Masters of Enchantment*, o.O.: Inner Traditions International, 1988.
Dyczkowski, Mark S. G., *The Canon of the Shaivāgama and the Kubjikā Tantras of the Western Kaula Tradition*, New York: State University of New York Press, 1988.

Eliade, Mircea, *Yoga: Immortality and Freedom*, 1958; 2. Aufl., Princeton: Princeton University Press, 1969.
Erndl, Kathleen M., *Victory to the Mother: The Hindu Goddess of Northwest India in Myth, Ritual, and Symbol*, New York: Oxford University Press, 1993.

Falk, Nancy Auer, »The Case of the Vanishing Nuns: The Fruits of Ambivalence in Ancient Indian Buddhism«, in Nancy Falk and Rita Gross (Hg.), *Unspoken Worlds: Women's Religious Lives in Non-Western Cultures*, San Francisco: Harper and Row, 1979, S. 207-24.
Fantin, Mario, *Mani Rimdu. Nepal, The Buddhist Dance Drama of Tengboche*, New Delhi: English Book Store and Toppan Co., 1976.
Farrow, G. W., und I. Menon (Übers. und Hg.), *The Concealed Essence of the Hevajra Tantra, with the Commentary of Yogaratnamālā*, Delhi: Motilal Banarsidass, 1992.
Fiorenza, Elisabeth Schüssler, Bread Not Stone: The Challenge of Feminist Biblical Interpretation, Boston: Beacon Press, 1984.
–, *In Memory of Her: A Feminist Theological Reconstruction of Christian Origins*, New York: Crossroad, 1989.
–, »The ›Quilting‹ of Women's History: Phoebe of Cenchreae«, in Paula M. Cooey et al. (Hg.), *Embodied Love*, San Francisco: Harper and Row, 1983, S. 35-49, Foucault, Michel, *The History of Sexuality, Bd. 1: An Introduction*, übers. v. Robert Hurley, 1978; Neuausgabe New York: Random House, 1980.

George, Christopher S. (Übers.), *The Chandamahāroshana Tantra, Chapter 1-8: A Critical Edition and English Translation*, American Oriental Series, Nr. 56, New Haven: American Oriental Society, 1974.
Gross, Rita M., *Buddhism after Patriarchy: A Feminist History, Analysis, and Reconstruction of Buddhism*, Albany: State University of New York Press, 1993.
–, »Buddhism and Feminism: Toward Their Mutual Transformation«, in *The Eastern Buddhist* 19, Nr. 2 (Herbst 1986): S. 62-74.
–, »I Will Never Forget to Visualize That Vajrayogini Is My Body and Mind«, in *Journal of Feminist Studies in Religion* 3, Nr. 1 (Frühjahr 1987): S. 77-89.
–, »Yeshe Tsogyel: Enlightened Consort, Great Teacher, Female Role Model«, in Janice Willis (Hg.), *Feminine Ground: Essays on Women and Tibet*, Ithaca: Snow Lion, 1990, S. 11-32.

Guenther, Herbert, *Buddhist Philosophy in Theory and Practice*, Boulder: Shambhala, 1976.

–, *The Life and Teaching of Nāropa*, 1963; Neuausgabe, Oxford: Oxford University Press, 1975.

–, *The Royal Song of Saraha: A Study in the History of Buddhist Thought*, 1968; Neuausgabe, Berkeley: Shambhala, 1973.

–, *The Tantric View of Life*, 1969 (veröffentlicht unter dem Titel Yuganaddha); Neuausgabe, Boulder: Shambhala, 1976.

Gupta, Sanjukta, »Women in the Shaiva/Sākta Ethos«, in Julia Leslie (Hg.), *Roles and Rituals for Hindu Women*, Rutherford, N. J.: Fairleigh Dickinson University Press, 1991, S. 193-209.

–, (Übers.), *Lakshmī Tantra: A Pāñcharātra Text*, Leiden: E. J. Brill, 1972.

–, Dirk Jan Hoens und Teun Goudriaan, *Hindu Tantrism*, Leiden: E. J. Brill, 1979.

Gyatso, Geshe Kelsang, *Clear Light of Bliss: Mahamudra in Vajrayana Buddhism*, übers. v. Tenzin Norbu, London: Wisdom, 1982,

–, *Guide to Dakini Land: A Commentary to the Highest Yoga Tantra Practice of Vajrayogini*, London: Tharpa, 1991.

Gyatso, Janet, »Sign, Memory and History: A Tantric Buddhist Theory of Scriptural Transmission«, in *Journal of the Association of Buddhist Studies* 9, Nr. 2 (1986): S. 7-35.

Harlan, Lindsey, *Religion and Rajput Women: The Ethic of Protection in Contemporary Narrative*, Berkeley and Los Angeles: University of California Press, 1992.

Harrison, Paul, *The »Samadhi« of Direct Encounter with the Buddhas of the Present*, Studia Philologica Buddhica Monographia, Nr. 5, Tokyo: International Institute for Buddhist Studies, 1990.

–, »Who Gets to Ride in the Great Vehicle? Self-Image and Identity among the Followers of the Early Mahāyāna«, in *Journal of the International Association of Buddhist Studies* 10, Nr. 1 (1987): S. 67-89.

Havnevik, Hanna, *Tibetan Buddhist Nuns*, Oslo: Norwegian University Press, 1990.

Hazra, Kanai Lal, *Buddhism in India as Described by the Chinese Pilgrims, AD 399-689*, New Delhi: Munshiram Manoharlal, 1983.

Hecker, Hellmuth, *Buddhist Women at the Time of the Buddha*, Kandy: Buddhist Publication Society, 1982.

Hermann-Pfandt, Adelheid, *Dākinīs: Zur Stellung und Symbolik des Weiblichen im Tantrischen Buddhismus*, Indica et Tibetica, Bd. 20, Bonn: Indica et Tibetica Verlag, 192.

Hermanns, Matthias, »The Status of Woman in Tibet«, in *Anthropological Quarterly* 26, Nr. 3 (Juli 1953): S. 67-78.

Hess, Linda, *The Bījak of Kabir*, San Francisco: North Point Press, 1983.

Hoffmann, Helmut, *The Religions of Tibet*, 1956; Nachdruck Westport, Conn.: Greenwood Press, 1979.

Horner, Isaline B., *Women under Primitive Buddhism – Laywomen and Almswomen*, Delhi: Motilal Banarsidass, 1930.

Hummel, Siegbert, »Die Frauenreiche in Tibet«, in *Zeitschrift für Ethnologie* 85, Nr. 1 (1960): S. 44-46.

Huntington, C. W. Jr., mit Geshe Namgyal Wangchen, *The Emptiness of Emptiness: An Introduction to Early Indian Mādhyamaka*, Honolulu: University of Hawaii Press, 1989.

Huntington, Susan L, *The »Pāla-Sena« Schools of Sculpture*, Studies in South Asian Culture, Bd. 10. Leiden: E. J. Brill, 1984.

Huntington, Susan L., und John C. Huntington, *Leaves from the »Bodhi« Tree: The Art of Pāla India (8th-12th Centuries) and Its International Legacy*, Seattle: Dayton Art Institute and University of Washington Press, 1990.

Hurvitz, Leon, (Übers.), *Scripture of the Lotus Blossom of the Fine Dharma (The Lotus Sūtra): Translated from the Chinese of Kumārajīva*, New York: Columbia University Press, 1976.

Jacobson, Doranne, und Susan S. Wadley, *Women in India: Two Perspectives*, Delhi: Manohar, 1986.

Jayakar Pupul, *The Earth Mother: Legends, Ritual Arts, and Goddesses of India*, San Francisco: Harper and Row, 1990.

Kabilsingh, Chatsumarn, *A Comparative Study of Bhikkunī Pātimokkha*, Chaukhambha Oriental Research Studies, vol. 28, Varanasi: Chaukhambha Orientalia, 1984.

Kakar, Sudhir, *Shamans, Mystics and Doctors: A Psychological Inquiry in India and Its Healing Traditions*, New York: Alfred A. Knopf, 1982.

Kajiyama, Yuichi, »Women in Buddhism«, in *Eastern Buddhist* 15, Nr. 2 (Herbst 1982): S. 53-70.

Kalff, Martin M., »Selected Chapters from the Abhidhānottara-tantra: The Union of Female and Male Deities«, Dissertation, Columbia University, 1979.

–, »Dākinīs in the Cakrasamvara Tradition«, in Martin Brauen und Per Kvaerne (Hg.), *Tibetan Studies Presented at the Seminar of Young Tibetologists*, Zürich, 26. Juni-1. Juli, 1977, Zürich: Völkerkundemuseum der Univesität Zürich, 1978, S. 149-62.

Kapstein, Matthew, »The Illusion of Spiritual Progress: Remarks on Indo-Tibetan Buddhist Soteriology«, in Robert E. Buswell, Jr., und Robert M. Gimello, (Hg.), *Paths to Liberation: The Mārga and Its Transformations in Buddhist Thought*, Honolulu: University of Hawaii Press, 1992, S. 193-224.

–, »The Shangs-pa bKa'-brgyud: An Unknown Tradition of Tibetan Buddhism«, in Michael Aris und Aung San Suu Kyi (Hg.), *Tibetan Studies in Honour of Hugh Richardson*, New Delhi: Vikas Publishing House, 1980, S. 138-44.

Karmay, Samten, *The Great Perfection (rDzogs-chen): A Philosophical and Meditative Teaching of Tibetan Buddhism*, Leiden: E. J. Brill, 1988.

Katz, Nathan, »Anima and mKha'-'gro-ma: A Critical Comparative Study of Jung and Tibetan Buddhism«, in *Tibet Journal* 2, Nr. 3 (Herbst 1977): S. 13-43.

Kazi, Sonam Tobgay, *Tibet House Museum: Catalogue Inaugural Exhibition*, New Delhi: Tibet House Museum, 1965.

Kinsley, David, *Hindu Goddesses: Visions of the Divine Feminine in the Hindu Religious Tradition*, Berkeley und Los Angeles: University of California Press, 1986.

Klein, Anne C., »Finding a Self: Buddhist and Feminist Perspectives«, in Clarissa W. Atkinson et al., (Hg.), *Shaping New Vision: Gender and Values in American Culture*, Ann Arbor: UMI Research Press, 1987, S. 191-218.

–, »Nondualism and the Great Bliss Queen: A Study in Tibetan Buddhist Ontology and Symbolism«, in *Journal of Feminist Studies in Religion* 1, Nr. 1 (1985): S. 73-98.

–, »Primordial Purity and Everyday Life: Exaltet Female Symbols and the Women of Tibet«, in Clarissa W. Atkinson et al. (Hg.), *Immaculate and Powerful: The Female in Sacred Image and Social Reality*, Boston: Beacon Press, 1985, S. 111-38.

Klimburg, Maximilian, »Male-Female Polarity Symbolism in Kafir Art and Religion: New Aspects in the Study of the Kafirs of the Hindu-Kush«, in *East-West* 26, Nr. 3-4 (September-Dezember 1976): S. 479-88.

Kraemer, Ross S., »Women's Authorship of Jewish and Christian Literature in the Greco-Roman Period«, in Amy-Jill Levine (Hg.), *»Women Like This«: New Perspectives on Jewish Women in the Greco-Roman World*, Atlanta: Scholars Press, 1991, S. 221-42.

Kramrisch, Stella, »Unknown India: Ritual Art in Tribe and Village«, in Barbara Stoler Miller (Hg.), *Exploring India's Sacred Art: Selected Writings of Stella Kramrisch*, Philadelphia: University of Pennsylvania Press, 1983, S. 85-120.

Küng, Hans, *Christianity and the World Religions: Paths of Dialogue with Islam, Hinduism, and Buddhism*, übers. v. Peter Heinegg, 1985; New York: Doubleday, 1986.

Kvaerne, Per, »On the Concept of Sahaja in Indian Buddhist Tantric Literature«, in *Temenos* 11 (1975): S. 88-135.

Law, Bimala Churn, *Historical Geography of Ancient India*, 1954; Nachdruck, New Delhi: Oriental Books Reprint Corp., 1984.

–, *Women in Buddhist Literature*, Varanasi: Indological Book House, 1981.

Lerner, Gerda, »Placing Women in History: A 1975 Perspective«, in Berenice A. Carroll (Hg.), *Liberating Women's History: Theoretical and Critical Essays*, S. 357-67, Urbana: University of Illinois Press, 1976.

Leslie, Julia, (Hg.), *Roles and Rituals for Hindu Women*, Rutherford, N. J.: Fairleigh Dickinson University Press, 1991.

Lessing, E. D., und A. Wayman (Übers.), *Introduction to Buddhist Tantric Systems*, 1968; 2. Auflage, Delhi: Motilal Banarsidass, 1978.

Lewis, Jane, »Women Lost and Found: The Impact of Feminism on History«, in Dale Spender (Hg.), *Men's Studies Modified: Impact of Feminism on the Academic Disciplines*, Oxford: Pergamon Press, 1981, S. 55-72.

Lhalungpa, Lobsang P., (Übers.), siehe Takpo Tashi Namgyal.

McQueen, Graeme, »Inspired Speech in Early Mahaytina Buddhism«, in *Religion* 11, Nr. 4 (1981): S. 303-19; und 12, Nr. 1 (1982): S. 49-65.
Majumdar, R. C. (Hg.), *The Age of Imperial Kanauj, The History and Culture of the Indian People*, Bd. 4, 1955; 3. Auflage, Bombay: Bharatiya Vidya Bhavan, 1984.
Majupuria, Indra, *Tibetan Women (Then and Now)*, Lashkar, India: M. Devi, 1990.
Marglin, Frédérique Apffel, »Gender and the Unitary Self: Locating the Dominant When Listening to the Subaltern Voice«, in *International Journal of Indian Studies*, in Vorbereitung.
–, »Rationality, The Body, and the World: From Production to Regeneration«, in Frédérique Apffel Marglin und Steven A. Marglin (Hg.), *Decolonizing Knowledge: From Development to Dialogue*, Oxford: Clarendon Press, in Vorbereitung.
–, »Refining the Body: Transformative Emotion in Ritual Dance«, in Owen M. Lynch (Hg.), *Divine Passions: The Social Construction of Emotion in India*, Berkeley and Los Angeles: University of California Press, 1990, S. 212-36.
–, »Types of Sexual Union and Their Implicit Meanings«, in John Stratton Hawley und Donna Marie Wulff, (Hg.), *The Divine Consort: Rādhā and the Goddesses of India*, Berkeley: Berkeley Religious Studies Series, 1982, S. 298-315.
–, *Wives of the God-King: The Rituals of the Devadasis of Puri*, Delhi: Oxford University Press, 1985.
–, »Woman's Blood: Challenging the Discourse of Development«, in *Ecologist* 22, Nr. 1 (Januar-Februar 1992): S. 22-32.
Marriott, McKim, »Hindu Transactions: Diversity without dualism«, in Bruce Kapferer (Hg.), *Transaction and Meaning*, Philadelphia: Institute for the Study of Human Issues, 1976, S. 109-42.
Matics, Marion, (Übers.), *Entering the Path of Enlightenment: The ›Bodhicaryāvatāra‹ of the Buddhist Poet Shāntideva*, London: Macmillan, 1970.
Matsunaga, Yukei, (Hg.), *The Guhyasamāja-tantra: A New Critical Edition*, Osaka: Toho Shuppan, 1978.
McDaniel, June, *The Madness of the Saints: Ecstatic Religion in Bengal*, Chicago: University of Chicago Press, 1989.
Miller, Beatrice D., »Views of Women's Roles in Buddhist Tibet«, in A. K. Narain (Hg.), *Studies in History of Buddhism*, Delhi: B. R. Publishing, 1980, S. 155-66.
Monier-Williams, Monier, *A Sanskrit-English Dictionary*, 1899; Neuausgabe, Oxford: Oxford University Press, 1982.
Muller-Ortega, Paul Eduardo, *The Triadic Heart of Shiva: Kaula Tantricism of Abhinavagupta in the Non-Dual Shaivism of Kashmir*, New York: State University of New York Press, 1989.
Mullin, Glenn, (Übers.), *Bridging the Sutras and Tantras: A Collection of Ten Minor Works by Gyalwa Gendun Drub, the First Dalai Lama*, Ithaca: Gabriel/Snow Lion, 1982.
–, *Meditations on the Lower Tantras*, Dharamsala: Library of Tibetan Works and Archives, 1983.

Mumford, Stan Royal, *Himalayan Dialogue: Tibetan Lamas and Gurung Shamans in Nepal*, Madison: University of Wisconsin Press, 1989.

Murcott, Susan, *The First Buddhist Women: Translations and Commentaries on the Therigatha*, Berkeley: Parallax Press, 1991.

Nālandā Translation Committee (Übers.), *The Life of Marpa the Translator: Seeing Accomplishes All (Tsang Nyon Heruka)*, Boulder: Prajñā Press, 1982.

Namgyal, Takpo Tashi, *Mahāmudrā: The Quintessence of Mind and Meditation*, übers. und hg. v. Lobsang P. Lhalungpa, Boston: Shambhala, 1986.

Nandy, Ashis, *At the Edge of Psychology: Essays in Politics and Culture*, Delhi: Oxford University Press, 1980.

–, *The Intimate Enemy: Loss and Recovery of Self under Colonialism*, Delhi: Oxford University Press, 1983.

Neumaier-Dargyay, E. K. (siehe auch Eva Dargyay.), *The Sovereign All-Creating Mind – The Motherly Buddha: A Translation of the Kun byed rgyal po'i mdo*, Albany: State University of New York Press, 1992.

Nikhilananda, Swami, (Übers.), *The Gospel of Sri Ramakrishna*, New York: Ramakrishna-Vivekananda Center, 1973.

O'Flaherty, Wendy Doniger, *Women, Androgynes, and Other Mythical Beasts*, Chicago: University of Chicago Press, 1980.

Ortner, Sherry B., »The Founding of the First Sherpa Nunnery, and the Problem of ›Women‹ as an Analytic Category«, in Vivan Patraka und Louise A. Tilly (Hg.), *Feminist Re-visions: What Has Been and Might Be*, Ann Arbor: University of Michigan Press, 1983, S. 98-134.

–, *High Religion: A Cultural and Political History of Sherpa Buddhism*, Princeton: Princeton University Press, 1989.

–, »Is Female to Male as Nature Is to Culture?«, in Michelle Rosaldo und Louise Lamphere (Hg.), *Woman, Culture and Society*, Stanford: Stanford University Press, 1974, S. 56-87.

–, *Sherpas through Their Rituals*, Cambridge: Cambridge University Press, 1978.

–, *Typescript biography of Bhikshunī Lakshmī*, nicht datiert.

Padoux, André, »A Survey of Tantric Hinduism for the Historian of Religions«, in *History of Religions* 20, Nr. 4 (Mai 1981): S. 345-360.

Parikh, Indira J., und Pulin K. Carg, *Indian Women: An Inner Dialogue*, New Delhi: Sage Publications, 1989.

Paul, Diana Y., *Women in Buddhism: Images of the Feminine in Mahayana Tradition*, Berkeley: Asian Humanities Press, 1979.

Paul, Robert A., *The Tibetan Symbolic World: Psychoanalytic Explorations*, Chicago: University of Chicago Press, 1982.

Pitzer-Reyl, Renate, *Die Frau im frühen Buddhismus*, Marburger Studien zur Afrika- und Asienkunde, Reihe B, Asien, Bd. 7, Berlin: Verlag von Dietrich Reimer, 1984.

Punja, Shobita, *Divine Ecstasy: The Story of Khajuraho*, New Delhi: Viking, 1992.

Radhakrishnan, S. (Übers.), *The Principal Upanishads*, New York; Harper and Brothers, 1953.

Raheja, Gloria Goodwin, *Poison in the Gift: Ritual, Prestation, and the Dominant Caste in a North Indian Village*, Chicago: University of Chicago Press, 1988.

Rai, Ram Kumar, *Encyclopedia of Indian Erotics*, Varanasi: Prachya Prakashan, 1983.

Ray, Reginald A., »Accomplished Women in Tantric Buddhism of Medieval India and Tibet«, in Nancy Falk und Rita Gross (Hg.), *Unspoken Worlds: Women's Religious Lives in Non-Western Cultures*, San Francisco: Harper and Row, 1979, S. 227-42.

Reynolds, John Myrdhin, *Self-Liberation through Seeing with Naked Awareness*, Barrytown, N.Y.: Station Hill Press, 1989.

Rhie, Marylin M., und Robert A. F. Thurman, *Wisdom and Compassion: The Sacred Art of Tibet*, New York: Harry N. Abrams, 1991.

Richman, Paula, *Women, Branch Stories, and Religious Rhetoric in a Tamil Buddhist Text*, Foreign and Comparative Studies, South Asian Series, Nr. 12, Syracuse: Maxwell School of Citizenship and Public Affairs, Syracuse University, 1988.

Ricoeur, Paul, *Hermeneutics and the Human Sciences: Essays on Language, Action and Interpretation*, übers. v. John B. Thompson, Cambridge: Cambridge University Press, 1981.

Rigzin, Tsepak, *Tibetan-English Dictionary of Buddhist Terminology*, Dharamsala: Library of Tibetan Works and Archives, 1986.

Rinpoche, Kalu, »Women, Siddhi, and Dharma«, in *The Dharma That Illuminates All Beings Like the Light of the Sun and the Moon*, übers. von Janet Gyatso, Albany: State University of New York Press, 1986, S. 91-108.

Rinpoche, Tulku Thondup, *Hidden Teachings of Tibet: An Explanation of the Terma Tradition of the Nyingma School of Buddhism*, London: Wisdom, 1986.

Robinson, James B. (Übers.), *Buddha's Lions: The Lives of the Eighty-Four Siddhas (a translation of the Caturashīti-siddha-pravrtti by Abhayadatta)*, Berkeley: Dharma Publishing, 1979.

Roerich, George N., (Übers.), *The Blue Annals by 'Gos Lo-tsa-ba gZhon-nu-dpal*, 1949; 2. Auflage, Delhi: Motilal Banarsidass, 1976.

Roy, Satindra Narayan, »The Witches of Orissa«, in *Journal of the Anthropological Society of Bombay* 14, Nr. 2 (1927-28): S. 185-200.

Ruegg, David Seyfort, »Allusiveness and Obliqueness in Buddhist Texts: Samdhā, Samdhi, Samdhyā and Abhisamdhi«, in C. Caillat (Hg.), *Dialectes dans les littératures indo-aryennes*, Paris: Collège de France, 1989, S. 295-328,

–, *Buddha-nature, Mind and the Problem of Gradualism in a Comparative Perspective: On the Transmission and Reception of Buddhism in India and Tibet*, London: School of Oriental and African Studies, 1989.

–, »Deux problèmes d'exégèse et de pratique tantriques«, in Michel Strickmann (Hg.), *Tantric and Taoist Studies in honour of R. A. Stein*, Mélanges Chinois et Bouddhiques, Bd. 20, Brussels: Institut Belge des Hautes Etudes Chinoises, 1981, S. 212-26.

Sangari, Kumkum, und Sudesh Vaid (Hg.), *Recasting Women: Essays in Indian Colonial History*, New Brunswick, N.J.: Rutgers University Press, 1990.

Sanderson, Alexis, »Purity and Power among the Brahmans of Kashmir«,in Michael Carrithers et al. (Hg.), *The Category of the Person: Anthropology, Philosophy, and History*, Cambridge: Cambridge University Press, 1985, S. 190-216.

–, »Shaivism and the Tantric Traditions«, in Stewart Sutherland et al. (Hg.), *The World's Religions*, London: Routledge, 1988, S. 660-704.

–, »Vajrayana: Origin and Function«, Vortrag bei der Dhammakaya Foundation, Bangkok, Thailand, Februar 1990.

Sānkrityāyana, Rāhula, »Recherches Bouddhiques, part 2, L'Origine du Vajrayāna et les 84 Siddhas«, in *Journal Asiatique* 225 (Oktober-Dezember 1934): S. 209-230.

Saraswati, S. K., *Tantrayana Art: An Album*, Calcutta: Asiatic Society, 1977.

Saraswati, Swami Satyananda, *Kundalini Tantra*, Munger, Bihar: Bihar School of Yoga, 1984.

Schlagintweit, Emil, *Buddhism in Tibet, Illustrated by Literary Documents and Objects of Religious Worship*, London: Trübner, 1863.

Schmidt, Dolores Barracano und Earl Robert Schmidt, »The Invisible Woman: The Historian as Professional Magician«, in Berenice A. Carroll (Hg.), *Liberating Women's History: Theoretical and Critical Essays*, Urbana: University of Illinois Press, 1976, S. 42-54.

Schoterman, J. A. (Hg.), *The Yonitantra*, Delhi: Manohar, 1980.

Schott, Robin May, *Cognition and Eros: A Critique of the Kantian Paradigm*, Boston: Beacon Press, 1988.

Schuster, Nancy, »Changing the Female Body: Wise Women and the Bodhisattva Career in Some Mahāratna-kūtasūtras«, in *Journal of the International Association of Buddhist Studies* 4, Nr. 1 (1981): S. 33-46.

Scott, Joan Wallach, *Gender and the Politics of History*, New York: Columbia University Press, 1988.

Sevely, Josephine Lowndes, *Eve's Secrets; An Evolutionary Perspective on Human Sexuality*, 1987; Neuausgabe London: Paladin/Grafton Books, 1989.

Shaw, Miranda, »An Ecstatic Song by Lakshmīnkarā«, in Janice Willis (Hg.), *Feminine Ground: Essays on Women and Tibet*, Ithaca: Snow Lion, 1989, S. 52-56.

Shendge, Malati J., *Advayasiddhi (A Study)*, M. S. University Oriental Series, Nr. 8, Nachdruck aus *Journal of the Oriental Institute*, Baroda: Oriental Institute, 1964.

–, »Srīsahajasiddhi«, *Indo-Iranian Journal* 10, Nr. 2 und 3 (1967): S. 126-149.

Sherburne, Richard (Übers.), *A Lamp for the Path and Commentary*, Wisdom of Tibet Series, Bd. 5, London: George Allen and Unwin, 1983.

Siegel, Lee, »Bengal Blackie and the Sacred Slut: A Sahajayāna Buddhist Song«, *Buddhist-Christian Studies* 1 (1981): S. 51-58.

Sierksma, Fokke, *Tibet's Terrifying Deities: Sex and Aggression in Religious Acculturation*, Rutland, Vermont, and Tokyo: Charles E. Tuttle, 1966.

Silburn, Lilian, *Kundalinī, The Energy of the Depths*, Übers. v. Jacques Gontier, Albany: State University of New York Press, 1988.

Singh, Renuka, *The Womb of Mind: A Sociological Exploration of the Status-Experience of Women in Delhi*, New Delhi: Vikas Publishing House, 1990.

Situpa XII., Khentin Tai, *Tilopa (Some Glimpses of His Life)*, hg. u. übers. v. Kenneth Holmes, Eskdalemuir, Scotland: Dzalendara, 1988.

Smith, Kendra, »Sex. Dependency, an Religion-Reflections from a Buddhist Perspective«, in Ursula King (Hg.), *Women in the World's Religions, Past and Present*, New York: Paragon House, 1987, S. 219-231.

Snellgrove, David L., *Buddhist Himalaya*, Oxford: Bruno Cassirer, 1957.

–, *The Hevajra Tantra: A Critical Study*, 2 Bde., London: Oxford University Press, 1959.

–, *Himalayan Pilgrimage: A Study of Tibetan Religion by a Traveller through Western Nepal*, 1981; Neuausgabe, Boston: Shambhala, 1989.

–, *Indo-Tibetan Buddhism: Indian Buddhists and Their Tibetan Successors*, London: Serindia, 1987.

–, »The Notion of Divine Kingship in Tantric Buddhism«, in*The Sacral Kingship*, Contributions to the Central Theme of the VIII. International Congress for the History of Religions (Rome, April 1955), Leiden: E. J. Brill, 1959, S. 204-218.

Sponberg, Alan, »Attitudes toward Women and the Feminine in Early Buddhism«, in José Ignacio Cabezón (Hg.), *Buddhism, Sexuality, and Gender*, Albany: State University of New York Press, 1992, S. 3-36.

Spradley, James, *Participant Observation*, New York: Holt Rinehart and Winston, 1980.

Srinivasan, Amrit, »Reform or Conformity? Temple ›Prostitution‹ and the Community in the Madras Presidency«, in Bina Agarwal (Hg.), *Structures of Patriarchy: The State, Community, and Household*, London: Zed Books, 1990, S. 175-98.

Stablein, William. »The Medical Soteriology of Karma in the Buddhist Tantric Tradition«, in Wendy Doniger O'Flaherty (Hg.), *Karma and Rebirth in Classical Indian Traditions*, Berkeley and Los Angeles: University of California Press, 1980, S. 193-216.

Steinkellner, Ernst, »Remarks on Tantristic Hermeneutics«, in Louis Ligeti (Hg.), *Proceedings of the Csoma de Körös Memorial Symposium*, Bibliotheca Orientalis Hungarica, Bd. 23, Budapest: Akadémiai Kaidó, 1978, S. 445-458.

Stone, Merlin, *When God Was a Woman*, San Francisco: Harcourt Brace Jovanovitch, 1976.

Strong, John S., »Gandhakutī The Perfumed Chamber of the Buddha«, in *History of Religions* 16 (1977): S. 390-406.

Suzuki, Daisetz Teitaro, *Studies in the Lankāvatāra Sūtra*, 1930; Neuausgabe, Boulder: Prajñā Press, 1981.

Svoboda, Robert E., *Aghora: At the Left Hand of God*. Albuquerque: Brotherhood of Life, 1986.

Takakusu, J. (Übers.), *A Record of the Buddhist Religion as Practised in India and the Malay Archipelago A.D. 671-695), by I-Tsing*, 1896; Nachdruck, Taipei: Ch'eng Wen, 1970.
Tambiah, Stanley, *Culture, Thought and Social Action*, Cambridge: Harvard University Press, 1985.
Tāranātha, *History of Buddhism in India*, übers. v. Lama Chimpa and Alaka Chattopadhyaya, hg. v. Debiprasad Chattopadhyaya, Atlantic Highlands, N.J.: Humanities Press, 1981.
–, *Tāranāthas Life of Krishnācārya/Kānha*, übers. v. David Templeman, Dharamsala: Library of Tibetan Works and Archives, 1989.
–, *Mystic Tales of Lāmā Tāranātha: A Religio-Sociological History of Mahāyāna Buddhism*, übers. v. Bhupendranath Datta, Calcutta: Ramakrishna Vedanta Math, 1944.
–, *The Seven Instruction Lineages: Tāranāthas bKa'-babs-bdun-ldan*, übers. u. hg. v. David Templeman, Dharamsala: Library of Tibetan Works and Archives, 1983.
Tatz, Mark, »The Life of the Siddha-Philosopher Maitrīgupta«, in *Journal of the American Oriental Society* 107, Nr. 4 (1987): S. 695-711.
Templeman, David (siehe auch Tāranātha), »Tāranātha the Historian«, in *Tibet Journal* 6, Nr. 2 (Sommer 1981): S. 41-46.
Thaye, Jampa, *A Garland of Gold: The Early Kagyu Masters of India and Tibet*, Bristol: Ganesha Press, 1990.
Thurman, Robert A. F., »Tantric Practice According to Tsongkhapa«, unveröffentlichtes Manuskript.
–, »Vajra Hermeneutics«, in *Buddhist Hermeneutics*, Kuroda Institute Studies in East Asian Buddhism, Nr. 6, hg. v. Donald S. Lopez, S. 119-48. Honolulu: University of Hawaii Press, 1988.
–, (Übers.), *The Holy Teaching of Vimalakīrti*, University Park und London: Pennsylvania State University Press, 1976.
Tiwari, Laxmi, *The Splendor of Worship: Women's Feasts, Rituals, Stories, and Art*, Delhi: Manohar, 1991.
Trichen, Chogay, *The History of the Sakya Tradition: A Feast for the Minds of the Fortunate*, übers. v. Jennifer Scott, Bristol: Ganesha Press, 1983.
Trinh, Minh-ha, *Woman, Native, Other: Writing Postcoloniality and Feminism*, Bloomington und Indianapolis: Indiana University Press, 1989.
Tsomo, Karma Lekshe (Hg.), *Sakyadhītā: Daughters of the Buddha*, Ithaca: Snow Lion, 1988.
–, »Tibetan Nuns and Nunneries«, in Janice Willis (Hg.), *Feminine Ground: Essays on Women and Tibet*, Ithaca: Snow Lion, 1989, S. 118-134.
Tucci, Giuseppe, »Animadversiones Indicae«, in *Journal of the Asiatic Society of Bengal* 26, Nr. 1 (1930): S. 125-160.
–, *Rati-Līlā: An Interpretation of the Tantric Imagery of the Temples of Nepal*, Genf: Nagel, 1969.
–, *Tibetan Painted Scrolls*, 1949; Neuausgabe, Kyoto: Rinsen Book Co., 1980.
–, »Travels of Tibetan Pilgrims in the Swat Valley«, in *Opera Minora*, Bd. 2, S. 369-418. Università di Roma Studi Orientali Pubblicati a Cura della Scuola Orientale, Bd. 6, Rom: Dott. Giovanni Bardi Editore, 1971.

Tulku, Sharpa, und Michael Perrott (Übers.), *A Manual of Ritual Fire Offerings*, Dharamsala: Library of Tibetan Works and Archives, 1987.

Tulku, Tarthang (Übers.), *Mother of Knowledge: The Enlightenment of Yeshes mtshorgyal, by Nam-mkha'i snying-po*, hg. v. Jane Wilhelms, Berkeley: Dharma Publishing, 1983.

Vallée Poussin, Louis de la, »Tantrism (Buddhist)«, in James Hastings (Hg.), *Encyclopedia of Religion and Ethics*, Bd. 12, New York: Charles Scribner's Sons, 1922, S. 193-197.

Van Lysebeth, André, *Tantra, le culte de la Féminité*, Paris: Flammarion, 1988.

Vaudeville, Charlotte, *Bārahmāsā in Indian Literatures*, 1965; englische Ausgabe, Delhi: Motilal Banarsidass, 1986.

Von Fürer-Haimendorf, Christoph, *The Sherpas of Nepal: Buddhist Highlanders*, Berkeley und Los Angeles: University of California Press, 1964.

Waddell, L. Austine, *Tibetan Buddhism: With Its Mystic Cults, Symbolism and Mythology*, London: W H. Allen, 1895 (veröffentlicht unter dem Titel *The Buddhism of Tibet, or Lamaism*); Neuausgabe, New York: Dover Publications, 1972.

Wayman, Alex, *The Buddhist Tantras: Light on Indo-Tibetan Esotericism*, New York: Samuel Weiser, 1973.

–, »Messengers, What Bring Ye?«, in Tadeusz Skorupski (Hg.), *Indo-Tibetan Studies: Papers in Honour and Appreciation of Professor David L. Snellgrove's Contributions to Indo-Tibetan Studies*, Tring, United Kingdom: Institute of Buddhist Studies, 1990, S. 305-322.

Wiethaus, Ulrike, »Sexuality, Gender and the Body in Late Medieval Spirituality: Cases from Germany and the Netherlands«, in *Journal of Feminist Studies in Religion* 7, Nr. 1 (Frühjahr 1991): S. 35-52.

Willemen, Ch., *The Chinese Hevajratantra: The Scriptural Text of the Ritual of the Great King of the Teaching, The Adamantine One with Great Compassion and Knowledge of the Void*, Orientalia Gandensia, Bd. 8, Leuven: Uitgeverij Peters, 1983.

Willis, Janice D, »Dākinī: Some Comments on Its Nature and Meaning«, in Janice Willis (Hg.), *Feminine Ground: Essays on Women and Tibet*, Ithaca: Snow Lion, 1989, S. 57-75.

–, »Nuns and Benefactresses: The Role of Women in the Development of Buddhism«, in Yvonne Haddad und Ellison Findlay (Hg.), *Women, Religion and Social Change*, Albany: State University of New York Press, 1985, S. 59-85.

–, »Tibetan *Ani-s*: The Nun's Life in Tibet«, in Janice Willis (Hg.), *Feminine Ground: Essays on Women and Tibet*, Ithaca: Snow Lion, 1989, S. 96-117.

Willson, Martin, *In Praise of Tara: Songs to the Saviouress*, London: Wisdom, 1986.

Woodroffe, Sir John, *Shākti and Shākta: Essays and Addresses on the Shākta Tantrashāstra*, 1918; 3. Auflage, Madras: Ganesh, 1929.

Wylie, Turrell, »A Standard System of Tibetan Transcription«, in *Harvard Journal of Asiatic Studies* 22 (1959): S. 261-267.

–, »Dating the Death of Naropa«, in L. A. Hercus et al. (Hg.), *Indological and Buddhist Studies: Volume in Honour of Professor J. W. de Jong on His Sixtieth Birthday*, Canberra: Faculty of Asian Studies, 1982, S. 687-692.

Yeshe, Lama, *Gyalwa Gyatso*, London: Wisdom, 1984.

–, *Introduction to Tantra: A Vision of Totality*, zusammengest. u. hg. v. Jonathan Landaw, London: Wisdom, 1987.

Yün-hua, Jan, »Buddhist Relations between India and Sung China«, in *History of Religions* 6 (1966): S. 24-42, S. 135-68.

Register